Revista de Direito Tributário

87

MALHEIROS EDITORES

Revista de Direito Tributário

Publicada sob os auspícios do

Instituto Geraldo Ataliba — IDEPE — Instituto Internacional de Direito Público e Empresarial
Presidente: Prof. Aires Barreto

ISS 0102-7956

REVISTA DE DIREITO TRIBUTÁRIO
publicação trimestral de
MALHEIROS EDITORES LTDA.
Rua Paes de Araújo, 29, 17º andar - conj. 171
CEP: 04531-940 - São Paulo, SP
Tel. (0xx11) 3078-7205
Fax. (0xx11) 3168-5495
Diretor Responsável: Álvaro Malheiros
Diretora: Suzana Fleury Malheiros

Assinaturas e comercialização:
CATAVENTO DISTRIBUIDORA
DE LIVROS S.A.
Rua Conselheiro Ramalho, 928
CEP 01325-000 - São Paulo - SP
Tel. (0xx11) 289-0811 - Fax. (0xx11) 251-3756
Supervisão Gráfica: Vânia Lúcia Amato
Composição: *Scripta*
Impressão: Paym Gráfica e Editora Ltda.

SUMÁRIO

XVI CONGRESSO BRASILEIRO DE DIREITO TRIBUTÁRIO

SESSÃO DE ABERTURA 7

CONFERÊNCIA — **A MOTIVAÇÃO DOS ATOS DA ADMINISTRAÇÃO PÚBLICA COMO PRINCÍPIO FUNDAMENTAL DO ESTADO DE DIREITO**
— Celso Antônio Bandeira de Mello 11

MESA DE DEBATES "A" — **PROCESSO ADMINISTRATIVO TRIBUTÁRIO** 22

MESA DE DEBATES "B" — **PROCESSO JUDICIAL TRIBUTÁRIO** 43

CONFERÊNCIA — **NORMAS GERAIS DO DIREITO TRIBUTÁRIO, INOVAÇÕES DO SEU REGIME NA CONSTITUIÇÃO DE 1988**
— José Souto Maior Borges 64

MESA DE DEBATES "C" — **ASPECTOS ATUAIS DA LEGISLAÇÃO FEDERAL** 72

MESA DE DEBATES "D" — **CONTRIBUIÇÕES** 90

CONFERÊNCIA — **REFLEXÕES SOBRE A MEDIDA PROVISÓRIA 66/2002**
— Paulo de Barros Carvalho 109

MESA DE DEBATES "E" — **ICMS E IPI** 117

MESA DE DEBATES "F" — **ISS** 137

MESA DE DEBATES "G" — **IMPOSTOS SOBRE A PROPRIEDADE E A TRANSMISSÃO** 157

MESA DE DEBATES "H" — **TAXAS E PREÇOS PÚBLICOS** 175

MESA DE DEBATES "I" — **TRIBUTAÇÃO DAS SOCIEDADES COOPERATIVAS** 195

SESSÃO DE ENCERRAMENTO 214

CONFERÊNCIA — **PRINCÍPIOS CONSTITUCIONAIS PARA O DIREITO TRIBUTÁRIO**
— Ministra Eliana Calmon 215

TESES APROVADAS NO XVI CONGRESSO

TAXAS E PREÇOS PÚBLICOS

— Mariana Oiticica Ramalho 229

IMPOSTO SOBRE SERVIÇOS E A ALÍQUOTA MÍNIMA (EMENDA CONSTITUCIONAL 37/2002)

— Rogério Pires da Silva 245

IMPOSTO SOBRE TRANSMISSÃO *CAUSA MORTIS* E DOAÇÃO: REGRA-MATRIZ E ASPECTOS CONTROVERSOS

— José Antonio Farah Lopes de Lima 255

ASPECTOS ATUAIS DA LEGISLAÇÃO FEDERAL: A EXCLUSÃO DA MULTA EM DENÚNCIA ESPONTÂNEA, PARCELAMENTO E AS ALTERAÇÕES DA LEI COMPLEMENTAR 104/2001 AO ART. 155 DO CTN

— Aurora Tomazini de Carvalho 285

XVII CONGRESSO BRASILEIRO DE DIREITO TRIBUTÁRIO

RESPONSABILIDADE DOS SÓCIOS E ADMINISTRADORES

— Sacha Calmon Navarro Coêlho 305

ISS - SERVIÇO NO EXTERIOR - SERVIÇO PÚBLICO - INCENTIVOS FISCAIS

— José Eduardo Soares de Melo 314

A CONTRIBUIÇÃO PARA CUSTEIO DO SERVIÇO DE ILUMINAÇÃO PÚBLICA

— Eduardo Domingos Bottallo 326

IMPOSTO DE RENDA SOBRE O LUCRO DAS COLIGADAS E CONTROLADAS ESTABELECIDAS NO EXTERIOR

— José Artur Lima Gonçalves 330

EXECUÇÃO FISCAL E PROCESSO ADMINISTRATIVO: CONCOMITÂNCIA E SEUS EFEITOS PROCESSUAIS

— Paulo César Conrado 339

CONTRIBUIÇÕES DE INTERVENÇÃO NO DOMÍNIO ECONÔMICO - ASPECTOS CONSTITUCIONAIS

— Betina Treiger Grupenmacher 345

ISS - BASE DE CÁLCULO - DADOS CONTÁBEIS - ESTRATÉGIA DE DEFESA

— Sidney Saraiva Apocalypse 355

O ICMS NA REFORMA TRIBUTÁRIA (As Operações Interestaduais) (PEC 41/2003, na versão original enviada ao Congresso Nacional pelo Executivo Federal)

— Heron Arzua e Gedalva Baratto 360

XVI CONGRESSO BRASILEIRO DE DIREITO TRIBUTÁRIO

23, 24 e 25 de Outubro de 2002

Presidente do Congresso
PROF. SACHA CALMON NAVARRO COÊLHO

Presidente da Comissão Científica
PROF. PAULO DE BARROS CARVALHO

Presidente da Comissão Executiva
PROF. PAULO AYRES BARRETO

Presidente da Comissão de Trabalhos
PROF. MARCELO FORTES

Conferencistas
MINISTRA ELIANA CALMON – STJ
PROF. CELSO ANTÔNIO BANDEIRA DE MELLO
PROF. JOSÉ SOUTO MAIOR BORGES
PROF. PAULO DE BARROS CARVALHO

SESSÃO DE ABERTURA

PRESIDENTE DO IGA-IDEPE (PROF. AIRES BARRETO) – Na qualidade de Presidente do Instituto Geraldo Ataliba-Instituto Internacional de Direito Público e Empresarial (IGA-IDEPE), tenho a satisfação de declarar abertos os trabalhos do *XVI Congresso Brasileiro de Direito Tributário*. Vamos ouvir, de pé, o Hino Nacional.

Hino Nacional (palmas).

PRESIDENTE DO IGA-IDEPE (PROF. AIRES BARRETO) – A Mesa está assim composta: Prof. Sacha Calmon Navarro Coêlho, que, para nossa satisfação, honra e alegria, presidirá o *XVI Congresso Brasileiro de Direito Tributário*. Ao meu lado, o Prof. Celso Antônio Bandeira de Mello, nosso conferencista desta manhã, também para nosso gáudio e satisfação. Pelo Prof. Paulo de Barros Carvalho, Presidente do IBET, Professor Titular da PUC e da USP; pelo Prof. José Eduardo Soares de Melo, Diretor do Instituto Geraldo Ataliba-IDEPE; pelo Prof. Estevão Horvath, da PUC, também Diretor do Instituto Geraldo Ataliba. Pela Profa. Maria Leonor, que também colabora conosco na direção do Instituto Geraldo Ataliba. E pelo Prof. Eduardo Bottallo, que prestigia o IGA-IDEPE, como Diretor. Também fazem parte da Mesa o eminente Presidente do 1º Tribunal de Alçada Civil do Estado de São Paulo, Juiz Luiz Mário Álvares Lobo, que muito nos honra com sua presença, expressão de prestígio para o nosso IDEPE. Integram-na, ainda, os Profs. Sidney Saraiva Apocalypse, Marcelo Fortes e Paulo Ayres Barreto, este Presidente e grande colaborador da nossa Comissão Executiva. Aqui estão também o Prof. Eurico Diniz, o eminente Dr. José Eduardo Monteiro de Barros, Vice-Presidente do Tribunal de Impostos e Taxas do Estado de São Paulo, amigo dileto do Prof. Geraldo Ataliba; também a Profa. Dra. Mary Elbe Queiroz, que se afasta do distante e querido Recife para apoiar o nosso evento. A todos eles se juntam os Drs. Walter Cardoso e Célio Barros.

Registro a presença e convido para compor a Mesa a Profa. Misabel Derzi, a Profa. Maria Rita Ferragut, a Dra. Betina, o Desembargador e eminente Professor Régis Fernandes de Oliveira e o filho do Prof. Geraldo Ataliba, Fernando Ataliba.

Encontra-se no nosso auditório – embora tenha abdicado de participar da Mesa – a Sra. Ana Ataliba, que, para nossa alegria, tem prestigiado todos nossos eventos, tornando, assim, mais significativas as homenagens que tradicionalmente prestamos ao Prof. Geraldo Ataliba.

Peço desculpas por não chamar outros professores e doutores. É que tantas são as personalidades, tantos são os renomados nomes, mestres e autoridades aqui presentes, que muitos não puderam ser nomeados. Sintam-se, nada obstante, integrantes da Mesa, com o mesmo destaque, com o mesmo prestígio, com a mesma consideração, apesar de não terem sido referidos nominalmente.

Isso posto, tenho a satisfação de passar a Presidência ao Mestre que vai conduzir todo o desenvolvimento dos trabalhos do *XVI Congresso Brasileiro de Direito Tributário*, o Prof. Sacha Calmon Navarro Coêlho.

PROF. SACHA CALMON NAVARRO COÊLHO – É com imenso júbilo que eu quero saudar, em primeiro lugar, todos aqueles que acorreram a este evento, que se afirma de ano para ano como uma herança viva de um grupo de tributaristas idealistas, capitaneados pelo meu Amigo, meu Mestre, meu Professor, Geraldo Ataliba, que está presente entre nós e estaria mais do que satisfeito podendo expressar, com a sua verve, a sua satisfação neste momento em que a Nação dará uma virada histórica nas eleições do próximo domingo.

Saúdo a todo este grupo que forma Mesa, coeso, unido, e que assim se tem mantido através dos tempos, e assim será.

E saúdo, finalmente, o grande Conferencista, o Humanista, o Professor, que nos brindará com a magnífica fala, estou certo – o Prof. Celso Antônio Bandeira de Mello, a quem reverencio como um dos maiores intelectuais juristas deste país.

E, sem mais delongas, passo a palavra ao Prof. Aires Fernandino, para que promova a fala de encômios, a fala de reconhecimento dos feitos e da grandeza do conferencista que inaugurará nossos trabalhos.

PRESIDENTE DO IGA-IDEPE (PROF. AIRES BARRETO) – Muito me apraz, muito diz com meus sentimentos, muito me fala ao coração, o ter sido escolhido para saudar o Prof. Celso Antônio Bandeira de Mello.

Em 1996, aqui nesta Casa, coube ao Prof. Celso fazer uma pungente homenagem ao Prof. Geraldo Ataliba, que falecera em 15 de novembro de 1995, no Dia da República. Em sua oração, o Prof. Celso Antônio Bandeira de Mello referiu carta escrita pelo filho mais velho de Geraldo, Fernando, que aqui está entre nós. Fernando falava acerca da personalidade do pai. Peço licença para reproduzir trechos do que então nos disse o Prof. Celso.

"Pouco depois de o Ataliba ter morrido – dizia o Prof. Celso –, Fernando, reservado como o pai, certamente sopitava uma dor imensa, escreveu um texto onde extravasava um pouco as imagens do pai e a falta que ele lhe fazia".

E prosseguiu o Prof. Celso: "Eu não vou ler a carta, mas vou ler um trecho dela em que o Fernando conseguiu em poucas palavras dizer quem era o pai: 'normal – *escreveu Fernando* – não é um adjetivo que caiba ao meu pai. Afora a controvérsia em torno do conceito de normalidade, sei que quem o conheceu saberá do que estou falando. Não era normal a sua ansiedade. Não era normal a sua generosidade. Não era normal a sua impaciência. Não era normal a sua dedicação. Não era normal a sua gana. Não era normal o seu bom humor. Não era normal a sua irritação. Não era normal o seu entusiasmo. Não era normal a sua implicância. Não era normal a sua fé. Era um homem exagerado em seus sentimentos e em suas paixões'".

A oportunidade, o motivo da nossa reunião e a invocação são completamente diferentes. O ambiente, o momento, são absolutamente distintos; mas podemos dizer aqui, sem medo de erro, que ao Prof. Celso Antônio Bandeira de Mello também não cabe o adjetivo "normal". E não cabe porque Celso é um homem singular, especial, fora do comum. Ao Prof. Celso não cabe o adjetivo "normal", porque é notável sua titulação acadêmica. Foi o mais jovem Professor Livre-Docente em Direito Administrativo e Ciência da Administração na Faculdade Paulista de Direito da PUC, título conquistado em 1968. É Professor Titular de Direito Administrativo da Faculdade de Direito da PUC/SP desde 1974. É, de há muito, Professor responsável pela área de Direito Administrativo nos cursos de Mestrado e Doutorado na Faculdade de Direito da PUC.

Ao Prof. Celso não cabe o adjetivo "normal", porque é excepcional o reconhecimento internacional de que desfruta. O Prof. Celso é Professor Honorário da Faculdade de Direito de Mendoza/Argentina. É Professor Honorário da Faculdade de Jurisprudência do *Colegio Mayor de Nuestra Señora del Rosario*, de Bogotá/Colômbia. É Professor Extraordinário, Visitante, da *Universidad del Norte Santo Tomás de Aquino*, de Tucumã/Argentina. É Doutor *Honoris Causa* da *Universidad La Rioja*/ Argentina. É membro de vários institutos e associações da Argentina, da Venezuela, da Colômbia, do Uruguai. É membro do Comitê Científico da *Revista Ibero-Americana de Administração Pública* do Instituto Nacional de Administração Pública em Madri.

Ao Prof. Celso, portanto, não cabe o adjetivo "normal". E não cabe também porque é extensa e profunda sua produção científica. Além de inúmeros artigos e estudos publicados nas revistas especializadas, aqui e no Exterior, tem ele os seguintes livros publicados: *Natureza e Regime Jurídico das Autarquias*, *Manual das Autarquias Municipais*, *Apontamentos sobre os Agentes e Órgãos Públicos*, *Prestação de Serviços Públicos e Administração Indireta*, *O Conteúdo Jurídico do Princípio da Igualdade* – talvez o menor e o mais denso dos livros que eu já li. Tem, ainda, o *Curso de Direito Administrativo*, em sua 14ª edição. Escreveu outros livros, como o *Regime dos Servidores da Administração Direta e Indireta* e *Discricionariedade e Controle Jurisdicional*.

Eis, sinteticamente, a farta e profícua produção do Prof. Celso Antônio Bandeira de Mello.

Mas ao Prof. Celso também não cabe o adjetivo "normal" porque são riquíssimos seu vocabulário e seu conhecimento do idioma. Além disso, é eloqüente conferencista. E aqui peço licença para um parêntesis: nos idos de 1969 fui aluno num curso de Administração Municipal, em nível de Pós-Graduação *Lato Sensu*, na FGV. Lendo o programa, vi, de pronto, que a matéria relativa ao Direito Administrativo seria administrada pelo Prof. Celso Antônio. Como não o conhecia pessoalmente, pensei: "Como é que eu vou tentar identificar-me um pouco com sua figura, com sua personalidade?" E o que fiz, então? Comprei o livro *Natureza e Regime Jurídico das Autarquias*. "Vou conhecer o Prof. Celso, um pouco, pela leitura do livro que recentemente escreveu." E assim o fiz. Livro notável. Notável pela forma, notável pelo denso conteúdo. Nele, o Prof. Celso demonstra seu profundo conhecimento do tema e analisa – ora acatando, ora criticando – extensa doutrina: francesa, italiana, espanhola. Mestre Celso transita por essas línguas com a facilidade com que nós falamos a língua pátria. Desse quadro extraí a primeira impressão do Prof. Celso: "Bem, deve ser um senhor, avançado em anos, circunspecto, alquebrado". Como era o primeiro dia de aula, e foi um jovem quem adentrou a sala, pensei: "Colega novo". Não era, não; era o Prof. Celso. Surpreendi-me ao sabê-lo professor, com sua juventude, brilhantismo e eloqüência. Eloqüência que é o privilégio divino da palavra na sua expressão mais fina, mais natural, mais bela. Celso é a inspiração resplandecente, a convicção eletrizada, a verdade em erupção, em cachoeira, com as transparências da onda, com a surpresa do vento, dos reflexos do Céu e os descortinos do Horizonte.

Ao Prof. Celso não cabe – não cabe mesmo, Senhores – o adjetivo "normal", porque é rigorosíssimo o padrão ético que ele se impôs e que marca toda sua vida. Recusa qualquer trabalho, mesmo os mais vantajosos, se nele vislumbrar o mais tênue ressumbro de resvalo à Ética.

Celso não fala de si mesmo. Segue as lições de Vieira. Vieira já dizia: "Faça virtude por cautela, porque quem faz bem foge da luz e não quer ser visto, porque faz bem; porque a luz é o maior perigo das boas obras. A virtude é como segredo, só se conserva se oculta". Assim é Celso Antônio.

Ao Prof. Celso não cabe o adjetivo "normal" porque inabaláveis são suas lutas por idéias e ideais. Nada o afasta dos seus mais lídimos propósitos. Se defendê-los pudesse acarretar, Senhores, arranhões no sucesso financeiro de sua banca, não tenham dúvida: Celso não vacilaria um só instante, prosseguiria a perseguir o certo, mercê de comportamento sério, probo, correto, justo, exemplar.

Celso é um homem de princípios, de convicções honestas, cujo timbre está na intrepidez e pertinência com que persegue seus ideais, daí advindo um profundo respeito que sempre mereceu dos membros da Magistratura – onde é reverenciado –, do Ministério Público – onde é lembrado e acatado – e de todos os seus pares, que o admiram pela sua cultura e o têm por paradigma.

Por tudo isso é que ao Prof. Celso não cabe também o adjetivo "normal". Geraldo, que o tinha como Mestre, como Amigo e como Irmão, está certamente, neste instante, sorrindo, feliz, pelo convite que fizemos ao Prof. Celso, mas sobretudo está aplaudindo, de pé e demoradamente, sua aceitação. Vamos ouvi-lo *(palmas)*.

PROF. SACHA CALMON NAVARRO COÊLHO – Retomo a palavra para solicitar ao Prof. Celso Antônio Bandeira de Mello que profira a sua fala, a sua lição, a sua obra.

CONFERÊNCIA

A MOTIVAÇÃO DOS ATOS DA ADMINISTRAÇÃO PÚBLICA COMO PRINCÍPIO FUNDAMENTAL DO ESTADO DE DIREITO

PROF. CELSO ANTÔNIO BANDEIRA DE MELLO

PROF. CELSO ANTÔNIO BANDEIRA DE MELLO – Exmo. Sr. Prof. Dr. Aires Barreto, digníssimo Presidente do Instituto Geraldo Ataliba; Exmo. Sr. Prof. Sacha Calmon Navarro Coêlho, digníssimo Presidente deste Congresso – em cujas pessoas saúdo os eminentes Membros da Mesa; minha querida Ana Maria Ataliba Nogueira, que, como o Ataliba, é uma pessoa que sempre privou de uma profunda amizade; meus Colegas.

Não é normal uma homenagem como aquela que recebi nas palavras extremamente generosas de Aires Fernandino Barreto, e evidentemente fugiu da normalidade pelo carinho, pela delicadeza, pela generosidade do meu apresentante.

De certo modo, isso tem uma razão de ser. Nós mantivemos contato desde o ano longínquo de 1969, e a partir de então eu sempre tive o prazer e o privilégio de tê-lo como bom amigo; de sorte que esta ausência de normalidade e expressões tão gentis têm uma explicação normal: este convívio e esta sintonia que sempre tivemos espiritualmente, esta amizade, além do fato de que estávamos também entrelaçados pela amizade em Geraldo Ataliba, meu queridíssimo Amigo, desde 11 anos de idade – portanto, que foi como um irmão ao longo da minha vida, um irmão que se elege, que se escolhe, meu colega em tudo, na verdade, em tudo. Nos nossos sonhos juvenis, nas nossas folganças juvenis, nos nossos trabalhos de conquista da maturidade. Fomos colegas na Fundação de Amparo à Pesquisa do Estado de São Paulo, entidade da qual fui Diretor Administrativo, muito bem apoiado juridicamente pelo Consultor Jurídico, Geraldo Ataliba. Fomos colegas, depois, nas atividades acadêmicas – aí, fui eu que tentei apoiá-lo como Vice-Reitor Acadêmico da PUC/SP, onde ele exerceu a Reitoria.

Fomos colegas, na verdade, em todos os momentos da vida. Colegas de escritório, durante toda a vida; e fomos sempre colegas de estudo.

Desde jovens tínhamos o hábito de levar um ao outro as preocupações jurídicas que tínhamos, e discutíamos para ver se chegávamos a um aprimoramento, a um aperfeiçoamento, à formação das nossas convicções.

Folgo em estar aqui. Não nego que há uma ponta de dor, como das outras vezes que tive que estar nesses Congressos, por força de generosos convites do IDEPE. Há uma ponta de dor porque, embora lembre dele todo dia, embora haja uma fotografia imensa dele no escritório e o nome dele continue na porta, é uma lembrança, digamos, do cotidiano; e quando se vem a esses encontros que têm um certo tom de solenidade, no início, é evidente, não há negar, muito naturalmente, se excitam certos sentimentos, certas lembranças. Então, eu digo: "Há uma ponta de dor". Mas há, evidentemente, uma grande alegria, porque vejo a continuidade da realização de um dos seus inúmeros projetos.

Fernando conseguiu efetivamente descrever o pai de uma maneira invulgar, de uma maneira que não é normal, foi muito bem descrita a personalidade do Ataliba.

Mas há um aspecto que aproveito para mencionar: Ataliba era um realizador, o indivíduo mais dinâmico que eu conheci, que fundou este Instituto, assim como também nos fez fundar o Instituto Brasileiro de Direito Administrativo, assim como fez com que fosse fundado o Instituto Brasileiro de Direito Municipal, fundou a *Revista de Direito Público*, que depois haveria de se converter na *Revista Trimestral de Direito Público*.

Ataliba era um criador de uma energia extraordinária, fantástica, e que se derrapava em generosidade. Como amigo, era o melhor que se podia ter; todos que estão nesta Mesa certamente confirmarão isto. Nenhum amigo é melhor do que ele; um amigo que até ficava completamente cego com os nossos defeitos, tão amigo ele era.

Mas, como disse o Fernando, também tinha uma irritação que não era normal. Ele era bravo, alegríssimo – alegríssimo, mas bravo –, não pisassem no calo dele, que aí a braveza dele era muita. Ele só não conseguia ter braveza alguma com a Anna Maria; aí não, aí não havia risco. Mas, fora isso, ele era bravo.

Portanto, para mim, a despeito dessa ponta de dor, há muito de alegria.

Vejo com uma satisfação imensa realizar-se mais um Congresso, e o direito de educar, que ele começou com tanto amor. Vejo com alegria um amigo dele, aliás, um grupo grande de amigos dele aqui presentes, que foram seus colegas, que foram seus discípulos, e vejo que seguem uma coisa muito difícil na vida, raríssima: seguem com fidelidade, com carinho, o Mestre Geraldo Ataliba.

Isto posto, passado este primeiro momento de lembranças, e este agradecimento muito sincero que faço às palavras extremamente generosas com que fui saudado, vamos ao tema que me propus a desenvolver.

Prof. Aires, muito generosamente, disse: "Fale o que quiser". Eu digo: "Aires, eu não sou tributarista. Eu me sinto um estranho no meio de pessoas conhecedoras desse ramo jurídico. O que vem a fazer, aqui, alguém que se sentia entrando pela janela do ponto de vista dessa gente? Ele disse: "Fale o que quiser".

Então, resolvi falar de um tema importante, bonito – e diria que, de certo modo, está na ordem-do-dia –, que é "A Motivação dos Atos da Administração Pública como Princípio Fundamental do Estado de Direito".

Confesso que vou improvisar um pouco, mas não me sinto minimamente tolhido pelo fato de ter de improvisar; acredito que será até melhor. Poderia, evidentemente, ter alinhavado alguma coisa óbvia. Não é um tema misterioso – portanto, não haveria dificuldades maiores. Mas preferi deixar que as palavras fluíssem naturalmente, que os pensamentos talvez até galopassem, tendo em vista a grandiosidade do tema e tendo em vista que estamos a viver um momento importante para o Estado de Direito.

Estamos às vésperas do encerramento de um período – creio que não há dúvida a respeito disso – e no alvorecer de outro, no qual todos depositamos esperanças: uns porque realmente as têm, e outros porque não têm outras saídas senão depositar esperanças.

Num momento como este, parece que, de fato, para falar sobre Estado de Direito e o princípio da motivação como um dos fundamentos dele, o melhor é deixar que o coração fale; que aquilo que esteja porventura sedimentado por leituras, por meditações, possa fluir espontaneamente, um pouco tangido pelo sentimento.

Então, é esse o tema que nós vamos considerar. E vamos considerar relembrando, inicialmente, que o Estado de Direito, como todos sabem, é a juridicização de um projeto político.

São idéias políticas que a final assumem forma jurídica, estruturam-se para compor aquilo que chamamos "Estado de Direito" – vale dizer, Estado submetido, tanto quanto qualquer outro sujeito, à ordem normativa. Eu até diria que "tanto quanto" não: *mais* submetido, mais duramente submetido, à ordem normativa do que nós outros. Porque todos sabemos que entre o cidadão e a lei existe apenas uma relação de não-contradição.

Nós não podemos ferir a lei, nós não podemos desobedecer à lei, nós não podemos infringir a lei. Já, o Estado, na sua feição administrativa – e nós vamos cogitar da motivação como princípio fundamental do Estado e de motivação dos atos praticados pela Administração, o princípio fundamental do Estado de Direito –, já a relação que existe entre a Administração e a lei não é apenas, como a nossa, uma relação de não-contradição, mas, além disto, é uma relação de subsunção, porque todos sabemos que a Administração nada mais pode fazer senão aquilo que de antemão lhe seja permitido pela lei.

Talvez isso possa ser resumido em algumas frases, uma frase admirável de Michel Stassinopoulos, este ilustre Professor grego, quando disse que a Administração não apenas está proibida de agir *contra legem* ou *extra legem*, mas só pode atuar *secundum legem*.

Ele expôs que é uma relação de subsunção, e nesse sentido pode se dizer que o vínculo entretido pela Administração com a lei é mais estrito do que aquele que perpassa entre nós outros, cidadãos, e a lei.

O Estado de Direito é, pois, um projeto de contenção do uso excedente do poder.

Disse bem o eminente Mestre coimbrão Afonso Rodrigues Queiró que o Estado de Direito é o resultado da confluência de duas vertentes de pensamento: o pensamento de Montesquieu e o pensamento de Rousseau.

O de Rousseau, é claro, foi a idéia da soberania popular, uma idéia, portanto, de que os exercentes do poder o fazem por uma delegação; que o poder, de conseguinte, não tem origem divina, nem se justifica pela força, mas pela circunstância de que os membros da *civitas* conferem aos governantes o poder que porventura tenham. E que em nosso Texto Constitucional está consagrado praticamente desde o pórtico da Constituição, ao dizer que "todo o poder emana do provo, que o exerce por meio de representantes eleitos ou diretamente, nos termos desta Constituição".

De outra parte, o pensamento mais técnico do Barão de Montesquieu, que assentava, como todos sabemos – estou apenas relembrando –, nessa idéia corretíssima de que todo aquele que tem o poder tende a abusar dele. Cumpre, então, que o poder detenha o poder, que aquele que faz as leis não as execute nem julgue, que aquele que executa as leis não as faça nem julgue, e que aquele que julga nem as faça nem as execute.

Assentado nesta premissa, trouxe-nos a noção de tripartição do exercício do poder, que também está expressamente consagrada nas Constituições de uma maneira geral, e no Texto Constitucional Brasileiro também logo de saída, ao dizer que "são poderes da União, independentes e harmônicos entre si, o Legislativo, o Executivo e o Judiciário".

Ele expôs que o Estado de Direito é o fruto da confluência dessas duas linhas de idéias, e que vão assumir a sua fisionomia jurídica, o seu desenho jurídico, nas distintas Constituições; e na nossa, coitada, nesta obra extraordinária, mas tão conspurcada por uma quantidade imensa de emendas nesses últimos oito anos – vão se completar oito tenebrosos anos – mas que ainda mantém a sua espinha dorsal.

O Estado de Direito é um Estado no qual se realizam projetos históricos. Nós podemos dizer que história do homem em sociedade é a luta dos homens contra o exercício desatado do poder. Essa tem sido a caminhada da Humanidade.

Estado de Direito é um desses momentos de culminância em que realmente se consegue apanhar os exercentes do poder e colocá-los – se não de uma camisa-de-força – pelo menos debaixo de pautas traçadas pelo Direito, para que se erga uma paliçada que interdite a ação descomedida dos governantes, pela ereção dos direitos e garantias individuais, sagrados constitucionalmente.

O passo seguinte foi um avanço do Estado de Direito para o Estado Social de Direito.

Assim que os homens tomaram ciência, assim que os homens tiveram uma percepção nítida de que a opressão não advinha apenas daqueles que ocupavam as cumeeiras do poder político, mas também dos que detinham a força econômica – e que podiam eles, graças a isso, reduzir multidões a um estado de indigência, de miséria, por incrível que pareça, pior do que aquela a que fomos submetidos, a que o povo brasileiro foi submetido, nos últimos oito anos, com o crescimento de 4 milhões de desempregados. Assim que o homem tomou consciência de que havia este fenômeno de esmagamento, que poderia provir de outras forças que não as imediatamente ou diretamente políticas, nasceu a idéia do Estado Social de Direito.

Essa insurgência, digamos, das massas contra a opressão encontra sua primeira manifestação significativa, com efeitos históricos posteriores, no pensamento de Karl Marx, na Revolução Comunista de 1917, mas que vinha, em rigor, a expressar faticamente o que já se encontrava, décadas antes, no *Manifesto Comunista*.

Em seqüência a esta Revolução Comunista de 1917 nós tivemos a consagração em países não-comunistas, nos ideais, nas preocupações com a justiça social, e assim na Constituição Mexicana, pela primeira vez na História, depois na Constituição de Weimar de 1919, e daí se expandiu.

As idéias trazidas a lume como meio de defesa da opressão dos economicamente poderosos, o desejo de promoção social dos economicamente hipossuficientes, eclodem no seio da Igreja Católica e se exteriorizam em Encíclicas como a *Rerum Novarum*, mais tarde na *Quadragesimo Anno*, comemorando 40 anos da *Rerum Novarum*, a *Populorum Progressio* – todas elas expressando esta preocupação com o lado social.

Foi o Estado Social de Direito, o Estado de Direito, abrigando as preocupações sociais o que correspondeu ao segundo momento, ao segundo passo importantíssimo na história da Humanidade.

Se aquilo entrou em declínio, se o fenômeno da chamada *globalização* empanou esta linha progressiva da Humanidade, não creio que isto valha mais do que dois ou três insignificantes comentários, porque, evidentemente, a globalização não é um movimento histórico de qualquer importância. É um soluço na história. Ela não responde a nada de substancial, ela não passa de um gigantesco movimento publicitário, acompanhado de uma campanha de *marketing* impressionante, que se aproveita da implosão da União Soviética.

A desaparição de dois blocos antagônicos, militarmente, economicamente e ideologicamente, faz com que surja um mundo não mais polarizado.

Aquela polaridade em primeiro lugar engendrava naturalmente uma fricção dessas linhas de pensamentos antagônicos e que de per si era desgastadora, por seus extremismos.

Demais disso, essas duas linhas ideológicas permitiam a qualquer um colocar-se em qualquer dos pontos, entre os dois extremos, mais ao centro, um pouco mais à direita ou um pouco mais à esquerda, porque havia, digamos, ideologias para todo gosto.

A desaparição da União das Repúblicas Socialistas Soviéticas fez com que o mundo ficasse com um único pólo irradiador de idéias, um único pólo em poder significativo.

E esta oportunidade histórica foi muito bem aproveitada pela invenção desta palavra "globalização" – palavra concebida, inventada, pura e simplesmente, para que os Estados Unidos, que a conceberam, pudessem penetrar nas economias de outros países – como disse um eminente economista, um ilustríssimo economista, tido como norte-americano; na verdade, é canadense, mas sempre viveu nos Estados Unidos.

Isto, portanto, essa tal *globalização*, que é nada, que nos foi apresentada como sendo uma contingência histórica inelutável, novo passo para a história da Humanidade, junto de um avanço tecnológico, se ficasse nisso não aconteceria nada, mas foi dito em seguida que se impõe através de umas tantas idéias do Neoliberalismo.

Vejam o nome, "neo". Procura-se ressuscitar das tumbas da história o Liberalismo, calhando com esta palavra "neo", que preconiza umas tantas coisas, como a flexibilização das normas reguladoras do trabalho, que haviam sido resultado de uma conquista histórica; a abertura ilimitada dos mercados, para que os grandes grupos econômicos pudessem penetrar nas economias dos subdesenvolvidos; a liberação dessas mesmas economias para especulação da finança internacional – em suma, a aplicação do chamado Consenso de Washington.

Qual a relação que existe entre o progresso tecnológico que teria engendrado a globalização e essas providências? Qual é a correlação? Não há qualquer correlação lógica, jurídica ou econômica.

Isso tudo depende de uma opção de vários países de abrir seus mercados irrestritamente. Foi o que os subdesenvolvidos fizeram, entregando inclusive os setores que até então mantinham reservados para si, como os serviços públicos. Portanto, isto é uma coisa artificial, e que já começa a desaparecer.

Há críticas no mundo inteiro feitas à globalização, mas, além disso, o rotundo fracasso da globalização nos países onde ela foi aplicada. A Argentina está aí como exemplo perfeito; o insucesso brasileiro, a mesma coisa.

Foi uma trinca: Fujimori, no Peru; Carlos Menem, na Argentina; Fernando Henrique, no Brasil – os três que modificaram as Constituições de seus países para permitir a reeleição.

Foram eles que disseminaram isto, mas isto já está em declínio; não era movimento histórico relevante. Quase me vi obrigado a mencionar o tema "globalização", porque parece que como vinha numa linha ascendente, primeiro o Estado de Direito, depois o Estado Social de Direito, e está havendo uma caminhada descendente. Até porque a globalização já conseguiu todos os seus resultados. Já penetrou nas economias dos subdesenvolvidos a sua vontade, já captou esses mercados, já tirou os serviços públicos das mãos do Estado, fez dar nas mãos desses grandes grupos internacionais. Não é preciso entregar mais nada, já obtiveram sucesso.

De sorte que esta é a linha para a qual a Humanidade vem caminhando, e que tem seu momento de culminância no Estado de Direito e depois no Estado Social de Direito, e para aí vai prosseguir.

Pois bem, é nesse Estado onde se aloca, onde se ajusta, essa idéia que digo que vou desenvolver, que é a idéia da motivação como um princípio fundamental do Estado de Direito e do Estado Social de Direito. Não é difícil entender.

A Administração exerce função. Que quer dizer "função"? Entre os diversos sentidos que a palavra tem em Direito, talvez o mais relevante deles é o de que *função* é o exercício de um poder à conta de dever para satisfazer um interesse alheio. Isto é função.

Tem-se função quando alguém foi instrumentado com determinados poderes tendo em vista um certo resultado, de sorte que o exercício desse poder é obrigatório, é um dever.

Para alcançar um certo resultado, não em proveito de quem maneja o poder, mas em proveito de terceiro, isto é função; aí temos função.

É fácil entender isto no direito privado: quando se pensa na função do pátrio poder, do poder da mãe, ou quando se pensa em relação aos filhos, quando se pensa na tutela ou na curatela, todos entendem que a massa de poderes de que dispõem o tutor ou o curador, a mãe, o pai, não existe para gozo e desfrute de quem os detém, mas existe para cumprir uma finalidade: bem curar os interesses do filho, do tutelado ou curatelado – isso é função.

A função no direito privado é mais rara, porque no direito privado o que vige é o poder da vontade. No direito público, pelo contrário, vige o princípio da finalidade, e, portanto, vige o dever de atender àquela função, de tal maneira que o correto não é falar-se em poder-dever, como se começou a falar a partir de Santi Romano; mas o correto é falar-se em dever-poder, porque o que existe é um dever. O poder é instrumental, é ancilar.

A tônica há de estar no dever, no dever de satisfazer o interesse público no Estado de Direito, em que todo o poder emana do povo, em que o exercente do "poder" é, na verdade, alguém subjugado pelo dever de atender aos interesses coletivos.

Nesse Estado, no Estado com estas características, entendem-se algumas expressões lapidares de Cirne Lima, que repito sistematicamente. Disse Cirne Lima: "Opõe-se à noção de administração a de propriedade, visto que, sob a administração, o bem se não entende vinculado à vontade do administrador, mas à finalidade impessoal a que essa vontade deve servir".

Disse mais: "A relação de administração somente se nos depara no plano das relações jurídicas quando a atividade a que ela se propõe encontra-se despedida contra terceiros e contra o administrador".

Bem se vê aí a oposição entre propriedade e administração. Bem se vê aí, bem se entende aí, o que é o exercício de função. E que é *exercício de função*? O exercício de atividade administrativa no Estado de Direito.

Ora, partindo-se do pressuposto de que essas assertivas são corretas, que elas refletem efetivamente um processo evolutivo, que elas se encaixam, portanto, como uma luva no Estado de Direito, entende-se que aquele que está ocupando algum cargo, os próprios exercentes do poder em seu todo, o aparelho administrativo como um todo, está gerindo negócio de terceiros.

A administração é atividade de quem não é proprietário, de quem gere negócio de terceiros – disse Cirne Lima.

Se ele gere negócio de terceiros, se ele gere os nossos negócios, se todo o poder a nós pertence, como proclama o Texto Constitucional, é óbvio que nada pode ser exercido à conta de atividade pública sem prestar satisfações ao administrado, sem explicar ao administrado o que foi feito e por quê foi feito. Em outras palavras, sem motivar a conduta administrativa.

Fazendo uma comparação tosca – reconheço –, mas muito elucidativa, eu compararia a posição dos governantes com as pessoas a quem irrogarmos algum mandato, atribuirmos algum mandato. Se nós dermos um mandato a alguém para que cuide de nossos bens, de nossos negócios – suposto que tenhamos bens e negócios, vejam os aluguéis –, providencie as medidas adequadas, e amanhã pedirmos contas ao nosso mandatário, se ele já não vier por si mesmo nos prestar, normal e regularmente, contas, e ele nos responder: "Não senhor! Isso é assunto meu; isso é assunto interno", ou se eu disser: "Olhe, quero pedir ao Senhor, fazer uma petição". E ele responder: "Não, não, eu não aceito. Eu não recebo sua petição..." – o que pensaríamos deste mandatário?

Ele enlouqueceu, simplesmente. Se tivéssemos algum relacionamento mais próximo, diríamos: – "Ah! Senhora D. Fulana, Sr. Fulano, infelizmente o Dr. Sicrano está perturbado, leve-o urgentemente a um médico, porque – calcule! – eu quis saber dos meus negócios e ele disse: – 'Não, isto é assunto interno'; 'Isso é uma questão sigilosa'; e mais: eu lhe enviei uma carta e disse que não recebia".

Vejam, essa é a conduta da Administração, freqüentemente, em países subdesenvolvidos. Ela acha que não pode, não vai nos dar satisfação. Ela acha que é assunto interno, que é sigiloso. Mas eu quero conhecimento dos autos, quero conhecimento do processo – "Isto é assunto interno" –, ou eu entro com um pedido – "Eu me recuso a protocolar". Nós, advogados, sabemos que isso acontece. Se fosse um particular, nós diríamos: – "É um louco, ensandeceu, entrou em surto". A nossa Administração está surtada.

O Estado Brasileiro está ensandecido. Se ele imagina, se ele supõe, que pode não nos prestar satisfação, se ele imagina que tem algum "assunto interno", isto é uma brincadeira, uma pilhéria dolorosa, porém pilhéria.

Isto é a antítese do Estado de Direito. Eu diria que isto é antítese também do Estado Social de Direito, quando há providências relacionadas com os aspectos sociais.

Alberto Ramón Real, um dos grandes administradores públicos, constitucionalista também, do Uruguai, em artigo muito interessante que nós publicamos, Prof. Geraldo e eu, na então *Revista de Direito Público*, ao tratar do tema "motivação", ele o desloca do simples plano do direito administrativo para o plano do próprio Estado de Direito, dizendo que a motivação é uma prenda do Estado Democrático, é uma exigência do Estado Democrático, e não apenas uma exigência de caráter administrativo; é muito mais do que isso. É uma expressão do Estado Democrático contratualmente ligada ao Estado Democrático de Direito, indissoluvelmente ligada a esse Estado. Porque, se é a sociedade que é a senhora, como proclamam as nossas Constituições, o que justificaria a ausência de uma explicação, de uma motivação dos atos administrativos? Nada, nada.

Todos nós sabemos que *motivo* é a existência da situação fática em vista da qual é permitida ou é obrigatória a prática de atos administrativos. Todos nós sabemos disso.

A motivação não é a existência do motivo; pode haver uma motivação composta como tal sem que tenha existido motivo. E pode ter ocorrido o motivo, e a Administração ter se omitido em motivar.

E o que é "motivar"? *Motivar* é explicar as circunstâncias de fato e de direito que justificam a expedição do ato, para que nós, que somos os senhores da coisa pública, possamos saber se foi bem feito ou se foi mal feito; para que nós possamos fazer a censura jurídica e eventualmente política da conduta do administrador; para que saibamos se, afinal, ele cumpriu adequadamente o dever que ele tinha, e, portanto, se a mobilização daquele, aquele poder ancilar (que vem de *ancila*, "serva", "escrava"), foi manejada na direção correta e se tinha que ser manejada no correto exercício da competência; ou se pelo contrário, houve aquilo que se convencionou chamar de *desvio de poder* ou de *desvio de finalidade*, ou a utilização de uma competência com sentido divergente daquele que correspondia categoricamente àquela competência.

Sem isto, no mais das vezes, não temos como censurar uma conduta administrativa, a não ser por hipótese. Sem que a Administração enuncie como e por quê agiu daquele modo, e se a administração estiver obrigada, como está, a enunciar isso sempre, provavelmente muitas das condutas administrativas que existam, não seriam praticadas.

Eu só vou dar um exemplo, está na ordem-do-dia, parece-me que vai ser julgado amanhã no Supremo – ou hoje, não estou muito seguro. É o caso de um cidadão que ocupava o cargo de Ministro de Estado e que muito naturalmente, muito espontaneamente, digamos, em cenas explícitas de desfrute do poder, usava aviões das Forças Armadas para suas próprias vilegiaturas junto com sua família. Foram, a bordo desses aviões, garbosamente, desfrutar de umas férias na Ilha de Fernando de Noronha. E foram processados – o Ministério Público tomou a iniciativa de declará-los incursos, como, obviamente, estavam, na Lei 8.429, que é a lei que disciplina, que prevê, as sanções para os casos de improbidade administrativa.

Vejam bem: se essas pessoas tivessem que explicar, que estampar no papel, por quê pediram aqueles aviões e o que iam fazer com eles, eu acredito que provavelmente não teriam praticado aquelas condutas. Seria excessivamente ridículo e vergonhoso dizer: – "Requisito esses aviões para passear com minha mulher e meus filhos". É muito difícil fazer isso.

Se os atos administrativos tivessem que ser motivados nas coisas prováveis, como têm que ser, as coisas se passariam diferentemente; donde podemos depreender que atos administrativos têm que ser motivados, desde logo, pelo próprio ponto de partida da Constituição, em que se declara o Estado Democrático de Direito.

Está implícito nisso que se dêem satisfações quando se diz que "todo o poder emana do povo", ou quando se estabelece o princípio da transparência, por exemplo, o art. 37 do Texto Constitucional, ou quando se dispõe que até o Poder Judiciário, que é quem diz o Direito do caso concreto, está obrigado a motivar todas as suas decisões e também as decisões administrativas, pena de nulidade.

O Texto Constitucional é expresso: a Administração Pública tem que motivar. Ou quando se torna claro no Texto Constitucional que é preciso que exista uma transparência absoluta, em que o administrado tem direito de conhecer tudo aquilo que se passa na Administração, ao dispor, no art. 5º, XXXIII e XXXIV, que mencionam o direito de conhecer, de obter informações de interesse particular ou de interesse coletivo geral, independentemente de taxas, de obter certidões; portanto, de obter pleno conhecimento sobre o que se passa na vida administrativa. E a negação desse direito implica responsabilidade dos termos da lei, como diz o texto constitucional, que é fundamento incontendível do dever de motivar.

Volto ao exemplo. Será que esses Ministros teriam a desfaçatez de se servir dos aviões públicos se tivessem – e tinham – que motivar seu pedido? Eu acho improvável. E disse que essa questão vai ser julgada porque houve uma reclamação ao Supremo em face da ação no caso de um dado Ministro que, creio, tinha chegado a ser condenado; na matéria da reclamação feita ao Supremo, um Ministro – eu não vou dizer o nome, os Senhores vão adivinhar *(risos na platéia)* – deu um despacho dizendo que "agente político não está submetido à Lei 8.429".

O Ministro disse isso. Disse. e escreveu no despacho dele: "Agente político não está sujeito à Lei 8.429". Não se sabe para quê é essa lei...

Os mais perigosos, evidentemente, os com mais possibilidade de praticar atos de improbidade administrativa, quais são eles? São os que têm mais poder, são aqueles que se supõem acima do Direito.

Aqueles que melhor podem esconder e escamotear. Mas o Ministro, este brilhante Ministro, deu esse despacho.

Parece que a questão transitou pelo Supremo com a rapidez de um corisco, já vai ser apreciada, não sei se hoje ou amanhã – ontem me deram notícias do fato. Fiquei estuporado em saber que às vezes a Justiça tem uma agilidade que nós, normalmente, não conhecemos no dia-a-dia (mas há muita coisa que no dia-a-dia nós não conhecemos...).

Nós não conhecemos, por exemplo, o uso das Forças Armadas para defender as propriedades de nossos filhos. No entanto, o Exército foi utilizado para a defesa da propriedade dos filhos do Presidente da República.

Vêem os Senhores como a motivação dos atos administrativos, embora não seja suficiente para coibir todos os desmandos, pode ser útil. E, na pior das hipóteses, a enunciação das razões que justificam a prática do ato nos permite ingressar em juízo com essa esperança, às vezes remota, eu reconheço, de que o juiz olhe – o juiz não; no juiz nem nós podemos ter essa fundada esperança –, de que os tribunais, ou o Supremo, olhem e digam, efetivamente: – "Não existe, não ocorreu o fato", ou "O fato ocorreu, mas que não se subsume à hipótese legal". Isso porque, em relação ao motivo, nós temos que dizer que podemos usar esta figura que o Prof. Geraldo Ataliba construiu para o direito tributário, esta feliz maneira de descrever uma situação: uma coisa é hipótese de incidência, o motivo legal; outra coisa é a ocorrência do motivo na realidade empírica. Outra coisa é a subsunção entre um dado fato que efetivamente existiu e a previsão hipotética da lei, para verificar se há esse ajustamento.

E outra coisa, afinal, é a enunciação da ocorrência desta subsunção, que é a motivação, a transmissão, e que há de ser feita contemporaneamente à emissão do ato, ou previamente à emissão do ato, porque, se se permitir que ela seja admitida posteriormente, a Administração pode construir razões adrede forjadas para justificar sua conduta. Como regra geral, tem que ser contemporânea ou prévia à emissão do ato.

Vejam que, afinal de contas, é quase que intuitivo que a motivação é um princípio fundamental do Estado de Direito, porque é preciso que nos sejam dadas satisfações. Do contrário, que Estado Democrático seria este, se os exercentes do poder se considerassem não necessitando de dar explicações?

Isso lembra alguma coisa de outro tempo histórico, lembra a frase: *L'État c'est moi*.

No Estado de Direito nenhum poder existe *cuja nominor leo* – "Porque me chamo Leão", porque sou mais forte.

Não! Os Poderes – torno a dizer – são servientes, são instrumentais; eles são a contraface do dever; só existem como contraface do dever de bem satisfazer o interesse coletivo; e em razão disto mesmo eles têm que nos dar explicações.

Nós temos o direito de saber o que fazem, por quê fazem. É um direito nosso, é uma inerência do Estado de Direito.

Pois bem, eu disse que nós estávamos – não falei em encruzilhada, não, nós não estamos em encruzilhada alguma –, eu disse que nós estávamos (eu até vou usar uma expressão) "na agonia de um período, e no iniciar de outro". É firme convicção minha a de que isto está ocorrendo.

Que nós passamos oito tenebrosos anos, catastróficos anos, onde, para lembrar alguma coisa da esfera dos Senhores, nesses oito anos, a carga tributária aumentou impressionantemente, sua participação no Produto Nacional Bruto tornou-se muito maior. Onde houve dilapidação completa de um patrimônio público formado ao longo de muitos anos, que foi vendido na "bacia-das-almas", em que as nossas reservas de divisas foram literalmente dilapidadas, em que nos sete anos anteriores o Brasil tinha no saldo das suas relações com o Exterior, todos os anos, grandes superávits, e durante sete anos só teve déficits. Só no último ano, com a alta do dólar, é que nós tivemos superávit.

Os sete anos em que a Constituição foi pisoteada, em que nós fomos governados não por leis, pelo Poder Legislativo, mas por medidas provisórias ostensivamente inconstitucionais; sete para oito anos em que o setor financeiro, que era praticamente inteiramente nacional, hoje está quase 40% está em mãos de estrangeiros; em que os serviços públicos, que eram brasileiros, já não são mais, estão em mãos de estrangeiros; em que não houve a realização de grandes obras, não há notícias delas; em que os salários caíram 10%; em que a criminalidade ascendeu, como não podia deixar de ser, com o desemprego que houve de uma maneira alarmante; em que os escândalos e as "operações-abafa" se sucederam com regularidade. Praticamente um escândalo saía dos jornais empurrado pela chegada de um outro.

Foi assim durante esse tempo, e este período está se encerrando, um período em que os interesses internacionais – com o perdão da expressão prosaica – "deitaram e rolaram" e, no apagar das luzes desta fase, estão tirando com especulação os seus últimos proveitos, as suas últimas vantagens, com grande avidez – como se vê pela elevação do dólar –, porque tem que aproveitar, isto é o finzinho.

Há como que o começo de uma nova fase. O que é que ela nos reserva nós não sabemos, é lógico; é o futuro. Mas nós temos o direito de esperar que será para melhor.

Eu, quanto a mim, estou firmemente convicto de que será para melhor, mesmo que o próprio candidato do Governo, aquele que colaborou com tudo, esteve durante todo esse tempo umbilicalmente ligado ao Governo, mesmo que ele ganhe – não ganha, é evidente –, figurando uma hipótese absurda *(risos e palmas na platéia)*; mesmo que ele ganhe, ele não conseguiria ser tão ruim; ninguém conseguirá ser tão ruim.

Eu creio que não há na história do Brasil um exemplo de destruição tão completa, em que a dívida interna cresceu mais de 1.000%, em que a dívida externa mais do que dobrou, em que o comprometimento das nossas dívidas ultrapassa 60% do Produto Nacional Bruto. Era metade há oito anos atrás.

Quer dizer que os resultados foram tão desastrosos, mas tão desastrosos... Ninguém tem esta competência para estragar, tão grande. Então, eu olho com grande otimismo a fase que vai se abrir.

E ela significa notoriamente uma mudança, mesmo que seja uma mudança mais moderada, eu acho que será. A situação brasileira é tão ruim, é tão grave, é tão desesperadora, que vai ter que existir no Brasil alguma coisa semelhante ao *Pacto de Moncloa*.

Os vários segmentos da sociedade brasileira vão ter que se unir, porque nós estamos correndo atrás do prejuízo, já estamos correndo atrás do prejuízo, e nós vamos ter que nos levantar como fênix; vamos ter que renascer das cinzas desta destruição, desta hecatombe; nós temos que nos levantar.

E podemos ter confiança no Povo Brasileiro, neste Povo que já demonstrou em inúmeras oportunidades uma capacidade de se soerguer, uma capacidade de criar, de realizar, muito grande.

A tomar-se por base o resultado das eleições do primeiro turno, nós estamos diante de uma vaga, diante de uma onda que expressa o sentimento de que, pela primeira vez em nossa história, representantes das camadas mais sofridas podem vir a ocupar a direção do país.

Eu sei que há um verdadeiro desespero. Todos nós sabemos – os Senhores talvez saibam – que existe um projeto de emenda constitucional que a imprensa esconde de nós, para que os Ministros do Supremo continuem, para que sua aposentadoria seja aos 75 anos e não aos 70, de maneira que se passem os próximos quatro anos sem que o novo Presidente possa colocar nenhum Ministro.

Não sei qual é a razão dessa medida. Talvez considere que, ao contrário dos outros trabalhadores, com 70 anos estão desgastados, porque têm muito trabalho. Talvez o grupo do Presidente pense que esses Juízes do Supremo nada fazem, podem ficar até 75 anos.

Quando todos nós da área jurídica sabemos que não é verdade, que eles podem ter todos os defeitos, e talvez estejam pejados deles; mas de não ter trabalho, nós não podemos atribuir isto a eles, de jeito algum.

É um trabalho brutal, devem estar mais desgastados do que a maioria dos trabalhadores. E, no entanto, pensa-se que para eles 70 anos... o que é isso? Isso não é nada... essa gente pode ir até os 75...

É incrível que a imprensa não tenha feito um estardalhaço em torno disso. Incrível não, é nada incrível – a imprensa esconde habitualmente as notícias realmente importantes. Para saber é preciso ligar a Internet e buscar *Carta Maior*, *Migalhas*, *Observatório da Imprensa*, ou então comprar *Le Monde Diplomatique*, que é a maneira de saber alguma coisa, até do Brasil; que é a maneira de saber alguma coisa, mas nós estamos no alvorecer de uma nova era, creio eu, espero pelo menos, e acredito que haverá um ressuscitar do Estado de Direito e, sobretudo, do Estado Social de Direito.

Que nós vamos poder, pelo menos, sorrir esperando um futuro; que alguém da minha faixa etária, e que realmente não tem muita coisa a esperar, mas espero, demore um pouco mais para sair de cena, mas tem de esperar por seus filhos, por seus netos. Por ruim que seja a nossa situação, inclusive do ponto de vista jurídico, que é terrível, eu tenho esperanças, e me sentiria feliz se visse no rosto dos meus Colegas essa mesma esperança, esta mesma crença de que iremos viver dias melhores, de que iremos viver de verdade, não no papel, o Estado de Direito, e, sobretudo, o Estado Social de Direito. Muito obrigado *(palmas)*.

PRESIDENTE DO IGA-IDEPE (PROF. AIRES BARRETO) – Nesse momento, após esta magnífica conferência proferida pelo Prof. Celso Antônio Bandeira de Mello, onde o Direito não se divorciou da realidade e da Política e onde um halo de esperança perpassou todo o ambiente, vamos nos descontrair um pouco. Para tanto, desfaço a Mesa e convido a todos para o *coffee break*.

MESA DE DEBATES "A"

PROCESSO ADMINISTRATIVO TRIBUTÁRIO

PRESIDENTE DA MESA: EDUARDO BOTTALLO
MEMBROS DA MESA: PROFS. CARLOS ARI SUNDFELD, PAULO CONRADO, MARY ELBE QUEIROZ, MARIA LEONOR LEITE VIEIRA

PRESIDENTE (PROF. EDUARDO BOTTALLO) – Meus Colegas, minhas Colegas, dando continuidade ao nosso Congresso, após a magnífica inauguração a que acabamos de assistir, eu declaro instalada a primeira Mesa de Debates, quem tem como tema "Processo Administrativo Tributário".

Fazem parte dessa Mesa o Prof. Carlos Ari Sundfeld, que muito gentilmente acedeu a convite de última hora, pelo qual estamos bastante agradecidos, e substitui a Profa. Lúcia Valle Figueiredo, que por um imprevisto não teve condições de estar aqui presente.

Também integram a mesa a Profa. Maria Leonor Leite Vieira, da PUC/SP, o Prof. Paulo Conrado, Juiz Federal e igualmente Professor da PUC/SP, e a Profa. Mary Elbe Queiroz, da UFPE.

Cada expositor terá prazo de aproximadamente 20 minutos para a apresentação das suas idéias; posteriormente passaremos ao debate, e os participantes que quiserem encaminhar questões à Mesa poderão fazê-lo por escrito, utilizando os formulários que as encarregadas estão distribuindo.

Então, sem mais delongas, eu passo inicialmente a palavra ao Prof. Carlos Ari Sundfeld, que falará sobre o controle de constitucionalidade pelos tribunais administrativos.

PROF. CARLOS ARI SUNDFELD – A indagação proposta a nosso debate neste momento é relativa à viabilidade de os tribunais administrativos encarregados de matéria tributária negarem aplicação, por deliberação própria, às leis que considerem contrárias à Constituição.

Leis Inconstitucionais e Conselho de Contribuintes

O tema tratado não diz respeito somente à matéria de direito tributário, que é decidida nos tribunais administrativos judicantes. Os questionamentos implicam problemas constitucionais mais gerais.

Há uma espécie de paradoxo nas discussões sobre esse assunto. O primeiro pensamento de qualquer constitucionalista é o de – sendo clara a supremacia da Constituição no ordenamento jurídico – afirmar que, na contradição entre a Constituição e uma simples lei, qualquer decisão concreta a ser tomada por um Tribunal Administrativo deve dar preferência à norma hierarquicamente superior. É a forma mais comum de pensamento, e deriva da obrigação do Estado – mais especificamente a Administração, em todas as esferas – de respeitar a Constituição, bem como do predomínio desta no interior da ordem jurídica. Daí a natural tendência de entender que todo e qualquer conflito com a Constituição deve ser resolvido em favor desta. Este raciocínio esconde o paradoxo que consiste na necessidade de compatibilizar princípios constitucionais de igual relevância.

Ocorre que a própria Constituição submete a Administração ao princípio da legalidade (art. 37, *caput*), segundo o qual o administrador é obrigado a fazer o que determina a lei emanada do Poder Legislativo. Este preceito, à primeira vista, sugere não ser possível para o administrador deixar de aplicar uma lei sob o entendimento de que esta é inconstitucional. É que, ao descumprir a lei, violaria o princípio da legalidade e, assim, a própria Constituição.

A possibilidade da não-aplicação de uma lei considerada inconstitucional pelo administrador parece contrariar a repartição de competências criada pela própria Constituição. Sob esse ponto de vista, tende-se a afirmar que não cabe à Administração fazer um juízo sobre a validade de uma lei, devido à sua vinculação com o preceito legal. Esta ótica está muito ligada à idéia de hierarquia. Se há submissão do ato administrativo à lei é porque há relação hierárquica direta entre o legislador (que é o hierarca) e o administrador (que é o subordinado). Como permitir que o subordinado ignore as ordens do superior direto, sob a alegação de que elas são contrárias à vontade do hierarca de segundo grau (o legislador constitucional)? Como poderia funcionar uma hierarquia em que se reconhece ao inferior o direito de fazer juízos sobre as ordens que recebe? Não seria isso uma válvula para a insubordinação?

Mas, para tornar mais complexo o debate, é viável também dizer que – justamente para garantir a aplicação da Constituição e, assim, respeitar sua supremacia – se deve admitir a possibilidade de a Administração repudiar a lei que entende inconstitucional, desde que esse repúdio não esteja baseado no mero capricho, mas em uma análise bem-formulada e fundamentada. Esse modo de ver as coisas propiciaria uma possível solução para o paradoxo. Mas, por ele, o princípio da legalidade administrativa deixa de significar a mera obrigação de a Administração vincular-se à lei e aplicá-la, independentemente de outras considerações. O princípio adquire um sentido mais amplo. Deixa de ser um princípio de legalidade e se transforma em *princípio da juridicidade*, que é a vinculação da Administração com o Direito como um todo, não apenas com a lei, reconhecendo-se a ela, então, a competência de fazer a harmonização das normas envolvidas, independentemente de seu grau hierárquico.

A solução não é tão simples assim, pois ainda resta encontrar justificativa para o reconhecimento dessa competência. Afinal, existe norma definindo quem é competente para, em um caso concreto, dizer que certa lei é inconstitucional?

Sabemos que a Constituição reserva certas competências a órgãos ou autoridades determinadas. Para algumas decisões há *reserva de jurisdição* – o que significa que só um juiz pode tomá-las, como no exemplo da expropriação de bens, que não pode ser feita por ato administrativo. Caso exista uma reserva de jurisdição para o reconhecimento da inconstitucionalidade das leis, quando a Administração pretender repudiar uma norma por esse fundamento deverá necessariamente buscar o pronunciamento do órgão jurisdicional. Não poderá simplesmente deixar de aplicá-la. Essa solução tem o charme de preservar o princípio da superioridade da Constituição sem colocar em risco a hierarquia entre legislador e administrador, já que este se vê privado do poder de ação de ofício.

Mas há mesmo uma reserva de jurisdição nessa matéria? O STF já se pronunciou sobre isso e decidiu pela possibilidade de o Executivo repudiar uma norma que a seu próprio juízo seja inconstitucional. Assim, segundo nossa Corte Constitucional não há reserva de jurisdição para a análise da constitucionalidade da lei – o que confere a qualquer aplicador de lei no Brasil esse tipo de controle, pois é ele quem vai fazer a combinação adequada das regras e aplicá-las – ou não – no caso concreto. O Supremo decidiu dessa forma quando reconheceu que um administrador não comete crime de responsabilidade por não aplicar lei por ele reputada inconstitucional. A condição da legitimidade é que haja fundamentação razoável. Esta linha de pensamento do STF responde à pergunta feita acima, pois não se pode deixar de aplicar uma lei somente por não se gostar dela, ou mesmo pela sua inconveniência. É preciso um choque real com a própria Constituição.

O STF aceita, dessa forma, o controle exercido pelo Executivo, mas considera que, se a fundamentação não for suficientemente boa, não demonstrar a inconstitucionalidade da lei, há crime de responsabilidade, em tese. Mas o fato é que essa interpretação judicial foi firmada em questões que não envolviam matéria tributária. Eram casos de leis que ampliavam os benefícios dos servidores públicos, tipicamente editadas nos finais de mandatos, que, via de regra, oneravam propositalmente o orçamento do ano posterior.

Mas será que nós podemos transpor para outras matérias essa jurisprudência já consolidada do STF? Quais são os problemas da aplicação indiscriminada deste entendimento a outros casos concretos, relativos a outras matérias?

O primeiro problema é saber quem, dentro do Executivo, pode reputar uma lei como inconstitucional. Os casos analisados pelo Supremo eram protagonizados pelo chefe do Poder Executivo. Mas seria possível que um funcionário, no mais baixo grau de hierarquia, afirmasse que determinada lei é inconstitucional e se recusasse a aplicá-la? A doutrina tende a dizer que o único legitimado para deixar de aplicar uma lei, com fundamento em sua inconstitucionalidade, é o chefe do Poder Executivo. Isso em virtude tanto do princípio da segurança jurídica como da igualdade, pois essa atribuição garante que diferentes situações concretas recebam o mesmo tratamento, independentemente de serem executadas por diferentes agentes.

Esta linha de raciocínio ainda não foi testada pela jurisprudência, nenhum caso concreto com essas características foi analisado em definitivo pelo Judiciário. Mas alguns organismos – como o Tribunal de Impostos e Taxas de São Paulo – desafiam essa idéia.

O TIT não é um órgão administrativo qualquer, já que possui características judicantes e desfruta de autonomia. Desta forma, adotando-se a tese de que a competência administrativa para repudiar lei inconstitucional pertence à autoridade de mais alto grau na estrutura hierárquica, seria viável reconhecê-la ao TIT, pois, sendo autônomo, ele não está sob poder de comando de outrem.

Mas esse raciocínio pode ser contestado? Com que fundamento? Em relação à característica judicante, o CADE – Conselho Administrativo de Defesa Econômica é uma boa comparação, devido à discussão sobre sua submissão ao Presidente da República. Conquanto o CADE tenha sido criado por lei nominalmente como autarquia com competência judicante, sendo completamente autônomo, isso não impediu que o Presidente da República, quando surgiu um conflito entre o CADE e o Banco Central sobre a competência para julgar e aprovar as fusões bancárias, se considerasse com poder para dirimir o conflito. Entretanto, o CADE, por maioria, entendeu que não deveria se submeter ao Presidente da República, por ser um órgão sindicante e possuir autonomia, pelo fato de ter sido organizado como uma autarquia e não caber recurso hierárquico de suas decisões. Os conselheiros basearam-se na idéia de que o legislador quis criar um isolamento no tratamento de matérias concorrenciais, que seriam cuidadas por um órgão verdadeiramente autônomo.

Eis, então, um caso que nos mostra como é polêmica a questão concernente ao limite da autonomia, frente ao chefe do Poder Executivo, de órgãos administrativos judicantes. Diante disso, remanesce a questão: será o TIT autônomo para deliberar sobre a inconstitucionalidade de lei tributária, ou só o chefe do Executivo pode fazê-lo?

Para ajudar na análise dessa questão, vale a pena suscitar um debate incidente. A dúvida é quanto ao caráter – técnico ou político – do repúdio administrativo da lei inconstitucional. Isso por que a autonomia técnica dada ao TIT pela lei que o criou não implica necessariamente autonomia para decisões de feição política.

Podemos imaginar, a título de contextualização, um chefe do Executivo recém-eleito que obtenha a alteração geral do regime tributário do país, e o TIT considere as alterações inconstitucionais, deixando de aplicar as novas leis. Esta situação cria um conflito dentro da própria máquina estatal, que pode comprometer a autoridade do chefe do Executivo, ou mesmo seus projetos de governo.

Este conflito é gerado pela ampliação da autonomia dos órgãos administrativos, com conseqüências importantes, como no caso concreto do CADE, que cuida das fusões bancárias. Mas na hipótese do TIT os reflexos podem ser grandes também, e mais imediatos, já que, se uma lei for reputada inconstitucional, o primeiro impacto virá na forma de diminuição de receitas tributárias, pois os contribuintes não mais pagarão um tributo declarado inconstitucional.

Para resolver esta questão, seria possível que uma lei determinasse a competência para o chefe do Poder Executivo sobre o tema da inconstitucionalidade, com caráter vinculante para o TIT?

Dir-se-ia que não, talvez, com base numa interpretação do princípio do devido processo legal, segundo o qual esta garantia constitucional implicaria o reconhecimento do direito do indivíduo de alegar qualquer matéria e vê-la apreciada – e eventualmente acolhida – por qualquer autoridade ou órgão. Mas este raciocínio é uma simplificação, pois o princípio do devido processo não impede a vinculação do julgador às normas. A obrigação de vincular-se a um precedente, que pode ser gerado por uma decisão do Presidente da República ou do Governador do Estado, não pode ser considerada violadora do princípio do devido processo legal. Falamos, evidentemente, de uma discussão administrativa que não limita de maneira alguma o exame do assunto pelo Poder Judiciário.

Parece razoável, segundo a orientação vigente, reconhecer aos Conselhos, aos tribunais administrativos, o poder de deixar de aplicar a lei que, no caso concreto, seja considerada inconstitucional. Este entendimento emana da nossa jurisprudência, no sentido de que deixar de aplicar a lei por considerá-la inconstitucional não é a mesma coisa que decretar sua inconstitucionalidade, pois isto implicaria anular – ou seja, tirar os efeitos, genericamente –, e não é isto que o Conselho pode fazer. Evidentemente, há nisto uma reserva de jurisdição sim; só o Judiciário tem este poder de anular por meio de ação direta de inconstitucionalidade.

Mas também é possível limitar a atuação dos Conselhos de Contribuintes, dos TITs, *desde que com previsão legal expressa*, que excepcione o princípio da autonomia, da independência, de forma a obrigar o órgão a se vincular a uma opção feita pelo chefe do Poder Executivo.

Mas, para esse efeito, a dúvida interessante é se o veto ou a sanção do chefe do Poder Executivo à lei questionada teria o condão de vincular os órgãos administrativos. Se ele sanciona a lei, é porque não a considera inconstitucional. Pode acontecer também de um projeto aprovado pelo Legislativo ser vetado pelo Executivo sob o fundamento da inconstitucionalidade e, a seguir, o veto ser derrubado, promulgando-se a lei. Neste último caso deve-se entender que há um juízo vinculante quanto à inconstitucionalidade, emanado do Chefe do Executivo?

O STF, nas vezes em que examinou os efeitos da sanção, entendeu que se uma lei é inconstitucional por vício de iniciativa mas o chefe do Poder Executivo a sanciona, nem por isso está convalidado o vício – e mais, nem por isso estará a Administração Pública obrigada a entender que a lei é constitucional. Segundo essa jurisprudência, uma lei sancionada pode ser questionada administrativamente, pode vir a ser repudiada pelo próprio chefe do Poder Executivo que a sancionou, por outro que o suceda ou por órgão administrativo inferior. Em suma, a sanção e o veto não podem ser tomados como deliberações vinculantes para toda a Administração Pública. Desse modo, a resposta à nossa última pergunta é negativa. O Tribunal Administrativo não fica impedido de repudiar uma lei que repute inconstitucional apenas pelo fato de o chefe do Executivo, ao sancioná-la, haver considerado inexistir vício de constitucionalidade.

PRESIDENTE (PROF. EDUARDO BOTTALLO) – Eu quero cumprimentar o Prof. Carlos Ari Sundfeld pela sua brilhante apresentação.

Eu passo, agora, a palavra ao Prof. Paulo Conrado, que vai falar sobre "Compensação. Análise do art. 170-A do CTN".

PROF. PAULO CONRADO – Muito bom dia a todos! Cumprimento-os na pessoa do Prof. Eduardo Bottallo, Presidente desta Mesa de Debates, dizendo-lhes da minha alegria em poder participar desse evento tão grandioso, muito embora me sinta, aqui, como um "peixe-fora-d'água". É que a proposta dessa Mesa de Debates, como sabido, é operar com o tema "Processo Administrativo Tributário", e o subtema que me foi conferido – Compensação. Análise do art. 170-A do CTN" – obriga-me a penetrar na questão do processo judicial tributário.

Peço vênia, então, aos Senhores para o pequeno desvio que farei.

Os Senhores sabem que o art. 170 e o seu apêndice, o art. 170-A – incluído pela Lei Complementar 104 –, integram capítulo do Código Tributário Nacional que tem como título a "Extinção do Crédito Tributário"; e assim, de fato, a compensação é tratada nos diversos dispositivos do Código Tributário Nacional sempre como uma modalidade de extinção do crédito tributário – ou, melhor dizendo, como uma forma de extinção da obrigação tributária.

O legislador – talvez propositadamente – olvidou-se de um segundo aspecto que é essencial para a caracterização do fenômeno compensatório: sua vocação para a extinção de um segundo tipo de relação jurídica, que nós podemos chamar – apropriando-nos de nomenclatura corrente na obra do Prof. Eurico de Santi – de relação de débito do Fisco.

E – reconheçamos – essa é a virtude mais evidente da compensação tributária. Não estamos negando, por certo, sua vocação extintiva da obrigação tributária; o que não dá para fazer, todavia, e evidentemente, é desprezar a circunstância de que a compensação opera nos dois planos assinalados.

Em rigor, teríamos, assim, uma forma de extinção da obrigação tributária que difere de todas as demais previstas no art. 156, por hospedar dupla função.

Ao final das contas, suporíamos o fenômeno da compensação, no âmbito do direito tributário, atingindo, fulminando, duas relações jurídicas.

Muito bem, a compensação no âmbito tributário está condicionada – isso todos nós sabemos – à existência de lei.

No âmbito federal essa lei veio em 1991, a Lei 8.383, sobre a qual nós passamos uma década discutindo – aliás, já passamos uma década de discussão da Lei 8.383, com todos os seus desdobramentos, fechando esse longo período, convenhamos, de forma "apoteótica", marcada pelo surgimento do art. 170-A, apêndice do art. 170, cuja redação é a seguinte: "É vedada a compensação mediante o aproveitamento de tributo, objeto de contestação judicial pelo sujeito passivo, antes do trânsito em julgado da respectiva decisão judicial".

Esse dispositivo, inserido pela Lei Complementar 104, de 10.1.2001, nos faz lembrar alguma coisa que surgira algum tempo antes, que não tem força normativa, mas que muitas vezes é manipulada, especialmente pelo Judiciário, como se lei fosse: refiro-me à Súmula 212 do STJ, que diz, por sua vez, que a compensação de créditos tributários não pode ser deferida por meio de liminares.

Percebam os Senhores que é inevitável, quando falamos de compensação, tocar no tema do processo judicial: esses dois dispositivos, que são a nossa matéria-prima fundamental, fazem referência expressa a decisões judiciais passadas em julgado; fazem referência, portanto, ao fenômeno da coisa em julgada, que é típico do processo judicial.

Muito bem, eu não pretendo trazer para os Senhores, aqui, questões que de uma certa forma já foram trabalhadas no decorrer dessa década de existência da Lei 8.383.

Nós – tomado o mínimo de normalidade – entendemos que um ato inferior à lei, um ato normativo, um ato infralegal, não pode, evidentemente, introduzir requisitos que não foram previstos em lei para o manejo de determinado ato – no caso, o ato compensatório.

Essa questão nos parece deve ser deixada de lado; no lugar de falar de temas praticamente vencidos ou superados, teremos que analisar a atual contextura do fenômeno compensatório dentro do processo, fundamentalmente do processo judicial.

Vejam: eu havia sinalizado, pouco antes, a circunstância de a compensação operar fulminando duas relações jurídicas: de um lado, a relação jurídico-tributária, a obrigação tributária, o crédito tributário; e, de outro, a relação jurídica de débito do Fisco.

Muito bem, esse encontro depende efetivamente da constituição em linguagem hábil dessas duas relações jurídicas. Só é possível supor a compensação operando efeitos a partir do momento que as relações jurídicas cujo encontro se pressupõe estejam materializadas em linguagem competente.

Nosso sistema é extremamente ingrato – eu diria aos Senhores – em relação ao contribuinte, uma vez que coloca em suas mãos, na maior parte das vezes, o dever de, através do autolançamento, constituir o crédito tributário. Nós sabemos que o autolançamento, que seria uma exceção no nosso sistema, em termos práticos, funciona como verdadeira regra – a esmagadora maioria dos tributos está sujeita de fato a lançamento por homologação ou autolançamento.

Temos, então, e em rigor, que a obrigação tributária é posta através de linguagem que é forjada pelo próprio contribuinte. Estamos falando aqui, por certo, de uma das pontas da compensação.

Agora, vejam que em relação à segunda ponta – a relação de débito do Fisco – o sistema não confere autorização qualquer ao contribuinte. Podemos dizer que não existe um "autolançamento" do débito do Fisco – o que quer significar que para a tradução em linguagem da relação de débito do Fisco, para o reconhecimento de que o Fisco é devedor do contribuinte, necessário o manejo de uma linguagem que é reservada à própria Administração Pública ou, então, ao Poder Judiciário.

Sem dúvida alguma que na maior parte das vezes o contribuinte recorreria, pelo menos no plano hipotético, ao Poder Judiciário visando à constituição do débito do Fisco, fazendo-o através de ação que nós chamaríamos, em regra, de repetição de indébito ou, para que cheguemos à idéia de compensação, através de ação declaratória – ação que, em rigor, nada tem de declaratória, porque constitui o fato jurídico do pagamento indevido.

Chegaríamos, aí, à matéria-prima necessária à compensação. O contribuinte tem o crédito tributário já lançado ou em vias de sê-lo por atitude sua mesmo, no regime jurídico geral do autolançamento; e, ao mesmo tempo, teria o reconhecimento administrativo ou judicial – como eu quero crer que vá acontecer na maior parte das vezes – da existência do débito do Fisco.

Em rigor, portanto, quando o art. 170-A foi posto no CTN, o que tivemos foi a consagração da idéia de que o contribuinte não tem linguagem, não é dotado de linguagem para instituir o débito do Fisco. O que o art. 170-A fez foi isso.

Agora, há um pequeno problema, porque ele (art. 170-A) faz referência a créditos tributários; ou, melhor, a débitos do Fisco que estariam sendo objeto de contestação judicial.

Traz a sensação, em última análise, de que o reconhecimento seria privativo da autoridade judiciária. Evidentemente que o art. 170-A não exclui os demais diplomas que já conviviam no nosso sistema e que reconheciam a possibilidade de, em nível de processo administrativo, buscar-se a constituição do indébito tributário. Nesse sentido, nós teríamos a compensação sendo manejada, em concreto, mediante expedientes que dispensariam a intervenção (por vezes desastrosa) do Poder Judiciário.

Nessa trilha – notem –, teríamos que admitir a convivência desse segundo sistema de compensação com o sistema judicial. Agora, perguntamos: sistema judicial de compensação em que termos?

Parece-nos que esse sistema envolveria, de ordinário, a busca, junto ao Poder Judiciário, do reconhecimento do indébito, e não do reconhecimento do direito de compensar – até porque a compensação como uma forma de extinção do crédito tributário está legalmente posta, estritamente debaixo dos termos da lei.

Quem confere ao contribuinte o direito de ver seu crédito extinto pelo fenômeno da compensação, pela forma da compensação, é a lei, nos seus específicos termos.

Agora, evidentemente, para compensar o crédito tributário o contribuinte precisa ter reconhecido que ele é credor do Fisco. E o que faz o Judiciário? Se o contribuinte optar pela via judicial, o que faz o Judiciário? Mais uma vez: constitui o indébito do Fisco, constitui a relação jurídica por força da qual o Fisco é considerado devedor daquele específico contribuinte. A partir do momento que se reconhece a existência dessa relação jurídica é que o contribuinte fará, então, a compensação.

É bem verdade, vejam, que da leitura da Súmula 212 e do art. 170-A é possível a sensação de que o Judiciário, quando instado nesses ambientes, faria mais do que reconhecer a existência da relação jurídica de indébito; o Judiciário – pode parecer – estaria reconhecendo o próprio direito à compensação.

Essa sensação, entretanto, nos parece muito mais decorrente da influência (bastante negativa) da prática sobre a teoria do qualquer outra coisa – efeito até certo ponto compreensível, tendo em vista tudo que aconteceu nessa década de vigência da Lei 8.383.

Explico: por conta dos atos administrativos que amesquinhavam o exercício da compensação, o contribuinte por vezes viu-se obrigado a impetrar mandado de segurança, ingressar com ação judicial, buscando o reconhecimento do direito de compensar sem aquelas restrições impostas por atos infralegais. O Judiciário, com isso, o que passou a dizer? Confrontando o ato infralegal com a lei, com a Constituição – enfim, fazendo o necessário confronto normativo –, passou a reconhecer o direito de compensar, assim como o dever do Fisco de suportar tal prática.

Essas manifestações foram tão reiteradas, que, ao final das contas, mesmo depois, quando já eventualmente afastada a incidência dos referidos atos infralegais, o contribuinte continuou pedindo a mesmíssima coisa: o tal reconhecimento do direito de compensar. O problema é que, superadas as questões atinentes à operatividade dos atos infralegais, por vezes já não estava mais o contribuinte (e é o que acaba acontecendo até hoje) buscando, em rigor, o reconhecimento do direito de compensar, mas o reconhecimento do próprio indébito tributário.

A partir da leitura desses dispositivos nós teríamos uma aparente proibição sendo introduzida ao Poder Judiciário de, em sede de medida liminar, reconhecer esse direito de compensar. Agora, convenhamos, é preciso contextualizar esses dispositivos.

A Súmula 212, em primeiro lugar, fora produzida em razão de um juízo que é de todo lógico: evidente que, sendo a compensação uma forma de extinção do crédito tributário, não poderia a medida liminar – decisão eminentemente provisória – admiti-la.

Até aí nos parece que ela – Súmula – nada tenha trazido de novo.

O art. 170-A do CTN, introduzido pela Lei Complementar 104, por sua vez, reforçaria essa afirmação dizendo que o veículo apropriado para o reconhecimento do direito à compensação seria a sentença – o que deve, entretanto, ser corrigido: a sentença é veículo apropriado para introduzir no mundo jurídico o fato jurídico da relação de indébito do Fisco.

Paralelamente a tudo isso, cumpre perceber que na Lei Complementar 104 há alteração simultânea do art. 151 do CTN, que trata das hipóteses de suspensão da exigibilidade do crédito tributário.

Acabando com aquela discussão extremamente cansativa sobre se a medida cautelar e a tutela antecipada teriam vocação suspensiva da exigibilidade do crédito tributário – parcela da doutrina mesmo antes da mencionada lei complementar reconhecia essa vocação –, a Lei Complementar 104 admite textualmente que aqueles atos decisórios suspendem também a exigibilidade do crédito tributário, vindo tal alteração à luz exatamente no mesmo contexto da modificação introduzida no art. 170.

Tudo isso nos leva a concluir que a compensação de fato se operaria definitivamente desde que tivéssemos em mãos uma norma individual e concreta que reconhecesse (definitivamente) a existência do indébito tributário (essa norma individual e concreta, nos termos do art. 170-A do CTN, seria a sentença transitada em julgada); isso, frise-se, para que se faça a compensação; agora, convenhamos, ninguém pode esquecer que a compensação supõe o encontro do indébito (aquele que se pretende ver reconhecido através da bendita sentença) com um crédito tributário que, no mais das vezes, deve ser lançado pelo próprio contribuinte.

Evidentemente que, até que a sentença seja produzida, esse crédito tributário que se vai autolançar vai se transformar, se não for pago, em inscrição na Dívida Ativa, vai se transformar em execução fiscal – o que frustrará o fenômeno compensatório tal qual previsto ou tal qual introduzido no nosso sistema. É por isso que é preciso interpretar o art. 170-A, interpretar a Súmula 212 do STJ, em combinação com o art. 151 do CTN.

Se é verdade que a sentença de fato é o único instrumento – tirante a hipótese do recurso administrativo – hábil a constituir de forma definitiva a matéria-prima necessária à compensação, não é menos verdade que o crédito tributário que vai ser encontrado com aquele indébito precisa ter sua exigibilidade suspensa até que se defina, até que se constitua definitivamente, o indébito; e daí, percebam, vejam o sentido da Lei Complementar 104, que restringe alguma coisa que já estava restrita desde antes (o reconhecimento do indébito a instrumentos jurídicos com foro de definitividade), mas amplia, de outro lado, a vocação do art. 151, instituindo a suspensão da exigibilidade de crédito por diversos instrumentos processuais provisórios.

Então, percebam, em termos concretos (i) o contribuinte poderia ingressar com uma ação de rito ordinário, aquela mediante a qual o juízo teria condições de conhecer toda a matéria fática debatida; (ii) ao final, julgando procedente a ação, o Judiciário reconheceria a existência do indébito do Fisco, mas dentro dessa mesma ação ordinária eu poderia ter a incidência daquele instituto previsto no art. 273 do CPC, a tutela antecipada, não para "dar a compensação" – porque liminar nunca foi instrumento para dar compensação qualquer (quem dá o direito de compensar é a lei) –, mas para suspender a exigibilidade do crédito tributário que se pretende compensar definitivamente ao final, quando a relação jurídica de indébito do Fisco for definitivamente constituída.

Eu digo isso aos Senhores com um certo pesar, porque o que percebo – e eu digo isso com toda honestidade, porque integro o Poder Judiciário – é um manejo absolutamente indevido especialmente da Súmula 212 do STJ e do art. 170-A do CTN, que vem sendo tomado como uma chancela legislativa daquilo que o STJ já tinha feito antes.

A interpretação que voga nos parece a pior possível: o STJ já havia abreviado, com a interpretação dada à Súmula 212, competência que não era dele, competência que era do juiz de primeiro grau – porque compensação demanda o encontro de fatos jurídicos, e o STJ não tem competência para apreciar fatos. Agora, o grande problema mesmo é perceber o Poder Judiciário decidindo, em concreto, pedidos de suspensão da exigibilidade do crédito tributário que se vai compensar no futuro como se fossem pedidos de compensação, pedidos de autorização para compensar, fazendo-o sem qualquer motivação.

Eu me aproveitaria das palavras do Prof. Celso Antônio no sentido de adverti-los para a absoluta ausência de fundamentação, absoluta nulidade, da decisão judicial que diz, simplesmente: "Não concedo por força da súmula". Invocar súmula não é motivar decisão judicial.

Eu enxergaria essa situação, ao final – e infelizmente –, de forma bastante pessimista, porque, no mais das vezes, o que se percebe é a intensificação do uso, do mau uso, dessa Súmula.

Terminando essa breve análise do art. 170-A do CTN, exortaria todos os Senhores – especialmente aqueles que advogam – a que, ao formular pretensões dessa natureza, escrevam seus pedidos de medida liminar com letras de tamanho pelo menos 30 *(risos na platéia),* esclarecendo sempre que o que se quer é a suspensão da exigibilidade do crédito. Quero crer que é hora, depois de mais 10 anos, de o fenômeno da compensação receber o tratamento que merecia desde antes por parte do Judiciário. Muito obrigado *(palmas).*

PRESIDENTE (PROF. EDUARDO BOTTALLO) – Agradeço a manifestação do Prof. Paulo Conrado. Esperamos que suas palavras, tão lúcidas, encontrem eco entre seus pares.

Eu passo a palavra, na seqüência, à Profa. Mary Elbe Queiroz, da UFPE, integrante do Conselho de Contribuintes do Ministério da Fazenda, que vai falar sobre "A Prova em Meio Eletrônico – Procedimentos do Fisco e do Contribuinte. Documento Eletrônico. Inidoneidade de Documentos Fiscais e seus Efeitos em Relação a Terceiros".

PROFA. MARY ELBE QUEIROZ – A revolução cibernética, os avanços tecnológicos, a celeridade das comunicações e das transações no mundo globalizado estão levando à quebra de velhos paradigmas, dos quais aflora a necessidade de serem adaptados os conceitos tradicionais à realidade das novas situações e relações virtuais.

Por natureza o Direito mantém-se conservador, estando impregnado de conceitos tradicionais na busca de segurança jurídica, a fim de garantir aos cidadãos o conhecimento prévio e reflexivo das conseqüências jurídicas dos atos praticados. Na atualidade, o Direito não tem como acompanhar a velocidade virtual na elaboração de normas, diante das ágeis transformações do mundo eletrônico, em que as relações acontecem em frações de segundos e são essencialmente dinâmicas.

As leis não podem acompanhar o mundo cibernético; pelo contrário, as normas devem ser tecnologicamente neutras, pois não se deve legalizar conceitos ou meios tecnológicos, sob pena de a própria lei tornar-se rapidamente obsoleta. Entretanto, as relações acontecidas no mundo virtual também demandam regulação e soluções para os conflitos dele advindos. Exsurge, assim, a necessidade de que as normas estáticas possam adequar-se para se tornarem aplicáveis às novas tecnologias.

Aparentemente, são inconciliáveis o Direito e a Informática, tendo em vista tratar-se de dois universos opostos, em que no primeiro prevalece o conservadorismo e a norma estática, enquanto no segundo a agilidade e o dinamismo são céleres. Como alcançar o equilíbrio e conciliar, no mundo atual, a necessidade de regrar as relações que acontecem em tempo real no mundo virtual?

Na escassez de legislação específica, a solução aponta no sentido de que caberá ao aplicador do Direito construir a melhor interpretação a ser aplicada aos casos concretos, adaptando os conceitos e normas existentes às novas relações, pois a modernidade não é garantia de boa-fé. Tal qual o mundo em que as relações revelam-se e são retratadas por meio de documentos físicos e materiais, no mundo eletrônico há também a possibilidade de existirem fraudes, falsificações e adulterações, especialmente tendo em vista a indiscutível possibilidade de ser o meio virtual dotado de maior mutabilidade lógica. Os comportamentos contrários ao ordenamento não são privilégio do mundo tangível ou do mundo virtual.

Desde o momento em que o homem passou a se comunicar houve uma evolução na forma de se evidenciar e confirmar a prática de um ato ou a existência de uma determinada relação humana, até se chegar à necessidade da comprovação dos fatos mediante a produção de prova documental, por escrito, em papel.

Na era primitiva as expressões de vontade eram reveladas por sinais, rituais ou expressões. Posteriormente, surgiram as assembléias em praça pública, em que a comprovação dos fatos era resultado do conhecimento das pessoas em ato público. No Direito Antigo prevaleciam os gestos e atitudes como ritos legais, como, por exemplo, a *traditio* ou a *manufirmatio* na Antiga Roma, em que não era exigida a forma escrita para exteriorização dos atos formais, os quais eram aceitos, apenas, com o pronunciamento de palavras sacramentais perante testemunhas idôneas.

Com o passar dos tempos, o mundo do Direito, na tentativa de imprimir maior segurança jurídica, passou a considerar a prova documental em papel como sendo dotada de maior confiabilidade exatamente pela forma tangível e material como tal meio se apresenta, bem assim tendo em vista a possibilidade de se aferir sua veracidade ou sua alteração.

Com o surgimento das relações virtuais e a tendência da substituição do documento em papel pelo meio eletrônico começou-se uma nova era, na qual foram postas em xeque a fragilidade da prova em meio eletrônico e sua aceitabilidade como elemento probante.

Não se pode negar a dificuldade de transpor e aplicar as regras e figuras jurídicas existentes, visualizadas sob uma ótica de antigos padrões já conhecidos e, por isso, considerados mais seguros, à novidade do mundo virtual. Séculos têm sido incorporados às novas realidades sociais, porém, com respeito à aplicação das normas jurídicas tradicionais às novas tecnologias, aparecem conflitos, ou elas são admitidas com reservas.

Porém – como nos ensina Moacyr Amaral Santos –, "a exigência da verdade, quanto à existência ou inexistência dos fatos, se converte na exigência da prova destes". Para esse Mestre, *provar* é convencer o espírito da verdade respeitante a alguma coisa, destinando-se a prova a levar ao juiz o conhecimento da verdade dos fatos da causa. Ainda segundo ele, a prova tem por finalidade convencer o juiz quanto à existência ou inexistência dos fatos sobre que versa a lide.[1]

Nas lições de Chiovenda, "provar significa formar o convencimento do juiz sobre a existência ou inexistência dos fatos relevantes no processo".[2]

Pode-se conceituar a prova como o conjunto de meios empregados que se prestem para demonstrar a existência ou inexistência de um ato, fato ou relação jurídica.

1. Moacyr Amaral Santos, *Primeiras Linhas do Direito Processual Civil*, São Paulo, Saraiva, 1977, pp. 286-293.

2. Giuseppe Chiovenda, *Istituzioni di Diritto Processuale Civile*, vol. II, Nápoles, 1936.

Nosso ordenamento jurídico, ao consagrar as garantias fundamentais dos cidadãos, coloca como princípios basilares a legalidade, a verdade material, o devido processo legal, o contraditório e ampla defesa e a obtenção de provas por meios lícitos. Tais primados podem ser traduzidos em que ninguém será privado da liberdade ou dos seus bens sem o devido processo legal, assegurando-se, sempre, um processo estruturado de modo a garantir a prevalência da verdade real, no qual ninguém poderá ser acusado sem provas e sem que lhe sejam dadas ciência e oportunidade de se defender das acusações, em sede de processo administrativo ou judicial, e que quaisquer provas apresentadas não serão obtidas por meios ilícitos.

A essência desses preceitos reside em que o processo deverá ser regido inteiramente pela lei (formal e material), ser um julgamento isento e imparcial, devendo ser respeitado o direito das partes de tomarem ciência e serem ouvidas sobre todos os atos do processo e que elas possam defender-se de forma ampla, por todos os meios de prova admitidos em lei, obtidas de forma lícita.

O Direito há de admitir e garantir aos litigantes todos os meios para provarem suas alegações, independentemente da forma como eles se apresentem, desde que sejam legais, moralmente legítimos, obtidos por meios lícitos e suficientes para demonstrar a verdade dos fatos.

Nesse sentido, pode-se inferir que, apesar da revolução da Informática, cuja essência assenta-se na imaterialidade dos meios em que se apresenta, mesmo assim, essa nova forma de evidenciar atos e relações, igualmente, presta-se a demonstrar a existência ou inexistência de fatos, tendo em vista que a prova em meio eletrônico é suficiente para atender às exigências das garantias asseguradas aos cidadãos.

Para que seja aplicada a lei ao fato mister se faz conhecer o fato. Para que se conheça o fato, contudo, é necessário que ele seja revelado ao mundo por meio de relato em linguagem competente, isto é, a linguagem que o mundo do Direito prescreve e aceita, como nos ensina Paulo de Barros Carvalho.[3] Sob essa perspectiva, os atos, fatos e relações eletrônicas, apesar da insuficiência de legislação e jurisprudência sobre o assunto, podem ser objeto de prova, bem assim prestam-se como meio ou elemento probatório, pois não há como se recusar que poderão ser admitidos pelo nosso ordenamento jurídico.

Vários questionamentos, todavia, são colocados no sentido de se saber se os fatos acontecidos em meio virtual podem ser traduzidos e caracterizados como documentos.

O vocábulo "documento" significa toda representação material destinada a reproduzir determinada manifestação do pensamento; isto é, *documento* é tudo que se expressa por meio de sinais do pensamento. Para Chiovenda documento é toda representação material destinada a reproduzir determinada manifestação do pensamento, como uma voz fixada duradouramente.[4] Já, para Pontes de Miranda *documento* é toda coisa em que se expressa por meio de sinais o pensamento.[5] O mestre Carnelutti já definia *documento* como uma coisa capaz de representar um feito.[6]

Na verdade, pode ser considerado como documento tudo aquilo que registra um fato, independentemente do meio que se apresenta ou se revela. Enquadra-se como tal qualquer objeto de valor documental apto para demonstrar a ocorrência, ou não, de um fato – como, por exemplo, fotografias, filmes, papéis, que sirvam para elucidar, instruir ou comprovar cientificamente algum fato.

O documento eletrônico é uma seqüência ou cadeia de *bits*[7] criada por um pro-

3. Paulo de Barros Carvalho, *Curso de Direito Tributário*, São Paulo, Saraiva, 2000.

4. Giuseppe Chiovenda, *Istituzioni* ..., vol. II.

5. Pontes de Miranda, *Tratado de Direito Privado*.

6. Francesco Carnelutti, *La Prueba Civil*, Buenos Aires, Depalma, 1979.

7. *Bits* – Menor unidade de informação utilizada pelo computador em processamento de dados;

grama de computador, sem vinculação necessária com qualquer meio físico, com função idêntica ao documento tradicional: registrar ou representar um fato ou pensamento, fixando-o de modo permanente e idôneo. Ele difere do documento tradicional, contudo, no tocante ao modo em que se apresenta, por não ser uma coisa tangível e perceptível por meio dos sentidos, encontrando-se dissociado do meio físico material. Todavia, desde que tomadas as devidas cautelas, ele pode ser considerado, sim, como um documento e lhe pode ser reconhecido efeito probante.

No tocante à aceitação do meio eletrônico como instrumento probatório não há nas leis atuais soluções específicas e eficazes para os casos concretos – o que exige dos operadores do Direito uma nova forma de visualizar as relações virtuais e adequar as normas existentes à modernidade cibernética. A juridicização dos fatos não acontece de imediato, tendo em vista a necessidade de primeiramente serem assentados os entendimentos no mundo social, para somente *a posteriori* serem fixados e legalizados os fatos e respectivos conceitos.

Enquanto não são editadas normas específicas relativas à juridicização das relações virtuais, todavia, como resolver os casos concretos? A solução aponta no sentido da busca da melhor interpretação para compatibilizar as normas vigentes ao universo virtual, uma vez que a dinâmica das relações é urgente e mais veloz que a sedimentação estática dos conceitos jurídicos. A adequação do Direito à evolução das relações sociais é sempre feita pelo intérprete e aplicador da lei.

As relações não podem ficar à espera de leis. Portanto, as regras hoje existentes podem e devem ser aplicadas às situações que se apresentam. Tal constatação resulta em que, diante do caso concreto, caberá ao aplicador procurar interpretar e integrar o Direito, o que exigirá um trabalho de construção e aplicação cuidadosa na transposição de regras elaboradas para meios físicos, revelados pela materialidade tangível, para o meio virtual, essencialmente imaterial e intangível. Fazer a integração e encontrar a interpretação mais adequada exigirá um trabalho árduo e cauteloso do aplicador das normas, pois essa transposição implica efeitos econômicos e jurídicos.

Interpretar é construir o alcance e o sentido das expressões do Direito e da norma jurídica. Compete àquele que vai operar o Direito buscar interpretá-lo, para poder aplicá-lo. A interpretação e a aplicação do Direito exigem do seu operador consciência ético-jurídica, sensibilidade e argúcia necessárias para que, frente ao caso concreto, ele saiba optar pela melhor decisão do Direito aplicável, que resulte na maior certeza e segurança jurídicas, na realização da isonomia e da justiça.

Já, a integração – nas lições de Carlos Maximiliano – "é o processo através do qual, diante da omissão ou lacuna da lei, busca-se preencher o vácuo. A distinção entre interpretação e integração está, portanto, em que na primeira se procura identificar o que determinado preceito legal quer dizer, o que supõe, é claro, a existência de uma norma de lei, sobre cujo sentido e alcance se possa desenvolver o trabalho do intérprete. Na segunda, após esgotar-se o trabalho de interpretação sem que se descubra preceito no qual determinado caso deva subsumir-se, utilizam-se os processos de integração, a fim de dar solução à espécie".[8]

A interpretação pressupõe a existência de norma jurídica a ser analisada. Na verdade, somente se interpreta o que existe para ser interpretado. Porém, é comum a necessidade de se decidir sobre casos para os quais inexiste previsão legal específica.

todos os arquivos eletrônicos são seqüências de *bits*; cadeias de *bits* são funções matemáticas programadas por meio de algoritmos de modo que ao final é criada uma chave eletrônica ou digital que preserva a cadeia original de *bits*.

8. Carlos Maximiliano, *Hermenêutica e Aplicação do Direito*, p. 1.

Daí dizer-se existirem *lacunas* na lei (ressalve-se que parte da doutrina entende que inexiste lacuna na lei).

Se a lei pode ter lacunas, o ordenamento jurídico não as tem. Na hipótese de ser necessário fazer-se uso ou quando o aplicador da lei se deparar com a prova em meio eletrônico, mister se faz ele interpretar e integrar o sistema normativo para adotar a melhor decisão. Nesse sentido, a Lei de Introdução ao Código Civil consagra o princípio da inafastabilidade da jurisdição, estabelecendo que: "Art. 4º. Quando a lei for omissa, o juiz decidirá o caso de acordo com a analogia, os costumes e os princípios gerais de Direito".

A esse sistema de apreciar e revestir de juridicidade os casos que não estão expressamente previstos em lei chama-se *integração*.

Na falta de disposição expressa, a autoridade deverá buscar no ordenamento jurídico uma norma que discipline matéria semelhante, de modo que a razão da disciplina expressa nessa matéria possa aplicar-se àquela: havendo a mesma razão, há de haver a mesma solução.

No nosso ordenamento jurídico existem inúmeros dispositivos que podem compor um arcabouço legal suficiente para dar suporte ao intérprete para que ele possa reconhecer o valor probante do meio eletrônico. Nesse sentido são os dispositivos a seguir transcritos.

Constituição Federal: "Art. 5º. Todos são iguais perante a lei, sem distinção de qualquer natureza, garantindo-se aos brasileiros e aos estrangeiros residentes no país a inviolabilidade do direito à vida, à liberdade, à igualdade, à segurança e à propriedade, nos termos seguintes: (...) LV – aos litigantes, em processo judicial ou administrativo, e aos acusados em geral são assegurados o contraditório e ampla defesa, com os meios e recursos a ela inerentes; LVI – são inadmissíveis, no processo, as provas obtidas por meios ilícitos; (...)".

Código Civil Brasileiro (Lei 10.406/2002): "Art. 104. A validade do negócio jurídico requer: I – agente capaz; II – objeto lícito, possível, determinado ou determinável; III – forma prescrita ou não defesa em lei; (...)".

"Art. 107. A validade da declaração de vontade não dependerá de forma especial, senão quando a lei expressamente a exigir."

"Art. 112. Nas declarações de vontade se atenderá mais à intenção nelas consubstanciada do que ao sentido literal da linguagem."

"Art. 219. As declarações constantes de documentos assinados presumem-se verdadeiras em relação aos signatários."

"Art. 225. As reproduções fotográficas, cinematográficas, os registros fonográficos e, em geral, quaisquer outras reproduções mecânicas ou eletrônicas de fatos ou de coisas fazem prova plena destes, se a parte, contra quem forem exibidos, não lhes impugnar a exatidão."

Código de Processo Civil: "Art. 126. O juiz não se exime de sentenciar ou despachar alegando lacuna ou obscuridade da lei. No julgamento da lide caber-lhe-á aplicar as normas legais; não as havendo, recorrerá à analogia, aos costumes e aos princípios gerais de Direito".

"Art. 131. O juiz apreciará livremente a prova, atendendo aos fatos e circunstâncias constantes dos autos, ainda que não alegados pelas partes; mas deverá indicar, na sentença, os motivos que lhe formaram o convencimento."

"Art. 154. Os atos e termos processuais não dependem de forma determinada senão quando a lei expressamente a exigir, reputando-se válidos os que, realizados de outro modo, lhe preencham a finalidade essencial."

"Art. 332. Todos os meios legais, bem como os moralmente legítimos, ainda que não especificados neste Código, são hábeis para provar a verdade dos fatos, em que se funda a ação ou a defesa."

"Art. 383. Qualquer reprodução mecânica, como a fotográfica, cinematográfica, fonográfica ou de outra espécie, faz prova dos fatos ou das coisas representadas, se aquele contra quem for produzida lhe admitir a conformidade."

É inegável que o nosso ordenamento jurídico dá respaldo a que sejam acolhidas também as provas e os documentos produzidos em meio eletrônico. Tal conclusão poderá ser retirada, inclusive, da leitura do próprio art. 335 do CPC, que dispõe acerca do poder decisório do julgador, mesmo na ausência de disposições expressas sobre a matéria: "Art. 335. Em falta de normas jurídicas particulares, o juiz aplicará as regras da experiência comum subministradas pela observação do que ordinariamente acontece e ainda as regras da experiência técnica, ressalvado, quanto a esta, o exame pericial".

No tocante ao exame pericial é importante destacar que no mundo virtual existem os peritos especialistas que poderíamos chamar de *ciberperitos*, como *experts* em *digital evidence*.

Contudo, nessa adaptação da legislação existente à tecnologia e suas conseqüências jurídicas, tendo em vista o meio virtual ser dotado de possibilidades ilimitadas, alguns pontos são colocados que podem fragilizar o efeito probante do documento eletrônico, tendo em vista que nesse campo pode ser questionada a respectiva segurança jurídica, em virtude da dificuldade de se precisar: a) a autenticidade – a autoria do documento; b) a integridade – se o conteúdo do documento é verdadeiro; c) a vulnerabilidade – se o conteúdo do documento é passível de ser alterado; d) a veracidade e a fidedignidade – se o documento que for apresentado efetivamente é o que foi produzido pelo respectivo autor; e) a inviolabilidade – se o documento não poderá ser alterado; f) a confidencialidade e a privacidade – se o meio virtual é passível de ser acessado e conhecido por muitos; g) a irrevogabilidade – se o autor pode alterar o conteúdo do documento enviado; h) o não-repúdio – se o autor do documento poderá negar a sua emissão; i) a credibilidade – se o documento eletrônico é instrumento legítimo como meio de prova; j) o armazenamento – se o meio que se apresenta é suficiente para preservar o seu conteúdo.

Para que sejam reconhecidas a validade e a eficácia da prova em meio eletrônico, portanto, além dos requisitos colocados para os atos jurídicos em geral (agente capaz, objeto lícito e forma prescrita ou não defesa em lei)s mister se faz que sejam estabelecidos mecanismos seguros que possam assegurar a autoria, a preservação e a verdade do conteúdo do documento eletrônico.

As novas tecnologias da informação e das comunicações, unidas a outras técnicas, hoje já fornecem meios capazes de dar confiabilidade ao documento eletrônico e trazem consigo uma maior segurança, mediante o desenvolvimento e extensão de remédios técnicos e procedimentos de controle baseados na Criptografia. Essa maior segurança poderá ser alcançada com uma adequação normativa que nos conduza a uma autenticação eletrônica.

No mundo cibernético, atualmente, o que parece existir de mais seguro é a chamada "assinatura digital" ou "certificação digital". Ressalte-se que a evolução é muito rápida, e já há pesquisas no tocante ao meio quântico e estão sendo aplicáveis técnicas biométricas revolucionárias (códigos para identificação eletrônica e reconhecimento da íris do olho, da digital da pessoa etc.).

A Criptografia é técnica milenar que já era conhecida na Grécia e em Roma; consiste em colocar determinada mensagem de modo cifrado, e somente com conhecimento do respectivo código pode-se fazer a leitura.

A técnica utilizada e considerada mais segura é a da Criptografia assimétrica. Tal sistema consiste, basicamente, na aplicação de algoritmos de encriptação de dados (funções matemáticas irreversíveis) por meio de um sistema de chaves pertencentes a uma determinada pessoa: chaves públicas (conhecidas por todos) e chaves privadas (somente conhecidas pelos respectivos titulares).

Um documento encriptado com uma chave privada garante sua autoria, e somente poderá ser lido (decriptado) através da respectiva chave pública do seu legítimo titular. O inverso igualmente é verdadeiro: um documento encriptado com a chave pública somente poderá ser aberto (decriptado) através da respectiva chave privada do legítimo titular. Tal sistema, porém, ainda não é garantidor de inviolabilidade, pois, caso o documento seja adulterado, ele não poderá ser aberto pela chave pública nem pela chave privada, conforme o caso, e se poderá comprovadamente questionar a respectiva integridade, perdendo o documento o seu efeito probante.

Os objetivos do sistema de assinatura digital visam, especialmente, a facilitar o comércio por meio de mensagens eletrônicas confiáveis e a minimizar a incidência da falsificação de firmas digitais e a fraude no comércio eletrônico.

Por meio de tal sistema, por conseqüência, pode-se garantir a autenticidade, a integridade, e preservar a confidencialidade.

Os criptosistemas de chaves públicas são mais idôneos como assinatura digital, pois são tecnicamente mais resistentes contra invasões de terceiros. Estima-se que ainda está distante o momento em que um computador mais potente possa romper o sistema de chaves. Porém, ninguém pode estar seguro contra o ataque de *hackers*, por exemplo. O mecanismo de segurança do sistema baseia-se, sobretudo, no absoluto segredo das chaves privadas, tanto na sua geração quando no armazenamento, bem como na certificação da chave pública pela autoridade certificadora.

Diversas organizações internacionais já tentam regulamentar a utilização do documento eletrônico como meio de prova, como, por exemplo, a UNCITRAL (*United Nations Comission ou International Trade Law* – órgão da ONU).

Dispõe a Lei-Modelo aprovada pela Assembléia-Geral da UNCITRAL (ONU, 17.12.1996), art. 5º: "Não se negarão efeitos jurídicos, validade ou eficácia à informação, somente pela razão de que esteja em forma de mensagem de dados".

O valor probatório da firma foi admitido em Utah (EUA), primeiro Estado a editar uma lei para regulamentar a firma digital. A firma digital de Utah (*Digital Signature Act Utah* de 27.2.1995, modificado em 1996) baseia-se em um "criptosistema assimétrico" definido como um algoritmo que proporciona um par de chaves seguro.

No Brasil existem vários projetos de lei tentando regulamentar o comércio e as relações em meio eletrônico: n. 1.483/1999 (fatura e assinatura digital); n. 1.589/1999 (comércio eletrônico); n. 84/1999 (crimes na Internet); PL 2.358/2000 (*spam*); n. 4.906-A/2001 (Senado – comércio eletrônico).

Atualmente, está em vigor a Medida Provisória 2.200-2/2001, que regula o sistema de "assinatura digital", como um sistema de codificação presumivelmente garantida e atribuída por terceiro mediante um certificado, de modo a proteger o documento eletrônico de qualquer alteração sem vestígios. Tal norma legitima o documento eletrônico, bem assim confere presunção de veracidade ao documento eletrônico cuja assinatura digital tenha sido emitida por autoridade certificadora do ICP-Brasil (Infra-Estrutura de Chaves Públicas Brasileira). Apesar de a citada medida provisória admitir outros meios de comprovação e autoria de documentos eletrônicos, inclusive mesmo se não emitidos pelo ICP-Brasil, desde que o documento seja admitido pelas partes como válido ou aceito por aquele contra quem ele for oposto, ainda assim devem ser questionados a limitação e o reconhecimento da presunção de veracidade apenas às "assinaturas digitais" emitidas por autoridades certificadoras do ICP-Brasil.

No tocante ao ônus da prova é importante considerar a máxima consagrada pelo

Direito de que a quem acusa cabe provar e o ônus da prova é daquele a quem esta aproveita (*ei incumbit probatio, qui dicit; non qui negat*).

Portanto, no caso de ser questionada a validade de um documento eletrônico como meio de prova, o ônus ou dever de provar caberá:

(i) quando se tratar de falsidade ou adulteração do documento, a quem argüir; (ii) quem traz documento ao processo tem que provar a autenticidade (autoria) e assinatura; (iii) quem argüir falsidade da assinatura ou a não-autenticidade da chave pública deverá apresentar provas ou indícios que demonstrem tal fato – poderá ser requerida prova pericial; (iv) poderá ser juntada cópia em papel do documento eletrônico devidamente subscrito mediante assinatura digital; (v) contestada a veracidade da cópia, mister se faz o confronto com o original eletrônico.

No sentido de se tentar estabelecer parâmetros mais seguros para a admissibilidade da prova em meio eletrônico, é importante levar em consideração os seguintes fatos: (i) é necessário que a forma como o documento se apresente possa demonstrar as respectivas autenticidade, integridade e fidedignidade; (ii) enquanto não for legitimado outro meio, parece que o sistema mais seguro, efetivamente, é o da "assinatura digital", pois permite identificar a autoria e posteriores alterações; (iii) o usuário deverá adotar cautelas no tocante à proteção da sua chave privada, pois no caso de violação e mau uso é difícil produzir a respectiva prova; conseqüentemente, deverá ser negada validade ao documento eletrônico; (iv) a lógica indica que relativamente a um documento eletrônico com "assinatura digital" somente poderá ser questionada a falsidade acerca da sua autenticidade, isto é, a falsidade da assinatura; (v) não é cabível qualquer argüição contra a adulteração do conteúdo do documento, pois as alterações fazem o documento perder o vínculo com a respectiva assinatura, o que per si já é suficiente para invalidar o documento; (vi) o próprio programa de Criptografia, ao conferir a assinatura, acusa qualquer posterior adulteração no documento; (vii) quem argüir falsidade da assinatura deverá produzir a prova das suas alegações.

Com relação ao ônus da prova na relação Fisco *x* contribuinte dúvidas não existem de que, salvo no caso das presunções legais, em que a lei expressamente transfere o ônus da prova para o contribuinte, o dever de provar é do Fisco.

Por conseguinte, tendo em vista que hoje a escrituração e livros dos contribuintes encontram-se todos praticamente em meio eletrônico, devem ser colocados alguns pontos de reflexão no tocante à "captura" (colheita) e utilização de provas em meio eletrônico para ambas as partes da relação jurídico-tributária, no sentido de revestir esse meio probante de maior validade e legitimidade.

No tocante ao Fisco deve ser adotada a maior cautela tanto para o momento de adentrar o local onde se encontra a prova como para acessar a prova, até mesmo quando se fizer necessária a apreensão de arquivos ou do próprio computador no qual estejam arquivados os dados eletrônicos.

Exigem-se rigor técnico na captura e tratamento dos dados obtidos em meio magnético e respeito aos direitos e garantias dos cidadãos contribuintes, mesmo tratando-se de pessoas jurídicas (inviolabilidade do domicílio, dos dados e da intimidade – art. 5º, X, XI e XII, da CF), como forma de garantir a segurança jurídica e não macular a prova de vícios insanáveis, que podem levar à sua invalidade e recusa.

Vale salientar que o art. 145, § 1º, da CF e o art. 195 do CTN garantem o acesso do Fisco aos registros, livros e documentos contábeis e fiscais a fim de que seja aferida a capacidade contributiva das pessoas, bem assim no intuito de evitar a sonegação, como forma de realizar a isonomia. Todavia, tal poder não se sobrepõe aos direitos e garantias fundamentais dos cidadãos.

Alguns procedimentos podem ser sugeridos no sentido de procurar garantir a legitimidade da forma de obtenção da prova, a autenticidade e veracidade do conteúdo. Contudo, a prova do acesso permitido pelo contribuinte, ou não, ao seu domicílio fiscal e ao computador será da autoridade fiscal; recomenda-se a maior cautela possível, para serem garantidas a veracidade e a fidedignidade da prova:

1. Acesso ao domicílio fiscal ou ao estabelecimento comercial

– *Permitido*: a autoridade poderá adentrar livremente

– *Negado*: necessita-se de autorização judicial para entrar no domicílio fiscal

2. Acesso ao computador

– *Permitido*: os dados poderão ser acessados livremente; contudo, a autoridade deverá produzir provas em *backups* (dois disquetes – prova e contraprova; um disquete deverá ficar lacrado e somente poderá ser aberto na presença do representante legal ou testemunha); é necessário que haja o acompanhamento de representante legal do contribuinte

– *Negado*: o computador poderá ser apreendido e retirado pela autoridade fiscal, após a lavratura de termo de apreensão; nessa hipótese, os dados somente poderão ser acessados (degravados) com autorização judicial

3. No âmbito fiscal federal, as Leis 8.218/1991 e 9.249/1995 determinam a obrigatoriedade da apresentação ao Fisco dos arquivos eletrônicos que registrem os dados e informações contábeis e fiscais da pessoa jurídica que tenha patrimônio líquido superior a R$ 1.633.072,44.

4. Apreensão de computador ou documentos pelo Fisco: somente admitida em situações extremas e com base em motivos razoáveis devidamente justificados, demonstrados e documentados pela autoridade fiscal. A cautela aponta no sentido de que haja lacres e que o acesso somente se dê com autorização judicial ou na presença do representante legal da pessoa jurídica.

Na jurisprudência podem ser identificados dois casos práticos em que se fez uso da prova em meio eletrônico:

1. Caso prático: Paulo César Farias – Decisão do STF na APenal 307-DF, 1995: "Inadmissibilidade, como prova (...) de registros contidos na memória do microcomputador, obtidos por meios ilícitos (art. 5º, LVI, daCF); (...) por estar-se diante de microcomputador que, além de ter sido apreendido com violação de domicílio, teve a memória nele contida sido degravada ao arrepio da garantia da inviolabilidade da intimidade das pessoas (art. 5º, X e XI, da CF) (*DJU* 13.10.1995).

2. Processo DRT 3-1093/1995 do TIT de São Paulo: "Desqualificada a prova e julgada improcedente a ação: a abertura dos arquivos armazenados em computador realizou-se na ausência do contribuinte e de testemunhas".

Quanto aos procedimentos a serem adotados pelo sujeito passivo da relação tributária, é importante considerar que nosso ordenamento jurídico não acolhe verdades ou acusações absolutas. Sempre será permitido ao sujeito passivo apresentar provas em contrário a quaisquer acusações, bem assim utilizar, em seu favor, todos os meios de prova legais, admitidos pelo Direito, legítimos e obtidos de forma lícita.

No caso de o contribuinte desejar produzir provas por meio de documentos eletrônicos ele deverá assegurar-se de que a prova seja fidedigna, válida e autêntica. Neste caso, a aceitação será mais segura caso o documento seja "assinado digitalmente" por meio de sistema de chaves públicas ou ele possa ter elementos suficientes que demonstrem a força probante do documento apresentado.

Na atualidade não há mais como se deixar de reconhecer validade e eficácia à prova produzida em meio eletrônico. No nosso ordenamento jurídico existem normas que asseguram a utilização de tal instrumento, garantindo-lhe efeitos probantes a fim de que sejam asseguradas a legalidade, a verdade material, o devido processo legal, o contraditório e a ampla defesa.

PRESIDENTE (PROF. EDUARDO BOTTALLO) – Cumprimento a Profa. Mary Elbe pela sua brilhante exposição, pela sua simpatia.

Temos algumas perguntas que foram encaminhadas à Mesa. Seguindo a ordem vou passar a palavra ao Prof. Carlos Ari.

PROF. CARLOS ARI SUNDFELD – A pergunta é sobre se o veto ou a sanção do chefe do Executivo seriam, de alguma maneira, uma manifestação de concordância ou de avaliação quanto à constitucionalidade da lei, de modo que se o Presidente ou o Governador vetassem a lei, entendendo-a inconstitucional, isto seria uma afirmação de inconstitucionalidade que vincularia o órgão administrativo – por exemplo, a Corte de Contribuintes. Ou o contrário, o STF, nas outras vezes em que examinou a eficácia do veto ou da sanção – especialmente da sanção como um elemento de retificação de falhas constitucionais – afirmou que não tinha esse efeito, é um ato que se esgota em si mesmo, e que não produz efeitos para além disso. Quer dizer, se uma lei é inconstitucional por vício de iniciativa mas o chefe do Executivo a sanciona, nem por isso está convalidado o vício; e mais, nem por isso está a Administração Pública obrigada a entender, dali em diante, que a lei é constitucional, como teria afirmado na sanção o chefe do Poder Executivo.

Isto não pode ser tomado como uma deliberação vinculante para toda a Administração Pública. Quer dizer: uma lei sancionada pode, sim, ser questionada administrativamente, pode vir a ser repudiada pelo próprio chefe do Poder Executivo que a sancionou, por outro que o suceda ou por órgão administrativo inferior, o que suscitará a questão de procurar sua análise pelo órgão competente.

PRESIDENTE (PROF. EDUARDO BOTTALLO) – Eu vejo que algumas das perguntas encaminhadas à Mesa são bastante longas. Então, vou pedir aos professores que as respondam objetivamente. Se, por acaso, entenderem que elas demandas avaliação mais aprofundada, então peço que exteriorizem esse ponto de vista, para possibilitar contacto direto pelos interessados.

Na ordem, passo a palavra ao Prof. Paulo Conrado.

PROF. PAULO CONRADO – Há uma primeira indagação, conquanto longa – a pergunta me parece objetiva –, sobre se existe ou não o direito subjetivo do contribuinte de proceder à compensação *por sua conta e risco* – expressão bastante comum nesse tema –, promovendo, então, o autolançamento das duas relações jurídicas.

Entendo que é possível, sim, esse procedimento. Aliás, parece-me que esse seria o procedimento-regra: que o contribuinte procedesse aos atos de constituição da compensação diretamente, na sua contabilidade. A única coisa que eu entendo que o contribuinte não pode fazer é constituir já por si a relação jurídica de indébito do Fisco. A partir do momento em que esse indébito estiver constituído em linguagem competente, aí, sim, sem dúvida alguma, o contribuinte procederá ao autolançamento da compensação.

Existem situações que me parecem "limítrofes" – quando, por exemplo, o STF declara inconstitucional uma determinada exação. Em função da operatividade *erga omnes* dessa decisão do STF, entendo que o contribuinte que não promoveu ação individual, ou que não postulou administrativamente o reconhecimento do indébito, estaria sob o influxo dessa decisão. Se reconhecida em tese, pelo menos do ponto de vista hipotético, a inconstitucionalidade daquele tributo que ele pagou, poderia, então, fazer a compensação em forma direta, submetendo-se, evidentemente, a triagem ulterior da autoridade administrativa, que, verificando, por exemplo, que aquele tributo não se acomoda rigorosamente ao conceito que foi trabalhado pelo STF, revisaria o lançamento procedido pelo contribuinte.

Há uma segunda indagação, sobre o prazo de prescrição, que vou me permitir não responder, porque é tema que vai ser tratado pelo Prof. Eurico de Santi.

PRESIDENTE (PROF. EDUARDO BOTTALLO) – Profa Mary Elbe, por favor.

PROFA. MARY ELBE QUEIROZ – Eu concordo com tudo, inclusive o tema da revisão, sobre o qual poucos têm escrito. Eu precisaria escrever sobre isso porque realmente há pouca coisa; há dúvida se realmente existem limites de revisão pelo Fisco. Sim, aí estão os arts. 141, 145, 149 – tempo, condição, prazo, etc.

Com relação à compensação, a MP 66, tem um artigo que permite atualmente a compensação independentemente de pedir ao Fisco – basta só apresentar a declaração.

Agora, me fizeram uma pergunta dizendo o seguinte: "Existe hoje no ordenamento jurídico brasileiro a previsão de interposição de reconsideração contra a decisão da Câmara Superior de Recursos Fiscais. O recurso hierárquico seria ao Ministro da Fazenda?".

Vejam, não há norma expressa na área federal, embora em vários Estados exista, prevendo recurso para o Secretário da Fazendo. Eu já tive oportunidade de escrever sobre isso. Diante da fragilidade dos nossos órgãos administrativos julgadores infelizmente existe a possibilidade de eles – como órgãos subordinados administrativa e financeiramente ao Ministro da Fazenda – existe a possibilidade, sim, de que o Ministro possa avocar o processo. Isto é esdrúxulo, afronta inteiramente o instituto do colegiado, que decide, e depois uma outra autoridade superior possa revogar ou anular a decisão – e ultimamente, inclusive, tem feito isso; fez recentemente, e soube que lá tem mais 200 processos esperando que ele emita parecer.

Isso afronta inteiramente o sistema, destrói sua filosofia e finalidade, mina o poder do órgão julgador administrativo. Sim, daí porque estamos defendendo a independência dos órgãos administrativos julgadores – e aí já convoco vocês: estamos criando um "Instituto de Procedimentos e Processos Tributários do Brasil", e queremos que todos se juntem, exatamente para defendermos essa autonomia e independência total e absoluta dos órgãos administrativos julgadores em todos os níveis!

Há aqui uma pergunta também sobre a questão da inversão do ônus da prova. Vejam, a prova é do fisco, sempre, certo?

E como fica o contribuinte em caso de ele não poder provar? Porque efetivamente há casos que ele não consegue produzir a prova, porque não cometeu infração.

Rapidamente, vejam só, eu tive o seguinte caso: foi feita uma fiscalização em urna empresa de São Paulo que havia emitido notas fiscais em nome de urna empresa de Pernambuco. O Fisco federal foi á empresa de Pernambuco e perguntou: "Vocês compraram de São Paulo?". "Não, não compramos". "Então vou lhes autuar por omissão de compra, omissão de receita" – lavrou o auto com base numa relação de notas fiscais emitidas pela empresa de São Paulo, mandou para o Fisco estadual e o Fisco estadual disse: "Opa, temos urna sonegadora aqui" – e lavrou um outro auto – acrescentando: "ainda mais que tem um auto do fisco federal...".

Ora, se a empresa não comprou, como é que vai provar que não comprou? Absolutamente impossível ela produzir essa prova. O procedimento adequado era o Fisco voltar para a de São Paulo e dizer: "Prove que vendeu", e nesse meu caso foi interessante, ela argumentou: "Recebi em dinheiro". Ora, receber em dinheiro já é um indício de que houve uma outra questão nessa operação. Assim, se o fisco não consegue comprovar que houve efetivamente a venda, para autuar, se ele não comprovar a venda não poderá autuar a compra.

Com relação às provas, o ordenamento jurídico não aceita outro tipo de presunção que não seja a legal; inclusive a Lei 9.784, a lei do processo administrativo em geral, que se aplica ao processo tributário, já diz isso: tem que ser presunção legal. Nesse caso o que acontece? São esses casos em que sempre será do fisco o ônus da prova – e se ele não consegue provar, não pode haver o lançamento.

(falha na transcrição – lendo a pergunta) "(...) do fisco poder apreender documentos, computadores, com base na Constituição, permite ao cidadão não fazer prova em contrário, e aí ele toca num arbitramento".

Vejam, o contribuinte tem o dever de comprovar como apurou a base de cálculo do tributo, e para isso ele tem que fornecer dados e documentos ao Fisco. Ele é obrigado a fornecer? Não, não é obrigado. Ele pode até ser penalizado pelo não fornecimento. E se ele não fornecer, também a base de cálculo do imposto, até em respeito à isonomia com um bom contribuinte que pagou, o Fisco tem que ter meios de apurar, e uma dessas formas é o arbitramento. O problema é como é feito esse arbitramento. Uma forma, prevista na lei que ele fere, prevista na lei como ele apura a base.

Eu fui dar um curso num determinado Estado e disse o seguinte: "Aqui, eu acho que nenhum auto de arbitramento se mantém". Aí perguntaram: "E como é que você sabe?"; respondi: "Estou lendo a lei deste Estado. Não tem critério, não tem nada, não tem fórmula; como é que se vai arbitrar, como é que se vai poder arbitrar?". Então, lá não pode haver arbitramento – porque todas as hipóteses terão que estar expressamente previstas na Lei.

Há uma última pergunta sobre prova em meio eletrônico (...) *(lê a pergunta)*.

Não, ela não trará mais sobrecarga ao judiciário a partir da necessidade de autorização judicial para obtenção. Mas tem que haver *(a autorização)*. A segurança do nosso ordenamento jurídico é a nossa segurança.

A gente não pode esquecer o seguinte: antes de ser do Fisco você é contribuinte, e antes de ser contribuinte você é cidadão; em todos os casos você tem sempre que se amarrar e dizer o seguinte: "Isso é a segurança da relação jurídica, nesse momento aqui não pode violar minha intimidade", porque a partir do momento que você permite que se viola a intimidade, porque é PC, é Lalau, é não sei quem, depois vão violar contra o Conrado, contra o Professor, contra não sei quem – então nós, e mais do que ninguém, temos que defender, sim, esta segurança nas relações jurídicas – e não só nas tributárias.

PROF. EDUARDO DOMINGOS BOTTALLO – Bom, o Prof. Carlos Ari tem uma pergunta para responder e depois então eu vou dar por encerrado esse painel. Isso porque, inclusive, nós temos, a partir das 2h, a primeira Comissão de Trabalhos. Vamos prorrogar um pouquinho o começo dessa sessão, mas não é mais possível darmos seqüência.

PROF. CARLOS ARI SUNDFELD – São duas perguntas, mas li uma delas e acho que sintetiza brevissimamente tudo que eu disse. A pergunta é:

"É correto afirmar que rechaçar a incidência de uma norma de hierarquia inferior, prestigiada pela fiscalização – para prestigiar outra, mormente de índole constitucional –, é obrigação do intérprete, o que não significa declará-la inconstitucional, é invadir a competência do Poder Judiciário?".

É exatamente minha opinião, e também a do Supremo Tribunal Federal. O que, segundo a minha opinião, não quer dizer que o órgão administrativo não possa estar vinculado à aplicação de um entendimento anteriormente tomado sobre a constitucionalidade ou a legalidade, que pode ser vinculante para ele por determinação legal.

PRESIDENTE (PROF. EDUARDO BOTTALLO) – Quero agradecer, de coração, a participação brilhante do Prof. Carlos Ari Sundfeld, da Profa. Mary Elbe Queiroz, da Profa. Maria Leonor Leite Vieira e do Prof. Paulo Conrado, cumprimentá-los pela grande competência demonstrada neste painel, que, eu tenho certeza, agradou a todos os presentes, já que aprendemos muito com suas brilhantes lições.

Agradeço também a participação dos Colegas, a paciência por terem ficado até o fim, e convido para a continuidade dos trabalhos. Muito obrigado *(palmas)*.

MESA DE DEBATES "B"

PROCESSO JUDICIAL TRIBUTÁRIO

PRESIDENTE DA MESA: AMÉRICO LACOMBE
MEMBROS DA MESA: JAMES MARINS, TÉRCIO SAMPAIO FERRAZ JR., EDUARDO BOTTALLO, EURICO MARCOS DINIZ DE SANTI

PRESIDENTE (PROF. AMÉRICO LACOMBE) – Boa tarde! Vamos dar início a esta Mesa, que vai discutir a questão do "Processo Judicial Tributário".

Evidentemente, um tema por demais importante, porque é exatamente através do processo judicial tributário que a cidadania melhor se defende das agressões do Poder. Elas são inúmeras. Há quem diga que os economistas fazem a alegria dos advogados, porque tantas são as normas, arbitragens, que eles criam, que permitem aos advogados lutar judicialmente pelos direitos de seus clientes – e eu espero que os economistas continuem, nos próximos quatro anos, fazendo a alegria dos advogados.

Vamos, então, iniciar com o Dr. James Marins, falando sobre a "Possibilidade de Conversão da Repetição do Indébito em Compensação Tributária". Passo a palavra imediatamente, pelo tempo de 15 minutos.

PROF. JAMES MARINS – Caríssimo Prof. Américo Masset Lacombe, eminente Presidente dessa Mesa de Debates; prezados Profs. Tércio Sampaio Ferraz, Eduardo Domingos Bottallo e Eurico Marcos Diniz de Santi, Srs. Congressistas.

Compor Mesa com essa qualidade de debatedores, em um tema específico como o "Processo Judicial Tributário", representa para mim a confirmação do que já vaticinava há alguns anos. Cada vez mais as questões processuais, administrativas e tributárias vêm encontrando seu grau de importância no âmbito das discussões tributárias.

Especialmente para mim, que tenho defendido já há muitos anos que as questões processuais tributárias sejam objeto de melhor trabalho intelectual, ver inteligências vigorosas – como Eduardo Bottallo, Tércio Ferraz e Eurico de Santi – abordando temas de processo judicial tributário representa uma novidade extraordinariamente auspiciosa.

Tenho colocado de modo reiterado a necessidade de que as questões tributárias sejam enfocadas não apenas sob o prisma material, mas que cada vez mais as questões formais e processuais sejam também objeto de investigação por parte dos cientistas do Direito.

Dentro desse objetivo – e dentro do limitadíssimo tempo que nos é conferido para o tema que nos foi proposto –, vamos procurar fazer uma abordagem rápida, sintética, extraordinariamente reduzida, de alguns aspectos que me parecem ser relevantes, nesta discussão, sobre o problema da compensação tributária, em face das decisões judiciais de caráter repetitório.

Peculiaridades formais da relação jurídico-tributária e insuficiência do processo civil

Em primeiro lugar, como pilar de raciocínio, é preciso que nós tenhamos em mente que a relação jurídica tributária guarda peculiaridades, e estas peculiaridades se situam não no campo obrigacional puramente dito – estático por injunção lógica –, mas principalmente no campo de sua formalização, dinâmico. É ali no campo da investigação tributária, da fiscalização e do lançamento que o aperfeiçoamento, a formalização, da obrigação se distingue dos demais.

Esse campo, por sua vez, gera um tipo de litigiosidade diversa daquela que se dá dos outros campos obrigacionais. Esse fenômeno se pode atribuir à diferenciação da lide tributária, que tem raízes na diferenciação do próprio modo de operatividade, da *mis-en-oeuvre* da obrigação tributária – como dizia François Gény, ao defender que o direito tributário não poderia ser tratado como uma "especificidade banal".

Este modelo atuativo da obrigação tributária que opera no campo do direito tributário formal acaba por se conectar com o direito processual tributário através do processo administrativo tributário e do processo judicial tributário, em virtude dos mecanismos próprios de disciplina da lide tributária no âmbito administrativo, e se espraia, apesar de não receber amparo próprio na legislação pátria, para o domínio próprio do processo judicial tributário. De fato, não existe no Brasil um regime jurídico de processo judicial ajustado às necessidades peculiares da lide fiscal.

É por isso que – todos os Senhores sabem – há uma insuficiência dos instrumentos de processo civil para tratar especificamente das lides de direito tributário, questão que se põe para debate e que é facilmente evidenciável no que diz respeito às sentenças repetitórias e à compensação. Não há, com efeito, enquadramento da sobreposição da sentença repetitória com o regime compensatório em qualquer tipo de disposição de direito processual civil – e, portanto, há necessidade de uma construção jurisprudencial, doutrinária, que adapte o processo civil a esta lide de direito tributário, uma lide de direito processual público com suas próprias peculiaridades.

Há uma necessidade, portanto, lógica e jurídica, de que o processo responda adequadamente ao direito material cujo conteúdo haverá de disciplinar; e isto não vale apenas para o direito tributário, vale para todas as disciplinas cujas peculiaridades possam ensejar uma substantividade processual própria – como diria o gigante espanhol do direito tributário, Sainz de Bujanda.

É verdade também – e este aspecto precisa ser levado em consideração – que qualquer análise, qualquer interpretação, qualquer proposta hermenêutica das questões de direito tributário em nosso país encontra-se situada dentro de um *regime de especial segurança constitucional.*

Observem que o regime de especial segurança constitucional em matéria tributária decorre de uma peculiar função do Estado com relação à obrigação tributária, que é entendida pelo uruguaio Ramón Valdés Costa – um dos maiores tributaristas da América Latina – como a "tríplice função do Estado"; isto é, simultaneamente, produtor da lei tributária, aplicador da lei tributária e julgador da eventual lide decorrente da aplicação da lei fiscal.

Não se cuida simplesmente de uma repercussão no direito tributário do modelo da tripartição dos Poderes consagrada pelo Barão de Montesquieu, porque – diferentemente do que ocorre nos outros ramos obrigacionais – quando o Estado produz a lei tributária ele produz a norma obrigacional da qual ele será o titular ativo, o credor de um cidadão em virtude da aplicação que ele mesmo providenciará daquela lei.

Sempre que o Estado aplica a lei fiscal ele o faz gozando de prerrogativa que os credores civis não têm – prerrogativa de *autotutela na formalização do crédito tributário*, pois é o próprio Estado quem formaliza, através do lançamento, o crédito de sua própria titularidade e que poderá transformar-se em inscrição de Dívida Ativa e se converter em uma certidão de Dívida Ativa, que é o título executivo extrajudicial produzido pelo Estado e apto para aparelhar uma futura execução fiscal.

E quando o Estado julga as lides decorrentes dessas atividades, o Estado também está imbuído de uma função de "juiz de sua própria causa", e todas as atividades que se dêem com relação a esta lide devem ser adequadamente controladas, à luz do regime de especial segurança constitucional, material, formal e processual.

O sistema triádico da relação jurídica tributária

A *divisão triádica* que aplicamos ao direito tributário – estática, dinâmica e crítica –, e mais especificamente à relação jurídica tributária, situa-se nessa necessidade de que nós consideremos o direito material, o direito formal e o direito processual tributário de uma forma holística, em virtude da interpenetração entre essas três matérias de idêntica densidade, em um universo de lides decorrentes da aplicação do direito tributário no nosso país.

Infelizmente, apesar de já restar cientificamente a validade dessa proposta, ainda não existe entre o direito tributário material, formal ou processual, especialmente entre o direito tributário material, o direito processual civil, a necessária harmonização entre seus conceitos, pela qual tanto lutou o Prof. Rubens Gomes de Sousa, desde os anteprojetos que escrevia para a disciplina codificada do direito tributário no nosso país.

A partir desse tecido teórico, a compensação tributária merece uma referência especial, pois cuida-se de matéria-prima rica que se presta para a investigação de seus efeitos tanto no campo material como formal e processual, administrativo e judicial.

É possível ainda examiná-la do ponto de vista dos seus avanços e dos seus retrocessos. Na verdade, hoje eu tenho a oportunidade, aqui, de trazer – quem sabe? – boas novas do ponto de vista da evolução legislativa, algo que, infelizmente, não tenho tido a oportunidade de fazer em muitos congressos.

Compensação tributária, avanços e retrocessos

Lembrem-se de que em 1991, no regime inaugural da Lei 8.383, o contribuinte poderia efetuar a compensação, independentemente de requerimento, da importância correspondente a períodos subseqüentes – direito subjetivo público, deferido ao contribuinte, de efetuar a compensação em seus livros fiscais. Em 1995, com a reforma da Lei 9.069, que alterou a redação do art. 66, esse dispositivo foi mantido: "o contribuinte poderá efetuar a compensação".

O retrocesso se deu em 1996, com a reforma promovida pela Lei 9.430, que, no art. 74, dizia: "A Secretaria da Receita Federal *poderá autorizar* a utilização de créditos".

Em 2001, a reforma promovida pela Lei Complementar 104 incluiu o art. 170-A no CTN, também objeto de debates neste Congresso, cujo texto prescreve que "é vedada a compensação mediante o aproveitamento de tributo, objeto de contestação judicial pelo sujeito passivo, antes do trânsito em julgado da respectiva decisão judicial".

Contém um retrocesso esse art. 170-A? Não necessariamente, porque o art. 170-A não é regra de processo judicial tributário, é regra de procedimento administrativo tributário, dirigida para a autoridade administrativa, que poderá autorizar, com efeitos distintivos, a compensação de créditos tributários.

É bem verdade que uma nuvem de fumaça, na qual vinha embalado o novo dispositivo, parece ter obscurecido a compreensão dos intérpretes em um primeiro momento – inclusive nós mesmos, que víamos no art. 170-A uma espécie de confirmação, por lei complementar, das indesejadas Súmulas 212 e 213 do STJ. Muitos acórdãos, inclusive, já têm sido lavrados, açodadamente, aplicando o art. 170-A como se se tratasse de uma regra, dirigida ao juiz, proibitiva da concessão de liminares.

Não é verdade. O art. 170-A não se dirige ao juiz, e tampouco inovou nossa ordem jurídica tributária, porque ele apenas diz que a autoridade não poderá autorizar a compensação de matéria que esteja *sub judice*; não poderá – nem poderia mesmo – porque quem pode, nestes casos, autorizar ou não a compensação é a autoridade judiciária que está prestando a tutela jurisdicional naquele caso específico.

Agora em 2002 – é importante lembrar aos Senhores o teor dos dispositivos da chamada "Mini-Reforma Tributária" –, a Medida Provisória 66, de 29.8.2002, retorna ao regime da autocompensação que decorria da Lei 8.383, e que foi modificada pela Lei 9.430, quedando-se da forma seguinte: "O sujeito passivo que apurar crédito relativo a tributo ou contribuição, administrado pela Secretaria da Receita Federal, passível de restituição ou ressarcimento, poderá utilizá-lo na compensação de débitos próprios relativos a quaisquer tributos ou contribuições administrados por aquele Órgão".

O sistema de autocompensação

Então, o regime da Medida Provisória 66, recentíssima, *refaz o sistema da autocompensação tributária* que havia sido abruptamente interrompido pela Lei 9.430; e, ademais disso, o novo § 2º do art. 74 desta última lei prescreve que "a compensação declarada à Secretaria da Receita Federal extingue o crédito tributário, sob condição resolutória de sua ulterior homologação".

Elucida esta Medida Provisória 66, portanto, que o regime jurídico aplicado a esses sistemas é o do lançamento homologatório, que é condição resolutória da extinção do crédito tributário compensado – assim como o lançamento homologatório, nos casos de pagamento antecipado, chamado pelo Código Tributário Nacional como autolançamento, também é condição resolutória da extinção mediante pagamento.

Então, efetivamente, agora, a partir do regime da Medida Provisória 66, a compensação tributária passa a ser uma forma de extinção do crédito tributário, sob ulterior condição resolutória homologatória. Como os Senhores podem observar, o regime, embora tortuoso, foi evoluindo. Naturalmente, não vamos nos referir a decretos e instruções normativas, que só servem para confundir ainda mais o regime jurídico da compensação e tornar ainda mais densa a nuvem de fumaça lançada sobre esse capítulo do direito tributário.

Mas há mais novidades legislativas nesse campo, que eu faço questão de ao menos mencionar para os Senhores, embora o tempo disponível não permita que possamos avançar muito.

O Código Civil e a compensação

Recordemo-nos de que o Código Civil de 1916, no art. 1.017, dizia o seguinte: "As dívidas fiscais da União, dos Estados e dos Municípios também não podem ser objeto de compensação, exceto nos casos de encontro entre a Administração e o devedor, autorizados nas leis e regulamentos da Fazenda". De um modo geral, o que o Código Civil de 1916 fazia era dizer o seguinte: matéria de compensação tributária não se disciplina pelo regime civil, deve ser disciplinada pelo regime fiscal específico – ou seja, o direito privado não vai se imiscuir nesse assunto de compensação entre Fazenda e contribuintes.

Mas o Código Civil de 2002 traz bem um avanço importante. Porque seu art. 374 diz o seguinte: "A matéria de compensação no que concerne às dívidas fiscais e parafiscais é regida pelo disposto neste Capítulo".[1] Isto, *grosso modo*, quer significar uma evolução muito importante no sistema, que restaurou para a relação de débito e crédito, entre Estado e contribuinte, um critério de justiça desde sempre vigorante no regime jurídico de direito civil, segundo o qual, quando há credor e devedor com encontro de contas, estas se anulam até a medida de seus valores recíprocos.

Não é uma mera regra técnica: cuida-se de *critério de ética jurídica*, critério éti-

1. Posteriormente à realização deste Painel foi revogado o referido art. 374 do novo CC através da Lei 10.677, de 22.5.2003: "Art. 1º. Fica revogado o art. 374 da Lei n. 10.406, de 10 de janeiro de 2002 – Código Civil".

co juridicizado, e que até 1991, a partir da Lei 8.383, sequer era passível de ser invocado nestas relações entre Fisco e contribuinte. Cuida-se de um avanço, Senhores, da mais extraordinária magnitude, semelhante ao avanço que foi a aplicação do novo critério de justiça à responsabilidade civil do Estado, que passou a ser considerada objetiva, sem necessidade de comprovação de culpa. Justiça que se perfaz através de critérios éticos de responsabilidade civil, justiça que se expressa através de respeito às cláusulas patrimoniais dos cidadãos, especialmente em matéria tributária.

Esse modo de pensar seguramente poderá levar os Senhores a uma série de interpretações muito valiosas e interessantes. Mais ao final da nossa exposição nós vamos nos referir a elas.

Análise da solução jurisprudencial para compensação no bojo da ação repetitória

Retomando o fio de nosso tema, especificamente com relação à repetição de indébito e à compensação, creio que a solução jurisprudencial já foi dada há alguns anos pelo próprio STJ, e eu não vejo motivos para que haja alteração nesse ponto de vista.

É bem verdade que houve, de início, uma certa "vacilação" jurisprudencial, mas eu creio que a matéria se encaminha para a pacificação. Claro que existem aspectos importantes referentes à cumulatividade entre pedidos declaratórios e pedidos condenatórios, à qualidade do pedido da parte, seus reflexos na qualidade da prestação jurisdicional – estas são questões processuais que merecem ser estudadas pelos cientistas do direito tributário na exata medida em que o processo condicione o direito material, e devem ser objeto de muita atenção por parte dos advogados, porque do grau de precisão do pedido que se formule irá decorrer a boa ou a má qualidade da prestação jurisdicional. Isso sucede em inúmeras matérias, mas a matéria de compensação está particularmente marcada nesse sentido, em que a má qualidade dos pedidos formulados em juízo gerou, infelizmente, uma jurisprudência de idêntico valor.

O Prof. Pontes de Miranda já encetava sua idéia de classificação quinária das sentenças a partir dos seus *Comentários ao Código de Processo Civil*, e esse ensaio tem repercutido, em nosso sentir, na jurisprudência que está tratando hodiernamente desse tema. Dizia, por exemplo, Pontes de Miranda que de uma sentença condenatória não promana a eficácia exclusivamente condenatória, pois ela se alicerça necessariamente no percurso lógico do raciocínio da composição da sentença prolatada pelo juiz, que passa por um momento declaratório, que corresponde à causa de pedir.

Em matéria tributária, se, por exemplo, a causa de pedir está na invocação de ilegalidade ou de inconstitucionalidade da norma jurídica, que gerou indevidamente o laço tributário entre Estado e contribuinte, e esta é a causa de pedir para ensejar um pedido direto de restituição de um determinado valor de tributos que foi pago indevidamente, esta causa de pedir também acaba emanando efeitos que são inerentes à própria racionalidade da sentença. Perdoem-me a aparente redundância da formulação, mas devo expressar o raciocínio em jogo desse modo, para torná-lo o mais preciso possível.

O ideal se consubstanciaria, para que fosse possível ao contribuinte se assegurar da qualidade desta sentença, que no seu pedido expressamente fosse cumulado o pedido declaratório da ilegalidade ou da inconstitucionalidade da norma jurídica, ao qual se agrega como conseqüência o pedido condenatório. Assim se estabeleceria uma segurança maior com relação à eficácia daquela sentença, com a vantagem, inclusive, de demarcar qual é a projeção, a eficácia, dessa sentença com relação ao futuro.

Ainda assim, a invocada lição de Pontes de Miranda, parece-me, foi encampada pelo STJ, pelo menos desde 1997.

Por exemplo, o Min. Demócrito Reinaldo julgou no seguinte sentido: "Na hipótese do deferimento de uma ação de repetição de indébito, quando a sentença transita em julgado, o crédito do contribuinte torna-se líquido e certo, e não há mais qualquer necessidade de ele ficar em fila para precatório, pois é verdadeiramente uma das hipóteses de compensação do tributo prevista no art. 63 da Lei n. 8.383" (publicado no dia 28.4.1997).

O Min. Ari Pargendler também tem decisão nesse sentido, ao julgar que: "O contribuinte pode, com base na carga declaratória da sentença, fazer esse encontro de contas no âmbito do lançamento por homologação, independentemente da autorização judicial, bastando comunicar ao juiz da causa que não executará a condenação".

Providência importante deve ser anotada: se a partir de uma sentença condenatória de repetição de indébito pretendo efetuar a compensação, é necessário que o juiz, que depois será encarregado da própria execução da sentença, seja comunicado de que eu abro mão da execução pela via do precatório, e me utilizo da via da compensação. Devemos atentar a que esse tipo de providência – corretamente idealizada – faz parte da decisão do próprio Min. Ari Pargendler.

Cabe, aqui, outra notável notícia. Em recente acórdão do Min. Mílton Luiz Pereira assentou a 1ª Turma a seguinte possibilidade: "Reconhecido o direito à repetição de indébito, pode optar o contribuinte pela compensação, desistindo da execução. Se, no entanto, já houvesse sido expedido o precatório, deve com ele permanecer".

Este é o estado da arte da matéria, mas a minha provocação permanece com relação aos efeitos do novo regime do Código Civil na compensação, inclusive com relação à matéria tratada no âmbito da execução fiscal, porque não há justificativa plausível, e sequer interesse público, em se impedir a utilização da compensação em sede de execução fiscal. Não estaria, quem sabe, criada, a partir da entrada em vigor do Código Civil de 2002, uma incompatibilidade entre o art. 16 da Lei 6.830/1980, que é a Lei da Execução Fiscal, e o Código Civil, em seu art. 374? Não será o processo se servindo das regras de direito material para restaurar um pouco da necessidade de justiça tributária nesta relação, do ponto de vista formal e do ponto de vista material?

Eu espero que sim, eu espero que cada vez mais nós possamos contar com o ordenamento jurídico, para que se recoloque as relações Estado e Governo/contribuinte em uma posição de igualdade, de igualdade jurídica, e que não haja Estado contra contribuinte, nem contribuinte contra Estado.

Esse é um dos propósitos também da criação, como já foi anunciado pela Profa. Mary Elbe Queiroz, em Brasília, do *Instituto de Procedimento e Processo Tributário do Brasil*, objetivando que questões desse jaez possam ser trazidas a público e discutidas – e não têm sido discutidas – pelos agentes fazendários, pelos contribuintes, pelos representantes de empresas, e para que possamos, aos poucos, pela via do processo, preservar a integridade do Estado de Direito – já que o processo põe à prova a própria integridade do direito público e a própria integridade e qualidade do Estado de Direito, sob a égide do qual escolhemos viver, e é, sem dúvida alguma, a garantia das garantias do Estado do Direito.

Muito obrigado pela tolerância. Sr. Presidente, era o que eu tinha a dizer *(palmas).*

PRESIDENTE (PROF. AMÉRICO LACOMBE) – Dando prosseguimento, ouviremos o Prof. Tércio Sampaio Ferraz, falando sobre os "Limites do Poder de Reforma Constitucional e a Revogação Legislativa das Decisões Judiciais".

Com a palavra o Prof. Tércio Sampaio Ferraz, pelo tempo regulamentar de 15 minutos.

PROF. TÉRCIO SAMPAIO – Sr. Presidente e meus Colegas de Mesa, Senhoras e Senhores, nós conhecemos certamente alguns exemplos em que o poder constituinte derivado retoma certos temas estabelecidos pelo poder constituinte originário, à luz de interpretações ou de uma jurisprudência que se firma no STF, com o objetivo de dar à solução de certas questões um outro rumo.

Vou lembrar – apenas para pensarmos um pouco sobre o tema que me foi atribuído – a emenda constitucional que alterou o art. 156 da CF, e por conta disso criou a possibilidade de termos o IPTU progressivo nos Municípios da Federação.

A questão havia sido julgada anos atrás no STF por conta de um estabelecimento de IPTU progressivo na cidade de São Paulo; esse foi um dos casos, ainda na gestão da Prefeita Erundina. O STF, estabelecendo uma distinção entre progressividades – a progressividade com o sentido de pena e a progressividade que atendia ao sentido da função social da propriedade (CF, art. 182, § 4º, II) –, acabou julgando que, pelo art. 156, não era admissível a progressividade do IPTU.

Uma das razões importantes dessa decisão, parece-me, referia-se ao próprio sistema da Constituição. O que se disse naquela época foi que a progressividade fiscal, do art. 145, § 1º, da CF, e a progressividade social, do art. 182, § 4º, II, eram distintas, e que, por sua natureza mesmo, a progressividade fiscal não era adequada a impostos do tipo do IPTU, porque aí não havia como realizar, inclusive, uma justiça social, contributiva, em relação ao tributo. Essa foi uma razão forte que se via na decisão do Supremo.

Bom, o que aconteceu mais recentemente nós todos sabemos: houve uma alteração na Constituição, no art. 156, acrescentando-se expressão que deu condições de se aplicar também ao IPTU a progressividade fiscal. Simplesmente se acrescentou ao texto do art. 156 essa hipótese (CF, art. 156, conforme EC 29/2000).

Nós sabemos, por outro lado, que já existem decisões – há uma decisão em São Paulo, do Tribunal de Alçada – contestando a constitucionalidade da própria Emenda Constitucional que alterou o art. 156.

Sem entrar no mérito, esse talvez seja um exemplo patente de uma relação talvez até certo ponto contenciosa entre o poder constituinte derivado e o Poder Judiciário, especificamente o STF.

Há um outro exemplo, que recordo aqui rapidamente, que se refere ao art. 155, § 2º, XI, da CF; também aqui uma emenda constitucional – a EC 33 – alterou os termos constitucionais a fim de contornar uma dificuldade que se enfrentava na questão relativa à configuração como contribuinte do importador, inclusive o importador pessoa física como contribuinte do ICMS.

As decisões tradicionais e constantes do STF exigiam a habitualidade nessa caracterização; e, nessa interpretação, a pessoa física era excluída, até porque não era habitual, não tinha o registro como contribuinte, e com isso afastava-se essa hipótese relativa ao importador – não só em termos de pessoa física, mas o importador até pessoa jurídica. Conhecemos essas decisões do Supremo. O que faz a EC 33? Ela altera o Texto Constitucional e inclui ali a possibilidade da tributação mesmo quando a importação se dá sem habitualidade, criando, a meu ver, uma figura nova na Constituição, que é o contribuinte não-habitual.

Nesses dois casos o que se pergunta é da limitação do poder constituinte derivado, ou das limitações do poder constituinte derivado, em face de estas alterações estarem sendo realizadas por força de decisões do Supremo que contrariam um objetivo político.

É disso que gostaria de falar. Ou seja, não estou, aqui, interessado na questão relativa aos limites ao constituinte derivado, expressos na própria Constituição – por exemplo, quando se atenta aos direitos fundamentais, às questões formais relativas aos períodos em que se pode ou não emendar a Constituição. Esse é tema relativamente tranqüilo, nós sabemos do que se trata quando cuidamos dele.

Aqui estamos tratando de um outro tema, e esse outro tema, na verdade, se referiria a um limite que resultaria daquilo que poderíamos chamar, talvez, de *abuso do poder de emendar* – é esse tema que me parece interessante e controvertido.

Até porque a questão do abuso do poder de emendar – leia-se, no sentido lato, o abuso do poder de legislar, legislar nesse sentido lato – é um tema complicado.

Quando falamos em abuso, a tradição do nosso Direito nos faz pensar sempre na noção de desvio, e de desvio de finalidade. E isso foi construído tendo em vista o Poder Executivo e aplicado com pertinência à Administração. A noção de abuso de poder sempre foi localizada no Poder Executivo. Pergunta-se, aqui, se poderia haver também uma espécie de abuso em termos de desvio de finalidade nos atos do Poder Legislativo, ou no caso de um poder constituinte derivado.

Lembro-me de um antigo trabalho do Prof. Miguel Reale, lá pelos anos de 1976/1977, em que ele discutia o abuso do poder de legislar; era um parecer em que ele discutiu uma Lei do Município de Campinas. E lá afirmava, entre outras coisas: "Alega-se que a lei *[nós poderíamos pensar aqui, também, na emenda constitucional, ou na Constituição]* pode tudo, até mesmo converter o vermelho em verde, para eliminar proibições e permitir o que quer que fosse", mas há um erro grave nesse raciocínio. E daí ele diz: "Não se creia que haja desvio de poder por parte do Executivo apenas na estrutura do Estado de Direito, do Estado Federal; quando há normas vigentes estabelecendo um código superior de deveres, também o Legislativo não pode escapar a essa idéia de abuso" – então, esse é o tema.

Como é que podemos configurar esse abuso? Em primeiro lugar, entendendo um ponto particular da divisão de Poderes, ou do princípio da divisão de Poderes, que reside no seguinte tema: o Poder Executivo e o Poder Legislativo são poderes que criam normas, mas não criam um Direito propriamente; quem cria Direito no princípio da divisão dos Poderes é o Poder Judiciário.

Então, no caso de mudança da legislação/Constituição para evitar uma decisão judicial (STF), há uma interferência na criação do Direito pelo Poder Judiciário por meio da criação de normas pelo Poder Legislativo, na sua competência decorrente; mas a questão é saber se podemos interferir largamente no Direito constituído ou no Direito estabelecido pelo Poder Judiciário, e, no caso específico, quando se trata de um órgão ao qual pela Constituição é acometida a competência de definir o que a Constituição diz – e isso a Constituição fala claramente em termos do Supremo. Isto é, em que medida é livre o Poder Legislativo – ou, no caso, o poder constituído derivado – para, ao criar normas, ao alterar as normas constitucionais, transformar o direito constitucional na forma como ele vem sendo ou vinha sendo entendido e constituído pelo STF.

Acho difícil encontrarmos um parâmetro genérico para responder a essa questão; acho difícil até porque as transformações que vêm ocorrendo no princípio da divisão dos Poderes têm caracterizado cada vez mais aquilo que se convencionou chamar de *politização do Judiciário*, e a politização do Judiciário acaba afetando sua capacidade de criar Direito, fazendo dele um Poder muito parecido com os outros – isto é, um mero criador de normas, e, nesse sentido, submetido a critérios funcionais; o que funciona é bom, e o que não funciona deve ser excluído. Se formos por esse caminho, vai ser muito difícil configurar a idéia de abuso de um poder constituinte derivado.

Mas se olharmos a questão do outro ponto de vista, isto é, que cabe ao Supremo, Poder Judiciário – Supremo no caso específico –, criar o direito constitucional, direitos constitucionais, a coisa muda de figura, e aqui entram considerações de natureza finalística, além das questões relativas, por exemplo, às limitações ditadas pelos direitos fundamentais, pelos direitos individuais, sociais etc. Pelas limitações dadas pelos princípios, entrariam em consideração, aqui, certas questões relativas aos sistemas constituídos pelas decisões do Supremo, por via interpretativa.

No caso do IPTU é uma questão relevante, porque a decisão do Supremo foi com base na idéia de que a progressividade constituiu um sistema adaptado à natureza dos impostos, portanto, alguma coisa que está na base mesma da constitucionalização de tributos pela Constituição. Nesse caso nós podemos pensar se não estaria havendo, aí, por desvio de finalidade, alteração do sistema constitucional, um efetivo abuso do poder de emendar. O argumento central seria, pois: se cabe ao Supremo conferir o sentido da Constituição, por via interpretativa, pode o poder derivado praticar, ostensivamente, um confronto entre os Poderes, alterando, por emenda, um sentido estabelecido, por isso demonstrada uma intenção política? Ou seja, se o sentido estabelecido tem a ver com política de Estado (sentido do sistema constitucional originário), pode ele ser alterado por razões de política de governo, que tem a ver com interesses ditados pelo momento (por exemplo, mero interesse arrecadatório)?

Bom, é uma questão polêmica. Em 15 minutos, como eu dizia há pouco ao meu amigo Lacombe, talvez não dê para dizer mais senão: "Meu nome é Enéas" *(palmas)*.

Presidente (Prof. Américo Lacombe) – Vamos passar a palavra ao Prof. Eduardo Bottallo, que vai falar sobre a "Possibilidade de Revisão pelo Poder Judiciário das Decisões Administrativas Desfavoráveis ao Fisco". Com a palavra o Prof. Bottallo, pelo prazo de 15 minutos.

Prof. Eduardo Bottallo – Boa tarde a todos, e em particular aos componentes da Mesa! A organização do Congresso foi muito sábia, e, alterando um pouco o sistema que prevaleceu em ocasiões anteriores, cobrou antecipadamente dos painelistas o texto da sua manifestação, de modo que o que eu vou dizer, de certa forma, já consta do vol. 85 da *Revista de Direito Tributário* – o que me libera de ser minucioso e me autoriza a apenas traçar as linhas gerais da questão.

Eu coloco, de início, duas premissas que me parecem fundamentais para a adequada compreensão do tema: "Pode a Administração Pública ir a juízo, pedir a reforma das suas próprias decisões, proferidas no âmbito do processo administrativo?"

A primeira delas é que, pela combinação dos princípios constitucionais da legalidade, da garantia da propriedade, do devido processo legal e do contraditório e ampla defesa, não se questiona mais quanto à obrigatoriedade da organização de um contencioso administrativo em matéria tributária. A inafastabilidade do controle judicial não libera a Administração de submeter-se, no seu próprio interior, ao controle da legalidade dos seus atos, e esse controle se faz através da prática que se desenvolve no âmbito do processo administrativo. Esta, pois, a primeira premissa.

A segunda é algo que já foi muito bem colocado em outro painel, ou seja, a atuação que o Poder Executivo exerce no âmbito do processo administrativo, não de mera aplicação da lei, mas, sim, de aplicação do Direito. Isso está bem explicitado na Lei 9.784/1999, que trata do processo administrativo federal, onde consta, como critério do processo administrativo, a atuação segundo a lei e o Direito. Não sem razão, a expressão "Direito" está grafada no texto com letra maiúscula, exatamente para não deixar dúvidas quanto aquilo a que se referiu, ali, o legislador (art. 2º, parágrafo único, I).

Pois bem, considerando esses dois fundamentos, de um lado, a imperiosidade do processo administrativo e, de outro lado, a autonomia – eu diria, mesmo, a independência – que os órgãos administrativos de julgamento têm, quando examinam as questões de sua competência, é que nós podemos nos debruçar sobre o tema e perguntar: "Pode a Administração ir ao Judiciário para pedir a revogação das próprias decisões, proferidas no âmbito do processo administrativo?"

Uma resposta, à primeira vista, óbvia a esta pergunta estaria referida ao próprio princípio da universalidade do controle jurisdicional, segundo o qual nenhuma lesão ou ameaça a direito pode ser excluída da apreciação do Poder Judiciário (art. 5º, XXXV, da CF).

Então, aí repousaria o fundamento para a superficial afirmação de que, se sempre cabe ao contribuinte apelar para o Judiciário, visando à revisão das decisões que venham a ser proferidas na sede administrativa de julgamento de questões tributárias, esse mesmo direito, até por isonomia, haveria de caber também ao Estado.

Mas a questão não é tão simples assim. Em primeiro lugar, nós não podemos esquecer que a garantia em questão consta do rol dos direitos fundamentais. Portanto, tem como destinatário o indivíduo, a pessoa, e não o Estado. O Estado comparece na órbita do art. 5º como protagonista que ali encontra não direitos, mas limitações ao exercício de seus poderes e de suas faculdades.

O art. 5º, sob a ótica do Estado, age como verdadeiro limite negativo à sua ação, e não como repositório de direitos. Os direitos do art. 5º são das pessoas, e não do Estado.

De modo que nós não encontramos nesse dispositivo argumento sereno, sólido, consistente, para afirmar que, em razão da universalidade do controle jurisdicional, o Estado poderia valer-se da via judicial para buscar a revisão de suas próprias decisões.

Agora, a rejeição desse argumento está longe de encerrar o tema, até porque, se formos olhar o problema sob o prisma da casuística, não teremos dificuldade em encontrar decisões onde o Judiciário reconheceu sua competência para promover a anulação de atos administrativos, por iniciativa da própria Administração.

Mas aí é preciso que façamos uma distinção necessária. Com efeito, uma coisa é o Judiciário exercer aquilo que poderíamos chamar de *controle externo* dos atos administrativos, no sentido da aferição, *v.g.*, da competência da autoridade que os emitiu, da regularidade formal de que esses atos devem revestir-se – enfim, da verificação acerca de o ato haver sido produzido de acordo com as exigências extrínsecas necessárias. Nesse ponto não há dúvida alguma de que o Judiciário tem um papel importante.

Tempos atrás, discutindo o tema em outro Estado, foi aventada situação em que havia sérias suspeitas quanto à maneira pela qual o Tribunal Administrativo local julgara questão fiscal a favor do contribuinte. Eram, de fato, circunstâncias muito anormais.

É claro que, em casos que tais, a Administração pode e, mesmo, tem o dever de ir ao Judiciário e pedir a anulação do ato, arcando com o ônus de demonstrar que ele padece de vícios no que diz respeito à sua formação, à sua legitimidade, à sua higidez. Entretanto, estamos discutindo aqui algo diferente, ou seja, a revisão do mérito, a revogação meritória da decisão que possa eventualmente ter beneficiado o contribuinte no âmbito do processo administrativo, aceitando-se que essa decisão tenha sido proferida regularmente por um órgão dotado de competência para produzi-la.

No trabalho a que já me referi faço algumas referências doutrinárias que se opõem à revisão judicial das decisões administrativas, estribadas nos princípios da legalidade, da segurança jurídica, e também na consideração de que a ninguém é dado agir contra seus próprios atos, *venire contra factum proprium*.

Também faço referência a trabalho de minha autoria, um dos primeiros que escrevi a respeito do processo tributário, onde, mesmo à luz de um sistema constitucional muito mais fechado, muito menos favorável à preservação das garantias individuais, já encontrava fundamentos suficientes para rejeitar a possibilidade dessa revisão, baseado em posições bastante autorizadas, entre as quais as de Rubens Gomes de Sousa e Gilberto de Ulhôa Canto.

Mas é também importante destacar que a impossibilidade de a Administração buscar no Judiciário a revisão do mérito das suas próprias decisões encontra confortável respaldo no Código Tributário Nacional. E eu destaco dois dispositivos que, a meu ver, dão consistência muito forte a esse ponto de vista.

O primeiro é o art. 146, que, tratando da alteração dos critérios jurídicos que a Administração Pública venha a adotar para promover o lançamento, diz, com toda clareza, que essa alteração somente produzirá efeitos, com relação ao mesmo sujeito passivo, para fatos geradores futuros – preservando, portanto, a imutabilidade dos atos pretéritos.

O art. 146 do CTN presta-se também para afastar argumento freqüentemente utilizado pelos que defendem tese contrária à que eu estou aqui sustentando, ou seja, o de que a Administração, sem poder obter a revogação de decisões que eventualmente contrariem seus interesses, fica "de mãos atadas".

Ora, pelo texto que acabei de citar, transparece que a impossibilidade de revisão não engessa o Estado: apenas preserva uma situação individual consolidada, deixando livres a Fazenda e o próprio órgão administrativo de julgamento para alterar seu ponto de vista quando vierem a examinar a mesma questão com relação a terceiros, ou com relação ao próprio contribuinte, não naquela situação que já foi julgada, mas sim em circunstâncias que envolvam idênticos fatos projetados para o futuro.

Por outro lado, nota-se no exame do art. 146 do CTN que, se nem mesmo administrativamente é possível rever o lançamento, ao argumento de que o critério jurídico que o determinou foi modificado, com muito mais razão, a Fazenda não pode buscar no Judiciário providência semelhante. Trata-se de caso típico de impossibilidade jurídica do pedido, porque contaminado pelo fato de ser expressamente vedado pela ordem jurídica.

Ainda no CTN, vale mencionar outro dispositivo, o art. 156, IX, que erige como causa extintiva do crédito tributário a decisão definitiva proferida no processo administrativo, da qual não caiba a ação anulatória.

Ora, essa decisão definitiva, da qual não caiba ação anulatória, somente pode ser a que favoreça o contribuinte, porque a decisão que contraria os interesses do contribuinte sempre é passível de revisão judicial.

Portanto, pode-se identificar nesse art. 156, IX, se não uma "coisa julgada administrativa", quando menos, situação de decisão imperativa e definitiva, confirmando expressão que o Prof. Alberto Xavier, com muita felicidade, engendrou, ao afirmar que, se a coisa julgada é imperativa e definitiva, nem tudo que é imperativo e definitivo é coisa julgada.

Com essas considerações concluo minha apresentação. Muito obrigado pela atenção *(palmas)*.

PRESIDENTE (PROF. AMÉRICO LACOMBE) – Dou a palavra ao Prof. Eurico Marcos Diniz de Santi, que em 15 minutos vai falar sobre "Efeitos da Ação Direta de Inconstitucionalidade e o Direito de Repetição do Indébito Tributário".

PROF. EURICO MARCOS DINIZ DE SANTI – Quinze minutos? É um desafio, mas vamos lá...

1. Introdução

Faço minhas as palavras do Prof. James: é uma honra participar desta Mesa. Escrevi artigo sobre este tema com o Prof. Paulo César Conrado, publicado na *Revista Dialética* 86. Contudo, minha exposição aqui tomará outro rumo: trabalharei a decadência, a prescrição e a coisa julgada como limites do processo de positivação do direito que interferem, diretamente, no exercício do direito à ação de repetição de indébito tributário.

Em outra redução, estreitaria os temas da decadência, da prescrição e da coisa julgada, na análise da relação de dois grandes princípios: o princípio da legalidade e o princípio da segurança jurídica.

2. *O cindir é desde o início*

Inicio parafraseando Pontes de Miranda, lembrado recentemente por Tácito Lacerda em sua Banca de Mestrado, em frase que mexeu comigo, e que creio que perpassa o essencial deste tema: "O cindir é desde o início". Interpreto esta frase aproximando-a das perspectivas teóricas que vêm sendo desenvolvidas pelo Prof. Paulo de Barros Carvalho; de fato, o "cindir" vem desde o início no Direito: no constituir conotações e denotações, na demarcação da realidade, no delineamento das hipóteses de incidência, na constituição do sentido da sentença, do ato administrativo. Em suma, tudo que está dentro do Direito decorre, em verdade, de representação. Representação que se realiza por meio da linguagem. Linguagem que torna possível o Direito, que torna possível a realidade, que torna possíveis as provas, que torna possível a motivação do ato administrativo, que torna possível a existência intersubjetiva de uma relação jurídica, que torna possível a existência de um processo judicial e do necessário contraditório que o informa e o constitui. Nela, na linguagem, também reside grande parte dos problemas do Direito, como o presente tema. Tudo converge, de algum modo, nessa tensão entre realidade e representação.

Realidade e representação que se espelham no fluxo temporal, entre causalidade jurídica e causalidade natural, entre o tempo dentro do Direito e o tempo na realidade natural, na precisa terminologia do Prof. Lourival Villanova. Oposição que explica e justifica, no direito positivo, por exemplo, as tutelas de emergência, as liminares e as tutelas antecipadas.

3. *Limites da juridicização do processo de causalidade jurídica*

Pensar o Direito por dentro – como ensina o Prof. Celso Antônio Bandeira de Mello – exige a análise de suas três grandes formas de manifestação positiva: a lei, o ato administrativo e a sentença.

3.1 A lei: o futuro

De um lado, a lei projeta-se para o futuro, mediante a linguagem, instrumentalizada pela flexão dos verbos, possibilitando falar-se sobre o futuro. Assim, a lei volta-se para o futuro, e respeita o tempo, que diz respeito à retroatividade.

3.2 O ato administrativo e a sentença judicial: a prova dos fatos

O ato administrativo, diversamente da lei, volta-se para o passado: buscando sua motivação, buscando seu motivo legal, buscando seu motivo fático. Busca inesgotável, porque o motivo legal requer a interpretação da lei, a representação no sentido da lei, que é inesgotável. Busca inesgotável do motivo do fato, do fato concreto, que na verdade não é a busca do fato, porque o fato se vai, se perde em suas circunstâncias espaço-temporais. Deveras, é, sim, a busca das provas do fato, interpretação das provas do fato, também inesgotável.

Tanto ato administrativo como sentença judicial realizam essa busca inesgotável da interpretação da lei, que vai subsumir a prova do fato mediante seus respectivos processos de positivação.

4. *Limites jurídicos da busca da verdadeira interpretação da lei e da prova dos fatos*

Tais buscas não teriam fim. Intervém aqui o direito, colocando um ponto final nestes procedimentos, limitando-os mediante os prazos judiciais e a coisa julgada – como bem lembrou a pouco o Prof. Eduardo Bottallo. O direito impõe limites à marcha do próprio direito.

Está em cena a tríade proposta pelo direito que delimita começo e fim do direito: decadência, prescrição e coisa julgada. A coisa julgada é o ponto final do processo de conhecimento do direito. Ela demarca o fim do direito, a partir daí o direito não avança mais, é o ponto final do direito, é o reconhecimento jurídico do limite do direito.

E, do mesmo modo que a coisa julgada é o ponto final que o direito coloca no seu processo do conhecimento das possíveis interpretações da lei e da prova dos fatos, a decadência e a prescrição conformam o outro ponto extremo dessa reta. Decadência e prescrição são as formas que o direito encontrou de barrar a entrada, a fonte normativa, dos processos cognitivos do direito.

Como o direito se abre para a realidade? Para as motivações que orientam o ato administrativo? Para as fundamentações das sentenças? A porta aberta para a informação sobre o normativo (lei) e o fático (provas) são os processos administrativos e judiciais.

A decadência impõe, em função do tempo, o limite à produção do ato administrativo, limite ao conhecimento dos fatos que sucederam no mundo e que motivam a criação do ato administrativo.

A prescrição fecha outra porta do direito. Fecha a possibilidade do conhecimento, do processar as informações fáticas, dos fatos jurídicos, dos direitos suscetíveis de apreciação do Poder Judiciário.

De um lado, a decadência, no tempo, tranca a possibilidade de conhecer direitos, não reconhecendo mais, não dando mais a possibilidade de juridicizar esses direitos nos respectivos procedimentos e processos administrativos; de outro lado, a prescrição tranca a porta do Poder Judiciário, impedindo o conhecimento de fatos e do direito objetivo.

E por que decadência e prescrição impõem tais limites? É o direito reconhecendo seus próprios limites. Limites do direito no conhecimento de questões de fato e questões de direito.

4.1 Problemas de fato: limites na possibilidade da construção do fato jurídico

Acontece que nesse fluxo interno dentro do direito, que vive dentro do seu tempo lógico, brincando com o tempo – ora *ex nunc*, ora *ex tunc* –, tenho limites que são ontológicos: são limites da causalidade natural. Ocorre que o tempo real não pára. O tempo flui, e os fatos que são tão relevantes para o direito, as provas, desaparecem em função do tempo: as notas fiscais queimam, como sói acontecer, os livros fiscais desaparecem, as testemunhas morrem, os fatos, os documentos, tudo desaparece; sem documentos, sem provas materiais, não se tem direito.

4.2 Problemas de direito: limites na possibilidade da interpretação das leis

O direito sabe disso, são problemas de fato que ocorrem o tempo todo com o direito. Além disso, tenho problemas de direito: a lei muda de sentido em função do tempo. A obra do Prof. Tércio destaca claramente esse aspecto: o eixo pragmático não pára, e a lei, em seu uso, muda constantemente de sentido.

Um tempo, uma lei, uma legalidade. Outro tempo, outra lei, outra legalidade. Qual a legalidade a aplicar? A abertura irrefreada em função desse tempo, na busca de uma verdade material, inexorável, real, efetiva, pode causar, digamos, contradições dentro do direito: um tempo, uma legalidade, um direito; outro tempo, outra legalidade, outro direito.

Que direito aplicar?

4.3 Decadência e prescrição: autofagia do direito extinguindo o direito

Em função disso, o direito, respeitando os efeitos que o tempo real nele provoca, tranca-se, estipulando prazos com efeitos extintivos do próprio direito. É o Direito extinguindo o próprio direito, em concreta autofagia. O direito diz: "Dado o fluxo de determinado tempo, o direito juridicizando o tempo prescreve a perda de exercer administrativamente dado direito: ocorre a decadência"; "Dado o fluxo de determinado tempo, o direito juridicizando o tempo prescreve a perda de exercer judicialmente dado direito: ocorre a prescrição".

Deveras, decadência e prescrição são formas que o direito encontrou de trancar o processamento das informações em razão do efeito do próprio tempo. E quem elege o tempo necessário para trancar essa possibilidade? É o próprio direito. O direito juridicizando o tempo tranca suas portas de acesso: a Administração e o Judiciário.

Assim, se exerço meu direito, construindo os fatos jurídicos e construindo interpretação das regras que pretendo aplicar, tempestivamente dentro dos prazos de decadência e prescrição, eu tenho o direito ao processamento dessas informações: tenho abertura cognoscitiva do direito para conhecer fatos e para conhecer as possíveis interpretações da lei, formadas no seio do contraditório.

5. *Coisa julgada: o ponto final*

E se não se opera nem decadência e nem prescrição o direito segue sua marcha de positivação. Operando resposta aos recursos e outros meios processuais de reconhecimento da realidade, até deparar-se com um termo final, processa-se, aqui, a coisa julgada. A coisa julgada é o ponto final de conhecimento de direito. A partir daí perdem-se os meios: o direito não se interessa mais por provas nem por interpretações da lei.

6. ***Limites do direito: a decadência, a prescrição e a coisa julgada***

Eis a tríade fundamental: enquanto decadência e prescrição delimitam o início, a coisa julgada determina o termo final do direito. Disso que nós chamamos direito. E que só existe dentro desses limites, demarcados pela decadência, pela prescrição e pela coisa julgada.

Também o direito adquirido e o ato jurídico perfeito só apresentam sua força de definitividade em função dessa tríade. O direito adquirido só é direito adquirido, efetivo, e o ato jurídico perfeito só é ato jurídico perfeito, depois de ultrapassar os respectivos prazos decadenciais, prescricionais ou da configuração positiva da coisa julgada. Antes disso, direito adquirido e ato jurídico perfeito remanescem sob a guarda e controle do direito, podendo sofrer alteração e correção de suas patologias. Não há direito adquirido nem ato jurídico perfeito sem o respeito à decadência, à prescrição e à coisa julgada.

Pode-se mudar a coisa julgada? Entendo que não. Ao meu modo de ver, a coisa julgada é uma construção jurídica do próprio direito, é a coisa julgada que faz do direito, direito; nesse sentido, ela só pode ser alterada segundo as regras do próprio jogo, estipuladas pelo direito.

7. ***Decisão em ação direta de inconstitucionalidade não pode alterar os efeitos jurídicos consolidados pela decadência, pela prescrição e pela coisa julgada***[1]

Tenho fato gerador que aconteceu em conformidade com a lei, ocorreu a chamada incidência ideal, a partir desse fato gerador, ocorreu lançamento tributário realizando a incidência jurídica, em seguida ocorreu o pagamento, extinguindo crédito tributário. Depois de extinta essa obrigação, em conformidade com o art. 156, I, do CTN, o contribuinte, fiel à convicção de que houve pagamento indevido, que a lei que o fundamentou era inconstitucional, por exemplo, entra com ação de repetição de indébito. A ação de repetição de indébito se abre para esses fatos do mundo, reavaliando a interpretação da lei, reavaliando a

1. Cf. *Revista Dialética* 86/27-33.

ocorrência ou não do fato, rediscutindo se ocorreu ou não o fato, rediscutindo a incidência, que é o aspecto declaratório da ação de repetição de indébito; em seguida, a ação de repetição de indébito entra no processo de produção do lançamento, analisando seus aspectos formais, poderíamos dizer que esse é o aspecto constitutivo negativo da ação de repetição de indébito; por fim, a ação de repetição de indébito entra nos aspectos formais do pagamento, verificando se este ocorreu ou não de fato, se foi de acordo com o crédito tributário (eis o aspecto condenatório dessa ação: a repetição do indébito). Passadas todas essas fases, tem-se a coisa julgada na ação de repetição de indébito, afirmando não ser devido o direito à repetição de indébito.

Anos depois, decisão em ação direta de inconstitucionalidade decreta que a lei que fundamentou o pagamento daquele tributo era inconstitucional. A questão é: reabre-se o prazo para repetir o indébito? É possível desfazer a coisa julgada daquela ação de repetição do indébito, transitada em julgado? E se ainda houver prazo para ação rescisória?

7.1 A decisão que declarou inconstitucional a lei, no exercício do controle direto de constitucionalidade, se publicada antes do decurso do prazo da ação rescisória, tem o condão de relativizar a coisa julgada, constituída a partir da sentença?

Não. Coisa julgada, *ex vi* do art. 467 do CPC, é "a eficácia, que torna imutável e indiscutível a sentença, não mais sujeita a recurso ordinário ou extraordinário". Acrescenta o art. 468 do CPC que "a sentença que julgar total ou parcialmente a lide tem força de lei nos limites da lide e das questões decididas".

Trata-se de conceito criado e delineado pelo direito que funciona como termo final do processo de positivação, encerrando o percurso narrativo do direito: limite ao conhecimento de fatos do mundo externo (questões de fato) e limite à enunciação das possibilidades interpretativas que toda lei enseja (questões de direito). Nada mais natural, o direito é artificial: inicia seu processo de positivação por intervenção formal das partes, conforme previsão da lei (lançamento, petição inicial etc.), e termina quando a lei definir, no caso do processo judicial, com a coisa julgada.

A coisa julgada não serve para fazer justiça material, serve para outorgar segurança ao direito, segurança às partes da contenda, segurança a terceiros que encontram na coisa julgada um porto seguro para realização de outros negócios jurídicos. Faz, a seu modo, outra justiça: a formal, a única que importa para o direito.

A segurança jurídica, realizadora da justiça formal, se sobrepõe a idéia de justiça material. Contudo, excepcionalmente, o sistema prevê, segundo novos limites, a relativização desta sobreposição, instituindo um controle da coisa julgada: é a ação rescisória, que, exercida tempestivamente e em suas limitadas hipóteses (art. 485 do CPC), rompe a coisa julgada anterior, permitindo a concretização de outra coisa julgada. À primeira "justiça formal" se sobrepõe uma segunda idéia de "justiça" aparentemente material, mas que não passa de um segundo estágio de "justiça formal".

Dentre as hipóteses do art. 485 do CPC interessa-nos a análise dos incisos IV, V e VII, que, embora utilizados como fundamento para propositura da ação rescisória nas circunstâncias delineadas pelo indigitado caso concreto, não são sustentáveis.

A alegação de ofensa à coisa julgada (inciso IV) não se verifica, pois a coisa julgada da sentença da ação de repetição do indébito (Sx) é anterior ao julgamento da ação direta de inconstitucionalidade (x) e a circunstância de seus efeitos apresentarem-se *ex tunc* não altera o eixo cronológico do tempo.

A alegação de "violação a literal disposição de lei" (inciso V) também não é cabível, pois o acórdão proferido na ação direta de inconstitucionalidade (x), posterior à sentença (Sx), não modifica a literalidade da lei utilizada como fundamento da sentença no momento de sua produção. Aplica-se ao fato a lei vigente à época do seu acontecimento: é regra geral de direito. À época da produção da sentença era vigente e válida a lei (Lx), e, convencido o juízo da ação de repetição do indébito sobre sua conformidade à Constituição, impossível, agora, acusá-lo de desrespeito à literalidade da lei: só se pode controlar atos no horizonte presente de sua produção, não em relação a pronunciamento decorrente de uma ação imprescritível e em tempo futuro e incerto, como é a ação direta de inconstitucionalidade.

A alegação de que, depois da sentença (Sx), o acórdão da ação direta de inconstitucionalidade (x) serviria ao autor como "documento novo" (inciso VII) também é descabida. O brocardo latino *sublata causa, tollitur effectus*, utilizado na fundamentação desta tese, revela a mesma estrutura do argumento anterior, ofensa a literal disposição de lei (art. 485, V), espraiando a mesma incerteza e insegurança à medida que submete os efeitos da coisa julgada à incerteza da futura apreciação da constitucionalidade da lei (Lx), por meio da ação direta de inconstitucionalidade (x). Além disso, o próprio contexto frásico do dispositivo que permitiria o ajuizamento da rescisória no caso em que, "depois da sentença, o autor obtiver *documento novo*, cuja existência ignorava, ou de que não pôde fazer uso, capaz, por si só, de lhe assegurar pronunciamento favorável", revela, ostensivamente, que a expressão "documento novo" refere-se a prova fática, do "fato passado" objeto de análise da sentença, e não a "prova do direito" (novo texto normativo, seja ele lei, ato administrativo, sentença ou acórdão). Aliás, o único direito suscetível de prova diz respeito, segundo o próprio CPC, art. 337, a textos normativos passados sem abrangência nacional.

7.2 A decisão que declarou inconstitucional lei, no exercício do controle direto de constitucionalidade, se publicada após o decurso do prazo da ação rescisória, tem o condão de relativizar a coisa julgada, constituída a partir da sentença?

Não. Verificamos, na análise da pergunta anterior, que o caso concreto não comporta relativização da coisa julgada mediante ação rescisória: nenhuma das hipóteses do art. 485 lhe é aplicável.

No presente caso, óbice adicional precede, em força e forma, toda argumentação anterior que continuaria valendo: após o decurso do prazo de dois anos (art. 495 do CPC) fica juridicamente impossível controlar a coisa julgada por ação rescisória, independentemente de seu fundamento. É limite objetivo do direito, garantidor da segurança jurídica: para isto servem os prazos no direito.

7.3 Caso o contribuinte não tivesse ajuizado ação de repetição do indébito e ainda não tivesse decorrido o respectivo prazo de prescrição, a decisão que declarou inconstitucional a lei, no exercício do controle direto de constitucionalidade, teria o condão de servir como fundamento para ação de repetição do indébito? O juízo poderia decidir de forma contrária à ação direta de inconstitucionalidade?

Sim. O trânsito em julgado da decisão produzida na ação direta de inconstitucionalidade tem o condão de servir como fundamento para ação de repetição do indébito, instalando no sistema, objetivamente, o reconhecimento jurídico da inconstitucionalidade da lei, em regra, com efeitos *ex tunc*.

Tendo a lei servido de fundamento para "incidência", lançamento e pagamento do crédito tributário do contribuinte, e não tendo seus efeitos se consolidado no tempo, mediante o decurso do prazo de prescrição, então a decisão em ação direta de inconstitucionalidade pode servir como fundamento para atacar judicialmente os efeitos da "incidência", do lançamento e do pagamento do crédito.

Não, sobre a segunda pergunta. O juízo não pode decidir de forma contrária à ação direta de inconstitucionalidade. No julgamento da ação de repetição do indébito tributário o juízo fica adstrito à decisão do STF, pois neste átimo não encontrará no sistema a lei, objeto que foi do controle da ação direta de inconstitucionalidade.

Tal efeito não ocorre por imposição hierárquica do STF sobre os demais juízos, mas do exercício de sua competência constitucional, que resulta na retirada da lei do ordenamento jurídico vigente. Aquilo que se chama efeito "vinculante" não é senão a aplicação da regra geral que orienta o exercício da jurisdição: aplicar leis válidas, no átimo da decisão, ao caso concreto.

7.4 Caso o contribuinte não tivesse ajuizado ação de repetição do indébito e já tivesse decorrido o respectivo prazo de prescrição, a decisão que declarou inconstitucional a lei, no exercício do controle direto de constitucionalidade, teria o condão de definir novo "dies a quo" desse prazo?

Não. O pressuposto da ação de repetição do indébito é o pagamento, e não por acaso é este o *dies a quo* do prazo prescricional da propositura desta ação, *ex vi* do art. 168, I, do CTN. Termo inicial normativamente válido aplicável à hipótese descrita no caso concreto: a publicação de acórdão de ação direta de inconstitucionalidade não tem o condão de reabrir esse prazo.

Argumentação em sentido oposto, fundada na idéia da *actio nata*, apresenta indisfarçável petição de princípio, sugerindo que com a retirada da lei nasce concretamente um direito subjetivo; ocorre que na ação direta de inconstitucionalidade não se conhecem fatos, não podendo constituir direitos subjetivos. Pelo mesmo motivo, seria inaplicável o art. 1º do Decreto 20.910/1932: ação direta de inconstitucionalidade não tem o condão de constituir dívida passiva da União, dos Estados e Municípios.

Por fim, o deslocamento do *dies a quo* deste prazo para a data da homologação do pagamento antecipado, como tem propalado o STJ, também não se sustenta: conforme o art. 156, VII, a extinção do crédito tributário dá-se com o pagamento antecipado e com sua homologação *nos termos do art. 150 e seus §§*: no § 1º do art. 150 verificamos que o pagamento antecipado extingue o crédito sob condição resolutória, ou seja, no átimo de seu exercício, e não quando se implementar a condição homologatória, como sustenta essa tese, confundindo condição *resolutória* com condição *suspensiva*.

8. Conclusão

Enfim, eu concluiria com duas proposições que me parecem fundamentais.

A coisa julgada não é a forma de fazer a verdadeira justiça – a verdadeira justiça, a almejada justiça material; a coisa julgada é a forma concreta que o direto encontrou para construir sua própria justiça, dentro dos limites do processos de produção do direito, dentro dos limites do Estado de Direito. É real? Não, não é, mas é a justiça que o direito pode oferecer.

Quanto à decadência e à prescrição, também infelizmente não são formas de fazer justiça, são formas concretas que o direito encontrou para conviver com esse deus tão poderoso: o tempo!

Muito obrigado *(palmas)*.

PRESIDENTE (PROF. AMÉRICO LACOMBE) – Antes de encerrar e dar início às perguntas, pediram-me para avisar aos Srs. Congressistas que não devem circular sem os crachás, porque está causando certas dificuldades de controle.

Eu tenho uma pergunta, duas perguntas, aliás, a fazer, valendo-me do cargo de Presidente desta Mesa. Eu tenho duas perguntas, uma para o Prof. Tércio e a outra para o Prof. Bottallo.

A do Prof. Tércio é a seguinte. Sua palestra foi toda sobre o abuso de legislar; então eu pergunto: na sua opinião, caberia indenização em razão de ato legislativo? Por exemplo, no caso de uma lei inconstitucional que violou direito individual e prejudicou a parte, pode o cidadão pedir indenização ao Estado, com base no ato legislativo inconstitucional? Seja inconstitucionalidade formal ou inconstitucional material, no meu modo de ver a lei formalmente inconstitucional é inexistente. Por exemplo, a lei que foi votada, e da Câmara iniciadora foi para a Câmara Revisora, houve revisão, modificações na Câmara Revisora, e não voltou para a Câmara iniciadora, subiu direto à sanção, violou um aspecto formal do processo legislativo; então, essa lei é inexistente, não preencheu os requisitos para se transformar em lei, a lei materialmente constitucional não é inexistente, ela é nula, ela não vale. Qualquer uma delas pode, evidentemente, prejudicar direitos individuais. Cabe indenização, em virtude do ato legislativo que feriu direitos?

Há um livro do Professor português Rui Medeiros que fala sobre isso, mas eu queria saber a opinião do Prof. Tércio.

Prof. Tércio Sampaio – Essa questão envolve o problema da responsabilidade do Legislativo. Existem diferentes posicionamentos possíveis a respeito dessa responsabilidade do Legislativo, e aqui temos que discutir alguns desses princípios que discutem essa responsabilidade.

Dependendo daquilo que se vá ferir por força de uma inconstitucionalidade declarada é que poderíamos, talvez, caracterizar o âmago dessa responsabilidade.

Parece-me que o modo mais razoável de caracterizar essa responsabilidade do Legislativo estaria em circunscrever isso à obediência de certos princípios que norteiam a própria legislação, porque simplesmente a produção de uma norma legal e inconstitucional ainda não chega a ferir esses princípios. O que eu quero dizer é o seguinte: justamente por isso preferi colocar o tema num outro campo, que é o campo do abuso, para caracterizar uma eventual responsabilidade do Legislativo. Temos que caracterizar o abuso, e não simplesmente a produção de uma norma legal e constitucional. Só por isso acho muito difícil fazer essa caracterização, mas se pudermos mostrar o abuso, e aí é que é realmente muito complicado, mostrar esse abuso, mas não é impossível – isto é, onde é que está o abuso? O abuso está numa inadequação de meio e fim – isto é, por exemplo, utilizar o processo legislativo para produzir uma lei que atinja o interesse público de tal maneira a proteger grupos.

Presidente (Prof. Américo Lacombe) – Mas, aí, seria desvio de poder.

Prof. Tércio Sampaio – Mas é disso que eu estava falando, desvio de poder legislativo. Nesse caso eu teria abuso, nesse caso talvez nós pudéssemos, então, invocar uma responsabilidade do Legislativo, e aí, sim, pensar até em uma indenização. Mas nesses casos, em que há o abuso caracterizado, não nos casos de simples produção de uma norma legal e inconstitucional.

Presidente (Prof. Américo Lacombe) – Prof. Bottallo, a questão é a seguinte: como encarar a impossibilidade de revisão para a Fazenda Pública (qualquer Poder, seja ele federal, estadual ou municipal), de recorrer ao Judiciário, sem ferir o princípio da isonomia? Eu, aqui, me baseio no seguinte: o princípio da isonomia na atual Constituição não pode ser encarado da mesma forma que foi nas Constituições anteriores.

Nas Constituições anteriores o princípio da igualdade era uma forma de se implementar o direito à vida, à segurança etc.

Na Constituição atual o princípio da igualdade não está colocado nestes termos, ele já está presente no art. 3º, em inúmeros dos itens do art. 3º, dos princípios fundamentais, e depois ele vem no art. 5º, na primeira afirmação do *caput* do artigo – "todos são iguais perante a lei" –, na garantia do poder direitos, à vida, segurança etc., homens e mulheres são iguais em direitos e obrigações – quer dizer, o princípio da igualdade não é mais forma de implementar nada, ele é a causa de tudo aquilo que vem em seguida. E no regime de 1946, Francisco Campos, sobre o qual não pesa a menor suspeita de liberal – não é –, dizia que o princípio da igualdade estava presente em todos os incisos do art. 141 da CF de 1946 simplesmente pelo fato de estar colocado em primeiro lugar.

Então, hoje, o princípio da igualdade está presente com maior razão em todos os incisos do art. 5º, que só podem ser interpretados à luz da igualdade. E eu não me baseio naquele inciso XXXV, que diz a lei não pode impedir o acesso ao Judiciário. Eu me baseio no inciso LV, que diz que *aos litigantes, em processo judicial ou administrativo* etc. – o princípio da igualdade na lei, que está presente aos litigantes em todos os processos administrativos e judiciais. Então, o contribuinte tem direito a rever a decisão do processo administrativo. Por que a Fazenda não terá o mesmo, direito, enfim, com fundamento no inciso LV do art. 5º da CF, que também tem que ser interpretado à luz da igualdade?

PROF. EDUARDO BOTTALLO – Aproveito essa pergunta do Prof. Américo Lacombe para responder a outras duas, feitas pelos nossos colegas Marcelo Alexandrino, Auditor da Receita Federal, e Manuel Felipe, Procurador da Fazenda Nacional.

Entendo que quando a Constituição fala em isonomia o faz no sentido de reconhecer as desigualdades, de "tratar os desiguais desigualmente". Nesse sentido, a Fazenda não é "igual" ao contribuinte, de sorte que, a meu ver, não se pode falar, aqui, no mesmo tratamento. A Fazenda tem o poder normativo; o contribuinte, não. O contribuinte tem o direito de levar, sempre, seus interesses jurídicos à tutela do Judiciário. Já, nem sempre à Fazenda é assegurada a mesma possibilidade, sobretudo quando se trata de rever suas próprias e regulares decisões que hajam criado direitos subjetivos aos particulares.

O que eu afirmei é que a Fazenda não pode pedir a revisão de mérito; mas, se ela entender que a decisão é nula, por algum defeito (legalidade, competência, forma, objeto), é claro que ela, assumindo o ônus da prova, terá esse direito, até porque se trata de imposição decorrente do art. 37 da Lei Maior.

O que ela não pode é desautorizar seus próprios órgãos de julgamento, que são dotados de competências específicas, só porque decidiram que o lançamento fiscal não é devido. Isso atenta contra a moralidade pública, também mencionada no mesmo art. 37.

Este é o meu ponto de vista.

PRESIDENTE (PROF. AMÉRICO LACOMBE) – Eu vou dar um minuto para cada um dos Professores que restam para responder às suas perguntas, porque eu já recebi um aviso para encerrar.

PROF. JAMES MARINS – Sucintamente Prof. Américo Lacombe, posso pelo menos deixar a minha compreensão a respeito de dois assuntos que foram suscitados. O mesmo assunto indagado ao Prof. Bottallo foi suscitado em uma pergunta endereçada tanto a mim como a ele. Eu apenas quero dizer que compartilho da preocupação do membro Procurador e do membro Auditor da Fazenda com relação à questão da isonomia, mas tenho uma posição um pouco diferente.

Creio que no atual sistema os argumentos do Prof. Bottallo são muito impressionantes e de certa forma eliminam a possibilidade da propositura da ação, especialmente em face da extinção da obrigação tributária, como a gerar, segundo o próprio

Código Tributário Nacional, a impossibilidade jurídica do pedido desta ação revisional. Mas, por outro lado, também penso que este problema decorre de uma absurda desarmonia entre o processo administrativo tributário brasileiro e o processo judicial tributário brasileiro.

Nós somos muito menos evoluídos, por exemplo, do que a Argentina, do que o Tribunal Administrativo Português. Isso jamais aconteceria no sistema argentino ou no sistema português. O que falta, na verdade, são normas de direito processual tributário que harmonizem o sistema administrativo e o sistema judicial, inclusive com a possibilidade de a Fazenda vir a juízo para revisar as decisões administrativas. Não haveria problema algum nisso, mas o nosso atual sistema não permite.

A outra questão me parece muito importante, Prof. Américo Lacombe, e também quero deixar aqui registrada a minha posição. Diz respeito a questão do novo Código Civil e à impossibilidade de utilização do argumento da compensação na execução fiscal.

Esta questão me parece da mais alta relevância, e fico feliz que alguns dos tão qualificados assistentes deste Congresso tenham se sentido atraídos pelo problema, como a Profa. Ana Emília Cordelli Alves, que me dirigiu a pergunta, pedindo que explorasse mais esse tema.

Devo dizer o seguinte: se a Lei de Execuções Fiscais estava amparada no Código Civil de 1916, no sentido de disciplinar especificamente para o campo tributário um regime de exceção para a possibilidade de compensação tributária, este regime de exceção desaparece à luz do novo Código Civil de 2002, e, portanto, torna ou pode tornar – esta é a proposta para debate aos Senhores – incompatível com o atual sistema o regime de exceção criado pela Lei de Execuções Fiscais.

Especialmente porque *compensação tributária* toca ao direito de propriedade em si mesmo considerado – e, portanto, tem foro constitucional.

Deixaria aos Senhores, como uma provocação intelectual, a seguinte indagação: podemos imaginar, hoje, uma lei que revogue a lei – o art. 66 da Lei 8.383/1991 – que deu início ao regime de compensação tributária em nosso país, de modo a promover um retrocesso a um critério de justiça já incorporado ao sistema e derivado do direito constitucional de propriedade? Esta é a pergunta que eu posso propor a título de resposta. Muito obrigado Prof. Lacombe.

PRESIDENTE (PROF. AMÉRICO LACOMBE) – Eu dou a palavra ao Prof. Eurico, dois minutos, já que ele falou dois minutos.

PROF. EURICO MARCOS DINIZ DE SANTI – São três perguntas, e as três convergem mais ou menos para o mesmo ponto: se o STF julga uma lei inconstitucional, pode o STJ – como tem feito – reabrir o prazo de prescrição, com o trânsito em julgado da ação direta de inconstitucionalidade? E uma outra questão é se a ação direta de inconstitucionalidade reconhece *ex tunc* que uma lei é inconstitucional, sempre foi inconstitucional, seria legítima a manutenção dessa coisa julgada inconstitucional?

Parece-me que a questão central é justamente essa, acho que há, aqui, um confronto efetivo entre Direito e realidade, entre tempo e Direito. O Direito pode, maravilhosamente, voltar no tempo, voltar a 10 anos atrás, 20 anos atrás, 30 anos atrás; e, como a ação direta de inconstitucionalidade é imprescritível, quantos anos quiser atrás, para dizer que a lei é inconstitucional. E tudo isso é lindo, mas e a realidade que foi baseada na coisa julgada, e os atos que foram fundamentados em decisões sedimentadas pelo tempo e orientados por essas decisões? Como é que ficam?

É lindo entender o processo lógico com que o Direito propõe os efeitos *ex tunc*, mas é fundamental encarar, também, que os efeitos concretos fundamentados nas decisões jurídicas devem ser respeitados pelo próprio Direito. Eis aí a finalidade e a importância da decadência, da prescrição e da coisa julgada, impondo limites positivos aos efeitos *ex tunc* das ações diretas de inconstitucionalidade.

Em suma, defendo a manutenção da coisa julgada.

PRESIDENTE (PROF. AMÉRICO LACOMBE) – Os Senhores viram que nós discutimos aqui sobre o tema "Processo Judicial Tributário" e nenhuma questão de processo foi discutida. Parodiando Winston Churchill, que dizia que a guerra é um assunto muito sério para ser deixada na mão de militares, nós podemos dizer que o processo é um assunto muito sério para ser deixado nas mãos dos processualistas. Está encerrada a sessão *(palmas)*.

CONFERÊNCIA

NORMAS GERAIS DO DIREITO TRIBUTÁRIO, INOVAÇÕES DO SEU REGIME NA CONSTITUIÇÃO DE 1988

PROF. JOSÉ SOUTO MAIOR BORGES

PRESIDENTE (PROF. ESTEVÃO HORVATH) – Boa tarde a todos! Iniciando a última parte dos trabalhos de hoje deste Congresso, a Mesa está refeita e composta pelos Profs. Roque Carrazza, Misabel Derzi, José Souto Maior Borges, Aires Barreto, José Eduardo Soares de Melo e Américo Lacombe, e quem vai proferir a palestra a partir de alguns instantes é o Prof. Souto Maior Borges. Eu fui incumbido de fazer-lhe a apresentação, e na verdade me parece até um pouco ridículo dizer que eu vou apresentar o Prof. Souto Maior Borges, porque ele é conhecido sobejamente por todos aqui e por todos os demais fora daqui.

Então, eu vou me propor a fazer uma ligeira e singela homenagem, pura e simplesmente. O Dr. Souto Maior Borges é Professor Titular da Faculdade de Direito da UFPE, é Professor Titular de Direto Tributário e de Filosofia do Direito. É o jurista no verdadeiro sentido da palavra e um grande pensador, talvez um dos maiores pensadores – na minha opinião, com certeza – que nós temos no Brasil, dadas a sua cultura e inteligência, não só jurídica, mas geral também.

Influenciado, talvez, pelas idéias de Heiddeger e de Popper, ele contribuiu de forma peculiar, eu diria, além de extremamente significativa, para o avanço do nosso direito tributário.

É de todos conhecida a sua obra. Eu vou mencionar, aqui, somente alguns dos seus trabalhos, como o livro sobre *Lançamento Tributário*. Em edição nova também, *Isenções Tributárias*, que foram o marco na sua época, no Brasil e fora daqui. Eu, por experiência própria, tive como confirmar que influenciou vários professores espanhóis também, que seguiram sua teoria mais recentemente. Seu livro sobre *Obrigação Tributária, uma Introdução Metodológica* – em que ele, com a habilidade que lhe é própria, mexe com os conceitos tradicionalmente aceitos pela maioria acerca desse tema, o mesmo fazendo com o pequeno grande livro *Contraditório no Processo Judicial*, com a visão dialética, que abala as nossas convicções, nossa crenças, e areja a nossa forma de interpretar o Direito; além, evidentemente, do seu clássico livro *Lei Complementar em Matéria Tributária*.

E eu lembraria, aqui, o que o Prof. Geraldo Ataliba gostava de dizer que era um jurista que conhecia direito tributário; e o Prof. Souto Maior Borges se encaixa neste conceito. O Prof. Souto não é um tributarista, ele é um jurista que pensa também no direito tributário. Talvez isso também seja uma das grandes razões de sua grandeza.

Finalizando esta apresentação, eu vou ler uma frase do seu livro *A Ciência Feliz* – que é um livro, aliás, bastante feliz: "Porque a meta de todo o caminho do pensamento deve ser o saber do coração, um ensaio de felicidade, e se o caminho escolhido foi o da Ciência, que seja uma Ciência feliz". E eu reputo que o Prof. Souto encontrou seu caminho na Ciência, faz uma

Ciência feliz, e deixa todos nós, os seus discípulos, também bastante felizes. Prof. Souto, a palavra é sua *(palmas)*.

PRESIDENTE DO IGA-IDEPE (PROF. AIRES BARRETO) – Gostaria de convidar para compor a Mesa a Desa. Maria Salete Camargo Nascimento e a Desa. Alda Bastos *(palmas)*.

PROF. JOSÉ SOUTO MAIOR BORGES – Exmo. Sr. Prof. Estevão Horvath, Presidente desta Sessão, Exmo. Sr. Prof. Aires Barreto, Presidente do Instituto Geraldo Ataliba-IDEPE; demais membros da Mesa, minhas Senhoras e meus Senhores.

O tema algo surpreendente da minha exposição versa sobre "Normas Gerais do Direito Tributário, Inovações do seu Regime na Constituição de 1988".

Algo surpreendente porque é sabido de todos que o tema das normas gerais já foi objeto de estudos, os mais relevantes, na doutrina brasileira. De sorte que seria de certo modo impertinente falar sobre essa matéria, retomar a meditação sobre os problemas que as normas gerais, no direito constitucional brasileiro, envolvem.

O desafio de um tema velho

Todavia, permito-me ponderar que não há maior desafio para a argúcia de um estudioso do que o de enfrentar velhos temas sob perspectivas novas.

Não intento inovar com relação ao estudo das normas gerais de direito tributário por uma inconseqüente mania de originalidade, ou – pior ainda – pretendendo manifestar um brilho superficial que apenas poderia abastecer a vaidade do expositor, e, portanto, bastaria isso para ser qualificado como ilegítimo. Sem compromisso algum com uma Ciência rigorosa.

A legitimidade dessa exposição decorre de dois pressupostos fundamentais. O primeiro é que ainda restam em aberto, no campo das normas gerais, múltiplos problemas, porque a Ciência é obra humana – e, conseqüentemente, algo congenitamente imperfeito e inacabado, algo que mereça a nossa atenção em termos de uma revisitação teórica.

A tentação e as armadilhas do preestabelecido

Não, porém, para repetir o preestabelecido, mas para tentar algo que se legitima à luz de uma Epistemologia Jurídica conseqüente, que seria pensar de modo diverso e eventualmente até em contrário àquilo que até hoje foi pensado, porque com isso nós corremos um grave, um grande risco de incorrer em erro, mas também teremos a tranqüilidade psicológica assegurada: este é o único caminho para o progresso da Ciência, porque, se nós pensarmos no mesmo sentido em que um determinado tema foi pensado, lograremos apenas obter os mesmos resultados na investigação científica – ou seja, nada se avançará em termos de progresso nos estudos científicos relativos ao tributo.

Esta é uma razão, digamos, de ordem epistemológica a guiar a presente exposição, e outra será ditada pelo art. 146 do Texto Constitucional, por demais conhecido de todos, e que atribui à lei complementar formalmente uma tríplice função nos três itens em que ele se desdobra.

Linguagem do sistema constitucional e metalinguagem doutrinária

Para conseguirmos alguma coisa em termos de realização do nosso intento, faz-se necessário ponderar que a metalinguagem doutrinária – ou seja, a linguagem dos juristas, dos especialistas em direito tributário – não deve ser considerada uma redundância, uma duplicação supérflua da linguagem de objeto, aquela à qual suas proposições descritivas e explicativas se dirigem, e que por hipótese é a nossa *base empírica*, a base de legitimidade científica das proposições doutrinárias, integrada por um complexo de normas de direito constitucional positivo nas suas subclasses constituídas pelas normas tributárias e especificamente as normas gerais de direito tributário (linguagem-objeto).

Muito bem: ao longo do tempo as propostas científicas sofrem um efeito corrosivo produzido pela própria evolução da Ciência na ordem temporal, e parece-me que nesse campo das normas gerais devemos proceder a uma meditação renovada em torno do seu regime jurídico constitucional. É o mesmo dizer: faz-se necessário evitar a linguagem repetitiva que caracteriza a doutrina em choque, nas suas respectivas e irredutíveis posições.

Já estamos longe daquele tempo em que norma geral de direito tributário ou, mais amplamente, norma geral de direito financeiro, como prescrevia a Constituição de 1946, era, segundo os doutrinadores, tudo aquilo que a legalidade dissesse que era...

As divergências doutrinárias inconciliáveis entre si

Seguramente avançou-se pouco nesse ponto, mas como sempre instalou-se uma acesa controvérsia no Direito Brasileiro em torno das funções a serem exercidas pelas normas gerais de direito tributário.

Antes de analisar essas propostas, permito-me também, como um pressuposto fundamental para as minhas conclusões, fazer uma breve digressão de ordem epistemológica. A abordagem subseqüente pertence à Epistemologia Científica em geral e particularmente em aplicações no campo da Ciência do Direito e depois especificamente do direito tributário.

Na verdade, há um entrechoque, uma luta darwiniana pela sobrevivência das teorias em voga, e que são concorrentes no campo da Ciência.

Como essas teorias se movem no campo da pura opinião, o campo doxográfico da opinião dos juristas, não será no âmbito da doutrina jurídica que nós poderemos auferir critérios para decidir sobre a validade maior ou menor que venha a revestir essas teorias. Uma ressalva: eu estou falando em *validade conceitual*, que nada tem que ver com validade normativa, que é problema de ordem inteiramente diversa – não vamos misturar *alhos com bugalhos*.

Como é possível selecionar teorias rivais

Uma proposta científica se revela melhor do que outra, com ela concorrente ou outras com ela concorrentes, na medida em que seu conteúdo de explicação seja maior – é dizê-lo, mais abrangente – e simultaneamente seu conteúdo de erro seja menor. Aliás, erro não é, a rigor, conteúdo; digamos, então, sua margem de erro não deve ser maior que a da teoria que com ela é confrontada.

Porque o espírito humano na saga da inteligência, ao longo do tempo, é governado por uma "lei", mediante a qual, desde os pré-socráticos, sabemos que tudo converge para unidade. Portanto, a hipótese substitutiva será vitoriosa porque unificadora. Ela conseguirá simplificar as explicações científicas antecedentes – e unificá-las numa proposta teórica mais abrangente. A simplicidade nada tem com a simploriedade, ela é uma categoria metodológica fundamental. As teorias devem ser simples, sem resvalar para o simplório.

A teoria substitutiva é melhor se consegue explicar todas as alternativas que eram explicadas pelas teorias antecedentes e eventualmente também as alternativas que elas não poderiam explicar.

Dispenso-me de tecer considerações extrajurídicas, para não sofrer a acusação de que estaria desviando do tema, já que estamos num Congresso de Direito Tributário. Então, dou como pressuposta essa matéria.

Tricotomia e dicotomia em direito tributário

Como é que nós encontramos o conhecimento do direito tributário no seu estágio atual?

Ele vem de um longo processo evolutivo que culmina com a Constituição de 1988 no tocante a essas normas gerais de direito tributário, e duas propostas teóricas disputam entre si, a meu ver, num diálogo de surdos, com a devida vênia, a primazia na ordem da explicação do regime jurídico dessas normas gerais – as conhecidas correntes tricotômicas e dicotômicas.

As tricotômicas são mais aferradas à formulação literal do Texto Condicional. A função das normas gerais consistiria em dispor sobre conflitos de competência tributária (art. 146, I), regular as limitações constitucionais ao poder tributar (art. 146, II) e muito amplamente expedir, a lei complementar, normas gerais de direito tributário sobre matérias de legislação tributária (art. 146, III).

Contrapondo-se a elas, e tomando como parâmetro outro *campo de referência*, diverso sistema de referibilidade, o da autonomia dos Estados e dos Municípios, uma proposta alternativa, que fez fortuna, pretende que as normas gerais terão como função basicamente duas atribuições constitucionais: dispor sobre os conflitos de competência e regular limitações constitucionais do poder tributário.

A primeira observação que faço, sem qualquer pretensão de ordem pessoal, a não ser a de submeter o problema à meditação de todos, é que, se nós consideramos como válidos esses pressupostos epistemológicos, ter-se-ão as seguintes conseqüências. A hipótese é cientificamente legitimada na medida em que se verte para a unificação das hipóteses descritivas antecedentes, inclusive no âmbito do sistema constitucional. A hipótese tricotômica e a hipótese dicotômica têm graus de aplicabilidade diferentes, mas ambas estarão sujeitas à crítica de que não atendem a esse requisito fundamental, a unificação de um determinado segmento ou setor do conhecimento humano. Parece-me que esta é uma evidência de que se impõe uma superação dessas posições em disputa teórica.

A evolução constitucional do problema

Muito bem, como empreender esta superação? Como avançar no campo de nossos estudos? Como construir uma hipótese teórica que venha a explicar tudo o que ocorreu na evolução do sistema?

A disciplina das normas gerais de direito tributário na Constituição de 1988 apresenta peculiaridades que não estão devidamente exploradas, muito menos esgotadas, no campo da doutrina jurídica especializada. Ora, em que consistem essas normas gerais?

"Mais atento ao texto do que ao comento", como recomendava Rui Barbosa, e esta consigna nos guiará nessa nossa investigação.

O norte é precisamente o art. 146 da CF, que prescreve as funções da lei complementar na sua tríplice enunciação.

Pretendo eu, para justificar meu ponto de vista, fornecer um exemplo, já que a força iluminadora do exemplo vale mais do que mil palavras. Esse exemplo procura esclarecer que dois preceitos na CF, art. 5º, *caput* e inciso I (isonomia), envolvem um só princípio na descrição doutrinária, o da legalidade isônoma (inciso II). Não somos iguais diante de atos infralegais (portarias, ordens de serviço, regulamentos etc.), senão diante da lei.

A linguagem da doutrina não está vinculada à formulação literal do Texto Constitucional, mas ao seu conteúdo normativo, ao significado objetivo dos preceitos constitucionais – coisa inteiramente diversa.

Muito bem, o que é que a Constituição nos indica no seu art. 146?

Primeiro, a matéria das normas gerais está sob reserva de lei complementar. Dá-se reserva da lei complementar para as matérias que esse dispositivo – o art. 146 – enuncia. Cria ele uma reserva constitucional, e portanto uma exclusão da viabilidade de lei ordinária para regular essa matéria, sem extrapassar o campo de suas atribuições constitucionais.

Muito bem, retome-se o exemplo que pretendo dar para legitimar minha posição. Esse exemplo é o seguinte: na CF, art. 5º, nos diversos incisos em que este dispositivo fundamental se desdobra, estão previstos como princípios formalmente apartados a isonomia, no *caput* do art. 5º, no seu inciso I, e a legalidade, no inciso II desse mesmo dispositivo.

Muito bem, em metalinguagem que descreve a Constituição, fiel a essa tendência para a unificação das hipóteses explicativas, nós podemos, com toda legitimidade teórica, afirmar que legalidade e isonomia não são princípios diferentes. Unidade na diversidade – surpreendente conclusão.

Trata-se de duas facetas de um só princípio, a legalidade isônoma; nós somos iguais perante a lei, não somos iguais perante regulamento, portaria, ordens de serviço, instruções normativas e atos infralegais que tais.

"Ninguém será obrigado a fazer ou deixar de fazer alguma coisa se não em virtude de lei" – diz a CF no inciso II do art. 5º, e prescreve o seu texto que a lei tem um conteúdo isônomo. Isso é reiterado em matéria tributária, quando a Constituição trata do "Sistema Tributário Nacional".

Um só princípio, uma formulação dúplice. Mas é perfeitamente consistente e coerente com o sistema, no meu modo de ver, que se diga: "legalidade e isonomia" vírgula "o mesmo", ponto.

Regime jurídico do art. 146 da CF

Qual é o regime jurídico do art. 146 da CF?

Aqui, o preceito menciona a lei complementar. Como é que é possível caracterizá-la? É uma lei de caráter *nacional* – que significa isso?

Significa, para logo, que se trata de uma categoria legislativa, inconfundível com a lei simplesmente federal.

E por que assim ela o é? Porque o sistema adota um critério técnico pelo qual a União produz leis complementares de caráter nacional e este atributo especificador da lei complementar decorre do âmbito de validade pessoal das suas normas, ou seja, seus destinatários. Ou, mais rigorosamente, qual é a conduta dos destinatários previstos pela CF no art. 146?

Essa lei complementar subjetivamente é uma lei que tem como destinatários a União, os Estados e o Distrito Federal e Municípios. Todas as pessoas constitucionais, portanto.

Quando a União edita uma lei complementar de normas gerais, os Estados e Municípios não estão, a rigor – como ensinava Pontes de Miranda –, *representados* neste ato legislativo pela União, mas sim *presentados*, porque no sistema da Constituição Federal a autonomia dos Estados, Distrito Federal e Municípios tem que conviver com a possibilidade de a União editar normas de caráter nacional necessárias à harmonização do sistema tributário como um todo.

Esse é que é o sistema da Constituição Federal de 1988.

Limitações constitucionais do poder de tributar

Muito bem, de todas as limitações constitucionais do poder de tributar, a mais eminente é a *legalidade isônoma* (CF, art. 5º, *caput*, I e II). Há na Constituição Federal todo um desdobramento desse privilegiamento normativo da legalidade. A lei complementar de normas gerais, inobstante, nem sempre tem aplicabilidade imediata (não posso dizer *a priori*, quando ela a tem ou não tem). Em algumas hipóteses ela independe de qualquer integração, e por isso mesmo que é lei de caráter nacional. Quando ela dispõe, por exemplo, sobre prazo de prescrição não precisa de integração legislativa; mas quando ela dispõe sobre muitas outras matérias, depende de integração. A regulação pelas normas gerais está incompleta, sendo, portanto, inilidível a edição de norma estadual, municipal, federal, conforme o caso, para que se preste homenagem e obedeça às exigências do princípio da legalidade em matéria tributária (CF, arts. 153 e 154, União; art. 155, Estados-membros e Distrito Federal; art. 156, Municípios – no âmbito das respectivas atribuições disciplinadas por leis ordinárias de cada uma dessas pessoas constitucionais).

Quando a norma geral é incompleta é uma metanorma, uma sobrenorma, isto é, uma norma que tem como suporte sua incidência sobre outras normas.

Essa lei complementar decerto tem como função dispor sobre "conflitos de competência". Mas como dispor sobre os conflitos de competência, senão mediante lei integrativa da Constituição Federal? Resposta antecipada: de modo nenhum!

Ela tem por função regular limitações constitucionais do poder de tributar. Mas como regular limitações constitucionais do poder de tributar senão mediante lei integrativa da Constituição Federal? Esta matéria está constitucionalmente submetida à *reserva de lei*.

E, finalmente, a terceira função do art. 146, que se refere a uma discriminação das atribuições da lei complementar em matéria de normas gerais, e que fazem objeto de acesa contestação em certos setores doutrinários: definição de tributos, suas espécies, fatos geradores, bases de cálculo e contribuintes dos impostos, obrigação, lançamento, crédito, prescrição e decadência etc.

Mas vejam, meus Senhores e minhas Senhoras, deve-se atentar para o seguinte: nos termos do art. 146, das três funções que ele atribui à lei complementar, somente a terceira é mencionada como hipótese de *normas gerais*.

Acho curioso que se diz "norma geral é só para dispor sobre conflitos e limitações constitucionais do poder tributário", e no dispositivo do art. 146 nenhuma dessas funções, a nenhuma delas ele atribui a nomenclatura "norma geral de direito tributário".

Claro que na linguagem doutrinária é possível fazer menção a essa atribuição como uma competência para instituir normas gerais de direito tributário. Porque essa é uma linguagem formalmente independente da linguagem-objeto.

Porém, não se deve ignorar que só um item, o terceiro, trata precisamente das normas gerais de direito tributário e lhes faz uma menção expressa.

Norma geral é matéria de direito positivo estrito. Integrante de outra classe de normas ela não é. Não se trata de conceito, lógico-jurídico, nem de teoria geral, é conceito de direito constitucional positivo. Nem de algo extrapositivo, como o direito natural...

Dir-se-á que essa lei complementar, ao dispor sobre definição de tributos e suas espécies, fatos geradores, base de cálculo e contribuintes, invadiria a competência tributária estadual.

Não é bem assim, porque como ela é constituída – aí, sim – por sobrenormas, necessárias à integração de normas federais, estaduais e municipais a respeito dessa matéria, não se trata senão de uma hipótese, entre inumeráveis outras, em que pode ocorrer inconstitucionalidade da regulação dessa matéria pela lei complementar. Porém essa lei não é uma categoria insuscetível de controle jurisdicional de constitucionalidade. Sob esse prisma, a autonomia estadual e municipal persistiria intacta.

Suponha-se a edição de normas gerais em lei complementar, que se mantenham rigorosamente de acordo com os critérios constitucionais. Qual é a inconstitucionalidade que haveria nisso? Qual é? Não vislumbro, aí, inconstitucionalidade alguma.

Uma proposta unificadora das teorias em conflito

Mesmo que numa hipótese extrema, se considerássemos, contra a Constituição, que a lei complementar não poderia definir esses fatos geradores ou, na linguagem da doutrina, hipótese de incidência dos tributos estaduais e municipais, mesmo assim se poderia unificar as duas funções restantes, que seriam a dos conflitos de competência e limitações constitucionais do poder de tributar. Nada disso foi feito pela doutrina, a meu ver.

Agora, a partir dessas considerações, já se pode seguramente extrair a conclusão de que a minha é uma proposta unificadora. Qual é a função da norma geral de direito tributário? Uma só função, e não mais que uma só: regular a legalidade, a norma geral, e a sobrenorma disporá sobre a legalidade tributária. E nada mais do que isso, também nada menos do que isso. Não sobre a legalidade tributária *toda*, porque a norma geral deve conviver com as normas tributárias editadas pelas pessoas constitucionais.

Vejam como é rica a disciplina das normas gerais, e como não se deve incorrer no vício do apriorismo de sua análise. Tem-se que ir ao sistema o tempo todo, controlar com o próprio sistema os resultados da investigação científica.

Ora, há normas, como eu disse, eventualmente dentro do Código Tributário Nacional, que postulam nenhuma integração. O Código Tributário Nacional é o repositório das protonormas de direito tributário positivo no sistema do Direito Brasileiro.

Mas há normas mais recentes e que, desenganadamente no meu ponto de vista, postulam integração pela via da lei ordinária da União, dos Estados, Distrito Federal e dos Municípios.

A Lei Complementar 104/2001

Eu me refiro à Lei Complementar 104, de 10.1.2001, que acrescentou um parágrafo único ao art. 116 do CTN, com a seguinte redação: "A autoridade administrativa poderá desconsiderar atos ou negócios jurídicos praticados com a finalidade de dissimular a ocorrência do fato gerador do tributo, ou a natureza dos elementos constitutivos da obrigação tributária, observados os procedimentos a serem estabelecidos em lei ordinária".

Fala-se em desconsideração de pessoa jurídica, mas isso é algo impreciso, porque na realidade o que se desconsidera é o ato praticado pela pessoa jurídica. Esta não perde a personalidade pelo fato de ocorrer uma impugnação administrativa das operações que a empresa realiza.

A respeito desse dispositivo caberia para logo ter as seguintes observações – claro, despretensiosas observações, apenas como exercício de exegese dessa norma, que está postulando, até pela divergência que se instalou sobre o significado desse preceito no âmbito doutrinário, uma investigação mais acurada.

Primeiro, o elementar: a autoridade administrativa poderá desconsiderar esses atos ou negócios praticados com dissimulação.

Não é mais exclusiva competência da autoridade judicial praticar esses atos, não há uma reserva judicial para isso. Pelo contrário, a Lei Complementar 104 veio precisamente atribuir à Administração Pública esta faculdade, este poder-dever de desconsiderar os atos ou negócios jurídicos praticados.

Mas vejam, sob a capa de aparente clareza, quantas questões estão embutidas aí dentro desse dispositivo, e que não podem ser resolvidas meramente pela doutrina, que postulam a integração legislativa e depois uma integração jurisprudencial?

Qual é a distinção entre *atos* e *negócios* na Lei Complementar 104/2001, na redação que deu ao art. 116 do CTN, qual é a distinção?

Existem juristas na área civilística, os mais eminentes, que equiparam "ato" e "negócio jurídico", simplesmente ignoram a categoria dos "negócios jurídicos", considerando-a uma duplicação supérflua do conceito mais geral de "ato jurídico", consoante estipulado no sistema de Direito Brasileiro.

Dissimular a ocorrência do fato gerador – Em que consiste

Não podemos resolver isso na base de pura opinião; a finalidade desses atos oculta uma dificuldade sob a aparência de clareza: desconfiar da lei aparentemente clara – é dever do intérprete, como ensina Carlos Maximiliano.

"Dissimular a ocorrência do fato gerador" – ora, nós todos temos uma pré-compreensão do que seja o ato de dissimulação, de ocultação do fato tributável; mas quando se vai estudar o significado desse preceito já surgem dúvidas sobre se ele se aplica literalmente apenas à voluntária e deliberada intenção do contribuinte de ocultar à Administração a ocorrência do fato gerador, ou hipótese de incidência.

"Dissimular a ocorrência do fato gerador" é isso, ou corresponde à mera evasão do imposto?

E aí nós teríamos que enfrentar problemas seriíssimos, pelas suas implicações, como o livre exercício das atividades empresariais, onde está embutida a regra que desprestigia o masoquismo fiscal – ou seja, persiste a autorização para que o contribuinte escolha o caminho menos oneroso perante o Fisco, e este é o caminho que eventualmente lhe parece legítimo, o de evitar uma percussão excessiva da carga tributária.

Quantos problemas – esses, sim – maldissimulados pelo dispositivo!

E, finalmente, a referência expressa, a cláusula "observados os procedimentos a serem estabelecidos em lei".

O parágrafo único do art. 116 do CTN não diz "observados os requisitos estabelecidos em lei *ordinária*", mas sim que devem ser observados os requisitos a serem estabelecidos em lei, sem qualificá-la – o que implica, de certa forma, a consideração de que esses procedimentos antecedentes à vigência da alteração procedida pela lei complementar não estavam compreendidos no sistema porque ela é uma categoria que não corresponde em tudo e por tudo, inclusive sob esses aspectos, à legislação processual administrativa antecedente.

A doutrina poderá resolver esse dilema? Jamais. Ela simplesmente vai poder estabelecer os limites da competência administrativa e os limites da relação sintática internomativa entre a lei complementar e a lei ordinária de integração, conforme o caso.

Agora, cobrar à doutrina a solução definitiva, irretorquível, a única proposta de interpretação correta e verdadeira desse dispositivo, será, por antecipação, um objetivo destinado a fracasso.

Portanto, nada do que eu disse aqui seja entendido como exercício de uma pretensão autoritária no sentido da imposição dos próprios pontos de vista, mas uma exposição de boa-fé no sentido de que haja uma meditação em torno desses temas, com o quê nós estaremos contribuindo não apenas para legitimar este *Seminário*, mas também para que ele se torne, como o indica sua venerável origem etimológica, *semente* de um pensamento que venha a engrandecer os estudos jurídicos entre nós. Muito obrigado *(palmas)*.

PRESIDENTE (PROF. ESTEVÃO HORVATH) – Muito obrigado, Prof. Souto, pela sua – como sempre – provocante fala. Com certeza vai renovar os ares desta matéria, para ser repensada e remeditada.

Antes de encerrar a sessão, eu gostaria de convidar todos os Congressistas, nossos Colegas, para um coquetel que será servido ao lado do Terraço Bonair e, simultaneamente, para o lançamento dos livros dos Profs. Clélio Chiesa, Felipe Silva, Fabiana Del Faro e Luís Pereira, também no mesmo Terraço.

Agradecendo a presença de todos, ao Prof. Souto e a todos da Mesa, dou por encerrada esta sessão de hoje, convidando-os para amanhã às 8h30min, novamente *(palmas)*.

MESA DE DEBATES "C"

ASPECTOS ATUAIS DA LEGISLAÇÃO FEDERAL

PRESIDENTE DA MESA: SIDNEY SARAIVA APOCALYPSE
MEMBROS DA MESA: OSÍRIS DE AZEVEDO LOPES FILHO, MARIA RITA FERRAGUT, ROBERTO QUIROGA MOSQUERA

PRESIDENTE (PROF. SIDNEY SARAIVA APOCALYPSE) – Bom dia a todos! Vamos dar início a esta Mesa de Debates que tem um título genérico: "Aspectos Atuais da Legislação Federal". Assim, sob esse assunto genérico, iremos tratar, aqui, de alguns temas a respeito dos quais os Senhores receberam folhetos. Temas, esses, que guardam certamente um pouco mais de contemporaneidade, de atualidade.

Sabem os Senhores que com respeito à legislação federal, nos últimos meses, neste segundo semestre, modificações importantes e muito interessantes do ponto de vista empresarial ocorreram. Pois é, mas quando se imagina a realização destes Congressos, com quase um ano de antecedência, os temas até são outros. Isto porque a legislação federal, que antigamente mudava anualmente, agora se altera semestralmente, mensalmente. Planejar assim, com antecedência, fica-nos difícil. Bem sabemos como é, muitas vezes, tirar férias, voltar, e imaginar que a ordem jurídica permaneça a mesma. Há sempre uma surpresa. Quem sai do país em março, quando volta, descobre que até o princípio da legalidade, da tipicidade cerrada etc., de tão sólido alicerce, podem sofrer – aliás, como sofreram – tamanha modificação, abalando até aqueles conceitos que nós levamos na nossa bagagem durante as férias, sem imaginar a possibilidade de sua alteração.

É exemplo destas perplexidades a Lei Complementar 104/2001, como ninguém desconhece. Então, quando esses temas previamente escolhidos para discussão nesta Mesa foram distribuídos, nem se imaginava a ocorrência dessa alteração legislativa. Com isto, e de pronto, já justifico a ausência do Prof. José Arthur de Lima Gonçalves, que, por conta dessas mesmas modificações, não pode estar aqui presente, justamente para atender a situação muito peculiar de um cliente. Verão os Senhores que, mesmo com tal modificação de pauta, procuramos ferir os mesmos temas antes previstos, mas com uma coloração, uma proximidade ao momento em que vivemos. Momento em que convivemos com a medida provisória mais recente e que, a par de inconstitucionalidade ou modificação que venha a sofrer, interfere na vida do contribuinte. Sabemos todos que, apesar de inválida, uma norma que no nosso conceito possa ser inconstitucional, ainda assim ela gera efeitos, ela tem sua eficácia. Quantos contribuintes já não cumpriram normas inconstitucionais, pagaram indevidamente tributos, e sequer buscaram amparo judicial! Então, Senhores, a norma, ainda que inconstitucional, tem uma certa eficácia, e, portanto, justifica seja discutida nesta Mesa. É sobre isto que os nossos Colegas de Mesa irão falar.

Inicio os debates dando a palavra à Dra. Maria Rita Ferragut, que também, como advogada militante nesta área, pretende, aqui, não apenas cuidar do sentido amplo da Lei Complementar 104 e da questão de exclusão de multa em denúncia espontânea, como também ferir outros temas correlatos na legislação federal e que possam nos interessar e acender algum debate em seguida. Com a palavra a Dra. Maria Rita Ferragut.

DRA. MARIA RITA FERRAGUT – Ilmo. Sr. Dr. Presidente, Prof. Sidney Saraiva Apocalypse, na pessoa do qual cumprimento todos os demais Colegas desta Mesa, meus caros Congressistas, muito bom dia!

É um prazer muito grande para mim estar aqui, hoje, para poder discorrer um pouco sobre a questão da exclusão da multa em denúncia espontânea e também sobre alguns aspectos da Medida Provisória 66/2002, em especial a norma geral antielisão.

Inicialmente coube-me analisar a questão da exclusão da multa do art. 138 do CTN, um tema que vem sendo muito discutido tanto pela doutrina quanto pela jurisprudência, e que ganhou ainda mais força com o advento da Lei Complementar 104/2001, porque até então a posição do STJ já estava consolidada no sentido de que todo contribuinte que parcelasse espontaneamente um débito não deveria incluir no *quantum* devido o valor da multa.

Com a Lei Complementar 104/2001 passou a existir uma controvérsia com relação a isso, e é este o tema inicialmente a mim designado. Como o Dr. Sidney acabou de dizer, eu não vou me restringir a falar sobre isso, porque a proposta desta Mesa é discorrer sobre assuntos atuais do direito tributário, e hoje nada é mais atual do que a Medida Provisória 66/2002.

Além disso, existe um outro ponto relativo à questão da exclusão da multa em denúncia espontânea que acabou por comprometer um pouco a pertinência desta discussão: uma recente decisão da 1ª Sessão do STJ, proferida há aproximadamente dois meses, cujo acórdão não foi ainda publicado, que estabelece que não importa se o parcelamento foi consolidado antes ou após o advento da lei complementar; quando eu estiver diante de um parcelamento, seja através de denúncia espontânea, seja de um parcelamento efetuado após uma fiscalização, sempre existirá a multa.

Então, embora do ponto de vista científico essa discussão continue apresentando-se extremamente interessante, do ponto de vista de aplicação o Judiciário já se definiu no sentido de que a multa sempre é devida.

Por isso, irei primeiro falar um pouco sobre a questão divulgada pela organização do Congresso ("Exclusão da Multa em Denúncia Espontânea"), e posteriormente sobre a "Norma Geral Antielisão", que eu imputo como sendo um dos temas mais apaixonantes e envolventes que temos na atualidade.

A discussão em torno da exclusão da multa em denúncia espontânea reside no art. 138 do CTN, que estabelece que sempre que houver denúncia espontânea por parte do contribuinte – vale dizer, quando ele denunciar seu débito antes de qualquer procedimento administrativo por parte do Fisco – não há necessidade de pagamento da multa. Paga-se o principal mais os juros, mas a multa é excluída.

Disso podemos depreender o seguinte: se o pagamento for realizado à vista, o contribuinte deve pagar apenas o principal mais os juros, ainda que essa não seja a conclusão da Administração. Se, por outro lado, o contribuinte parcelar, teremos três situações: antes da lei complementar, após a lei complementar e após a lei complementar e o julgamento do REsp 284.189-SP, inicialmente referido.

Antes da Lei Complementar 104/2001 a jurisprudência dominante estabelecia que a multa deveria ser excluída, pois o art. 138 do CTN não distinguia pagamento à vista do pagamento parcelado. E, se essa distinção não foi feita pelo Código Tributário Nacional, não competiria ao legislador excluir o parcelamento desse benefício fiscal.

Outra questão levantada pelo STJ para fundamentar sua decisão foi que pagamento é acepção genérica, divisível em pagamento à vista ou parcelado. Portanto, seria possível incluir o parcelamento dentro do conceito de pagamento previsto no art. 138 do CTN.

E, por último, o STJ entendeu que seria injusto privilegiar o contribuinte em condições de pagar à vista, em detrimento daquele que necessita parcelar, mas que também tem intenção de quitar a dívida. Nesse sentido, aplicar a penalidade apenas para quem parcela seria uma forma de "sanção".

Já, por meio da Lei Complementar 104/2001 foi introduzido o § 1º do art. 155-A do CTN, estabelecendo que, salvo disposição de lei em contrário, o parcelamento não excluiria a incidência da multa.

Qual a interpretação que construo a partir desse dispositivo? É a seguinte: esse artigo trata do parcelamento em caráter geral. Então, todo parcelamento que for celebrado, salvo instrução em contrário, deve incluir o principal, a multa e os juros. Por outro lado, se houver algum dispositivo legal que exclua a incidência da multa, aí, ela não será aplicada para aquele caso específico.

Quando se trata do parcelamento *espontâneo*, ele é específico ao parcelamento geral, e, nesse sentido, o espontâneo não deveria contemplar a multa. Então, se eu fosse autuado pelo Fisco, ele lavrasse um auto de infração e eu, num prazo de 30 dias, parcelasse o débito, a multa teria, sim, que ser incluída. Já, se o parcelamento fosse antes de qualquer atuação do Fisco, a multa seria excluída.

Então, no meu entendimento, a Lei Complementar 104/2001 não alterou a prescrição de que a multa não deveria ser incluída no parcelamento.

Ocorre que, muito embora essa seja uma posição pessoal, compartilhada por parte da doutrina, o julgamento da 1ª Seção do STJ, cujo relator foi o Min. Franciulli Netto, deu um novo enfoque à matéria – enfoque, esse, que agora é o definitivo na jurisprudência.

A 1ª Seção entendeu que parcelamento não é pagamento, e nem o substitui. Essa afirmação é feita de uma forma muito categórica, no decorrer de todo o acórdão.

Para que haja pagamento o STJ entendeu, baseado na doutrina de Orlando Gomes, ser necessário que haja a satisfação integral do débito. Nesse sentido, quando parcelo existe uma expectativa de quitação, uma intenção do contribuinte de quitar aquilo que deve. Mas eu não posso comparar essa expectativa ao pagamento propriamente dito.

Pagamento necessariamente significa quitação integral do débito. No caso de parcelamento, o contribuinte permaneceria em mora com relação às parcelas a vencer.

O STJ fez referência também a uma Súmula do antigo TFR, a de n. 208, que entende que a constituição da dívida, através do pedido de parcelamento, não configuraria denúncia espontânea.

Estas foram as considerações relevantes sobre o tema da exclusão da multa em denúncia. Passarei a tratar, agora, da "Norma Geral Antielisão".

A Medida Provisória 66, de 29.8.2002, disciplinou, por meio dos arts. 13 a 19, os procedimentos relativos à norma geral antielisão.

Aparentemente, esta medida provisória visou a regulamentar o parágrafo único do art. 116 do CTN, introduzido também pela Lei Complementar 104/2001; mas não o fez. O parágrafo único do art. 116 do CTN não é fundamento de validade da norma geral antielisão, prevista na Medida Provisória 66/2002.

E isto porque o *caput* do art. 13 estabelece como passíveis de desconsideração todos os atos ou negócios praticados com a finalidade de dissimular a prática do fato gerador. Ocorre que o parágrafo único deste artigo estabelece que não se incluem no disposto no *caput* todos os atos praticados mediante dolo, fraude ou simulação.

Nesse sentido, ele exclui o ilícito dos fatos e negócios jurídicos objeto da desconsideração. E esse entendimento vem reforçado na Exposição de Motivos, em seus arts. 11 e 12.

É interessante. A Exposição de Motivos estabelece que, muito embora não haja previsão legal para tributação desses fatos lícitos, objeto da desconsideração, não seria justo que o contribuinte não fosse tributado. Então, não estou tratando de ilícito, pois sei que o fato passível de tributação não ocorreu; mas, em função da "justiça", deve-se tributar mediante desconsideração do ato jurídico.

Temos, portanto, duas situações: a primeira é a tratada pelo parágrafo único do art. 116 do CTN, cujo objeto é a desconstituição dos atos jurídicos dissimulados – ou seja, aqueles praticados com dolo, fraude ou simulação, mediante a ocultação do fato jurídico tributário. Esses atos são disfarçados, fingidos.

E nos casos do parágrafo único do art. 116 do CTN entendo que de forma alguma direitos do cidadão estão sendo feridos com a desconstituição. Pelo contrário, parece-me que a desconstituição atende à supremacia do interesse público, à igualdade, à capacidade contributiva, não fere a legalidade, não fere a tipicidade.

O Estado não pode ficar inerte diante de fatos simulatórios, fraudulentos, de evasão fiscal. Por isso, para mim, não se sustenta a pretensão de que o fato gerador não é conhecido, apenas porque não tenho como comprovar sua existência de forma direta. A prova indireta existe em nosso ordenamento, é admitida, e é a forma contemplada pelo parágrafo único do art. 116 do CTN.

O que ocorre é que a desconstituição deve ser feita de uma forma correta – o que significa observância à ampla defesa, contraditório, razoabilidade, proporcionalidade. Sendo observados esses princípios, não há inconstitucionalidade.

Por outro lado, a Medida Provisória 66/2002 não trata de ilícito, mas de atos lícitos, permitidos, não-proibidos. E são atos praticados ou por falta de propósito negocial – aqueles em que eu tenho duas ou mais opções, e o contribuinte faz a opção pela forma ou mais complexa ou mais onerosa – ou por abuso de forma, que é quando tenho um negócio oblíquo, vale dizer, existe uma forma tradicional de se praticar determinado ato jurídico, mas é feita a opção pela forma diferente, não considerada "própria", embora permitida pela legislação.

Assim, são essas as duas hipóteses expressamente contempladas pela medida provisória: falta de propósito negocial e abuso de forma. Mas essas duas hipóteses – diga-se – não são exaustivas, e sim meramente exemplificativas, já que a medida provisória faz referência ao abuso de forma, falta de propósito negocial, *dentre outros*.

Por *falta de propósito negocial* entende-se "a opção pela forma mais complexa ou mais onerosa, para os envolvidos, entre duas ou mais formas para a prática de determinado ato" (§ 2º do art. 14).

Ou seja, admitindo-se a existência de duas ou mais formas jurídicas (*A* e *A'*) para o atendimento de determinado fim negocial, é permitido aos sujeitos de direito optar por qualquer uma delas, a fim de atender a seus objetivos.

Ocorre que se a opção eleita for a mais complexa ou onerosa (*A*), bem como se for a que acarretar a menor carga tributária, a Fiscalização poderá desconsiderar, exclusivamente para fins tributários, o negócio realizado, de forma a tributar o fato *A* como se *A'* fosse.

Como exemplo citamos uma empresa industrial e comercial que, ao invés de comercializar diretamente seus produtos com os distribuidores, primeiro os revende para empresa comercial do grupo econômico, empresa, esta, que posteriormente realiza a comercialização para com terceiros (distribuidores).

Abuso de forma, por sua vez, é "a prática de ato ou negócio jurídico indireto que produza o mesmo resultado econômico do ato ou negócio jurídico dissimulado" (§ 3º do art. 14).

A legislação, parece-nos, erroneamente equipara o negócio indireto ao simulado. No primeiro as partes utilizam-se conscientemente de um instrumento oblíquo. Querem o negócio, não escondem seus objetivos, não dissimulam, apenas optam por um meio jurídico "impróprio" – vale dizer, aquele que ordinariamente não seria o adotado, mas que, no entanto, é permitido. Já, no simulado a vontade não é real, e a forma jurídica esconde ou é contrária ao fim econômico desejado pelo negócio.

Nos planejamentos fiscais não se tem negócio simulado, e nem sempre se terá indireto, já que o sujeito pode adotar a forma ordinária de realização do negócio, e o Fisco entender que o fim pretendido era outro. Reprovável insegurança jurídica.

Entendo que a Medida Provisória 66, quando trata da norma geral antielisão, é inconstitucional, por ferir três princípios básicos: legalidade, tipicidade e capacidade contributiva.

A legalidade não foi observada, uma vez que a obrigação decorre de fato não previsto em regra-matriz, e nem possível de sê-lo da forma como legislado (através da medida provisória). A tipicidade, por sua vez, também não o foi, pois os critérios para a identificação da ocorrência do fato não permanecem sendo os mesmos, comparando-se a regra-matriz e a norma geral antielisão.

Poderá, por vezes, violar também o princípio da capacidade contributiva, que estabelece que os impostos devem ser graduados segundo a manifestação de riqueza do fato jurídico, evitando que uma tributação excessiva comprometa os meios de subsistência dos cidadãos, ao mesmo tempo em que assegura que o Estado arrecade o necessário à sua subsistência. É, nesse sentido, a real capacidade de se diminuir o patrimônio do contribuinte, considerando não sua riqueza pessoal, mas a riqueza do fato jurídico.

E a Medida Provisória 66/2002 não terá observado a capacidade contributiva sempre que tributar fatos não reveladores de riqueza. Sabe-se que a manifestação econômica não existiu, mas ainda assim "empresta-se" a riqueza de um outro fato, mediante o emprego de ficção legal.

E por que ficção legal, e não presunção ou analogia? Porque a Medida Provisória 66 não instituiu um meio indireto de prova, em que provo o fato indiciário, relacionado com o fato jurídico tributário. Estaríamos, nessa hipótese, diante do § 1º do art. 116 do CTN.

Aqui não há prova indiciária (meio indireto de prova), hipótese em que para mim a presunção seria constitucional. O que ocorre é que não há essa relação de indícios. O fato a ser desconstituído não é índice do fato jurídico relevante, mas ao contrário: sabe-se que são fatos distintos. E é pressuposto de aplicação da norma geral antielisão a premissa de que são fatos diferentes, mas que se equiparam para fins fiscais.

Portanto, sei que o contribuinte não sonegou, sei que ele não praticou o fato gerador, mas mesmo assim deve-se entender como ocorrido o fato jurídico. O Direito, com isso, altera a realidade, para fins de adequá-la às suas necessidades fiscais.

Sabe-se também que, sendo os fatos distintos, não posso aplicar a analogia (deveriam ser similares). O que é parecido é o resultado jurídico desses fatos, mas não os fatos em si.

Diante do exposto, estamos diante de uma ficção legal para criação de obrigação tributária, o que é inconstitucional. Esse posicionamento é praticamente unânime tanto na doutrina quanto na jurisprudência, pois não posso, sob pena de confisco, de violação da capacidade contributiva, da legalidade e da tipicidade, tributar por meio de ficções legais.

Para concluir, restam ainda dois pontos. Um diz respeito a uma questão que vem sendo muito discutida quando se trata da Medida Provisória 66, que é a livre iniciativa.

Sustenta-se que a livre iniciativa, prevista no art. 170 da CF, está sendo ferida através da norma geral antielisão. Não concordo com este argumento, porque a norma geral antielisão não estabelece a forma pela qual os negócios jurídicos vão passar a ser realizados, e nem veta a prática de planejamentos fiscais. Permite que os sujeitos pratiquem os atos que bem entenderem, não obstante estabeleça que, se determinado fato for praticado, serão imputadas conseqüências jurídicas (fiscais) até então inexistentes.

Portanto, a norma geral antielisão não proíbe os planejamentos fiscais, tão-somente os tributa. Interpretar o art. 170 da CF de forma mais abrangente, a ponto de entender que a mera "falta de incentivo" já configuraria violação à livre iniciativa, é imprimir conteúdo não previsto em lei, de forma altamente ilimitada.

E, para concluir, eu gostaria de tratar da vigência da norma. Admitindo-se que ela fosse constitucional, apenas poderia atingir atos e negócios celebrados a partir de 3.9.2002. Antes disso não, pois os fatos estariam protegidos pelo princípio da irretroatividade das leis. Nesse sentido, só a partir de 3.9.2002 é que se tornaria possível que atos e negócios jurídicos fossem desconstituídos com base na norma geral antielisão prevista na Medida Provisória 66/2002.

Eu encerro aqui, e agradeço muito a atenção de todos vocês. Obrigada *(palmas)*.

PRESIDENTE (PROF. SIDNEY SARAIVA APOCALYPSE) – Dra. Maria Rita Ferragut, suponho que, utilizando da função da Presidência, possa transmitir o agradecimento de todos nós da Mesa pela contemporaneidade do tema e pela maneira como foi abordada, em cerca de 15 minutos, questão cuja extensão de dificuldade sabemos todos ser quase estratosférica. Tal problemática foi brilhantemente sintetizada, a nosso modo de ver. Espero estar transmitindo a sensação de todos quanto à maneira clara, à maneira precisa, à maneira absolutamente aberta, que nos permitiu perfeita compreensão dos pontos colocados pela Dra. Maria Rita Ferragut, a quem desde já agradecemos por este trabalho no Congresso.

Agora eu peço licença para, na função de Presidente desta Mesa, constituir um triunvirato para controlar meu tempo, triunvirato, este, formado pela Dra. Maria Rita, pelo Dr. Osíris e pelo Dr. Quiroga, para assim expor aquilo que cabia ao Prof. José Arthur, que certamente o faria com o brilhantismo habitual. Trata-se do tema relativo à "Tributação dos Lucros das Coligadas ou Controladas no Exterior".

Este tema – investimentos do Exterior –, assim como tudo que diga respeito a esse transbordo de fronteira, a negócios internacionais, a fluxos financeiros e tudo o mais, carrega uma dose grande, mas muito grande, de conceitos e preconceitos.

Ao se falar de coligadas ou controladas no Exterior, vem, como se fosse um som da coxia de nosso cenário mental, de detrás do palco da nossa mentalidade, vem, como dizia, o conceito de "lavagem-de-dinheiro", de "coisa feia", e daí para a frente.

Mas nós estamos tratando, aqui, de direito tributário, e não de direito penal, de direito criminal. Companhias como a CSN, PETROBRÁS, Banco do Brasil, e daí afora, mantêm investimentos no Exterior. Nada anormal, pois. O que cada um faz com seus bens é outra coisa. Nós podemos ter um revólver em casa, se a lei assim o permitir. Cumpridas as licencias administrativas, podemos possuir armas e nem por isso somos criminosos. É um perigo ter revólver em casa por outras razões, mas o sistema admite, não proíbe.

Outra coisa, portanto, no meu modo de ver, é nós examinarmos essa questão dos investimentos no Exterior do ponto de vista jurídico, tributário. Não o farei, aqui, como o cientista do Direito, até porque não sou, sou advogado. Normalmente o advogado conta as verdades dos seus próprios clientes, e não a verdade dele mesmo.

Muito bem, esta questão sempre esteve no Direito ou esteve durante muito tempo. No século passado, e que acaba de se encerrar, nos anos 80 – e aqui o Prof. Quiroga acaba, sussurrando, de me chamar de idoso, embora deva trabalhar até o resto dos meus dias, só por ter visto aqui, à minha frente, uma publicação em que se lê *Estrutura Atual do Código Tributário Nacional*, trabalho de compilação feito por um Professor que me ensinou e que me colocou nesta vida profissional, o Prof. Fábio Fanucchi, já falecido.

Por que ele, este Código, está aqui comigo? Está aqui comigo porque quando tive que preparar este comentário eu fui ver o que a respeito os autores haviam escrito. Fui ler a jurisprudência, fui examinar aquilo que os Mestres colocam, fui fazer o que é um trabalho nosso, do advogado. Vem um caso, a gente toma conhecimento, e em seguida vai buscar os fundamentos para defender a verdade. Só que aqui não tenho um cliente, eu tenho uma postura diante de uma norma sobre a qual tenho que me pronunciar.

O *Código* – esta publicação do Fábio – está aqui porque, foi curioso..., depois de examinar tantos textos legais sobre um mesmo tema, depararei-me com o seguinte comando: "Art. 212. Os Poderes Executivos, Federal, Estaduais e Municipais, expedirão por decreto dentro de 90 dias da entrada em vigor desta Lei internacional, por assim chamá-la, a consolidação em texto único da legislação vigente relativa a cada um dos tributos, repetindo-se esta providência até o dia 31 de janeiro de cada ano". Parecia – não é? – que os autores do *Código* anteviam o cipoal de normas que poderia sobrevir. Isto para não entrar no âmbito estadual e municipal, só no âmbito federal.

A respeito do tema de investimentos no Exterior há uma instrução normativa, que surge agora, dia 7 de outubro, e que tem 20 artigos. Essa instrução procura esclarecer como é que se dá a aplicação dessa norma – tributação de lucros auferidos no Exterior – que, de certa forma, pertence a este século.

No século passado, até os anos 80, o que se tributava no Brasil, em relação às pessoas jurídicas (é disso que estamos tratando), era as atividades exercidas no país, e se deixavam fora do campo de incidência do imposto de renda as atividades exercidas no Exterior. Lá pelos anos 80, em 1987, veio um decreto-lei (n. 2.397) para instituir novo regime. Tributam-se, então, os resultados obtidos no Exterior inclusive através de filiais, sucursais, agências, representações. Meses depois, em 1988, um outro decreto-lei (n. 2.413) inclui as subsidiárias nessa regra de tributar as atividades exercidas no Exterior inclusive através de filiais, sucursais, representações ou agências.

Este conceito de subsidiária, como todo conceito jurídico, guarda definições etc., e um debate se instaurou. Tínhamos preocupações, já naquela época, ou meu pai, que era advogado, tinha, àquela época, em 1987, a preocupação de saber o que iria acontecer, por exemplo, com o Banco do Brasil.

Eles têm agências no Exterior que têm resultados. Seriam os mesmos tributados no Brasil? O Direito Interno Brasileiro, assim como o convencional, sempre tratou as filiais de sociedades como se fossem uma entidade autônoma. Cuidam tais regramentos da assimilação da filial à pessoa jurídica. A ponto, até, de a gente incorrer em alguns erros terminológicos. Filiais, por exemplo, de bancos estrangeiros, ou coisa que o valha, na verdade não são filiais dos bancos estrangeiros, são os próprios bancos estrangeiros, ou empresas estrangeiras que são autorizadas a funcionar no país; e, quando o fazem, o fazem através de uma organização ou organismo, escrivaninha, computador, tudo o mais, que corresponde a essa filial. Continua sendo o Banco ou a empresa... A filial tem autonomia para fins tributários, mas pertence a um patrimônio só, que é, no caso, por exemplo, o Citybank.

Mas para o Brasil, para fins de tributação, a filial é um ente, é um contribuinte (estou usando a terminologia absolutamente livre das peias científicas).

Muito bem, quando este era o cenário, já em 1988 se revogou o sistema de tributação dos lucros obtidos por filiais ou subsidiárias localizadas no Exterior. O Decreto-lei 2.419 revoga, e aí surge na doutrina uma questão interessante. Lembrem-se de que no início eu falei que se tributavam no país as atividades exercidas no país, e não se tributavam as atividades exercidas no Exterior. Como se viu, uma lei ou decreto-lei revogou esse sistema ou derrogou, porque, sem revogar, sem determinar que se devesse tributar lucros obtidos diretamente no Exterior, incluiu na tributação os lucros obtidos através de filial, sucursal, agência ou subsidiária. Depois vem outro decreto-lei e – como dizem autores, não se sabe, lá, muito bem por quê –, revoga essa pretensa tributação.

Por que razão se revoga não vem muito ao caso, mas esse ordenamento, essa mutação, tem pelo menos um efeito: definir em texto normativo, legislativo, ainda que posteriormente revogado, o que era uma atividade direta e o que era uma atividade indireta. Atividade diretamente exercida no Exterior é aquela em que a pessoa jurídica exerce ela própria a atividade; e indireta, quando a exerce através de filiais, sucursais, agências ou subsidiárias.

Há países que não obrigam as pessoas jurídicas brasileiras aqui sediadas a constituir organismos, sejam filiais, subsidiárias, para atuar. Exemplo disso são algumas empreiteiras (empreiteiras, foi tomado no sentido absolutamente bom da palavra...). Empreiteiras de grande respeitabilidade, que no Exterior construíram até capitais no Oriente Médio, quando o Oriente Médio era como uma pérola daquela região. Exerceram suas atividades sem que lhes fosse exigido abrir – como burocraticamente se enxerga – filiais. Obras significativas – algumas na África, outras na Bolívia – são marco da engenharia brasileira atuando no Exterior. Essa engenharia brasileira se desenvolveu nesses paises, muitas vezes, através, no máximo, do que se reconhece como um "canteiro-de-obras", pátio, acampamento, coisa e tal. Como qualificar um ente estranho ao Direito Brasileiro como subsidiária ou filial? Qual sistema utilizar para tributar os resultados? Conceitua-se o canteiro-de-obras como filial à luz de qual Direito? Foram ou são tais atividades exercidas direta ou indiretamente pela empreiteira?

Sabem os Senhores que até mesmo o conceito de *sociedade* depende do Direito. Ao Direito Americano pode parecer *sociedade* o ente que signifique distinção entre o patrimônio da "pessoa jurídica" e da pessoa dos sócios. Mas isto não ocorre com todas as figuras que lá existem. Exemplo: na Europa uma *partnership*, que seria uma espécie de sociedade, de pessoa jurídica, à luz de certo Direito, não se confirma por inteiro, já que é ente que não levanta este muro que distingue o patrimônio dos sócios e o da sociedade. Muitas vezes chamamos de *sociedade*, à luz do Direito Interno, o que *partnership* é à luz do Estrangeiro. Mas a gente importa tudo do Exterior. Como um país importador, importa-se de tudo, e às vezes se importa e estranha, quando, na realidade, não há estranhamento algum a levantar com relação a essa questão de reconhecer um estabelecimento filial. Ao nosso Direito Interno não é estranha a tributação autônoma da filial. Sabemos todos, seja nas convenções internacionais ou na legislação, como é que esta figura nasce; cuida-se, sem estranheza, de estabelecimentos como se fossem contribuintes.

Muito bem. Essa história de tributação de coligadas ou controladas teve durante bom tempo na doutrina e na jurisprudência a seguinte pedra-de-toque: o Direito Interno dizia que os investimentos nesse tipo de sociedade, guardadas certas características, seriam avaliados segundo determinado método ou metodologia.

O investidor ou a sociedade, pessoa jurídica brasileira, verificava o valor do seu investimento diante do patrimônio líquido daquela sociedade e refletia como se fosse um espelho na proporção que detivesse a empresa. Se detivesse 10%, por exemplo, haveria de refletir no seu próprio patrimônio o valor dos 10% daquele patrimônio que como acionista ou sócia possuía. Se ele subisse, crescesse, esta variação positiva não era tributada, e a negativa significava uma perda que também não era dedutível. E assim a doutrina convivia.

Não se tributava, enfim, a variação do valor do investimento que uma sociedade realizara noutra. E esta regra internamente era exatamente assim. Nem o valor do dividendo, do lucro distribuído – coisa que nos preocupa muito, há gente sempre imaginando que o fluxo de dinheiro que sai de um bolso entra no outro –, e tudo o mais, não era tributado, porque esse era o sistema. Não é bem verdade.

Dentro do território nacional, para usar uma figura, tributava-se o resultado, uma vez só. Daí inexistir tributação nesse fluxo (coisa que a tantos parece incomodar). Vamos chamar a empresa que opera de Operadora, e a investidora de *Holding* (que é um rótulo apenas, que não tem a menor distinção prática), só para uniformizar a linguagem com nossos irmãos do Norte – hoje comandados por esse estadista chamado Bush –, fica mais fácil para a gente se comunicar.

Então, como eu dizia, tributava-se o resultado da Operadora e a *Holding*, em relação àquele resultado, não pagava o imposto sobre a renda e tudo o mais. Esse é o sistema que internamente vigorava e vigora. Muito bem, sobrevém em 1995 a Lei 9.249, e o sistema de tributação (eu não vou descrever todo o preceito, que não tenho memória para tanto) passa a determinar que sejam tributados os lucros, rendimentos, ganhos de capital, auferidos no Exterior pelas pessoas jurídicas domiciliadas no país.

Aí começou um problema sério. Estávamos tributando com base apenas nesses dispositivos todos os lucros auferidos lá ou apenas os rendimentos ou ganhos de capital ou lucros de capital? Na doutrina – e estou, aqui, ao lado do Prof. Quiroga, que é Mestre nessa questão – há distinção entre rendimentos e ganhos de capital. E lucro, o que é, então? Lucro e rendimento são a mesma coisa? E o ganho de capital, o que é? E volta aquela fase da doutrina em que se explica haver ganho de capital quando, em vez de ficar tomando água da garrafa, que seria o rendimento produzido pela "garrafa", ou de comer o fruto da árvore, que é o rendimento da produção daquele bem chamado "árvore", você escolhe monetizar, transformar em dinheiro o próprio bem, vendendo o bem – seja a árvore, seja a garrafa –, e aí auferir, ou não, um ganho sobre aquele capital que você aplicou no dia em que comprou a garrafa, em que plantou ou comprou a árvore, em que comprou a fazenda, o automóvel, o apartamento em Paris, ou coisa que o valha. Até aí, tudo bem, já sabíamos conceituar, identificar, quer o rendimento, quer o ganho de capital (tenham sido ou não obtidos no Brasil ou no Exterior). Mas e o lucro, como conceituá-lo para tributação quando obtido no Exterior? Esse conceito de *lucro* não era conhecido. Nem toda atividade econômica gera, o tempo todo, lucro. Às vezes vem crise. E o pior: quando definir o instante em que se deve apurar o lucro? A questão do lucro corresponde ao empreendimento, à empresa. Enquanto atividade exercida no país, pouca dificuldade há para identificar. Mas, se o lucro corresponde a uma atividade exercida no Exterior, obstáculos surgem a cada instante. Se a referência é a lucros de sociedade estrangeira, a distinção entre as pessoas jurídicas, entre os patrimônios, por si, é um obstáculo. Já estaríamos diante da desconsideração da personalidade jurídica, do levantamento do véu da entidade legal para atingir o lucro apurado pela outra companhia e tributá-la aqui no Brasil?

Há, sabe-se, doutrina que, diante dos tratados, assevera que com relação ao lucro das sociedades as normas convencionais são expressas em determinar que é o Estado onde estiver localizada a sociedade o competente para tributar o lucro pela mesma apurado.

Imaginem, então, os Senhores, uma empresa brasileira detendo uma coligada ou controlada em Paris, cidade que pertence à França, país que mantém tratado com o

Brasil para evitar a dupla tributação com expressa previsão de que o lucro daquela sociedade será tributado na França. De repente, por força de uma norma interna, verifica-se que aquele lucro francês está sendo atingido pelo imposto brasileiro!

Sempre haverá quem diga "não, o lucro não se realizou". E surge no vocabulário jurídico nacional, que hoje causa um certo espanto, essa tal da *disponibilização*.

E quanto a não disponibilizar? Até a isto se pode tecer comentários. Hoje, sabemos, até a disponibilização está causando problemas ao atual Secretário da Receita Federal, por força de uma ação proposta em Santos, que já foi mencionada aqui, neste Congresso, em outras oportunidades. É até matéria de defesa produzida pela Procuradoria da Fazenda ou por próprias notas da Receita Federal, como o Prof. Paulo Ayres confirma numa publicação, se eu não me engano, da Dialética – *Grandes Questões Atuais do Direito Tributário*, texto que eu fui examinar exatamente por conta desse tema e da tarefa que me cabia, hoje.

A própria Receita disse, diante dessa história de tributação de lucro obtido no Exterior, que o mesmo só poderá ser tributado quando e se disponibilizado nas tais condições que estavam na instrução normativa e que de repente viraram medida provisória e se transformaram numa lei (que eu anotei, não guardo na memória, é a Lei 9.532/1997) e que depois foram alteradas (aqui tudo é tópico, às vezes fico lembrando o que está escrito no Código Tributário Nacional quanto à consolidação das normas e tudo o mais). Consolidação, essa, que existiu, a bem da verdade. Eu lembro que o Regulamento de Imposto de Renda de 1966 chegou a ser substituído por outro, o famoso RIR/1980, que parece um monumento hoje, e que mais tarde foi novamente consolidado. Hoje isto é praticamente impossível (ou possível com os computadores).

Muito bem, isto que assim estava também trazia uma outra questão: ao tributar o lucro da sociedade no Exterior, coligada, controlada, a lei também vedava a compensação dos prejuízos. Os prejuízos obtidos lá naquela entidade não poderiam ser compensados com os lucros obtidos no Brasil.

Isso também levanta celeuma; e às vezes levanta celeuma, a ponto, até, de apresentar uma questão que parece superada: a da possibilidade de a empresa brasileira compensar com os lucros estrangeiros os prejuízos aqui obtidos. Essa questão não tem, a meu ver, razão de ser. Isto porque a redação é "compensar os prejuízos estrangeiros com os lucros obtidos aqui", mas não quer dizer que os lucros obtidos no Exterior na coligada ou controlada não possam se somar algebricamente aos resultados brasileiros. O lucro do Exterior, esse resultado positivo, soma-se a um possível resultado negativo que a sociedade tenha no país. Essa compensação não me parece estar vedada. O sistema – com ou sem as alterações recentes – permite a compensação dos lucros externos com os prejuízos auferidos pela controladora.

Muito bem, sobrevém a Lei Complementar 104 e, além do dispositivo que é o grande tema (o da norma antielisiva), insere dois parágrafos a pretexto de autorizar a tributação dos resultados obtidos no Exterior mediante os critérios que ali estão.

Eu vou ler. É o § 2º: "Na hipótese de receita de rendimentos oriundos do Exterior a lei estabelecerá as condições e o momento em que se dará a sua disponibilidade para fins de incidência do imposto para fins administrativos".

Bom, temos a autorização de que o chamado Governo, não vejo de outra maneira, o Governo Federal, precisava para criar a norma que acabou sendo criada, e tributar o lucro da coligada e/ou controlada, ainda que não disponibilizado, como era no regime de 1995. E mais, os lucros realizados ou lá represados que não tenham sido disponibilizados até certa data vão ser tributados agora.

Aplica-se sobre aquele resultado a nova regra. Considera-se disponibilizado aquele lucro antigo, se não foi disponibilizado, ressalvado o direito de fazê-lo até 31 de dezembro do ano "X", pois no ano "Y" você vai pagar o imposto. Essa é a nova regra.

Muito bem, aí sobrevêm à doutrina os mesmos questionamentos que surgiram no século passado, no início dele, a respeito do conceito constitucional de *renda*. Confronto o que dispõe o art. 43 do CTN – crescimento patrimonial, proventos de qualquer natureza –, com o que está na Constituição a respeito de renda. Diz-se, "isto é uma definição do conceito que está na Constituição..." Mas a Constituição não chega neste nível de detalhe, não chega, assim, clara... Essa norma, entretanto, foi construída pela doutrina do Prof. Quiroga, do Prof. José Arthur, do Prof. Geraldo – enfim, de todos aqueles que são nossos professores –, afirmando ter o art. 43 validamente veiculado norma que dirime um conflito de competência, e validamente dando os contornos do conceito constitucional de renda. Em outras palavras, quer dizer, um acréscimo oneroso de nova riqueza. Não precisamos tomar mais tempo para perceber que o resultado que está no Exterior, numa coligada ou controlada, a despeito de um sistema de avaliação desse investimento, demonstra esse acréscimo. É um aspecto meramente contábil, não significa a realização desse acréscimo, até porque, e para não usar conceitos que possam parecer de Contabilidade, coisa que nos arrepia, mas que infelizmente nos ajuda ao analisar questões do imposto de renda de pessoa jurídica. A própria Lei 6.404/1976 dispõe que, nessa circunstância, quando a Votorantim, conceituada empresa brasileira, quando o Banco do Brasil, possui empresas e avalia esse investimento neste método e aumenta seu valor, tem que tratar aquele lucro como um lucro não realizado. Ele pode não se realizar... Pior, pode não estar monetizado (sabem os Senhores que nem sempre o lucro significa dinheiro)... O lucro pode estar nas vacas, nos bezerros, que estão no pasto, no tal do ativo permanente, e daí para a frente. Portanto, sendo tributado apenas porque o método de avaliação resultou em aumento do investimento, estar-se-ia tributando esta ficção.

A pretexto de uma motivação – eu sei, não aquela a que o Prof. Celso Antônio se referia –, mas de uma motivação surgida quando a Lei Complementar 104 estava na geladeira... (e o Prof. Osíris sabe disso, ele poderá, ou não, confirmar ou corrigir o engano) estava no âmbito de uma CPI, se não me engano (é que tinha tanta CPI naquele momento, e não era a do Collor... tinha CPI dos bancos e uma do futebol, uma no Senado e uma na Câmara...). E alguém que foi lá depor, falou dos problemas de evasão de divisas, isso e aquilo... e, de repente, surge a Lei Complementar 104, como está aqui – aliás, a proposta inicial que modificava inclusive a cabeça do artigo, o art. 43, tem uma redação impronunciável.

Muito bem, aí vem tudo isso, neste ponto, com esse cenário, e se cria esta perplexidade que a doutrina repele e que o STF, segundo a mesma doutrina, teria repelido quando julgou o ILL (e eu tomo uma cautela quanto a isso).

Quando o STF ementou a decisão no recurso extraordinário que cuidou do ILL, lá pelas tantas, fez o seguinte: "Imposto de renda – Retenção na fonte, titular de empresa individual...". Eu não vou ler toda esta ementa, mas vou sublinhar o seguinte: "Apurado o lucro líquido da empresa, a destinação fica ao sabor de manifestação de vontade única" (e já estou encerrando) – ou seja, "do titular, fato a demonstrar disponibilidade jurídica – Situação fática que poderia conduzir à pertinência do princípio da despersonalização". E lá pelas tantas, no voto do Min. Marco Aurélio, lê-se: "O quadro sugere a despersonalização".

Houve até quem dissesse que o Supremo poderia até ter tributado nessa circunstância, se houvesse norma. Todas as permissões da oratória, das boas relações, da educação, *data maxima venia*, com tudo que se possa pedir nesta altura, eu realmente vou concluir: o Supremo desconheceu o direito comercial. Se o comerciante é individual, não se trata de sociedade... É a própria pessoa, a pessoa natural... É o comerciante que realiza os atos de comércio, e que para fins do imposto de renda tem um sistema de tributação assemelhado ao da pessoa jurídica. Não tem coisa alguma a ver com despersonalização, e infelizmente nem por aí serviria de supedâneo ou de base para uma pretensa defesa do que o Governo Federal defendeu com relação ao imposto de renda sobre coligadas ou controladas no Exterior. Muito obrigado, e desculpem-me por avançar no tempo *(palmas)*.

Com a palavra o Prof. Osíris.

PROF. OSÍRIS DE AZEVEDO LOPES FILHO – Agradeço o convite para participar deste painel, em companhia de tão ilustres Professores.

A minha opinião sobre o que se está chamando de cláusula geral antielisiva é a de que se tem introduzido uma série de institutos modernizantes no direito tributário brasileiro mais por razões de aparência, *para inglês ver*, do que, efetivamente, se fazendo uma alteração significativa, inovatória no mundo jurídico.

Veja-se o histórico dessa cláusula geral. Ela foi introduzida no art. 116, parágrafo único, do CTN pela Lei Complementar 104, de 10.1.2001. Ela possibilita a desconsideração, para efeitos tributários, de atos ou negócios jurídicos praticados com a finalidade de dissimular a ocorrência do fato gerador do tributo ou a natureza dos elementos constitutivos da obrigação tributária, observados os procedimentos a serem estabelecidos em lei ordinária.

Criou-se tanta celeuma na imprensa, anunciando a edição dessa cláusula, que se parecia estar anunciando providência legislativa destinada, se não a estancar, pelo menos a limitar o campo de atuação do planejamento tributário que, a partir dos anos 90 do século passado, passou a ser intensamente utilizado para a obtenção de economia do tributo, aí adquirindo relevância a elisão tributária.

Gerou-se expectativa na opinião pública de que esta cláusula geral antieletiva seria o instrumento jurídico adequado para restringir os artifícios empregados para diminuir o montante do tributo devido, pela prática de determinados atos ou negócios simulados.

Tanto se alardeou a virtude dessa cláusula, que o pensamento geral do povo, formado pela publicidade veiculada na mídia, foi o de que significativo aumento da arrecadação seria obtido, decorrente da eliminação desse ralo tributário.

Anunciou-se uma bomba atômica tributária, mas o que pipocou foi um modesto traque, incapaz de perturbar seriamente os praticantes desse planejamento.

Com efeito, a simulação bem como a fraude e o dolo já possibilitavam, por força do art. 149, VII, do CTN, fosse efetuado ou revisto o lançamento quando comprovada a ocorrência desses vícios no ato jurídico realizado pelo sujeito passivo ou por terceiro.

Sendo a dissimulação uma modalidade de simulação – vale dizer, simulação relativa –, sua prática já possibilitava ao Fisco desconsiderá-la para exigir o tributo que o ato dissimulado ensejava.

O novo parágrafo único do art. 116 do CTN tem, todavia, uma limitação. Sua eficácia – isto é, sua aplicabilidade – fica condicionada à observância dos "procedimentos a serem estabelecidos em lei ordinária".

Essa lei ordinária jamais surgiu. O que apareceu foi a Medida Provisória 66, de 27.8.2002, que, entre vários outros assuntos, lá no seu rabo, introduziu, nos arts. 13 a 19, o que chamou de "procedimentos relativos à norma geral antielisão".

Pretendeu-se nesta disciplinação separar a dissimulação da simulação, ao lhe dar tratamento autônomo (art. 13, parágrafo único, da Medida Provisória 66/2002).

A desconsideração, prevista no art. 14 da medida provisória, baseia-se na falta de propósito negocial e no abuso da forma – aí incluída a prática de ato ou negócio jurídico indireto. Essas figuras foram descritas especificamente nos §§ do art. 14.

Trata-se de uma tentativa de recauchutagem do parágrafo único do art. 116, introduzido pela Lei Complementar 104/

2001. E tentativa fadada ao insucesso. Fugiu-se ao balizamento do parágrafo único do art. 116, que, ao final, condicionava sua eficácia aos procedimentos estabelecidos em lei. Inequivocamente, a matéria introduzida no art. 14 da medida provisória não versa sobre execução da lei, mas detalhamento da figura da dissimulação.

Na realidade, a norma jurídica que deve tratar desses "procedimentos" deve ser menos ambiciosa e se ater especificamente à executoriedade da desconsideração fundamentada na dissimulação. E deixar para a doutrina e a jurisprudência fixarem o conteúdo e a amplitude dessas figuras. Trata-se da matéria a ser determinada pela construção doutrinária e jurisprudencial. Não pelo legislador monocrático, assinando medidas provisórias apressadamente, em ocaso agônico de governo.

Repetiu-se fenômeno rotineiro na história legislativa recente do país. Herança lusitana, continuamos fiéis ao formalismo da produção normativa. Dá-se maior valor à legalidade, entendida como adoção de ritual na produção da norma tributária, do que à sua legitimidade, efetivo consentimento do povo ao que ali esteja consagrado.

O consentimento do povo ao que vai ser extraído forçadamente, pelo Estado, do seu patrimônio ou renda é a pedra-de-toque da boa tributação. Em nosso país a tributação tem baixo patamar de legitimidade. A produção legislativa é feita de cima para baixo; antes, por decreto-lei; hoje, por medida provisória. Isso demonstra claramente a falta de correspondência entre o consentimento do povo e a regra tributária, utilizada como meio para crescentes elevações de tributo, sempre concentradas no contribuinte correto. Em verdade, essa manipulação pelo Executivo da norma tributária tem sido vantajosa para os evasores. Continuam impunes e ganham concorrência no mercado, pois podem oferecer preços menores, por não suportarem integralmente os custos tributários.

Essa matéria elisiva apresenta uma tensão entre o princípio da legalidade e o da capacidade contributiva. Dessa tensão deve surgir necessariamente uma integração entre os dois, para que se tenha uma disciplinação harmônica e eficaz da elisão, respeitando-se a livre iniciativa e a liberdade do contribuinte e o interesse do Fisco, pautado no respeito à lei.

A formulação da elisão existente na Medida Provisória 66/2002 não será convertida em lei, pois é demasiado artificial, procurando resolver normativamente o que deve ser feito pela doutrina e pela jurisprudência.

A tentativa de introdução da cláusula geral antielisiva, por tais motivos, deve fracassar. Claro que a elisão deve ter limites. Estes devem ser estabelecidos por construção jurídica. E não elaboração legislativa artificial e carente de suporte doutrinário produzido pelos juristas e pela criação jurisprudencial elaborada pelos magistrados. Se produto da construção jurídica, suas bases serão mais sólidas e duradouras e consistentes, posto que desprovidas de artificialismo e açodamento.

PRESIDENTE (PROF. SIDNEY SARAIVA APOCALYPSE) – Muito obrigado. O Prof. Osíris até cumpriu com o tempo regulamentar. E, sem demoras, o Prof. Quiroga.

PROF. ROBERTO QUIROGA MOSQUERA – Bom dia a todos! Recebemos uma comunicação da Diretoria do Congresso de que já estamos adiantados no horário. Vou tentar em 15 minutos, no máximo, expor minha visão a respeito de temas específicos que me parecem bastante atuais.

O tema que me coube, sugerido pelo Congresso quando da elaboração do programa um ano atrás, foi a questão do REFIS. Justamente naquela oportunidade, ele vinha tendo uma grande repercussão. Muitas pessoas acabaram recorrendo ao Judiciário, pleiteando determinados pontos que lhes pareciam incorretos dentro da adução do REFIS. Mas é evidente que, atualmente, se REFIS não é de menor importância, é de menor utilidade prática, uma vez que aí está.

Mas as grandes demandas já aconteceram, desde o início até final do ano de 2001.

Então, nesses 15 minutos que me foram concedidos vou tratar, primeiramente, e a pedido da própria Mesa, de um dos itens da Medida Provisória 66, que é a instituição do PIS não-cumulativo. Logo a seguir exponho as questões do REFIS que me parecem relevantes no momento, em termos de prioridade. Peço desculpas, mas, em vista da escassez de tempo, vou adotar essa perspectiva.

A questão do PIS não-cumulativo, que é um dos itens da Medida Provisória 66, muda substancialmente aquela visão que nós tínhamos dos tributos que antes eram a COFINS e o PIS, ou seja, qual era a visão da Administração Tributária, especificamente da Secretaria da Receita Federal, quando da redação da medida provisória, que, na verdade, era um anseio, um desejo do empresariado

Ou seja, as contribuições não-cumulativas, efetivamente, representam um desejo da classe empresarial. A Administração Tributária, dentro dessa medida provisória, por um projeto que, na verdade, é da Secretaria da Receita Federal, desconsiderou outro projeto que também tinha sido apresentado pela classe empresarial. Adotou-se esse projeto independentemente dos riscos que possa ter. Efetivamente representa um desejo dos contribuintes que permite que tanto a COFINS quanto o PIS deixem de ser um tributo-cascata e passem a ser um tributo (totalmente ou mais ou menos) não-cumulativo.

Vou tentar simplesmente, em termos de PIS, colocar os pontos que creio deverão efetivamente sugerir instruções a partir de dezembro, e expor brevemente a estrutura deles. Como devemos nós pensar esse novo tributo?

Sempre digo que esse novo PIS é o PIS que devemos pensar em base de cálculo: é um tributo que deve ser pensado em base de receitas e de despesas ou deduções, ou abatimentos, ou créditos.

Já a grande mudança do PIS é que, na verdade, eu tratarei necessariamente de uma metodologia que vai considerar o somatório das minhas receitas (já voltaremos a essa definição) e o somatório das minhas despesas, das quais algumas delas vão me gerar um determinado crédito.

A partir desse princípio, de que o PIS passou a ser um tributo que vê receitas como base e despesas que gerarão crédito como a outra contrapartida, eu posso falar dessa estrutura do novo tributo instituída pela Medida Provisória 66. Se entendemos esse novo PIS como um tributo que geral e efetivamente vai tributar receitas, e as despesas vão gerar créditos, nós identificamos, logo no início da medida provisória, uma definição de faturamento que contempla toda e qualquer receita, e não mais aquela definição clássica de faturamento como produto de venda de bens e serviços.

O faturamento, nesse art. 1º, foi definido como a totalidade das receitas auferidas por uma pessoa jurídica, independentemente de serem elas receitas comerciais decorrentes da alienação de bens e serviços ou serem decorrentes de outras atividades, ainda que não-operacionais ou mesmo operacionais – no caso especifico, as receitas financeiras.

Então, partindo daquele primeiro pressuposto que expusemos, veio o art. 1º dessa medida provisória, e definiu *faturamento* dentro de um conceito extremamente amplo.

A partir dessa definição, poderíamos entrar, eventualmente, em discussões constitucionais; mas, em vista do objetivo da Mesa, de expor aos Senhores a estrutura desse nosso tributo, vou deixar essas considerações para uma outra oportunidade. Passemos ao ponto da medida provisória. Após a definição do faturamento, ela possibilita que se façam algumas deduções desta receita, desta receita bruta, deste faturamento como definido no art. 1º.

E aí passamos a ter dois tipos de problemas que constituem uma mudança radical em termos de PIS. Quais são? Para quem se lembra do sistema de COFINS, podemos deduzir algumas coisas da base; uma delas eram as atividades não-operacionais, especificamente aquelas relacionadas ou concluídas no ativo permanente. A legislação hoje prevê essa possibilidade e, dentro do ativo permanente, não temos só os imóveis; temos os investimentos, que são as participações societárias, de pessoas jurídicas em outras pessoas jurídicas. Temos o que é diferido na parte contábil.

O que mudou fundamentalmente nessa parte, nesse terceiro tópico? É que, a partir de dezembro, pela legislação do PIS, as despesas não-operacionais passíveis de dedução são apenas aquelas decorrentes de alienação do ativo imobilizado.

Houve uma restrição: antes era mais amplo na parte de COFINS e continua sendo; mas para efeito de PIS houve uma modificação importante, que vai gerar conseqüências no dia-a-dia das pessoas jurídicas.

Segundo ponto importante: no item das deduções dessa nova legislação de PIS, de fundamental importância para o advogado, para o assessor jurídico, contador ou controladoria de empresa, é que todos sabem que a legislação brasileira sempre considerou a receita bruta sem a inclusão do IPI. Ou seja: quando se falava de receita bruta para fins de COFINS, quando se falava na discussão antiga de excluir da base de cálculo do antigo FINSOCIAL o mesmo PIS e o COFINS, o IPI era uma coisa absolutamente transparente. Porque sempre se entendeu o IPI como um tributo destacado na nota, e que a pessoa jurídica alienante era mera coletora de recursos de terceiros e, portanto, esse tributo não se incluía nesse conceito de receita bruta.

E qual é a grande – a meu ver – ilegalidade, neste ponto, da medida provisória? Ela não cita o IPI. Diz que poderão ser deduzidas da base de cálculo do PIS as vendas canceladas, os descontos concedidos incondicionalmente, e se esqueceu de falar do IPI. Duas interpretações podem existir: é óbvio que o IPI está aí dentro; ou não é óbvio –não se quis realmente excluir o IPI. Então, neste PIS pagaremos 1,65 sobre o próprio IPI dentro da receita bruta.

Neste ponto minha visão jurídica é bastante clara. Quando se discutiu justamente a questão do ICMS na base de FINSOCIAL e COFINS, toda a jurisprudência caminhou no sentido de entender, em grande maioria, que não se poderia excluir o ICMS, porque o ICMS fazia parte do custo, do preço, porque ele era cobrado por dentro. E se falava justamente, *a contrario sensu*, que o IPI obviamente teria de ser excluído, uma vez que ele não fazia parte do preço, não pertencia à receita bruta; portanto, poder-se-ia excluí-lo.

Nesse particular, acho correto o raciocínio na interpretação da Medida Provisória 66 que considera que, apesar de não se referir ao IPI, efetivamente ele seria um item de desconto, em vista de toda evolução da jurisprudência no que se refere a ICMS e FINSOCIAL e ICMS e COFINS. Porém, essa não é a interpretação da Receita Federal. A Receita Federal entende que aqui, no caso do PIS para dezembro/2002, a receita bruta integrará o IPI, o que provavelmente vai gerar para a classe jurídica uma discussão judicial para excluir esse valor quando, na alienação dos produtos, o IPI for um item grande de custo.

Depois dessa parte da receita – ou seja, sabendo das deduções que posso fazer dessa receita –, vem justamente a segunda parte importante desse novo conceito do PIS introduzido pela Medida Provisória 66. É que, justamente, se eu tenho uma parte da receita, esse débito que surge, a legislação permite que eu me credite de determinados valores. É aí que, na verdade, surge uma legislação muito semelhante, toda muito idêntica ao ICMS.

Aquele que milita na área de ICMS já terá uma *expertise* para isso, e não terá dificuldades nesse aspecto. E o que é importante em relação a esse crédito que a legislação permite é que são passiveis de créditos, geralmente, todos os bens, máquinas e serviços adquiridos internamente no país.

Ou seja, em todo e qualquer processo de importação, em todo e qualquer processo de aquisição de máquinas e equipamentos ou prestações de serviços externos para o Brasil, está vedada qualquer espécie de crédito nesses insumos, nessas matérias-primas, nesses produtos, nesses custos.

Então, dentro da legislação brasileira nós temos claramente a possibilidade de creditar isso, inclusive despesas financeiras: quando tenho um empréstimo interno, essas despesas financeiras darão direito a crédito, o que contraporá depois com débito quando da saída da receita bruta.

Portanto, o segundo ponto importante dentro da metodologia do PIS é justamente essa possibilidade de creditamento; creditamento restrito, não é total, porém ampliativo. No que diz respeito às despesas financeiras nunca, anteriormente, tivemos essa possibilidade. Então, essa mudança, essa parte na legislação, é de extrema relevância e traz uma necessidade de identificarmos todo esse rol de máquinas, bens e serviços que poderão viabilizar a questão de creditamento.

Ainda dentro do creditamento, um outro ponto importante dentro da legislação do PIS: é que poderemos fazer um creditamento de todo o estoque antigo – ou seja, como essa legislação é vigente e eficaz a partir de dezembro/2002, a legislação veio permitir que todo seu estoque, todo esse conjunto de bens e máquinas, que normalmente estão contabilizados no ativo circulante e que serão insumos quando da produção e saída de um produto industrializado, todo esse conjunto de estoque dará creditamento em 0,65 a partir de dezembro/2002, e poderemos aproveitar esse crédito em 12 parcelas mensais iguais e sucessivas.

Ou seja, a legislação do PIS vem claramente dar-nos esta idéia de que eu tenho base de receita e base de despesa ou base de deduções.

Por isso é importante, neste momento, fazer um pequeno atalho: se, porventura, essa entidade tiver créditos superiores a débitos, não se devem confundir esses créditos como se fosse um tributo a recuperar que pudesse jogar no ativo e depois compensar com outros tributos.

Isso é possível; trata-se de base, e não de impostos. Então, se houver mais créditos do que débitos, apenas em uma hipótese a empresa vai poder restituir em dinheiro: é o caso da empresa comercial exportadora. As demais empresas não poderão ter esse crédito em dinheiro; será crédito contábil, crédito financeiro para compensação dos débitos nas receitas.

E, por fim, em termos de PIS, termino dizendo: no caso do PIS existe uma grande discussão, a meu ver, provocada por esta legislação: as pessoas jurídicas não deverão seguir a Medida Procisória 66 e seguirão o sistema antigo. Do PIS atual, na verdade, são os bancos as pessoas imunes (isentas). Mas aqui há um detalhe: as pessoas jurídicas tributáveis pelo lucro presumido continuarão adotando o PIS antigo.

A questão que se coloca, a meu ver, é uma questão isonômica, ou seja, a forma de apuração do imposto é que vai fazer com que uma empresa de lucro presumido pague 0,65 sobre sua receita bruta, enquanto que uma pessoa com um lucro real pagará 1,65. O discrímen para essa diferenciação é apenas o regime de apuração. Ou seja, regime de apuração pelo lucro presumido ou regime de apuração pelo lucro real. Entendo que, nesse aspecto, deveríamos pensar se não haveria, aí, um tratamento antiisonômico por um discrímen não suficiente para esse tratamento – ou seja, o regime de apuração do imposto não seria o critério absolutamente factível para fazer a diferenciação de um pagar 0,65 e outro pagar 1,65.

Dentro do PIS, e dentro dos 15 minutos que me foram atribuídos, falei 10. Mas como desejo expor aos Senhores o que de mais importante existe na questão do PIS, termino com uma outra questão.

O ultimo artigo na área do PIS diz que o Executivo fica obrigado a encaminhar ao Congresso um projeto em que a COFINS também se torne não-cumulativa.

Essa é uma proposta que não se sabe se efetivamente terá sanção se não ocorrer; mas não se sabe se efetivamente ocorrerá. Mas, mais do que isso: esse artigo diz o seguinte: também será proposto ao Executivo, até o final de 2002, um aumento nesse PIS, caso a arrecadação caia. Se a arrecadação cair, a alíquota de 1,65 poderá suprir essa diferença eventualmente de uma perda de arrecadação. O que se vê é que, na verdade, se muda o tributo, não se muda, em hipótese alguma, a carga do Estado.

Mas tenho ainda mais quatro minutos pra falar em REFIS. O REFIS veio no bojo de várias alterações que a Secretaria da Receita Federal introduziu nesses oito anos de gestão Everardo Maciel.

Na verdade, em vários pontos concordo com o Dr. Everardo, principalmente na parte de tecnologia de informação dentro da Receita. Introduzida inicialmente na gestão do Prof. Osíris, nesses últimos oito anos tivemos uma evolução enorme em Tecnologia da Informação, o que fez com que a Receita Federal hoje seja líder mundial em termos de possibilidade de fiscalização por meios eletrônicos – inclusive, recentemente, com a possibilidade de prestação de serviços virtuais.

Nesta semana foi publicada uma instrução normativa justamente nesse sentido.

Outro ponto que acho de extrema relevância, também da gestão Everardo Maciel, para falar de REFIS, foi a instituição de sistemas estimados de tributação, resumido, simples, a retirada de várias restrições que tínhamos no presumido. Hoje o presumido é um sistema de tributação absolutamente simples de se exercer, sem restrições: as pessoas aderem ao presumido porque a carga fiscal é bem razoável, algo em torno de 10 a 12%; o simples, de 5,5%.

Enfim, acho que a gestão de legislação tributária em vários pontos foi excelente, e acho fantástica nesse aspecto. Obviamente que existem outras questões que são criticáveis, mas nesse aspecto acho elogiável.

E, nesse bojo de alterações, acho importante termos o REFIS. Como poderia definir o REFIS? Eu definiria o REFIS como imposto de renda mínimo, mesmo que você não tivesse lucro.

Claro que imposto de renda mínimo era absurdo, inconstitucional. A Receita desistiu porque não podia continuar; mas insistiu no chamado imposto de renda mínimo eterno, que é o REFIS.

Muita gente, na época do REFIS, contestou: como vou pagar em 300 anos? O Fisco não quer saber o estoque, ele quer saber de 1,2 por mês, 1,5 por mês, 0,3 por mês. Ou seja, a idéia do REFIS é a instituição de um imposto de renda mínimo que se agrega ao conjunto de receitas arrecadadas pela Secretaria da Receita Federal.

Para isso, discutiu-se em termos de REFIS: é um caso de transação ou é um caso de parcelamento? Na discussão da natureza jurídica dessa questão, e decorrente dessa problemática (se era uma transação, se era um parcelamento), surgiram dois tipos de teses em discussão no Judiciário sobre o REFIS.

O primeiro conjunto de teses dizia o seguinte: quero aproveitar apenas a parte boa do REFIS. O segundo tipo de tese dizia o seguinte: se eu fosse excluído do REFIS por algum equívoco do Fisco quando da minha notificação, eu tinha direito de ingressar em juízo, solicitando as explicações necessárias.

Havia ainda dois grupos de discussões: no primeiro grupo, que aproveitava as teses boas do REFIS, estava envolvida a aplicação de conceitos como isonomia, conceitos de não-discriminação, de igualdade; e no segundo, não. No segundo conjunto de teses, aquelas que discutiam simplesmente, por exemplo, quando escolhiam no REFIS uma pessoa jurídica sem comunicar-lhe previamente, para que ela pudesse saldar os débitos. Era o segundo caso absolutamente legítimo, legal, dentro de um critério contraditório.

Para terminar, minha visão é a seguinte: neste conjunto de teses em que se tenta aproveitar apenas a parte boa do REFIS – ou seja, aquilo que interessa dentro do REFIS –, minha visão é de improcedência dos pedidos.

Uma vez que, como me referi, o REFIS está dentro de um critério de transação, entre o contribuinte e o Fisco: em vista das disposições legais, das prescrições normativas da norma do REFIS, o contribuinte adere ou não adere.

Portanto, é uma questão facultativa, e não uma questão obrigatória. Daí por que entendo de extrema dificuldade a procedência dos pedidos quando se discutam questões ligadas a aproveitar parte das disposições normativas do REFIS e excluir aquelas que eventualmente estariam eivadas de vícios de ilegalidade, como quebra da isonomia etc.

Já, quanto ao segundo conjunto de teses (aquelas que discutiam efetivamente a legalidade da prática da aplicação do REFIS) não tenho dúvida de que todas essas vêm sendo vencedoras: o Poder Judiciário vem corrigindo – e não tenho dúvida de que os Tribunais Superiores também acolherão – eventual procedimento equivocado na Administração Tributária na aplicação do sistema.

Portanto, quanto a esse segundo conjunto, vejo de uma forma bastante evidente que ele deve surtir efeito, e os Tribunais Superiores devem resguardar o direito dos contribuintes nessa parte. Já, com relação ao primeiro conjunto de teses, por entender que é uma transação ou um acordo que faço com o Fisco, de adesão e facultativo, acho difícil a possibilidade de êxito.

Enfim, essas eram as considerações que pretendia fazer. Agradeço, mais uma vez, o convite do IDEPE. Obrigado *(palmas)*.

PRESIDENTE (PROF. SIDNEY SARAIVA APOCALYPSE) – Tanto o Quiroga como o Prof. Osíris deram uma mostra da realidade de nossa função enquanto advogados, das dificuldades que nós temos. E isso justifica as cinco questões que aqui se encontram. Mas, que pelo adiantado da hora, peço àqueles que as formularam que procurem cada um de nós, diretamente. Muito obrigado pela atenção, convido ao café.

MESA DE DEBATES "D"

CONTRIBUIÇÕES

PRESIDENTE DA MESA: ESTEVÃO HORVATH
MEMBROS DA MESA: ESTEVÃO HORVATH, ALCIDES JORGE COSTA, SACHA CALMON NAVARRO COÊLHO, REGINA HELENA COSTA

PRESIDENTE (PROF. ESTEVÃO HORVATH) – Bom dia a todos! Reiniciando as atividades nesta manhã deste Congresso, nós vamos começar esta Mesa de Debates, que tem por título as "Contribuições". Compõem a Mesa os eminentes Profs. Alcides Jorge Costa, Sacha Calmon Navarro Coêlho, Presidente deste Congresso, e Regina Helena Costa.

E eu passo a palavra a mim mesmo, porque a minha parte é a inicial, eu tenho que começar (risos na platéia). Propuseram-me que falasse sobre limites constitucionais para a instituição de contribuições, e é o que eu pretendo fazer, esperando contar com os meus companheiros de Mesa para me criticarem e para me ajudarem a reformular os pontos tocados toda vez que não estiverem de acordo com as suas opiniões.

Falar de contribuições é, no meu modo de ver, falar sobre um dos três temas que eu reputo mais intrincados no direito tributário, ao lado do problema das normas gerais, talvez, e do problema da distinção entre taxa e preço. O dia que alguém conseguir destrinchar as contribuições, eu acho que será digno de vários *Prêmios Nobel.*

E, de qualquer forma, para iniciar a falar sobre as contribuições eu faço uma rápida visita na questão da classificação dos tributos, só para dizer que vejo as contribuições como uma espécie diferente dos impostos, das taxas e das contribuições de melhoria. As contribuições a que eu me refiro aqui são as contribuições previstas no art. 149 da CF. Assim, teríamos no nosso sistema, como tributos, os impostos, as taxas, as contribuições de melhoria, os empréstimos compulsórios e o que eu chamo de "demais contribuições", sem querer no primeiro momento rotulá-las de alguma outra maneira.

E por que me parece assim? Porque as características que rondam a figura das contribuições, assim como os empréstimos compulsórios, me parecem suficientes para dizer que são espécies diferentes dos impostos, das taxas, das contribuições de melhoria. Nós precisamos ter para os empréstimos compulsórios, por exemplo, as causas que motivem a possibilidade da sua criação – resumidamente, e para exemplificar: uma situação de calamidade pública, se não a lei complementar apta para criar um empréstimo compulsório não pode sequer ser cogitada. Além disso, ele tem que ser devolvido e tem que ser aplicada sua arrecadação na causa que motivou sua instituição.

No casos das "outras contribuições" algo semelhante acontece, ou seja, a Constituição dá uma finalidade para ser atingida e permite que para financiar o atingimento dessa finalidade se cobre alguma coisa, chamada de "contribuição". Então, já adianto por que o nome não me preocupa tanto, embora entenda que deveria ser apelidada de um nome diferente cada situação diferente também; ou seja, se não é contribuição, exatamente como eu vou procurar dizer em seguida, poderia ter um outro nome. Esse outro nome poderia ser "ajuda", poderia ser "colaboração", qualquer outra coisa. A Constituição deu o nome de "contribuição", e isto permite que a gente se confunda, muitas vezes, nesse conceito. O que é esta contribuição?

Como eu disse, não sou eu quem vai definir nem dar a palavra final sobre o que é essa contribuição, o que são essas contribuições do art. 149. Mas me parece interessante fazer uma breve menção àquilo que parece ter sido a origem da criação dessas contribuições no nosso direito positivo, que foi inspirado, parece-me, por aqueles chamados "tributos especiais" ou "contribuições especiais" da doutrina estrangeira.

Então, o que significam esses tributos especiais ou contribuições especiais? São as exações que se permite sejam cobradas toda vez que alguém se beneficie especialmente de uma atuação do Estado, ou que alguém provoque uma especial atuação por parte do Estado. Este, pelo menos, é, originariamente, o conteúdo semântico das contribuições especiais na doutrina internacional.

E parece que nós deveríamos primeiro buscar saber se o nosso direito positivo trouxe para dentro de si este conceito de contribuição especial que permanece, pelo menos em parte, também em alguns países europeus, por exemplo. E me parece que não; ou seja, eu diria já, para adiantar uma das conclusões: as nossas contribuições do art. 149, ou seja, as chamadas "contribuições sociais", as contribuições de intervenção no domínio econômico e as contribuições cobradas no interesse de categorias profissionais ou econômicas, seriam contribuições – que, como eu disse, poderiam ser chamadas de qualquer outra coisa. A Constituição lhes deu o nome de "contribuições" – *poderiam* revestir a forma dessa contribuição especial doutrinariamente manifestada pela doutrina internacional. Contudo, *pode ser* que não seja assim – isto é, nós temos que descobrir qual é o regime que nosso direito positivo dá a essas contribuições, e esta é justamente a questão central deste tema, e talvez a mais intrincada.

O que seriam essas contribuições? Estou plenamente de acordo com o Prof. Geraldo Ataliba quando disse que, até onde ele conseguiu chegar – e eu tenho certeza de que ele conseguiria ter chegado a uma conclusão mais aceitável sobre as contribuições se não tivesse partido tão cedo –, no nosso direito positivo as únicas contribuições especiais, no sentido da doutrina internacional, seriam as contribuições de melhoria.

E estas claramente o são mesmo, ou seja, o Estado realiza uma obra pública, esta obra causa valorização imobiliária e, em virtude disso, alguém está obrigado a pagar essa coisa chamada "contribuição de melhoria".

E essas demais contribuições, o que seriam? Seriam desta mesma maneira? Parece-me que não; ou seja, nada há que imponha que elas sejam essas contribuições especiais, contribuições, essas, que são chamadas muitas vezes de "contribuições parafiscais" também, e que também têm uma origem histórica. É muito importante lembrar, ainda que de passagem, um pouco a sua origem.

Por que se pensou nessas contribuições especiais, contribuições parafiscais, melhor dizendo? Porque o Estado passou do Estado absolutamente Liberal, se poderíamos dizer assim, para o Estado de Bem-Estar Social – ou seja, começou a ter atribuições que antes eram impensáveis que o Estado tivesse. Isto começou, parece, com a crise da Bolsa de Nova York em 1929, e teve seu ponto culminante logo após o final da II Guerra Mundial. O Estado passou a atuar em áreas até então – como eu disse – inimagináveis anteriormente.

E o que aconteceu? Evidentemente, para isso, ele precisou de recursos e reconheceu, naquela oportunidade, que os recursos ordinários até então existentes, recursos comuns de arrecadação, não seriam suficientes para fazer frente a estas despesas novas, com a assunção de novas atividades por parte do Estado.

Foi aí que surgiram essas figuras chamadas de "contribuições parafiscais". Talvez este nome tenha sido atribuído pensando no seguinte: elas são cobradas como se tributos fossem, mas não são exatamente tributos. E até em outros países – como na França, por exemplo – essas contribuições não são tributos, ao contrário do que são no Brasil. São exações, mas não são da espécie tributária, até porque *tributo* é um conceito jurídico-positivo; cada país diz o que é *tributo* dentro do seu ordenamento jurídico.

Então, para financiar estas demais atividades, essa nova forma de intervenção, essas novas intervenções do Estado na sociedade, é que surgiram as contribuições parafiscais, que são também, na maior parte das vezes, além de parafiscais, para-orçamentárias. Este não é mais o caso do Brasil, nesse sentido, ou seja, elas já, obrigatoriamente – pelo menos a partir da Constituição de 1988 –, integram o orçamento da União; mas há países em que são também para-orçamentárias.

Então, eu diria que no Brasil, a partir de 1988, a classificação de nossos tributos se espelha ou é um reflexo da classificação da Ciência das Finanças – isto é, aquela que a Ciência das Finanças faz dos tributos. Entendam que em nenhum momento estou querendo confundir, e dizer que são a mesma coisa, direito financeiro, direito tributário e Ciência das Finanças, claro. Simplesmente ressalto que às vezes o Direito traz para dentro de si conceitos da Ciência das Finanças, exatamente como eles são encarados na Ciência das Finanças.

E rapidissimamente eu poderia tentar demonstrar isso, que me parece importante, para falar das contribuições. Por que se cobra uma taxa, segundo as lições da Ciência das Finanças?

Porque alguém individualmente se vale de um serviço do Estado. Na nossa Constituição, no art. 145, II, a taxa pode existir pelo exercício do poder de polícia ou pela prestação de serviço público específico e divisível. Em outras palavras, se só eu vou pedir uma licença para uma Prefeitura, por que toda a coletividade tem que pagar, por mim, por essa licença? É mais justo, mais razoável, que eu, utilizando esta atuação estatal, este poder de polícia, pague por ele. Outro tanto pode ser dito com relação à prestação de serviço público.

Por que se cobra contribuição de melhoria? Porque o Estado realizou uma obra, o particular nada fez, e teve seu imóvel valorizado – ou seja, nada mais justo do que ele devolver para o Estado pelo menos uma parte desse benefício especial que ele recebeu por uma coisa na qual ele não teve participação. Por isso se cobraria a contribuição de melhoria.

Não entrando na discussão se ela é para financiar a obra pública ou se não, o fundamento – diríamos assim – filosófico, talvez, seria justamente que o indivíduo que foi beneficiado por uma atuação especial do Estado, ou seja, foi especialmente beneficiado por uma atuação do Estado, devolvesse, ainda que parcialmente, para a coletividade esse benefício sob a forma de um tributo chamado "contribuição de melhoria".

Por que se cobram empréstimos compulsórios? Como o diz a própria Constituição, são situações emergenciais, são receitas, nesse sentido, extraordinárias. É dizer, já se reconhece que diante de certas situações vai haver necessidade de recursos que não existem naquele momento, então por isso se vai cobrar um empréstimo compulsório.

Por que se cobram os impostos? Como todos dizem, para serviços gerais que o Estado presta, e que não podem ser divididos como nas taxas, até por isso é que a Constituição proíbe que a receita de impostos seja previamente vinculada a qualquer órgão, fundo ou despesa – porque, se não, se as outras já estão vinculadas a alguma coisa, não haveria recursos para o governante realizar seu programa de governo.

E, finalmente, por que se cobram essas "outras contribuições"? Eu diria: porque a Constituição também reconheceu que quando o Estado, de alguma maneira, agir – no caso das contribuições de intervenção de domínio econômico –, ou permitir (a própria Constituição permite) que particulares colaborem com atividades que seriam em princípio da Administração Pública – seria o caso das contribuições sociais – e até, se não encararmos como uma espécie de cartório, as próprias contribuições de interesse de categorias profissionais ou econômicas –, em todas essas situações, são recursos que o Estado precisa a mais do que aqueles, vamos dizer assim, originariamente pensados no chamado Estado Liberal.

Então, para isso, para certas finalidades, é que a Constituição autoriza a cobrança dessas figuras. Esta – já adianto – é a palavra-chave para mim: *finalidade*. Com relação a quaisquer contribuições, afora as de melhoria – ou seja, para as sociais, para as de intervenção de domínio econômico e para as corporativas –, o que existe é uma finalidade.

E por quê finalidade, quais são essas finalidades? Exatamente aquelas constantes no art. 149 da CF: finalidades sociais, finalidade de intervenção no domínio econômico e finalidade de atuar no interesse de categoria profissional ou econômica. Por quê essas finalidades, e não outras, no meu modo de ver, não interessa a nós enquanto intérpretes. A Constituição já escolheu essas finalidades: poderia ter escolhido outras, outras atividades, outras finalidades. Nós podemos propor que isso seja modificado, mas parece que, enquanto a Constituição for como é, estas são as finalidades.

Hoje em dia está muito em moda falar da finalidade de intervir no domínio econômico. O que é, o que pode ser considerado, "intervenção no domínio econômico" é um dos grandes problemas de hoje em dia. Parece-me que se descobriu – ou se redescobriu agora – as contribuições de intervenção no domínio econômico. Deveras, parece que já se esgotaram as possibilidades de criar impostos – e olhe que a criatividade brasileira é bastante exacerbada! Nós não temos mais criatividade para criar outros impostos que já não tenham sido objeto de cogitação ou não tenham sido criados.

Então, descobriram o veio das contribuições de intervenção no domínio econômico. E nós temos que procurar saber se qualquer coisa, qualquer intervenção no domínio econômico, por exemplo, pode ser fundamento, pode ser a causa, de criação de uma contribuição de intervenção no domínio econômico. Parece que não.

Mas, de qualquer forma, a *finalidade* é uma palavra-chave para se tratar das contribuições, assim como a *destinação* do produto de sua arrecadação é outra palavra e, mais ainda, essas duas coisas têm que estar imbricadas; ou seja, se existe uma determinada finalidade, por exemplo, para financiar a Seguridade Social – que, aliás, foi o primeiro exemplo, me parece, na França, de contribuição parafiscal –, esta arrecadação proveniente desta finalidade tem que servir – tem que ir – para o financiamento da Seguridade Social. Essa é a razão de ser deste tipo de exação. Talvez o tributo mais vinculado, que tem sua arrecadação mais vinculada do que qualquer outro – se é que se pode dizer assim –, seriam essas contribuições, as contribuições em geral, as do art. 149.

Assim, da mesma forma que a finalidade, a destinação do produto da arrecadação é importantíssima, e daí vem sempre aquela história: mas, então, o que fazemos com o art. 4º do CTN, que diz que não importam, para dizer a natureza jurídica de um tributo, o nome que se lhe dê, nem a destinação do produto da sua arrecadação?

Foi revogado, foi tirado do sistema, ou qualquer coisa parecida? Não, simplesmente continuam não sendo relevantes, para se saber se uma figura é tributo, o nome que seja dado a ela assim como a destinação do produto da sua arrecadação. Contudo, isso é importantíssimo para saber diante de que espécie tributária nós estamos. A partir daí nós sabemos que uma das características que diferenciam os empréstimos compulsórios das demais contribuições, das demais espécies tributárias – e as contribuições outras também –, das demais espécies, impostos, taxas e contribuições de melhoria, é justamente a destinação do produto da sua arrecadação. Se isso não era juridicamente importante – ou, pelo menos, para o direito tributário – até 1988, eu acho que agora não há dúvidas de que isto é importantíssimo.

Voltando às contribuições. Outra coisa que tem que existir, tem que ser levada em consideração, quanto às contribuições do art. 149 são os sujeitos passivos que podem ser alcançados por estes tributos – ou seja, qualquer pessoa pode ser sujeito passivo de uma contribuição de intervenção no domínio econômico, ou de uma contribuição corporativa, ou de uma chamada "contribuição social", da qual a espécie mais importante seria para a Seguridade Social (mas há outras: salário-educação, COFINS etc.)?

Qualquer categoria pode ser sujeito passivo, do mesmo jeito que será qualquer um que pratique – qualquer comerciante – o fato gerador do imposto do ICMS que estará sujeito ao recolhimento desse imposto? Será que qualquer pessoa pode se colocar na posição de sujeito passivo de uma contribuição? Parece-me que não, embora não entenda, por enquanto – até onde eu cheguei nas minhas meditações –, que essas contribuições do art. 149 são exatamente aquelas contribuições especiais a que se refere a doutrina estrangeira que eu abreviadamente mencionei aqui. Algumas características básicas elas têm que ter, e estas estão presentes na Constituição originária (hoje em dia, infelizmente – nós temos que dizer isso –, a Constituição originária e os seus filhos bastardos, que nós temos uns 30 e alguns, sei lá, parei nos 38, até hoje).

Eu menciono isso porque a EC 33, por exemplo, atribui uma destinação que no meu modo de ver é espúria, não condiz com sua finalidade. Neste ponto a Emenda, no meu modo de ver, é inconstitucional.

Se a finalidade é a intervenção num campo que lida com combustíveis, a destinação do produto da arrecadação não pode ser para serviços de infra-estrutura de transporte. Isso tem que ser – como diz a doutrina tradicional da Ciência das Finanças – remunerado pela receita de impostos.

De qualquer forma, parece-me que nem por emenda constitucional se poderia fazer isso, porque se estaria desvirtuando o conceito originário de *contribuição*, que é uma garantia do cidadão da Constituição originária de 1988.

Então, se a destinação do produto da arrecadação é importante, se a finalidade é importante, como fazer para inserir isso na regra-matriz de incidência tributária?

Conversando com a minha Mestra de sempre, a Profa. Misabel Derzi, ontem, ela deu uma idéia muito importante, que até aproveito para tentar difundi-la aqui, para que todos nós pensemos no assunto. Está mais do que na hora de nós reformularmos – quanto às contribuições, pelo menos – a norma de incidência dessas contribuições, para procurarmos encaixar nessa norma a destinação do produto da arrecadação como sendo de fundamental importância.

Mas não somente aquilo que parece que já tinha sido aceito pela doutrina e até pela própria jurisprudência, o fato de que a lei tenha que prever na sua hipótese a destinação daquele produto, mas sim o efetivo controle da destinação de fato daquela receita para aquela finalidade para a qual foi criada.

Em outras palavras, não me parece que a destinação do produto da arrecadação possa estar divorciada da finalidade para a qual foi criada uma determinada contribuição. Isso tem problemas, tem repercussão imediata e importantíssima na questão da repetição de indébito; ou seja, eu dizia, até pouco tempo atrás, antes de falar com a Profa. Misabel Derzi, que bastava que a lei colocasse na sua regra-matriz que a contribuição, por exemplo, teria que ser destinada a uma determinada finalidade, a sua arrecadação a um determinado fundo ou, sei lá, órgão, ou qualquer coisa parecida. Mas, se de fato não o fosse, isso era uma questão de polícia. Agora, segundo a Profa. Misabel – e ela realmente me convenceu disso –, não é só uma questão de polícia, porque a questão de polícia vai envolver a punição eventual, e realmente muito eventual, de uma, duas ou três pessoas, e os cidadãos prejudicados com isso não teriam como repetir o pago indevidamente. Então, eu acho que cabe à doutrina começar a construir esta idéia de incluir na própria regra-matriz de incidência a destinação do produto da arrecadação.

Agora, finalizando, porque eu mesmo estou excedendo o tempo – e eu não posso fazer isso, porque vou pedir para os demais falarem dentro do tempo.

Lembraria que há duas regras importantes quando se trata de contribuição: a que eu chamaria de "regra de competência", que é aquela que diz: "Se acontecer tal finalidade, então se pode cobrar tal tipo de contribuição do art. 149: social, de intervenção ou de interesse de categoria profissional ou econômica".

E aí continua havendo a regra-matriz de incidência, normalmente utilizando aquele fenômeno da subsunção; por isso, eu diria, estas contribuições não são, pelo menos necessariamente, vinculadas a uma atuação do Estado, na sua hipótese de incidência, como quer o Prof. Geraldo Ataliba e outros que o seguem, como eu fazia, nesse esse ponto, até pouco tempo atrás.

Na regra de competência, sim, esta vinculação tem que se dar, porque tem que haver uma atuação do Estado em forma de finalidade para que ela possa existir, para que ela possa cogitar de ser instituída.

Agora, a regra-matriz vai escolher como fato objeto da tributação algum fato qualquer, que poderá ser – e normalmente será – um fato praticado por um particular; portanto, um tributo, nesse sentido, não vinculado a uma atuação do Estado. Ou escolherá um fato não de um particular, mas que só pode ser do Estado (parece-me remota essa possibilidade, mas teoricamente admissível).

Neste sentido, este tributo, assim como os empréstimos compulsórios, continua sendo ou não sendo vinculado a uma atuação do Estado, mas não a razão de ser desse tributo, não o que irá diferenciá-lo ou não dos impostos, das taxas e das contribuições de melhoria. Então, se se puder resumir, é preciso lei complementar, porque diz o art. 149 da CF: "Compete exclusivamente à União instituir contribuições sociais, de intervenção no domínio econômico e de interesse das categorias profissionais ou econômicas, como instrumento de sua atuação nas respectivas áreas, observado o disposto nos arts. 146, III, e 150, I e III, e sem prejuízo do previsto no art. 195, § 6º, relativamente às contribuições a que alude o dispositivo".

Em suma, é preciso uma lei complementar para disciplinar as contribuições – a não ser, claro, a contribuição que já foi de uma certa forma autorizada pela modificação introduzida pela EC 33 aos arts. 149 e 177. Neste caso, a própria Constituição traria as regras gerais previstas no 146, III, "a"; para as demais é necessária a edição de lei complementar.

É muito importante a frase do art. 149 que diz competir "à União instituir contribuições (...), *como instrumento de sua atuação nas respectivas áreas*. Os efeitos que se objetivam quanto à atuação, isso tudo tem que ser justificado; ou seja, não basta dizer: a finalidade amplamente é conter o avanço de não sei o quê; tudo tem que ser amplamente justificado, e a participação, os sujeitos passivos escolhidos, tem que ter alguma conexão com a finalidade para a qual foi criada a contribuição – ou seja, ela não pode ser cobrada do síndico do prédio só porque ele faz parte do prédio que está sendo objeto da tributação pelo IPTU, por exemplo.

Era isto o que eu teria para dizer como parte da introdução. Agradeço a atenção e passo a palavra à Profa. Regina Helena Costa *(palmas)*.

PROFA. REGINA HELENA COSTA – Inicialmente, muito bom dia a todos! Quero agradecer, uma vez mais, a oportunidade de participar do Congresso Brasileiro de Direito Tributário, ao lado dos meus Mestres, Prof. Alcides Jorge Costa, Prof. Sacha Calmon e Prof. Estevão Horvath.

A mim coube falar sobre a novíssima contribuição de intervenção no domínio econômico incidente sobre a importação e a comercialização de petróleo e seus derivados, gás natural e seus derivados e álcool etílico combustível, agora carinhosamente chamada de "CIDE-Combustíveis".

Pois bem, farei brevíssimas considerações sobre esse novo tributo, até porque nós estamos ainda em fase de fermentar algumas reflexões, parecendo muito açodado, talvez, efetuar algumas afirmações. Vou apenas lembrar alguns pontos que, ao meu modo de ver, parecem interessantes a respeito dessa nova exigência fiscal.

Farei três colocações, de modo a traçar a moldura para as observações que farei em seqüência. E vou aproveitar a fala do Prof. Estevão, que foi muito elucidativa, para nela me apoiar.

O primeiro ponto que gostaria de destacar diz respeito, exatamente, à dicção constitucional acerca das contribuições previstas no art. 149. É facilmente verificável, da leitura do texto, que o legislador constituinte não tratou essas contribuições do mesmo modo que o fez em relação a impostos e taxas, e mesmo à contribuição de melhoria. Em relação às espécies tributárias assim chamadas de "clássicas", que são justamente os impostos, as taxas e a contribuição por melhoria, a Constituição houve por bem delinear as situações fáticas que podem ser apreendidas por hipóteses de incidência a serem apontadas pelo legislador infraconstitucional.

Diversamente, no caso das contribuições do art. 149, como bem expôs o Prof. Estevão, a Constituição se limitou a apontar finalidades, a apontar objetivos, que podem ser alcançados, mais facilmente, se essas espécies tributárias forem instituídas. A idéia é, como o próprio texto do *caput* do art. 149 destaca, fazer com que essas contribuições se revelem instrumentos de atuação da União nas respectivas áreas. Na área social, que inclui a Seguridade Social – mas não se ressume apenas a isso –, na área de intervenção do domínio econômico e, por fim, no interesse de categorias profissionais ou econômicas.

Pois bem. Então, o que acontece? Nós não temos para as contribuições do art. 149, pelo menos até o advento da EC 33, a indicação constitucional das situações fáticas, vale dizer, das regras-matrizes de incidência.

Isso traz uma conseqüência muito, muito, importante. Se a Constituição já previu as regras-matrizes de incidência dos impostos, já traçou as regras-matrizes de incidência das taxas e da contribuição de melhoria, isso encerra uma inegável limitação ao legislador infraconstitucional. Ele não pode escolher outros fatos que não estejam abrigados nessas regras-matrizes de incidência, predefinidas no Texto Fundamental, ressalvadas as competências residual e extraordinária da União em matéria de impostos.

Agora, com as contribuições do 149 não aconteceu assim. A Constituição não estabeleceu as situações fáticas, não desenhou os fatos que poderão ser apreendidos por hipóteses de incidência de contribuições. Agindo assim, a Constituição entregou uma ampla liberdade à União para instituir essas contribuições nos diversos setores – social, de intervenção no domínio econômico, no interesse de categorias profissionais ou econômicas.

A liberdade é muito grande, poderíamos dizer até que é quase infinita a possibilidade de a União instituir contribuições. Isso porque não há fatos preestabelecidos, há apenas finalidades. Voltando-se a um desses os objetivos, atendido estará o pressuposto fundamental e suficiente para sua exigência.

Uma outra idéia que devo colocar, já que estou adentrando o aspecto geral das contribuições, é a seguinte: se essas contribuições devem operar como instrumento de atuação da União nas respectivas áreas –

como bem acenou o Prof. Estevão –, quando é que a União pode instituir contribuições de intervenção? Aqui vou especificamente falar das contribuições interventivas, visto que a minha fala vai tratar, logo mais, da CIDE- Combustíveis, uma espécie de contribuição interventiva. Quando a União estará legitimada a isso? Será que em qualquer situação na qual atue no domínio econômico?

Penso não seja possível afirmá-lo, porque a própria Constituição faz a distinção entre duas modalidades de atuação da União no domínio econômico.

Em primeiro lugar, nós podemos falar em atuação direta da União no domínio econômico. Isso vem exatamente disciplinado no art. 173, *caput*, da CF. Ali, como traçado, a União opera como protagonista da atuação econômica, está atuando diretamente. O dispositivo preceitua: "Ressalvados os casos previstos nesta Constituição, a exploração direta de atividade econômica pelo Estado só será permitida quando necessária aos imperativos da segurança nacional ou a relevante interesse coletivo, conforme definidos em lei".

Portanto, resta claro da dicção constitucional que o Estado não deve atuar no domínio econômico com primazia, não deve ser essa sua atividade precípua. A preferência para a atuação direta no domínio econômico é outorgada aos particulares. Cabe à iniciativa privada, portanto, explorar o domínio econômico; essa é a regra.

Desse modo, o Estado, ordinariamente, não deve atuar diretamente no domínio econômico. Só poderá fazê-lo nas hipóteses expressamente previstas: quando houver um fundamento que envolva a segurança nacional – o que, por si só, já é algo excepcional – ou, então, à vista de relevante interesse público. Embora esse último conceito seja um conceito aberto, certamente colocado para comportar várias situações, de todo modo já se vê não ser qualquer interesse público que justifica o Estado atuar diretamente no domínio econômico, mas o interesse público destacado, como diz a Constituição, o interesse público relevante, alguma coisa excepcional.

A meu ver, quando a União atua nesses termos não está legitimada a instituir contribuição interventiva. Por quê? Porque, nessa hipótese, ela não vai atuar nessa área apenas para intervir, não se fala em intervenção *strictco sensu*, mas em atuação direta, explorando, excepcionalmente, o domínio econômico.

Nesse caso não me parece que a União necessite de recursos para custear sua atuação, justamente porque se trata de exploração direta. Então, qual será a situação que enseja a instituição de contribuição interventiva? A situação é aquela prevista no dispositivo subseqüente, que é o art. 174 da CF, ou seja, quando o Estado não vai atuar diretamente no âmbito econômico, mas nele apenas vai intervir: "Como agente normativo e regulador da atividade econômica, o Estado exercerá, na forma da lei, as funções de fiscalização, incentivo e planejamento, sendo este determinante para o setor público e indicativo para o setor privado". Quando a União intervier no domínio econômico exercendo funções de fiscalização, incentivo, planejamento, poderá ser necessário à União obter recursos, e, para atingir finalidades de intervenção no domínio econômico, ela estará legitimada a exigir essas contribuições.

Em outras palavras, essa contribuição vai ser exigida justamente daqueles que explorem, em regime de direito privado, a atividade econômica objeto de regulação e fiscalização pela União.

Posto isso, um último aspecto antes de falarmos propriamente da CIDE- Combustíveis. Essa é uma preocupação que tem aparecido nos últimos tempos, e penso seja um dos problemas mais relevantes do direito tributário brasileiro atual: as sucessivas modificações efetuadas no Sistema Tributário Nacional, perpetradas por meio de emenda constitucional. Nós temos um sistema tributário, praticamente todo ele, definido na Constituição e, portanto, colocado pelo poder constituinte originário, que não experimenta limitações de qualquer natureza. Esse sistema vem sendo freqüentemente confrontado por normas que advêm do exercício de um outro poder, que é o poder constituinte derivado – este, sim, extremamente limitado –, introdutor de modificações e até de distorções no modelo originalmente concebido pelo legislador constituinte.

Praticamente todas as últimas emendas à Constituição que trouxeram inovações tributárias estão trazendo muitas discussões, não só doutrinárias como judiciais, conduzindo a uma indesejável insegurança jurídica.

O que nos faz pensar: até que ponto uma emenda constitucional pode modificar o sistema tributário? Essa é questão para uma reflexão mais profunda, e eu exorto todos a essa reflexão, porque nós temos que lembrar que o poder constituinte derivado está limitado, especialmente pelas chamadas "cláusulas pétreas", que são exatamente aquelas que versam sobre temas em relação aos quais sequer será objeto de deliberação emenda constitucional tendente a aboli-las.

A primeira delas é a forma federativa de Estado, absolutamente ligada ao Sistema Tributário Nacional Brasileiro. Também a separação dos Poderes, da qual vou tratar daqui a pouco. E, por fim, os direitos e garantias individuais. Essas três cláusulas pétreas são absolutamente ligadas à matéria tributária, o que faz indagar até que ponto uma emenda constitucional pode efetivamente introduzir modificações no sistema tributário sem ofender o princípio federativo, sem ofender a separação dos Poderes, sem ofender direitos e garantias individuais. Creio que nós tenhamos que olhar para todas essas emendas recentes com essa atenção.

Farei, agora, brevíssimas considerações sobre a EC 33, de 11.12.2001, e, conseqüentemente, sobre a lei que veio a instituir a CIDE-Combustíveis, que é a Lei 10.336, de 19.12.2001.

Como sabido, a EC 33 veicula autorização para a instituição de inéditas contribuições sociais de intervenção no domínio econômico, voltadas, especialmente, ao setor de combustíveis e derivados, alterando, também, a disciplina do ICMS – tema que será objeto da exposição da Profa. Misabel Derzi.

Fazendo-o, modificou a redação dos arts. 149, 155 e 177 do Texto Fundamental. O art. 177 trata da contribuição interventiva para o setor de combustíveis.

A primeira questão que pode ensejar meditação é a seguinte: seria necessário a Emenda apontar uma contribuição interventiva expressamente? O art. 149 da CF, em seu *caput*, já traz uma autorização genérica para a instituição de contribuições, como vimos. Quer dizer, sempre foram instituídas contribuições sem que houvesse especificação de qual contribuição ou de que finalidade do domínio econômico deveria ser atendida por meio da instituição desse tributo.

A Constituição nunca predefiniu isso, mas agora a Constituição está tratando disso expressamente, especialmente aqui no art. 177, ao qual vou me referir.

Logo, a primeira questão consiste em saber se seria preciso emendar o Texto Constitucional para dizer qual é a finalidade específica de uma contribuição, uma vez que a finalidade genérica – vamos dizer assim – já está estampada no art. 149.

Examinando especialmente o art. 177, verificamos que nele foi acrescido um § 4º, que diz expressamente o seguinte: "A lei que instituir contribuição de intervenção no domínio econômico relativa às atividades de importação ou comercialização de petróleo e seus derivados, gás natural e seus derivados e álcool combustível deverá atender aos seguintes requisitos: (...)". Por sua vez, no art. 149, também modificado pela EC 33, há uma disposição, que é a do § 2º, II, do art. 149: "As contribuições sociais e de intervenção no domínio econômico de que trata o *caput* deste artigo: (...) II – poderão incidir sobre importação de petróleo e seus derivados, gás natural e seus derivados e álcool combustível".

Notem aquilo que eu mencionei há pouco, sobre o fato de que a dicção constitucional em matéria de contribuições do art. 149 não preestabeleceu as situações fáticas que poderiam apoiar hipóteses de incidência de contribuições. Vê-se que pela vez primeira aparece uma situação fática de contribuição, porque a Constituição está dizendo "importação de petróleo e seus derivados, gás natural e seus derivados e álcool combustível", está traçando uma situação que apóia a contribuição interventiva em análise. Anteriormente nós não tínhamos isso claro no Texto Constitucional para contribuição alguma.

Que mais é possível dizer a respeito desta contribuição? Também estão colocadas as finalidades específicas dessa contribuição interventiva. Antes a Constituição, como dito, se limitava a passar finalidades genéricas – área social, intervenção no domínio econômico, interesse de categorias profissionais ou econômicas –, sem falar, evidentemente, das contribuições sociais para Seguridade Social, que sempre tiveram regime algo diferenciado.

Mas, aqui, aparecem, agora, finalidades específicas. As finalidades estão colocadas no art. 177, § 4º, II: "os recursos arrecadados serão destinados a) ao pagamento de subsídios a preços ou transporte de álcool combustível, gás natural e seus derivados e derivados de petróleo; b) ao financiamento de projetos ambientais relacionados com a indústria do petróleo e do gás; c) ao financiamento de programas de infra-estrutura de transportes".

Dessas finalidades, a primeira delas, evidentemente, está ligada à própria origem da contribuição, "pagamento de subsídios a preços ou transporte de álcool combustível, gás natural e seus derivados e derivados de petróleo". Enfim, a idéia é: se é uma contribuição para operar, para funcionar como instrumento de atuação da União no setor de combustíveis, é claro que os recursos advindos da sua arrecadação podem ser destinados ao pagamento de subsídios a preços ou transporte desses combustíveis, verificando-se a correspondência entre o fundamento da exigência fiscal e a destinação dos recursos dela advindos.

A alínea "b", por sua vez, cuida de "financiamento de projetos ambientais relacionados com a indústria do petróleo e do gás". Evidentemente, nós sabemos que os combustíveis são, hoje, a maior fonte de poluição atmosférica, e pela primeira vez a Constituição expressamente cuida da relação entre tributação e meio ambiente – o que é louvável. A Constituição é pródiga ao falar do sistema tributário e também ao falar do meio ambiente, mas não operou uma nítida relação entre as duas coisas. A Emenda, pelo menos, tem esse aspecto positivo, ao dizer que os recursos advindos dessa contribuição interventiva poderão financiar projetos ambientais relacionados ao setor de combustíveis.

Isso é uma coisa bastante positiva, e já estava mais do que na hora de se pensar nisso. Não que a Constituição impedisse o legislador ordinário de fazê-lo, diante do seu silêncio. Mas agora, com a expressa previsão constitucional, talvez isso realmente aconteça.

E, por fim, a terceira finalidade, a terceira destinação de recursos advindos da contribuição, como o próprio Prof. Estevão já acenou, consiste no "financiamento de programas de infra-estrutura de transportes".

Isso está aqui, a meu ver, até por uma razão histórica. Nós sempre tivemos no Brasil, nas últimas décadas, uma tributação diferenciada em matéria de combustíveis. Os combustíveis nunca foram tributados, ou as operações que os envolvessem nunca foram tributadas da mesma maneira que as demais, certamente porque se sabe que os combustíveis e seus derivados são itens importantes para a vida de uma Nação. A tributação sempre foi diferenciada. Lembro do imposto único sobre CCCombustíveis, à luz da Constituição anterior, cujos recursos eram destinados – vejam, constitucionalmente ou não – justamente a manter a malha rodoviária federal. Já havia uma idéia de relacionar combustíveis e estradas, já se fazia essa correlação anteriormente. Logo, provavelmente essa finalidade surgiu por conta disso, por razões históricas, mas penso que seja criticável, mesmo assim. Essa finalidade destoa da própria origem, do próprio fundamento, que dá ensejo a essa contribuição.

Pois bem, a Lei 10.336 vai repetir essas finalidades e trazer uma disposição interessante em seu art. 1º, § 2º, segundo a qual "durante o ano de 2002 será avaliada a efetiva utilização dos recursos obtidos da CIDE, e, a partir de 2003, os critérios e diretrizes serão revistos em lei específica".

Bom, parece que o legislador está com algum receio, não é mesmo? Algum receio de que não haja uma utilização adequada dos recursos dela advindos, que eles não sejam efetivamente utilizados para as finalidades pré-apontadas. Achei interessante que o próprio legislador esteja colocando uma "lição-de-casa", para verificar se essa contribuição deverá continuar a ser exigida.

Meu tempo está acabando, e vou colocar apenas mais uma última questão. Haveria várias outras, mas, de qualquer maneira, uma última questão. No mesmo art. 177, § 4º, I, "b", nós temos a previsão da possibilidade de o Poder Executivo reduzir e restabelecer a alíquota dessa contribuição.

Está dito exatamente assim: "I – a alíquota da contribuição poderá ser: (...) b) reduzida e restabelecida por ato do Poder Executivo, não se lhe aplicando o disposto no art. 150, III, '*b*'" – que, como todos sabem, é o dispositivo que contempla o princípio da anterioridade da lei tributária.

Isso toca, exatamente, com a idéia da legalidade, com os princípios da legalidade e da anterioridade da lei tributária. Quer dizer, o Executivo poderá reduzir e restabelecer a alíquota. Vejam que não se fala em *aumentar*, reduzir ou restabelecer; mas, de qualquer modo, essa faculdade está sendo outorgada ao Poder Executivo por Emenda à Constituição, não por dispositivo do Texto Fundamental originário. Será que a Emenda poderia realmente outorgar essa faculdade? Uma coisa é a Constituição dizê-lo, o poder constituinte originário afirmá-lo; outra coisa é a Emenda atribuir essa faculdade à vista das chamadas "cláusulas pétreas". Será que isso não afeta, por exemplo, a separação dos Poderes?

Isso está, sem dúvida, afetando o princípio da legalidade, porque o Executivo vai fazer isso sem lei. E o quê mais? A anterioridade da lei tributária não é, também, ao lado da legalidade, uma garantia do contribuinte de que as alíquotas dos tributos só possam ser modificadas por lei? Mesmo não se tendo a possibilidade de aumento, apenas de redução e de restabelecimento, mas da redução para o restabelecimento há uma inovação, e uma inovação onerosa para o contribuinte.

Então, será que os contribuintes desse tributo não têm o direito de se submeter às regras postas pelo poder constituinte originário e de não se submeter a essa faculdade do Poder Executivo? Será que essa faculdade é legítima?

Enfim, vejam que há muita coisa a ser dita, e vou terminar, porque já ultrapassei o tempo que me cabe. Mas agradeço, de todo modo, a paciência com que me ouviram. Muito obrigado *(palmas).*

PRESIDENTE (PROF. ESTEVÃO HORVATH) – Obrigado Dra. Regina Helena. E, sem maiores delongas, já que nosso tempo está estourando, eu passo a palavra ao Prof. Sacha Calmon.

PROF. SACHA CALMON NAVARRO COÊLHO – Meus queridos colegas de Mesa, meus Senhores, minhas Senhoras.

No ano 2000 o Prof. Klaus Tipke escreveu um livro, recentemente vertido para o Espanhol, em que ele se referia a um outro Professor, Vogel, e dizia: "Vogel recentemente disse que não se pode ser professor de direito tributário na Alemanha, sem sentir uma profunda vergonha".

Imaginem os Senhores a vergonha com que eu estou me referindo aos Senhores. O Alfredo Augusto Becker falava muito disso naquele seu livro sobre o manicômio jurídico tributário. Antes de despedir-se da vida escreveu sobre o *Carnaval Jurídico Tributário*, e eu tenho a impressão de que nós estamos num *bordel jurídico tributário (risos na platéia)*. No *lupanar jurídico tributário (risos na platéia)*.

É bem verdade que nesse *lupanar*, principalmente nos últimos oito anos, ingressaram moçoilas virtuosas, como o lucro presumido; mas marafonas, muitas delas, freqüentam esse bordel. Não estou eu a dizer que o Secretário da Receita Federal seja um lenão, não seria tão desrespeitoso com S. Exa., mas em grande parte ele é responsável por essa história de desencontros, de incoerências e de desrespeito à Constituição do Brasil. Feito esse breve intróito, eu vou dividir a minha fala em três partes, espero cumprir o tempo.

A primeira é um breve histórico da legislação sobre a CIDE-*Royalties*. Ela vem com a Lei 10.168, publicada no *Diário Oficial* de 30.12.2000; o art. 2º prevê como regra-matriz de incidência da exação a detenção, por parte de pessoa jurídica, de licença ou aquisição de conhecimentos tecnológicos assim como a assinatura de contratos que impliquem transferência de tecnologia firmadas com residentes ou domiciliados no Exterior.

Anteriormente à Lei 10.168 a Medida Provisória 2.062-60 já havia previsto a criação da contribuição com a condição de redução da alíquota de 25% para 15% do imposto de renda retido na fonte incidente sobre importâncias remetidas para o Exterior, a título de *royalties*, de prestação de serviços técnicos e de assistência técnica.

Assim, o advento da Lei 10.168, em que pese a ter importado a criação de nova exação, foi acompanhado por uma correspondente redução na alíquota do imposto de renda.

A hipótese de incidência a que eu acabo de me referir foi alargada pela Lei 10.332, para incluir como contribuinte da CIDE as pessoas jurídicas signatárias de contratos que tenham por objeto serviços técnicos e de assistência administrativa e semelhantes a serem prestados por residentes ou domiciliados no Exterior, bem como pessoas jurídicas que paguem *royalties* a qualquer título a beneficiados residentes no Exterior.

Enfim, o que se pode verificar é uma íntima ligação entre a tributação a título de imposto de renda dentro daquela Lei Complementar 104, a título de imposto de renda de residentes no Exterior inalcançável pela lei brasileira, e a criação de um substituto tributário em território brasileiro como pagante dessa exação.

Há um deslocamento, uma íntima ligação entre o imposto de renda na fonte de remessas ao Exterior e a CIDE-*Royalties*.

Fácil agora, depois da colocação jurídica do fato gerador desta contribuição, esse breve histórico da legislação e esse liame, essa ligação com o imposto de renda na fonte sobre remessas. Feito isso, eu vou fazer rapidamente uma visão crítica sobre as contribuições, mas *de lege ferenda*, não *de lege lata*.

Tenho para mim que as contribuições corporativas, surgidas no mundo no entre-Guerras, entre a I e a II Guerra Mundial, pulularam por toda Europa e foram – nós desconfiamos – contribuições avelhantadas; elas são fascistas, elas não deveriam mais existir. Foi a influência fascista que nos trouxe essas contribuições corporativas. Vocês hão de se lembrar que o Nacional-Socialismo Alemão e, mais precipuamente, o Fascismo Italiano pretendiam substituir o jogo democrático, alijando os partidos da cena política e substituindo-os pelos agentes econômicos do trabalho e do capital – daí essas representações paritárias na Justiça do Trabalho, o próprio direito laboral, a *Carta del Lavoro* e essas contribuições de intervenção. Ao meu sentir, as categorias profissionais deveriam se auto-regular, como fazem os países de tradição inglesa, e deviam se autofinanciar.

A sociedade não tem o dever de sustentar entidades de classe, sindicatos, corporações. E a Ordem devia se organizar para fiscalizar os advogados, para puni-los – e são muitos os que merecem punição, há dezenas, todo dia. Auto-regulação e autofinanciamento – não vejo razão alguma para essas contribuições corporativas.

A Constituição foi inerte, os constituintes se idiotizaram ao inseri-las no nosso ordenamento por uma espécie de inércia legislativa.

As contribuições interventivas são também altamente criticáveis. Na verdade, deveriam ser erradicadas da Constituição, servem para nada, a não ser para conturbar e burlar a própria Constituição. E tisnar a teoria dos fatos geradores vinculados e não-vinculados a uma atuação estatal. São um elemento perturbador do pacto federativo, deveriam desaparecer. As sociais, sim – estas, as sociais –, deveriam permanecer, porque o Estado Social e Democrático de Direito é um Estado de solidariedade, e as contribuições sociais, visando a financiar a Seguridade, Saúde, Assistência e Previdência Sociais, deveriam merecer, como mereceram, as primícias do constituinte, tanto que cria-se uma contribuição verdadeira, aquela que nós pagamos para ter sinalagmaticamente benefícios e depois aposentadorias e pensões. Especializou-se uma série de impostos afetados à finalidade da Seguridade, PIS, COFINS, CPMF, tudo isso é imposto, só que imposto vinculado a uma determinada finalidade constitucional. Essas devem permanecer, na minha visão.

As interventivas são reminiscências do Estado intervencionista da época do Estatismo. Nada têm a ver com o Estado meramente regulatório, ausente da cena econômica a exercer suas reais funções, que foram tão negligenciadas nesses últimos oito anos.

Agora eu devo dizer que no período posterior à Constituição de 1988, sob a égide de contribuições interventivas, conviveram espécies diversas de financiamento de inúmeras atividades, as mais diversas. Vou dar alguns exemplos, *en passant*, não é *numerus clausus*. O Adicional ao Frete para Renovação da Marinha Mercante, essa coisa que foi sagrada pelo STF por 11 votos, essa coisa que não se justifica, para financiar a marinha mercante brasileira, que não existe, e que é cobrado de quem movimenta mercadorias do porto para o navio e do navio para o porto – parece coisa de estivador. Os impropriamente chamados *royalties* pelo exercício de atividade mineraria, com alíquota de 2% sobre o faturamento dessas empresas, a visar a indenizações ao meio ambiente, com a destinação de 1% para o Município onde se dá a mineração. O adicional sobre consumo de energia elétrica para financiar as concessionárias. O FUST e o FUNTTEL em prol do desenvolvimento das telecomunicações, a CONDECINE em favor do desenvolvimento do Cinema Nacional, a CIDE sobre combustíveis, além de outras que ainda estão em tramitação, segundo levantamento do Prof. Eduardo Maneira, meu sócio, uma para tratamento das vítimas do tabaco – espero que o Prof. Osíris não seja uma dessas vítimas! *(risos na platéia)* –, e que será cobrada, evidentemente, dos fabricantes de cigarros. Outra para tratamento das vitimas do alcoolismo – estamos todos perdidos, *(risos na platéia)*, outra para incentivar a agro indústria e a fruticultura nacional no Nordeste.

Quer dizer, descobriu-se um filão para financiar atividades específicas, mas entre todas há uma a que não posso fugir, que é a CIDE-*Royalties*, objeto da minha palestra.

O fato gerador, como vimos, são os valores pagos, creditados, entregues ou remetidos, a cada mês, a residentes ou domiciliados no Exterior, a título de remuneração pela aquisição de conhecimentos tecnológicos, transferência de tecnologia, serviços técnicos, assistenciais técnicos e *royalties*.

Os sujeitos passivos são as pessoas jurídicas domiciliadas no Brasil que façam os pagamentos referidos. A destinação dos recursos é para estimular vagamente o desenvolvimento tecnológico nacional através de incentivos e programas de pesquisa, especialmente universitária, capacitação de recursos humanos e organização de órgãos de produção tecnológica locais.

Duas observações críticas vêm a calhar. *Primus*, inexiste relação ou inerência – inerência, como dizia Amílcar de Araújo Falcão, *inaere et ossa* – entre as atividades do contribuinte pagante e a política interventiva do Estado, que não se faz em relação a ele, mas em favor de terceiros.

É como se se instituísse uma contribuição para fomentar o Turismo a ser paga pelos alunos das instituições privadas de ensino. Eu cobro de uns para financiar outros, com a tal contribuição, sem que haja o sinalagma.

Faltaria ou falta uma correlação lógica entre o fato de pagar e o fato de receber uma atuação específica do Estado em troca.

Logo mais, ao terminar a palestra, vou me referir ao sinalagma, porque o Geraldo Ataliba não me larga, e é nele que eu me baseio, meu Mestre. Falta-nos fundamento teórico, eu acho que estamos perdendo nossos referenciais teóricos, por toda essa discussão idiota sobre contribuições de intervenção no domínio econômico. Estamos perdendo nossos referenciais. Em outras palavras, eu quero dizer que trata-se de um imposto pago por quem já adquiriu tecnologia em prol de outros setores. Lembrava-me há pouco meu estimado e grande Mestre – principalmente pelo seu pragmatismo irônico – Prof. Alcides Jorge Costa que antigamente nós já tivemos algumas contribuições interventivas, e que eram interventivas mesmo, que eram cobradas de um setor em prol daquele setor onde se fazia a intervenção do Estado. Vou dar dois exemplos: a contribuição para o IBC em favor da lavoura cafeeira e da comercialização de café e a contribuição para o IAA em defesa da indústria açucareira e da comercialização do açúcar. O setor pagava e o setor recebia. Que é a coisa mais simples, essa é a origem das contribuições, grupos reduzidos da sociedade a requerer do Estado uma intervenção em prol deles, e para eles pagava-se essa contribuição interventiva, pelo bem da intervenção.

Mas é muito simples, muito claro, aqui levanta-se o véu, fazemos um *disregard*. O que está por trás, o que se pode ver na luz bruxuleante do *bordel*? Está-se a vulnerar o art. 167, § 4º, da CF, que é a proibição de vinculação de imposto a órgãos, fundos, despesas, programas.

O constituinte cunhou essa regra no art. 167 exatamente para preservar a função alocativa do Poder Executivo em relação aos impostos de sua competência. Não cabe ao legislador vincular o orçamento, os recursos orçamentários, mormente aqueles constituídos de tributos para finalidades gerais.

O Legislativo que se chegue para lá: quem decide quando, como, em que volume, devem ser empregados os recursos é o Executivo.

Como dizia Baleeiro, acabaram-se os orçamentos rabilongos, as caudas orçamentárias em que os deputados, com suas emendas, vinculavam os orçamentos aos seus projetos locais. Se vier o maldito voto distrital – de que todo mundo fala, mas é a maior besteira do mundo em termos políticos –, aí é que nós vamos ter um vereador estadual e federal, vinculando o orçamento às suas obrinhas, da sua área, para ganhar voto (risos na platéia).

Então, o primeiro objetivo que eu vejo com essas contribuições é exatamente isso: voltear o art. 167, § 4º, da CF, que não permite a vinculação de impostos a finalidades específicas, e por isso foram criadas as contribuições vinculadas como a da Seguridade, do art. 195 da própria CF.

Volteia-se também a fórmula de criação de imposto mediante o exercício da competência residual, a exigir lei complementar e a exigir a partição das receitas com os Estados e Municípios, a teor da Constituição Federal.

Segunda observação: o objetivo da União foi burlar igualmente o art. 169, que obriga ao federalismo cooperativo: reduz-se o imposto de renda e em lugar dele se coloca a contribuição? Porque o imposto de renda tinha que ser dividido? É o que a União quer, ficar com o imposto de renda e com a contribuição que é um *doublé* do imposto de renda.

À guisa de epílogo, faço duas obtemperações. A primeira é que, no limite, o Governo que se finda, ao depois de hipotecar o país e seus habitantes à agiotagem nacional e internacional, a ponto de comprometer a receita dos impostos com o pagamento de juros e do principal da dívida, entrou a criar impostos, através do nome de "contribuições de intervenção" – e é por isso que essas contribuições precisam ser barradas de qualquer forma, sob pena de um Governo entrando, seja ele qual for, persistir nesta trilha, em detrimento dos interesses nacionais.

A segunda é que essa temática das contribuições pode ser muito bem explicada pela teorização precisa do Prof. Geraldo Ataliba, no seu pequeno grande livro, principalmente a última edição revista, *Hipótese de Incidência Tributária*.

E é com ele que eu quero terminar a minha fala. É com esta *Bíblia* que passo a resumir com simplicidade essa teoria que está sendo esquecida, dos tributos vinculados ou não a uma atuação estatal.

Perpassemos os olhos pelo mundo afora, pela doutrina italiana, pela alemã, porque os anglo-saxões não têm uma doutrina sistematizada de tributos (eles têm também o peso da evolução histórica, aliás, com grande consenso).

Mas na Europa da *Civil Law*, Direito chamado Romano Germânico, se passarmos os olhos por todos os sistemas tributários, nós vamos encontrar dois tipos de tributos: os vinculados e os não-vinculados.

Os não-vinculados a uma atuação estatal são os impostos, não são causais, não têm causa. Imposto de renda, quem tem renda deve pagar imposto de renda; quem presta serviço deve pagar ISS; quem importa deve pagar imposto de importação; quem exporta deve pagar imposto de exportação – independentemente de qualquer atuação estatal específica relativa à pessoa do pagante. É claro que a sociedade deve ou deveria receber de volta o que pagou – como diz o Magistrado americano, "gosto de pagar tributos, porque com eles compro civilização". Entre nós, compramos a ira e a derrota. Mas, de todo modo, um imposto é cobrado sem obrigação alguma do Estado de atuar especificamente em relação à pessoa que contribuiu.

De outro lado, existem tributos que exigem uma atuação estatal específica em troca, sinalagmaticamente, em troca à pessoa do pagante ou grupo pagante. Vejam as taxas – quer as de serviço, quer as de polícia: o Estado me dá um passaporte, me cobra uma taxa; teve exercício do poder de polícia, eu peço um alvará para construir meu prédio, ele me dá o alvará, eu pago a taxa; houve uma atuação estatal específica do Estado, relativa à pessoa pagante, quer na taxa de polícia, quer na taxa de serviço; alguém vai ao restaurante, faz uma inspeção, verifica que o banheiro das senhoras está uma imundície, aplica uma multa, por se estar a exercer o dever-poder, como dizia Celso Antônio, e cobra-se uma taxa, taxa de vigilância sanitária dos banheiros públicos.

Pode ser que exista uma atuação do Estado que redunde em valorização de imóvel de particular: temos uma contribuição de melhoria. Pode ser que exista uma contrapartida do Estado em meu favor, especificamente – uma pensão determinada, um auxílio-reclusão, um auxílio-maternidade: eu estou pagando para receber alguma atuação do Estado que me diz respeito.

As contribuições, segundo Ataliba, necessariamente deveriam se enquadrar ou como impostos com destinação específica, ou como verdadeiras contribuições, desde que existisse essa retribuição, esse sinalagma, porque as taxas, os empréstimos compulsórios, as contribuições, são todos causais, são tributos causais, diferentes dos impostos, eles não têm causa.

Então, não é possível uma contribuição cobrada de uns em favor de outros, isso é apenas um imposto cobrado de uns em favor de outros. Seria muito mais fácil nós adotarmos na Constituição o conceito de impostos afetados a finalidade específica e limitá-los, e delimitá-los, e não permitir este *corredor aberto* por onde cada vez mais aumenta uma pressão fiscal incontrolável.

Se relermos Geraldo Ataliba, *Hipótese de Incidência Tributária*, veremos que ele dedica às contribuições esse caráter sinalagmático inarredável, sem o quê não existe a exação. Viva Ataliba, o nosso Guia! Muito obrigado *(palmas).*

PRESIDENTE (PROF. ESTEVÃO HORVATH) – Muito obrigado, Prof. Sacha. Com a palavra, agora, o Prof. Alcides Jorge Costa.

PROF. ALCIDES JORGE COSTA – Bem, Srs. Componentes da Mesa, todos os presentes, cabe-me falar sobre a contribuição da Lei Complementar 110, ou seja, aquela que foi criada para atender ao "buraco" da correção monetária do FGTS.

Eu vou ser muito breve, dado o adiantado da hora, mas quero dizer, antes, meu ponto de vista sobre as contribuições. É claro que esta categoria chamada "contribuição" já é muito antiga, nós vamos encontrar isto teorizado no velho Otto Mayer, que escreveu lá pelo fim do século XIX – ou seja, no século antepassado.

E durante muito tempo elas foram ligadas à seguinte idéia: a contribuição é cobrada daquele que vai ser beneficiado não individualmente, mas como membro de um determinado grupo, da atuação do Estado, financiada pelo produto da arrecadação. Isto era a idéia teórica, e durante muito tempo houve muitas contribuições deste gênero, e esta idéia teórica transportou-se para o Brasil.

Acontece que a Constituição atual implantou uma novidade. Nós temos os impostos, as taxas, a contribuição de melhoria, depois temos as outras contribuições do art. 139. Não vou falar nas contribuições sociais mencionadas no art. 195, vou me limitar às contribuições de intervenção econômica e às contribuições de interesse de categorias profissionais e econômicas – estas últimas totalmente descuradas, só se fala nas contribuições de intervenção, e ninguém fala nas outras que existem aqui, que estão também na Constituição.

O que a Constituição fez foi, obviamente fugindo do padrão teórico preexistente, criar praticamente um tipo de tributo, ou seja, a contribuição – e estou falando, aqui, das duas a que eu me referi. A contribuição de intervenção diferencia-se dos outros tributos apenas pela destinação que possa ter, de modo que a destinação é essencial para a caracterização da contribuição.

É uma categoria puramente dogmática à qual a Constituição atribuiu uma normatividade própria, e por isso dela fala nos arts. 146, 150 etc. e sempre, eu digo, de "intervenção", porque as contribuições da Seguridade Social ainda têm a anterioridade específica.

Então, nós estamos diante simplesmente de um problema da Constituição Brasileira. Quais são os limites de instituição dessas contribuições? Isto é meio complicado, porque a Constituição é muito parca, fala apenas em contribuições de intervenção no domínio econômico, cobradas pela União para funcionar no seu campo de atuação, alguma coisa assim.

E deixou o resto em branco – e, obviamente, daqui para a frente vai haver muita discussão sobre os limites em que se pode cobrar as contribuições. Se elas são de intervenção do domínio econômico, eu descartaria a hipótese teórica precedente, e me perdoem – Sacha –, eu lembro que essa teoria foi toda construída em cima de legislação existente, de que a arrecadação só pode ser feita daquele que pertence a um grupo que vai ser beneficiado. E eu formulo – já que ele me atribuiu uma ponta irônica – uma hipótese pleonasticamente hipotética, que é a seguinte: imaginem se se cobra uma contribuição para acabar com a miséria, será que vou ter de cobrá-la dos miseráveis? *(risos na platéia)* Quer dizer, "se eu tiver": isso é puramente hipotético. De resto, é como a isenção, dizer que a intenção é sempre um incentivo, eu acho isso muito engraçado, porque isenção dada para quem, infelizmente, sofre de certas doenças, que está na lei (tuberculose ativa etc.), seria um incentivo para a pessoa ter essa doença – o que eu sempre descartei (risos na platéia). Mas a isenção tem outras funções.

De qualquer forma, existe sempre o limite de quem vai pagar, embora aquele que vai pagar não seja, na minha opinião, necessariamente aquele que vai se beneficiar da atuação do Estado, da intervenção do Estado. É evidente que algumas contribuições funcionam assim, outras poderão não funcionar.

A primeira contribuição de intervenção no domínio econômico que eu lembro na história brasileira – pode ter outras anteriores – foi a que resultou do Convênio de Taubaté em 1906. O convênio foi celebrado para segurar o preço do café brasileiro no mercado internacional; para isso, pediu-se um empréstimo em Libras Esterlinas – naquele tempo quem emprestava dinheiro eram os ingleses –, e este tipo de intervenção no mercado mundial foi uma coisa muito tola, porque manteve o preço e estimulou o aparecimento de outros produtores, e acabou o monopólio brasileiro. Mas isto é outra história...

E este empréstimo foi pago da seguinte forma: criou-se uma chamada "taxa-ouro", e cada saca de café exportada pagava esta taxa; com o produto da arrecadação o empréstimo era pago. É a primeira de que eu me lembro, mas há outras anteriores, o IAA sempre teve estas contribuições, que eram cobradas dos usineiros mais produtivos e com menores custos, para atender àqueles que tinham maiores custos e que não pagavam contribuição, apenas recebiam aquele auxilio. Hoje se faz via IPI, o açúcar daqui de São Paulo paga 18% de IPI, se não me engano, no Estado do Rio 9% e no Nordeste 0%.

Então, se fosse como era antes de se criar esse sistema, se fosse por uma contribuição, a única contribuição a ser cobrada aqui seria para auxílio dos usineiros do Nordeste. Isto é realmente um problema um pouco complicado, que foge, repito, essas contribuições fogem aos parâmetros teóricos estabelecidos até hoje. Não porque a teoria foi construída em cima da realidade; se a realidade muda, nós temos que encará-la e teorizar. Vamos tentar outra construção. Na verdade, ontologicamente essas contribuições não serão impostos ou taxas, como sempre existiram autores que refutam a existência da categoria "contribuições", entendendo que elas são ou imposto ou taxa. Aqui, no nosso caso, é muito claro isto, elas são contribuições quando têm determinada finalidade e o embasamento é constitucional. Caso clássico desta fungibilidade é o IPMF, que de repente virou CPMF – nada mudou, só o nome. De modo que são duas coisas diferentes.

Sobre isso eu falo como introdução, para cuidarem muito rapidamente desta contribuição que, eu disse, foi feita para "tapar o buraco" da correção monetária do FGTS. A contribuição é de 0,5%, sempre paga pelos empregadores, sobre a remuneração devida no mês anterior a cada trabalhador e incluídas as parcelas etc., e uma contribuição de 10% sobre o montante dos depósitos devidos no caso de despedido o empregado sem justa causa. E a lei prevê, embora de maneira um pouco indireta – não diz diretamente, mas é muito claro –, que este dinheiro vá para o FGTS, e no FGTS vai ser creditada à conta daqueles que foram blefados na correção monetária lá do passado.

Portanto, um vai pagar e o outro vai receber. O empregador paga, o empregado é beneficiado. Isto suscita vários problemas. A primeira tentação é dizer: "Olha, isto é um acréscimo do Fundo de Garantia, da contribuição para o Fundo de Garantia". A contribuição para o FGTS já foi reconhecida como contribuição, embora eu pessoalmente relute muito em aceitar que esta contribuição seja efetivamente um tributo, porque ela nunca vai para os cofres públicos: o patrão paga e vai diretamente para a conta de cada empregado lá na Caixa Econômica, que simplesmente é gestora do Fundo. É muito difícil aceitar um tributo que nunca entra nos cofres públicos. Isto, a mim, sempre me pareceu uma espécie de parcela compulsória do salário, acoplada com uma poupança compulsória. Mas já se disse que isto é uma contribuição, que é tributo, a jurisprudência já assentou, de modo que não vamos mais discutir este assunto.

Esta tentação desaparece um pouco quando se vê que a contribuição para o Fundo é creditada na conta de cada empregado que existe naquele momento, e essa contribuição, agora, não vai necessariamente para a conta do empregado que está naquela empresa naquele momento, ou até que não é mais empregado de ninguém, ou até que é aposentado ou até para seus herdeiros: ela vai para a correção monetária da conta anterior.

Então fica aquela... que tipo de contribuição é essa, aqui? O Supremo já entendeu constitucional a cobrança desta contribuição, desta aqui que estamos tratando agora. E eu tenho a tentação de classificá-la como uma contribuição de interesse de uma categoria profissional, ou seja, a categoria dos empregados. Porque é do interesse da categoria dos empregados, é cobrada dos empregadores, e vai diretamente para a conta de quem estava lá no Fundo de Garantia, e quem está no Fundo de Garantia pertence à categoria dos empregados.

Então, eu sinto uma certa tentação de classificá-la como uma contribuição de interesse de categorias profissionais – ou categoria econômica, se se preferir. Eu tenho essa tentação.

Não me parece que haveria qualquer inconstitucionalidade pelo fato de eu pagar e outro ser o beneficiado. O difícil é saber qual o enquadramento desta cobrança – e, eu repito, já declarada constitucional pelo Supremo. Então, não vamos discutir mais a constitucionalidade, enquadrar esta numa das categorias de contribuição previstas pela Constituição. E eu digo que a minha tentação é colocar isso como uma contribuição de interesse de uma categoria econômica, que é a categoria dos empregados.

Era isso – eu prometi ser breve, estou sendo breve, claro, porque haveria muito que dizer, muito que discutir. Mas vocês já me aturaram o suficiente para eu terminar por aqui. Muito obrigado *(palmas)*.

PRESIDENTE (PROF. ESTEVÃO HORVATH) – Muito obrigado, Prof. Alcides. Infelizmente, dado o adiantado da hora, nós não poderemos responder a todas as perguntas formuladas.

PROF. SACHA CALMON NAVARRO COÊLHO – Eu gostaria de avivar o debate, porque o que eu quis aqui transmitir foi a retomada dos marcos teóricos, não só da doutrina como da nossa legislação-*mater*.

Pode haver o imposto, PIS, COFINS, contribuição social sobre o lucro em benefício da Previdência Social, mas não pode haver verdadeira contribuição se não houver um tipo de sinalagmático, como havia no caso do IAA.

Então, nós temos que pôr termo a esse *corredor aberto*, esse *gap*, esse fosso constitucional que não regula as contribuições de intervenção do nomínio econômico. O fato do destino da arrecadação é importante mesmo, como diz o Código Tributário Nacional, não importa o nome ou o destino da arrecadação. Não importa o destino da arrecadação, importa saber se o fato gerador está vinculado ou não a uma atuação estatal relativamente à pessoa do pagante ou ao grupo pagante. Esse referencial teórico não pode ser perdido; se for perdido, o *bordel* se tornará cada vez maior.

PRESIDENTE (PROF. ESTEVÃO HORVATH) – Apesar de não ser debate de presidenciáveis, o Prof. Alcides já deu o recado.

PROF. ALCIDES JORGE COSTA – Foi muito mais rápido do que a outra vez! *(risos na platéia)* Eu creio que realmente estamos numa grande confusão, mas não se pode substituir o bom senso por enquadramentos teóricos e teorias construídas em cima de outras realidades. O que está faltando um bocado na tributação brasileira é um mínimo de bom senso.

Isso é que está faltando. Enquanto não houver bom senso, nada adianta. A verdade é que a Constituição criou a categoria dogmática nova, essas contribuições de intervenção e contribuições de interesse de categorias profissionais econômicas. Foi só isto. E limitou-se a dizer qual era a finalidade delas. Então, como eu disse antes, o resto que está por trás fica tudo inteiramente aberto a cogitações. E eu lembro, na prática, contribuições já cobradas no Brasil há muito tempo, como foi a do IAA; antes, como foi a contribuição da EMBRAFILME, que todos nós, freqüentadores de cinema, pagávamos e íamos beneficiar os produtores de cinema; como o adicional ao frete da Marinha Mercante, que quem paga é quem faz o transporte, quem manda alguém transportar alguma coisa, e quem vai ser beneficiado são os estaleiros. Há muito tempo isto existe, ou seja, a contribuição não é cobrada exatamente daquele grupo que vai ser beneficiado.

Isto existe há muito tempo. Meu querido amigo Sacha me chamou de pragmático. Eu realmente não gosto de pôr óculos cor-de-rosa, nem óculos retrospectivos (*risos na platéia*). Eu gosto de olhar o que existe e tentar teorizar em cima e cortar o excesso do que existe *(palmas)*.

PRESIDENTE (PROF. ESTEVÃO HORVATH) – Bem, como vocês percebem, seria muito interessante ficar mais umas duas horas num verdadeiro debate que se estabeleceria a partir deste momento *(risos na platéia)*, mas não temos, mesmo, esse tempo, e também não teremos tempo, aqui, para responder às questões.

Novas ordens estão chegando. Nós vamos encerrar realmente, e contamos com que os professores se comprometem a responder às questões fora do auditório, para não atrasarmos a parte da tarde. E a palestra que iria ser proferida neste momento pelo Prof. Paulo de Barros Carvalho fica para as 16h50min. Muito obrigado *(palmas)*.

CONFERÊNCIA

REFLEXÕES SOBRE A MEDIDA PROVISÓRIA 66/2002

PROF. PAULO DE BARROS CARVALHO

PROF. JOSÉ SOUTO MAIOR BORGES – Senhoras e Senhores, estão abertos os trabalhos da presente sessão, onde iremos ouvir a exposição do Prof. Paulo de Barros Carvalho. E eu tenho a satisfação de passar imediatamente a palavra ao Prof. Eduardo Bottallo. Não, evidentemente, para fazer uma apresentação do Prof. Paulo de Barros Carvalho, mas para expor como que uma iniciação à conferência do Prof. Paulo de Barros Carvalho.

PROF. EDUARDO BOTTALLO – Prof. Souto Maior Borges, demais componentes da Mesa, minhas Colegas e meus Colegas. Eu me sinto muito honrado em ter sido designado pela organização desse Congresso para apresentar o nosso conferencista, Prof. Paulo de Barros Carvalho.

A nossa amizade é muito antiga. Eu conheci o Prof. Paulo de Barros Carvalho nos primórdios dos Cursos de Especialização em Direito Tributário realizados pela PUC/SP, e naquela ocasião já era um colaborador inteligente, brilhante e indispensável do nosso saudoso e querido Mestre, Prof. Geraldo Ataliba.

De lá para cá, desenvolveu notável carreira. Doutor em Direito Tributário pela PUC/SP em 1973; Livre-Docente em Direito Tributário pela PUC/SP em 1981; Titular de Direito Tributário na PUC/SP em 1985; Titular em Direito Tributário pela Faculdade de Direito da USP em 1997; Coordenador do Programa de Pós-Graduação em Direito da PUC desde 1993; Presidente do Instituto Brasileiro de Estudos Tributários; Diretor Científico do Instituto Geraldo Ataliba-IDEPE; Coordenador da *Revista de Direito Tributário*, e autor de obras reconhecidas, como *Teoria da Norma Tributária*, *Decadência e Prescrição em Direito Tributário*, *Comentários ao Código Tributário Nacional*, em co-autoria com Rubens Gomes de Sousa e Geraldo Ataliba, *A Regra-Matriz do ICM*, *Curso de Lógica Jurídica*, ainda no prelo, *Curso de Direito Tributário*, em 14ª edição, e *Direito Tributário, Fundamentos Jurídicos da Incidência*.

O Prof. Paulo é, ainda, Professor de Direito Tributário e de Lógica Jurídica nos Cursos de Mestrado e Doutorado da PUC, desde 1971, e Professor de Direito Tributário nos Cursos de Graduação, Mestrado e Doutorado em Direito da USP desde 1997.

A mera enunciação desses títulos mostra-se mais do que suficiente para confirmar os méritos do conferencista. Na verdade, o Prof. Paulo de Barros Carvalho conseguiu consagração acadêmica que dificilmente será igualada por outro jurista em nosso país. Como Professor Titular de Direito Tributário das Faculdades de Direito da USP e da PUC/SP, unificou na sua pessoa duas das mais importantes e representativas escolas de direito tributário do Brasil. Trata-se, como se vê, de galardão que torna o Prof. Paulo de Barros Carvalho figura exponencial e de reconhecido valor no campo do direito público.

Há, porém, algo mais a ser dito – e aqui eu vou me permitir fugir um pouco da linha convencional de uma apresentação.

Para identificar o objetivo final a que se volta o Direito nós nem precisaríamos nos louvar nas lições dos mestres, dos filósofos, dos grandes pensadores. Bastaria que nos referíssemos ao poeta Chico Buarque de Holanda, que, na letra que todo mundo conhece, a da sua *Valsinha*, diz que, em seu devaneio, "era rei, era bedel e era também juiz" e que, pela sua lei, "a gente era obrigado a ser feliz".

Na verdade, é a isso que, em última análise, se volta o Direito: a busca da felicidade de cada um de nós. A Ciência do Direito se constrói a partir da identificação de caminhos que possam levar mais facilmente e mais seguramente à consecução desse objetivo (o da realização plena das pessoas).

E nesse contexto é que eu gostaria de destacar o trabalho pioneiro do Prof. Paulo de Barros Carvalho.

A esta altura de sua vida ele poderia perfeitamente contentar-se com sua singular reputação de jurista e considerar atendidas todas as pretensões possíveis de obter na carreira acadêmica.

Mas, ao invés disso, o Prof. Paulo de Barros Carvalho foi além, dispondo-se a abrir novos caminhos; e, assim, nesta busca de novas alternativas, construiu aquela que pode ser designada a sua própria Escola de pensamento jurídico.

Fazer ciência, aprofundando o estudo da linguagem no Direito, é ao que hoje se dedica esse querido Companheiro – labor que o converteu em mentor de uma geração de cujos frutos este Congresso dá boas mostras.

Muitos dos que passaram aqui, pelas Mesas de Debate, pelos Painéis, essa nova geração de estudiosos do Direito que vem sendo forjada na PUC e na USP, bem encarna o resultado do trabalho, do pensamento e da influência do Prof. Paulo de Barros Carvalho.

Nós, do Instituto Geraldo Ataliba-IDEPE, consideramos Paulo verdadeiro patrimônio. Ele é nosso Paulo, não o Paulo cientista, o Paulo professor, o Paulo jurista; mas apenas nosso Paulo, o Paulo amigo de Geraldo Ataliba, o Paulo amigo de todos nós, que vem aqui nesta condição, para trazer suas lições e seu conhecimento.

E, para encerrar, eu diria que, afora todos esses predicados intelectuais, pulsa no Paulo um coração generoso, um coração sinceramente cristão – e, como não poderia deixar de ser, um coração profundamente tricolor (risos na platéia). Este é o Paulo que eu entrego a vocês para proferir sua conferência. Muito obrigado *(palmas)*.

PROF. PAULO DE BARROS CARVALHO – Sr. Presidente do Instituto Geraldo Ataliba, Prof. Aires Barreto; ilustres Componentes desta Mesa – em especial Prof. Diego Pablo, que nós temos o prazer de receber aqui no XVI Congresso Brasileiro de Direito Tributário; querido amigo Prof. Eduardo Bottallo, a quem agradeço as amáveis palavras.

A Medida Provisória 66, de 30.8.2002, dentre outros expedientes, inseriu no sistema do direito positivo brasileiro inúmeras regras que procuram disciplinar o processo de aplicação da denominada *norma geral antielisiva*, construída a partir do art. 116, parágrafo único, da Lei 5.172/1966. O tema é complexo, especialmente nos dias de hoje, em que o descompasso que existe entre a linguagem do direito positivo e a realidade social se mostra tão vivo, tão turbulento; descompasso que sempre existiu, mas que neste momento assume proporções inusitadas.

Alfredo Augusto Becker explica, em sua obra *Carnaval Tributário*, que a divergência entre o direito positivo e o tecido social é algo que todos sentimos. Alguns explicam com mais resignação, outros ficam revoltados: a verdade é que nós vivemos um momento de turbulência entre o fato e o Direito, denominado pelo referido mestre como *Rebelião dos Fatos contra o Direito*.

Estudava na Faculdade de Direito da PUC/SP, quando circulou um texto desse inexcedível Professor de Porto Alegre. Em linhas gerais, rebelava-se contra o que chamou de *A Interpretação das Leis Tributárias e a Teoria do Abuso das Formas Jurídicas e da Prevalência do Conteúdo Econômico*.

De maneira candente, própria da personalidade de Alfredo Augusto Becker, o texto demonstrou todos os malefícios e demais problemas que a chamada *Interpretação Econômica do Direito Tributário* tinha causado na Alemanha pela ação de Enno Becker, de 1918 a 1945, com o final da Guerra. E também na Itália, no tempo do Fascismo Italiano. Sempre numa linguagem veemente, apaixonada, dizia do fascínio pela cultura alemã, que trazia sérios detrimentos aos rumos das Ciências quando esse fascínio naturalmente não encontrava os seus limites, era exagerado, e que disso sobrevinha a migração dos juristas para a Economia.

Daí os resultados: uma teoria a respeito de pretensa autonomia do direito tributário em face dos outros ramos da Ciência, o Sistema dos Fundamentos Óbvios, a Rebelião do Fato contra o Jurídico dando prevalência aos acontecimentos factuais, o abuso do Direito e o esquecimento de que o Jurídico também é realidade.

O Prof. Lourival Villanova insiste que não há um fato puro, não há um acontecimento que seja somente jurídico ou histórico, ou apenas psicológico-social ou econômico. Todos esses lados são cortes que os agentes do conhecimento fazem na linguagem dos fatos.

Tomando um fato qualquer, um economista poderá recortar aquele acontecimento de tal modo que ponha em evidência os dados econômicos. Por exemplo, o fato de estarmos reunidos num Congresso. Há, certamente, um componente político, um elemento social em sentido estrito, um aspecto de psicologia-social consubstanciado nos modos de interação pessoal, que os psicólogos poderiam recortar e fazer disso um material de estudo. Há também o lado jurídico do fato de estarmos reunidos em Congresso. Mas eu perguntaria: qual desses lados prevalece? É uma pergunta sem sentido. Todos são importantes. O fato de nós salientarmos o lado jurídico desse acontecimento não impede o sociólogo de estudá-lo, de compreender esse tipo de reunião que nós estamos mantendo. De igual maneira, o fato de o economista salientar aspectos econômicos dessa reunião não impede que a História a registre como fato histórico.

O fato puro, portanto, não existe. O que existe são as preferências, são os recortes que o sujeito cognoscente promove para isolar aspectos, separar, abstratamente, fragmentos desse fato.

Sendo assim, a idéia de que o fato jurídico tem um conteúdo econômico é algo que, à primeira vista, pode até sustentar-se dentro daquele campo que Becker chamava de Sistema dos Fundamentos Óbvios. Nesse sentido, diz-se que o fato jurídico tributário é um fato econômico.

Vejam as conseqüências que nós traríamos disso tudo. Como o jurista não é versado em Economia, ele não poderia dizer do conteúdo desse fato, a não ser mediante palpites, enunciados sem qualquer compromisso com a Ciência. Para conferir força a seus argumentos, o jurista teria que solicitar um laudo técnico, ou seja, uma manifestação de um economista.

Dizer que o fato jurídico é um fato econômico de relevância jurídica é uma expressão forte, e a tendência é incorporar tais frases sem qualquer esforço crítico, e trabalhar com elas. Daí Alfredo Augusto Becker chamar de Sistema dos Fundamentos Óbvios. Contudo, se pensarmos que o fato jurídico é um fato econômico com importância jurídica, veremos que o autor desta frase está dizendo que há um fato que é econômico, ele não tem um lado econômico, ele *é* econômico. E o Direito vai tomar emprestado esse fato, vai dar relevância e trabalhar com esse fato na regulação das condutas.

Ora, isso não resiste a uma análise mais detida. O fato jurídico não é um fato econômico, também não é apenas um fato jurídico. Poderá até ser um fato econômico para um economista; um fato jurídico para um jurista; um fato político para o cientista que faz política do Direito; um fato histórico para o historiador. De modo que ele não é em si, ontologicamente, um fato econômico. E o Direito não toma emprestados os acontecimentos de outro campo para promover sua regulação. O Direito constitui suas realidades mediante a linguagem prescritiva do ordenamento, e essa linguagem se reporta aos acontecimentos sociais. Veja-se que o próprio Direito recorta o aspecto jurídico do fato social, tornando-o jurídico.

Na Alemanha, especialmente entre 1918 e 1945, os juristas trabalharam com a *Teoria da Interpretação Econômica* dos fatos jurígenos, sob a forte personalidade de Enno Becker. Duas premissas destacavam-se nessa doutrina: a primeira, pela qual o fato jurídico tem um conteúdo econômico decisivo, prevalecendo em todos os momentos; a segunda, denominada *Teoria do Abuso das Formas Jurídicas*.

Tais idéias atendiam a um momento histórico que a Alemanha viveu intensamente e que tem seu conteúdo ideológico bastante demarcado. Soa estranho, porém, que essa experiência histórica com a *Teoria da Interpretação Econômica do Direito* tenha coincidido com a experiência italiana do Fascismo, com a experiência do Governo Brasileiro, durante e após a Era Vargas, na Argentina, na Espanha etc. Analisando esse contexto histórico, conclui-se que a verdade é que isso foi suplantado em 1945. Houve um retorno ao jurídico, os juristas passaram a entender a realidade jurídica como uma parte da realidade e a estudá-la como tal.

Alfredo Augusto Becker, nos idos de 1965, devia estar assustado com os trabalhos que redundaram na produção do Código Tributário Nacional, promulgado em 1966, porque escreve esse libelo, chamando a atenção para o perigo que representaram a chamada prevalência do conteúdo econômico e a *Teoria do Abuso das Formas Jurídicas*.

Muito bem, após tantos anos de discussão acerca da teoria da interpretação econômica, suplantada em 1945, eis que estamos às voltas, uma vez mais, com a Medida Provisória 66, de 30.8.2002, que retoma com toda força, com todo entusiasmo, a tese da prevalência do conteúdo econômico e da rejeição ao abuso da forma.

Antes disso, eu gostaria de dizer algo que é da tradição do direito tributário: em todos os setores da experiência ocidental com o direito tributário, tanto o fato jurídico tributário como a obrigação tributária vêm devidamente determinados. Que quer dizer isso? Quer dizer que no campo do direito privado, no campo do direito civil, no campo do direito comercial, é possível que venhamos a encontrar relações jurídicas em que um dos sujeitos, ou o sujeito passivo ou o sujeito ativo, esteja em estado de indeterminação. Assim, na promessa unilateral de recompensa, no direito de propriedade, nos títulos ao portador, ou o sujeito ativo ou o sujeito passivo está em estado de indeterminação. Todavia, ainda que não haja a especificidade quanto aos sujeitos, existe a relação jurídica. Isso pode ocorrer também com o objeto da prestação. Uma quantia em dinheiro, mas que, instalada a obrigação, esta quantia não está ainda determinada.

Nada disso porém, pode ocorrer no campo do direito tributário. Nesse campo todos os termos da relação jurídica devem estar especificados e determinados. Tal diretriz é uma garantia no caminho das relações entre Fisco e contribuinte. Não é uma garantia total, mas é um fator de garantia. Quando se instala uma obrigação tributária, isso se deu por força do acontecimento de um fato que está devidamente configurado em função de elementos do tipo, e que também irradiou uma relação jurídica com o sujeito ativo inteiramente determinado, com o sujeito passivo determinado, com a base de cálculo determinada e com a alíquota determinada. Posso até dizer que, no plano da norma jurídica tributária geral e abstrata – regra-matriz de incidência –, as únicas determinações que podem existir são a do sujeito ativo (lendo a lei, já sei quem será o sujeito ativo, não precisarei esperar que o fato ocorra) e da alíquota, somente isso. Tudo o mais ficará remetido ao momento em que ocorrer o fato, porque a alíquota, muitas vezes, vai ser uma função da base de cálculo que poderá variar em patamares.

Bem, então vejam que a norma jurídica tributária geral e abstrata tem um mínimo de determinação, mas a norma jurídica individual e concreta, aquela que acontece no plano das condutas intersubjetivas, realizando o direito os seus objetivos primordiais, nasce inteiramente determinada, como uma garantia que o direito tributário confere aos contribuintes.

Ora, isto nos permite dizer que no campo da linguagem do direito positivo a sintaxe é mais rigorosa, mais firme, mais justa, se comparada com o plano sintático de outros ramos do direito positivo.

A garantia de maior grau de determinação da regra-matriz de incidência pertence ao conjunto de princípios e de limites objetivos que tolhem a atividade do legislador infraconstitucional. São princípios de que tenho tratado com uma certa insistência, que, muitas vezes, se manifestam como valores em si mesmos: igualdade, a capacidade contributiva, segurança jurídica, tributária, certeza tributária, proporcionalidade, racionalidade; e outros princípios que são limites objetivos, isto é, que fixam um procedimento que, uma vez seguido, levará a um fim: legalidade, anterioridade e irretroatividade.

Muito bem, nesse panorama de princípios está o desdobramento do Sistema Tributário Brasileiro. São conquistas arduamente obtidas ao longo dos tempos. Foram sendo cristalizados paulatinamente na evolução das Nações civilizadas. E nós, no Brasil, proclamamos referidos primados com veemência. O Prof. Geraldo Ataliba ressaltava esse aspecto em sua obra clássica *Sistema Constitucional Tributário Brasileiro*.

Muito bem, dentro desse contexto, formamos a nossa cultura jurídica tributária e aprendemos a todo instante a enaltecer os *princípios constitucionais tributários*, a cobrá-los – não com a devida ênfase, mas a cobrá-los –, a exigir do legislador respeito a esses princípios. E, sendo assim, quando houve os trabalhos da Constituinte de 1988, vários professores se manifestaram, prestaram seu depoimento junto à Comissão própria de Tributos, mostrando suas inclinações, suas recomendações.

Nada obstante isso, foi aprovado o dispositivo do art. 146 da CF, e que diz algo que é muito interessante no exame do primeiro momento, e que nós até passamos rapidamente por ele. O artigo dispõe, sumariamente, caber à lei complementar (i) dispor sobre conflitos de competência em matéria tributária entre a União, os Estados, Distrito Federal e os Municípios; (ii) regular as limitações constitucionais ao poder de tributar; e (iii) estabelecer normas gerais em matéria de legislação tributária, especialmente sobre: (a) definição de tributo e de suas espécies, bem como, em relação aos impostos descriminados nessa Constituição, aos respectivos fatos geradores, base de cálculo e contribuintes; (b) obrigação, lançamento, crédito, prescrição e decadência tributários; e (c) tratamento favorável ao ato cooperativo.

De início, surge uma questão: que são *norma gerais de direito tributário*?

O Prof. Geraldo Ataliba comandou uma corrente, à qual eu ainda pertenço, que quer exatamente dizer que as normas gerais do direito tributário só seriam admissíveis, de acordo com os princípios constitucionais brasileiros, se dispusessem sobre conflitos de competência entre as entidades tributantes ou vinculassem as limitações constitucionais. Tudo o mais ficaria entregue à competência das pessoas constitucionais.

Muito bem, a União postulava um outro entendimento: que, além de dispor sobre conflitos e regular limitações, que a União pudesse, mediante trabalhos do Congresso Nacional, estabelecer normas gerais sobre direito tributário. Quais são essas normas gerais? Quais seriam? Ninguém até hoje soube dizer. O Prof. Alcides Jorge Costa – homem que participou de todas as reformas tributárias de 1966 para cá – disse: "Honestamente, hoje, ainda hoje, eu não sei dizer o que são *normas gerais sobre direito tributário*".

Muito bem, o Prof. Ataliba afirmava: "Nnão podemos dar esse cheque em branco para a União, então amanhã ela quer mexer no lançamento e com isso pode restringir as competências estaduais ou municipais; onde está então a autonomia do Estado? Onde está a autonomia dos Municípios?" E nessa tensão jurídico-constitucional estava a Comunidade Jurídica Brasileira, quando veio a Constituição de 1988, que pôs, pretensamente, uma pá-de-cal nesse assunto.

Se prestarmos atenção ao texto do art. 146 da CF, veremos que compete à lei complementar estabelecer, dispor, sobre conflitos, regular limitações e estabelecer normas gerais em matéria tributária especialmente sobre tudo. Mas eu pergunto: será sobre tudo? Não é um exagero? Não é, assim, uma força-de-expressão? Venho perguntando, reiteradamente, em vários auditórios, se alguém é capaz de encontrar uma matéria que possa ser recolhida por este campo e que não esteja aqui.

É por isso que eu não vejo com muita procedência alguns autores que criticam a Lei Complementar 104/2001, dizendo que é ela inconstitucional, porque não podia tratar desta matéria. Essa lei complementar pode tratar de tudo no direito tributário, se nós nos ativermos a esta formulação textual.

A interpretação literal, entretanto, que estava em declínio vertiginoso, decididamente está falida. Não quero dizer que a interpretação literal é fraca, não atende a certas circunstâncias: deve, simplesmente, ser evitada como único recurso hermenêutico.

Ora, sendo assim, se nós nos ativermos ao plano da expressão, nós simplesmente estaremos impedidos de interpretar o texto, porque a interpretação, o percurso gerador de sentido, começa com a leitura: a leitura do plano de expressão. E o intérprete vai construindo o sentido do texto normativo, caminhando pelos inúmeros textos disponíveis para consulta, chegando, finalmente, a uma norma jurídica que indique a conduta a ser prestada ou evitada.

E é nesse caminho que seguirei para dizer que quando saiu a Medida Provisória 66/2002 recebi, desde logo, textos apaixonadamente críticos – e eu creio que muitos receberam – de vários advogados, e houve uma posição também por parte da Fazenda Pública a fim de defender os termos dessa medida provisória. Preferi meditar acerca do assunto por mais tempo, para ter uma visão mais equilibrada, e limitei-me a ler o texto.

Após detidas análises, devo dizer que essas manifestações contrárias à Medida Provisória 66/2002 tinham procedência. Nunca vi algo tão malfeito como essa medida provisória! Vejamos o seguinte: o art. 13, ao cuidar do procedimento relativo à aplicação da norma geral antielisão, prescreve: "Os atos ou negócios jurídicos praticados com a finalidade de dissimular a ocorrência do fato gerador do tributo ou a natureza dos elementos constitutivos de obrigação tributária serão desconsiderados para fins tributários, pela autoridade administrativa competente, observados os procedimentos estabelecidos nos arts. 14 a 19". Agora, o parágrafo único, imediatamente, como se o art. 13 estivesse muito distante, prevê: "O disposto nesse artigo não inclui atos e negócios jurídicos em que se verificar a ocorrência de dolo, fraude ou simulação". Quer dizer, atos ou negócios praticados com a finalidade de dissimular, sem simulação, sem dolo, sem fraude.

Um estudo breve já nos revela que *dolo* é a intenção de obter o resultado ou de assumir o risco de produzi-lo. Mas o art. 13 está dizendo "os atos ou negócios jurídicos praticados com a finalidade (...)" – alguém pratica com a finalidade de dissimular. Mas uma dissimulação sem simulação? Não pode haver simulação nessa dissimulação? É verdade que nós, procurando encontrar um meio de dar sentido mais coerente ao texto, vamos construir distinções entre simulação e dissimulação, e com isso procuramos fazer uma classificação – que já é feita no direito civil – entre a simulação relativa e a simulação absoluta. Agora, não posso deixar de dizer que qualquer tipo de simulação, antes de ser absoluta ou relativa, é simulação. E não posso imaginar que alguém pratique atos com a finalidade de dissimular a ocorrência do fato gerador sem que se coloque nesse itinerário dolo, fraude ou simulação. E ainda dizem que o Direito não tem palavras inúteis...

Em realidade, nós temos que estar atentos para construir um Direito coerente, construir um sistema. O Direito dispõe de um grande órgão – o Poder Judiciário – que, havendo conflitos de interesses entre esses sistemas, dirá qual é o que vale, não o que é justo nem o que é verdadeiro, se bem que todos falam em nome da justiça e da verdade.

Outro ponto de interesse diz respeito ao art. 14 da referida medida provisória, o qual dispôs sobre a figura da desconsideração dos negócios ou atos jurídicos que visem a reduzir o valor do tributo, evitar ou postergar seu pagamento ou ocultar os verdadeiros aspectos do fato gerador ou a real natureza dos elementos constitutivos da obrigação tributária.

Para a desconsideração de atos ou negócios jurídicos dever-se-á levar em conta a ocorrência de (i) falta de propósito negocial e (ii) abuso de forma. Interessante notar que no § 1º, quando preceitua que são esses dois requisitos, dentre outros, quer dizer que há um terceiro, quarto ou quinto elementos que autorizam a desconsideração, mas que o legislador não deixou claro. Aqui há, realmente, ausência total de um "tipo", de uma norma que possa reger, regulamentar, essas situações.

Após essas considerações, penso que o Fisco criou um problema para si mesmo. Antigamente, quando a autoridade lançadora queria desconsiderar um negócio jurídico, ela o fazia, pura e simplesmente. O contribuinte mostrava os contratos: "Não, não vou levar em consideração isso, pronto, e vou fazer o auto assim mesmo e depois o Senhor se defenda". Quem é que não viu situações desse jaez? Quem é que não esteve presente em situações como essa? Agora, se quiser desconsiderar, terá de desencadear aquele procedimento que está previsto aqui nos arts. 13 e ss., que vai ensejar um lançamento; a autoridade competente para promover a desconsideração decidirá, em despacho fundamentado, a que alude o art. 17, sobre a desconsideração dos atos ou negócios jurídicos praticados. Está escrito em seu § 1º: caso conclua pela desconsideração, o despacho deverá conter, além da fundamentação, a descrição dos atos ou negócios praticados, a discriminação dos elementos ou fatos caracterizadores dos atos ou negócios jurídicos que foram praticados com a finalidade de dissimular, etc., além de conter a descrição dos atos ou negócios equivalentes praticados com as respectivas normas de incidência dos tributos. De modo que o Fisco fará um lançamento, possibilitando ao contribuinte defender-se com os meios proporcionados pelo próprio direito positivo.

Sob o aspecto principiológico, penso que a Medida Provisória 66/2002, na parte em que insere normas tendentes a instrumentalizar a Fazenda Pública para desconsiderar atos ou negócios jurídicos tendentes a realizar a elisão ou a evasão fiscal, feriu os princípios da tipicidade cerrada, da legalidade, da capacidade contributiva e da livre iniciativa.

Por outro lado, do ponto de vista formal, salta aos olhos que tais normas jurídicas não poderiam ter sido veiculadas por medida provisória, porque cuidam de procedimento. Penso que dificilmente tais incompatibilidades materiais e formais poderão ser contornadas. Resta aguardar como a comunidade jurídica vai se conduzir diante das exigências que porventura ocorram em função dessa medida provisória, especialmente a partir de seu art. 13 em diante.

Gostaria também de dizer que, ainda que nós venhamos a receber essa mensagem prescritiva nos termos em que o legislador da União quis, ainda assim, os fatos acontecidos até a data desta medida provisória, 29 de agosto de 2002, até este momento os planejamentos tributários hão de ser respeitados, porquanto constituem atos jurídicos perfeitos e acabados.

Com essas palavras, quero agradecer imensamente a atenção de todos, dar meus parabéns à direção do Instituto Geraldo Ataliba, a todos que participaram da promoção deste evento, e desejar que os trabalhos continuem com excelente rendimento, e que o Congresso atinja plenamente os seus objetivos. Muito obrigado *(palmas)*.

MESA DE DEBATES "E"

ICMS E IPI

PRESIDENTE DA MESA: JOSÉ SOUTO MAIOR BORGES
MEMBROS DA MESA: JOSÉ EDUARDO SOARES DE MELO,
MARCELO VIANA SALOMÃO, MISABEL DERZI, ROQUE ANTONIO CARRAZZA

PRESIDENTE (PROF. JOSÉ SOUTO MAIOR BORGES) – Vamos dar início aos trabalhos da presente Mesa de Debates, que tem como temática central "ICMS e IPI". E eu tenho a satisfação de convidar o Prof. José Eduardo Soares de Melo para fazer sua exposição, versando sobre a temática "Natureza Jurídica do Direito ao Crédito. Aproveitamento e Transferibilidade para Terceiros". Com a palavra o Prof. José Eduardo Soares de Melo.

PROF. JOSÉ EDUARDO SOARES DE MELO – Em primeiro lugar, quero dizer que é um motivo de muito orgulho e satisfação estar mais uma vez aqui no Congresso Brasileiro de Direito Tributário do Instituto Geraldo Ataliba, ao lado de uma seleta Mesa com quem eu muito aprendo, Profs. Misabel, Souto, Marcelo Salomão e Roque.

Esse tema, evidentemente, é muito amplo, e não comportaria esse estreito tempo de 20 minutos. Mas vou procurar mostrar a vocês alguns pontos essenciais – alguns nem tanto novos, outros mais atuais –, para nós meditarmos e chegarmos a alguma reflexão na nossa atividade não só meramente acadêmica, mas na prática profissional, seja do lado do Fisco, seja do lado do contribuinte.

Em primeiro lugar, nós todos sabemos que essa temática do crédito, da não-cumulatividade do ICMS, é a nota característica e a essência desses dois tributos. Os outros tributos também são pautados por diversos princípios, como é o caso do IPI.

Mas ICMS e IPI, por expressa disposição constitucional, têm que ser regrados pelo regime de compensação, dos abatimentos dos créditos e compensados com os débitos. Na verdade, é a essência do tributo, todos os tributos têm a mesma estrutura, os mesmos elementos. O que diferencia esses dois é a não-cumulatividade. A não-cumulatividade do ICMS apresenta normas distintas da não-cumulatividade do IPI, com seus efeitos e seus desdobramentos práticos.

Em primeiro lugar, a não-cumulatividade contém uma regra e uma exceção. A regra que todos conhecem é que aquele contribuinte (comerciante, industrial, produtor ou prestador de serviço de transporte interestadual e intermunicipal e prestador de serviço de comunicação) abaterá o ICMS relativamente aos bens adquiridos e aos serviços tomados, compensando com aquele ICMS que é devido pelos fatos geradores. Esta é a grande regra do ICMS, e a única restrição, a única limitação, está no próprio Texto Constitucional, quando diz que apenas não poderá abater os créditos quando adquire os bens ou serviços com isenção ou não-incidência; ou, da mesma forma, na medida em que realizar as operações mercantis, as prestações de serviços, com isenção ou não-incidência, terá que anular esses créditos.

Então, é uma regra e uma exceção. E o outro preceito do ICMS que está no art. 155, XII, da CF diz que lei complementar irá disciplinar o regime de compensação dos tributos. O que nós temos visto na prática –

não só através da Lei Complementar 87/1996, como também da Lei Complementar 102/2000, é uma total deturpação, é uma malversação, é um vilipêndio a essa regra da não-cumulatividade.

Vejam bem, quanto a essa expressão "disciplinar", qualquer dicionário que a gente procure, seja o *Aurélio* ou o *Houaiss* – não precisa nem ser dicionário jurídico –, vai mostrar que "disciplinar" é dar características de operacionalização – no caso, do ICMS. Eu jamais posso entender que "disciplinar" é restringir, limitar ou cercear direitos, por uma simples razão: se o legislador complementar puder limitar os créditos, vedar os créditos, proibir em determinadas situações, ainda que parcialmente, estará usurpando uma competência que é do constituinte. E o nosso sistema jurídico é regrado pelo princípio da hierarquia.

Como esta regra – da não-cumulatividade –, na verdade, não é uma norma de eficácia plena, porque nós não sabemos operá-la só com a Constituição – como é que vou abater, vou compensar –, então, a virtude, o elemento principal, da lei complementar será dizer como é que se faz, se é por empresa, qual é o período de apuração, e até em termos documentais como é que isso acontece.

E mais: penso que a natureza jurídica do direito de abater é uma verdadeira cláusula pétrea. Se o legislador quis, para esses dois tributos, colocar na Constituição que deve ser observada a não-cumulatividade, não tem apenas como objetivo o comerciante, industrial, prestador de serviços, pagar menos ICMS ou IPI. Eu tenho que ler o art. 170, e todos aqueles princípios que regram a atividade econômica vão mostrar que ali há proteção da defesa do consumidor, isso se mostra até de uma forma muito simples, numa cadeia negocial. Vamos supor uma empresa que fabrique automóveis; desde que ela adquira os pneus, os motores, seus insumos, até a etapa final, nós teremos cinco ou seis estágios no ciclo negocial, e o grande objetivo desses dois tributos é fazer com que a carga tributária, ao final, tanto do ICMS como do IPI, represente apenas um diferencial sobre o qual se aplica a alíquota.

Então, interessa a defesa do consumidor. E, se houver uma superposição de cargas tributárias, se ocorrer a cumulatividade tanto do ICMS como do IPI, vamos violar um dos princípios, que é o princípio da capacidade contributiva, é o princípio da vedação do confisco. Por quê? Porque tanto as mercadorias como aqueles serviços e os produtos industrializados vão ficar mais onerosos; então, me parece que essa cláusula, que seria até intocável, não pode ser modificada pelo legislador infraconstitucional.

E, na prática, nós sabemos que foi o que ocorreu: tanto na lei Complementar 87 como, mais recentemente, na Lei Complementar 102 há uma série de procedimentos que são totalmente questionáveis na ótica da não-cumulatividade. Em primeiro lugar, quanto aos bens do ativo permanente, sabemos, pela leitura do texto da Lei Complementar 102, que todo aquele que compra uma máquina, um equipamento, que não vai ser objeto de uma transação, ou não vai integrar um produto industrializado, só poderá apropriar os créditos 1/48 por mês; e se aquele bem – vamos supor, no caso de um computador – ficar obsoleto ou se deteriorar antes desse período de quatro anos, não poderá apropriar o crédito integralmente, ou seja, só o crédito do período em que houver a fruição daquele bem.

Vejam, só esse simples fato do 1/48 mostra que a fisionomia do ICMS foi mudada. Os que conhecem o imposto de renda, sabem que esta é uma figura mais afeita, tem uma fisionomia da depreciação dos bens do ativo, então estamos mudando aquela característica dada pelo legislador constitucional, que seria um imposto sobre a produção, sobre o consumo; mas um imposto sobre a renda na forma como está delineado na Lei Complementar 102.

Do mesmo modo o fornecimento de energia elétrica, em que agora a Lei Complementar 102 veio restringir mais ainda o direito dos contribuintes, dizendo que todos os que consomem energia elétrica – e todos os contribuintes têm que consumir energia elétrica – só podem apropriar aquela energia se for destinada a uma produção industrial, se ocorrer a exportação daquele bem, daquele produto ou do serviço não é possível, ou então se for uma empresa que se dedique também à comercialização de energia elétrica.

Dessa forma, ficaram afastados os prestadores de serviços de transporte, interestadual, intermunicipal e de comunicação e também os comerciantes, como se eles não tivessem a necessidade daquela energia elétrica e de fruir o respectivo crédito.

Mais uma vez se cerceou esse direito constitucional. E este rol de limitação continua também no serviço de comunicação. A Lei Complementar 87 não estabelecia qualquer vedação relativamente ao ICMS incidente sobre a comunicação.

Então, vejam: todas as empresas, todos os comerciantes, todos os industriais, usam o telefone, e nas suas contas é lançado o ICMS de 25%, por dentro, por fora, ou, como fala o Prof. Alcides Jorge Costa, para cima, para baixo. Nós temos vários ICMS na conta de energia elétrica, mas só poderá aquele contribuinte apropriar o ICMS da energia elétrica, da comunicação, se prestar um serviço de comunicação ou se dedicar a sua atividade à exportação. E, pior ainda, com relação aos bens de consumo jamais foi possível a apropriação do crédito do ICMS; ou seja, quando se adquire um café, um lápis, uma borracha, todos esses elementos que se consomem naturalmente na atividade do contribuinte, não é possível a manutenção do crédito.

Eu lembro da palestra do primeiro dia, que foi brilhantemente proferida, em que o Prof. Celso Antônio Bandeira de Mello falava que tinha esperança na nova Democracia. Nós temos esperança que a partir do 1º de janeiro de 2003 essas restrições do direito a crédito, de energia elétrica, de uso e consumo, que jamais existiu, e também do serviço de comunicação, sejam superadas. E parece que já existe uma certa tendência para que a não-cumulatividade também seja aproveitada pelo âmbito infraconstitucional. Os exemplos marcantes encontram-se na própria Medida Provisória 66/2002, que passou a permitir créditos ou abatimento de valores, seja qual for o nome que se dê para as operações, para o PIS, as contribuições para o PIS; a própria CIDE, que foi criada relativamente às operações com petróleo e combustíveis, também permite que aquela contribuição seja paga e abatida das próximas operações.

Na parte do ICMS lembro um ponto que certamente a Profa. Misabel vai abordar com bastante profundidade, porque escreveu sobre o tema: essa nova incidência monofásica relativamente à EC 33, no âmbito da comercialização desses produtos. Concordo integralmente com a Profa. Misabel – e conheço bem seu pensamento – em que a circunstância de a Emenda Constitucional dispor sobre o aspecto monofásico, mudando a fisionomia do ICMS, que é plurifásico, não pode jamais significar a supressão da não-cumulatividade. Não significa nem substituição tributária, nem isenção, não-incidência; e, dessa forma, é apenas uma técnica de arrecadação, centrando as atividades num determinado momento.

Relativamente ao desdobramento do ICMS, ou seja, a fruição desse crédito, a transferência e a operacionalidade do tributo, o que vemos na própria lei complementar e algumas legislações estaduais são alguns passos para que esse ICMS possa ser aproveitado até as suas ultimas conseqüências. Então, quando o contribuinte apura na sua escrita o saldo credor ou o crédito acumulado, a legislação diz que ele pode transferi-lo para estabelecimentos da mesma empresa ou para empresas interdependentes, ou até na aquisição de insumos. É evidente que o ressarcimento em espécie é uma grande poesia, mas também veda, em alguns momentos, a fruição desse crédito, dizendo que, se aquele contribuinte encerrou suas atividades com saldo credor, ele perde aquele crédito, ou, se tiver algum débito, aquele crédito também fica prejudicado.

Há um passo que foi dado, que é a centralização da escrita. Nós todos sabemos que é uma tradição do nosso direito tributário, principalmente no âmbito do ICMS, do IPI, consagrar o princípio da autonomia dos estabelecimentos, apurando as operações em cada atividade, cada filial, cada sucursal – enfim, em qualquer ponto do território nacional.

A legislação tem evoluído no sentido de permitir a centralização da escrita, para que não ocorra essa figura estranha, e num determinado estabelecimento haver um saldo credor de ICMS, enquanto que num outro se paga muito tributo.

Fechando a questão do ICMS, diria que essas normas que restringem o aproveitamento do direito a crédito de ICMS, a sua verdadeira eficácia, poderiam ser combatidas pelo vício da inconstitucionalidade, por deturparem o mandamento constitucional. Isso é notório quando se diz que o contribuinte pode transferir o crédito em determinadas situações, mas é necessário um prévio visto da autoridade.

E diz, mais: que mesmo que seja dado esse visto, não tem caráter homologatório, não impede que a Fazenda do Estado, no caso, promova as ações fiscais e até venha a glosar os créditos no caso de serem fictícios ou inidôneos. É claro que a atividade fiscalizadora sempre existiu e sempre vai existir, para coibir a sonegação tributária. Mas condicionar a um visto que muitas vezes não é dado, e que tem um caráter de precariedade, me parece que seria violentar a não-cumulatividade do ICMS.

No âmbito do IPI a situação se passa de forma um pouco diferente. Quando mostrei a vocês que o ICMS tem uma grande regra do regime de compensação, e com aquela exceção, da isenção ou não-incidência, isso não ocorre com relação ao IPI, porque pura e simplesmente o legislador constitucional estabelece o direito de abatimento, sem indicar, sem declarar, sem determinar, qualquer restrição. Então, em todas as aquisições de bens que vêm onerados pelo IPI, produtos isentos, produtos com alíquota zero, produtos livre de direito ou até imunes – pouco interessa –, poderá o contribuinte apropriar o crédito.

É claro que, em termos operacionais, em primeiro lugar, se o fizer contrariamente ao Regulamento de IPI, vai correr um grande risco fiscal: lavratura de um auto de infração e imposição de penalidades, e até talvez uma representação por crime contra a ordem tributária. Mas, dentro de uma visão eminentemente constitucional, poderá apropriar o crédito. E, há cerca de dois ou três anos atrás, o STF proferiu decisão que mostrou exatamente o alcance e a eficácia da não-cumulatividade do IPI. Disse o Supremo que, como não há restrição à isenção que existe com relação ao ICMS, toda aquisição, ainda que não tenha uma tributação no âmbito de IPI, permite o crédito. Por quê? Porque, se não, estaria se cogitando de um mero diferimento do imposto.

Se posso adquirir um bem, um produto industrializado, um insumo, que é onerado pelo IPI e não posso apropriar o crédito, é evidente que, na medida em que usar aquele insumo na fabricação de um produto, terei a tributação integral na outra etapa. O Supremo, evidentemente, decidiu num caso específico, em operações realizadas com a Zona Franca de Manaus, em que o contribuinte tinha interesse na apropriação do crédito, e poderia até saber como fazê-lo, porque a tabela de incidência do IPI mostrava qual era a alíquota aplicável nas operações no território nacional.

É claro que se o contribuinte adquire um bem, e não há uma alíquota prevista naquela operação porque ocorre uma isenção, terá que verificar qual o critério que vai ser utilizado para fruir desse direito constitucional. E é evidente que um dos critérios, que me parece que é mais ponderável, razoável, seria verificar a alíquota do produto industrializado e proporcionalizar. É claro que isto não está na legislação, não está no Regulamento, mas é uma forma até de alcançar e de praticar o entendimento jurisprudencial.

Gostaria, apenas para fechar a questão – e estou ansioso para ouvir meus outros Colegas –, de dizer que há uma verdadeira *blitz* quanto à fruição dos créditos de bem. Recentemente foi editada uma instrução normativa dizendo como é que o contribuinte poderá compensar, como é que poderá reaver seus bens, seus produtos, no âmbito do IPI e seus créditos: a Instrução Normativa 210, de 30.9.2002. Só que, no seu art. 42, diz que não se enquadram nas hipóteses de restituição, compensação e ressarcimento os créditos relativos ao extinto crédito-prêmio, que foi instituído pelo Decreto-lei n. 491, de 5 de março de 1969, e que tanto celeuma causou em razão de posturas jurisprudenciais mais recentes.

Também o crédito presumido do IPI que pode ser fruído pelo contribuinte em razão de exportações, como se fosse um ressarcimento da COFINS e do PIS, depois de decisões do Conselho de Contribuintes e da Câmara Superior de Recursos Fiscais, foi objeto de um parecer da Procuradoria-Geral da Fazenda Nacional publicado em 30 de setembro. E o *Diário Oficial* publicou a Instrução Normativa 226, de 18 de outubro de 2002, que é categórica: "Será liminarmente indeferido o pedido de restituição e ressarcimento cujo direito creditório tenha por base o crédito-prêmio". E, dessa forma, será objeto de auto de infração, lançamento, e tudo o mais.

Em conclusão, para seguir rigorosamente o tempo que me foi concedido, diria o seguinte: em prestígio do princípio da não-cumulatividade, que constitui a essência do ICMS e do IPI, e não comporta qualquer interpretação restritiva ou limitativa, hão de ser combatidas todas essas manifestações, ainda que possam ter fundamentos razoáveis, ainda que possa haver um interesse econômico no recebimento desses valores, porque dessa forma nós estamos prestigiando mais uma vez nossa Constituição e fazendo com que o preço dos produtos, o preço das mercadorias e o preço dos serviços possam não ser tão elevados. Nós sabemos que, pelo fenômeno da repercussão, todo comerciante, todo empresário, acabará repassando no seu preço.

Parece que são estas as considerações que me cabia fazer nesta matéria tão tormentosa. Muito obrigado *(palmas)*.

Presidente (Prof. José Souto Maior Borges) – A segunda exposição versa sobre a EC 33/2001, "Importação, Pessoas Físicas e Jurídicas e a Nova Base de Cálculo do ICMS". Com a palavra o respectivo expositor, Prof. Marcelo Viana Salomão, para expor a matéria no tempo regulamentar.

Prof. Marcelo Viana Salomão – Prezado Presidente, Prof. José Souto Maior Borges; ilustres Professores que compõem a Mesa, Prof. José Eduardo Soares de Melo, Profa. Misabel Derzi, Prof. Roque Carrazza; demais companheiros Congressistas. Boa tarde!

Meu tempo é de 20 minutos, mas obrigatoriamente vou gastar 2 para dizer do prazer de estar aqui e nesta Mesa, que com minha ausência – agora, sim – se tornou uma Mesa de Professores, por isso que fiz questão de sair e falar daqui. Sou aluno de todos estes Professores que estão na Mesa e, como tal, além da condição de mais jovem de seus componentes, me sinto autorizado a poder errar e até dizer alguma besteira jurídica.

Tentarei, então, explicar minha emoção deste momento, me sinto como se estivesse ganhando um *Oscar*. A primeira vez que vim com meu pai a este auditório assistir a Congresso do IDEPE me veio o sonho e o forte desejo de um dia estar aqui. Imaginava fazer isso com 50 anos, imaginava o Prof. Geraldo Ataliba vivo. E já que o Prof. Geraldo não está aqui em carne-e-osso, mas certamente está em espírito, eu gostaria de agradecer – e muito – a ele, porque foi no velório do Prof. Geraldo Ataliba que eu resolvi dar aula. Pareceu-me um tanto egoísta de minha parte ter tido a chance, o privilégio, de ser da última Turma dele no Mestrado e, mesmo com as minhas deficiências, com as minhas limitações, de alguma forma não passar isso aos meus conterrâneos de Ribeirão Preto. Obrigado, Prof. Geraldo Ataliba, onde quer que você esteja, meu eterno Mestre!

O meu segundo agradecimento dirijo ao meu pai, meu maior Professor, meu maior Amigo, e cuja presença, aqui e agora, me dá muita honra e alegria. Você, meu amado pai, Brasil Salomão, é meu grande Professor de Direito e da Vida!

Pronto, agora, que eu devo ter uns 18 minutos, Presidente, vou ao tema.

Inicialmente levantarei algumas premissas, para depois poder concluir com base nelas.

A primeira premissa é a seguinte: o Direito efetivamente é um sistema. Posso estar dizendo o óbvio, mas essa premissa realmente é fundamental. Desculpem-me se isso é repetitivo, se isso é extremamente conhecido, mas hoje me parece fundamental ressaltar, reiterar, que o Direito não é um conjunto solto de normas. O Direito efetivamente é um sistema pré-ordenado de regras, harmônico, unitário, composto por subsistemas, onde seus elementos se relacionam com o todo e também entre eles. Sobre este tema é sempre válido indicar a leitura do Prof. Tércio Sampaio Ferraz, que fala em *repertório* e *estrutura* para falar das relações dos componentes de um sistema.

Nesse tema também é imprescindível registrar a lição e advertência do Prof. Paulo de Barros Carvalho sobre o sistema formado pelo direito positivo e o sistema formado pela Ciência do Direito.

Aliás, tenho que aproveitar para agradecer – e muito – ao Prof. Paulo de Barros Carvalho por poder estar vivenciando este momento tão especial. O Prof. Paulo, para minha honra e entusiasmo, é meu Orientador no Doutorado, e sem dúvida um dos grandes responsáveis por esta minha paixão pelo direito tributário. Agradeço, também, e com a mesma intensidade, ao Prof. Aires Barreto, Presidente do IDEPE. Confesso, porém, que quando o Prof. Aires me ligou achei que fosse uma "pegadinha-do-Faustão", um trote, principalmente quando de viva voz me convidou para esse Congresso – tremenda irresponsabilidade dele!

Bom, voltando ao tema, e estando definida e aceita a primeira premissa – de que o direito positivo compõe um sistema –, é preciso, agora, conhecer as características desse sistema.

Este sistema – o sistema jurídico – é composto por todas as normas do direito positivo brasileiro. Se é assim, dentro de nosso estudo, eu iniciaria a pesquisa pelo mais importante conjunto deste sistema – qual seja sistema, ou subsistema, constitucional, depois o subsistema do direito constitucional tributário e, finalmente, o subsistema do ICMS constitucional. Pronto: cheguei no sistema que pretendo analisar.

A análise deste subsistema evidencia que o legislador constituinte foi extremamente minucioso e detalhista com relação ao ICMS, determinando diretrizes precisas para a estruturação deste imposto no Brasil.

Por isso fiquei muito tranqüilo ao ouvir a primeira palestra, proferida pelo Prof. José Eduardo Soares de Melo, que, mais que um professor, é hoje um grande amigo, e como sempre facilitando minha vida, porque ele o tempo todo se referiu ao *princípio* da não-cumulatividade, deixando clara a natureza de *princípio* para ele – o que para mim já me tranqüiliza muito, pois sem dúvida o Prof. José Eduardo é um dos grandes estudiosos e mestres de nosso sistema tributário.

Estou levantando esse ponto porque se sabe que a melhor doutrina do direito constitucional hoje se dedica muito ao estudo das *regras* e *princípios*, classificando as diferenças entre eles. Alexy, Dworkin, Canotilho, José Afonso da Silva, Michel Temer, todos analisando as diferenças, que nós sabemos, formalmente, não existem. A densidade, a abrangência de uns e outros é que fazem a diferença.

É claro que a análise dos grandes mestres internacionais é sempre interessante para nós. Contudo, tais lições devem ser vistas com a lembrança clara de que se referem a outros sistemas, isto é, a outros conjuntos de normas, que compõem o direito positivo de seus respectivos países.

Meu convite é para voltarmos os olhos à nossa Constituição Federal, que, por sua vez, começa falando em "Princípios Fundamentais".

Ora, se a nossa Constituição começa assim, no meu modo de ver, ela já deixa claro que existem outros princípios que podem até não ser tão fundamentais. Aliás, em artigo recentemente publicado pela Dialética critico essa denominação, que pode dar uma sensação equivocada.

Depois de olharmos nossa Carta Magna, aí, sim, podemos – ou, melhor, devemos – olhar as lições dos grandes constitucionalistas, para identificarmos em suas classificações nosso Texto Constitucional. Neste sentido, agrada-me muito a lição do mestre Canotilho, que denomina como "Princípios Políticos" o que a nossa Constituição chama de "Princípios Fundamentais". Prefiro a classificação do Mestre português, penso que ficaria mais claro chamarmos tais princípios de *princípios políticos fundamentais*.

Continuando na análise da nossa Constituição, encontramos outros princípios expressamente classificados como "Princípios Gerais" – como, por exemplo, constatamos na leitura dos capítulos que contêm o "Sistema Tributário" e "Atividade Econômica".

Ainda neste passeio pela Constituição nos deparamos também com *princípios específicos*, como bem frisou o Prof. José Eduardo; ou seja, existem, sim, princípios, com efetiva natureza de princípios, só que específicos a um tributo.

Destarte, a existência de tais princípios no corpo da Constituição, no nosso sentir, obriga a termos a seguinte interpretação: "Olha, o ICMS no Brasil só pode ser assim, com este desenho constitucional, ou seja, obrigatoriamente ele deverá observar o princípio da não-cumulatividade".

Acho até discutível – e agora há o livro do meu querido amigo e professor Clélio Chiesa (aliás, Clélio, sinta-se meio responsável por esta palestra, porque foi planejada muito em função dos estudos contidos em seu novo livro sobre a competência do Estado) – a questão sobre se podem ou não os Estados (ou algum Estado) deixar de cobrar o ICMS. Contudo, o que quero frisar é que mesmo para quem entende que o Estado pode deixar de cobrar ICMS, que deixe; mas, se for cobrar, ele tem que ser não-cumulativo.

Noutros termos, consigo admitir até a linha de quem defende que os Estados têm a faculdade de cobrar ou não o ICMS; porém, se se resolver instituir o imposto, ele terá que se moldar nos exatos termos definidos na Constituição Federal.

Meu raciocínio implica afirmar que, se a EC 33 for correta, podem chegar para nós novas emendas dizendo: "O imposto sobre a renda não será mais progressivo, o IPI não será mais seletivo". Isso, para mim, parece absolutamente impossível dentro do perfil constitucional destes impostos.

Vou dando seqüência e me sentindo mais firme ainda, na medida que a nossa CF, no art. 5º, § 2º – quer dizer, depois de ela definir todos nossos direitos e garantias individuais –, diz: "Olha, não são só esses os direitos e garantias, todos os demais *princípios* arrolados nesta Constituição também têm esse caráter". Continuo na Constituição, vou ao art. 60, § 4º, IV, onde fala das cláusulas pétreas, tratando todos os direitos e garantias individuais como imutáveis, inalteráveis, até por emendas constitucionais.

Ora, então, nessa linha de raciocínio, entendo, por ser corolário da premissa que levantei, que a não-cumulatividade é um *princípio* e, portanto, cláusula pétrea no Brasil.

Inalterável, inclusive por emendas constitucionais!

Na lição do Prof. José Eduardo de agora vimos o combate contra uma lei complementar que fere o sistema constitucional tributário. Chamo a atenção para o fato de que esse tipo de combate, para nós, brasileiros, já é mais comum. Ou seja, não é surpresa termos que enfrentar leis complementares que desobedecem aos parâmetros constitucionais. O desrespeito das normas infraconstitucionais para com as normas constitucionais infelizmente é quase que diário no Brasil, por isso me parece um pouco mais comum, para nós, enfrentar este tipo de inconstitucionalidade. Aliás, no Brasil, a lei complementar que teria vindo facilitar a compreensão do ICMS diz que incide o ICMS no transporte de mercadoria da matriz para sua filial – é brincadeira! Esta é a prova de que realmente estamos habituados a que até as lei complementares sejam inconstitucionais em nosso país.

Agora, quando se trata de analisar a constitucionalidade de uma emenda, já nos dá – ou, pelo menos, me deu – um pouco mais de cautela. Mas aí eu percebi que o raciocínio é absolutamente o mesmo, porque, olhando a doutrina do direito constitucional, os ensinamentos do Prof. Sacha Calmon, que vejo aqui na minha frente, percebo ser nítida a hierarquia dentro da Constituição, já que ela é composta por princípios e regras.

Ora, se há essa hierarquia, e se a não-cumulatividade é um princípio, específico que seja – e não menos importante por isso –, ele não pode ser alterado. Ele é cláusula pétrea, e, como tal, inalterável até por emendas constitucionais.

Neste tema, por mais crítico que eu seja com relação a boa parte das recentes decisões do STF, devo aqui registrar um elogio ao conteúdo do acórdão de nossa Corte Suprema ao decidir pela inconstitucionalidade da parte da EC 3/1993 que tentou burlar o princípio da anterioridade quando da instituição do IPMF. Quero dizer que o Supremo já tem jurisprudência confirmando que há, sim, hierarquia no bojo da Constituição e que mesmo uma emenda constitucional aprovada formalmente (regra constitucional, então) pode ser declarada inconstitucional por ferir materialmente a Constituição. Isto é, por ferir materialmente um princípio – seja de que nível for – fundamental, geral ou específico. Uma emenda não pode ferir princípios!

Por essa linha de raciocínio, lembro-me, aqui, da clássica lição do Prof. Celso Antônio Bandeira de Melo sobre o conceito de *princípio*, visto como alicerce, como base fundamental, da estrutura de um sistema. Aliás, prezado Prof. Celso Antônio, muito obrigado pela sua palestra neste Congresso! Ela me deu muita força, como cidadão, para continuar acreditando que nossa Constituição irá prevalecer.

Vejo *princípio* com a força e poder que nos ensina o Prof. Celso Antônio. E, portanto, é assim que vejo a não-cumulatividade, como um alicerce que, se for retirado, implicará o desmoronamento do "prédio" denominado ICMS.

Posta essa premissa de princípio, posta essa premissa de que há hierarquia na Constituição, passo a entrar rapidamente na história do ICMS na importação, que é triste, é muito triste.

Voltemos ao período do ICM. A Constituição não previa a incidência do ICM na importação. Veio a EC 23/1983 (Passos Porto) e trouxe, depois de um forte *lobby* dos Estados, a ampliação do aspecto material do ICM, incluindo também a importação como objeto de incidência.

Esta realidade confirma o acerto da lição do Prof. Roque Carrazza, que demonstra a lamentável situação, mas real, de que o ICM era (assim como hoje o ICMS é) uma sigla, e que acolhe embaixo dela inúmeras incidências.

E a EC 23/1983 trouxe a possibilidade, então, de que a importação sofresse a incidência do ICM, mas não alterou a sujeição passiva; expressamente dizia que agora incidiria ICM na importação quando produtores, industriais e comerciantes importarem.

Então, com esta redação, não gerou maiores dúvidas. Eu só quero registrar o dado triste de que esta Emenda veio depois de inúmeras decisões do Judiciário – do STF, inclusive – dizendo que não incidia ICM na importação.

A Constituição de 1988 trouxe a mesma norma da Emenda Passos Porto, só que deixando implícito quem eram os sujeitos passivos. Manteve a mesma ampliação do aspecto material, dizendo que incidia ICMS nas importações de mercadorias *e bens* feitas por *estabelecimentos* – esse era o termo –, e desde que fossem destinadas ao ativo fixo ou ao consumo deles.

Não satisfeitos com o aumento do aspecto material, que manteve a importação como fato gerador ICMS, e com a inclusão de bens, além das mercadorias, os Estados passaram a cobrar ICMS de todo mundo, com a seguinte alegação: "Se é bem e mercadoria, posso tributar todo mundo, seja estabelecimento, em função da destinação para o ativo fixo, ou pessoa física, em função do consumo. A pessoa física também consome" – essa foi a interpretação dos Estados.

Felizmente, a jurisprudência e grandes doutrinadores – tais como o Prof. José Eduardo Soares de Melo, o Prof. Roque Carrazza, o Prof. Clélio Chiesa, todos autores de livros de ICMS consagrados – combateram tal interpretação e deixaram claro seu equívoco, evidenciando que o fato de se ter aumentado o aspecto material não implica, de forma alguma, que tenha ocorrido aumento automático, alteração automática, da sujeição passiva, do aspecto pessoal da hipótese de incidência deste imposto.

Aliás, muito pelo contrário: ao manter o termo "mercadoria" e ao deixar o termo "estabelecimento", evidenciou de cara que pessoa física não poderia ser sujeito passivo, como tanto queriam os Estados. Um estabelecimento é vinculado obrigatoriamente a uma pessoa jurídica, a pessoa física tem domicílio e não estabelecimento.

Mais que isso, demonstraram tais Professores que os estabelecimentos alcançados por este ICMS eram só os estabelecimentos que eram contribuintes deste imposto; quer dizer, o fato de não constar expressamente serem só os estabelecimentos produtores, industriais e comerciantes talvez tenha sido até uma evolução na letra da Constituição. Se efetivamente se buscasse justiça tributária, em vez desta fúria arrecadatória que caracteriza todos os entes tributantes, certamente esta tentativa absurda não teria sequer nascido, pois implica cobrar tributo de quem não é contribuinte.

Então, essa tentativa de ampliação não foi feliz, e ficou evidente que "estabelecimento" só podia ser o estabelecimento de um produtor, de um industrial ou de um comerciante, por uma razão: a não-cumulatividade continuou como alicerce do ICMS.

Ora, como a Constituição de 1988 não alterou os "alicerces" do ICM, embora tenha alterado algumas "paredes", incluindo o "S" de "serviços", nada pode ser cobrado a título deste imposto desrespeitando os alicerces.

Usando, aqui, a figura de um prédio para melhor explicarmos esta questão, eu diria que os alicerces deste edifício, como não poderia deixar de ser, são os princípios; no térreo estariam as operações de circulação de mercadorias; e se incluiu mais um andar, o que contém os serviços de transporte e comunicação.

Agora, para chegar nesse andar de transporte e comunicação se passa ali pelos alicerces, pelos princípios, não se alterou, em absolutamente nada, a circulação de mercadorias e se incluiu mais um, tanto é assim que esses serviços é que passaram a ter que respeitar o princípio da não-cumulatividade. Tanto é assim que a prestação de tais serviços passou a gerar crédito e débito.

Assim, dentro dessa estrutura a jurisprudência de novo se tranqüilizou, e o STF desde 5.8.198, de lá pra cá, todas as decisões, sem exceção, sobre essa matéria foram no sentido de que não incide ICMS na importação para quem não é contribuinte do ICMS.

Este, portanto, foi o entendimento pacífico da doutrina e da jurisprudência sobre o ICMS na importação previsto no texto original da Carta de 1988.

Aí veio a EC 33.

Antes de falar de seu texto em vigor, por orientação do meu amigo Pedro Lunardelli comecei a analisar os debates antes das votações do Congresso Nacional, e neste exame percebi que nunca constou do projeto original da EC 33, nada relacionado ao ICMS.

Mais uma vez estou certo, incluíram por conta da ganância arrecadadora dos Estados. E pior: incluíram com a justificativa de que precisavam acabar com a controvérsia jurisprudencial. Ora, que controvérsia, se o STF não prolatou um acórdão a favor dos Estados? Como falar em controvérsia se todas as decisões da Suprema Corte foram pela incidência do ICMS apenas em importações feitas por seus contribuintes?

Balela – para não dizer outra coisa.

Bom, finalmente chegamos na EC 33, cuja redação deixou a Constituição com relação ao ICMS dizendo o seguinte: "Incidirá também sobre a entrada do bem ou mercadoria importada do Exterior, por pessoa física ou jurídica, ainda que não seja contribuinte habitual de imposto, qualquer que seja a sua finalidade". Ora, para fechar o raciocínio e combater diretamente a Emenda é que eu faço uso da lição do Prof. Clélio, meu amigo Clélio (hoje, não é mais Clélio, é o pai do Américo), que eu tenho pregado, e já tive o apoio do Prof. Roque Carrazza em outra palestra, dizendo que não são cláusulas pétreas só os princípios constitucionais. Parece-me que quando o constituinte originário desenhou o sistema tributário ele o fez de forma tão minuciosa, tão detalhada, que não fez para ser alterado. Ele criou uma inteligência no sistema, harmonizando o conjunto de forma que não deve e não pode ser alterado.

A União tem seus impostos, os Estados, Distrito Federal e Municípios os seus, todos com seus perfis já delineados na Constituição Federal.

E hoje, já que eu posso trazer sugestões e ser altamente criticado, por ser um aluno desta Mesa de Professores, defendo, sim, que as regras-matrizes dos impostos, contidas expressa ou implicitamente na Carta Magna, também são inalteráveis, também são cláusulas pétreas.

O perfil constitucional dos impostos não pode ser alterado. E fecho meu raciocínio lembrando-os da competência residual da União. Ou seja, não estou, aqui, radicalizando, impedindo a criação de novas incidências tributárias, engessando o sistema. Nada disso. Aliás, muito pelo contrário, entendo, via interpretação sistemática, que a Constituição Federal já viabiliza estas novas cobranças, e o faz através da citada competência residual da União.

Quais seriam a necessidade e sentido de tal competência da União, se todos os impostos já criados pudessem ser alterados em seus traços constitucionais? Porque a própria Carta Magna, ao autorizar a criação de novas incidências, impediu que tivessem o mesmo fato gerador e base de cálculo das já previstas em seu bojo?

Este dado também reforça, ao meu ver, que a não-cumulatividade é um princípio, sim, porque para criar novo imposto, no Brasil, a União tem que obrigatoriamente respeitar a não-cumulatividade.

Desta forma, dentro do tempo a mim conferido, com convicção da minha condição de eterno aprendiz (como canta o saudoso Gonzaguinha), coloco estas idéias para os interessados pensarem e concluírem se se trata de um mero devaneio de um caipira de Ribeirão Preto ou se posso brigar com mais companheiros pelo sentido deste raciocínio, defendendo que todo e qualquer princípio é cláusula pétrea, e que os impostos desenhados na Constituição, com seus respectivos princípios específicos, também o são – e, portanto, que o cidadão brasileiro, hoje, pode ficar tranqüilo, pois se a União for instituir o imposto sobre a renda, obrigatoriamente, terá que fazê-lo mantendo sua progressividade; se for instituir o IPI, ele terá que ser seletivo; e, da mesma forma, o ICMS no Brasil terá que ser, sempre, não-cumulativo.

Dessa forma, por conta e com base no princípio da não-cumulatividade, enquanto princípio, por entender que as regras-matrizes são cláusulas pétreas, que esse sistema tem como garantia também inalterável o art. 154, I, que exige a não-cumulatividade para novos impostos, eu embaso a minha primeira linha de raciocínio para dizer que a EC 33, com relação à importação, é absolutamente inconstitucional, porque não respeita o princípio da não-cumulatividade e porque não respeita a regra do 154, I, da CF, já que só a União pode criar novos impostos, e estes obrigatoriamente devem respeitar a não-cumulatividade. Como este imposto é um verdadeiro imposto sobre a importação, fica evidente sua afronta a este último dispositivo.

Mas isso não é novidade, a Constituição de 1988 já criou um imposto de importação estadual. Só que o fez – e nós temos que admitir assim, porque foi o poder constituinte originário, acredito que tenha feito até sem conhecimento de causa, de que criava um imposto de importação estadual – mantendo a sujeição passiva de todos os ICMS, e ela fez mantendo fundamentalmente o caráter mercantil. Só incide ICMS na importação quando ela é feita para trazer, para colocar, no círculo econômico, quer para ser revendida como mercadoria, quer para funcionar como um bem, no ativo, na indústria, nas empresas.

O caráter mercantil nunca foi abandonado no ICMS, e a Constituição de 1988 o exigiu assim. Ora, a EC 33 cria, na verdade, um imposto de importação absolutamente idêntico ao imposto de importação federal, na medida em que incide sobre tudo e sem limitação alguma. Não é mais para colocar no círculo econômico, é qualquer que seja – e é por isso que o Prof. José Eduardo Soares de Melo, já escrevendo sobre isso, faz essa crítica e deixa claro que agora incide sobre tudo, até sobre *leasing*, porque se tirou o caráter mercantil.

Então, também por essa linha de argumento, com base na lição do meu Mestre, José Eduardo, do Prof. Clélio, que alertou isso em seu mais recente trabalho, e sempre alicerçado nos ensinamentos do Prof. Roque Carrazza em matéria de ICMS, eu também defendo a inconstitucionalidade da Emenda, porque ela desrespeita o art. 154, cláusula pétrea para mim. Repito: também seria inconstitucional, porque criou um novo imposto de importação, e a Constituição impede a criação de novos impostos com base de cálculo e fato gerador absolutamente idênticos aos de impostos já existentes.

Agora, se nem assim eu consegui convencê-los e convencer o Poder Judiciário, ou seja, convencer o Supremo a tentar manter sua certeira jurisprudência com relação ao ICMS da importação, eu sugeriria a seguinte interpretação – e aí eu finalizo, porque eu também estou louco para ouvir os meus Professores: a Constituição está dizendo assim: "Incidirá, sobre a entrada de bem ou mercadoria importada do Exterior por pessoa física ou jurídica (...)" – é uma pena que não dê para escrever, mas, prestem atenção, " (...) por pessoa física ou jurídica, *ainda que não seja contribuinte habitual do imposto*".

Eu consigo interpretar da seguinte forma: nada mudou, nada, nada, nada. Só incide para contribuinte, mesmo que ele não seja habitual. Talvez nessa voracidade, nessa sana de aumentar a arrecadação, que já não pára de crescer, se disse a mesma coisa, porque nunca se preocupou com a quantidade de importações, e sim com o aumento da arrecadação que a importação gerava na carteira ICMS. Mas a redação constitucional vem, agora, e diz que incidirá sobre pessoa física *ou* jurídica – conjunção alternativa –, *desde que contribuinte*, mesmo que não-habitual, *mas tem que ser contribuinte*.

Ora, e como se justificaria a pessoa física? Parece-nos fácil: a Emenda só pode estar se referindo, aqui, ao produtor rural – e aí eu consigo manter a inteligência do sistema, consigo manter a aplicação da não-cumulatividade, e consigo dizer que, mesmo que essa Emenda seja considerada constitucional, continuarão no Brasil devendo ICMS na importação só os contribuintes (mesmo que não-habituais) de ICMS.

Se assim não for teremos que admitir, por exemplo, uma futura emenda constitucional colocando como sujeito passivo do IPVA quem não tenha sequer um veículo automotor; outra, como contribuinte do IPTU alguém que não tenha imóvel urbano; e assim por diante.

Não é possível admitir uma emenda que altere qualquer aspecto da hipótese de incidência dos impostos nacionais. Muito obrigado pela atenção *(palmas)*.

PRESIDENTE (PROF. JOSÉ SOUTO MAIOR BORGES) – A terceira exposição terá por objeto o ICMS, incidência única nos combustíveis e lubrificantes, e a responsabilidade pela exposição foi deferida à Profa. Misabel Derzi.

PROFA. MISABEL DERZI – Minhas homenagens a todos os presentes, aos meus Colegas ilustres que compõem esta Mesa, em especial o Presidente desta Mesa, nosso querido Prof. Souto Maior Borges, fazendo minhas as palavras do Prof. Marcelo. Só se esqueceu de dizer que nós todos, que aqui estamos à Mesa, somos colegas porque somos alunos ainda do Prof. Geraldo Ataliba. Então, nós estamos ao seu lado nesta Mesa, como alunos sempre do nosso grande Mestre.

Cabe-me falar-lhes sobre a incidência única sobre combustíveis e lubrificantes, hipótese introduzida pela EC 33, de 11.12.2001, que inovou nessa área em relação ao ICMS, nos seguintes termos do art. 155, XII, "h": "Cabe à lei complementar: (...) XII – definir os combustíveis e lubrificantes sobre os quais o imposto incidirá uma única vez, qualquer que seja a sua finalidade, hipótese em que não se aplicará o disposto no inciso X, 'b'" – ou seja, imunidade nas operações interestaduais como combustíveis e lubrificantes, derivados do petróleo.

Quero lhes dizer – antecipando as minhas conclusões –, desde logo, que vamos concluir, na verdade, no sentido de que a EC 33 só pode ser aceita, só pode ser compreendida como adequada à Constituição, se ela for pensada como incidência única sobre combustíveis e lubrificantes, isto é, incidência única, não-cumulativa. Estamos, aqui, distinguindo a não-cumulatividade como princípio da técnica de se fazer a não-cumulatividade. E vamos concluir em seguida que, em decorrência disto, implementada uma incidência única sobre combustíveis e lubrificantes, no futuro, os créditos relativos às compras pelas refinarias, se as operações praticadas pelas refinarias forem a fase escolhida como incidência única, deverão ser mantidos, sob pena de ofensa grave não só à não-cumulatividade prevista na Constituição originária, como ofensa direta à própria EC 33, que diz literalmente que a incidência será única.

Finalmente, vamos concluir também que aqueles contribuintes que realizam operações com mercadorias de outra natureza que não combustíveis e lubrificantes ou serviços, no caso dos transportes, e que adquirirem combustíveis e lubrificantes como insumos de suas atividades, submetidas estas, as suas operações, à incidência do ICMS, também deverão ter direito a crédito, quer seja ele transferido direto da refinaria, quer lhe sejam outorgados créditos presumidos – sob pena de infringirmos a não-cumulatividade prevista na Constituição originária ou sob pena de infringirmos a letra da EC 33, que diz, expressamente que lei complementar poderá definir os combustíveis e lubrificantes sobre os quais incidirá uma única vez o ICMS.

Essas são as conclusões a que vamos chegar. Nós devemos nos perguntar, sempre, por que a Constituição de 1988, continuando o caminho aberto pelas Constituições anteriores, adotou um tributo tão complexo como o ICMS.

De fato, a não-cumulatividade é um princípio, não uma mera regrinha. Que significa ser isto, uma mera regrinha? Significa ser uma regra tópica, de efeitos limitados e específicos a certo tributo, não uma direção, um suporte, uma tendência da Ordem Jurídica Nacional. Sempre adotei, em lugar de uma posição mais complexa da teoria dos princípios de Alexy ou de Dworkin, dentro das teorias do sopesamento ou do balanceamento, uma posição adaptada à Constituição Brasileira, que é uma Constituição especial, *sui generis*, de grande densificação de certas normas principiológicas, que já se conjugam a contraprincípios, expressos na própria Constituição.

Sempre adotei a posição de muito bons autores nacionais, especialmente Geraldo Ataliba e Celso Antônio Bandeira de Mello, segundo a qual princípio é sempre norma, expressa ou implícita, mais densificada em alguns casos, ou menos densa em outros casos, mas, de qualquer maneira, um alicerce, um suporte, não apenas tópico, mas de todo o sistema normativo. Isso é o que acontece com a não-cumulatividade. É suporte na verdade do ICMS, do IPI e de qualquer outro imposto inventado pela União, no exercício da sua competência residual, marca uma tendência do Sistema Tributário Brasileiro, da Ordem Jurídica, a partir do Texto Constitucional.

Eu vou lhes dizer mais: trata-se, hoje, de um princípio praticamente universalizado. Aquele IVA inventado pelos franceses – aliás, acho que a descoberta foi alemã, no início do século passado, mas que os franceses, na verdade, construíram – é hoje a técnica dos grandes impostos sobre o consumo em mais de 100 países no mundo, em todo o Continente Europeu, em toda a América Latina, no Canadá, na Austrália, na Nova Zelândia, na África, na China, no Japão. Só ficam dois países importantes de fora do modelo: os Estados Unidos da América do Norte, que estudam duramente como introduzi-lo, embora dois Estados Norte-Americanos já o tenham feito – as Senhores sabem, não vou tratar das peculiaridades do sistema norte-americano, o Federalismo Norte-Americano trata de um tributo sobre vendas de competência dos Estados, isso é altamente complexo para eles –, e a Índia. No mais, a tendência é universal; agora, eu lhes pergunto por quê.

No caso do Brasil é norma constitucional, é algo que dirige o legislador federal no exercício da sua competência residual. Então, não é algo tópico restrito ao ICMS e ao IPI; não, é uma orientação e uma direção do Sistema.

Bem, por que motivo? Podemos dizer que o nosso ICMS é tão complexo quanto o IVA europeu. Porque lá o IVA continua sendo de competência de cada um dos Estados soberanos que integram a Comunidade Européia, por isso é altamente complexo; e como aqui, no Brasil, é competência dos Estados, em um mercado completamente integrado como o mercado nacional, o ICMS continua também sendo tão complexo quanto o IVA europeu.

Por que, então, nós insistimos nisto, por que o legislador no mundo inteiro insiste nisso, o que há de peculiar nisso? Não seria mais fácil escolher uma única fase – por exemplo, no varejo ou no atacado –, por que não escolher uma única incidência na indústria?

Ora, uma única incidência na indústria contém cumulatividade, contém uma agregação de cumulatividade residual, porque a indústria também adquire produtos industrializados sobre os quais incide o tributo – por exemplo, todos os seus bens do ativo fixo –, e se ela está operando com produtos que industrializa na saída, e haverá incidência única, nós temos, aí, cumulatividade individual como única incidência na fábrica. Dois: escolher a fábrica significa escolher a mercadoria em seu menor valor agregado, o que desencadeia um tributo de péssima produtividade para os Fiscos, e se coloca apenas um patrimônio de determinada fase, garantindo os Fiscos contra os riscos da insolvência.

Muitas razões afastam a opção pela incidência única no varejo. A sonegação é muito elevada, a fiscalização é mais difícil.

Em segundo lugar, no varejo há uma agregação de cumulatividade residual elevada, porque também o comerciante que opera só no varejo nem sempre compra para revender, ele compra bens do ativo fixo e bens de uso e consumo. Nos Estados Unidos da América do Norte, por exemplo no

Tax Sale, que só incide no varejo, estuda-se como eliminar essa cumulatividade residual, e lá muitos Estados dão isenção naquelas aquisições, ou seja, o imposto só incide quando o adquirente é, na verdade, consumidor final. Vale dizer, a compra de bens de consumo ou bens do ativo fixo pelo contribuinte está isenta de imposto.

Em terceiro lugar, a incidência única no varejo retarda a arrecadação, porque a Fazenda tem que esperar produtos e mercadorias saírem desde a produção e chegarem ao varejo na última operação para haver incidência do tributo.

Finalmente, fragilizam-se as garantias para o Fisco contra os riscos da insolvência, porque os demais possíveis contribuintes das diversificadas etapas de circulação ficam liberados do ônus, sendo responsabilizado apenas o último elo da cadeia, que ficará com seu patrimônio à disposição do credor.

Por todas essas razões é que no mundo inteiro se procurou criar um tributo excelente de mercado, que agregasse os benefícios trazidos pela não-cumulatividade sem os vícios da incidência monofásica. Então, o que se fez – e os franceses se gabam disto – foi um tributo que realiza o milagre de incidir em todas as etapas de circulação de mercadorias e de serviços, como se incidisse uma única vez na última etapa, pelo maior valor da mercadoria, antecipando o imposto desde a primeira etapa, com menores riscos de evasão, e com todos esses patrimônios garantindo o pagamento e se diluindo o risco da insolvência em favor dos Fiscos arrecadadores.

Por isso, o mundo inteiro caminha para esse tipo de tributo. Neste contexto é que veio a EC 33 a instituir a possibilidade de um ICMS que incidirá uma única vez sobre combustíveis e lubrificantes de toda natureza, quer sejam derivados ou não do petróleo, gás natural, álcool carburante etc. Essa definição dependerá de lei complementar.

Para compreendermos isto, para que a Constituição seja respeitada na sua modelação originária e para que a EC 33 seja cumprida, só resta uma conclusão: manutenção absoluta dos créditos. A lei complementar vai ter que dispor sobre esta matéria. A Constituição não admite no ICMS exceção alguma, estorno algum de crédito nas operações tributadas.

Vejam bem os Senhores: quanto à incidência do ICMS, a Constituição veda estorno de crédito, ela só admite a possibilidade de estorno ou a não-concessão de crédito presumido quando estamos diante da isenção concedida pelo legislador infraconstitucional – portanto, da não-incidência, da isenção infraconstitucional que veio como incentivo. Neste caso, o legislador infraconstitucional pode dar incentivo pleno ou incentivo reduzido, com manutenção parcial ou total dos créditos em relação às operações anteriores.

Não se trata da hipótese. Imaginemos que a lei complementar escolha como parte de incidência única as operações feitas pela refinaria.

Nessa circunstância, estamos diante de uma operação tributável, portanto não há qualquer autorização constitucional para o estorno dos créditos na refinaria, ela haverá de manter todos os seus créditos relativos à aquisição dos bens de consumo, dos seus insumos e dos bens do ativo fixo. Se não for desta forma, a própria Emenda será desmentida, porque haverá incidência na operação de saída dos combustíveis e lubrificantes, definidos em lei complementar – ou seja, haverá uma dupla incidência sobre aqueles valores que compõem a operação de saída e sobre aqueles que já foram tributados nas aquisições da refinaria, como insumos, bens do ativo fixo ou bens de uso e consumo.

Portanto, se a operação subseqüente é normalmente tributada, não sendo isenta, não há possibilidade de estorno de crédito.

Finalmente, também não poderá existir cumulatividade em todas aquelas circunstâncias em que o contribuinte, embora realizando operações ou industrialização, ou operações de comercialização de mercadorias de outra natureza (que não combustíveis ou lubrificantes), ou prestando serviços (como os transportes), adquire combustíveis e lubrificantes como insumos. Como já houve uma incidência única na refinaria, por hipótese, nós teremos uma dupla incidência se não houver crédito em relação às aquisições desses combustíveis e lubrificantes nas operações anteriores, evidentemente atropelando-se o texto escrito da própria EC 33.

Assim, a lei complementar deverá disciplinar esta matéria, regular a hipótese, porque os Senhores observaram que há um vácuo, nestas etapas, se houver incidência do ICMS na refinaria com manutenção dos créditos. Haverá uma ou duas fases não tributadas, na distribuição ou no varejo. Se, como vimos, um outro contribuinte que não realiza operações com este tipo de mercadoria adquirir combustível ou lubrificante como insumo, também não poderá haver cumulatividade. Portanto a lei complementar deverá definir o procedimento, ou conceder um crédito presumido ou transferir o direito de crédito da refinaria. A Constituição não autoriza a cumulatividade na sua redação original e nem na própria EC 33, que consagra a possibilidade da incidência uma única vez do ICMS sobre operações com combustíveis e lubrificantes.

Quero agradecer a todos os Senhores por estes minutos em que pude introduzir a complexidade do problema e me manifestar aqui, pois não terei possibilidade de discutir o tema em outra oportunidade, opinando pela constitucionalidade da incidência do ICMS sobre as importações, quer sejam feitas por contribuinte ou por pessoas físicas, não-contribuintes. Ficou claro que o Dr. Marcelo discorda dessa posição, mas ele não está sozinho, mas está muito bem acompanhado. Ao contrário, eu é que estou sozinha na estrada, ou quase isso. Não me lembro bem da posição do Prof. Souto Maior nesta matéria, em relação às importações; eu lhes digo apenas o seguinte: o Prof. Marcelo está muito bem acompanhado. O STF apoiou em passado recente a posição que ele esposa. Ao lado dele se encontra também o Prof. Bottallo, e acho que também o Prof. José Eduardo, pelo menos antes do advento da EC 33.

Acho que deve haver incidência sistemática do ICMS sobre as importações. Nós temos que pensar na exoneração sistemática das exportações e na incidência obrigatória sobre as importações. Parece-me que aquilo que se produz dentro do país deve ter tratamento igual aos produtos importados. Esse princípio nem precisaria estar escrito na Constituição. Entretanto, para aqueles que discordam da minha posição seria preciso convocar uma nova Constituinte, para se deixar claro que não é possível tratar de forma privilegiada o produto importado em relação ao nacional.

Se tudo que se produz em outros países para exportação é exonerado, chega ao território nacional livre de impostos. É o princípio da tributação no destino, regra característica dos mercados não completamente integrados. Entretanto, a produção interna, nacional, continua sendo sistematicamente submetida à incidência do ICMS. Assim, a importação tem que sofrer a incidência do ICMS e de todos os outros tributos que oneram a produção interna (IPI, COFINS), sob pena de se conceder um tratamento discriminatório à produção nacional. Eu não posso estimular os cidadãos brasileiros a somente adquirir importados, especialmente agora, que estamos trazendo o MERCOSUL com as alíquotas sendo zeradas. Então, o cidadão paulista deixará de comprar os carros que aqui geram emprego, em São Paulo, para passar a comprá-los diretamente da Argentina? Não é correto. O cidadão mineiro não pode abandonar a Fiat com sua fábrica e os mil empregos que ela gera, sei lá quantos mil, para só comprar importados. Então, na Constituição a isonomia em relação a nós mesmos me parece fundamental.

Queria trazer isto à sua consideração. Muito obrigada, Senhores *(palmas)*.

PRESIDENTE (PROF. JOSÉ SOUTO MAIOR BORGES) – Uma comunicação que me é feita pela direção do Congresso: em face do adiantado da hora, não haverá tempo para os debates. É algo importante que se perde, porém não há alternativa. Então, solicita-se às pessoas que, ao encaminharem as perguntas para os expositores, o façam adicionando o endereço para contato, sobretudo endereço eletrônico, para reposta posterior. E, com essas breves considerações, passo a palavra ao quarto e último expositor, que será o Prof. Roque Antonio Carrazza, para falar sobre "A Substituição Tributária para a Frente no ICMS e o Atual Entendimento do STF".

Para evitar eventual tumulto entre uma sessão e a outra, esclareço que imediatamente após os presentes trabalhos, sem intervalo algum, serão iniciados os trabalhos da Mesa subseqüente. Com a palavra o Prof. Roque Carrazza.

PROF. ROQUE ANTONIO CARRAZZA – *1*. Prof. José Souto Maior Borges, queridos amigos Misabel Derzi, José Eduardo Soares de Melo e Marcelo Salomão, prezados Colegas.

Eu também me sinto muito honrado em estar aqui, participando deste *XVI Congresso Brasileiro de Direito Tributário*, que está sendo presidido pelo eminente Prof. Sacha Calmon Navarro Coêlho. Aproveito o ensejo para felicitar de público o não menos eminente Prof. Aires Barreto, Presidente do prestigioso *Instituto Geraldo Ataliba-IDEPE* e responsável maior por mais este evento científico vitorioso.

2. Dentro do nosso tema central, fui incumbido de falar-lhes sobre "A Substituição Tributária para a Frente no ICMS e o Atual Entendimento do STF".

Dando início a meu raciocínio, permito-me lembrar, rapidamente, que o tributo nasce quando se verifica, no mundo em que vivemos ("mundo fenomênico"), o fato, lícito e não-voluntário, minudentemente descrito na *hipótese de incidência* da norma jurídica tributária.

Hipótese de incidência, como sabem, é o fato, descrito em lei, que, acontecido, faz nascer a relação jurídica tributária, que tem por objeto a *dívida tributária*. Ou, se preferirmos – invocando as lições sempre preciosas do saudoso e sempre lembrado mestre Geraldo Ataliba –, é o fato, descrito em lei, que, se e quando acontecido, faz nascer, para uma dada pessoa, o dever de recolher o tributo.

Não devemos confundir este fato, descrito em lei e por ela alçado à condição de *hipótese* ou *suposto*, com sua *ocorrência real*. Noutros termos – mais técnicos –, não devemos confundir a *hipótese de incidência tributária* com o *fato imponível do tributo*.

Esta – diga-se de passagem – é distinção conceitual que a melhor doutrina vem fazendo com clareza. Deveras, uma realidade é o fato descrito em lei, que, acontecido, faz nascer o tributo (a *hipótese de incidência*); e, outra, muito diversa, é o *fato que aconteceu*, isto é, que realizou o *tipo tributário*, e, por isso, determinou o surgimento, *in concreto*, da exação (o *fato imponível*). Estamos, neste passo, diante de dois planos distintos e, assim, inconfundíveis: o primeiro, *abstrato*, *normativo*; o outro, *concreto*, *fático*. A *hipótese de incidência* está na lei; o *fato imponível*, no mundo fenomênico.

Pois bem: o tributo só pode ser validamente exigido quando um fato ajusta-se rigorosamente a uma hipótese de incidência tributária. E este fato outro não é senão o *fato imponível*. Vale, a propósito, a clássica asserção de Albert Hensel: "Só deves pagar tributo se realizas o fato imponível".

Este é um direito fundamental do contribuinte, que decorre do próprio princípio da segurança jurídica: o direito de só ser compelido a recolher o tributo após a ocorrência do *fato imponível*.

3. Não pode haver, portanto, tributação por fato futuro, assim como – permitam-me fazer a analogia, porque ela é oportuna – não pode haver apenação por crime futuro, isto é, ainda não cometido.

Decididamente, nenhuma pessoa pode ser enviada ao cárcere porque tudo sinaliza (seus maus antecedentes, sua ambição desmedida, sua revolta social etc.) que delinqüirá. Mesmo que se preveja uma indenização na hipótese de estas perspectivas sombrias não se concretizarem. Ou, ainda, que se permita que esta mesma pessoa ganhe um "crédito", que lhe permitirá abater o tempo de pena a cumprir, caso realmente venha a cometer um crime.

Por igual modo, não pode haver tributação por fato futuro, ainda que haja indícios eloqüentes de que o *fato imponível* ocorrerá.

É claro que os valores em jogo são diferentes: valor *liberdade*, no caso da apenação por crime futuro; valor *segurança*, no caso da tributação por fato futuro. Mas sempre valores supremos, que, de tão importantes, foram inseridos no próprio "Preâmbulo" de nossa Carta Constitucional.

4. Muito bem, com estas poucas considerações, já estamos percebendo que não há espaço jurídico em nosso país à "substituição tributária para a frente", em que o sujeito passivo do tributo que acaba de nascer vê-se compelido pela lei não só a recolhê-lo, como a antecipar o pagamento dos que provavelmente nascerão, quando se verificarem novos *fatos imponíveis*, relacionados ao que acaba de ocorrer.

Tentarei explicitar meu pensamento com o seguinte exemplo: a legislação estabelece que quando a fábrica de cervejas e refrigerantes vende seus produtos ao distribuidor de bebidas, ela, por força da figura da *substituição tributária*, deve recolher não só o *seu* ICMS (isto é, o ICMS devido pela operação mercantil que acaba de realizar) – o que está correto –, como o que seria devido quando o distribuidor revendesse os produtos ao dono do bar e quando este, praticando nova venda, os fizesse chegar às mãos do consumidor final.

Aproveitando o exemplo, observo, antes de mais nada, que nada garante que realmente haverá as prenunciadas operações mercantis. Com efeito, pode acontecer – e freqüentes vezes acontece – de o engradado de bebidas cair no chão, rompendo os vasilhames, circunstância que impossibilitará a ocorrência dos novos *fatos imponíveis*. Também é comuníssimo – especialmente em Ribeirão Preto, terra do Prof. Marcelo Salomão, onde faz um calor senegalês – o dono do bar apetecer-se e, ao invés de vender a cerveja, tomá-la, incorporando o "precioso líquido" ao seu próprio organismo, ao seu, digamos, "patrimônio pessoal" (risos na platéia). Pois bem, em nenhuma destas hipóteses haverá os fatos imponíveis presumidos – e, no entanto, os montantes de ICMS terão sido antecipadamente recolhidos.

Mas não é só. Como é de compreensão intuitiva, não se conhecendo ao certo os valores que serão praticados seja pelo distribuidor de bebidas, seja pelo dono do bar, tudo é estimado, por meio de *pautas fiscais*. *Pautas fiscais* que – diga-se de passagem – invariavelmente são contrariadas pela realidade. Afinal, as autoridades fazendárias não têm – pelo menos que eu saiba – dons divinatórios, e, assim, limitam-se a estimar, por critérios pragmáticos, baseados na observação, o valor pelo qual serão praticadas as operações mercantis subseqüentes.

Enfim, tudo isso coloca o contribuinte sob o guante da incerteza e da insegurança, já que ele se vê compelido a recolher o tributo por fato que pode não ocorrer ou, ainda que ocorra, pode dar-se por valor muito aquém do estimado.

Ora, a segurança jurídica, que se manifesta na certeza do Direito e na proibição do arbítrio, exige que o contribuinte só possa ser compelido a recolher o tributo após a ocorrência do *fato imponível*. Mais: que dele seja exigido exatamente o que for devido (nada *a maior*, nem *a menor*).

5. Mas, para que não se diga que não estou a par da realidade, sou o primeiro a reconhecer que, para o Fisco, o regime da "substituição tributária para a frente" no ICMS é o ideal: facilita a arrecadação, evita a fraude e afasta o fantasma da sonegação fiscal, que tanto assusta as autoridades fazendárias, além de, compreensivelmente, indignar os homens-de-bem.

Em suma, o interesse fazendário é muito bem acautelado pela "substituição tributária para a frente" no ICMS.

Só que o interesse fazendário não se confunde com o interesse público, nem, muito menos, o sobrepaira. Pelo contrário, subordina-se ao interesse público, e, por isso mesmo, só poderá prevalecer quando em perfeita sintonia com ele.

O que estou tentando significar é que o interesse público absolutamente não admite que se faça tábua rasa dos direitos fundamentais do contribuinte – como este, de só ser tributado após a ocorrência do *fato imponível*.

E nem se diga que há uma predominância do interesse público sobre o interesse privado. Predominância do interesse público não é sinônimo de lesão de direitos.

6. Alguém poderia objetar que o § 7º do art. 150 da CF autoriza a tributação de fato futuro desde que se garanta "a imediata e preferencial restituição da quantia paga, caso não se realize o fato gerador presumido".

Anoto, todavia, que este § 7º foi introduzido ao art. 150 de nossa Lei Maior por uma emenda constitucional: a EC 3/1993. Neste ponto, a Emenda – como quer a melhor doutrina – é inconstitucional, porque fere a *cláusula pétrea* que garante ao contribuinte o direito de só ser tributado após a ocorrência do fato imponível.

Teorizando um pouco, o Congresso Nacional, enquanto elabora emendas constitucionais, encontra limites na própria Carta Magna. Vai daí que seu poder de reforma da Constituição, longe de ser absoluto, a ela se subordina – e, nesta medida, é *secundário* ou *derivado*. Gomes Canotilho, com muita propriedade, não chama este poder de "constituinte", mas sim de "constituído".

Enfim, há limitações formais e materiais, expressas ou implícitas, à competência que o Congresso Nacional possui para emendar a Constituição. Tais limitações são entre nós conhecidas como *cláusulas pétreas*.

Dentre estas *cláusulas pétreas* – volto a insistir – figura, sem dúvida, a que dá ao contribuinte o direito de só poder ser tributado após a ocorrência do *fato imponível* e, no caso ora em debate, tomando por base de cálculo o valor da operação mercantil efetivamente realizada.

Como não é difícil perceber, a "substituição tributária para a frente" destrói as garantias constitucionais do contribuinte e torna inúteis as limitações constitucionais ao poder de tributar.

Mas há certas coisas que se superam no tempo. Mais dia, menos dia, acabam sendo aceitas. Bem ou mal, o tempo encarrega-se de resolver praticamente todos os problemas. O tempo – como bem observa o Prof. Eurico de Santi – tudo consome. Com o tempo, e pelo tempo, o Direito vai extinguindo o Direito.

Enfim, à medida que o tempo passa, a famosa *teoria do fato consumado* acaba se impondo.

Isto ocorreu com a *tributação por fato futuro*, prevista na EC 3/1993. Embora pessoalmente continue convencido de que, neste particular, a Emenda é inconstitucional, reconheço que, sob o ângulo pragmático, pouco há a fazer contra a tributação por fato futuro. Ademais, os Pretórios do país aceitaram-na e, pouco a pouco, a doutrina acaba se curvando ao inevitável.

Mal comparando, seria o mesmo que, nesta altura, questionarmos – como ouvi recentemente – a juridicidade da própria Constituição de 1988, "tutelada" que foi por uma emenda constitucional. Ou a posse de José Sarney, por ocasião da morte repentina do Presidente eleito Tancredo Neves.

O tempo encarrega-se de superar até mesmo as controvérsias jurídicas. E isto aconteceu com a possibilidade de *tributação por fato futuro*. O § 7º do art. 150 da CF, que a previu, embora introduzido no ordenamento jurídico pela porta inadequada, foi convalidado por uma série de decisões judiciais, com as quais pessoalmente não concordo, mas que, verdade seja, arrefeceram os ânimos da maioria dos estudiosos, que o consideravam – como eu ainda o considero – incompatível com o princípio da segurança jurídica da tributação.

Assim, vencido pelas circunstâncias, mas não convencido (e, portanto, murmurando o clássico *e pur si muove*, de Galileu Galilei), aceito – apenas para prosseguir em minha fala – a possibilidade jurídica da *substituição tributária para a frente* no ICMS.

7. A *substituição tributária para a frente* é adotada no ICMS por razões de praticidade. De fato, a praticidade (ou *princípio da praticidade*, que os alemães tão bem estudaram) recomenda que se evitem execuções muito complicadas das leis, sobretudo quando devem ser aplicadas *em massa* (é o caso das leis que tratam de tributos submetidos a lançamento *por homologação*). Uma coisa, no entanto, é certa: em nome da praticidade não se pode romper princípio constitucional tributário algum – como, no nosso caso, o da *segurança jurídica* e o da *não-cumulatividade*.

Antes, porém, de enveredarmos por esta trilha, julgo oportuno enfatizar que algumas regras devem ser obedecidas para que a *substituição tributária para a frente* no ICMS seja válida, ao lume do § 7º do art. 150 da CF.

Deveras, este dispositivo manda assegurar "a imediata e preferencial restituição da quantia paga, caso não se realize o fato gerador presumido".

É o caso, pois, de indagarmos: isto está acontecendo? Infelizmente, não, como muito bem sabem todos os Colegas que militam na área. Se não, vejamos.

8. O art. 10 da Lei Complementar 87/1996 (Lei Kandir) nominalmente assegura o direito à restituição do valor do ICMS em caso de o fato gerador presumido não se realizar. Mas assegura de que modo? Apenas permitindo que o contribuinte formule o pedido de restituição e aguarde 90 dias. Se, ultrapassado este prazo, nada for deliberado, aí, sim, o contribuinte poderá lançar em sua escrita fiscal o valor objeto do pedido, mas sempre sujeito a estorno, com acréscimos (juros, multas, correção etc.).

Em resumo, esta *restituição* não é nem imediata, nem, muito menos, *preferencial*.

Mas – por incrível que pareça – há uma situação ainda mais grave. Mais grave porque, a prevalecer o atual entendimento do STF, nenhuma restituição se dará caso esta situação se tipifique.

Tentarei ser mais explícito.

A legislação dos Estados e do Distrito Federal prevê, no mecanismo da substituição tributária, o recolhimento de ICMS sobre margens estimadas de lucro, que são previamente determinadas pela Fazenda Pública, em *pautas fiscais* (ou *pautas de valores mínimos*), obedecidos os critérios apontados no art. 8º da Lei Kandir (cuja leitura dispenso).

O certo, porém, é que estas *pautas fiscais* apenas gozam da presunção *iuris tantum* – nunca *iuris et de iure* – de que estão corretas. Jamais podem superar a realidade, distorcendo os preços de mercado.

Afinal, as razões de praticidade que geraram a adoção das *pautas fiscais* não têm primazia sobre a *segurança* e a *certeza da tributação* – postulados constitucionais que exigem que os contribuintes recolham, a título de tributo, exatamente o que devem; nunca, mais.

Mas o que costuma acontecer?

Uma, de duas: ou o valor estimado na pauta fiscal fica aquém do realmente praticado, ou o supera. Raramente há coincidência (eu mesmo nunca vi).

9. Muito bem: quanto o valor real da operação supera o valor da *pauta*, faz-se o ajuste automaticamente e a Fazenda Pública recebe o *complemento* (a diferença) do ICMS devido.

Quando, porém, dá-se o contrário (o valor real da transação é inferior ao valor da pauta), aí começa uma verdadeira *Odisséia* para o contribuinte. E com uma agravante: a *Odisséia* de Homero terminou bem para Ulisses. A do contribuinte quase nunca termina bem – para não dizer que sempre termina mal.

De fato, ao invés de o contribuinte reaver imediatamente o indébito tributário, valendo-se da faculdade que lhe é assegurada pelo § 7º do art. 150 da CF, ele fica à mercê do Fisco, a quem caberá verificar, por critérios próprios, o recolhimento "a maior".

Cabe, pois, ao contribuinte fazer sua postulação e aguardar pacientemente a iniciativa do Fisco. Quanto tempo? Meses, anos, eternamente? Com isso, prezados Colegas congressistas, a restituição, na prática, vai para as "calendas", quando não para as "calendas gregas" – que, como se sabe, não existiam.

Alguém dirá: o problema pode ser resolvido aplicando-se o disposto no já citado art. 10 da Lei Kandir.

Infelizmente, nem isto. Os Estados e o Distrito Federal firmaram o Convênio ICMS-13/1997, avençando, em sua Cláusula Segunda, ser indevida a restituição imediata e preferencial do ICMS no caso de a operação subseqüente se haver realizado por valor inferior ao estimado pelo Fisco.

O STF, que, na ADIn 1.851-4, havia suspendido liminarmente esta Cláusula Segunda, acabou por convalidá-la, ao argumento de que o direito à imediata e preferencial restituição da quantia paga só nasce se realmente não se realizar o "fato gerador presumido". Se o "fato gerador" ocorrer, ainda que por valor nitidamente inferior ao pautado, ao contribuinte cabe ou aguardar a boa vontade da Fazenda Pública ou enveredar pelos ínvios caminhos do art. 166 do CTN, provando que não houve o repasse da carga econômica do tributo, ou juntando uma autorização do substituto, para que o pedido de repetição prospere.

Esta posição foi chancelada no AgRg no RE 266.523-MG, que teve por Relator o Min. Maurício Corrêa. Peço vênia para, cientificamente, dela discordar. Estou mais do que convencido de que, se o *quantum* estimado pelo Fisco na pauta fiscal supera a realidade, o contribuinte tem o direito de creditar-se do excesso, utilizando-o como moeda de pagamento do ICMS.

Data maxima venia, uma interpretação sistemática do art. 150, § 7º, da CF, afinada com o Estatuto do Contribuinte, levanos à inarredável conclusão de que, mesmo havendo o "fato gerador presumido", os valores que foram além do preço real da operação devem ser imediata e preferencialmente restituídos.

É que esse excesso, a meu ver, nada tem de ICMS; pelo contrário, tipifica "tributo novo", confiscatório e sem base constitucional.

10. Não vejo maiores obstáculos à aceitação dessas idéias pelo próprio STF, sempre aberto a mudanças de opiniões quando seus ilustres Componentes se convencem da pertinência das teses a eles opostas.

Alguém dirá que isso não passa de uma utopia. É possível. Mas, meus Amigos, a utopia existe. Só que se confunde com o horizonte. Nós damos 2 passos, e o horizonte distancia-se 2 passos. Caminhamos 10 passos, e o horizonte corre 10 passos além. Por mais que caminhemos, nunca o alcançamos. Então, para quê serve a utopia? Exatamente para isso: para caminhar.

É o que se está fazendo neste Congresso. Estamos caminhando rumo ao pleno conhecimento científico, imbuídos da idéia de que, quanto mais avançarmos rumo ao horizonte, mais o sistema constitucional tributário funcionará a contento, e mais as garantias dos contribuintes serão prestigiadas. Muito obrigado a todos *(palmas)*.

PRESIDENTE (PROF. JOSÉ SOUTO MAIOR BORGES) – Estão encerrados os trabalhos. Ponto.

MESA DE DEBATES "F"

ISS

PRESIDENTE DA MESA: CLÉLIO CHIESA
MEMBROS DA MESA: LUIZ CÉSAR SOUZA DE QUEIROZ, AIRES BARRETO, MARCELO FORTES DE CERQUEIRA, SUZY GOMES HOFFMANN

PRESIDENTE (PROF. CLÉLIO CHIESA) – Srs. Congressistas, em virtude do horário, nós vamos desde logo dar por aberta esta Mesa, cujo assunto em debate é o "Imposto sobre Serviços". Passo a palavra ao Prof. Dr. Luiz César Souza de Queiroz, para tratar do tema "Local da Prestação de Serviço e Substituição Tributária". Com a palavra, então, o ilustre Professor.

PROF. LUIZ CÉSAR SOUZA DE QUEIROZ – Boa noite a todos! Inicialmente, agradeço o convite feito pelo Prof. Aires Barreto e saúdo os demais membros dessa Mesa, Profa. Susy Hoffmann, Prof. Clélio Chiesa e Prof. Marcelo Fortes.

O tema que me cabe falar é "Local da Prestação de Serviço e Substituição Tributária" em matéria de ISS.

Para dar mais objetividade à exposição, coloco o seguinte roteiro, segundo o qual pretendo esclarecer as questões adiante dispostas.

Em primeiro lugar, de acordo com a Constituição da República, qual é o critério material, qual é o fato gerador, da tributação por intermédio do ISS?

Em segundo lugar, qual é o Município competente para tributar a prestação do serviço: seria o Município onde está localizado o estabelecimento prestador do serviço, independentemente do local da prestação desse serviço; ou seria o Município onde ocorre o fato "prestação de serviço" – e, nesse caso, independentemente do local do estabelecimento?

E a última questão: em que hipótese, em que condições, poderia ocorrer a substituição tributária relacionada ao ISS?

Uma observação merece ser feita. A solução da terceira questão depende da solução da segunda, e a da segunda depende da primeira – pelo quê vou conduzir a exposição exatamente nessa ordem.

Tem-se considerado, com base na Constituição da República, que o fato gerador, o critério material, relativo ao ISS é a prestação de serviço. Apesar de a Constituição da República dispor que compete aos Municípios instituir impostos sobre serviços, não fazendo uso do termo "prestação", há o entendimento de que a atividade a ser tributada é a de prestação de serviço.

Tal circunstância encontra-se confirmada pelo que dispõe o art. 8º do Decreto-lei 406/1968, o qual determina como critério material a prestação de serviço. Se assim o é, e se isso tem fundamento constitucional, pode-se partir para a segunda questão – essa, um pouco mais tormentosa, ou que tem gerado maiores discussões junto aos Tribunais: considerando esse contexto, qual é o Município competente para tributar a prestação de serviço?

Por mais que isso possa parecer óbvio, não o é, em função do que dispõe o Decreto-lei 406. O Decreto-lei 406, basicamente, estabelece duas regras: o local da prestação de serviço é o local do estabelecimento prestador ou o do domicílio do prestador, nos casos gerais; ou o efetivo local da prestação de serviço, nos casos de construção civil.

Essas são as duas regras legais a se considerar. Não trabalharei com a hipótese atinente à construção civil, mas apenas com a hipótese genérica. Segundo a letra "a" do art. 12 do Decreto-lei 406, o local da prestação de serviço é o local do estabelecimento prestador.

Apesar da clareza desse texto legal, tal questão foi muito debatida nos Tribunais. Isso ocorreu em função de o fato a ser tributado ser a prestação de serviço e a interpretação próxima à literalidade desse dispositivo conduzir à seguinte conclusão: uma determinada prestação de serviço ocorre no Município "A" e o Município competente para tributá-la é o Município "B", desde que no Município "B" esteja o estabelecimento prestador.

Alguns se insurgiram contra essa interpretação, dizendo que, ao se interpretar desse modo, se estaria afrontando a própria Constituição, o próprio entendimento de que o fato gerador é a prestação de serviço.Ter-se-ia um Município tributando um fato que ocorre em outro Município.

Em função desse momento de aparente dissonância, construiu-se uma segunda interpretação, qual seja, é competente o Município onde ocorre a prestação de serviço, independentemente de nele estar domiciliado o prestador, ou de o prestador nele ter seu estabelecimento.

Essa última posição é a que tem prevalecido no STJ. Esse Tribunal, já há algum tempo, vem decidindo que, apesar da letra do Decreto-lei 406/1968, o que importa para estabelecer a competência tributária relativa ao ISS é a definição do local da prestação de serviço, não o local do estabelecimento.

Poder-se-ia, nesse sentido, pensar que isso foi uma construção ao arrepio da lei, que o STJ estaria declarando indiretamente a inconstitucionalidade do Decreto-lei 406/1968.

É certo que, nas suas decisões, o STJ não fez uso do termo "inconstitucionalidade do Decreto-lei 406/1968". O Prof. Aires Barreto, que está aqui ao meu lado, tem um importante trabalho na revista *Dialética*, vol. 60, onde examina exatamente essa situação e conclui que o decidido pelo STJ implicou o reconhecimento da inconstitucionalidade do Decreto-lei 406/1968.

No entanto, sem entrar na discussão de ter o STJ declarado, ou não, indiretamente a inconstitucionalidade do Decreto-lei 406/1968 – em especial, do seu art. 12, "a" –, ou se ele estaria interpretando esse dispositivo conforme a Constituição, devo apontar para um importante aspecto. O próprio STJ, desde uma de suas primeiras decisões – se não a primeira –, no REsp 38, de 1989, já fazia alusão, para sustentar essa sua interpretação, a duas decisões do STF onde essa Corte, examinando tal matéria nos anos de 1972 (RE 71.307-PE) e de 1976 (RE 82.997-GO), estabeleceu que o critério preponderante para fixar a competência do Município seria o do local da prestação de serviço.

Decerto, nesses dois casos que foram referidos no REsp 38 havia uma peculiaridade. No local onde ocorria a prestação de serviço existia um estabelecimento. O que fez o Supremo, nesse sentido, foi considerar que, se existem vários estabelecimentos, não importa se é a sede, se é uma filial ou se é um mero escritório de Contabilidade. Se há um estabelecimento, o Município competente é aquele onde está domiciliado, onde está localizado, esse estabelecimento da prestação de serviço.

Essa foi a linha do STF. Ocorre que o STJ, nas suas decisões, chegou a ir além. No REsp 41.867 se tem uma situação que é bastante interessante: um determinado local era o da prestação de serviço, outro local era o do estabelecimento.

No local da prestação de serviço a empresa não tinha qualquer estabelecimento, apesar de naquele local serviços serem prestados. Dessa feita, a questão foi posta com muita clareza. Não se trata, agora, de somente optar por diferentes estabelecimentos de uma mesma empresa, mas sim de determinar que o Município competente é aquele onde o serviço é prestado, apesar de lá inexistir qualquer estabelecimento.

Essa posição adotada pelo STJ, no sentido da "interpretação do Decreto-lei 406/1968 conforme a Constituição", vem sendo até hoje repisada.

As últimas decisões que consegui relacionar são do final de 2001, e são sempre nessa linha. Houve, inclusive, um recurso que merece referência: os EDiv em REsp 130.792, onde a 1ª sessão do STJ firmou o entendimento de que o importante é precisar o local da prestação do serviço.

Evidentemente, essa postura do STJ traz maiores dificuldades quanto à determinação de qual é o Município competente, em função de, em certas circunstâncias, ficar mais difícil a identificação de qual é o local da prestação do serviço.

Quando a matéria de fato resta evidenciada, pelo menos segundo o STJ, a questão já está pacificada. O Município competente é o da prestação do serviço.

O problema, todavia, pode se deslocar, e nesse ponto eu chamo a atenção para a seguinte questão: como determinar, em certas situações, qual é o efetivo local da prestação de serviço?

Para exemplificar, imaginem a seguinte hipótese. Alguém que preste serviços de Advocacia, sendo domiciliado no Município de São Paulo, é consultado por determinada pessoa para emitir um parecer. Essa pessoa que solicitou o serviço reside no Município do Rio de Janeiro, e aquele profissional, por razões diversas, estava de férias na cidade de Salvador no período de execução do trabalho. Em Salvador, refletiu sobre o assunto e elaborou o parecer, revisando-o e assinando-o em São Paulo.

Qual é o local da prestação de serviço que, segundo o STJ, irá informar o Município competente? É o Município de São Paulo, é o Município de Salvador ou é o Município do Rio de Janeiro?

Têm-se, então, no mínimo, três possibilidades.

Vejam que a questão se desloca para a definição do local da prestação do serviço. Poder-se-ia considerar que em determinadas situações, quando o local da prestação do serviço não está muito bem identificado, um critério para resolver esse possível ou potencial conflito de competência entre diferentes Municípios seria conceber que esse local é o do estabelecimento prestador. Nesse ponto é que chamo a atenção para a possibilidade de se falar em "interpretação conforme a Constituição" do Decreto-lei 406/1968.

Essa poderia ser uma forma de resolver o problema em diferentes situações. É importante destacar que esta circunstância – de se voltar para o local do estabelecimento – seria adotada nas hipóteses em que não se consegue determinar o efetivo local da prestação do serviço.

Nesse contexto, pode-se ir para o último ponto a ser esclarecido. Como compatibilizar o instituto da substituição tributária com essa peculiaridade concernente à definição do local da prestação do serviço?

Em primeiro lugar, eu gostaria de esclarecer o que entendo como sendo o *regime da substituição tributária*. Fiquei muito reconfortado ao assistir à palestra proferida pelo Prof. Roque Carrazza sobre o tema "Substituição Tributária para a Frente", já que em seguida falaria sobre o assunto, e compartilhamos da mesma opinião – qual seja, a de que a chamada "substituição tributária para a frente" evidencia inconstitucionalidade flagrante.

Entendo que o regime de substituição tributária – que é relevante para atender aos interesses da Administração Fiscal, para se combater a evasão fiscal ilícita e para facilitar o procedimento de fiscalização – não pode implicar cobrança de qualquer tributo antes de ocorrer o chamado "fato gerador concreto".

Nesse sentido, defendo a tese de que a substituição tributária, em rigor, caracteriza um sistema onde o denominado "substituto" funciona como mero agente arrecadador do Fisco.

Assim, tenho como pessoas muito bem identificadas e diferençadas aquela que representa a figura do contribuinte e aquela que representa a figura do substituto. Então, sempre deve ocorrer a operação que se está tributando, onde se tem a identificação de um contribuinte, para que depois possa surgir a obrigação para o substituto.

Mais ainda: entendo que nessa chamada "relação de substituição" existe a combinação de duas diferentes situações, de duas diferentes normas. Uma que poderia ser denominada a "norma tributária", onde um contribuinte está obrigado a entregar algo ao substituto, sendo que o substituto nessa relação faz as vezes do Poder Público, do sujeito ativo. Ele estaria representando o sujeito ativo.

Quando ocorre essa entrega, extingue-se a relação tributária e surge uma outra relação, qual seja, a do substituto com o Poder Publico – relação, esta, de cunho exclusivamente administrativo, onde o substituto está obrigado a repassar para o Poder Público aquela importância arrecadada.

Na primeira hipótese pode-se ter a situação de o substituto receber um valor do contribuinte, como também se pode ter a hipótese da chamada "retenção na fonte", quando a denominada fonte pagadora retém algo antes de entregar ao contribuinte.

Nas duas situações têm-se muito bem diferençadas as figuras do contribuinte e do substituto.

Pode gerar alguma dúvida a combinação da "interpretação firmada pelo STJ quanto ao local da prestação do serviço" com o "fenômeno da substituição". Preliminarmente, é mister ressaltar que se o local da fonte – isto é, o local do estabelecimento onde está domiciliado o tomador do serviço – for igual ao local onde o serviço é tributado, não existem maiores dúvidas quanto à possibilidade de se ter a substituição tributária relativamente ao ISS.

Isso porque vai ser exatamente aquele Município, onde está domiciliada a fonte pagadora, o competente para instituir, cobrar, o ISS.

A dificuldade apresenta-se em outra situação: quando a fonte pagadora (o tomador do serviço) está domiciliada em um Município e o serviço é prestado em outro Município.

Nessa hipótese o Município onde o serviço é prestado poderia dispor que a fonte pagadora teria a obrigação de proceder à retenção do ISS por meio da substituição tributária (que não seria substituição tributária progressiva ou para a frente, mas sim uma substituição regular, para trás, pois o serviço já teria sido prestado). Destaca-se que a fonte pagadora está domiciliada num Município, sendo que o Município competente é outro, porque nesse outro é que foi praticado o serviço.

Em tal exemplo seria admissível cogitar da possibilidade jurídica de ser aplicado o regime de substituição tributária? Parece-me que não.

O próprio STJ, ao justificar a interpretação de que o Município competente para tributar ISS é aquele onde foi prestado o serviço, decidiu que se assim não se entendesse se estaria atribuindo uma extraterritorialidade à lei tributária municipal, onde um Município aplicaria sua lei sobre um fato ocorrido em outro Município.

Ora, o mesmo raciocínio pode se aplicar, aqui, para a hipótese da substituição tributária. Se a fonte pagadora está domiciliada em um Município, não pode o Município do local da prestação de serviço querer fazer sua lei prevalecer para aquela fonte pagadora que está em Município diverso. Isso por força do mesmo princípio da territorialidade, que regula não só a matéria tributária, como também a matéria administrativa.

Então, esse parece ser o entendimento mais adequado em função das características do ISS e das peculiaridades que envolvem o regime de substituição tributária.

Por fim, tendo ultimado a minha exposição, agradeço muito a atenção de todos os membros deste Congresso *(palmas)*.

PRESIDENTE (PROF. CLÉLIO CHIESA) – Agradecemos a intervenção do Professor, porque, como deu para perceber, o assunto abordado é polêmico e vem dando ensejo a muitas discussões, e uma delas é justamente a questão da fixação do local em que é devido o ISS. E, como sempre, o Prof. Luiz Queiroz, com suas construções bem-elaboradas e bem-fundamentadas, nos apresentou uma solução para o problema da interpretação da questão da tributação da receita em conformidade com a Constituição e também com relação aos limites à instituição da responsabilidade tributária.

Agora, então, nós vamos ter o enorme prazer de assistir à conferência do Prof. Aires Barreto, que é nosso grande Mestre.

PRESIDENTE DO IGA-IDEPE (PROF. AIRES BARRETO) – Sr. Presidente Clélio Chiesa, Colegas de Mesa, Doutoras e Doutores.

De um modo geral as exposições começam pelo início. A minha, peço licença, começará pelo fim.

Nos primórdios do ISS, uma decisão judicial assentou que determinado contribuinte estava sujeito ao ISS, pelo serviço que realizava, "porque a outra incidência fiscal não estava sujeito".

E acrescentava a decisão que, "no que atina aos cartões de crédito, a administradora atua como agenciadora de crédito para os clientes dos estabelecimentos". E prosseguia: "o contrato não é de mera abertura de crédito, mas sim um contrato atípico, misto de abertura de crédito e de prestação de serviços". Logo – concluía a sentença –, "a autora presta serviços".

Ali afirmou-se que se tinha um contrato de abertura de crédito e um contrato de prestação de serviços, isto é, um fato que envolvia abertura de crédito e um fato que envolvia prestação de serviços; por conseguinte, cabia a incidência de ISS.

Para analisar esse final, cuidando – agora, sim – de alguns pressupostos, vou voltar ao início.

Para versar essa decisão é preciso que se tenham em conta alguns aspectos condicionantes, como, por exemplo, a circunstância de que a competência tributária é indelegável, inalargável, que a nossa Constituição prima pela rigidez, sendo que em matéria de impostos estaduais, distritais ou municipais prevalece a conjugação de um critério material e de um critério territorial.

De outra parte, é preciso lembrar que *serviço* é esforço humano a terceiros, com conteúdo econômico, sob regime de direito privado, em caráter negocial, sem subordinação, tendente a produzir uma utilidade material ou imaterial. É dizer, em matéria de serviços, o Município pode tributar todas essas obrigações de fazer, mas sempre e só essas obrigações de fazer (desde que não representem aqueles dois serviços conferidos à competência dos Estados e do Distrito Federal, que são os serviços de transporte interestadual e intermunicipal e o serviço de comunicação).

Para haver *serviço* é preciso que o esforço humano seja prestado a terceiros, ou seja, a outrem. Não há serviço para si mesmo, ninguém é prestador de serviço porque faz a própria barba, ou porque arruma seu cabelo. Se não houver este esforço para terceiros não há prestação de serviço, ou seja, não há a presença de um prestador e de um tomador, debaixo de um contrato que regerá esse relacionamento. O ISS não envolve o serviço gratuito, altruístico, caritativo, porque nesses não há conteúdo econômico. Também não pode haver subordinação, porque na subordinação há vínculo empregatício, de cunho alimentar, e não cunho econômico, como a prestação de serviços.

Deve afastar-se a idéia – que vem sendo defendida pelo Prof. Marco Aurélio Greco, a quem rendo minhas homenagens – no sentido de que o ISS só pode incidir sobre utilidades. *Utilidade* é conseqüência e não a causa da prestação de serviço. Logo, não se pode admitir que o ISS incida sobre utilidades. Para mostrar que o ISS não incide sobre utilidades, valho-me de dois exemplos: alguém adentra o cinema para assistir a um filme; como o filme é aborrecido, ele dorme; nem por isso se poderia dizer que não houve prestação de serviços, à míngua de utilidade. Mais sério seria ainda se alguém vai ao médico e este, a despeito do seu esforço, não consegue preservar a vida do paciente, que vem a falecer; nesse caso a utilidade foi nenhuma; mas isso não pode render espaço a que se diga que não houve prestação de serviços.

É preciso, ainda, que marquemos como pressuposto – estou voando, porque o tempo é curtíssimo, uma vez que outros Colegas invadiram o tempo desta Mesa, o que evidencia desrespeito aos Congressistas –, que tenhamos presente, a distinção que permite juridicamente estremar a incidência de ISS e de ICMS (claro, tirante o "S", que envolve o serviço de transporte interestadual e intermunicipal e o serviço de comunicação) entre as obrigações de dar e de fazer, único critério jurídico que permite concluir pela incidência de um ou de outro imposto. Se o objeto do contrato é a entrega mesma da coisa, entrega de coisa já existente, pode-se dizer que essa obrigação é uma obrigação de dar. Se, diversamente, consistir na execução, no fazimento de alguma coisa, pode-se dizer que estamos diante de uma obrigação de fazer. Não afirmo aqui que toda obrigação de fazer implica incidência de ISS, não. Estou dizendo que o ISS incide sobre obrigações de fazer, embora o campo das obrigações de fazer seja mais largo do que aquele correspondente ao campo de incidência do ISS.

É preciso ter presente, ainda, que não pode estar contido no campo de incidência do ISS aquilo que serviço não for. O ISS não pode contemplar a operação mercantil, a operação financeira e outras, porque – como diz Souto Borges – a lei complementar, ao definir *serviços*, não é como o Rei Midas, que tudo o que tocava virava ouro. Não pode a lei complementar considerar operação mercantil como serviço e, com isso, fazê-la transformar-se em serviço. Não pode a lei complementar dizer que a locação de bens móveis é serviço, quando nós sabemos que ela é protótipo da obrigação de dar, que não envolve qualquer obrigação de fazer.

Lastimavelmente, vamos contemplar na indigitada Lista uma série de inconstitucionalidades. Não é apenas com relação à locação de bens móveis; abrange também o *leasing*, os chamados "planos de saúde" – nítidos contratos de seguro-saúde –, que não configuram serviço.

E é preciso, ainda, para cuidarmos da análise da atividade de cartão de crédito, das administradoras de cartão de crédito, que se tenha presente a questão da base de cálculo, para que não se alcance o preço correspondente à receita bruta, sem qualquer dedução, mas apenas o preço decorrente da prestação de serviço; nunca preço diverso, muito menos reembolso de despesas ou receita de qualquer outra atividade que não configure serviço.

Isso é importante porque, no caso da administração de cartões de crédito, apesar do que concluiu singelamente aquela decisão inicialmente referida, nós temos vários contratos, nós temos vários negócios jurídicos, vários fatos, cada qual com suas especificidades.

Temos um primeiro negócio jurídico, que envolve administradoras de cartões de crédito e o titular do cartão; temos um segundo contrato, que envolve administradoras de cartões de crédito e o lojista; temos um terceiro contrato, que envolve o titular do cartão de crédito e o lojista; um quarto contrato, unindo o titular e a instituição financeira nas hipóteses de financiamento; temos, ainda, um quinto contrato, que se dá entre o estabelecimento filiado e uma instituição financeira, se houver antecipação de pagamentos; e, finalmente, temos um sexto contrato, entre administradora e instituição financeira que, nas hipóteses de financiamento, figura como avalista, como fiadora dos valores adquiridos por terceiros seus clientes ou pelos estabelecimentos a ela filiados.

Comecemos, então, por afirmar que o associado da administradora de cartões de crédito, quando recebe esses cartões da administradora, não está a receber uma prestação de serviços, mas uma prestação de garantia. Gosto sempre de usar o exemplo da primeira viagem internacional que fiz; chegando ao hotel no Exterior, pediram-me o cartão de crédito. Eu não tinha, naquele tempo não havia cartão de crédito internacional no Brasil. "Bem, então o Senhor só pode ficar aqui se o senhor pagar previamente" – disse-me o atendente do hotel. Aí está a demonstração inequívoca, viva, flagrante, de que cartão de crédito é garantia de crédito, e não prestação de serviço.

Não há prestação de serviços alguma na chamada "cobrança de anuidade", porque esse valor é exigido em função da garantia de crédito, que se outorga ao titular do cartão. É, portanto – reitero –, prestação de garantia, e não prestação de serviço.

No segundo contrato comparecem administradora e lojista. Neste caso também há uma nítida garantia. O lojista sabe que vai receber o valor respectivo daquela venda de mercadorias ou prestação de serviços (embora aqui se possa antever, ancilarmente, eventual agenciamento, porque o cartão pode vir a carrear adquirentes para aquele estabelecimento filiado). Mas isso – volto a insistir – apenas subsidiariamente, porque a razão precípua ainda é a garantia de que o valor será recebido pelo lojista. Para o lojista são absolutamente irrelevantes as características, as especificidades, do adquirente; basta que ele confira a assinatura e verifique se ele está numa lista de cartões cancelados. Basta isso; a partir daí, ele tem certeza, segurança, de que vai receber o valor respectivo.

O terceiro contrato se dá entre titular e lojista. Esse contrato nada tem a ver com a atividade (senão secundariamente) da administradora de cartões de crédito. Porque para o titular do cartão há uma compra à vista; para o lojista vendedor há uma simples venda à vista. Pouco importa se depois, na relação que existirá entre o administrador do cartão de crédito e o titular que está fazendo essa aquisição, o cartão atuará como débito a ser pago à administradora. Entre o titular e o lojista o cartão atua como moeda de plástico. É, como já se consignou, dinheiro alternativo.

Há ainda – não é sempre – um contrato entre lojista e instituição financeira. Ou seja, se o lojista quiser receber antecipadamente seus valores, ele se dirige à administradora, que o põe em contato com a instituição financeira (isso o contrato já prevê) na qual o lojista poderá obter um financiamento. O mesmo se dá com relação ao titular de cartão de crédito.

E há, por fim, o contrato em que a administradora, nessas hipóteses de financiamento, atua como avalista, atua como fiadora desse financiamento. Mas vejam, nesse caso fiança e aval não configuram prestação de serviço. E, notem, essas não são lições por mim criadas, para os Senhores; não, são lições que vêm de Savigny, referidas por Clóvis Beviláqua, no sentido de que muitas obrigações de fazer são resolvidas em prestações de trabalho, como a chamada *locatio operarum, locatio operis*, mas não uma série de atividades em cuja execução praticamente não existe esforço humano algum, seja físico ou intelectual, tal como ocorre com a fiança e o aval. Na fiança – o exemplo é de Savigny – a essência do ato objeto da prestação não consiste no insignificante dispêndio de esforço, mas na garantia da operação jurídica que se vem lhe dar. É o que nós vamos encontrar neste respeitável doutrinador, com o aval do grande Clóvis Beviláqua.

Fiança e aval têm o mesmo fim: assegurar ao credor o cumprimento das obrigações do devedor. A fiança é espécie do gênero garantia; o aval, garantia especial dos títulos cambiais. Ambos são variáveis de garantia, e não de qualquer prestação de serviço.

Rubens Gomes de Sousa já ensinara isso num parecer extraordinário, "aceites, avais, fianças, não são serviços". Dizia ele: quem oferece essas garantias é parte nessas operações e não terceiro; portanto, não há que se falar em agenciamento, intermediação, corretagem, porque isso seria absolutamente falso.

Tanto isto é certo que nem mesmo nessa indigitada Lista – tão criticada por Geraldo Ataliba – nós vamos encontrar fiança, aval, endosso, como suscetíveis de incidência do ISS. E não é porque não estão listados que não incide ISS; não é em função da tese que considera a Lista taxativa; não, é pela circunstância, muito mais relevante, de que essas atividades não são serviços.

Ademais disso, encargos em virtude de financiamento – já existem várias decisões do STJ, do STF, notadamente relativamente ao ICMS – não integram a base de cálculo do ICMS; *mutatis mutandis*, não integram a base de cálculo do ISS.

Reitero que venho atropelando as idéias, por força do tempo – encurtado sobremodo, em virtude do desapreço de alguns expositores para com os Congressistas –, exigindo que, rapidamente, retome a consideração inicial.

O que se disse nesse julgado foi: a autora está sujeita à tributação pelo ISS porque por outra incidência fiscal não é alcançada – ou seja, aquela noção de indelegabilidade da competência, da impossibilidade de seu alargamento, e até o preceito do Código Tributário Nacional que diz que o não-exercício de uma competência tributária não a defere a outro, foram postos por terra. E, depois, prossegue a decisão: a administradora de cartões atua como agenciadora de crédito a seus clientes, dirigindo-os para os estabelecimentos em que efetuarão compras. A autora, assim, presta serviços – conclui a decisão. É dizer, o que se afirmou aí foi o seguinte: a atividade de administração de cartões de crédito é um serviço e um *não*-serviço, ou seja, é um *não*-serviço quando atua como abertura de crédito, e é um serviço quando atua como agenciadora. Isso equivale a dizer (desculpem a imagem que eu vou usar) que uma sala na qual duas paredes são vermelhas e duas paredes são amarelas, a sala é amarela; ou, se quiserem – o que dá no mesmo –, a sala é vermelha.

Já se vê quão grande é o equívoco, o descompasso, que se tem aí. E, a propósito de descompasso, eu gostaria de contar, aqui, uma historieta – que, se alguns já tiverem ouvido, será por culpa do Paulo de Barros Carvalho e do Roque Carrazza, porque são eles que me municiam de novas estórias. Como eu não tenho tido contato com eles ultimamente, eu preciso repetir as antigas.

E, então, lembrei-me do seguinte: lendo certo texto de um livro de Mário Prata – que é um autor notável –, deparei-me com um episódio que vou tentar reproduzir aos Senhores, obviamente sem o brilhantismo com que ele o faria.

Suponhamos a seguinte situação, dizia ele: duas pessoas, ela, uma jovem escultural na faixa de 20, 25 – não importa se loira, morena, mulata, negra, isso é irrelevante –, que chamava a atenção; ele, quarentão, na idade-do-lobo; ela, especialista em Cibernética, conhece tudo sobre computação, Internet, Cobol, análise de sistemas; navega na Internet como ninguém. Ele, nem máquina de escrever domina. Resolvem montar uma sociedade. Na primeira reunião, ela diz a ele:

– "Olha, para a nossa sociedade ir bem, sugiro que a gente comece fazendo um belo *site*".

E ele, que não sabe o que é *site*, já pensou noutra coisa (risos na platéia).

– "Pode ser no meu apê?" – disse ele (risos na platéia).

E ela:

– "Não, é melhor no meu, porque lá eu tenho todos os instrumentos" (risos na platéia).

E ele pensa: "Puxa, além do mais é masoquista!" (risos na platéia).

– "E que tal um *uísquinho* antes?"

– "Não, porque pode atrapalhar a concentração."

– "Mas, olha, se você estiver cansado nós podemos deixar para fazer esse *site* amanhã."

E ele, rápido:

– "Não, nada de deixar para amanhã o *site* que podemos fazer hoje" (risos na platéia).

Vejam o descompasso, fruto de suposições incorretas. Em matéria de administração de cartões de crédito o que existe é isso, um descompasso entre a realidade (os vários contratos que envolvem as atividades) e as soluções singelas e simplistas que têm sido dadas seja pela doutrina, seja por alguns julgados.

A conclusão – retomando o fim, pelo qual comecei – não parece correta, porque cartão de crédito é instrumento de garantia de crédito e de pagamento, representando, pois, eminentemente, operações que não envolvem serviço algum, muito menos de agência.

É preciso distinguir *contrato* e *instrumento de contrato*, é preciso verificar que num único instrumento de contrato nós podemos ter vários contratos. E, finalmente, embora o ISS não incida sobre contratos, os contratos é que iluminam os fatos que podem ficar sujeitos à incidência desse imposto.

Comecei pelo fim e cheguei ao começo. Sorte têm todos, por não precisarem de um recomeço!

Presidente (Prof. Clélio Chiesa) – Depois dessa brilhante intervenção, além de toda a proficiência do nosso grande Mestre e das inúmeras ilustrações feitas sobre o tema, o Professor acaba de nos convencer e colocar às claras uma situação que parece que ocorre muito com o ISS, que é a falta de identificação adequada da situação fática sobre a qual recai a tributação e que, às vezes, nós temos mais de um negócio envolvido numa mesma situação, e se acaba tributando tudo.

Bom, desse modo, dando seqüência aos trabalhos, passo a palavra ao Prof. Marcelo Fortes de Cerqueira, para que ele possa fazer sua exposição sobre o tema "Industrialização sob Encomenda e o ISS".

Prof. Marcelo Fortes – Exmo. Presidente desta Mesa de Debates, Prof. Clélio Chiesa; Exmo. Prof. Aires Fernandino Barreto, ilustre Presidente do IGA-IDEPE; demais Professores componentes desta Mesa; Sras. e Srs. Congressistas.

É com satisfação e júbilo que participo novamente de uma versão do Congresso Brasileiro de Direito Tributário patrocinado pelo Instituto Geraldo Ataliba-IDEPE, tendo ficado bastante honrado com o convite a mim formulado. Igualmente, é com intenso entusiasmo que enfrentarei, de agora em diante, o tema da "Industrialização sob Encomenda", o qual, segundo a minha opinião, é um dos mais interessantes dentro do temário deste congresso.

Bastante freqüente a realização pelas empresas em geral de atividades que envolvem a prestação de serviços com a utilização de materiais, ocasião em que não raras vezes os materiais empregados são confundidos com mercadorias. Também comum a prestação de serviços associada à entrega de um bem (como acontece na elaboração de uma obra de arte), bem como a venda de mercadorias conjugada à prestação de serviços, resultantes ou não de industrialização. Por exemplo, tanto poderemos encontrar móveis confeccionados sob medida, obedecendo a exigências do cliente, como produtos feitos de acordo com padrões predefinidos pela própria marcenaria, que poderá ou não se comprometer contratualmente a entregá-los devidamente instalados.

Em relação a essas atividades é bastante freqüente o surgimento de dúvidas sobre qual a legislação aplicável ou sobre qual o evento jurídico tributário realizado, se sujeito à incidência do ISS, do IPI ou do ICMS.

Em termos práticos existem muitos casos que podem suscitar dúvidas. Na chamada Engenharia Mecânica o problema se coloca com uma freqüência extraordinária. Todas as empresas que produzem grandes equipamentos, ajustados às necessidades de quem os solicita, são empresas que, paralelamente à construção da própria máquina, projetam, na verdade, esse equipamento, ajustando-os às necessidades do encomendante.

A confecção de elevadores, por exemplo, é sempre personalizada, obedecendo a projeto executivo elaborado levando em consideração o tamanho do empreendimento, seu número e a distância entre os pavimentos, o fluxo diário de pessoas, a natureza do empreendimento etc. Os elevadores são sempre confeccionados mediante encomenda dos interessados. Não é a obra de construção civil que se tem de adequar a predefinidos modelos de elevadores, mas o contrário. São os elevadores que têm que se adequar à obra. Não existe linha regular de fabricação de elevadores e pontes rolantes.

Na própria manutenção desses equipamentos, para preservar a segurança e a funcionalidade, mesmo quando são utilizadas peças, essas são apenas insumos e materiais utilizados na prestação dos serviços. Não existe balcão de vendas para essas peças, que são fabricadas apenas para serem utilizadas na prestação do serviço de conservação. As peças são infungíveis, e para serem substituídas é necessária uma extraordinária técnica.

Tome-se como certo que, se houver uma atividade industrial ligada diretamente à circulação de mercadoria, não estaremos diante da incidência de ISS, pois não haverá prestação de serviço. *Os conceitos se opõem e se excluem.* Não há a possibilidade da coexistência de uma atuação industrial e de uma prestação de serviço. Ou estamos diante da atuação de uma indústria (portanto, da fabricação de um bem que vai ser vendido como mercadoria), ou diante da presença de uma autêntica prestação de serviço.

São do Prof. Geraldo Ataliba as seguintes considerações: "Onde cabe o ISS não cabe o ICM; onde cabe o ICM não cabe ISS; onde cabe ISS não cabe IPI; onde cabe IPI não cabe ISS. Isto é radical na Constituição".

A questão também pode ser posta da seguinte forma: ou a indústria que projetou e que construiu o bem exerceu serviços, em relação aos quais a entrega do mesmo é uma simples conseqüência, decorrência ou resultado; ou o projeto, estudo, análise e a própria elaboração desse bem e a conseqüente entrega ao cliente consistem numa simples venda, sendo todos os atos anteriores uma mera preparação. Neste último caso, a investigação sobre a vocação desse bem para o comércio é fundamental para a solução do problema.

Outro ponto fundamental para o desate da questão diz respeito à demarcação do campo de incidência do IPI, do ICMS e do ISS.

A CF reparte a competência tributária entre as pessoas políticas de direito constitucional interno nos seus arts. 153, 155 e 156. No pertinente ao IPI a competência foi atribuída no art. 153, IV, assim vazado: "Compete à União instituir impostos sobre: (...) IV – produtos industrializados". No que tange ao ICMS a competência aos Estados e ao Distrito Federal está posta no art. 155, nos seguintes termos: "Compete ao Estado e ao Distrito Federal instituir impostos sobre: (...) II – operações relativas à circulação de mercadorias e sobre prestações de serviços de transporte interestadual e intermunicipal e de comunicação, ainda que as operações e as prestações se iniciem no Exterior". Quanto ao ISS a competência para sua instituição está regulada no art. 156, nos seguintes termos: "Compete aos Municípios instituir impostos sobre: (...) III – serviços de qualquer natureza, não compreendidos no art. 155, II, definidos em lei complementar".

Do arquétipo constitucional acima traçado pode-se concluir que: (a) os Estados somente poderão instituir impostos gravando *operações relativas à circulação de mercadorias e os serviços de transporte interestadual e intermunicipal e de comunicações*; (b) os Municípios somente poderão instituir impostos gravando *a prestação de serviços de qualquer natureza, excetuados apenas os de transporte interestadual e intermunicipal e de comunicações*; (c) a União, por sua vez, somente poderá instituir impostos sobre fatos que tenham por objeto *produtos industrializados*.

Devido à concisão constitucional, impõe-se investigar, com maior profundidade, a significação dos vocábulos "operações", "circulação", "mercadoria", "serviço" e "produto industrializado".

Básico saber que onde não houver mercadorias não haverá fato tributável pelos Estados, considerando-se a principal incidência do ICMS (sobre operações mercantis). O ICMS não é imposto que incide sobre a circulação de quaisquer bens, mas apenas aqueles postos no comércio. Apenas em situações excepcionais, previstas constitucionalmente, o imposto incide sobre bens que não satisfazem os requisitos do conceito de mercadoria.

O termo "mercadoria" deriva do Latim *mercatura*, que significa tudo aquilo que pode ser objeto de compra e venda; o que se comprou para pôr à venda. Por essa razão, a destinação ao comércio é o mais importante requisito da definição.

A hipótese de incidência do ICMS é resumida por Geraldo Ataliba como sendo " (a) a prática (não por qualquer um) (b) por comerciante, ou por comercial ou por produtor, (c) de operação jurídica (não qualquer uma) (d) mercantil (regida pelo direito comercial), (e) cuja operação importa, impele, causa, provoca, desencadeia, (f) circulação (juridicamente entendida como modificação de titularidade, transferência de mão, relevante para o direito privado) (g) de mercadoria (juridicamente entendida como objeto de mercancia)".

Por *operações* entenda-se a prática de atos jurídicos, ou, melhor, atos juridicamente relevantes, verdadeiros "negócios jurídicos".

A *circulação* que interessa ao presente caso é a circulação jurídica, ou seja, a mudança de titularidade sobre a coisa. "Circular" é transferir, por meio idôneo, os direitos de disponibilidade sobre um bem. Não haverá circulação, juridicamente falando, quando não existir mudança de titularidade.

Serviço – como nos ensina o Prof. Aires Barreto – é a prestação de esforço humano a terceiros, com conteúdo econômico, em caráter negocial, sob regime de direito privado, tendente à obtenção de um bem material ou imaterial.

Serviço tributável pelo ISS – segundo o mesmo Aires Barreto – é "o desempenho de atividade economicamente apreciável, produtiva de utilidade para outrem, porém sem subordinação, sob regime de direito privado, com fito de remuneração".

Por mais superficial que seja a análise, pode-se visualizar uma relação mais próxima entre o IPI e o ICMS. Ambos incidem sobre a circulação de mercadorias. Enquanto o IPI incide sobre a primeira movimentação, feita pelo fabricante, o ICMS abrange tanto a fase de produção quanto a fase de circulação, até chegar ao consumidor final. Em outras palavras, o IPI alcança a fase inicial do processo de circulação jurídica da mercadoria, ao passo que o ICMS abrange o primeiro impulso e todos os outros desse mesmo processo. Tanto é verdade que se o estabelecimento industrial fabricar produtos, mantendo-os em estoque, jamais haverá incidência do imposto, já que, rigorosamente, o imposto não incide sobre a mera industrialização de produtos.

Curioso notar que o próprio ISS, quando a prestação de serviço ensejar a entrega de algo que possa chamar-se de *produto*, será também uma exigência que onera a circulação, porquanto a carga tributária aparecerá no tempo exato em que o bem produzido sair do patrimônio do prestador e ingressar na esfera jurídica do tomador. No entanto, não se deve perder de vista que, para estes casos, descabe falar que o imposto onera a circulação de "mercadorias", já que o bem que é entregue, pelo menos em princípio, atende às exigências específicas do tomador do serviço e não tem vocação direta para o comércio.

Enfim: contribuinte do IPI é o estabelecimento fabril; contribuinte do ICMS é o estabelecimento comercial (e também o fabril); contribuinte do ISS é o estabelecimento prestador.

Na regra-matriz de incidência de IPI, ICMS e ISS há um objeto que: (a) fabricado ou importado do Exterior (sendo produto industrializado), inaugura o ciclo de circulação jurídica (IPI); (b) instaura o processo de circulação jurídica, nele permanecendo até que surja o consumidor final, configurando-se ou não como produto industrializado (ICMS); ou (c) aparece no mundo físico como resultado de um serviço, mesmo quando acompanhado da entrega de um bem móvel (ISS).

No que se refere ao IPI é evidente que o bem é fabricado, ou o produto industrializado é importado do Exterior, com o objetivo de ser posto no comércio. Quanto ao ICMS também não restam dúvidas de que o imposto só incide se o bem está no comércio. Já, no âmbito do ISS o bem que surge como resultado da prestação de um serviço não é, pelo menos em princípio, concebido para ser posto no comércio, muito embora também possa futuramente nele ser inserido.

Uma vez fixados, em linhas gerais, os campos de incidência dos impostos em questão, torna-se imperioso capitanear a atenção para a acentuada imprecisão e vaguidade da expressão "industrialização sob encomenda".

A totalidade dos autores que têm ingressado na pesquisa semântica da locução queixa-se do elevado grau de incerteza por ela provocada.

Conforme já acentuado por Paulo de Barros Carvalho, é comum encontrarmos a expressão "industrialização sob encomenda" significando o desenvolvimento de um processo industrial para atender ao estatuído numa cláusula contratual, de tal modo que a finalidade da avença é a entrega de uma quantidade determinada de um bem, podendo convencionar-se, ou não, que o produto sofra alterações qualitativas, que o tornem específico, personalizado.

Dessa forma, com fulcro no mesmo autor, estamos habilitados a falar de duas espécies para o gênero "industrialização sob encomenda": (a) uma em que os traços da padronização e da massificação estão presentes de forma ostensiva, onde o produto, objeto da industrialização, permanece sendo fabricado em série, em massa, para o consumo – hipótese em que a função da encomenda dirige-se à reserva de quantidade, visando a garantir tão-só a disponibilidade quantitativa para fazer frente a certa necessidade de demanda. Exemplos: a fabricação de televisores, fogões, geladeiras, numa escala maior, para atender à elevação da demanda provocada por datas festivas como o Natal; (b) outra em que o bem é feito sob medida, fruto de certos desvios no itinerário da produção, exatamente para atender a especificações do contrato, outorgando-lhe singularidades que respondam aos interesses daquele que realizou a encomenda. O resultado é um produto personalizado, medidas especiais, particularidades ou *marcas de identificação*. O caráter massificado e padronizador é definitivamente rompido. Exemplos: confecção de fogões especiais, de câmaras frigoríficas personalizadas; determinados produtos para deficientes; etc.

Industrialização, nos exatos termos do art. 3º, parágrafo único, da Lei 4.502/1964, é "qualquer operação de que resulte alteração da natureza, funcionamento, utilização, acabamento ou apresentação do produto".

Nos moldes do Código Tributário Nacional, "considera-se industrializado o produto que tenha sido submetido a qualquer operação que lhe modifique a natureza ou a finalidade, ou o aperfeiçoe para o consumo".

Preciosa contribuição ao tema foi trazida pelo Prof. Marçal Justen Filho. Para ele, *industrializar* "é conceito demarcado por dois critérios definidores: (a) alteração da configuração de um bem material e (b) padronização e massificação. Faltando qualquer um desses elementos, de atividade de industrialização é que não se trata, tampouco o produto dessa atividade poderá receber a alcunha de 'produto industrializado'".

Relevante para o presente caso é o item "b", acima, consoante o qual somente estaremos habilitados a falar em *industrialização* quando a atividade fabril for tendente à massificação e à padronização de bens.

Uma vez já tendo sido feitos a identificação do problema, a fixação dos campos de incidência de IPI, ICMS e ISS, salientada a imprecisão e a vaguidade da locução "industrialização por encomenda" e fixado o conceito de *industrialização*, convém, a partir de agora, investigar quais critérios poderão ser usados para separar de uma vez por todas as materialidades sobre as quais poderão recair os tributos IPI, ICMS e ISS.

Como já antecipado, é comum a celebração de negócios jurídicos que envolvem prestação de serviços, com ou sem entrega de bens, e vendas de mercadorias, com ou sem prestação de serviços, resultantes ou não de industrialização.

Nessas hipóteses exige-se toda a prudência do intérprete, para não construir uma interpretação que ofenda a Constituição. Impõe-se a correta assimilação das competências, a fim de que não se conclua pela sujeição dos negócios jurídicos a tributos errados.

No contexto supra, vários são os instrumentos que se mostram úteis para o deslinde da questão. Um dos mais poderosos para a identificação dos fatos jurídicos subsumíveis a ICMS, ISS e IPI é a secular e singela classificação das obrigações em *de dar* e *de fazer*.

Em síntese, a obrigação de dar consiste em vínculo jurídico que impõe ao devedor a entrega de alguma coisa já existente. A obrigação de fazer reside na realização, mediante esforço humano, de uma atividade material ou imaterial. Consiste num serviço a ser prestado pelo devedor (produção, mediante esforço humano, de uma atividade material ou imaterial). Em determinadas obrigações de fazer segue-se o dar, mas este não se pode concretizar sem o fazimento anterior, objeto precípuo do contrato (o *entregar a coisa feita* é mera conseqüência). Impõe a elaboração, a execução, o fazimento, de algo até então inexistente.

O critério distintivo está em saber se o *dar* ou o *entregar* é ou não conseqüência do *fazer*. Nas obrigações de fazer, se é prevista a entrega de algo, este deverá ser feito (confeccionado) previamente.

Se todo fato tributável pelo ISS, pelo ICMS ou pelo IPI pressupõe um contrato, há de se verificar qual o objeto desse contrato. No IPI e no ICMS o objeto será uma obrigação de dar; ao passo que no ISS, uma obrigação de fazer.

Outro instrumento que por vezes auxilia na identificação dos fatos jurídicos subsumíveis a ICMS, ISS e IPI é a igualmente secular e singela classificação das atividades em *meio* ou *fim*.

De fato, o comportamento humano poderá representar (a) um ato, fato ou obra constitutivo de etapa para a consecução de um fim; (b) o próprio objeto almejado.

A baliza está na seguinte reflexão: as atividades desenvolvidas em benefício próprio, como requisito, condição, para a produção de outra atividade qualquer para terceiros são sempre ações-meio. Por outro lado, se essas mesmas ações ou atividades funcionam como o próprio fim almejado, quando elas, em si mesmo consideradas, refletem a utilidade colocada à disposição de outrem, classificam-se como atividades ou ações-fim.

O que a tributação poderá alcançar é o esforço humano prestado a terceiros como fim ou objeto. Não as suas etapas, passos ou tarefas intermediárias. Não se pode separar uma atividade em partes apenas para efeito de tributação.

Reitere-se que é de suma importância verificar o objeto da contratação, o fim almejado no contrato. Se obrigação de fazer, cabe o ISS. Se obrigação de dar, podem caber o ICMS ou o IPI, ou ambos. Se a coisa é o fim de um contrato e ela não precisa ser confeccionada anteriormente à entrega, muito provavelmente estaremos diante de uma mercadoria (obrigação de dar).

Por fim, é elucidativa e igualmente útil no enfrentamento do tema ora proposto a classificação dos serviços prestigiada por Aires Fernandino Barreto e por Geraldo Ataliba. Segundo tal classificação, pautada na forma como são prestados os serviços, estes podem ser: (a) puros – são aqueles consistentes exclusivamente num esforço humano (físico ou intelectual) e prescindem do emprego de qualquer instrumental (exemplo: consulta médica ou advocatícia, sem a emissão de pareceres ou laudos; conserto de eletrodomésticos sem a troca de peças; etc.); (b) serviços que requerem o emprego ou utilização de aparelhos, máquinas, equipamentos, instrumentos ou veículos, numa conjugação do capital com o trabalho (exemplo: avaliações por raio-X; tomografias computadorizadas; etc.); (c) serviços que exigem a aplicação de materiais, concebidos estes como insumos, ingredientes, componentes – enfim, elementos integrantes do serviço (exemplo: engraxate e consertos em geral); (d) serviços associados ao fornecimento de bens, ou seja, casos em que o serviço se traduz ou substancia numa coisa material entregue ao beneficiário do serviço (exemplo: elaboração de uma obra de arte, confecção de sapatos sob medida).

Como se pode ver, é justamente nesta última hipótese que se põe a questão da autêntica "industrialização sob encomenda", já que há a entrega de um produto confeccionado sob medida nos termos de um contrato celebrado.

O tema ora tratado é, sem dúvida, um dos pontos ainda hoje tidos por controvertidos dentro da sistemática dos impostos ISS, ICMS e IPI. Diagnostica-se uma disciplina clara e precisa passível de ser extraída dos preceitos constitucionais relativos à delimitação das competências tributárias, e outra não muito retilínea que resulta das disposições infralegais que tocam à matéria. Deparamo-nos com concepções doutrinárias escorreitas e seguras, prestigiadas por nomes como o de Geraldo Ataliba, Paulo de Barros Carvalho, Aires Fernandino Barreto e Cléber Giardino, dentre outros; e com decisões judiciais oscilantes e por vezes contraditórias, que algumas vezes preferiram simplesmente aplicar a legislação complementar e ordinária sem sequer cogitar do tão necessário teste de constitucionalidade dos dispositivos sob aplicação.

Não podemos esquecer que, tal como repartidas as competências tributárias entre os entes federados na Constituição Federal, inclusive na de 1988, não resta espaço para conflitos de competência. Estes existirão, sim, apenas no domínio da *praxis*, quando um dos entes federados fizer "vista grossa" a seus limites e investir na competência tributária exclusiva de outras pessoas políticas de direito constitucional interno.

De acordo com a rígida repartição constitucional das competências tributárias, não se pode negar ser equivocada a utilização da expressão "industrialização sob encomenda" para a realidade que ora investigamos, já que não há uma verdadeira industrialização; trata-se de produto personalizado, confeccionado especialmente para adquirente certo, na conformidade de suas exigências, meticulosamente estipuladas em cláusulas contratuais.

De fato, a situação ora investigada não pode ser tipificada como processo de industrialização, figurando como autêntica prestação de serviços. O bem é confeccionado de acordo com as características solicitadas pelo encomendante. O objeto da contratação é uma típica obrigação de fazer, são necessários desvios no curso normal da produção exatamente para atender a especificações do pedido, outorgando-lhe singularidades que respondam aos interesses exclusivos daquele que realizou a encomenda. Há marcas de identificação nos bens personalizados que restringem sua utilização à pessoa do encomendante. O caráter massificado e padronizador é definitivamente rompido. Ademais, os bens sob discussão são produzidos posteriormente à celebração do contrato, e em função exclusiva deste. Somente se poderia cogitar da incidência de IPI e ICMS se o ajuste de vontades se estruturasse apenas em função da obrigação de dar, ainda quando bem massificado e não personalizado tivesse que ser confeccionado.

O fim almejado no contrato de uma autêntica industrialização sob encomenda é o fazer, é a confecção de algo personalizado, que não tem vocação para o comércio. Em regra, não há linha de produção ou balcão de vendas para esses produtos especiais. Para a melhor doutrina a linha divisória entre a prestação de serviços, de um lado, e as operações que fazem circular mercadorias (IPI e ICMS) repousa na anterioridade do negócio jurídico tomado em relação com o aparecimento do produto. No ISS o contrato vem antes e o bem somente é confeccionado por força do contrato.

A industrialização e a prestação de serviço são inconfundíveis. Na prestação de serviço sujeita ao ISS, como se dá no caso *sub examine*, não há industrialização. A prestação de serviço indica a produção de atividades (materiais ou não) específicas, peculiares e inconfundíveis, de regra irrepetíveis.

Enfim, os produtos personalizados são confeccionados na conformidade do pedido, exclusivamente para atender ao autor da encomenda, e nunca são utilizáveis por terceiros. O produto personalizado nada tem de serial e massificado. *Não é mercadoria*. O contrato foi para a criação de algo personalizado, com traços individualizadores inequívocos. Trata-se de autêntica prestação de serviços.

Outro importante caráter distintivo entre ISS e IPI é a pessoalidade. A hipótese de incidência do ISS é, em síntese, a prestação de um serviço pessoal (um fazer) produtivo de utilidade para terceiro com conteúdo econômico e sob o regime de direito privado. Havendo serviço pessoal cabe ISS, não importando se foi uma indústria que o prestou ou se foi uma pessoa física. Não importa a escala, não importa o tamanho, não importa o vulto econômico da coisa. A interpretação há de ser feita sem preconceitos.

Em suma: o caráter pessoal do ISS é inconfundível. Serviço pessoal não se confunde com serviço de indústria. Os bens confeccionados em atenção ao requisito da pessoalidade sujeitam-se, em regra, à incidência exclusiva do ISS.

Por todo o exposto, não se pode negar ser equivocada a utilização da expressão "industrialização sob encomenda" para a realidade que buscamos enfocar, já que se trata de produto personalizado, confeccionado especialmente para adquirente certo, na conformidade de suas exigências, meticulosamente estipuladas em cláusulas contratuais. Por ser uma autêntica prestação de serviços, o imposto incidente é o ISS.

Essas eram, Exmo. Presidente desta Mesa, as palavras que tinha a dizer. Muito obrigado a todos *(palmas)*.

PRESIDENTE (PROF. CLÉLIO CHIESA) – Os interessados que quiserem fazer perguntas, por favor, as encaminhem por escrito e coloquem o endereço, que depois serão respondidas.

Passo desde logo a palavra à Dra. Suzy Hoffmann, para que ela possa abordar o tema "Alíquotas Máximas e Mínimas a Respeito do ISS".

DRA. SUSY GOMES HOFFMANN – Primeiramente, gostaria de cumprimentar a todos os presentes – aos que continuam aqui após um longo dia de trabalho e de palestras –, dizendo que serei breve, e cumprimentar a todos os presentes a esta Mesa.

Coube-me falar aqui, com muita responsabilidade, em substituição ao Dr. Heron Arzúa, sobre a questão das alíquotas mínimas e máximas do ISS – questão que toma um colorido diferente a partir da promulgação, pelas mesas da Câmara e do Senado, da EC 37, que altera a Constituição Federal em seu art. 156, para dispor juntamente ao Texto Constitucional originário que compete ao legislador complementar instituir também as alíquotas mínimas do ISS, porque no texto original só constava que o legislador complementar poderia instituir as alíquotas máximas.

E, além disso, consta dessa Emenda Constitucional que a legislação complementar também irá regular a forma e as condições pelas quais as isenções, os incentivos e os benefícios fiscais serão concedidos e revogados naquilo que tange ao ISS.

Referida Emenda Constitucional altera, ainda, o Ato das Disposições Transitórias, para, desde logo, indicar como alíquota mínima do ISS o percentual de 2%, bem como para determinar que não serão objeto de concessão isenções, incentivos e benefícios fiscais do ISS que de qualquer maneira passem a resultar direta ou indiretamente na redução desta alíquota mínima. Então, as perguntas que fazemos estão centradas na alíquota mínima – porque a alíquota máxima já constava no texto original – e na vedação de isenções que reduziria a alíquota do ISS para menos de 2%.

Se o poder constituinte derivado poderia fazer isso, ou não, é uma pergunta que é difícil de ser respondida. Aparentemente pode parecer que é fácil, que o caminho do *sim* é um caminho fácil. Mas, mesmo que apontemos que poderia haver essa alteração pelo poder constituinte derivado, essa sustentação tem que ser bem-elaborada.

E eu até gostaria de fazer uma observação, porque sou uma pessoa que defende muito o Município, eminentemente municipalista. Eu entendo que as grandes mudanças do país serão feitas por meio dos Municípios, nas comunidades. Eu acho que nos Municípios é que se pode vivenciar a Democracia e o Estado de Direito.

Então, eu sou uma grande defensora dos Municípios, e justamente por isso vou entender que o Estado Brasileiro, ao se organizar em Federação, apesar de não fazer parte da Federação como membro, como ente da Federação, o Município faz parte diretamente dessa Federação quando tem uma dignidade constitucional e uma autonomia que o destacam e lhe dão uma importância total dentro da nossa organização do Estado.

De tal maneira que entendo que, apesar de as cláusulas pétreas salientarem apenas a forma de Estado, jamais o poder constituinte derivado poderia extinguir os Municípios ou a autonomia municipal.

Então, frente a esse pressuposto, cabe, aqui, perguntar se essa Emenda Constitucional que dispõe, agora, que o legislador municipal teria que se adequar às regras impostas pelo legislador federal das alíquotas mínimas e da regulação das formas de concessão de isenções e benefícios, se isso estaria abrigado no manto da Constituição original, ou se feriria o texto original.

Bom, esse, então, é um tema que nos remete necessariamente à questão da competência tributária. A competência tributária, como sabemos, é tema tratado absolutamente em sede constitucional, e seria – de uma maneira bem sintética – a competência de legislar, de produzir normas jurídicas sobre tributos, no dizer do Prof. Paulo de Barros Carvalho.

Nossa organização do Estado feita pela Constituição Federal já discrimina rigidamente, sem sombra de dúvida, essa competência tributária.

Ela diz para o legislador estadual, municipal, distrital e federal: "Você pode legislar sobre tributos, atendendo a esse desenho que está na Constituição, que é um desenho que vai limitar a atuação desses legisladores, por meio dos princípios constitucionais, das características constitucionais dos tributos e das imunidades de uma maneira geral". Assim, no caso do ISS, no texto original a competência tributária do legislador municipal estava adstrita à elaboração da lei que dispusesse sobre a regra-matriz de incidência do tributo, não podendo o legislador infraconstitucional inserir no âmbito da incidência os serviços que cabem para a competência tributária dos Estados; e ainda, o legislador fica adstrito a incluir na incidência somente os serviços definidos em lei complementar.

Eu, particularmente, não vejo qualquer contradição no fato de o constituinte ter outorgado autonomia municipal e atribuir competência tributária já com delimitações para o exercício pela pessoa política.

Entendo que, eventualmente, a competência tributária como um todo pode sofrer modificações pelo poder constituinte derivado, desde que respeitada essa organização do Estado na forma federativa e dando-se, aqui, importância, sempre, para os Municípios.

Então, essa alteração da competência tributária somente poderia ser feita pelo poder constituinte derivado. E em quais pontos o poder constituinte derivado encontraria essas limitações?

O Prof. Paulo de Barros Carvalho, em seu *Curso de Direito Tributário*, já nos mostra que as limitações para alteração das competências tributárias estaria no binômio "Federação/autonomia municipal".

Então, a pergunta que vem é a seguinte: quando o legislador, com fundamento no poder constituinte derivado, institui que o legislador federal poderá instituir qual a alíquota mínima do ISS, ele está ferindo esse binômio "Federação/autonomia municipal"?

Difícil essa resposta. Eu vim aqui para o Congresso sem ter uma resposta serena, mas tendendo a entender que não. Após conversar com diversas pessoas, palestrantes, eu continuo afirmando que não, mas com algumas ponderações que acho que precisam ser feitas.

Primeiro, lembrando, de novo, que o legislador federal, o legislador do Congresso Nacional, ele pode, ao legislar, fazer tanto uma lei nacional ou uma lei federal, lembrando que tal classificação foi feita pelo Prof. Geraldo Ataliba.

Ele pode legislar uma lei nacional, ou seja, ele legisla para toda a Nação, e aí ele legisla enquanto representante do Estado Federal ou ele pode legislar como representante da União, uma lei federal.

Clélio Chiesa lembra, com muita propriedade, em seu livro sobre a *Competência Tributária no Estado Brasileiro*, que essas leis nacionais sempre são leis de interesse de toda a Nação, e vão transcender os interesses das ordens parciais.

Então, é óbvio que quando Câmara e Senado elaboram uma emenda constitucional essa emenda é uma legislação nacional, até porque ela está regrando, alterando, de alguma maneira, o Texto Constitucional, e se dirige realmente para toda a Nação.

Agora, não é por isso que o legislador constituinte derivado não encontra limites, e é por esse motivo que temos que estar sempre atentos.

Então, eu acho que a pergunta que a gente tem que fazer é a seguinte: há um interesse nacional relevante, há esse interesse para que haja essa alteração na discriminação das competências?

Eu acho que essa pergunta tem que ser feita. Ainda que falem *não*, isso é extrajurídico. Acho que quando se fala em organização de Estado, em Constituição, todas essas questões precisam ser formuladas.

Parece-me que, num primeiro estudo, existe esse interesse nacional relevante, que seria o tratamento isonômico de todos, do ISS em todos os Municípios Brasileiros, pois hoje há Municípios que não exercem sua competência tributária do ISS e Municípios que exercem com alíquotas de 0,2%, 0,1%, e Municípios que exercem com alíquotas de 5%, 6%, causando uma guerra fiscal.

Aí, eu acho que o argumento centra-se nesse fato de que a fixação das alíquotas mínimas resolve esse problema; ou, então, seria necessário alterar a própria legislação, o Decreto-lei 406/1968, e resolver a questão, por outro aspecto, como o Prof. Luiz Queiroz colocou aqui, em razão da sujeição passiva, do local da prestação de serviço. Enfim, acho que todos esses aspectos precisam ser considerados.

Mas no início da manhã conversava com o Prof. Alcides Jorge Costa e ele me falava que, se a gente for pensar em interesse nacional, e for para a história dessa Emenda, temos de considerar que foram os próprios Municípios que quiseram essa fixação da alíquota mínima.

Então, fica difícil falar ou defender que essa Emenda Constitucional, nesse ponto, seria inconstitucional.

Assim, eu entendo que poderíamos, aqui, defender que o interesse nacional relevante que está por trás disto, e é justamente o tratamento isonômico do ISS nos diversos Municípios da nossa Federação. E tentando diminuir essa guerra fiscal entre os Municípios.

Tal questão teria interesse nacional? Eu acho que sim. Estaria ferida a autonomia municipal? Aparentemente não, porque nós temos um outro exemplo clássico, aqui no nosso ordenamento – lógico que tem um texto original, mas que é muito forte, que é o próprio ICMS.

O ICMS é um imposto estadual que vem com traços limitadores na Constituição, na legislação complementar, e o legislador estadual, ao instituir o ICMS, está muito, muito limitado. Limitado pelo Texto Constitucional e limitado pela legislação complementar, a que se refere o próprio Texto Constitucional.

Então, por que a Constituição faz isso? Porque o ICMS é um tributo que vai incidir sobre a circulação de mercadorias em todo o território nacional, tem que ser feito de uma maneira uniforme, que tem que permitir essa não-cumulatividade, transferência de créditos entre os mais diversos Estados, tem que ser, isso tem que acontecer de uma maneira harmônica.

Então, parece-me que, se isso existe para o Estado, fica difícil defender que uma limitação não poderia ocorrer de maneira similar para os Municípios.

Em tese, ao que parece, é o que está se pretendendo com o ISS – ou seja, que os Municípios exerçam sua competência tributária, no que tange ao ISS, de uma maneira uniforme, da mesma maneira do ICMS.

O problema, a meu ver, é que são tributos distintos, e uma coisa é a gente falar em vinte e tantos Estados, e outra é falar de mais de mil Municípios, que temos hoje.

Ou seja, para o ICMS temos instrumentos que permitem esse tipo de tratamento e essa preocupação. Para o ISS vamos verificar, aqui, que nós não temos isso. Mas, de qualquer maneira, acho que, em tese, usando de novo as lições do Clélio Chiesa, na verdade se poderia ter essa alteração sem afetar a autonomia dos Estados e dos Municípios, pois o interesse nacional presente na lei nacional supera o interesse de cada uma das ordens parciais.

O que eu colocaria é que essa alíquota mínima de 2%, ao meu ver, vai trazer muito mais problemas do que solucionar qualquer questão.

Por exemplo, quais instrumentos jurídicos vão fazer com que os Municípios respeitem os 2%?

Porque no caso do ICMS a gente sabe que, quando algum Estado desrespeita isso, ou tem os meios do próprio CONFAZ, ou tem a possibilidade de ação direta de inconstitucionalidade. A ação direta de inconstitucionalidade só pode ser para lei federal ou estadual, não existe um controle concentrado de constitucionalidade da lei municipal em face da Constituição Federal.

Frente à nossa Constituição do Estado de São Paulo há esse controle de constitucionalidade entre essa lei municipal e a Constituição Estadual, mas não há instrumento direto de controle da lei municipal frente à Constituição Federal.

Então, não há condições de uma ação direta de inconstitucionalidade contra essa lei municipal que desrespeite tal alteração constitucional – no caso, um Município que, por exemplo, fixasse a alíquota em 1%.

Hoje conversei com muitos Professores, estava até contando para o Prof. Estevão sobre isso; ele falou que entende que o sistema mesmo vai acabar achando a solução, seja pela ação popular, pela ação civil pública. Mas num primeiro momento não vejo como solucionar essa questão – ou seja, se o Município resolver que ele vai indicar na lei a alíquota de 1%, qual seria o instrumento jurídico que o impediria?

Teríamos como único instrumento, hoje, a Lei de Responsabilidade Fiscal. Se entendermos que o art. 11 e o art. 14 da Lei de Responsabilidade Fiscal são constitucionais – o que me parece que é discutível, até vendo aqui, pelo livro que recebemos neste Congresso, a conferência do Prof. Roque Carrazza, no ano passado, que era justamente sobre renúncia de receita e versava sobre isso, ele já apontava alguns problemas com relação a esses dispositivos.

Se abstrairmos a discussão da constitucionalidade deste artigo, teríamos como um instrumento para verificar isso a Lei de Responsabilidade Fiscal, porque primeiro tem que ser verificado se o legislador municipal exerceu a competência e instituiu o tributo; e, segundo, se ele não exercer a competência no mínimo nos 2%, ele estaria renunciando a receita sem motivação alguma, e sofreria as sanções colocadas na Lei de Responsabilidade Fiscal.

Mas acho que, de qualquer maneira, há uma falha na legislação, porque nós não temos instrumentos jurídicos eficazes para fazer essa fiscalização entre os Municípios.

Agora, entendo que quando a Emenda Constitucional diz que a legislação complementar vai regular a forma e as condições como isenções, incentivos e benefícios fiscais serão concedidos e revogados, e o Ato das Disposições Transitórias já diz que não serão objeto de concessão isenções, incentivos e benefícios fiscais que resultem direta ou indiretamente na redução da alíquota mínima, acho que não dá para defender que isso não fira a autonomia municipal.

Entendo que só dá para defender que pode haver estipulação de uma alíquota mínima se a legislação complementar contemplar os manejos de exceção e continuar dando dignidade ao princípio da autonomia municipal.

Por exemplo, conversando com o Prof. Aires – vocês verificam que conversei com todos –, ele me dava o exemplo: "Susy, vamos ver uma cidade que não tenha um hospital, e tenha necessidade já de um hospital, porque o único hospital existente é a 200km de distância. O legislador municipal não pode isentar o ISS sobre os serviços prestados pelo hospital para incentivar que um hospital seja fixado nesse Município? Não é um assunto de interesse local?"

Vamos dizer que em uma cidade próxima da região de Campinas, acho que Pedreira, que tem um trabalho grande de artesanato, os moradores venham passando por uma série de dificuldades financeiras, e aí o legislador municipal resolve isentar todos os artesãos do pagamento do ISS: ele não pode fazer isso? Isso não estaria ferindo a autonomia municipal? Para mim, obviamente que sim.

Então, a única maneira de se aceitar essa alíquota mínima seria por legislação complementar, contemplando a possibilidade da concessão de isenções e benefícios; e é óbvio que essa isenção, esses benefícios, têm que ser motivados, mas isso não precisava vir em uma emenda constitucional, ou legislação complementar que está lá, nas lições sempre lembradas do Prof. Roque Carrazza, quando ele coloca o princípio republicano: se estamos numa República, não há possibilidade de privilégio.

De tal maneira que qualquer isenção, benefício, favor, qualquer que seja, tem que estar motivado.

Então, é evidente que quando o Município vai conceder qualquer isenção, ele tem que ter uma motivação; e essa motivação estando clara e precisa, ele pode, sim, fazer isso, como entendo que ele pode continuar fazendo suas isenções de ISS para trazer riqueza para o Município.

É lógico que dentro de um mínimo, de um razoável; mas se a cidade, o Município, precisa de crescimento, precisa de riqueza, por que não isentar o ISS, para trazer uma empresa prestadora de serviços para poder gerar empregos, resolvendo as necessidades daquele Município, que só o legislador e o administrador locais podem resolver?

Então, em tese, até entendo que não feriria o princípio da autonomia municipal a fixação de alíquota mínima, desde que já prevista sempre a possibilidade de o legislador municipal continuar legislando, como está previsto, e não pode ser modificado, no meu entender, sobre os assuntos de interesse local – isentando e concedendo os benefícios e incentivos que entender julgar necessários e que estejam claramente motivados na exposição de motivos da lei.

Era, rapidamente, o que gostaria de passar para os Senhores, agradecendo imensamente. Muito obrigada *(palmas)*.

PRESIDENTE (PROF. CLÉLIO CHIESA) – Tivemos a oportunidade de perceber que temos muitos aspectos polêmicos em torno do ISS, e aí ficam essas idéias, para que os Senhores posam refletir sobre elas e, quem sabe, levar adiante o estudo desses temas polêmicos.

E, seguindo o exemplo do Prof. Souto, agradeço a participação de todos e dou por encerrados estes trabalhos e ponto. Muito obrigado *(palmas)*.

MESA DE DEBATES "G"

IMPOSTOS SOBRE A PROPRIEDADE E A TRANSMISSÃO

PRESIDENTE DA MESA: PAULO PIMENTA
MEMBROS DA MESA: EDGARD NEVES DA SILVA,
VALDIR DE OLIVEIRA ROCHA,
ANNA EMÍLIA CORDELLI ALVES, YOSHIAKI ICHIHARA

PRESIDENTE (PROF. PAULO PIMENTA) – Bom dia a todos! Esta Mesa de Debates tem por tema os "Impostos sobre a Propriedade e a Transmissão".

Compõem esta Mesa o Prof. Dr. Valdir de Oliveira Rocha, Doutor em Direito e Livre-Docente na USP, Coordenador da Editora Dialética; Dra. Anna Emília Cordelli, Secretária de Negócios Jurídicos do Município de São Paulo, Professora de Direito Tributário da PUC/SP; o Dr. Edgard Neves da Silva, Mestre em Direito pela USP, Professor Universitário e Advogado; e o Dr. Yoshiaki Ichihara, Juiz Substituto do Segundo Grau do TJ, de São Paulo, na 9ª Câmara de Direito Público, Mestre e Doutor pela PUC/SP e Professor da FMU.

De acordo com o Regimento do Congresso, cada palestrante disporá de 20 minutos para sua exposição, e após a exposição dos palestrantes a Platéia terá a oportunidade de formular perguntas por escrito.

Eu tenho a satisfação de passar a palavra à Profa. Anna Emília Cordelli.

PROFA. ANNA EMÍLIA CORDELLI ALVES – Gostaria de saudar a todos os integrantes da Mesa, meus Colegas, a todos os Congressistas, e dizer que é um prazer estar mais uma vez aqui com vocês, participando deste Congresso, que todos os anos vem discutindo temas absolutamente atuais e que, na verdade, além de nos enriquecer juridicamente, nos aproxima pessoalmente, dando-nos a oportunidade de nos rever – o que, para mim, é muito gratificante.

Passo a abordar o tema,que diz respeito à questão do IPTU e as atualidades referentes a esse imposto.

Dentro desse tema, devemos necessariamente tratar da Emenda Constitucional 29/2000, que alterou a redação do § 1º do art. 156, introduzindo a progressividade em razão do valor do imóvel, da localização e do uso desse imóvel, além da progressividade do tempo, já prevista no art. 182, § 4º, II.

Não obstante essa previsão expressa da Emenda Constitucional 29, autorizando o Município a adotar a progressividade do IPTU, ainda assim parte da doutrina vem sustentando a inconstitucionalidade dessa EC 29 por infringência ao art. 60, § 4º, IV, da CF.

Esse entendimento – que, aliás, é perfilhado pelo Prof. Aires Fernandino Barreto – parte do pressuposto de que tal Emenda Constitucional estaria ferindo o princípio da capacidade contributiva, que se caracterizaria como uma cláusula pétrea, que, portanto, não poderia ser modificada por emenda constitucional.

Para o Prof. Aires Barreto a Constituição assegura solenemente aos contribuintes que os mesmos somente serão submetidos à progressividade no caso dos impostos pessoais – o que implica a conseqüência de não serem atingidos pela progressão quando estivermos falando de impostos reais.

Esse entendimento decorreria da própria natureza do IPTU como imposto real, na medida em que seu fato gerador é a propriedade, o domínio útil, a posse de imóvel urbano; e bem como da posição adotada pela Suprema Corte Federal, escudada principalmente nas lições do Min. Moreira Alves, para quem os impostos diretos, reais, dizem respeito a rendimentos singulares, como é o caso de terrenos e construções, e que, portanto, o art. 145, § 1º, ao tratar da capacidade contributiva, só se referiria, só autorizaria a adoção desse princípio para os impostos pessoais.

Vou discordar desse entendimento, e arrolar as razões que me levam a tanto.

Mesmo antes do advento da EC 29 muitos estudiosos do Direito sempre entenderam possível a adoção da progressividade fiscal do IPTU, ao lado da progressividade extrafiscal prevista no art. 182 da CF.

Nesse sentido, Roque Carrazza, no seu *Curso de Direito Constitucional Tributário*, ao analisar o art. 145, § 1º, assevera que o legislador constituinte não faz uma mera recomendação de adoção do princípio da capacidade contributiva, como se fosse uma decisão desse legislador. Quer dizer, graduar, ou não, os impostos não é uma decisão do legislador; ou seja, os impostos têm que ser graduados sempre que a índole deles assim o autorizar. E o Prof. Roque Carrazza exemplifica com o ICMS e o IPI, asseverando que estes impostos – os ditos "impostos indiretos", em que a carga econômica é repassada ao preço da mercadoria ou do produto e quem suporta na verdade o ônus financeiro do tributo é o consumidor final – não comportam a graduação de acordo com a capacidade econômica do contribuinte, isto porque o contribuinte não suporta o ônus financeiro. Em tais casos não faz sentido falar em capacidade econômica dele.

De resto, afirma Roque Carrazza que a maioria dos impostos impõe a observância do princípio da capacidade contributiva, citando como exemplo o próprio IPTU.

Nessa mesma linha, o Prof. Paulo de Barros Carvalho, ao analisar o art. 145, § 1º, da CF, afirma ser incisivo, ou seja, os impostos *serão* graduados segundo a capacidade econômica do contribuinte, porque o sistema do direito positivo brasileiro exige que todos aqueles fatos que sejam colocados como materialidade da hipótese de incidência apresentem sinais de receita, denominados por ele de "capacidade contributiva objetiva"; ou seja, aquele fato colocado como materialidade da hipótese de incidência tem por si só que caracterizar-se como signo de riqueza.

Assim, na verdade, quando o legislador vai eleger a materialidade da hipótese de incidência, adota a chamada "capacidade contributiva objetiva". Então, por exemplo, o aspecto material da hipótese de incidência do IPTU – que, no dizer de Geraldo Ataliba, pode ser encontrado com a adoção da fórmula "verbo + complemento" – seria "ser proprietário". Assim, o aspecto material do IPTU não é propriedade, o aspecto material do IPTU é *ser proprietário*.

Por outro lado, Paulo de Barros Carvalho, ao lado da chamada "capacidade contributiva objetiva", trata da "capacidade contributiva subjetiva", que surge quando o legislador torna efetivo o princípio da capacidade contributiva objetiva – ou seja, quando atribui a alguém a condição de sujeito passivo tributário, de tal modo que o contribuinte venha a contribuir de acordo com o tamanho econômico do evento colocado como materialidade da hipótese de incidência.

Ao lado dos dois Mestres citados encontramos um extenso rol de juristas, como Américo Lacombe, Elizabeth Nazar Carrazza, Alberto Xavier etc., que sempre entenderam – independentemente de estar expresso na Constituição – obrigatória a aplicação do princípio da capacidade contributiva ao IPTU.

Aliás, a correção e a constitucionalidade da adoção da progressividade fiscal do IPTU pelo Município de São Paulo na Lei 13.250/2001 vêm sendo reconhecidas em juízo, porque, de um total de 1.546 ações judiciais promovidas contra a Prefeitura e já julgadas, em primeira instância,

291 foram favoráveis ao contribuinte; em contrapartida, 1.255 ações foram favoráveis à progressividade instituída pela Municipalidade. Em segundo grau, muito embora não tenha sido apreciado de forma completa, ainda, o mérito da progressividade, o 1º TACivSP proferiu, até agora, acórdão sobre o cabimento ou não da suspensão da exigibilidade do tributo.

Não obstante, temos uma decisão exemplar em agravo do instrumento pelo qual o contribuinte pretendia ver a possibilidade de suspensão da exigibilidade do crédito tributário, e nessa decisão, nesse acórdão, o Tribunal, ao apreciar o *fumus boni iuris*, abordou todos os pontos, adiantando, na verdade, seu entendimento, apreciando todos os pontos da nova progressividade, citando, inclusive, a sinalização do STF a respeito da constitucionalidade da tributação progressiva de IPTU.

Nessa decisão o 1º TACivSP afirma que a EC 29 criou a progressividade no espaço e a seletividade do IPTU, ou seja, a adoção de alíquotas diferentes de acordo com a localização e o uso do imóvel. Nessa mesma decisão o referido Tribunal aprecia aquela decisão histórica do Supremo no RE 153.81-MG, da qual foi Relator o Min. Moreira Alves, já que o Relator sorteado, Min. Carlos Velloso, ficara vencido.

De acordo com o Min. Moreira Alves, dois argumentos impediam a progressividade fiscal do IPTU. Primeiro porque a Constituição Federal autorizava somente a progressividade extrafiscal no tempo, como instrumento de política para o Município; e segundo porque o IPTU, como imposto real, não podia ser progressivo.

A respeito deste último fundamento o Min. Carlos Velloso disse que a Constituição havia emprestado o caráter de pessoalidade ao IPTU, discordando, portanto, do Min. Moreira Alves. E este argumento impressionou o Min. Pertence, que só votou pela inconstitucionalidade do IPTU progressivo naquela ocasião não porque ele não pudesse ter caráter pessoal, mas porque, na verdade, a Constituição não previa expressamente a possibilidade dessa progressividade.

Com o advento da EC 29, entende o TACivSP, nesta decisão que eu menciono, que a Corte Suprema, na verdade, estará seguindo uma nova interpretação, uma vez que o Min. Carlos Velloso, a Min. Helen Gracie e o Min. Sepúlveda Pertence, ao apreciarem a mesma matéria, agora após o advento da EC 29, têm deixado claro que a impossibilidade da progressividade se dava anteriormente à referida Emenda.

Nessa mesma decisão o 1º TACivSP enfrenta a interpretação do art. 145, § 1º, dizendo que este dispositivo se encaixa na sessão dos "Princípios Gerais do Direito Tributário", e, portanto, o imposto real pode ser pessoalizado se houver possibilidade disso; e no caso do IPTU progressivo é possível, e na verdade isso já era entendido mesmo antes da Emenda Constitucional. Vale dizer que o TACivSP acata expressamente tese de Américo Lacombe no sentido de que a expressão "sempre que possível", constante do § 1º do art. 45, não é de ser conectada com a expressão seguinte, ou seja, com a graduação dos impostos segundo a capacidade econômica do contribuinte. Isso porque a graduação conforme a capacidade econômica é um corolário lógico do princípio da igualdade.

Finalmente, gostaria de deixar clara a minha posição. A progressividade, antes de mais nada, é um corolário do princípio da igualdade, que está enunciado no art. 5º da CF, caracterizando-se, portanto, como um sobreprincípio, um princípio maior. Na verdade, o princípio da capacidade contributiva decorre de um princípio maior, que é o princípio da igualdade. Não haveria necessidade de se falar em princípio da capacidade contributiva. O princípio da igualdade, na verdade, já pressupõe seu desdobramento, que é o princípio da capacidade contributiva. Daí por que, *data maxima venia*, entendo que é pálido e fraco o entendimento adotado pelo eminente Min. Moreira Alves, segundo o qual a progressividade do IPTU estaria vedada pelo art. 145, § 1º.

E por quê? Porque, na verdade, eu aprendi com meu Mestre, Geraldo Ataliba, que a interpretação do sistema constitucional tributário há de ser sistemática. Eu não posso levar em conta apenas um dispositivo atinente à matéria. Tenho que levar em conta todas as normas constitucionais que dizem respeito à matéria. Então, impedir a progressividade do IPTU pela simples análise do art. 145, § 1º, na verdade, empobrece o raciocínio, quando o *caput* do art. 5º da CF consagra o direito à igualdade, e é daí que decorre o princípio da progressividade.

Ademais, a teoria dos impostos reais e pessoais também é pequena, em si mesma, para autorizar ou não a progressividade. Por quê? Porque a classificação dos impostos em reais e pessoais deve ser levada em conta apenas no pressuposto do fato do tributo; ou seja, quando estou analisando o aspecto material da hipótese de incidência é que cabe essa distinção entre imposto real e imposto pessoal. Agora, quando estou falando no princípio da capacidade contributiva, não estou falando da hipótese da incidência, não estou falando da ocorrência do fato gerador, eu estou falando da instalação da relação jurídica tributária – e é aí que, na verdade, devem atuar o princípio da igualdade e o princípio da capacidade contributiva.

Esse raciocínio, ou seja, essa distinção, essa insuficiência da distinção entre imposto real e imposto pessoal para justificar a não-progressividade do IPTU, foi deduzida com clareza numa decisão do MM. Juiz da 12ª Vara da Fazenda Publica, Dr. Valentim Aparecido de Andrade, que no último mês de junho/2002, ao decidir mandado de segurança impetrado contra o Secretário de Finanças do Município de São Paulo, deixou de conceder a ordem sustentando, dentre outros fundamentos, "que se trata o IPTU de um imposto real, não se pode a sua evidência controverter. Nesse tipo de imposto, como pontifica o insuperável tributarista alemão Albert Henzel, o legislador considera como prevalente a unidade econômica, a propriedade, por exemplo; por conseguinte, como o IPTU tem o seu fato gerador sobre a propriedade de bem imóvel, é de se concluir que o legislador considerou, em primeiro lugar, na estrutura da hipótese de incidência, um dado objetivo, que é o da propriedade, erigido, assim, em um signo presuntivo de capacidade contributiva. Mas daí não se pode deduzir a conclusão de que a progressividade fiscal com os impostos reais não seja consentânea. Esse equívoco tem sua gênese na confusão conceitual do pressuposto do fato do tributo, do fato gerador, e da natureza do vínculo que existe entre Fisco e contribuinte".

Daí que a classificação dos impostos em reais e pessoais corresponde tão-somente à análise do pressuposto de fato do tributo, ou seja, à análise da hipótese de incidência do tributo. É o que Paulo de Barros chama de "capacidade contributiva objetiva". Essa classificação, entrementes, quer dizer, a classificação entre impostos reais e pessoais – *prossegue o Magistrado* –, não se refere à relação da concreção do pressuposto de fato de tributo que dá lugar à obrigação tributária, ou seja, não diz respeito à relação jurídico-tributária propriamente dita, que Paulo de Barros Carvalho chama de "capacidade contributiva subjetiva". No dizer do MM. Juiz nessa sentença, Giannini, na lição de quem o Min. Moreira Alves baseou seu voto, percebeu essa sutil distinção em texto extraído da mesma obra e da mesma página transcrita no voto do eminente Ministro.

O que diz Giannini? "Esta distinção – *referindo-se à classificação dos impostos em pessoais e reais* – não diz respeito à natureza do direito subjetivo de crédito do ente público, que é sempre um direito pessoal de crédito, mas refere-se ao modo pelo qual a lei tributária define o pressuposto do tributo, e, portanto, a hipótese de incidência".

Portanto, em conclusão, antes mesmo da EC 29 já era permitida a progressividade fiscal do IPTU, muito embora assim não tenha reconhecido o STF.

Não obstante, ainda que fosse necessária alteração constitucional para previsão expressa, não se configura o abuso de legislar, posto que a EC 29 só veio tornar expresso o que já estava implícito na Constituição. E mais: a fundamentação de que o IPTU, como imposto real, não comporta a aplicação do princípio da capacidade contributiva, como vimos, é pobre do ponto de vista da interpretação sistemática, porque, se afastarmos o art. 145, § 1º, a progressividade ainda assim será devida e necessária, por força do sobreprincípio que dá fundamento ao princípio da capacidade contributiva, que é o princípio da igualdade, insculpido no art. 5º.

Então, o princípio da igualdade, que consiste em tratar desigualmente os desiguais, na medida das suas desigualdades, impõe a adoção de alíquotas diferenciadas para situações de propriedades diferenciadas. Portanto, a progressividade decorreria diretamente, sem intermediação alguma, do princípio da igualdade, ainda que o art. 145, § 1º, não fosse aplicado – com o quê eu não concordo.

Gostaria de agradecer, e depois me colocar à disposição dos Colegas e dos Congressistas, para a gente poder debater essas questões. Muito obrigada *(palmas)*.

PRESIDENTE (PROF. PAULO PIMENTA) – Com a palavra o Prof. Dr. Edgard Neves da Silva.

PROF. EDGARD NEVES DA SILVA – Bom dia aos Senhores! Saúdo os componentes da Mesa e os Colegas presentes. Agradeço o convite feito pelo Prof. Aires Fernandino Barreto para estar aqui com os Senhores para discutir um tema – eu diria assim – um tanto quanto difícil, mas em todo caso válido, porque através das novidades é que se pode buscar orientações e soluções novas.

O tema nosso é o "Estatuto da Cidade", mais especificamente a progressividade do IPTU no tempo. Eu tomo a liberdade, desde logo, de esclarecer que a grande dificuldade está, hoje, centrada na progressividade em termos gerais, mas nos interessa apenas a progressividade contida na lei que trata do Estatuto da Cidade, ao regulamentar os arts. 182 e 183 da CF, estabelecendo em sua ementa que trata das diretrizes gerais de política urbana e dá outras providências.

Os Senhores já leram e provavelmente já tiveram a curiosidade de folhear o Estatuto da Cidade, e devem ter percebido que a progressividade do IPTU no tempo é tratada num único artigo com cinco parágrafos; e, portanto, em termos de legislação, pode-se dizer que seu regime é parco, mostrando que efetivamente deveremos ter grandes discussões sobre a questão, as quais realmente serão levadas a todos nós, muito mais em termos de direito urbanístico do que efetivamente de direito tributário.

É por isso que faço esta afirmação por antecipação, porque acho que as grandes questões relacionadas a esta progressividade do IPTU vão se voltar tanto para as regras urbanísticas como para as do direito tributário. E é neste tópico – direito urbanístico – que vou procurar mostrar, mesmo de forma resumida, para uma certa meditação, que as discussões efetivas se darão no futuro, e não no presente.

Para terem uma idéia, a Constituição vigente é de 1988 e o Estatuto da Cidade veio a lume somente em 2001. Portanto, tivemos um lapso de 13 anos de maturação para a elaboração das leis necessárias à aplicação da matéria, em face das omissões contidas na Constituição Federal, que foram relegadas a duas lei da entidade federativa competente, a federal.

Acredito que vamos ter, quem sabe, não 13 anos, mas um bom número de anos também como maturação da discussão e das soluções das questões práticas decorrentes das leis reguladoras. A progressividade do IPTU dentro do Estatuto da Cidade e aquelas outras relacionadas com a progressividade extratemporal, que, inclusive, de há muito antecederam a progressividade em discussão, mereceriam, quem sabe, um encontro específico entre os urbanistas e os tributaristas, no sentido de compor uma solução diante dos enfoques fáticos e legais. Isso se deve a que, na minha vida profissional, em todo contato que acabei tendo com os urbanistas deu para perceber, para sentir, uma certa frustração por parte desses profissionais, que têm uma forma de focar o tema – como é lógico – um pouco diferente da nossa. O ideal nosso está voltado à aplicação da lei, e o ideal do urbanista é justamente a aplicação das suas idéias em benefício da sociedade, da urbe, as quais nem sempre estão em consonância com o ordenamento jurídico. Isto acaba levando a um certo confronto entre essas duas áreas. Mas, de qualquer forma, sempre foram extremamente produtivas as discussões com esses profissionais, e acredito que para o tema em si, "Estatuto da Cidade", a atuação de ambos é fundamental.

Dentro dessa colocação inicial, gostaria de lembrar que a primeira manifestação sobre a progressividade do IPTU no tempo se deu já há alguns anos, criada por lei de um Município do Estado de São Paulo que pretendia aplicar uma progressividade das alíquotas do IPTU em função não só do tempo de permanência de imóveis na propriedade do contribuinte, mas também levando em conta o número dos imóveis desse proprietário.

Podemos relembrar que no início a utilização da progressividade no tempo foi extremamente entusiástica, tendo sido, mesmo, adotada por várias Prefeituras, mas, diante de manifestações contrárias do Poder Judiciário, culminando com a decisão do STF, se acabou por entender que a progressividade no tempo, na forma estabelecida, não seria legal, porque se fundava muito mais numa tributação do patrimônio do contribuinte do que efetivamente na propriedade do contribuinte.

Foi uma frustração muito grande. Eu me lembro bem disso, porque na época trabalhava numa fundação onde se discutiam os assuntos municipais. A frustração dos arquitetos foi grande porque entendiam, em seu enfoque, que era essencial para evitar a especulação imobiliária; seria um instrumento que praticamente obrigaria os proprietários, especialmente dos lotes vazios, a que os vendessem, levando a que efetivamente os mesmos fossem utilizados de acordo com sua função social.

Portanto, essa primeira tentativa da tributação da propriedade progressivamente em razão do tempo não foi satisfatória. No período dos debates da Constituinte também muito se discutiu sobre esta questão, na busca de fornecer instrumentos para esta tributação, buscando o atendimento da função social da propriedade.

Várias discussões foram realizadas em Brasília e mesmo fora de Brasília. Vários profissionais participaram juntamente com diversos lobbies, e pode-se dizer que, infelizmente, a função social da propriedade ficou um tanto restrita e a progressividade no tempo vinculada a uma série de normas infraconstitucionais que deveriam dar seus contornos, de acordo com o art. 182 e seu § 4º.

E o que pretendo agora é, justamente, colocada a origem do texto, comentar, rapidamente, quais são as condições e quais as exigências para que num futuro se possa dar a aplicação da progressividade no tempo.

De início, constatou-se, após a promulgação da Constituição, a impossibilidade da aplicação da disposição do § 4º do art. 182, em razão da ausência de legislações específicas.

Vou ler a redação desta regra e comentar onde possível e necessário para esta discussão: "É facultado ao Poder Publico Municipal (...)" – primeiro comentário, é ser faculdade, e não imposição; portanto, fica a critério do ente federado, Município, querer ou não criar e aplicar a progressividade.

"(...) mediante lei específica para área incluída no plano diretor, (...)" – portanto, pressupondo que haja um "plano diretor", o que é uma condição obrigatória; e, ainda, que haja uma lei municipal específica que extraia do plano diretor uma determinada área na qual, e somente nela, poderia ser aplicada a progressividade no tempo.

Mas os Senhores percebem que o plano diretor e essa lei específica são da competência municipal; e, assim, imediatamente o Município interessado poderia fazer inserir no seu ordenamento estas duas leis.

" (...), exigir, nos termos da lei federal (...)" – e esta lei federal não existia. Por que é lei federal? Porque é da competência da União estabelecer normas gerais sobre direito urbanístico, e até então não havia norma alguma de direito urbanístico que permitisse a aplicação da progressividade no tempo do IPTU.

Passados os 13 anos noticiados no início, acabou vindo a lume esta lei federal em 2001, com a denominação de "Estatuto da Cidade". Pela falta desta regulamentação federal os Municípios tiveram que quedar-se inertes, não podendo aplicar a progressividade no tempo.

Mas continuo: " (...), do proprietário do solo urbano não edificado, subutilizado ou não utilizado, que promova seu adequado aproveitamento, sob pena, sucessivamente, de: (...)" – e, para terminar a redação, foi introduzido um termo, representativo de uma exigência, que, no meu entender, o foi de caso pensado, justamente para dificultar a devida aplicação: "sucessivamente, de". Assim, para que seja aplicado o inciso II, progressividade, necessariamente terá que ser descumprida a exigência do inciso I. E o inciso III somente poderá ser aplicado se descumpridas as exigências dos incisos anteriores, I e II. Mas qual é a exigência do inciso I? Parcelamento ou edificação compulsórios.

Ora, esses dois institutos – parcelamento ou edificação compulsórios – não existiam no nosso sistema jurídico. Desconhecia-se qualquer norma que permitisse a imposição ao proprietário de um bem imóvel que o viesse a parcelar ou a edificar. Assim, enquanto não regradas estas duas condições não seria possível aplicar o inciso II – ou seja, a progressividade no tempo. Por conseqüência, havia outra lacuna legislativa da esfera federal.

Treze anos se levou para que a lei federal – já que a matéria atinge a propriedade, portanto, pertencendo à seara do direito civil, e assim da competência exclusiva da União – viesse a estabelecer os conceitos e as diretrizes para a exigência compulsória para que o proprietário parcelasse ou edificasse seu imóvel.

Com a edição do Estatuto da Cidade foi preenchida esta segunda lacuna da competência federal – ou, melhor, foram completadas as duas lacunas até então existentes para a aplicação da progressividade no tempo.

Hoje há um regramento, e podemos, então, verificar, de forma muito rápida, como é que se dá esta exigência de parcelamento ou edificação compulsórios.

Já que a sucessividade é uma condição constitucional, somente poderia ser aplicada a progressividade no tempo se devidamente descumprido o inciso I, isto é, caso o proprietário não parcelasse ou edificasse seu imóvel na forma prevista na lei. E, descumprido o inciso II, então se aplicaria o inciso III, que representa a desapropriação com o pagamento da indenização por meio de títulos da Dívida Pública.

Feita esta colocação constitucional, que é fundamental – e os Senhores sabem que é essencial sempre se partir da Constituição –, há que se enfrentar os termos do Estatuto da Cidade e verificar quais são as regras pertinentes à progressividade no tempo.

Começa-se pelo art. 7º, que dispõe desta forma: "Em caso de descumprimento das condições e dos prazos previstos na forma do *caput* do art. 5º desta Lei – *que trata do parcelamento e edificação compulsórios* –, ou não sendo cumpridas as etapas previstas no § 5º do art. 5º desta Lei, o Município procederá à aplicação do imposto sobre a propriedade predial e territorial urbana (IPTU) progressivo no tempo, mediante a majoração da alíquota pelo prazo de cinco anos consecutivos".

O instrumento da progressividade no tempo está calcado em que as alíquotas serão progressivas, mas apenas dentro de um determinado prazo – ou seja, cinco anos –, quando, então, se esgotará o efeito pretendido.

O § 1º dispõe que a alíquota será aplicada a cada ano, que será fixada na lei específica a que se refere o *caput* do art. 5º e não excederá a duas vezes o valor referente ao ano anterior, respeitada a alíquota máxima de 15%.

Por efeito, a cada ano deverá ser multiplicada por 2 a alíquota anterior, alcançando no máximo a 15%, a qual será mantida até que o proprietário do imóvel venha a cumprir o parcelamento ou a edificação compulsórios. Eis a redação do § 2º: "Caso a obrigação de parcelar, edificar ou utilizar não esteja atendida em cinco anos, o Município manterá a cobrança pela alíquota máxima, até que se cumpra a referida obrigação, (...)", já que é faculdade sua aplicar o inciso III, que é justamente a desapropriação mediante títulos da Dívida Pública.

O § 3º do art. 7º determina que "é vedada a concessão de isenções ou de anistia relativas à tributação progressiva, (...)" – proibindo, assim, que lei municipal venha a conceder isenção ou anistia relativas ao IPTU com esta natureza.

Novamente pode-se observar que, como a Constituição, também o Estatuto da Cidade não detalha muito, vez que poucas são as regras relativas à progressividade.

Sem dúvida, se deveria fazer uma discussão muito mais intensa quanto a este art. 5º, mas não é oportuna neste momento, até pelo pouco tempo que temos para desenvolver todo o tema.

Para garantir a efetiva utilização social da propriedade com o parcelamento ou a edificação do imóvel, consta do citado artigo que a Prefeitura deverá notificar o proprietário para que, no prazo de um ano, protocole o pedido de aprovação do seu projeto e, ainda, que a notificação necessariamente deverá ser averbada no Registro de Imóveis, junto ao competente registro imobiliário. Este ato visa a resguardar os futuros sucessores do proprietário, tornando pública a exigência, vez que a mesma prevalece também para eles.

Normalmente as Prefeituras não têm prazo para decidir sobre pedidos de aprovação de projetos; mas, com a notificação, o proprietário terá um ano para protocolar seu projeto e iniciá-lo.

Outro prazo é dirigido ao proprietário também: uma vez aprovado o projeto, tem ele dois anos para iniciar a execução. Frise-se: a lei fixa prazo para o início da execução do projeto. É aí surge um grande problema, que se coloca: há prazo para terminar a realização do projeto? Como norma geral que é o Estatuto da Cidade, se ele não estabelece prazo para o término, poderia a lei municipal fixar um prazo específico para o cumprimento daquele projeto? Na negativa, a finalidade desta regra ficaria prejudicada, sem possibilidade de haver a coerção para o cumprimento do inciso I e, por conseqüência, a aplicação do inciso II, progressividade. Esta matéria deverá merecer análise mais aprofundada.

Várias outras questões poderiam ainda ser levantadas – e eu, inclusive, fiz uma relação com alguns tópicos. Mas, pelo esgotamento de meu tempo, deixo os comentários, havendo oportunidade quando dos debates.

Agradeço a atenção e me coloco à disposição da Mesa e dos Senhores para maiores discussões. Muito obrigado *(palmas)*.

PRESIDENTE (PROF. PAULO PIMENTA) – Com a palavra o Prof. Dr. Valdir de Oliveira Rocha.

PROF. VALDIR DE OLIVEIRA ROCHA – Bom dia a todos! É uma satisfação estar novamente dirigindo-lhes a palavra neste Congresso Brasileiro de Direito Tributário, especialmente na companhia de Colegas tão ilustres. É uma satisfação estar aqui na companhia do Dr. Edgard, do Dr. Yoshiaki, do Dr. Paulo Pimenta e da Dra. Anna Emília.

Cabe-me falar da "Base de Cálculo do IPTU e Alterações na Planta Genérica de Valores". É, sabidamente, um assunto antigo, já bastante discutido. Para não correr o risco de ficar fazendo apenas uma resenha noticiosa daquilo que já se sabe a respeito desse assunto velho, caio num outro risco ao tentar trazer-lhes, aqui, algumas novidades. Prefiro ficar com esse segundo risco.

A idéia, então, é procurar trazer alguma luz nova a este antigo assunto. Vamos dar por sabido que a base de cálculo do IPTU há de ser uma grandeza apta a medir essa materialidade consistente na propriedade territorial e predial urbana. Não haveria necessidade de muito esforço para chegarmos à conclusão de que esta grandeza há de dizer com o valor para medirmos o IPTU a final devido. No entanto, quando tomamos a palavra "valor", esta parece-me bastante insuficiente, porque tem uma largueza excessiva. Então, podemos indagar: que valor nós vamos considerar? O valor da compra? O valor da venda? Eu diria que não: se tomarmos o valor de venda ou o valor de compra, conseqüentemente, estaríamos tomando alguma coisa que não seria enquadrada como aquela grandeza apta a que eu me referi.

O IPTU tem como materialidade a propriedade, e não a transmissão dessa mesma propriedade. Na hipótese de transmissão poderíamos ter uma aproximação desse valor de compra e venda. É interessante que, tratando-se de imposto sobre transmissão *inter vivos*, tal como o IPTU, estará na competência dos Municípios. Mas precisamos distinguir, precisamos divisar uma e outra coisa. Parece-me que é relativamente fácil distinguir um e outro imposto, ao menos sob determinado ângulo. No imposto sobre a transmissão *inter vivos* tem-se a mudança da titularidade como um momento a ser considerado, enquanto que no IPTU este momento vai ser alguma coisa generalizada para todo um grande rol, todo um elenco de contribuintes. Pode haver, evidentemente, a incidência de tributos sobre um mesmo imóvel, em muitas ocasiões.

Assim, se um imóvel é transmitido por atos *inter vivos*, a cada um destes momentos em que essa transmissão acontece poderíamos ter incidência desse imposto. Enquanto que em relação ao IPTU essa incidência há de acontecer a cada ano. Já disse, então, que a questão de se tomar valor, simplesmente, é alguma coisa muito larga. O que nós deveríamos, então, considerar como um valor mais precisado para efeitos de IPTU? Na forma do Código Tributário Nacional, este valor há que ser o valor venal. E devo dizer aqui – ainda que ligeiramente – que aceito que o Código Tributário Nacional, enquanto desenvolvedor daquela tarefa prevista no Texto Constitucional para a lei complementar – de estabelecer normas gerais em matéria de legislação tributária –, seria válido.

Valor venal é o que diz o Código Tributário Nacional, lá no seu art. 33, como base de cálculo do IPTU.

Entendo que o valor venal do imóvel é aquele que aponta para o praticado no mercado imobiliário. Mas isto também não é assim tão simples. É o valor que o imóvel possivelmente alcançaria aos olhos do mercado, se fosse possível transacioná-lo naquele átimo de tempo que é estabelecido pela lei como de fato gerador em abstrato do IPTU. Diria, em acréscimo, que o valor de mercado para fins de IPTU leva em conta um dado objetivo. Não importa quanto Fulano ou Beltrano estariam dispostos a pagar por um imóvel se ele fosse transacionado naquele momento. Se nós levássemos em conta isto, estaríamos subjetivando uma base de cálculo que me parece dever ser necessariamente objetiva, genérica.

Claro que Fulano poderia ser um indivíduo que só compra um imóvel ou qualquer outro bem, como se costuma dizer, "na Bacia-das-Almas", para poder vender em seguida, aproveitando-se de um bom resultado. Digamos que Beltrano fosse pessoa daquelas que compra qualquer coisa por qualquer valor, prodigamente, bastando que ela lhe encante os olhos. Ora, em relação ao IPTU essa questão de compra e venda não é de importância alguma, mas ela terá significado, sim, para o imposto sobre a transmissão *inter vivos*. E – observe-se – o Código Tributário Nacional estabelece para esse imposto sobre a transmissão, igualmente, o valor venal. É curioso acrescentar que, embora após a Constituição de 1988 esse imposto tenha sido desmembrado, e passado à competência de dois entes, temos aceitado aquilo que está posto no Código Tributário Nacional, até com certa naturalidade. Por quê? Porque prestável, porque servível. E, no entanto, parece-me que essa base de cálculo do IPTU, igual a valor venal, é diferente da base de cálculo do imposto *inter vivos*.

Mas seria possível dizer: "Sendo representado pela mesma expressão, como é que posso entender que ora seja assim, ora seja diferente?" E aí é que está o desafio. Este valor venal para o IPTU é um valor objetivo e generalizadamente considerado. O valor venal para o imposto sobre transmissão de bens imóveis por ato *inter vivos* é um valor subjetivamente considerado. Aquele valor que ao final foi acordado pelas partes, valor que ao final figura inclusive para todos os efeitos, até mesmo diante do Registro de Imóveis.

Sabem os Senhores que muitas vezes se pretendeu questionar isto, e o que tem colocado a jurisprudência majoritariamente é que aquele valor declarado na transmissão por ato *inter vivos* presume-se válido. E poucas vezes, ao que eu saiba, se pretendeu fazer prova em contrário. Nós diríamos, aqui, num breve parêntesis, que na hora de se vender um imóvel é muito comum que alguém diga algo assim: "Olha, eu quero vender por tanto, mas eu gostaria de passar por algo menos". E a parte compradora às vezes aceita, e às vezes não aceita. Até porque isto envolve uma série de coisas, desde honestidade – e nós precisamos colocar este valor antes de qualquer outro –, até mesmo porque o indivíduo poderia dizer: "Olha, mesmo que eu não quisesse ser honesto, eu não tenho como fazer esse dinheiro aparecer do nada, porque eu não tenho 'caixa 2'. Todo meu dinheiro está devidamente contabilizado; então, ou passamos pelo valor efetivo, ou não vai dar negócio". Independentemente disto, vamos ficar com este valor subjetivamente considerado, porque este também pode ser afastado pelo Município, enquanto competente para instituir esse imposto, desde que demonstre efetivamente – entendo que muitas vezes há como se demonstrar que aquele valor indicado para fins de transmissão não é o valor real. Há decisão até mesmo do STJ que admite esse arbitramento quando aquele valor realmente é um valor fictício.

Bem, se se dá por aceita essa caracterização de valor venal objetivo para IPTU e valor venal subjetivo para efeito de ITBI, podemos ir adiante e mostrar que o estabelecimento de bases de cálculo para o IPTU, se fôssemos considerar, se possível, valor considerado por cada contribuinte, isto seria alguma coisa realmente muito penosa, ainda que não fosse de todo impossível. Se lembrarmos o que acontece com o ITR, em que o contribuinte declara o valor que entende devido, o valor venal (aquele que alcançaria sua propriedade rural no mercado se posta à venda, e que é uma das razões que apontam uma série de distorções do ITR), vamos verificar que, em tese, isto seria possível também para efeitos de IPTU; mas ninguém cogita disso, porque seria alguma coisa realmente tortuosa.

Então, o que se faz, habitualmente? Parte-se para o estabelecimento de valores por metro quadrado conforme a região, conforme a rua, conforme o logradouro em que o imóvel esteja estabelecido. Isto, basicamente, para efeitos do terreno em si, e de outro modo para padrões de construção civil, conforme aquela construção seja uma construção básica, seja uma construção mais sofisticada, seja uma construção mais simples etc. Essa também não é uma tarefa fácil, mas de algum modo ela é realizada. O que se tem, então, quando o legislador baixa uma planta de valores, é a presunção de que todos os terrenos e edificações com características certas estariam ali comodamente enquadrados e previstos nessas plantas de valores. O que se dá, entretanto, é que essas plantas de valores têm que ter seus critérios acabadamente definidos, determinados, nessas leis que as estabelecem.

Eu não admitiria que esses critérios fossem vagos e generalizados e que a lei deixasse ao administrador o estabelecimento dos valores efetivos de cada propriedade imóvel, porque aí nós abriríamos espaço a todo sabor de arbítrio.

Se eu disse que se presume que em geral essas plantas genéricas de valores correspondem a uma realidade, é porque parto de um pressuposto de que o legislador agiu também com correção, com critério. Mas muitas vezes aqueles valores estabelecidos nas plantas genéricas são absolutamente irreais.

Por vezes isso é facilmente demonstrado. Temos situações em que se sabe que os valores considerados inclusive para efeitos de isenções chegam a agredir os próprios contribuintes que se vêm isentos. Aqui em São Paulo, mesmo, há muitos exemplos de pessoas que disseram: "Ora, eu recebi a notificação como isento..." – e a pessoa se sentiu até um pouco empobrecida. "O que é isto, eu poderia pagar, meu imóvel é bom, o imóvel não é luxuoso mas está num bom prédio, está num bom bairro!" Por conta do quê? Por conta desses critérios objetivos que às vezes também acabam por favorecer indevidamente.

Assim, quando o contribuinte recebe o carnê do IPTU, pode verificar se aqueles valores tomados a partir de uma planta genérica de valores são reais, se eles são consistentes. Se não forem consistentes, ele poderá, sim, impugnar; parece-me que tem todo esse direito. E podemos levar em conta também que o imóvel, muitas vezes, se deprecia. Por quê? Porque ele foi alcançado por um sinistro, ou porque o proprietário não pôde zelar pela sua edificação, e o imóvel ficou "caindo aos pedaços". E, se assim é, ele também se depreciou e não vale mais aquilo que normalmente valem outros em localização parecida.

Portanto, essa presunção que temos nas plantas genéricas de valores parece que há de ser entendida como uma presunção *juris tantum*; ou seja, prova-se o contrário, e esta presunção pode ser, então, afastada. As plantas genéricas de valores (o mapa genérico de valores, ou qualquer outro nome que se lhes dê), portanto, podem ser impugnadas. Estas plantas genéricas de valores geralmente não são baixadas a cada ano, até porque esse é um trabalho difícil de ser feito, e pede, realmente, um levantamento criterioso. Quando se pensa em grandes metrópoles nós sabemos que isso se torna um problema realmente muito mais sério. Então, por esta razão essas plantas genéricas de valores, com muita freqüência, são baixadas num determinado exercício para vigorar ao longo de outros exercícios.

É possível, sim, atualizar monetariamente aqueles valores, mas essas atualizações da lei por ato do Poder Executivo só podem se limitar, então, à atualização monetária desses valores, em decorrência da inflação. Quaisquer outras alterações vão pedir necessariamente a intervenção do legislador.

Há um aspecto novo que me parece problemático e que eu gostaria, então, de trazer-lhes; até porque, com isto, eu traço um paralelo. Está em curso uma grande discussão em torno da contribuição ao Seguro de Acidente do Trabalho. Em relação a essa contribuição temos uma lei que estabeleceu alíquotas e deixou ao Executivo o estabelecimento das categorias, dos graus de risco para efeito de enquadramento. E a questão que se coloca é a seguinte: é possível isto? Isto atende àquilo que se pede do princípio da estrita legalidade? A mim parece que não, mas sei de muitos que estão aceitando esse pagamento como válido, inclusive na jurisprudência do STJ.

Como entendo que o STJ não é, provavelmente, o Tribunal que vai dar a última palavra sobre o assunto (parece-me que isto tem raiz constitucional, e deve ir ao STF), não vejo isto com muito espanto, mas é um dado que se deve levar sempre em conta.

Este é o resultado do meu esforço de trazer alguma coisa nova para um assunto antigo, um assunto tão velho. Eu queria, ainda, traçar um paralelo com o IPVA, mas se eu fizer esse paralelo também, seguramente, "vou ser expulso de campo", porque – não é mentira – eu recebi, aqui, um aviso de que se só tenha um minuto para encerrar, e vou observá-lo. Muito obrigado a todos *(palmas)*.

PRESIDENTE (PROF. PAULO PIMENTA) – Com a palavra o Dr. Yoshiaki Ichihara.

DR. YOSHIAKI ICHIHARA – Um bom dia a todos! Primeiramente, quero agradecer ao Prof. Aires Fernandino Barreto, ilustre Presidente do Instituto Geraldo Ataliba-IDEPE, por este convite. Também, na pessoa do Presidente desta Mesa, Prof. Paulo Pimenta, quero saudar os ilustres Componentes da Mesa e, também, todos os participantes e, na oportunidade, parabenizar a organização deste Congresso.

O meu tema é o "Imposto de Transmissão *Causa Mortis* e Doação de Quaisquer Bens ou Direitos". Eu separei em seis itens, ou seja: perfil constitucional deste imposto, aplicação da lei no tempo, momento da ocorrência do fato gerador, questões da lei complementar, progressividade e análise casuística do imposto de transmissão.

Quanto ao *perfil constitucional*, a CF de 1969, no art. 23, previa a incidência apenas sobre transmissão a qualquer título de bens imóveis. Com a promulgação da Constituição de 1988 poderiam os Estados instituir imposto sobre transmissão *causa mortis* e doação de quaisquer bens ou direitos; possibilitou ao Município a cobrança do imposto sobre transmissão *inter vivos*, este apenas sobre bens imóveis. Então, a competência do Estado abrange a materialidade dos bens imóveis, bens ou direitos por *causa mortis* e por doação. O Município ficou com a competência para instituir impostos sobre imóveis e direitos por ato *inter vivos* e oneroso.

Quanto à *aplicação da lei no tempo*, verifiquei que o questionamento deste imposto, diferentemente de outros impostos, é feito geralmente por advogados civilistas especializados em matéria de família. Então nós temos coisas, como a Justiça geralmente decide coisas, ou fatos pretéritos, e envolve logicamente coisas que ocorreram há muito tempo, então até 31.12.2000 a lei aplicável no Estado de São Paulo é a de n. 9.591/1966, somente sobre bens imóveis.

A partir de 1.1.2001 pela Lei 10.705/2000 é que foi exercida real e integralmente a competência outorgada pela nova Constituição, ou seja, incidência sobre imóveis, móveis, direitos, *causa mortis* e doação. A partir de 1.1.2002 a Lei 10.992/2001 trouxe algumas alterações à Lei n. 10.705/2000, especialmente no que se refere, o que é relevante neste momento, à alíquota progressiva, que deixou de existir, e houve uma substancial redução quanto à base de cálculo das isenções.

O *momento da ocorrência do fato gerador* deste imposto, a transmissão *causa mortis*, ocorre com o evento "morte", que está previsto no art. 1.572 do Código Civil (antigo). Determina o momento da ocorrência do fato gerador e também a lei aplicável nos estritos termos dos arts. 105 e 144 do CTN. No fato de a lei específica prever principalmente quanto ao pagamento deste imposto para um momento posterior parece-me que não há qualquer ilegalidade ou inconstitucionalidade.

Outra questão: pelo menos nos precedentes jurisprudenciais que eu pesquisei, especialmente no TJSP, não há questionamento sobre a *necessidade ou não da lei complementar* para que o Estado pudesse exercer sua competência específica. Parece-me que, neste caso, se for levantada a questão, aplica-se a regra prevista no art. 24, §§ 1º a 4º, da CF de 1988, onde se diz que, havendo competência concorrente, a União se limita a estabelecer normas gerais, e, inexistindo norma específica, o Estado competente tem o direito de exercer sua competência na sua integralidade, apesar de fazer a ressalva de que a superveniência de lei federal sobre normas gerais suspende a eficácia da lei estadual. Então, se houver uma invasão ou um campo maior, uma vez que a lei complementar também tem sua moldura, tem seu limite, questionadas diante da Constituição essas questões, se a legislação estadual ultrapassar esse limite, evidente que deve prevalecer a lei complementar.

Entendo necessária a lei complementar apenas quando envolver questão relacionada com conflito de competência entre Estados. Nesse caso, se for levantada essa questão, e se realmente não der uma definição, nessas condições, entendo que é indispensável essa lei complementar.

Quanto à *progressividade* do imposto de transmissão *causa mortis* e doação, evidentemente com o respeito a todos que entendem incabível, inclusive invocando cláusula pétrea, eu sempre tenho defendido a posição de que a isonomia é um superprincípio adotado na Constituição de 1988. A isonomia é um princípio que aparece na Lei Maior; no mundo fático, qualquer pessoa que for tratada com agressão a esse princípio, evidentemente, restará ferido exatamente um direito natural de ser tratado com igualdade. Nós encontramos esse princípio no "Preâmbulo", que é exatamente a intenção do constituinte. Encontramos no princípio fundamental do Estado Brasileiro, art. 2º, I e II, como direito fundamental do indivíduo e da coletividade, no art. 5º, *caput* e inciso I, como isonomia eleita na matéria específica tributária, no art. 150, II, como princípio da atividade econômica; no art. 170, VII, que prevê a redução das desigualdades regionais e sociais, entre outros.

E entra na realidade, nessa mensuração, ou na fixação do critério da isonomia, a capacidade contributiva. Então, quando diz sempre que possível e elege o patrimônio, rendimento, atividade econômica, como fundamental na fixação dessa capacidade, então a capacidade não é simplesmente aplicar a capacidade contributiva, mas aplicar a isonomia tomando como critério a capacidade contributiva, não é faculdade, mas cogente, no meu modo de ver.

Existem decisões do STF dizendo que só cabe progressividade sobre imposto real, mas mesmo no imposto real, se é que essa classificação é cientificamente válida, existe sempre um sujeito. Se o art. 145, § 1º, da CF de 1988 toma o patrimônio como elemento para mensuração da capacidade contributiva, entendo que essa premissa é falsa.

Quando se diz que falta previsão expressa da progressividade desse imposto, a coisa se torna muito mais ridícula na medida em que os profissionais do Direito, os cientistas do Direito, precisam atentar não para uma interpretação literal ou topográfica do Texto Constitucional, mas àqueles princípios que o Texto Constitucional alberga.

E a questão é relacionada também com as cláusulas pétreas. Eu vejo a cláusula pétrea como, em primeiro lugar, só para abolir, então pode não haver abolição do direito, como cobrar com progressividade. Em segundo lugar, se for suprimida em dois turnos, primeiro modificando o art. 60 e depois o texto específico, é possível a supressão da própria cláusula pétrea. E, em último lugar, defender a cláusula pétrea de forma absoluta é um retrocesso, é o engessamento da funcionalidade do próprio sistema constitucional, e nenhuma interpretação pode se dirigir nesse sentido.

Bom, agora sobre as *análises casuísticas* que eu levantei. Renúncia da herança é *inter vivos* ou *causa mortis*? Essa é a primeira questão. A renúncia da herança, quando é feita automaticamente, essa renúncia ou esse bem vai logicamente ao herdeiro sucessivo, evidentemente que não é *inter vivos*, mas *causa mortis*. Além disso, ocorre apenas um fato gerador. Cessão da nua-propriedade, também que ocorre, a própria lei estadual fala em 2% da nua-propriedade e 1/3 também do valor correspondente ao usufruto ao usufrutuário. Parece que nessa cessão, também, quando ocorre uma cessão simultânea, guardada essa proporção, ocorre apenas um fato gerador. Cessão de bens com compensação financeira, então nesse caso há logicamente uma operação *inter vivos*, então existirá incidência do imposto *causa mortis*, sobre cessão e no que se refere a compensação também *inter vivos*.

Testamento da parte disponível ao cônjuge supérstite, então, neste caso também ocorre apenas uma sucessão, além de ser imposto *causa mortis*, existe apenas uma sucessão de morte de herdeiro, quer dizer, posteriormente, com abertura do inventário. Mesmo que não haja registro do imóvel já em nome do sucessor, os precedentes têm entendido que existe na realidade, havendo essa sucessão, de morte de herdeiro nato, na vigência enquanto o inventário não estiver ainda terminado, ocorrem dois fatos geradores.

Questão relacionada com a base de cálculo. Apesar de a nossa lei estadual falar em transmissão de propriedade rural, falar em valor fundiário, valor da terra nua, evidente que, se a lei adota esta base, nada há de inconstitucional. Entretanto, se ela quiser cobrar sobre o valor da transmissão, uma coisa é o valor fundiário, outra coisa é o valor da transmissão, entendo plenamente cabível essa cobrança.

Sucessão e meação, valor da causa monte-mor, base de cálculo, apenas imposto sobre transmissão *causa mortis* aos herdeiros, uma vez que a parte do cônjuge supérstite a transmissão já não ocorre, porque ela já é meeira, então são duas coisas (valor da causa e base de cálculo do imposto).

Uma questão, por exemplo, relacionada com a lei que fala em tomar a base de cálculo de IPTU, IPVA, ITR, então não vejo problema algum, mas o que prevalece na realidade, principalmente nas transmissões de bens imóveis, são os valores declarados; então, não havendo impugnação dessa transmissão ou base, tem prevalecido exatamente aquilo que é declarado.

Uma questão que nem eu, analisando, conversando inclusive com os meus Colegas do Tribunal da Seção de Direito Privado, é uma pergunta: qual é a base de cálculo dos direitos autorais? Todos responderiam: "Basta fazer a avaliação", "mas qual é o critério que deve ser aplicado para a fixação da base de cálculo"? A exclusão, por exemplo, de acréscimos, rendimentos, despesas do espólio etc. está prevista na própria lei.

Uma outra questão é quando se fala em isenção condicionada e diz "que resida no imóvel e não possua outro imóvel", e se os herdeiros, alguns deles, não residirem lá, como ficaria a questão? Então isso tem sido discutido. Nesse caso, entendo que basta que algum herdeiro resida no imóvel para usufruir da isenção. O contrário tornaria praticamente impossível.

Relacionada com a aplicação da lei no tempo. Qual o momento da transmissão, nós já falamos, não é?

Contrato-de-gaveta, como ficaria? Se contrato-de-gaveta, principalmente de doação, é lei entre as partes, não pode vincular o Estado para efeito de incidência, prescrição ou decadência. Esta questão tem sido levantada nos processos de inventário, inclusive, que esse contrato existe de fato, já a transmissão ou a doação e alegam que já ocorreu a decadência desse direito ou a prescrição. Não é possível.

A ultima questão relacionada com os acréscimos, juros de mora de 1% ou SELIC? Então parece que tem um painel específico do Min. Domingos Franciulli Neto a respeito. Entendo que essa aplicação da SELIC é inconstitucional, porque em primeiro lugar a SELIC não é juros; quer dizer, se é juros, inclui também correção monetária e a sua oscilação depende do momento político, econômico, então não é uma renda.

Uma outra questão que é também discutida é a multa de 20% ou diária de 0,33%, não vejo ilegalidade alguma, não vejo inconstitucionalidade alguma a respeito disso, mas há pretensões dos advogados dos inventariantes, pretendem aquela aplicação da multa de 2% prevista no Código de Defesa do Consumidor. Então nesse caso entendo que prevalece a multa prevista na lei específica, e não na lei genérica. É a prevalência do critério da especialidade.

E também a questão da aplicação da UFESP, se eu corrijo pela UFESP a base de cálculo e ao mesmo tempo aplico a SELIC, haveria na realidade uma dupla correção monetária. Quanto à aplicação da UFESP para a correção da base de cálculo, entendo que nada há de inconstitucional, inclusive já há precedentes reiterados e pacíficos do STF.

Era isso que gostaria de colocar em tão pouco tempo, e agradeço a atenção de todos vocês. Obrigado *(palmas)*.

PRESIDENTE (PROF. PAULO PIMENTA) – Os Congressistas formularam algumas questões para nossos eminentes Debatedores, e eu pediria que os expositores fossem breves nas respostas, em face da exigüidade do tempo, visto que o próximo painel será iniciado pontualmente às 10h40min. Com a palavra, por ordem, a Profa. Anna Emília.

PROFA. ANNA EMÍLIA CORDELLI ALVES – Há aqui uma questão formulada pela Colega congressista Camila Porto Campos Vergueiro, onde ela indaga a respeito da necessidade de a Lei Orgânica do Município prever, autorizar, a tributação progressiva antes que a lei municipal venha, na verdade, a criar esta progressividade.

Entendo que o Município vai buscar sua competência tributária diretamente na Constituição Federal, e, na medida em que nós concluímos que a progressividade, na verdade, é uma decorrência do princípio da igualdade – portanto, ela se impõe, ela é absolutamente necessária –, entendo que não há necessidade dessa previsão, até porque nenhuma poderia impedir o Município, sob pena de inconstitucionalidade, de adotar essa progressividade, posto que a mesma, como visto, se impõe por força do princípio constitucional da isonomia, e é obrigatória, ao meu ver, é de adoção obrigatória pelos Municípios.

A segunda questão que se coloca, pelo colega Antonio de Sá, do Rio de Janeiro, é referente às decisões do Supremo no sentido de que os imóveis locados também são imunes ao IPTU desde que as respectivas receitas sejam aplicadas nas atividades-fins das entidades. Considerando também uma questão atual do IPTU. Isso não feriria o disposto no § 4º do art. 150? Sendo decisão do STF, portanto, irrecorrível, podemos entender que essa decisão também se aplica à imunidade do ITBI – ou seja, os imóveis para locação também serão imunes ao ITBI, no caso de entes imunes?

Na verdade, o STF tem adotado uma postura muito ampla em relação a imunidades, ao entender que aquela receita decorrente de imóveis locados se enquadraria na cláusula de finalidade essencial das entidades nele mencionadas, muito embora a Constituição talvez pretendesse restringir um pouco mais, ou seja, efetivamente o que está imune, o patrimônio e a renda e os serviços relacionados diretamente com as finalidades essenciais. É bem verdade que existe uma relação, quer dizer, a entidade imune vai aplicar o valor do aluguel recebido daquela locação nas suas finalidades, mas seria, na verdade, uma aplicação indireta, quer dizer, estaria indiretamente relacionada às finalidades essenciais, mas por entender que estas entidades imunes precisam explorar seu patrimônio, muitas vezes para fazer face aos seus custos, o STF tem dado uma abrangência muito maior. E é essa a posição que tem prevalecido judicialmente.

PRESIDENTE (PROF. PAULO PIMENTA) – Com a palavra o Dr. Edgard Neves.

PROF. EDGARD NEVES DA SILVA – Esta é a pergunta formulada por uma Colega nossa, Tereza Cristina Koslov, do Rio de Janeiro: o Estatuto da Cidade introduziu novas formas, ou, melhor, novos instrumentos, como direito de superfície e a conservação e uso do solo; como adequar a tributação sobre a propriedade a esses novos instrumentos no Código Tributário Nacional?

Diante destes novos instrumentos, há que se utilizar para eventual solução das respectivas tributações a situação definida como fato gerador do IPTU, a propriedade, a posse a qualquer título e o domínio útil, e, conforme o caso, por exemplo, poderia haver a tributação da posse, já que seu titular poderá transferi-la, demonstrando inclusive sua capacidade contributiva, a ser mensurada pelo respectivo valor. Em tese, sem me deter nestes novos instrumentos em sua integralidade, eu diria que a adequação necessariamente passa pela apreensão das situações previstas na hipótese de incidência do IPTU.

PRESIDENTE (PROF. PAULO PIMENTA) – Com a palavra o Dr. Valdir de Oliveira Rocha.

PROF. VALDIR DE OLIVEIRA ROCHA – O Dr. Antonio de Sá, do Rio de Janeiro, coloca o seguinte: "O Senhor afirmou que a planta de valores pressupõe um levantamento técnico criterioso, ou seja, não é um trabalho para generalistas, e sim especialistas. Em alguns casos, como em São Paulo, podemos ter milhares de valores para os logradouros ou trechos de logradouros no Município. Como não temos critério genérico, e sim valores específicos do logradouro, esta não seria matéria de decreto, e sim de lei. Imagine só um determinado vereador apresentando uma emenda reduzindo o valor do metro quadrado dos logradouros do seu distrito eleitoral, com critério político, eleitoral. Esse critério político vale mais que o critério técnico, respeita a capacidade contributiva e o princípio da isonomia tributária?"

Aí, parte-se de um entendimento errado do que seja político, embora eu não desconheça que há muitas pessoas que procedam desta forma. Mas o administrador também pode incidir nesses erros, dependendo de quem os levanta. Tudo é uma questão, aqui, inicialmente, de probidade. O que se dá, entretanto, é que eu não vejo possibilidade, eu não estou nem a discutir o que seria melhor, se levantamento feito pelo administrador ou se pelo legislador.

O que se dá, entretanto, é que, na forma como nós temos hoje o Sistema Tributário Nacional esculpido, se diria que essa tarefa de estabelecer base de cálculo dos diferentes tributos é do legislador. Muitas vezes os projetos que virão a se tornar lei, estabelecendo essas plantas genéricas de valores, são formulados, sim, pela Administração, que é provavelmente o órgão mais aparelhado para tal efeito. Não posso é partir da possibilidade dos vícios, só porque os vícios seriam alguma coisa inerente à pessoa humana. Eu digo que é tarefa do legislador, porque o constituinte disse assim; é como entendeu.

PRESIDENTE (PROF. PAULO PIMENTA) – Com a palavra o Dr. Yoshiaki Ichihara.

DR. YOSHIAKI ICHIHARA – O Dr. Paulo Ebel, Advogado do Rio Grande do Sul, pergunta: "Dinheiro é bem móvel ou direito, incide o imposto sobre a doação de dinheiro?".

Bom, no meu modo de ver, dinheiro, na realidade, é medida de valor, mas ele é representativo de um bem ou valor. Então, imóvel não é, tem que ser bem móvel. Ele pode estar, por exemplo, depositado em um Banco, pode estar representado em moeda estrangeira, em moeda nacional. A verdade é que não há previsão expressa na lei de todos os Estados a respeito da incidência desse imposto. Então, não há, assim, muita relevância, por exemplo, em se saber se é bem móvel ou direito. Eu ficaria, aqui, como sendo bem móvel.

Segunda pergunta, Otávio Marcovecchio, Itaú, São Paulo, Advogado: "O Senhor entende que há bitributação na cobrança do imposto de doação *causa mortis* e circulação de mercadorias, já que o pagamento de ICMS também é devido?".

Eu, que atuo na 9ª Câmara de Direito Público do Tribunal de Justiça – portanto, que envolve matéria tributária –, tenho muita dificuldade até de convencer os meus Pares de que contribuinte de fato não existe, principalmente aquele 1% da alíquota.

Então, a Fazenda invoca o art. 166, da repercussão, e aparece invariavelmente a figura do contribuinte de fato. Então, eu digo que não existe juridicamente; se economicamente pode existir o contribuinte de fato, juridicamente o sistema não consagra tal.

Quem compra uma mercadoria, quem paga uma nota fiscal, não está pagando o custo da mercadoria, que pode ter energia elétrica, imposto, salário. Está pagando a mercadoria, então. Não há que se falar, por exemplo, em bitributação, porque o que você está recebendo é a mercadoria, que é um bem móvel, e também o fato gerador, a materialidade do fato gerador, do imposto de transmissão e o do ICMS são completamente diferentes. Então eu entendo que não há questão alguma relacionada que possa ser relevantemente levantada a respeito da bitributação.

PRESIDENTE (PROF. PAULO PIMENTA) – A Profa. Anna Emília deseja formular uma questão ao Dr. Edgard Neves.

PROFA. ANNA EMÍLIA CORDELLI ALVES – Gostaria de colocar ao Dr. Edgard uma questão que me tem preocupado, e gostaria de ouvir suas ponderações.

A questão do IPTU, dito extrafiscal, que está no art. 182. Nós sabemos que a extrafiscalidade visa a obter um determinado comportamento do contribuinte, seja estimulando ou desestimulando esse comportamento social, econômico. Mas, na verdade, a extrafiscalidade não tem caráter penal – ou seja, se eu comprar um maço de cigarros, vou pagar um imposto maior exatamente porque o Governo pretende que eu pare de fumar; mas não há sanção, apenas um estímulo ao desestímulo.

O IPTU do art. 182 da CF, em verdade, tem caráter de sanção, porque cessa sua incidência com a desapropriação – ou seja, me parece que há efetivamente um caráter sancionatório. Agora, o que me deixa preocupada é o conceito de tributo que está lá no art. 3º do CTN. Será que essa previsão desse IPTU dito extrafiscal, mas que na verdade tem um caráter sancionatório, teria tido o condão de revogar aquele art. 3º, como é que fica o conceito? Nós vamos ter que rever esse conceito de tributo que está no art. 3º do CTN?

PROF. EDGARD NEVES DA SILVA – Vindo de quem vem, a pergunta não pode ser simples. Aliás, é complicada e profunda. Acho que valeria uma meditação maior, mas vamos dizer alguma coisa. Penso que a extrafiscalidade tem mesmo um conteúdo penal, porque, ao induzir a conduta, ela sempre está procurando penalizar seu não-cumprimento. Quer dizer, essa penalização, em princípio, para mim, não retira a extrafiscalidade do conceito de tributo, em face do acréscimo do ônus, ao desestimular determinada conduta do contribuinte. Aliás, se pensarmos bem, a simples tributação já seria penalizadora, porque induziria uma conduta do contribuinte. Até proporia ao nosso colega da *Revista Dialética* no sentido de promover algo sobre esse assunto. Como podem notar, não é um tema simples. Mas vale a pergunta feita, para começarmos a pensar mais sobre o assunto.

PROF. VALDIR DE OLIVEIRA ROCHA – Desde já fica convidado a escrever alguma coisa a respeito...

PROF. EDGARD NEVES DA SILVA – Eu gostaria não de escrever, mas de discutir, porque acho que assim fica mais ágil a troca de idéias. Depois, até pode-se pensar em redigir algum trabalho.

PROF. VALDIR DE OLIVEIRA ROCHA – Desculpe-me a intromissão, mas gosto de ler esse dispositivo como "em vez de", "sob pena de", "sob conseqüência de", acho que aí se salva o que está no art. 3º do CTN, não por salvar simplesmente, mas fica conforme.

PROF. EDGARD NEVES DA SILVA – Perfeito.

PROFA. ANNA EMÍLIA CORDELLI ALVES – Realmente, é uma questão que coloco só para indagação, porque a gente não tem como definir isto. Quer dizer, nos pega de surpresa. Também não tenho essa definição, Professor. Só queria ouvir.

PRESIDENTE (PROF. PAULO PIMENTA) – Em face de a gente decidir outros questionamentos, quero avisar aos colegas Congressistas que a próxima sessão será às 10h40min, com a presença do Prof. Régis Fernandes de Oliveira. E a Terceira Comissão de Trabalho pontualmente às 13h30min. Agradeço a presença de todos e também ao convite que me foi formulado para presidir esta Mesa de Debates, que declaro encerrada.

MESA DE DEBATES "H"

TAXAS E PREÇOS PÚBLICOS

PRESIDENTE DA MESA: ELIZABETH NAZAR CARRAZZA
MEMBROS DA MESA: RÉGIS FERNANDES DE OLIVEIRA, DIEGO BARNUEVO, SÔNIA CORRÊA DE ALMEIDA PRADO, MARCELO FIGUEIREDO, HELENO TORRES, PEDRO LUNARDELLI

PRESIDENTE (PROFA. ELIZABETH NAZAR CARRAZZA) – Esta Mesa de Debates versará sobre o tema "Taxas e Preços Públicos". Compõem esta Mesa o Prof. Régis Fernandes de Oliveira, à esquerda; na ponta, Prof. Diego Barnuevo, da Universidade Carlos Tercero de Madri; Profa. Sônia Corrêa de Almeida Prado, do meu lado; Prof. Marcelo Figueiredo, da PUC; Prof. Heleno Torres, da PUC e da USP; e Prof. Pedro Lunardelli, da PUC.

Vou passar a palavra, inicialmente, ao Prof. Régis Fernandes de Oliveira, que falará sobre os "Critérios Jurídicos de Diferenciação das Taxas e Preços Públicos", pelo prazo de 15 minutos. Prof. Régis.

PROF. RÉGIS FERNANDES DE OLIVEIRA – Bom dia a todos! Cumprimento a todos os integrantes deste painel, os participantes no recinto, e agradeço a oportunidade de participar deste evento. Como o tempo é bastante limitado, eu vou ser bastante rápido.

Uma visão geral de taxa todo mundo tem, basta ir ao art. 145, II, da CF para sabermos que existem taxas de dois tipos: taxas em decorrência do exercício efetivo, de prestação efetiva, de serviços públicos e taxas decorrentes do exercício de poder de polícia.

É claro que já se disse repetidamente que taxa é tributo vinculado, dependente de uma atividade do Estado, atividade específica divisível prestada a alguém. No tocante à chamada "taxa de polícia" as dificuldades não são tão grandes. Eu mesmo tenho livro sobre isso, sobre as taxas de polícia, e que tem toda a caracterização da taxa, desde que nós saibamos exatamente o que seja o exercício do poder de polícia. E aí nós vamos aos textos de Celso Antônio, do Geraldo Ataliba, para termos primeiro na visão do administrativista a definição, o conceito, do que é o poder de polícia; depois nós temos que analisar todos os aspectos da hipótese de incidência para sabermos identificar na hipótese específica, criada por lei, quais os requisitos, como é que se caracteriza. E não oferecem, enfim, muita dificuldade.

A dificuldade básica recai sobre as chamadas "taxas de serviço". E, aí, livros e livros já foram escritos a respeito, cada um com posição diferente, com bons fundamentos jurídicos. O que me parece essencial é sabermos que a taxa ou, especificamente, o serviço público depende da situação momentânea, depende do que diz a Constituição a respeito, do que dizem as leis a propósito da instituição dos serviços públicos. Há posições bem nítidas entendendo que, tratando-se da prestação de serviços públicos, só pode haver uma contraprestação, que é a taxa. Isso é uma interpretação rigorosa do que diz o próprio art. 145 da CF: deixando de lado os serviços genéricos que a Administração presta – ou seja, os serviços de segurança pública etc. –, não há como se cobrar taxa; mas, desde que o serviço seja específico e divisível, prestado por qualquer atividade pública, por qualquer órgão, por qualquer pessoa jurídica, teremos sempre a atribuição de taxa.

Essa é possibilidade que tem uma certa sedução, uma vez que garante especificamente o administrado E se nós invocarmos García de Enterría, que diz que a pessoa não é apenas o destinatário de normas, mas ela está na origem da própria norma – isso se encontra tanto no seu *Curso* como também no *A Luta Contra as Imunidades do Poder*, texto notável desse Professor espanhol –, nós teremos que limitar a atuação do Estado em relação ao seu poder absoluto sobre o contribuinte.

Temos que ver o direito público, hoje, não mais com a visão do estudo das prerrogativas do Poder Público, mas, sim, como é que se defende o indivíduo contra as prerrogativas do Poder Público – e aí o texto desse notável autor, *A Luta Contra as Imunidades do Poder*.

É uma visão sedutora, dizendo que o serviço público é sempre remunerado por taxa – e aí vem a questão do que é o serviço público, quem o define. A noção que me parece mais adequada para todos, realmente, é a de Celso Antônio; quando ele diz que é a prestação de uma quantidade materialmente fruível pelos administrados e sujeita a um regime de direito público, ele dá um aspecto material da prestação do serviço e, ao mesmo tempo, o conceito jurídico.

Logo, nós teríamos todo tipo de fornecimento de comodidade materialmente fruível – por exemplo, água, energia elétrica, transporte –, todos os serviços, desde que estabelecidos na Constituição da República ou em leis extravagantes. Mas teremos, rigorosamente, para remunerar o serviço público, exatamente, sempre, taxa.

Essa é uma visão sedutora, mas parece-me que tem de ceder diante de outros argumentos também. Por exemplo, nós temos a prestação de serviços públicos mediante concessão, tal como fala o art. 175 da CF. Aí nós temos duas hipóteses: a conceder a uma própria estatal ou a um particular. O art. 175 vai falar da política tarifária. Eu vou evitar falar em tarifa, nome que só complica. Vamos falar em uma política de valores, ou de remuneração da atividade específica de um concessionário ou um permissionário.

Então, nós diríamos, isso elimina as garantias do administrado? Não. Por quê? Porque o Estado fiscaliza a boa prestação do serviço público contratualmente. No contrato de concessão isso está previsto; todo mundo sabe que nos contratos administrativos há uma situação de preponderância do Estado sobre o contratado; ele pode rescindir o contrato, pode alterar as cláusulas administrativas do contrato – não a econômica –, e ao mesmo tempo ele tem que remunerar adequadamente o prestador de serviço, ou o concessionário.

Logo, tem que ser mantida a equação financeira e, do outro lado, nós temos a fiscalização permanente do Poder Público, que fixa os preços e fiscaliza a boa prestação dos serviços. Tanto não repugna, estou tentando seduzir o raciocínio para uma outra possibilidade, que é a não-repugnância de que este tipo de serviço, embora serviço público não remunerado por taxa, caia no art. 175 e nós possamos ter um serviço público prestado por concessionários. Portanto, a equação, o regime jurídico é outro, e nós teremos, então, a possibilidade de que estes serviços sejam remunerados por preços.

Vou falar em preço. Nós temos autores que defendem a primeira tese, com muito denodo, com argumentos sólidos, com argumentos muito interessantes e sedutores, como eu disse, porque privilegiam a figura do cidadão, do indivíduo, contra a prerrogativa do Estado. Mas, de outro lado, nós temos a segunda hipótese, que também é sedutora, e aí nós temos Sacha Calmon e outros tantos autores que sustentam a possibilidade de que na prestação de serviços via delegação ou via concessão a particulares ou a entidades estatais de outra pessoa jurídica de a contraprestação dar-se por preço.

A mim, é o que mais seduz esta segunda hipótese – embora nos diversos trabalhos que já escrevi, seja no *Manual de Direito Financeiro*, seja no *Receitas Públicas Originárias*, sempre tendo entendido, sempre estava fixado ainda nas amarras de entender que serviço público só pode ser contraprestado por taxa.

Já avancei um pouco – pelo menos tirei essa restrição que faria a outro tipo de raciocínio –; entendendo agora que, realmente, tratando-se de serviço prestado por outra entidade ou por entidade particular pode haver a cobrança do preço. E daí nós temos que o serviço tem que ser sempre específico e divisível, evidentemente, isso está no próprio texto da Constituição. Não pode ter a mesma base de cálculo dos impostos, como, por exemplo, todas as taxas de limpeza que foram instituídas, ou taxa de iluminação pública, caíram na base de cálculo do IPTU, e, assim, os Tribunais entenderam que são inconstitucionais. Prevalece, com certeza, sempre o princípio da legalidade na cobrança da taxa, e há um acórdão recente do STF no caso do IBAMA: o IBAMA instituiu a cobrança de um valor através de mera portaria, e o Supremo fulminou esse texto, essa lei, entendendo que era inconstitucional a cobrança dessa taxa. E Baleiro tem uma expressão muito feliz, então nós não devemos nos perder pelos rótulos. Ele diz: "Se o preço é compulsório, é taxa, e se a taxa é optativa, é preço". Então, tendo esta equação, a gente pode realmente analisar este problema das taxas e dos preços à luz do Direito Brasileiro.

Chego ao final entendendo que quando se trata de exploração de bens públicos não há que se falar em taxa, nunca. E, por felicidade, neste livro que os Senhores receberam, exatamente a *Revista de Direito Tributário* 85, eu pego uma frasesinha do Prof. Aires onde ele diz que não lhe parece que possamos encaixar no poder de polícia e na prestação de serviço público específico e divisível, essa modalidade, uma taxa de uso de bem público.

Para mim, no trabalho que escrevi sobre *Receitas Públicas Originárias* ficou bem claro, bem nítido, que a chamada "Zona Azul", em que os autores têm sustentado que isso é exercício do poder de polícia, cobrança de box em mercados municipais, cobrança de taxa por ocupação de espaço público em aeroportos, cobrança de pedágio, tudo isso, para mim, é realmente preço. Não há como se criar um outro tipo de taxa para falarmos no que se cobra em pedágios, e sempre que se explora o espaço público, bem público, para mim é preço. É claro que isso demandaria muitas explicações, o que se entende por direito de propriedade do Poder Público sobre seu patrimônio, que tipo de relacionamento é este.

A mim me parece que – sigo, aí, a doutrina comum, que é realmente a chamada "propriedade administrativa" – o Poder Público não só tem que defender seu patrimônio,. Mas, mais do que isso, tem que explorar seu patrimônio. É dever do administrador público explorar seu patrimônio. Ele tem que fazer isso para abastecer seus cofres. Então, quando se fala de Zona Azul, eu acho que ele tem que cobrar, desde que ele sinta a necessidade, que haja um movimento forte de trânsito no local, ele tem o dever de cobrar. Não é que ele pode para disciplinar o trânsito, não, ou tráfego local; simplesmente ele cobra. para usufruir do benefício patrimonial que o seu bem pode dar aos cofres públicos.

Sintetizo dizendo que se existem essas duas taxas, a taxa de serviço e a taxa de polícia, uma decorre da prestação efetiva do exercício do poder de polícia, não há prestação potencial do poder de polícia, que se cobra pela mera atividade que o Estado tem, independentemente do atendimento ou não da reivindicação, da pretensão, do administrado.

Em segundo ponto, na taxa de serviço, que pode ser cobrada quando o Estado presta diretamente o serviço ou, de outro lado, quando ele consente ou quando concede ao estatal ou a particular, ele cobra preço, e também quando explora seus próprios bens o Estado sempre cobra preços.

Não quero me alongar, uma vez que o tempo é bastante limitado. Mas ficam aí pelo menos algumas noções que me parece que traduzem o que penso a respeito do assunto. Muito obrigado *(palmas)*.

PRESIDENTE (PROFA. ELIZABETH NAZAR CARRAZZA) – Agradecendo a participação sempre precisa do Prof. Régis Fernandes de Oliveira, passo a palavra à Profa. Sônia Corrêa da Silva de Almeida Prado, que vai falar também sobre os "Critérios Jurídicos de Diferenciação das Taxas e Preços Públicos", por 15 minutos.

PROFA. SONIA CORRÊA DE ALMEIDA PRADO – Bom dia a todos! Eu quero agradecer especialmente a participação nessa Mesa de Debates, retomando o estudo dessa questão de taxas, que de certa forma estava esquecido sob o ponto de vista unicamente teórico, tendo em vista a atividade profissional da Advocacia, que muitas vezes nos impede de maiores perquirições necessárias quando se pretende fazer Ciência do Direito. E, aqui, o grande mérito desse Congresso – esse foi sempre o mote do Prof. Geraldo Ataliba, com quem eu aprendi – é, justamente, não o estabelecimento de dogmas ou conclusões a respeito do direito positivo, mas simplesmente o nosso trabalho como cientistas do Direito e como responsáveis pela evolução dessa Ciência, justamente o levantamento de problemas, pensar a respeito deles, nem sempre com soluções definitivas e dogmáticas.

É nessa linha de raciocínio que eu quero colocar a minha participação e as considerações a respeito desse assunto tão tormentoso que é, justamente, o critério para distinguir taxa e preço.

E começo, como o Prof. Régis, do Texto Constitucional, não poderia ser de outra forma. Enfatizando, efetivamente, que a competência tributária para a instituição de taxas está prevista no art. 145, II, da CF, e esta competência, tal como a competência para instituição dos impostos em geral, também é privativa, na medida em que a competência para instituição das taxas é dada, é determinada, pela competência da atuação – ou seja, a competência administrativa para a prestação de serviço público, sua disponibilidade, ou para o exercício efetivo do poder de polícia, é que vai determinar necessariamente a competência para instituição da taxa respectiva.

Então, nós temos que nos reportar especialmente nessa matéria ao direito administrativo, como se o direito tributário não fosse, por si, quase que uma parcela, digamos, do direito administrativo. Mas nesta matéria, especificamente, das taxas o direito administrativo está intimamente fundando quaisquer concepções, quaisquer considerações que se façam a respeito das taxas, não se podendo prescindir de exame mais apurado do direito administrativo.

Num primeiro momento, assinalo que as taxas pelo exercício do poder de polícia, assim chamadas "taxas de polícia", não podem ser instituídas pela potencialidade desse poder de polícia. O exercício do poder de polícia dá-se através de uma atividade administrativa tendente ao ato final de polícia, seja através de uma autorização, de uma licença etc. Contrariamente à tutela, de uma certa forma positiva, da prestação de serviço público, o poder de polícia age de alguma forma no sentido negativo, impondo no mais das vezes uma abstenção aos particulares, só indiretamente atuando no sentido da coletividade e do bem geral. Esta é uma diferença fundamental entre o serviço e o poder de polícia.

Outra característica que não tem sido muito acentuada, mas é inerente à conceituação, é o fato de o poder de polícia, para ensejar a instituição de taxa, dever ser exercido diretamente ao obrigado ou contribuinte. E nesse sentido, específico também, não há potencialidade, mas há especificidade no fundamento da taxa de poder de polícia.

E ainda, neste mesmo art. 145, além dos impostos e taxas (incisos I e II), há também a previsão da instituição do tributo chamado "contribuição de melhoria". A contribuição de melhoria amolda-se à clássica definição de "contribuição", que é justamente o tributo vinculado, mas só indiretamente, a uma atuação estatal. Esta é a característica clássica, o conceito clássico, de contribuição, e a contribuição de melhoria está dentro desse conceito. O que nos importa, aqui, considerar é que, em função dessa delimitação dos incisos I a III do art. 145 da CF, especialmente incisos II e III, a obra pública não pode ensejar, a nosso sentir, a instituição de taxas. O Prof. Régis, que me precedeu, exclui a possibilidade de taxas sobre o uso de bem público, e eu diria que também no caso de obra o tributo exigível é a contribuição de melhoria, desde que, evidentemente, aquela obra tenha importado valorização da propriedade particular ensejadora dessa instituição.

Temos, aí, as atividades administrativas primordialmente com relação às taxas, que são o exercício do poder de polícia e a prestação de serviços públicos.

O grande problema que se coloca num primeiro momento é saber o que é *serviço público*. Este é o cerne da questão. E não há um conceito ontológico para *serviço público*. O serviço público varia em momento histórico, varia em função até de considerações geográficas. Digamos que numa determinada ilha afastada, só por hipótese, para usar a imaginação, seja serviço público a manutenção de um transporte até o Continente, ou que num determinado país, sujeito às intempéries ou aos rigores do Inverno, constitua-se serviço público aquele de remoção da neve das calçadas.

Então, o serviço público não é um serviço ontologicamente público no sentido de termos uma definição pré-constituída. Ele advém do direito positivo. Temos, portanto, num primeiro momento, que examinar a Constituição, todo o sistema da prestação de serviço, e o que o Estado considerou relevante naquele determinado momento – e este é o primeiro dado que temos para verificar, dentro da Constituição, quais aqueles valores relevantes sobre os quais o Estado deve prestar seu serviço, dentro daqueles todos que são possíveis.

Por outro lado, em oposição total, há a atividade econômica do Estado, em que o Estado age da mesma forma que os particulares, submetendo-se às regras de direito privado. Nesses casos o Estado não estará prestando qualquer tipo de serviço público. Quer dizer, só haverá prestação de serviço público desde que o regime jurídico seja de direito público, derrogador das relações privadas.

Essa característica formal – aqui, acompanho integralmente a lição do Prof. Celso Antônio Bandeira de Mello –, quer dizer, um conjunto de normas e princípios estabelecidos pela lei, é que nos vai autorizar a considerar este ou aquele serviço como público.

A questão que se coloca mais especificamente na proposta de discussão é a de saber – tem sido desenvolvida doutrina muito vasta a respeito disso – a diferenciação possível entre taxa e preço. Por quê? Porque o Estado, no mais das vezes, exerce atividade de prestação de serviço mediante concessões, permissões ou autorizações previstas na Constituição Federal.

Então, essas concessões e autorizações – quer dizer, o fato de o Estado, titular do serviço público, transferir seu exercício para concessionárias ou permissionárias – até que ponto são relevantes para caracterização da remuneração como taxa ou como preço?

O problema tem sido colocado de uma forma, ao meu ver, um pouco simplista, e que não nos tem levado a uma conclusão ou ao objetivo de realmente estabelecer qual é a eficácia jurídica dessa distinção. E o que acontece é que toda essa discussão a respeito de taxa e preço deve ser talvez reequacionada, para se pesquisar a respeito das garantias e da segurança do cidadão e das garantias de prestação de serviço. Ou seja, tudo o que se diz ou se defende a respeito de taxa ou de preço tem considerado unicamente aquela perspectiva, entre o preço do direito privado, que seria, então, altamente flexível, com liberdade das partes, com liberdade de contratação etc., e as taxas, que são evidentemente submetidas a um regime tributário estrito, da legalidade, da anterioridade etc.

Dentro dessas questões é que me ocorre esta indagação, se realmente esta doutrina está se encaminhando nesse sentido mais profundo. E eu penso que nós poderemos avançar um pouco mais, pesquisar não o nome ou as características da contraprestação, mas buscar a natureza na própria prestação dos serviços e nos princípios que regem a prestação de serviços, essas garantias queridas pelo sistema e pelo cidadão. Então nós temos, por exemplo, os princípios da indisponibilidade do serviço público, generalidade, supremacia do interesse público, modicidade das tarifas ou da remuneração.

Esses princípios todos que informam a prestação de serviços é que me parece que não estão suficientemente estudados, ou suficientemente vistos ou explorados pela doutrina do direito tributário, e que eventualmente poderiam sustentar uma compatibilidade entre a natureza do serviço público e a remuneração através de tarifa. A questão é bastante complexa, esta entra taxa e tarifa, justamente porque a Constituição, no art. 175, ao estabelecer a possibilidade, a faculdade, da prestação de serviço mediante concessão ou permissão – e hoje eu diria é a regra –, também prevê que a lei estabelecerá a política tarifária. Há nessas situações de concessão e permissão, todos nós sabemos, necessariamente uma observância obrigatória da equação econômico-financeira do contrato.

Então, todas essas questões que regem o sistema de concessão e de permissão e a política tarifária e a própria dinâmica do Estado Moderno me parece – confesso que não tenho ainda uma conclusão definida, mas me parece – que poderiam ser melhor questionadas desde que nós fôssemos buscar os fundamentos nos princípios que regem a própria prestação do serviço público, para as garantias que a doutrina pretende assegurar mediante o reconhecimento da taxa e não de preço público.

Eram essas as considerações que eu gostaria de fazer. Estava procurando ser breve, porque a Mesa hoje realmente está bastante grande, e nós estamos aqui, evidentemente, para ouvir nossos Colegas, que com certeza terão observações importantes a fazer a respeito do tema. Muito obrigada *(palmas)*.

PRESIDENTE (PROFA. ELIZABETH NAZAR CARRAZZA) – Antes de passar a palavra ao próximo expositor, pediria aos colegas Congressistas que, ao encaminharem as questões à Mesa, coloquem seu endereço eletrônico, porque nós não sabemos se haverá tempo suficiente para responder. Assim, para garantir que essa resposta chegue, pediria aos Colegas que não se esquecessem de colocar seu endereço eletrônico.

Passo a palavra, agora, ao Prof. Marcelo Figueiredo, que falará sobre a "Cobrança do Uso do Solo Público".

PROF. MARCELO FIGUEIREDO – Profa. Beth Carrazza, Presidente desta Mesa, demais Colegas que integram a Mesa, meus prezados Colegas desse *XVI Congresso do Direito Tributário*, meus Amigos.

Eu pouco tenho a acrescentar ao tema, já que, em grandes linhas, concordo com o que o Prof. Régis notavelmente expôs aqui. O que poderia talvez chamar a atenção é exatamente para a concepção mais *sistemática* desta matéria, porque também creio, como a minha antecessora, que o direito administrativo aqui tem uma contribuição importante a dar no estudo da cobrança do uso do solo.

Então, inicio apenas lembrando que esta matéria tem fonte ou radica, tem origem, na Constituição Federal, não só na província tributária, mas sobretudo nas competências constitucionais. E é exatamente no estudo das competências constitucionais onde nós vamos iniciar o edifício desta construção a que a nossa Colega acaba de aludir. E verificamos que na Constituição nós, como todos sabemos, somos um Estado Federal. O Estado Federal evoluiu de um federalismo centrífugo da Primeira República de 1891 para um ciclo de federalismo centrípeto em 1967, e hoje, com a Constituição de 1988, nós procuramos ao menos um federalismo de equilíbrio, numa concepção que procure equilibrar as competências das pessoas políticas da Federação Brasileira, União, Estados, Municípios, Distrito Federal.

Por que eu volto a lembrar este tema das competências? Porque sobretudo nós temos que compreender que não há hierarquia entre as pessoas políticas, e que todas as pessoas políticas podem e devem – como lembrava o Prof. Régis – exercer suas competências como um dever jurídico. Exercer a função administrativa. De modo que eu vejo nesse tema – do controle do uso do solo –, um pouco, um abandono das lições mais elementares do direito administrativo. Não vejo por quê, por exemplo, não compreender que a utilização do solo público, ou dos bens públicos, se submete a um regime jurídico de direito público, que está previsto no próprio Código Civil.

Também acho que não é possível nós simplesmente identificarmos o tema no Código Civil (bens públicos). É preciso compreender que estamos diante de competências municipais E o Município tem todo o direito de instituir preços públicos, ou servidões. Nessa matéria convivem ou devem conviver os interesses da União, do Estado e do próprio Município. Recordo o artigo 182 de nossa CF.

O Município tem, como todos sabemos, a competência constitucional não só de ordenar seu território, como de ordenar urbanisticamente, ambientalmente, sua realidade, a nossa realidade municipal. De modo que eu não vejo incompatibilidade ou antinomias ou confrontos, necessariamente, entre a competência federal na prestação de serviços públicos e a autonomia municipal.

Nessa medida, afasto, desde logo a possibilidade de o Município exercer a tributação através de taxa de serviço, mas creio que em muito pouco tempo – embora possamos não concordar com essa imposição – seremos forçados a aceitar a existência de algum tipo de taxa pelo exercício do poder de polícia municipal.

O problema é que esta arquitetura, digamos, esse desenho dessa taxa não está suficientemente acabado, amadurecido. Respeitada a legalidade, eu acho que nós caminhamos para que os Municípios possam instituir uma taxa pelo exercício de poder de polícia. Porque é preciso aceitar a força da realidade, dos fatos; não é possível ao Município conseguir organizar o espaço municipal, ordenar o uso do solo, sem que ele possa planejar esta fiscalização em nome da segurança do próprio Município, do próprio cidadão, do próprio indivíduo.

Se nós examinarmos a legislação, por que todas essas (taxas) e, assim, essas cobranças todas sucumbiram perante o Poder Judiciário? Porque foram feitas por decreto, porque tinham identidade com impostos, com base de cálculo de impostos. Mas essas falhas estruturais já estão sendo corrigidas e, assim, se retirando da jurisprudência; basta nós examinarmos alguma jurisprudência recente ou alguns acórdãos do Supremo e um do Tribunal de Justiça, já, sobre IPTU, que foi tratado, parece-me, na sessão anterior desse evento, para chegar à conclusão de que essa posição vai cedendo passo a uma nova, de reforço da tributação pelo Município.

O RE 232.393-1-SP, em que foi Relator o Min. Carlos Velloso, afirma, no caso da taxa de coleta de lixo: "O fato de um dos elementos utilizados na fixação da base de cálculo do IPTU – a metragem da área construída do imóvel –, que é o valor do imóvel (CTN, art. 33), ser tomado em linha de conta na determinação da alíquota da taxa de coleta de lixo não quer dizer que teria essa taxa base de cálculo igual à do IPTU: o custo do serviço constitui a base imponível da taxa. Todavia, para o fim de aferir, em cada caso concreto, a alíquota, utiliza-se a metragem da área construída do imóvel, certo que a alíquota não se confunde com a base imponível do tributo. Tem-se, com isto, também, forma de realização da isonomia tributária e do princípio da capacidade contributiva: CF, arts. 150, II, e 145, § 1º, II. Recurso extraordinário não conhecido".

Por outro lado, em uma ação direta de inconstitucionalidade em que foi requerente o Município de Osasco entendeu-se que, instituída a taxa de coleta de lixo, estabeleceu-se como base de cálculo o metro quadrado de área construída, como forma de se dimensionar o custo de serviço, sendo *um dos fatores* também levados em conta na apuração do IPTU, e que essa circunstância não tem o condão de invalidar a exação.

De outro lado, o STJ tem entendido que não pode o Município cobrar pelo uso do solo se o serviço se destina à comunidade municipal – com o quê eu concordo em gênero, número e grau –, *não existe taxa de uso efetivamente*, não é possível pela Constituição Federal chegar-se a esta conclusão. Mas eu creio que é preciso maior investigação para que nós possamos chegar a um consenso, perdão, a uma taxa de polícia que confira segurança aos próprios munícipes, aos Municípios e aos próprios cidadãos, porque nos casos da concessão a particulares esse problema não existe, basta aplicar o regime da servidão, através do uso do solo público.

É preciso, nesse tema, encontrar o ponto de equilíbrio, que me parece esteja na aceitação de que o Município tem o dever de *ordenar e policiar* o uso do solo urbano em benefício e para a segurança de toda a população, de todos. Mas que essa tributação respeite integralmente as normas constitucionais.

Eu sei que meu tempo está escoando, e este tema é vastíssimo. Mas faço só esta provocação, ficando à disposição de todos para os debates. Agradeço novamente à organização, cumprimentando a todos os presentes *(palmas)*.

PRESIDENTE (PROFA. ELIZABETH NAZAR CARRAZZA) – Agradecendo a participação do Prof. Marcelo, que, britanicamente, ficou dentro dos 15 minutos, passo a palavra ao Prof. Heleno Torres, que vai falar sobre a "Cobrança pela União e pelos Estados da Água Consumida".

PROF. HELENO TORRES – Obrigado, Profa. Dra. Elizabeth Carrazza, Professora da PUC, digníssima Presidente desta Mesa. Ilmos. Professores presentes, minhas Senhoras, meus Senhores.

Recebi com grande satisfação a atribuição do tema "Cobrança pela União e pelos Estados da Água Consumida", tendo em vista a magnitude e importância das discussões a respeito, não somente da forma de gerência estatal sobre a utilização da água, mas também para discorrermos sobre as hipóteses de cobranças que eventualmente o Estado pode pretender efetivar sobre o uso ou consumo deste bem público, no que concerne, evidentemente, à água de propriedade da União e de propriedade dos Estados, nos termos da nossa Constituição.

Em breve síntese, o regime de cobrança pela água usada ou consumida define-se, especialmente, sob a forma (i) de imposto, como é o caso de ICMS, incidente sobre o seu respectivo consumo; (ii) de taxa, pela prestação do serviço público de fornecimento da água; ou mediante (iii) contribuição de intervenção no domínio econômico – CIDE, pela água consumida, tal como previsto na Lei 9.433/1997 (outorga de direito de uso e consumo).

O consumo de águas pode verificar-se na irrigação, nos usos industriais ou no abastecimento urbano. E para cada caso recebe tratamento diferenciado. Certo é dizer, entretanto, que sua tributação não é pacífica em todos os países, de tal modo que somente os serviços públicos de tratamento e fornecimento podem ensejar alguma espécie de tributo, nunca o bem, enquanto mercadoria. Discutível, assim, a cobrança de ICMS sobre o consumo de água, por ser difícil seu enquadramento naquele conceito; mas a dificuldade nesse caso diz respeito apenas à qualificação material do bem sujeito à tributação. Problema maior insinua-se sobre o regime de tratamento da prestação de serviço, se remunerada por taxa ou preço público, e bem assim da natureza da cobrança prevista no art. 19 da Lei 9.433/1997, quanto à outorga do direito de uso. Vejamos esse caso, inicialmente.

Com a Lei 9.984, de 17.7.2000, foi criado o Sistema Nacional de Gerenciamento de Recursos Hídricos, cujo principal instrumento é a Agência Nacional de Águas – ANA, e com esta entidade foi inaugurada uma nova fase no tratamento do regime de águas no Brasil. Decerto, a partir de sua implantação advirão muitas mudanças de comportamento, especialmente com a privatização dos sistemas de tratamento e fornecimento de águas. E, por isso mesmo, tudo agora é transitório e experimental. Mas sobre as receitas públicas algumas coisas já estavam consolidadas na própria Lei 9.433/1997, que trazia a possibilidade de cobrança de receita patrimonial devida quando da "outorga dos direitos de uso de recursos hídricos". Vejam-se os arts. 19 e 12 da citada lei.

Segundo o art. 19, a cobrança pelo uso de recursos hídricos objetiva: I – reconhecer a água como *bem econômico* e dar ao usuário uma indicação de seu real valor; II – *incentivar a racionalização* do uso da água; III – obter recursos financeiros para o financiamento dos programas e *intervenções* contemplados nos planos de recursos hídricos. E, para esses fins, estão sujeitos à outorga os diversos direitos de uso de recursos hídricos, identificados nos termos do art. 12 da Lei 9.433/1997. Perceba-se que os fundamentos dos objetivos colimados estão integralmente vinculados à garantia dos valores da ordem econômica, a merecer proteção e vigilância, sobre o quê cabe a intervenção do Estado. Satisfeitos, assim, os pressupostos materiais para a existência de uma CIDE, tal como previsto no art. 149 da CF.

Essa cobrança pela utilização da água consumida, pela outorga de direito de uso dos recursos hídricos, basicamente, define-se com as seguintes particularidades: (a) trata-se de um valor a ser cobrado pela União e pelos Estados em razão da utilização de água para os fins previstos no art. 12 da Lei 9.433/1997 (nada impede que a União institua um tributo e delegue sua arrecadação a outra pessoa); (b) a cobrança será devida pelos particulares que receberem a outorga do direito de uso da água para derivação, consumo de água para consumo final, abastecimento público, insumo em processo produtivo, extração de água subterrânea para consumo final ou utilização em processo produtivo, lançamento de água e esgoto, aproveitamento dos potenciais hidrelétricos e outros usos; (c) resulta da outorga do direito de uso que somente se efetiva por ato de autorização competente do poder Executivo Federal, dos Estados ou do Distrito Federal; (d) a outorga não implica alienação parcial das águas que são inalienáveis, mas o simples direito de seu uso; (e) tem como objetivo assegurar à atual e às futuras gerações a necessária disponibilidade de água, bem como a utilização racional dos recursos hídricos.

O art. 1º da referida lei diz que a água é um bem de domínio público e, ademais, que a água é um recurso natural limitado, dotado de valor econômico. Ora, esta lei atende perfeitamente aos critérios de uma CIDE. Infelizmente, não tenho tempo para discorrer sobre os fundamentos da CIDE – matéria que já foi objeto de discussão em outro painel.

A finalidade da lei é nitidamente de ordem econômica, porquanto visa a reduzir o uso e consumo de água desprovido de qualquer proteção aos mananciais, considerando-se tanto a defesa do meio ambiente quanto a importância da água para o desenvolvimento e manutenção da vida. Neste sentido, o próprio texto da lei identifica que a cobrança do uso de recursos hídricos objetiva reconhecer a água como bem econômico. Eis por identificada a natureza jurídica da cobrança da água, como autêntica CIDE, nas funções de intervenção indutora do Estado na economia, como predica Eros Roberto Grau, cumprindo o quanto prevê o art. 174 da CF, segundo o qual o Estado exercerá, na forma da lei, as funções de fiscalização, incentivo e planejamento.

As primeiras cobranças pela ANA ocorrem por esses dias, sobre os usuários das águas do Rio Paraíba do Sul, que corta os Estados de São Paulo, Rio de Janeiro e Minas Gerais. A cobrança pelo uso dos recursos hídricos foi autorizada pelo Ofício 212/SE-CEIVAP/01, e o valor da cobrança neste caso específico foi estipulado em R$ 0,02 (dois centavos) por metro cúbico, aplicáveis para o setor industrial e de saneamento, conforme estatui o Anexo constante da Resolução 19, de 14.3.2002, com progressividade do aumento dessa alíquota até R$ 0,08 (oito centavos) por metro cúbico, a depender do modo de aplicação de métodos de tratamento da devolução de águas à referida bacia hidrográfica. Eis aqui uma inconstitucionalidade inequívoca!

Não sendo possível cobrar imposto ou taxa na hipótese, para os fins de proteção dos valores da ordem econômica (art. 170 da CF), somente de CIDE pode-se qualificar a "cobrança" exigida pela ANA, nos termos da Lei 9.433/1997. E, sendo espécie de tributo, e não de multa ou de preço público, que se trata, somente lei específica poderia definir as alíquotas, base de cálculo e progressividade aplicáveis à espécie. Como a referida lei não trouxe a previsão das alíquotas, ato administrativo não lhe pode colmatar tão relevante lacuna, em face do art. 150, I, da CF. Não cabe, aqui, repisar e reafirmar os fundamentos da legalidade em matéria tributária e que, quando a Constituição exige lei para instituir ou aumentar tributo, o faz para todos os elementos da regra-matriz do tributo, especialmente para sua alíquota, que define a carga tributária aplicável, com implicações sobre outros tantos princípios relevantes, como o da capacidade contributiva, do não-confisco e da garantia do mínimo existencial. O princípio da legalidade tributária, previsto no art. 150, I, da CF, impõe que todos os tributos sejam exigidos ou aumentados mediante lei que o estabeleça. Desse modo, o ato administrativo que identifica as alíquotas da mencionada cobrança é de todo inconstitucional e não merece amparo na ordem jurídica nacional. O art. 149 exige, mesmo que como forma de reforço, sobrando em redundância, respeito à legalidade, para a instituição da CIDE.

Vejamos, agora, a cobrança pelo prestação dos serviços públicos de tratamento e fornecimento de água, se remunerada por taxa ou preço público. Diferentemente do Prof. Régis de Oliveira – um dos mais argutos conhecedores dessa matéria –, pensamos que todo e qualquer serviço público concedido ou permitido, não tendo alterada sua natureza por força dos contratos de concessão ou permissão, tem seu regime de tributação mantido na forma de serviço sujeito à cobrança de taxas, segundo o art. 145, II, da CF.

Taxa é tributo devido em razão da prestação de serviço público específico e divisível, sempre que o serviço for prestado efetivamente, na hipótese de serviços públicos facultativos, ou mesmo pela simples disponibilidade do serviço, quando este for do tipo de serviço público de uso obrigatório (como o consumo de água tratada pelo Poder Público) e já se encontrar em funcionamento, à disposição do usuário, portanto. Destarte, o uso de qualquer espécie de serviço público na República Brasileira, quando prestado de modo *uti singuli*, gravado pela divisibilidade, portanto, somente poderá ensejar a cobrança de "taxa", salvo a hipótese, tipicamente sancionatória, de não usar serviço público divisível obrigatório. Sim, sancionatório. O art. 3º do CTN precisa ser revisto no que menciona não se constituir, o tributo, em sanção a ato ilícito. Tenho para mim que isso somente tem aplicação nas hipóteses que não estão gravadas pela excepcionalidade do regime constitucional – mas este é um outro assunto. Voltemos às taxas.

Na doutrina brasileira, lembra Celso Antônio Bandeira de Mello que "serviço público ou atividade pública é aquela que se consubstancia através do regime jurídico especial, instituído pelo Estado no interesse direto dos fins que consagrar como próprios". Mas, e na Constituição, aonde identificamos a qualificação de serviços públicos? No seu art. 175, que assim prescreve: "Incumbe ao Poder Público, na forma da lei, diretamente ou sob regime de concessão ou permissão, sempre através de licitação, a prestação de serviços públicos"; dispondo em seu parágrafo único, III, que a lei estabelecerá a política tarifária. Observamos que o serviço público pode ser prestado diretamente pelo Estado ou por meio de concessão ou permissão, mas será sempre o Estado a se relacionar com o particular. Concessionário e permissionário mais não são do que interpostas pessoas, contratualmente ajustadas, por licitações e contratos administrativos, para atenderem às exigências de uma eficiência administrativa na prestação dos serviços. E política tarifária, nesse caso, nada tem que ver com a relação concessionário/particular, mas sim Estado/concessionária. Sendo assim, qualquer mutação no regime de alíquotas ou de aumento de preços somente poderia vir por lei, e atendendo ao princípio da anterioridade, na forma do art. 150, III, "b", da CF. Eis o quanto se aplica à cobrança pelo serviço de tratamento e fornecimento de água. Temos, aqui, inconteste, em cada "conta de água" uma típica hipótese de lançamento de "taxa". Nada tem que ver com "preço público".

O STF diferencia as taxas dos preços públicos em razão da compulsoriedade das taxas em face dos preços. Porém, fica ausente de resposta sobre qual espécie de compulsoriedade está tratando. Ocorrido o fato jurídico tributário, surge a obrigação tributária e qualquer outra espécie de "obrigação", inclusive de preços públicos; e isso é "compulsório". Sobre a natureza do serviço a afirmação é irrelevante, porque a taxa incide exatamente sobre a utilização de serviços públicos, na sua imensa maioria, facultativos, postos à disposição do contribuinte, sem qualquer obrigatoriedade de recurso ao uso. Assim sendo, a Súmula 545 do STF – ao estatuir que os "preços de serviços públicos e taxas não se confundem, porque estas, diferentemente daqueles, são compulsórias e têm sua cobrança condicionada à prévia autorização orçamentária, em relação à lei que as instituiu" –, em verdade, padece de plena superação doutrinária, justificável nos tempos que os tributos ainda eram vistas como retribuição de custos com serviços públicos: gerais (impostos) ou específicos (taxas e contribuições de melhoria). Desde há muito o conceito de tributo libertou-se do conceito de despesa pública, e, com isso, da autorização orçamentária. Nem por isso deixa de ser a taxa um tributo que se possa qualificar de "vinculado" à atuação estatal". Como bem afirma Paulo de Barros Carvalho, as "taxas são tributos que se caracterizam por apresentarem, na hipótese da norma, a descrição de uma atividade estatal, direta e especificamente dirigida ao contribuinte. Nisso diferem dos impostos, e a análise de sua base de cálculo deverá exibir, forçosamente, a medida da intensidade da participação do Estado".

"Preço público" será, sempre, todo e qualquer valor atribuído a bem público, mercadoria ou prestação de serviço postos à disposição de adquirente em regime de concorrência e licitação, sujeito ao regime jurídico próprio das empresas privadas, inclusive quanto às obrigações tributárias que o afetem.

O contrato de concessão, ao transferir para o particular o exercício da atividade pública, em nome do Estado, mesmo que fundado em lei que regule a matéria, como ocorre, fundante de regime que garante manutenção de equilíbrio econômico-financeiro, isso nada pode afetar a matriz constitucional, que prescreve, de modo efetivo e vinculante, que por qualquer espécie de prestação de serviço público específico e divisível somente pode ser cobrado "tributo", na espécie de "taxa". Diz a lei em contrário? Essa será inconstitucional, sempre, até que se modifique o regime vigente. Não se discute, claro, a constitucionalidade da manutenção do equilíbrio econômico-financeiro, que deve existir, em atenção ao que dispõe o tratamento sobre os contratos administrativos na própria Constituição. Mas que se faça por transferências de recursos ou compensações, nunca por aumentos inesperados de alíquotas ou valores, no curso do exercício financeiro, sem passar pelo conhecimento do legislador. Legalidade e anterioridade, presentes.

Na jurisprudência encontramos a opinião que vê a remuneração dos serviços públicos de água e esgoto como espécie de "taxa", como se tem no REsp 167.489 (98/0018591-7), julgado em 2.6.1998.[1] Este voto, relatado pelo Min. José Delgado, superou entendimento anterior do mesmo Tribunal, quando do julgamento do REsp 20.741-DF, relatado pelo Min. Ari Pargendler, que havia entendido anteriormente que se o Estado pode delegar a terceiros o serviço público haverá a cobrança de tarifa, hipótese em que enquadra o serviço de água e esgoto.[2]

No STF, o Min. Moreira Alves, no julgamento do RE 89.876-RJ, reconheceu também na cobrança pelos serviços públicos de abastecimento de água e esgoto típica natureza jurídica de "taxa", sujeita, desse modo, ao regime jurídico tributário. Nesse voto, afirmara que, "quando o Estado entende que a água que ele fornece é ne-

1. "Tributário – Serviço público de fornecimento de água – Taxa – Natureza tributária.

"1. O serviço de fornecimento de água e esgoto é cobrado do usuário pela entidade fornecedora como sendo taxa, quando tem compulsoriedade.

"2. Trata-se, no caso em exame, de serviço público concedido, de natureza compulsória, visando a atender a necessidades coletivas ou públicas.

"3. Não tem amparo jurídico a tese de que a diferença entre taxa e preço público decorre da natureza da relação estabelecida entre o consumidor ou usuário e a entidade prestadora ou fornecedora do bem ou do serviço, pelo quê, se a entidade que presta o serviço é de direito público, o valor cobrado caracterizar-se-ia como taxa, por ser a relação entre ambos de direito público; ao contrário, sendo o prestador do serviço público pessoa jurídica de direito privado, o valor cobrado é preço público/ tarifa.

"4. Prevalência no ordenamento jurídico das conclusões do X Simpósio Nacional de Direito Tributário, no sentido de que 'a natureza jurídica da remuneração decorre da essência da atividade realizadora, não sendo afetada pela existência da concessão. O concessionário recebe remuneração da mesma natureza daquela que o poder concedente receberia, se prestasse diretamente o serviço' (*RF*, julho a setembro/1987, ano 1987, 299/400).

"5. O art. 11 da Lei n. 2.312, de 3.9.1994 (Código Nacional de Saúde), determina: 'É obrigatória a ligação de toda construção considerada habitável à rede de canalização de esgoto, cujo afluente terá destino fixo pela autoridade competente'.

"6. 'No Município de Santo André/SP, as Leis municipais ns. 1.174, de 29.11.1956, e 2.742, de 21.3.1966, obrigam que todos os prédios se liguem à rede coletora de esgotos, dispondo, ainda, que os prédios situados em locais servidos de rede de distribuição de água devem a ela ser ligados, obrigatoriamente'.

"7. Obrigatoriedade do serviço de água e esgoto – Atividade pública (serviço) essencial posta à disposição da coletividade para o seu bem-estar e proteção à saúde, no Município de Santo André/SP.

"8. 'A remuneração dos serviços de água e esgoto normalmente é feita por taxa, em face da obrigatoriedade da ligação domiciliar à rede pública' (Hely Lopes Meirelles, in *Direito Municipal Brasileiro*, 3ª ed., Ed. RT, 1977, p. 492).

"9. 'Se a ordem jurídica obriga a utilização de determinado serviço, não permitindo o atendimento da respectiva necessidade por outro meio, então é justo que a remuneração correspondente, cobrada pelo Poder Público, sofra as limitações próprias de tributo' (Hugo de Brito Machado, in "Regime tributário da venda de água", *Revista Jurídica da Procuradoria-Geral da Fazenda Estadual/Minas Gerais* n. 5, p. 11).

"10. Adoção da tese, na situação específica examinada, de que a contribuição pelo fornecimento de água é taxa – Aplicação da prescrição tributária, em face da ocorrência de mais de cinco anos do início da data em que o referido tributo podia ser exigido" (*sic*).

2. 2ª Turma, REsp 20.741-DF, rel. Ministro Ari Pargendler, *DJU* 3.6.1996:

"O exato dimensionamento da lide depende do estabelecimento de duas distinções: primeiro entre taxa e preço público; segundo, entre a utilização obrigatória dos serviços de água e esgoto e o consumo de água.

"A taxa é um tributo, e, na forma do art. 77 do Código Tributário Nacional, tem como fato gerador o exercício regular do poder de polícia, ou a utilização, efetiva ou potencial, de serviço público específico e divisível, prestado ao contribuinte ou posto à sua disposição. Há, portanto, taxas de polícia e taxas de serviço.

"Não há qualquer dificuldade para estremar os preços públicos das taxas de polícia: só pode ocorrer em relação às taxas de serviços, à vista de que os serviços públicos também são remunerados por preços públicos.

"Se o serviço é daqueles que só o Estado pode prestar, a respectiva remuneração se dá através de taxas (*v.g.*, taxa judiciária pela prestação de serviços judiciários). Se o Estado pode delegar a terceiros a execução dos serviços, a remuneração é feita por tarifas ou preços públicos, hipótese em que se enquadram os serviços de água e esgoto."

cessária à preservação da saúde de cada uma das pessoas que habitam a cidade, ele as coage a usar dela, obrigando-se a pagar por ela ainda que dela efetivamente não use. E por isso parte do pressuposto de que, dessa forma, ninguém irá usar de outro meio oneroso para obter água, pagando duas vezes. (...). Em razão disso é que quando a cobrança de água se faz por taxa não pode o Estado cortar a água no caso de não-pagamento (seria um contra-senso que ele a considerasse como indispensável à saúde pública e, na falta de pagamento, ao invés de valer-se dos meios ordinários de cobrança, a cortasse em detrimento da saúde pública)".[3] Coloco todos os votos citados à disposição.

Por fim, ao encerrarmos esta breve exposição, concluímos que a cobrança efetuada sobre o abastecimento de água e esgoto é espécie de tributo, qualificada como "taxa", portanto. O fato de o serviço ser prestado mediante concessão ou permissão administrativa não retira o caráter tributário da prestação, haja vista o concessionário executar o serviço em nome do Estado.

Outrossim, pode a ANA cobrar a CIDE-Água, desde que lei futura traga a previsão do rol de alíquotas progressivas, para o fiel atendimento do requisito do art. 150, I, da CF.

E, ao seguir, discutir-se-ia o ICMS sobre a água consumida, a saber se esta seria hipótese de "mercadoria". Mas o adiantado da hora nos impõe limites, até porque já recebemos o aviso de "tempo esgotado".

Agradeço a atenção de todos, e mui especialmente à Organização deste importante evento jurídico, pelo honroso convite. Coloco-me à disposição para responder a quaisquer perguntas. Muito obrigado *(palmas)*.

Presidente (Profa. Elizabeth Nazar Carrazza) – Obrigada, Prof. Heleno. Peço desculpas, aqui, aos colegas de Mesa por ter que adverti-los sempre com relação ao horário, mas este é o meu papel. Sou ditatorial! Gostaria de lembrar aos prezados colegas Congressistas que as Comissões de Trabalho, conforme o programa, iniciar-se-ão pontualmente às 13h30min. Caso contrário nós não conseguiremos dar seguimento aos trabalhos da tarde. Então, peço aos Colegas que estejam presentes impreterivelmente às 13h30min, para a continuação dos trabalhos.

Passo, agora, a palavra ao Prof. Diego Barnuevo, da Universidade Carlos Tercero de Madri.

Prof. Diego Barnuevo – Obrigado, bom dia a todos!

Primeiramente quero agradecer ao Instituto Geraldo Ataliba de Direito Tributário pelo convite, especialmente aos Professores Paulo de Barros Carvalho e os que fizeram todo o possível para facilitar a minha presença hoje, aqui, neste Congresso.

Seguidamente devo me desculpar, porque eu sou normalmente muito otimista, mas acho que eu não posso falar Português, então eu vou falar Espanhol. Procurarei falar devagar, espero que vocês compreendam tudo, toda a minha exposição.

Yo tenía previsto hablar fundamentalmente de la modificación de la tasa por la utilización del dominio público. Pero por las palestras precedentes he descubierto que existen importantes diferencias entre la situación en Brasil y la situación en España. Entonces voy a hablar de este tema al final y primeramente voy a hacer una exposición general de la situación en España que quizás tiene interés para todos ustedes.

En España tradicionalmente nuestro Código Nacional Tributario preveía la exigencia de tasas por la ocupación del dominio público y también por la prestación de servicios públicos. Era una situación tradicional, y esa situación cambió en el año 1989. En ese año se aprobó una nueva ley sobre tasas e precios públicos, en el año 1989. Esa ley fué muy criticada, fué muy controvertida porque abría el clásico deba-

3. RE 89.876-RJ, rel. Min. Moreira Alves, *DJU* 10.10.1980.

te del siglo XIX sobre la diferencia entre tasas e precios públicos. Y esa crítica concluyó en una demanda al Tribunal Constitucional para que determinara si la nueva ley respetaba los principios contenidos en la Constitución. En el juicio, los argumentos principales contra la nueva ley eran los siguientes. En primer lugar se decía que la ley alteraba la naturaleza de las cosas, es decir hasta ese momento determinadas actuaciones públicas determinaban el nacimiento de una tasa y después de la ley esas mismas actuaciones determinaban el nacimiento de un precio público. Entonces la doctrina particularmente decía que el legislador no tiene capacidad para modificar la naturaleza de las cosas. Entre esa modificación, por ejemplo, se establecía que la ocupación del dominio público, la utilización privativa del dominio público, ya no sería la tasa sino que en el futuro permitiría cobrar un precio público. Con esta modificación, el legislador fundamentalmente perseguía evitar afastar los principios constitucionales tributarios. Decía que los precios públicos no son tributos y consecuentemente a esa nueva figura no le serían de aplicación los principios de justicia tributaria contenidos en la Constitución. Y, además, con esa modificación el legislador pretendía alterar, modificar, los criterios de cuantificación. Las tasas tienen criterios rígidos que consisten fundamentalmente en que las Administraciones no pueden cobrar una cantidad superior al coste del servicio. Después de esa modificación, los precios públicos alteraron substancialmente.

Los precios públicos no pueden cobrar una cantidad inferior al coste del servicio. Es absolutamente radical la diferencia.

Pero además esta ley tenía otra singularidad, y es que al regular los precios públicos decía que se exigían por conductas que manifestaban una actuación solicitada voluntariamente por el particular, y eso legitimaba el nuevo régimen, pero en ese nuevo régimen la ley reconocía privilegios a la Administración, es decir, las deudas de los precios públicos llevaban el régimen de derecho público y no el régimen de derecho privado, que también parece una contradicción, se decimos que el Estado en ocasiones actúa como un particular e puede fijar libremente los precios, debería someterse a las reglas de derecho privado y renunciar a sus privilegios exorbitantes.

Bien, como decía, fué recurrida ante el Tribunal Constitucional y felizmente fué declarada inconstitucional. La Sentencia 185 del año 1995 declaró inconstitucional esa nueva regulación. Y los argumentos fundamentales del Tribunal Constitucional fueron los siguientes. El legislador no puede cambiar fácilmente la naturaleza de las cosas, y en todo caso los precios públicos constituyen prestaciones públicas, de naturaleza pública, sometidas al principio de legalidad y a otros principios de justicia tributaria. Ese era el principal argumento. Y, además, el Tribunal Constitucional señaló algo muy importante para esta discusión, y es el concepto de *voluntariedad*; no definió la voluntariedad, pero puso de manifiesto que determinadas conductas aparentemente voluntarias no son voluntarias. Y decía: evidentemente si hay una prestación pública que manifiesta autoridad, la de policía, que se habla aquí, tiene que ser una tasa, pero también tiene que ser una tasa si no existe voluntariedad en otros supuestos.

Por ejemplo cuando existe un monopolio, y cuando existe un monopolio jurídico o fáctico, en esas situaciones los ciudadanos no pueden elegir que el servicio lo preste un sujeto privado o un sujeto público. Y también el Tribunal en esa sentencia decía que la utilización del dominio público, la utilización privativa del dominio público o el aprovechamiento especial del dominio público, tampoco puede considerarse voluntario, no puede considerarse voluntaria la utilización del dominio público, y consecuentemente las prestaciones exigidas por ese concepto tienen que ser tasas.

Bien, ¿por qué? Pues porque en algunos ejemplos es evidente, por ejemplo, las empresas que suministran agua, que suministran gas, que suministran energía, tienen que utilizar el dominio público inexorablemente, entonces no pueden lógicamente optar por utilizar un régimen de derecho privado. Otro supuesto conocido, los ciudadanos que dejan el coche en la calle e que pagan aquí también en Brasil la Zona Azul, o los supuestos en que un restaurante quiere poner mesas en la calle, en la Plaza Mayor de Madrid, para disfrutar de esa maravillosa Plaza del siglo XVII. Son supuestos donde los ciudadanos no pueden optar.

Entonces, en la actualidad tenemos las tasas por esos conceptos e también son referencia a los servicios públicos, las tasas por servicios públicos cuando no son voluntarios, según la interpretación del Tribunal Constitucional.

Llegados a este punto, ¿como se cuantifica la tasa por la utilización privativa del dominio público? pues la ley que fue modificada después de la sentencia establece que se cuantificará tomando como referencia el valor de mercado o la utilidad derivada de esa utilización privativa. Dos parámetros distintos, o bien el valor de mercado, o bien la utilidad derivada de esa utilización privativa. Son dos conceptos muy amplios, muy elásticos, y no permiten concretar perfectamente. El primero de ellos, el valor de mercado, porque parece una contradicción: ¿cual es el valor de mercado de utilizar un bien que está fuera de mercado? Es una contradicción, como la música militar es una contradicción en esta ocasión esas afirmaciones. Entonces fue criticado por ese motivo porque se decía que no era posible establecer un valor de mercado respecto de bienes que están fuera de mercado. Y el segundo de ellos porque cuantificar la tasa tomando como referencia la utilidad derivada para el usuario, para el contribuyente, transformaría esa regla de cuantificación en un impuesto, en un impuesto sobre el volumen de ventas, o en un impuesto sobre la renta de los contribuyentes.

Bien, lo cierto es que esas dos reglas se aplican en la actualidad. Para la primera de ellas, para la utilización privativa del dominio público, cuantificada según el valor de mercado, la Municipalidad normalmente considera los precios de mercado de los bienes adyacentes, los bienes que están junto a ese dominio público, y esa regulación ha sido admitida por el Tribunal Constitucional en la Sentencia 233 del año 1999. Y el segundo de ellos, la cuantificación en función de la utilidad para el contribuyente, también se aplica en la realidad y en la ley de Haciendas locales, en la ley de los tributos de la Municipalidad se establece que las empresas de suministro, de suministro de gas, de agua, de electricidad, cuantificarán esa tasa en el 1,5% de su volumen total de facturación. Y el Tribunal Constitucional, en esta segunda situación, también reconoció que la situación presupone un deslizamiento del precio público base a una imposición sobre rendimientos, ello no basta para determinar su inconstitucionalidad. Consecuentemente, el Tribunal consideró constitucional esa regulación. Consecuentemente, esa es la situación que existe actualmente en España para cuantificar la tasa, siempre una tasa, nunca un precio público por la utilización del dominio público.

Y ya para concluir, sólo quería recordar una frase de un conocido filósofo español del siglo XX, Ortega y Gasset, seguro que ustedes conocen, que a mí me gusta mucho. Decía que la claridad es la cortesía del filósofo. Yo no soy filósofo, pero como invitado a este Congreso extraordinario quisiera haber sido cortés y que ustedes hubieran comprendido mi intervención. *Muito obrigado (palmas).*

PRESIDENTE (PROFA. ELIZABETH NAZAR CARRAZZA) – Prof. Diego, sua exposição foi claríssima, e acho que todos aqui dela tiraram grande proveito. Agradeço a sua participação.

Passo a palavra, agora, ao Prof. Pedro Lunardelli, que falará sobre a "Natureza Jurídica da Taxa de Solo Criado".

PROF. PEDRO LUNARDELLI – Profa. Elizabeth Carrazza, demais presentes à Mesa, meus Colegas de Plenário. Minha situação, aqui, é um pouco difícil, porque, dada a qualidade dos meus antecessores, me resta apegar-me à minha função de advogado, tentando primar uma vez pelo viés de magistério, porque na realidade foram aulas sucessivas. Então, o que eu pretendo trazer para os Senhores, aqui, é muito mais uma visão de advogado a respeito disso que se chama "taxa sobre solo criado".

E, dentro dessa premissa de que vou manifestar a qualidade, sempre, de advogado, e focando o problema como um advogado, vou adotar um critério pragmático, sem entrar em discussões sobre taxa e preço público e adotando, pragmaticamente, a posição do Tribunal Federal a respeito dessas duas categorias jurídicas, taxa e preço público.

Atualmente nós temos, sendo aplicada pelo STF, a Súmula 545, que diz que uma das diferenças básicas entre taxa e preço público está no critério de facultatividade. Enquanto o preço público seria facultativo, estabelecido entre o Poder Público e o contribuinte, as taxas seriam necessariamente compulsórias. No entanto, no RE 89.876 de 10.10.1980, o STF revisou essa Súmula 545, para atribuir mais um critério, que me parece que, na visão dessa decisão do Plenário, acabou sendo o relevante ao se distinguir taxa e preço público.

Nessa decisão do Plenário do STF decidiu-se que o critério diferenciador entre taxa e preço público está na manutenção e na existência imprescindível de um serviço. Porém, sendo serviço público, tem-se taxa; sendo serviço de natureza comercial ou industrial, nas palavras do STF, mais particularmente nas palavras do Min. Moreira Alves, nós teríamos a figura do preço.

Então, dada essa divisão, eu tenho um critério identificador entre taxa e preço público: prestação de serviço, necessariamente prestação de serviço. Porém, taxa, serviço sujeito ao regime de direito público; preço público, serviço sujeito a um regime de direito privado. Feita esta divisão, que eu adoto – reitero – nesse contexto de uma posição eminentemente pragmática, passo a examinar essa questão da taxa sobre solo criado.

Para saber, primeiro, se é taxa, eu vou deixar essa questão de lado e examinar particularmente a questão do solo criado. Para se entrar nessa questão do solo criado é imprescindível a gente rediscutir ou, pelo menos, tangenciar a questão do direito de propriedade. E aí há as previsões constitucionais dos incisos XXII e XXIII do art. 5º, que definem exatamente a situação em que a Constituição garante o direito de propriedade e, ainda, que essa propriedade deverá atender à sua função social. A questão que se põe aqui é: a partir da Constituição de 1988 – o que, na realidade, vem sendo produzido desde a Constituição de 1937 – essa categoria clássica de propriedade passou a ser cindida, no sentido de que se teria, de um lado, o conceito de propriedade e, de outro, o conceito do uso da propriedade, atendendo aos fins da função social.

O que quero dizer é se é possível analisar a Constituição Federal dizendo que, dos três elementos do conceito de propriedade, a fruição, uso e gozo, o uso passaria, a partir desse momento, a ser um direito segmentado do conceito de propriedade, e a partir daí esse conceito deveria atender à função social, sendo, portanto, destacado daquele, do conceito básico de propriedade. Essa é uma pergunta relevante, pelo seguinte: se nós fôssemos examinar, hoje, o Plano Diretor da Cidade de São Paulo, publicado na Lei – perdoem, eu não decorei o número – 13.430, de 13.9.2002, há uma previsão curiosa dizendo que "a outorga onerosa pelo uso do denominado solo criado será feita mediante concessão".

Ora, *concessão* – segundo a definição de Celso Bandeira de Melo – é o ato pelo qual o Poder Público garante um direito além daquele que já compõe o patrimônio de um determinado contribuinte. Um exemplo que o próprio Prof. Celso Antônio dá é a chamada concessão da exploração de jazidas ou de minas. Não é um direito atribuído ao contribuinte; no entanto, participando ele, geralmente, de um processo de licitação, esse direito lhe é atribuído por um ato denominado "concessão". Logo, se nós aplicarmos a propriedade atendendo à função social, e se pudermos enquadrá-la dentro do que está previsto hoje no Plano Diretor, chegaremos à conclusão de que, na realidade, o uso da propriedade, o direito de usar a propriedade, atendendo aos fins da função social seria um direito destacado do conceito de propriedade – logo, direito, esse, pertencente à coletividade pública e dado ao contribuinte, por meio de uma concessão.

Esse é o cuidado que se tem. No entanto, parece-me não ser isso possível, em função de manifestações do STF que reiteram o direito de usar a propriedade, o que na visão ou nas palavras de Hely Lopes Meirelles, implica o direito de construir, porque ter a propriedade nua, sem exercer o direito de construção, implica eliminar o conteúdo econômico desse bem resguardado na Constituição. Hely Lopes Meirelles conclui, então, que o direito de construir está implícito no direito de usar a propriedade. E, nesse sentido, posso citar para os Senhores alguns julgados, como o RE 212.780, relatado pelo Min. Ilmar Galvão; o AI 71.112, relatado pelo então Ministro Leitão de Abreu; e um bastante interessante, que é o RE 140.436 – todos no sentido de que o conceito de "usar a propriedade" significa construir nessa propriedade, ou, melhor, edificar nessa propriedade; ele está implícito, ele está dentro do conceito de propriedade, não podendo ser destacado para qualquer fim.

Isso passa a ser relevante porque, se nós chegamos a essa conclusão diante das posições do STF, já posso afirmar, pelo menos, diante da premissa que foi assumida, que não é cabível ao Poder Público Municipal, ainda que apoiado no seu Plano Diretor, estabelecer concessões onerosas do direito de edificar sobre propriedade, porque esse direito não pertence ao Município, pertence ao contribuinte. No entanto, o exercício deste direito tem que estar de acordo com regras municipais. E, aí, não posso questionar a validade disso, até porque está previsto na própria Constituição – aliás, não é de hoje, mas desde a Constituição de 1937 que o direito de propriedade está restrito, tem que estar conforme com as regras de seu uso de acordo com a função social da propriedade. No caso, sendo propriedade urbana, de acordo com as regras relacionadas à política urbana, previstas a partir do art. 182 da CF, e atualmente também a partir do denominado *Estatuto da Cidade*, que é uma lei ordinária federal, Lei 10.257, de julho/2001.

Dito isto, parece-me que, não podendo o Município cobrar por uma concessão, porque, sendo concessão, não seria possível, repito, dentro dessa visão de Bandeira de Mello, o Município conceder aquilo que já é do contribuinte, porém restrito a uma regulamentação do Município, o que implica, o que se requer analisar agora é como o Município – se é que o Município pode –, vai cobrar por essa concessão onerosa do denominado solo criado. Passando rapidamente pelo conceito de solo criado, que veio firmado desde a Carta de Embu, quando vários juristas se reuniram para verificar o que deve ser feito no sentido de exigir dos contribuintes uma melhor adequação ao uso de sua propriedade ou ao uso das edificações, em função de atendimento da segurança pública, em função de infraestrutura urbana, serviços públicos a serem prestados a essa propriedade, a essa edificação criada.

Verifica-se, então, que é preciso examinar se o Município pode, primeiro, cobrar por algo que é direito do contribuinte; e, se ele pode cobrar por algo que é direito do contribuinte, de que forma pode cobrar e, especialmente, de que forma isso hoje está sendo regulamentado para se cobrar do contribuinte.

Nesse passo, se já afasto a possibilidade de cobrança mediante concessão, porque entendo que isso pertence ao contribuinte, a questão é: se pertence ao contribuinte, o contribuinte está submetido a uma regra, que é um direito constitucional subordinado a uma eficácia técnica, definida por Tércio Sampaio Ferraz, que diz o seguinte: "Eu posso ter normas existentes no ordenamento jurídico, normas, essas, no entanto, que, para serem aplicadas e juridicizadas a um fato, preciso de regulamentações Inferiores". E me parece que o direito de uso da propriedade se enquadra perfeitamente no conceito de direito constitucionalmente assegurado ao contribuinte; no entanto, subordinado a uma eficácia técnica, o que significa leis ordinárias postas para permitir a fruição desse direito de edificar sobre um determinado imóvel urbano.

Hoje, nós temos essas regulamentações técnicas, como eu disse aos Senhores, tanto previstas no Estatuto da Cidade como atualmente no Plano Diretor. Se estão previstas aí, resta saber então, como é que o Poder Público vai se relacionar com o contribuinte para verificar se ele vai poder ou não cobrar algo sobre o exercício dessa atividade de construir.

O que me parece, à primeira vista, é que poderia se alegar que estaríamos diante de uma taxa. Por quê? Porque, na realidade, o contribuinte estaria sendo submetido ao poder de polícia – municipal, no caso –, restringindo seu direito de construir. E aqui me parece extremamente significante trazer à baila novamente uma lição do Prof. Celso Antônio Bandeira de Mello que diz o seguinte: "Não há que se confundir poder de polícia com polícia administrativa" – e *polícia administrativa*, nessa visão, nessa divisão dada por Bandeira de Mello, diz o seguinte: "Eu vou ter o direito, eu vou ter o efetivo exercício do poder de polícia, quando eu tenho atos administrativos efetivamente sendo praticados pela Administração Pública, no sentido de limitar direitos dos contribuintes cujo exercício não se consegue definir até onde pode ir". E o que é curioso nesse sentido é que – essa é uma dúvida que me surgiu até pouco tempo atrás, mas que parece que pelo menos consegui resolver adotando essa divisão entre poder de polícia e polícia administrativa – quando se examina o direito de construir sobre solo urbano ele já está devidamente limitado, tendo em vista a edição do Estatuto da Cidade e tendo em vista a edição do Plano Diretor.

O que significa isso? Parece-me que nesse específico caso do exercício do poder de construir no solo urbano não se teria o denominado *poder de polícia*, e sim uma polícia administrativa, nessa concepção do Prof. Celso Antônio Bandeira de Mello, para verificar se aquelas restrições já taxativamente e exaustivamente previstas em lei, tanto federal como municipal, estão, ou não, sendo cumpridas pelo contribuinte. Não seria, aqui, um exercício do efetivo do poder de polícia, porque estes atos, estas restrições, não cabem à Administração impô-las ao contribuinte, e sim elas estão totalmente já, ou exaustivamente, previstas na legislação ordinária federal e municipal, e em relação às quais, portanto, o Município, por intermédio dos seus agentes administrativos, teria exclusivamente o dever de verificar seu cumprimento.

Essa divisão me parece bastante significativa para adotarmos nesse caso concreto, exatamente para também afastar o argumento de que a Prefeitura estaria exercendo o poder de polícia e, portanto, se habilitando a cobrar algo sobre esta construção do solo criado, que nada mais é do que cobrar sobre edificação de terrenos em solo urbano. Afastada também essa premissa no sentido de que não há prestação, não há atividade, não há exercício do poder de polícia, até porque já estão me chamando a atenção em relação aos três minutos.

Não se preocupem, eu também estava preocupado com isso. Mas, retomando esse assunto, a preocupação que se impõe agora é saber, primeiro, se há uma taxa de exercício de poder de polícia. Se há serviço público a ser prestado, a questão que se põe aqui é saber se essa atividade, que será exercida pelo Poder Público Municipal, pode ser enquadrada como serviço público. E aí, curiosamente, me parece que não há a mínima possibilidade de a atividade que vier a ser exercida pelo Poder Público Municipal, no sentido de cobrar pela construção de edificações sobre o solo urbano, possa ser enquadrada como um serviço público. Primeiro, por quê? Porque a lei que assim dispõe – que, na realidade, é um Plano Diretor – não dá, como não prevê, qualquer tipo de atuação aos agentes da Fiscalização no sentido de verificar se está havendo ou não o cumprimento. Até porque, especificamente aqui em São Paulo, nós temos que recordar que já existe um denominado *alvará de edificação*, que é cobrado junto com a licença de fiscalização, a chamada TILIF, no jargão comum dos empresários. Já se paga pela edificação, pela verificação da atividade, perdão; a Administração Pública já faz a verificação da edificação, correta ou não, segundo os parâmetros e as regras municipais, quando concede para o detentor de uma determinada edificação o denominado *alvará de edificação*. Aí, sim, já temos uma taxa decorrente de exercício de poder de polícia, porque há a prestação de um serviço público, a atividade fiscalizatória do Poder Público Municipal, no sentido de verificar se aquela edificação está, ou não, de acordo com as regras municipais.

Neste caso, quando se fala em cobrança sobre a edificação em solo urbano não há atividade alguma a ser exercida pela Administração Pública Municipal, não há atividade alguma exigida de agente da Municipalidade, no sentido de verificar se está, ou não, de acordo aquela construção. Até porque essa construção que está sendo regulada no Plano Diretor, e que está sendo cobrada pelo Plano Diretor, não leva em consideração atividade alguma da Administração Pública.

Eu até leio aqui, para os Senhores, rapidamente, qual é a base de cálculo prevista no Plano Diretor, no seu art. 213, que diz: "A contrapartida financeira corresponde à outorga onerosa de potencial construtivo adicional". O que significa "potencial construtivo adicional"? Eu tenho um lote, tenho uma metragem quadrada mínima que possivelmente pode ser construída sobre este lote; o que passar desta metragem quadrada mínima exigida pelo Plano Diretor, eu pago por isso. Então, o que significa? Contrapartida onerosa relacionada ao uso potencial de construção, de edificação, deste lote, ela será levada em consideração, um fator de planejamento que varia de 1/2 a 1/4, um fator de interesse social que varia de 0 a 1, e ainda o benefício econômico agregado à edificação construída.

Ora, parece-me que esses critérios de base de cálculo da denominada contraprestação financeira não se reportam a qualquer tipo de atividade estatal, e como também o próprio fato gerador que dá ensejo a esta contraprestação financeira não é atividade estatal alguma, é exercício do direito de construir – direito, esse, que pertence ao contribuinte, porque, como afirmei anteriormente, o direito de construir não está segmentado do direito de propriedade, porque, se estivesse segmentado e se pertencesse a um direito da coletividade regulado pelo Poder Público, poder-se-ia aí admitir que se estaria diante de um fato gerador, um serviço público e uma correspectiva base de cálculo. Neste caso nós não temos.

Bom, o tempo está esgotado. A conclusão a que chego é que não há possibilidade de se cobrar taxa sobre isso. Eu não tenho fato gerador, eu também não tenho base de cálculo relacionada à taxa, ainda com relação a exercício do poder de polícia. Eu também não tenho preço público, porque, ainda que preço público, preciso de serviço, e aqui não há serviço. Logo, a única conclusão a que chego é que isso é um imposto editado no âmbito de uma lei que se denomina Plano Diretor; imposto, esse, cujo fato gerador é o exercício do direito de propriedade do contribuinte, cuja base de cálculo leva em consideração vários fatores, entre eles o benefício econômico agregado àquela edificação *versus* outros critérios, sendo um deles a Planta Geral de Valores. Essa é a minha conclusão. E me desculpe por ter extrapolado o tempo, Dra. Elizabeth *(palmas)*.

PRESIDENTE (PROFA. ELIZABETH NAZAR CARRAZZA) – Sei que o tempo é muito curto, mas se nós não fizermos esse policiamento não conseguiremos concluir os trabalhos desta Mesa. Muito obrigada aos ilustres Participantes da Mesa e a todos vocês. Está encerrada a sessão.

MESA DE DEBATES "I"

TRIBUTAÇÃO DAS SOCIEDADES COOPERATIVAS

PRESIDENTE DA MESA: HELGA KLUG DOIN VIEIRA
MEMBROS DA MESA: PAULO AYRES BARRETO,
REGINALDO FERREIRA LIMA, WAGNER BALERA,
BETINA TREIGER GRUPENMACHER, MARY ELBE QUEIROZ

PRESIDENTE (PROFA. HELGA KLUG) – Boa tarde, Senhores! Estamos reiniciando os nossos trabalhos com a Mesa de Debates onde nós teremos como palestrantes o Dr. Paulo Ayres Barreto, o Dr. Reginaldo Ferreira Lima, o Dr. Wagner Balera e a Dra. Betina Grupenmacher. Inicialmente, nós vamos passar a palavra para a Dra. Mary Elbe Queiroz, que tem alguma novidade para lhes anunciar.

PROFA. MARY ELBE QUEIROZ – Boa tarde a todos os prezados palestrantes e à Presidente da Mesa. Na realidade já andamos comentando sobre isso, e o Professor James Marins gostaria de estar aqui, mas infelizmente não pôde. Na verdade estamos fazendo o lançamento oficial do "Instituto de Procedimento e Processo Tributário–IPPT". Isso porque há uma preocupação entre os estudiosos do assunto com o que está acontecendo com os contenciosos administrativos em nível federal, estadual e municipal. Então resolvemos nos juntar e estamos convocando a todos, e pedindo que vocês divulguem nos seus Estados esse lançamento do Instituto como forma de aperfeiçoar, instigar, estudar e ver o que está acontecendo com relação ao processo administrativo tributário.

É preocupante o que hoje acontece. Na área federal nós estamos no contencioso administrativo na faixa de 55 mil processos e na área de inscrição da divida ativa e na área de execução judicial, 4 milhões de processos, que envolvem o credito tributário de 200 bilhões de reais. E na realidade, o que se consegue arrecadar – existem estudos sobre isso – só chega a 6% do crédito tributário! Além disso, está havendo uma verdadeira febre legiferante de todas as Administrações Tributárias no sentido de alterar suas competências. Este Instituto pretende conjugar os membros do Legislativo, do Judiciário, do Executivo, do Fisco, advogados, estudiosos – ou seja, de todas as áreas, daquelas pessoas que estão preocupadas. Rapidamente eu vou ler a sua composição e dizer que vamos divulgar um *e-mail* e que já foram divulgadas também as fichas para inscrição. A Presidência do Instituto está atualmente com o Professor James Marins; Vice-Presidente: Mary Elbe Queiroz; Diretor Executivo: Maria de Fátima Cartaxo; Diretor Financeiro: Edson Pereira Rodrigues. O Conselho de Honra é composto pelo Presidente, Prof. Paulo de Barros Carvalho, e os membros convidados *(lê os nomes dos membros do Conselho de Honra)* e o Conselho Científico *(lê os nomes dos membros do Conselho Científico)*.

Queremos que a nós se juntem todos os preocupados com o processo administrativo tributário.

O nosso *e-mail* é *ipptbrasil@hotmail.com*, onde aguardamos as inscrições.

Esperamos que vocês comecem, pois, por fundar o IPPT-SP, o IPPT-PE, o IPPT-CE, o IPPT-BA, para disseminarmos o IPPT por todo o Brasil. Obrigado*(palmas)*.

PRESIDENTE (PROFA. HELGA KLUG) – Queremos parabenizar a Dra. Mary Elbe Queiroz e o Dr. James Marins por esta iniciativa, e informar aos Colegas que desejarem se inscrever que poderão procurá-los ou, então, se utilizar da forma de *e-mail*, conforme por ela divulgado.

Dando continuidade aos trabalhos, e procurando atender ao nosso cronograma de final de tarde, vamos colocar imediatamente a palavra à disposição do Dr. Paulo Ayres Barreto, que irá discorrer sobre "A Natureza Jurídica do Ato Cooperativo e o Art. 146, III, da CF".

DR. PAULO AYRES BARRETO – Quero cumprimentar os componentes desta Mesa, a Profa. Helga Klug, o meu mestre, o Prof. Wagner Balera, a Profa. Betina Grupenmacher, o Prof. Reginaldo Ferreira Lima e a Profa. Mary Elbe Queiroz.

Coube a mim falar sobre o tema "O Adequado Tratamento Tributário do Ato Cooperativo, nos Termos do Art. 146, III, "c", da CF". De certa forma, todos os Componentes desta Mesa terão que passar por esse aspecto fulcral quando forem enfrentar questões específicas que afetam as cooperativas, relativamente a cada um dos tributos. A minha consideração será introdutória, de ordem genérica, e procurará identificar efetivamente qual é a significação passível de ser construída a partir daquele enunciado prescritivo inserto em nosso Texto Constitucional.

Para isso, parece-me ser de extrema relevância um breve recuo no tempo, para identificar como se originaram as cooperativas: qual é a razão de existir da sociedade cooperativa, com o objetivo de entender melhor esse tipo societário.

As cooperativas nasceram da necessidade de união de esforços pessoais; da necessidade de concentração de esforços para que pessoas físicas – especialmente aquelas que se colocariam em situação adversa em termos competitivos perante o mercado, notadamente em relação às sociedades comerciais – oferecessem seus bens, seus serviços, seus produtos, de forma organizada, rateando despesas. Essa é a origem das primeiras sociedades cooperativas, que remontam a algumas centenas de anos, na Inglaterra.

No Brasil a matéria vinha regulada pela Lei 5.764/1971, como é até hoje no plano infraconstitucional. Com o advento da Constituição de 1988 a matéria foi elevada ao plano constitucional. Ocorre que, como sempre acontece aqui no Brasil, bastou o tema assumir relevo constitucional para que surgissem alterações no plano legal exatamente no sentido contrário.

Foi mais ou menos o que aconteceu com o imposto sobre a renda, no que tange ao princípio da progressividade. Bastou o princípio ser elevado ao plano constitucional para que hoje, na pessoa jurídica, nós tenhamos uma legislação que dê ensejo a uma tributação na qual a alíquota efetiva sobre o lucro é de 24,8%, para quem aufere um lucro anual de 100 mil Reais, e de 24,9%, para quem aufere um lucro de 1 bilhão de Reais. Vale dizer, não há progressividade alguma.

No plano da tributação das sociedades cooperativas o mesmo tem acontecido. A legislação infraconstitucional cuidava melhor da matéria ao tempo em que ela não estava regulada no plano constitucional. Bastou essa ascensão ao plano constitucional para que alguns dispositivos – cuidando, por hipótese, da cooperativa de consumo ou mesmo da tributação dos ingressos que tem a cooperativa em relação ao PIS e COFINS – viessem a fazer parte do nosso ordenamento jurídico em absoluto descompasso com aquilo que se pretende apoiar, nos estritos termos de dois enunciados prescritivos fundamentais, que nós devemos analisar mais de perto: o art. 146, III, "c", e o art. 174, § 2º, ambos da CF. O primeiro volta-se para o adequado tratamento tributário do ato cooperativo; o último estabelece que "a lei apoiará e estimulará o cooperativismo e outras formas de associativismo".

A questão que se impõe, desde logo, é: qual é a natureza da norma geral de direito tributário que deverá cuidar desse tema? Ou, dito de outra forma: o art. 146, III, "c", da CF encerra imunidade constitucional? Encerra determinação no sentido de que as normas infraconstitucionais deverão exprimir isenção em relação ao ato cooperativo? Ou a legislação terá sempre que conceder um favor fiscal, algum tipo de benefício fiscal, às cooperativas? Em síntese, como interpretar a expressão "adequado tratamento tributário ao ato cooperativo"?

Quero de pronto afastar a possibilidade – pelo menos não me parece ser possível entender a dicção constitucional desta forma – de aquela expressão ser entendida como ensejadora de verdadeira imunidade. Na definição do Prof. Paulo de Barros Carvalho, imunidade é a regra que estabelece a incompetência das pessoas políticas para criar tributos em determinadas situações específicas. Não me parece que seja este o caso. Quisera o constituinte estabelecer verdadeira imunidade, e o comando prescritivo seria bastante diverso.

De outra parte, também não me parece fazer sentido que essa seja uma regra que determine que o legislador ordinário deva, a todo instante, criar sucessivas isenções para o ato cooperativo. Novamente, fosse esse o intento do constituinte, melhor seria consignar a imunidade constitucional.

Relativamente à questão do benefício fiscal, há outros textos constitucionais, como a Constituição Portuguesa, que têm redação nesse sentido: a legislação ordinária deverá conceder benefícios fiscais e financeiros, no sentido de apoiar o cooperativismo. Não me parece também seja essa a melhor interpretação para o adequado tratamento tributário ao ato cooperativo praticado pelas sociedades cooperativas.

Qual seria, então, a interpretação adequada? Quer me parecer que essa interpretação passa por uma primeira consideração importante, uma primeira premissa fundamental: a de que o Direito cria as suas realidades. Kelsen já dizia que, de uma perspectiva eminentemente jurídica, a pessoa física nada mais é senão um feixe de normas; e se a pessoa física é esse feixe de normas, nós haveremos de considerar que as pessoas jurídicas serão outros feixes de normas, cada uma delas com características específicas, peculiares, típicas. Esse é um ponto que, por vezes, passa despercebido em relação à sociedade cooperativa.

De fato, a sociedade cooperativa é um tipo societário muito distinto das demais sociedades comerciais, que visam a lucro. No entanto, quais são as diferenças que a sociedade cooperativa tem em relação às demais sociedades? A primeira delas é que a sociedade cooperativa se caracteriza por ter uma adesão voluntária. É uma sociedade aberta: a qualquer tempo os cooperados estão nela ingressando, bastando que haja uma comunhão de interesses.

Singularidade de voto. Este é outro ponto bastante importante na sociedade cooperativa. Não é uma sociedade de capital; é uma sociedade de pessoas e, conquanto, às vezes, as produções sejam absolutamente distintas das participações no negócio em si mesmo, prevalece a regra de que a cada cooperado pertence o direito a um voto. Certa feita assisti a uma assembléia de cooperados de uma cooperativa de produtores de laranjas no interior de São Paulo, e naquela assembléia um cooperado falava, contestava, gritava, esperneava, não se conformava com o que estava acontecendo, enquanto os outros cooperados permaneciam calados. Comentei com um empregado da cooperativa que, pelo desenrolar da assembléia, esse cooperado deveria ter uma produção enorme, uma participação decisiva na cooperativa. Ouvi desse empregado da cooperativa o seguinte: "Se nós pegarmos dois canivetes bem afiados, em menos de uma hora será possível descascar toda a produção desse cooperado".

Em síntese, na assembléia dessa cooperativa existiam cooperados com produção de 2 milhões de caixas, outros com produção de 2 mil caixas, cada um com direito a um voto. E isso é um traço extremamente importante na sociedade cooperativa. As cotas não são transferíveis; o retorno das sobras é proporcional à participação do cooperado nessa entidade; e quando há um resultado positivo decorrente de um ato não-cooperativo, este é carreado para um fundo de assistência técnica educacional e social.

Resumidamente falando, este tipo societário enseja, verdadeiramente, uma sociedade de despesas. É chamada "sociedade auxiliar", como ensina em sua obra o Prof. Reginaldo Ferreira Lima. Portanto, toda a sistemática que envolve a cooperativa, seu ato cooperativo, tem que levar em conta a característica específica de que esta pessoa jurídica não tem os mesmos propósitos, os mesmos objetivos, as mesmas regras que se aplicam a tantas outras. O Prof. Renato Lopes Becho chega até a propor um estudo didaticamente autônomo do direito cooperativo, tamanhas são as suas peculiaridades.

Em suma, é fundamental para se analisar a tributação do ato cooperativo ter em mente que a sociedade cooperativa age sempre em prol do associado.

Normalmente, numa sociedade comercial o sócio age em nome da pessoa jurídica. Na sociedade cooperativa é diferente: a sociedade age em nome do sócio, em nome do associado, sendo que essa distinção promove conseqüências fiscais absolutamente relevantes. Sendo assim, o que significa reconhecer o adequado tratamento tributário para o ato cooperativo? Como, então, interpretar esta norma (o art. 146, III, "c", da CF)?

Vejam. Se nós tivermos por pressuposto que a sociedade cooperativa é, efetivamente, uma sociedade de despesas, uma primeira consideração importante é no sentido de que aquele recurso que nela ingressa não é receita, mas mero ingresso. Vale dizer, receita tida como entrada de numerário que acresce patrimônio é próprio das sociedades comerciais; na cooperativa este numerário é ingresso porque não pertence à sociedade cooperativa, mas sim ao seu associado.

Tal ingresso passa pela cooperativa, por algum instante, exatamente para permitir o rateio das despesas necessárias à consecução dos objetivos sociais da cooperativa. O regime jurídico tributário haverá de ser sempre o do cooperado beneficiário daquele recurso, e não o desse mero instrumento, dessa mera "sociedade-meio" que propicia, que permite, uma melhor atuação do associado na cooperativa.

Da perspectiva tributária, o que se está propondo é que se entenda o *adequado tratamento tributário ao ato cooperativo* como a tributação do seu resultado na pessoa física do cooperado, quando ele assim o auferir. O legislador constituinte quis exatamente evitar que a cooperativa fosse desestimulada com uma dupla incidência tributária (primeiramente na sociedade, e depois no cooperado).

Se se considerar, nessa sociedade de despesas, que todo ingresso será tributado pelo PIS e pela COFINS, e que aquele resultado positivo que eventualmente ela venha a auferir seja inicialmente tributado pelo imposto sobre a renda, para depois ser novamente tributado por esse imposto na pessoa física do sócio, e assim por diante, estar-se-á desestimulando o ato cooperativo, pois se estará estabelecendo uma tributação mais gravosa do que aquela que existe em relação às sociedades comerciais.

Em síntese, dar o *adequado tratamento tributário ao ato cooperativo* quer me parecer seja reconhecer a natureza específica da sociedade cooperativa, os traços peculiares que ela tem, e que a diferenciam de todos os demais tipos societários, e, em face disso, reconhecer que os recursos que nela ingressam têm como destinação única e específica o cooperado, que a cooperativa age em nome do seu cooperado, e que, portanto, ali não há fato signo-presuntivo de riqueza, ou seja, não há manifestação de capacidade contributiva. Esta estará presente na pessoa física do cooperado que irá prestar serviços, comercializar sua produção, e assim por diante.

Evidentemente, se a cooperativa for proprietária de um imóvel urbano, deverá pagar IPTU, porque não é imune a este imposto; se tiver um veículo, deverá pagar IPVA, porque também não é imune a este imposto, e assim sucessivamente. Porém, relativamente ao ato cooperativo típico a tributação tem que levar em conta a pessoa física do cooperado. Isso não implica necessariamente uma tributação mais favorecida do cooperado pessoa física.

Vislumbro o seguinte exemplo: pensemos, por hipótese, numa sociedade de profissionais médicos, com 20 profissionais que se dedicam a atender a pacientes de uma determinada área da Medicina; 10 se organizam sob a forma de cooperativa; outros 10, porque têm objetivos distintos de se associarem, de investirem na pessoa jurídica da sua sociedade etc., criam uma sociedade de profissionais. Imaginemos que as duas sociedades tenham, mais ou menos, o mesmo tipo de gastos, de custos e despesas, sendo que, ao final de determinado exercício, cada uma auferiu, *grosso modo*, 1 milhão de Reais: no primeiro caso, o da cooperativa, 1 milhão de Reais de ingresso; no segundo caso, 1 milhão de Reais de receita.

Pois bem. Imaginemos, agora, que as duas entidades tenham tido custos de despesas na ordem de 200 mil Reais. Na sociedade de profissionais, de acordo com as regras que hoje estão em vigor no país, se ela optar por ser tributada com base no lucro presumido, cada profissional colocará no bolso algo em torno de 35 mil Reais. A mesma situação, olhando-se para a sociedade cooperativa, e tendo-se em consideração a pessoa física de cada um dos seus cooperados, implicará o recebimento, por parte deles, de algo em torno de 30 mil Reais, ou seja, 5 mil Reais a menos por cooperado que se organizou sob a forma de sociedade cooperativa, em relação àquele que constituiu uma sociedade de profissionais.

Portanto, a Administração tem que reconhecer que dar *adequado tratamento tributário ao ato cooperativo* não é estabelecer tributação minorada para as sociedades cooperativas, mas, diversamente, reconhecer a peculiaridade deste tipo societário e aplicar o regime jurídico do seu cooperado, entendendo que a sociedade cooperativa apenas é um instrumento, um meio, uma sociedade que age em nome do seu cooperado, com ele não se confundindo.

Em síntese, é inafastável, imprescindível, que o legislador reconheça essas peculiaridades das sociedades cooperativas, dando o adequado tratamento ao ato tributário, sob pena de, ao invés de estimulálas, desincentivá-las com uma tributação inclusive mais gravosa. Deve-se reconhecer o caráter de sociedade auxiliar da cooperativa; reconhecer que a percussão tributária dá-se em relação à pessoa do cooperado. Enfim, que os nossos Tribunais recebam as luzes às quais se referia o Prof. Celso Antônio Bandeira de Mello em nossa primeira conferência; que os novos ventos que agora sopram os façam, doravante, julgar olhando mais para a Constituição, do que para os efeitos financeiros que suas decisões possam propiciar. Muito Obrigado *(palmas)*.

PRESIDENTE (PROFA. HELGA KLUG) – Agradecemos as palavras do Dr. Paulo Ayres Barreto. Dando continuidade ao tema da tributação das sociedades cooperativas, ouviremos o Dr. Reginaldo Ferreira Lima, que discorrerá sobre: "Incidência de ISS e ICMS nas Cooperativas".

DR. REGINALDO FERREIRA LIMA – Primeiramente, gostaria de deixar consignado o meu agradecimento pelo convite para participar deste Congresso do Instituto Geraldo Ataliba. A inserção deste tema neste importante evento deixa clara a importância da discussão sobre a não-incidência da atividade das sociedades cooperativas, reconhecendo-se os aspectos científicos desta matéria.

Queria saudar a Profa. Presidente, Dra. Helga, a Profa. Bettina, o Prof. Wagner Balera, o Prof. Paulo Ayres e a Profa. Mary Elbe, que compõem esta Mesa.

Inicialmente queremos salientar que o estudo da tributação das sociedades cooperativas está ligado à análise e ao conhecimento do conteúdo do que se denomina "ato cooperativo". Isto porque atualmente há unanimidade na afirmação de que sobre os referidos atos cooperativos não incidem tributos. Assim, o tema da não-incidência tributária das sociedades cooperativas está inegavelmente ligado ao conceito de "ato cooperativo", reportando-se à sua identificação e à sua abrangência.

Não se pode, portanto, tratar deste tema sem se proceder à análise do conteúdo jurídico do ato cooperativo.

A Lei 5.764/1971 – ou seja, a Lei das Sociedades Cooperativas –, que estabelece os fundamentos do regime jurídico deste tipo de pessoa jurídica, dispõe, no art. 79, que "denominam-se atos cooperativos os praticados entre as cooperativas e seus associados, entre estes e aquelas e pelas cooperativas entre si quando associadas, para a consecução dos objetivos sociais". A norma contida neste dispositivo em momento algum estabelece as circunstâncias que determinam a identificação da atuação das cooperativas. Serve apenas para designar a modalidade típica de atuação deste tipo peculiar de sociedade.

Não é, portanto, nesse dispositivo que vamos demonstrar as características operacionais das cooperativas de acordo com seu regime jurídico.

Entendemos, inclusive, que o parágrafo único desse artigo da lei – cujo enunciado se apresenta como "o ato cooperativo não implica operação de mercado nem contrato de compra e venda de produto ou mercadoria" – é absolutamente inócuo. A modalidade de atuar das cooperativas não gera a operação mencionada (de mercado e compra e venda) não pela disposição desse parágrafo, mas em função, apenas, das suas características próprias.

Estes dispositivos, portanto, verificados isoladamente, servem apenas para distinguir, através de uma denominação especial, a forma de atuar das cooperativas, conforme se compreende pela interpretação sistemática de todos os elementos do seu sistema legal. Não se pode, portanto, afirmar com base apenas nesse dispositivo da lei que o negócio jurídico decorrente da atuação econômica das cooperativas não implica obrigação tributária.

Entretanto, é comum nas dissertações que partem apenas dos aspectos gramaticais da lei a alegação de que o ato cooperativo está identificado nesses dois dispositivos, e que estes são suficientes para se concluir pela sua não-tributação. Ledo engano! São dissertações que explicam e não denotam compreensão da matéria, permanecendo apenas na sua superfície, e não atingem seu aspecto nodular, para fins de conhecimento dessa relação jurídica.

Na verdade, a denominação "ato cooperativo" nos remete à específica relação jurídica institucional da cooperativa com seus sócios, ditos cooperados, especificamente ao princípio da "dupla qualidade". Este princípio – que, como tal, é condição necessária para a identificação da sociedade –, dispõe que o sócio é, ao mesmo tempo, associado e usuário da instituição (cooperativa). A cooperativa, por conseguinte, é instrumental, pois é através dela que os sócios se projetam economicamente, realizando uma atividade de proveito comum, absolutamente sem fins lucrativos.

Esta é uma peculiaridade das sociedades de fins econômicos. Nas cooperativas a sociedade age em nome dos sócios, enquanto nas demais sociedades econômicas os sócios agem em nome da pessoa jurídica.

É bom ressaltar que esta especificidade das cooperativas diz respeito a uma distinção que abrange todas as sociedades de fins econômicos. Realmente, só nas sociedades cooperativas o sócio é – ao mesmo tempo – associado (quotista ou não) e usuário dos serviços prestados pela sociedade.

Assim, na associação para fins econômicos a dupla qualidade está presente apenas e exclusivamente nas sociedades cooperativas.

Na legislação brasileira o princípio da dupla qualidade do sócio em relação com a cooperativa pode ser identificado em vários dos seus dispositivos, de forma especial nas normas que caracterizam a modalidade de atuação da sociedade.

Assim, no art. 4º a Lei das Sociedades Cooperativas (Lei 5.764/1971) dispõe que "as cooperativas são sociedades de pessoas, com forma e natureza jurídica próprias, de natureza civil, não sujeitas a falência, constituídas para prestar serviços aos associados, distinguindo-se das demais sociedades pelas seguintes características: (...)". O texto enumera 11 incisos com características que – presentes – estabelecem a relação jurídica prevista em lei.

Antes, no art. 3º, a lei fixa que o contrato de sociedade cooperativa se opera quando pessoas resolvem se obrigar reciprocamente a contribuir, com bens ou serviços, para o "exercício de uma atividade econômica, de proveito comum, sem objetivo de lucro".

É interessante esclarecer, nesta fase da exposição, que, depois de constituídas, as cooperativas adquirem a características de "instituição", deixando de existir na relação entre os sócios e na relação entre estes e a sociedade um caráter contratual, para assumir um elo institucional. Prevalece, a partir do ato da sua constituição, a característica de vitaliciedade das idéias corporificadas nas regras da cooperativa.

Os direitos e obrigações entre os sócios e a sociedade, depois de validamente colocados os fundamentos jurídicos da cooperativa no ato de constituição, passam a vigorar de forma institucional, na forma estipulada nos instrumentos respectivos.

A Lei 5.764, que é de 1971, foi recepcionada apenas parcialmente pela Constituição de 1988. Entretanto, a parte revogada, essencialmente, refere-se à circunstância de que a cooperativa era submetida a "autorização prévia" – ou seja, era considerada uma "sociedade autorizada", modalidade revogada pelo art. 5º, XVIII, da CF em vigor.

Depois da atual Constituição houve-se falar em reforma da Lei 5.764/1971, através de vários projetos que se encontram em longo trâmite desde 1989. Entretanto, todos os projetos insistem em tentar subordinar as sociedades cooperativas, fixando uma espécie de registro ou autorização por parte de órgãos que vigoravam na revogada ordem jurídica que vigorou até outubro/1988. Estes projetos esbarram e vão esbarrar sempre na Comissão de Constituição e Justiça das nossas Casas Legislativas, pois insistem em fixar uma conduta que é constitucionalmente proibida.

Podemos afirmar, neste aspecto, que os denominados "órgãos de representação do cooperativismo", especificamente a Organização das Cooperativas Brasileiras e suas organizações estaduais, são meras associações civis, de direito privado, e perderam o *status* de representação do sistema cooperativista e de órgão consultivo do Governo.

Entretanto, a Lei das Sociedades Cooperativas é um diploma que não carece de alterações. O que precisa é de compreensão, especificamente do conceito e alcance dos denominados "atos cooperativos".

E aqui, desde logo, diz: celebram contrato de sociedades cooperativas pessoas que reciprocamente se obrigam a contribuir com bens ou serviços para exercício de uma atividade econômica de proveito comum sem fins lucrativos.

Voltando ao art. 4º da Lei 5.764/1971, entendemos que a subsunção dos fatos às condições previstas nos seus 11 incisos vai determinar a existência efetiva e real da sociedade e do ato cooperativo. Acrescentamos, apenas, as regras contidas no seu art. 80, que são fundamentais para o entendimento da modalidade operacional própria dessa sociedade.

A adesão voluntária (inciso I), a variabilidade do capital social (inciso II), a limitação do número de quotas-partes para cada associado (inciso III), a incessibilidade das quotas a terceiros (inciso IV), a singularidade de voto, proibida a representação (inciso V), o *quorum* para funcionamento e deliberação da Assembléia-Geral (inciso VI), o retorno dos resultados proporcionalmente às operações realizadas pelo associado (inciso VII), a indivisibilidade dos fundos legais (inciso VIII), requisitos dispostos no art. 4º da Lei das Sociedades Cooperativas, traduzem condições especiais que a sociedade deve cumprir para se identificar como cooperativa, acrescentando-se a neutralidade política, a indiscriminação religiosa, racial e social, a prestação de assistência aos seus empregados e a área de admissão de associados limitada às possibilidades de reunião, controle e operações e prestações de serviços nas condições previstas em seus 11 incisos. E mais adiante diz que "as cooperativas são sociedades de pessoas, com forma e natureza jurídica próprias, de natureza civil, não sujeitas a falência, constituídas para prestar serviços aos associados, distinguindo-se das demais sociedades pelas seguintes características: (...)".

Já o art. 80 dispõe que "as despesas da sociedade serão cobertas pelos associados mediante rateio na proporção direta da fruição de serviços", fixando ainda (parágrafo único) exceções no que tange à divisão igualitária de despesas gerais da sociedade, que podem ser implantadas, desde que erigidas à condição de norma estatutária.

O diploma das cooperativas, portanto, além de estabelecer que estas não têm fins lucrativos, também dispõe que a sociedade se caracteriza pela inexistência de receita ou arrecadação em face de sua atividade-objeto e, igualmente, não tem despesas. As receitas ou o faturamento de sua atividade-objeto (ramo da cooperativa) pertencem aos associados, e as despesas são a estes atribuídas, tudo de acordo com o inciso VII do art. 4º e com o art. 80, acima mencionados.

Distinguem-se, pois, nas cooperativas a sua *atividade-fim*, voltada exclusivamente à prestação de serviço aos seus associados (arts. 4º e 7º da lei), e a sua *atividade-objeto*, da qual a cooperativa serve apenas como instrumento contratual, realizada exclusivamente pelos cooperados, destinatários do produto dessa atividade; os quais são, da mesma forma, responsáveis pelo pagamento das despesas correspondentes.

Nas cooperativas o associado ingressa para participar do resultado da sua atividade econômica associada às atividades dos demais sócios, distinguindo-se, pois, das demais sociedades, pois obterá exclusivamente o resultado da sua participação na atividade-objeto da sociedade, uma vez que a subscrição de quotas-partes do capital social serve apenas para viabilizar seu ingresso na instituição, mas não é geradora de resultados. Tanto que no novo Código Civil já está prevista a possibilidade de cooperativa sem capital social.

Tanto que não se comprova o capital social de uma cooperativa pelos seus atos constitutivos, ou seja, não são as atas de fundação e nem o estatuto social que mostram o valor do seu capital, mas sim os demonstrativos contábeis, os balanços e balancetes.

Assim, a participação em cooperativa gera resultados em função da atividade econômica dos sócios realizada através da sociedade, e não em razão da sua participação acionária.

É em razão de todas estas características que a sociedade é instrumental e transparente, pois através dela identificamos a coletividade dos sócios. Ressalte-se: verificamos os sócios em conjunto, e não isoladamente.

Todas estas operações, voltadas para a organização, planejamento, contratação, recebimento, atribuição das despesas aos associados e distribuição proporcional dos resultados entre os associados, compreendem a realização dos chamados "atos cooperativos". É claro que, para atingir seus fins sociais, a cooperativa deve realizar operações de mercado, classificadas como negócios-meio da sociedade, exercendo, entretanto, uma atividade apenas instrumental, pois em nome de seus associados. Estas operações, todas elas, se inserem no âmbito da não-incidência tributária, pois os aspectos materiais da sua existência não estão identificados no antecedente das normas tributárias.

Portanto, as operações das sociedades cooperativas, por não integrarem a categoria do "fato gerador *in abstracto*", ou, melhor, as circunstâncias hipotéticas e genéricas dispostas em leis e capazes de gerar as implicações tributárias, não geram qualquer tipo de obrigação que tenha como fundamento fático resultados do capital, faturamento ou preço dos serviços.

Acontece que nossa legislação não adotou a norma que veicula o "exclusivismo" na atividade das cooperativas, que existe na legislação de outros países. Por esse princípio (exclusivismo) as cooperativas só podem prestar serviços aos associados (cooperados). Ao contrário, no art. 86 da legislação brasileira (Lei 5.764/1971) está previsto que "as cooperativas poderão fornecer bens e serviços a não-associados, desde que tal faculdade atenda aos objetivos sociais e estejam de conformidade com a presente Lei". Assim, além de prestar serviços (de organização, planejamento, contratação etc.) em nome dos sócios, a cooperativa tem a prerrogativa legal de prestar serviços a não-associados. Diz ainda a lei, no art. 87, que "os resultados das operações das cooperativas com não-associados, mencionados nos arts. 85 e 86, serão levados à conta do 'Fundo de Assistência Técnica, Educacional e Social' e serão contabilizados em separado, de molde a permitir cálculo para incidência de tributos".

Esta faculdade legal significa, em uma cooperativa de produtores de frango, por exemplo, que esta tem a faculdade de obter este produto (frango) de outros produtores (não-cooperados) quando necessária esta operação para complementar, ainda exemplificativamente, uma transação de venda. Como tivemos oportunidade de expor em nosso livro, a "operação com não-associado", ou "operação com terceiro", não se refere ao *negócio-meio* da cooperativa, mas ao *negócio-fim*, pois será realizada sempre com uma pessoa que – pela sua atividade econômica individual – teria condições de se associar à cooperativa, mas não ostenta a condição de sócio.

É justamente em face dessa norma legal, que faculta às cooperativas "prestar serviços" (fim social) a não-associado, que o legislador e até o Judiciário vêm confundindo e restringindo, de forma inconcebível e até absurda, o conceito de "ato cooperativo", para tentar abranger também as operações que constituem o *negócio-meio* da sociedade, e cuja repercussão econômica se identifica com a despesa da sociedade, que é atribuída ao associado.

Os equívocos têm origem nas contratações que as cooperativas realizam na sua condição de instrumento dos seus sócios. Algumas teses entendem – de forma absurda – que, ao realizar o negócio-meio (em nome do sócio), ou seja, quando contrata em nome dos cooperados, a cooperativa pratica atos com terceiros que configurariam os "atos não-cooperativos" aludidos no art. 86 da lei. Estas teses, que não têm o menor fundamento legal, geram os equívocos que hoje fazem com que o direito tributário cooperativo seja discutido em âmbito maior, até pela repercussão econômica da atividade desse tipo societário, atualmente bastante significativa.

Entretanto, estas colocações são equivocadas, e não poderão mesmo prevalecer, pois caso contrário as cooperativas seriam consideradas como sociedades pelas quais os sócios prestariam serviços uns aos outros. Como se, numa cooperativa de produtores de ovos, esta existisse para que os cooperados (produtores) transacionassem seu produto reciprocamente, isto é, uns com os outros.

O saudoso Prof. Geraldo Ataliba, que elaborou um primoroso parecer a respeito dessa tese, a propósito desses equívocos, concluiu – com a objetividade que lhe era peculiar – que se tratava de "um dislate de tamanha monta que agredia até as mentes menos atiladas".

Portanto, os aspectos da compreensão da "não-incidência tributária" das sociedades cooperativas estão amarrados aos equívocos na interpretação do "ato cooperativo". Já não existe dúvida sobre o fato de que os atos da cooperativa com seus associados não geram impostos. Entretanto, as distorções estão situadas na fixação do âmbito da dimensão do ato cooperativo, principalmente pelos equívocos elaborados a partir da leitura do art. 86 da Lei 5.764/1971. Dizemos tratar-se de leitura, e não interpretação, pois esta (interpretação) não consiste no pinçamento de um determinado texto para sua compreensão isolada. Infelizmente, isto é o que vem ocorrendo, em detrimento da compreensão de todo o âmbito do "ato cooperativo".

As normas jurídicas são compostas pela análise sistemática de um ou de vários enunciados do texto da lei, sendo trabalho do jurista procurar estabelecer o contexto dos enunciados necessários para a identificação dos conceitos jurídicos. Não basta, pois – voltando ao início da nossa exposição –, argüir-se o art. 79 da Lei 5.764/1971 para se afirmar que a cooperativa realiza o ato cooperativo. É necessário que sejam cumpridos todos os requisitos que compreendem a peculiar identificação da sociedade, para se demonstrar eficazmente a inexistência de tributação sobre sua modalidade operacional típica. Para isso, como foi dito, devemos partir para a verificação da existência do seu regime jurídico, especificamente dos princípios que determinam sua existência.

O Prof. Walmor Franke, cujo livro *Direito das Sociedades Cooperativas* é fundamental para qualquer estudo deste tipo, diz que a cooperativa é considerada como o braço alongado pelo qual os cooperados coletivamente realizam uma atividade econômica sem fins lucrativos.

Devemos ressaltar, no aspecto do direito cooperativo tributário, que as cooperativas não gozam de favores fiscais. Não são isentas de tributos, como se verifica nos dizeres de certos julgados até da segunda instância. A isenção na linguagem ordinária pode significar inexistência de obrigação de pagar tributos, porém na linguagem científica o conceito não é o mesmo. Juridicamente, a *isenção* – ato que deve partir de quem tem competência para instituir o imposto – depende de norma específica e corresponde à inocorrência de uma implicação jurídico-tributária em face de certas condições específicas, do critério pessoal ou do critério material, territorial ou temporal, determinadas pela lei.

Trata-se, portanto, de uma inexigibilidade condicional e temporal em face de circunstâncias determinadas por lei.

Já a não-incidência tributária corresponde à inexistência da implicação jurídica tributária. A atuação econômica da cooperativa, realizada em razão de sua atividade-objeto, reverte diretamente aos seus sócios, que são os contribuintes individuais e pessoais dos impostos que incidem sobre essa atividade.

Um dos pontos determinantes dos equívocos no tratamento tributário das cooperativas reside justamente na retratação econômica das suas atividades. Até há pouco os contadores insistiam em obedecer, na escrituração contábil das cooperativas, ao mesmo ritual utilizado para as sociedades anônimas. Como se as regras contábeis fossem estabelecidas pela Lei das Sociedades Anônimas.

Agora, no entanto, depois de um trabalho intenso dos advogados que militam no direito tributário, o Conselho Federal de Contabilidade, antecipando-se às normas do Código Civil Brasileiro, em vigor a partir de 2003, baixou normas técnicas orientadoras dos contadores, estabelecendo regras especiais para a contabilização das sociedades cooperativas e determinando conceitos próprios em razão de situações específicas e relações próprias dessas sociedades.

Podemos até afirmar que não compete ao Conselho dizer que os contadores devem cumprir a lei. Entretanto, diante destas novas normas, estes profissionais já não poderão se esquivar de conhecer as condições operacionais específicas das cooperativas e retratá-las fielmente nas demonstrações contábeis.

Devemos, para concluir, afirmar que as cooperativas – ao contrário do que se afirma constantemente – não gozam de qualquer tipo de vantagem tributária. O que existe é um tratamento adequado, reconhecido constitucionalmente (art. 146, III, "c", da CF), e que se impõe em razão de uma atividade própria definida por regime jurídico específico.

"Tratamento adequado" não significa qualquer tipo de benefício ou de favor fiscal. Na verdade, o tratamento tributário deve ser sempre adequado e corresponder à subsunção dos fatos à circunstância hipotética prevista na lei. A disposição constitucional deve ser compreendida como a impossibilidade de se comparar a cooperativa, em razão do seu objeto econômico. Esse objeto é realizado pelos sócios. A receita da atividade-objeto pertence aos sócios e as despesas são distribuídas entre estes. Essa forma de atividade é especial, prevista na Lei 5.764/1971, e não pode ser equiparada, pois a análise jurídica deve obedecer ao raciocínio empírico dialético, partindo-se da norma ao fato, e depois voltando-se à norma.

Com base nas considerações que tivemos a oportunidade de expor, podemos afirmar que, sendo a cooperativa apenas o instrumento da realização econômica dos seus sócios, sua atuação não determina a configuração de fatos jurídicos alojados nas implicações tributárias. Dentro da rigidez do sistema constitucional tributário brasileiro, e tendo em vista que os impostos se baseiam na realização de implicações que disponham de binômios hipótese de incidência (fato gerador *in abstracto*) e base de cálculo determinados e singulares, entendemos impossível a tributação válida das cooperativas em face dos impostos previstos em nossa Constituição Federal.

Porque esta forma de atuação das cooperativas não se aloja em qualquer das circunstâncias condicionais previstas na Constituição Federal. Como estas circunstâncias são taxativas, e não permitem sua ampliação, também não vai existir a possibilidade de se tributar as cooperativas, mesmo porque a repercussão econômica de sua atividade-fim será quase sempre zero, tento em vista que a realização das operações com não-associados é a exceção, e sua tributação está configurada porque nestas – e apenas nestas – circunstâncias a sociedade perde suas características básicas.

Enfim, como as cooperativas são, hoje, uma realidade, esta questão passa a ser momentosa, merecendo reflexão especificamente na análise e fixação do âmbito do ato cooperativo e na conclusão de que o fato cooperativo não está alojado no binômio hipótese de incidência/base de cálculo para a identificação das relações tributárias – ou seja, não gera qualquer tipo de obrigação tributária. Estas são as nossas considerações. Muito obrigado *(palmas)*.

PRESIDENTE (PROFA. HELGA KLUG) – Agradecemos ao Prof. Reginaldo Ferreira Lima pelas importantes lições ministradas. E, na seqüência do tema da tributação das sociedades cooperativas, disponibilizamos a palavra ao ilustre Prof. Dr. Wagner Balera, que tratará: "As Incidências de ISS nas Cooperativas".

PROF. WAGNER BALERA – Inicialmente quero cumprimentar a organização do Congresso, na pessoa da Profa. Helga Klug, por mais este evento, que sempre é um momento para estarmos lembrando da figura luminosa do Geraldo Ataliba. Sempre nesse Congresso a gente recorda aqueles momentos empolgantes que aqui vivemos com ele.

Cumprimentar também os integrantes da Mesa, os Prof. Paulo Ayres Barreto, Reginaldo Ferreira Lima e Betina Grupenmacher, além da Profa. Mary Elbe Queiroz.

Esse assunto – tributação nas sociedades cooperativas – estava, um pouco antes de começar este painel, comentando com a Profa. Betina – começou a me interessar a partir justamente do evento que ela organizou no Paraná, onde foi bastante agitada a discussão. E a partir de então eu comecei a pensar um pouco mais nesse tema, pensando precisamente no que deve ser diferente com relação às contribuições sociais, que é um tema específico da minha parte.

O que deveria ser peculiar no regime jurídico das contribuições quando nós estivéssemos tratando do fenômeno da cooperativa? E achei, de fato, que, para entrar no assunto, a gente teria que estabelecer uma distinção importante.

No regime da Constituição de 1988 – mais claramente do que no Sistema Constitucional Tributário anterior – há uma distinção fundamental entre o que nós podemos chamar de "tributação fiscal" e "tributação social" – tudo entre aspas, gente, porque a terminologia é uma convenção só para entender o pensamento.

Parece, efetivamente, que a Constituição fez essa distinção, estabelecendo que o regime jurídico da parafiscalidade das contribuições sociais é hoje um regime constitucional; é um regime constitucional porque a Constituição estabeleceu que existe um orçamento fiscal e existe um orçamento da Seguridade Social. São dois orçamentos distintos do sistema da Constituição de 1988. Esta é a primeira distinção importante.

Então, existe uma "tributação fiscal" e existe uma "tributação social". A "tributação fiscal" tem uma principiologia específica, à qual a "tributação social" acrescenta dois princípios.

Então, existe toda a principiologia da tributação, da qual se destacam, para o assunto que me interessa aqui, a legalidade e a capacidade contributiva; e existe a "tributação social", animada por dois princípios, que são a diversidade da base de financiamento e a eqüidade na forma de participação do custeio, estampadas no art. 194, parágrafo único.

Mas a Constituição tem uma hierarquia de princípios sob a qual estão os valores. A Constituição, de fato, estabelece que *regra* é inferior a *princípio* e *valor* é superior a *princípio*. Essa é a organização constitucional a partir do art. 1º.

E o art. 1º da CF vai justamente estabelecer um valor que aqui nos interessa considerar na "tributação social": é o valor social do trabalho.

Então, quando nós estamos falando de tributação de cooperativas, na verdade interessa, do ponto de vista do direito social e da "tributação social", o valor social do trabalho desempenhado por intermédio da cooperativa. A cooperativa é, por conseguinte, nessa perspectiva, um instrumento para que os trabalhadores organizados consigam melhor resultado para sua atividade laborativa.

E, de fato, se nós pensarmos no ideário das cooperativas, inicialmente a Lei 5.764/1971, aqui lembrada pelo Prof. Reginaldo – que foi comentada pelo Prof. Frank, primeiro grande estudioso do fenômeno no Brasil –, o que pretendia? As cooperativas foram instituídas para prestar serviços aos seus associados.

Essa é a função das cooperativas, elas servem como um esquema de prestação de serviços aos associados. Isto já nos interessa, porque a cooperativa não é contribuinte para a Seguridade Social enquanto tal. A Constituição estabelece que contribuem para a Seguridade Social o trabalhador e a empresa. Não a cooperativa.

Esse é um dado importantíssimo, porque a tributação social leva em conta o fenômeno do valor do trabalho, e gira em torno desse fenômeno.

As cooperativas de trabalho, essas, especificamente, são as que interessam para a tributação social. As cooperativas de trabalho são mais antigas do Direito Brasileiro do que a própria instituição do esquema genérico do cooperativismo.

De fato, as cooperativas de trabalho foram instituídas em 1932. E para quê? Para dispensar a intermediação do patrão – do empresário, vale dizer – e permitir a contratação direta dos grupos de cooperados pelo tomador de serviço.

Então, ela já nasce revestida de uma peculiaridade ínsita a esse principio.

Primeiro princípio da tributação social: vamos verificar se esse princípio é cumprido na legislação infraconstitucional que cuida da tributação do trabalho desenvolvido por intermédio de cooperativa. O primeiro princípio é o da diversidade da base de financiamento, art. 194, parágrafo único, VI, da CF. Esse princípio exige que as contribuições sociais – já que o art. 194 todo ele é dedicado ao financiamento da Seguridade Social – sejam diversificadas.

Portanto, elas não devem simplesmente tomar como hipótese de incidência como regra – podem, sim, mas não podem como regra – tomar como hipótese de incidência os fatos geradores de imposto.

Elas devem buscar outras bases de financiamento que não sejam aplicáveis aos impostos. Essa é a regra genérica. É preciso identificar, então, em quê aquela atividade desenvolvida, que financiará a Seguridade Social, tem suas peculiaridades.

O segundo principio, bastante associado a esse, é o da eqüidade, eqüidade na forma de participação do custeio.

O tema é tratado de uma maneira mais genérica no texto que está publicado nessa *Revista* que os Senhores receberam – ali, desenvolvo um pouco mais em que sentido a eqüidade na participação do custeio é um matiz diferente da isonomia ou da capacidade contributiva, a eqüidade é a fórmula de capacidade contributiva inerente ao fenômeno da tributação social.

Pois bem, então, os dois princípios – diversidade e eqüidade – é que norteiam o intérprete quando verifica se o legislador cumpriu tais princípios da tributação social. E a norma de tributação em vigor é a Lei 9.876/1999.

A Lei 9.876 o que fez na ordem jurídica foi alterar o plano de organização e custeio da Seguridade Social. Ela é uma modificação. Se lembrarem um pouquinho, houve o hiato entre a redação primitiva da Lei 8.212, organização e custeio da Seguridade Social, de julho/1991, e o momento atual. O hiato é justamente a Lei Complementar 84, que disciplinou essa matéria durante um certo momento, até o advento da EC 20, de dezembro/1998. Com a edição da EC 20, ampliação da hipótese de incidência das contribuições, a lei complementar saiu da ordem jurídica e entrou em vigor a Lei 9.876.

Quais são as duas hipóteses de incidência? São duas as hipóteses de incidência tributária da atividade cooperativa.

A primeira incide sobre o tomador de serviços. Tomar serviços de uma cooperativa de trabalho: então, observem que não é a cooperativa que paga, e sim o tomador.

A cooperativa não é sujeito passivo da contribuição social. O fato que dá origem ao tributo é *tomar serviços da cooperativa.*

A segunda hipótese também identificada pela mesma Lei 9.876 é a de prestar serviços por intermédio da cooperativa. Mais uma vez, não é a cooperativa, e sim o trabalhador, o sujeito passivo da tributação.

Essas são as duas únicas hipóteses de incidência no fenômeno da tributação cooperativa que interessam para as contribuições sociais, as duas disciplinadas pelo art. 30 da Lei 8.212, na redação da Lei 9.876.

Portanto, nós estamos diante de dois sujeitos passivos: o que presta serviços, vale dizer, o trabalhador; e o que toma serviços, que pode ser uma pessoa física ou uma pessoa jurídica. Sendo uma pessoa física, será equiparado à pessoa jurídica – e eu peço que prestem atenção a esta equiparação. Porque, como lembrei antes, quem contribui para a Seguridade Social é a empresa ou o trabalhador, e, nesse caso, a pessoa física que toma serviço do trabalhador é equiparada à empresa para seu segundo tipo de contribuinte da Seguridade Social.

Então, o trabalhador presta serviços, paga a contribuição, o tomador do serviço do trabalhador, é a empresa, para efeito da incidência da contribuição social, ainda que seja uma pessoa física.

O Direito tem essas coisas, ele cria suas próprias realidades, ele transforma a mentira em verdade.

Então, essas são as duas modalidades de contribuições. A figura do cooperado não interessa para a tributação social, enquanto tal. A figura do cooperado interessa para a tributação social enquanto esse sujeito é também segurado.

Ele é segurado, ele paga a contribuição porque é segurado, ele paga a contribuição porque ele tem direito, no futuro, a receber benefícios e serviços da Seguridade Social.

De fato, há uma conexão – isso é uma peculiaridade do fenômeno jurídico *contribuição* – entre o pagamento da contribuição e o recebimento das prestações de saúde, previdência e assistência social.

Assim, o cooperado, enquanto cooperado, interessa porque é segurado, é nisso que ele interessa para o direito social e para a tributação social. Classificado esse segurado no regime jurídico atual, no regime jurídico da Lei 8.212, como contribuinte individual.

Então, o cooperado, para efeito da tributação social, é qualificado juridicamente como contribuinte individual; aliás, a propósito, não existe mais no Direito Brasileiro a figura do autônomo. O antigo segurado trabalhador autônomo, o "autônomo", hoje, não existe mais; hoje, o que existe é contribuinte individual. Há quem diga: "Eu pago como autônomo". Isso não existe: "Eu pago como contribuinte individual" – o nome do Direito dá ser às coisas. Portanto, o cooperado é, para efeito da tributação social, contribuinte individual.

Discute-se a respeito da fonte, da norma que institui essa contribuição. Às vezes aparece essa discussão, que me parece um pouco descabida, desprovida de sentido. Mas como ela é correntia, vamos falar um pouco sobre isso – dentro, naturalmente, do tempo regulamentar.

A fonte formal das contribuições sociais é a lei ordinária. A regra estabelecida pelo art. 195 da CF é muito clara. As contribuições são instituídas mediante lei ordinária.

De que *contribuição* nós estamos falando? Da contribuição do empregador e da contribuição do trabalhador. Estas duas são justamente contribuições do empregador e do trabalhador, portanto elas podem ser instituídas por lei ordinária, não é necessária a edição de uma lei complementar.

O que houve com a Lei Complementar 84 – e isso confundiu a cabeça de muitas pessoas – foi uma sucessão de equívocos. O primeiro equívoco cometeu-o o STF ao dizer que isso aqui só pode ser cobrado mediante lei complementar, e o segundo equivoco cometeu-o o legislador, editando a lei complementar quando não era necessário esse instituto jurídico. Para apagar esse equívoco do sistema jurídico brasileiro foi necessária a edição de uma emenda constitucional. Aliás, o casuísmo do Brasil para edição de emenda constitucional é uma coisa impressionante: já estamos com quase 40 emendas constitucionais, e a Constituição ainda não completou a maioridade. É algo estranhíssimo. Quase 40, 38 me parece que é a última.

Muito bem, a fonte formal, então, é a lei ordinária. A lei ordinária – e a Lei de Custeio da Seguridade Social é uma lei ordinária. Está muito bem colocado qual é a hipótese, a hipótese justamente no caso do empregador, e a pessoa física que toma serviço do cooperado é equiparada ao empregador, é a alínea "a" do inciso I do art. 195, e a hipótese trabalhador é o inciso II, do trabalhador e dos demais segurados, que são contribuintes obrigatórios do regime de Seguridade Social.

Portanto, a organização dos trabalhadores em cooperativa deve ser estimulada não porque estabelece em si mesma uma tributação diferenciada em relação ao risco que a atividade deles representa, e é o risco que distingue as contribuições.

A base de cálculo das contribuições tanto do tomador de serviços quanto do prestador, segundo a Lei 8.212, na redação que lhe impôs a Lei 9.876, é o valor bruto da nota fiscal ou fatura de prestação de serviços, relativamente aos serviços que são prestados pelos cooperados por intermédio da cooperativa de trabalho.

Também é muito importante para a gente identificar a base de cálculo; Dino Jarach, Geraldo Ataliba e Ayres Barreto dizem que a base de cálculo é um detector da constitucionalidade das contribuições. Apreciar a base de cálculo de uma tributação social confere a coordenação constitucional; nós temos que verificar se a base de cálculo está identificada com o risco da atividade econômica que dá ensejo à proteção social. Se não houver essa identificação estará havendo algum problema.

Um minuto – já me deram sinal amarelo –, estou quase no final, mas tenho um minuto.

Muito bem, a base de cálculo, então, é o valor da nota fiscal. Só que esse valor não repercute em benefício, por isso a legislação – e isso estranhamente foi jogado para o Regulamento – admite a dedução dos valores que não integram a remuneração do trabalho. Porque, na verdade, a base de cálculo é a remuneração do trabalho.

E, finalmente, a alíquota de 15%. O fato de essa alíquota ser menor, inferior à alíquota que as empresas ordinariamente pagam – as empresas ordinariamente pagam 20% –, significa, sim, que está havendo um estímulo ao fenômeno do cooperativismo, que é talvez uma das coisas que a modernidade vai assumindo, essa forma de redução dos custos da atividade econômica, a chamada "redução do custo-Brasil", nesse assunto ela tem pertinência, e a redução representa de fato um estímulo ao cooperativismo, um estímulo à atividade das cooperativas e à própria congregação dos trabalhadores em cooperativas de trabalho.

Muito obrigado pela atenção, Senhores *(palmas)*.

PRESIDENTE (PROFA. HELGA KLUG) – Agradecemos ao Prof. Wagner Balera, pelas profundas considerações proferidas, e, dado o adiantado da hora, ouviremos, finalmente, a Profa. Dra. Betina Treiger Grupenmacher, da UFPR, que tecerá comentários sobre "Incidência do Imposto de Renda, COFINS e PIS nas Sociedades Cooperativas".

PROFA. BETINA TREIGER GRUPENMACHER – Boa tarde a todos! Inicialmente, gostaria de agradecer à Diretoria do IDEPE, por mais este convite para participar desta Mesa de Debates novamente este ano. É uma satisfação muito grande. É uma satisfação muito grande, também, participar de uma Mesa com tão ilustres juristas, como o Prof. Paulo, o Prof. Reginaldo, o Prof. Wagner, a Profa. Helga, a Profa. Mary Elbe.

Pois bem, eu fui incumbida de falar-lhes sobre a tributação de cooperativas no que diz respeito à incidência do imposto sobre a renda, do PIS e da COFINS. Mais do que uma incumbência, é um desafio, porque, na verdade, eu disponho só de 20 minutos, e a Profa. Helga está implacável, aqui, com seus avisos de tempo.

Em verdade, há uma íntima relação entre essas incidências tributárias no que diz respeito às cooperativas. A conclusão é a mesma em relação ao PIS, ao imposto sobre a renda ou à COFINS.

Como sempre todos dizem, é uma grande desvantagem falar depois de todos sobre um tema em relação ao qual as visões aqui esposadas são muito parecidas com a minha.

Foram feitas, aqui, exposições muito importantes. Por outro lado, é uma vantagem também falar ao final, até porque eu tenho alguns pontos de vista distintos daqueles aqui colocados e, assim, vou ter a vantagem de colocá-los agora sem direito a réplica.

Como eu dizia, ninguém discute que as cooperativas exercem dois tipos de atividade, isso foi de uma certa forma colocado – e muito bem colocado – pelos expositores que me antecederam.

Essas duas formas de atividade desenvolvidas pelas cooperativas existem na sua faceta interna e externa.

Externamente as cooperativas realizam atividades em que os associados ou cooperados se relacionam com a sociedade.

Esses atos externos das cooperativas não são foco da nossa análise e investigação porque estão sujeitos a uma tributação a qual não se submete o ato cooperativo. A nossa análise vai se centrar sobre os atos internos das cooperativas, que são chamados – como foram por todos, aqui – de *atos cooperativos*, são esses que nos interessam.

Os atos internos das cooperativas, quando sujeitos à incidência do imposto sobre a renda, PIS e COFINS, teriam, então, um tratamento tributário diferenciado, segundo disposto no art. 146, III, da CF, ou não teriam? É o que queremos analisar e concluir,ao final.

Eu queria deixar claro que as colocações que vou fazer aqui se aplicam igualmente a qualquer tipo de cooperativa, seja ela de beneficiamento, de consumo, de crédito, de trabalho, cooperativas de produção industrial, artesanal, enfim, porque normalmente,quando se fala sobre tributação de cooperativas e há oportunidade para indagações ao final, sempre alguém pergunta: "Mas esse raciocínio se aplica também à cooperativa de crédito, à cooperativa de consumo?". Por esta razão, o que eu vou falar em relação à incidência do PIS, do imposto sobre a renda e da COFINS aplica-se a qualquer tipo de cooperativa, é um raciocínio realmente genérico.

O meu entendimento é pela intributabilidade em relação ao imposto sobre a renda; essa é a conclusão a que vou chegar.

Entendo que, tanto no que diz respeito ao imposto sobre a renda como no que diz respeito ao PIS ou a COFINS, todas as cooperativas não podem ser tributadas, por uma absoluta impossibilidade constitucional de tributação, não porque assim esteja previsto no art. 146, III. Não porque a Constituição diga que as cooperativas tenham que ter tratamento tributário privilegiado. Mas porque entendo que o ato cooperativo não tem qualquer expressão econômica, e o nosso sistema constitucional, assim como muitos outros no mundo inteiro, só admite tributação sobre atos que expressem alguma forma de riqueza – enfim, atos com expressão econômica. Como dizia o Prof. Alfredo Augusto Becker, *fatos signo-presuntivos de riqueza*.

Enfim, a tributação no Brasil deve obedecer ao princípio da capacidade contributiva.

Nós temos no Brasil, admito, hipóteses de incidência constitucionais em relação a todos os tributos. Inclusive acho que isso não se aplica só aos impostos, mas também às contribuições como o PIS e a COFINS, as quais devem, igualmente, obedecer ao princípio da capacidade contributiva.

Como o ato cooperativo não tem expressão econômica, não manifesta riqueza, não há possibilidade de haver tributação, seja em relação ao imposto sobre a renda, seja em relação ao PIS, seja em relação à COFINS.

Vou procurar explicar isso de uma maneira mais clara.

O Prof. Reginaldo dizia que, de acordo com a Lei das Cooperativas, elas existem para prestar serviços aos cooperados.

Eu, pessoalmente, acho tal colocação decorrente da interpretação da legislação absolutamente temerária.

Já tive oportunidade de escrever sobre ISS aplicado às cooperativas, e acho muito preocupante admitir a incidência do ISS sobre o ato cooperativo. Não acho que as cooperativas prestem serviços aos cooperados, porque, para o direito tributário, *prestar serviço* é um ato com expressão econômica.

Acho – e escrevi até, recentemente, sobre isso – que o ato cooperativo é um ato de representação do cooperado através do qual a cooperativa atua junto à sociedade para captar formas de trabalho remunerado.

Então, acho que o que a cooperativa faz é ser mandatária do cooperado. Este ato cooperativo é um ato gratuito. Alguns podem dizer que é uma prestação de serviços gratuita, então quem sabe a gente poderia pensar nisso; mas, até para evitar uma tributação por força do ISS, eu defino o ato cooperativo como ato de representação dos cooperados para captar formas de contrato remunerado junto à sociedade.

Este ato, que é gratuito, que não tem expressão econômica, não pode sofrer tributação. A cooperativa trabalha pelo custo, como já foi dito aqui. Então, este ato de representação gera um custo para a cooperativa, naturalmente, este custo deve ser repassado aos cooperados.

O Prof. Aires, falando sobre a prestação de serviços, dizia que ela é uma prestação física ou intelectual sob um contrato que tem naturalmente um fundo oneroso, e que gera a incidência do ISS.

Então, como não há essa característica no ato da cooperativa, que, inclusive, não cobra taxa de administração para prestar serviço aos cooperados, este ato não pode ser tributado por via do ISS.

Se a cooperativa cobrasse taxa de administração, estaria sujeita ao imposto sobre a renda, estaria sujeita ao PIS e à COFINS; e ela não se sujeita a tal tributação no meu entendimento.

A cooperativa trabalha pelo custo, esse custo é repassado a ela pelos associados, esse repasse pode gerar sobras, e essas sobras podem, ao final, ser devolvidas; por imperativo legal, que está no art. 80 da Lei das Cooperativas, podem retornar aos associados.

Essas sobras não se confundem com lucro, não se confundem com renda e não se confundem com faturamento ou com receita. Em função disso – eu repito –, esse ato cooperativo não tem expressão econômica, não se subsumindo a qualquer dos arquétipos dos tributos descritos na Constituição. E em função disso vamos concluir que ele não gera a incidência de qualquer dos tributos descritos no Texto Constitucional.

Em relação ao imposto sobre a renda, genericamente falando, a Constituição descreve sua hipótese de incidência como sendo "auferir renda".

O art. 43 do CTN diz, nos incisos I e II, que o fato gerador é a aquisição da disponibilidade econômica ou jurídica de renda, assim entendida como sendo o produto do capital, do trabalho ou da combinação de ambos, ou de proventos de qualquer natureza, assim entendidos acréscimos patrimoniais não compreendidos no inciso anterior.

As cooperativas não auferem renda porque não se enquadram em qualquer dessas duas hipóteses anteriores. As sobras não configuram lucro porque não remuneram o capital investido pela cooperativa, nem o trabalho da pessoa jurídica; cooperativa não é remunerada, e sim o trabalho da pessoa física do cooperado.

Este, sim, vai ser tributado, através da retenção na fonte do imposto sobre a renda. Então, quem paga imposto sobre a renda – isso já foi dito anteriormente – é o cooperado, é o associado, e não a cooperativa; porque, como disse, as sobras que resultam dos pagamentos que esses cooperados fazem às cooperativas retornam aos cooperados, que eventualmente vão pagar o respectivo imposto sobre a renda.

Outra questão importante em relação ao imposto sobre a renda é a questão das aplicações financeiras. Essa é até, eu diria, um pouco dramática.

Nós temos, agora, uma Súmula recente, de n. 262, que é do dia 7.5.2002, do STJ, que diz: "incide o imposto sobre a renda sobre o resultado das aplicações financeiras realizadas pelas cooperativas".

O que eu diria que ocorreu nesta hipótese, no meu entendimento, é o desempenho de atividade legislativa pelo Poder Judiciário, porque, na verdade, o que o Judiciário está fazendo, *data maxima venia*, é criando uma hipótese de incidência que a

Constituição não criou – e isso, infelizmente, é impossível. Neste aspecto, acho que esse Congresso não poderia ter começado melhor do que começou, como vimos, com a palestra do Prof. Celso Antônio Bandeira de Mello falando sobre o Estado Democrático de Direito. É certo que atos de tal natureza afrontam o Estado Democrático de Direito.

O Prof. Sacha mencionou ontem o trabalho do Prof. Klaus Tipke sobre a moral dos contribuintes e do Estado, que eu li recentemente, onde o autor faz a crítica em torno da atividade desempenhada pelos Poderes Executivo, Legislativo e Judiciário na Alemanha, que muitas vezes, assim como ocorre no Brasil, atropela o direito dos contribuintes, afrontando sua capacidade contributiva.

Mas, enfim, queremos, então, que o nosso sistema seja melhor que o deles, e pelo jeito não estamos caminhando a passos largos em direção a esse caminho...

Não se discute que o que o STJ fez na Súmula 262 foi legislar criando uma hipótese de imposto, incidente sobre o lucro das cooperativas – o que é vedado, na minha opinião, em um Estado Democrático de Direito. O que aconteceu foi a tentativa de se introduzir em nosso sistema uma hipótese de tributação sobre o patrimônio e o rendimento das cooperativas, o que, como eu disse, seria vedado pelo nosso sistema, porque – não se discute –, para que haja tributação sobre a renda, deve haver todo um balanço sobre o que é receita e o que é despesa, para, a final, apurarem-se as sobras. A aplicação financeira existe apenas para manter intacto o patrimônio da cooperativa.

Para concluir, eu diria que o mesmo raciocínio deve ser aplicado ao PIS e à COFINS, pois ambos consideram o faturamento para fins de incidência. E, como as cooperativas não faturam, não estão sujeitas a tal espécie de tributação. As hipóteses de incidência do PIS e da COFINS são o faturamento equivalente à renda bruta de vendas de mercadorias e serviços, tal qual descrito no art. 2º da Lei Complementar 70. E esse conceito equivale a um conceito de receita que não é a receita que as cooperativas têm, porque essas receitas que as cooperativas têm são valores que apenas transitam pelo seu Caixa; são meros ingressos que as cooperativas têm, e não receitas, na verdadeira acepção da legislação do PIS e da COFINS. Enfim, não há um resultado positivo a ser tributado pelo PIS e pela COFINS.

Em função disso, diria que também a Medida Provisória 63 não trouxe grandes alterações em relação a PIS e COFINS.

Acompanhando esse raciocínio, eu digo que o que ocorre em relação ao imposto de renda, PIS e COFINS é uma situação de não-incidência.

Para arrematar meu raciocínio, o que acho é o seguinte: não estou falando que haja uma isenção, porque não estou dizendo que a lei complementar que viria por força do art. 146 estabeleceria uma isenção para as cooperativas.

Eu não estou dizendo que a Constituição estabelece uma imunidade para as cooperativas, porque ela não cria tal benefício.

O que eu estou dizendo é que os atos cooperativos não se subsumem às hipóteses de incidência do imposto de renda, do PIS e da COFINS.

No dizer do Prof. Geraldo Ataliba, quando nos ensinava sobre a hipótese de incidência, sobre o fenômeno da incidência, equiparava o fenômeno da não-incidência ao fenômeno do não-crime. Então, na verdade, o que ocorre em relação ao ato cooperativo é o que o Prof. Geraldo Ataliba dizia em relação à não-incidência, é um não-crime.

A cooperativa pratica um ato não-tributável, como alguém pratica um ato que não é crime.

O ato praticado pela cooperativa não é tributável, e, por esta razão, trata-se de fato não-imponível O ato cooperativo é um fato não-imponível; é, como dizia o Prof. Geraldo Ataliba, um não-crime.

Acho que a dificuldade que existe nisso tudo é que a Administração Fazendária vai ter que fazer um trabalho de interpretação, um trabalho exegético, mas que é necessário num Estado de Direito, como nós queremos ter. Muito obrigado pela atenção *(palmas)*.

PRESIDENTE (PROFA. HELGA KLUG) – Agradecemos à Dra. Betina pelas suas importantes considerações referentes ao tema. E, considerando o adiantado da hora, a Presidência pede desculpas, mas não estaremos abrindo os debates, ficando os Srs. Palestrantes à disposição daqueles que desejarem propor algumas questão, encerrados os trabalhos.

Quero agradecer, aqui, o convite que me foi formulado pela Presidência do Congresso para presidir esta brilhante Mesa, e agradecer, ainda uma vez, aos ilustres Palestrantes, Dr. Wagner Balera, Dra. Betina Treiger Grupenmacher, Dr. Paulo Barreto e Dr. Reginaldo Ferreira Lima, pelos importantes ensinamentos proferidos.

Aos Congressistas agradeço a compreensão do encerramento sem seqüência dos debates, dada a necessidade de cumprimento do horário, no próximo segmento.

Damos por encerrados os presentes trabalhos. Pediríamos a todos que retornem impreterivelmente às 17h, momento em que teremos a oportunidade de ouvir a Dra. Eliana Calmon, digníssima Ministra do STJ. Muito obrigada a todos os presentes.

SESSÃO DE ENCERRAMENTO

PRESIDENTE DO CONGRESSO (PROF. SACHA CALMON NAVARRO COÊLHO) – Vamos dar início à Cerimônia de Encerramento, que constará de uma conferência da Min. Eliana Calmon, seguindo-se a tradicional fala de Eugênio Doin Vieira, em nome de todos os Congressistas. Cumpre-me, em breves palavras, traçar o currículo da Conferencista.

A Min. Eliana Calmon Alves é soteropolitana, como eu; quer dizer, nascidos na cidade de Salvador ou do Salvador. Ela graduou-se pela Faculdade de Direito da UFBA; na mesma Faculdade, anos depois, formou-se, em nível de Pós-Graduação, Especialista em Processos. Exerceu a Advocacia liberal e ingressou no Magistério Superior por concurso. Integrou os quadros do Ministério Público Federal e chegou à Subprocuradoria-Geral da República no Distrito Federal entre 1974/1979. No Ministério Público Federal integrou a Comissão Estadual de Entorpecentes e outras Comissões. Como Juíza, permaneceu na Bahia por 10 anos, sendo representante da Justiça Federal no TRE e Diretora do Foro, até ser promovida por merecimento para o TRF da 1ª Região. Nos idos de 1989 foi eleita representante do TRF junto ao Centro de Estudos Judiciários do Conselho da Justiça Federal, presidiu a Comissão de Jurisprudência, sendo de sua criação a publicação mensal para juízes da 1ª Região intitulada *Sumário Legislativo*. Como Professora de Direito Civil e de Direito Processual Civil lecionou na Faculdade de Direito para a UFRN e na Fundação da Faculdade de Direito da UFBA. Realizou diversos cursos no Exterior. Em setembro/1998 participou como observadora da Justiça Federal do Encontro Internacional de Magistrados, na cidade do Porto, em Portugal. Ademais disso, nossa querida Conferencista tomou posse em 1999 como Ministra do STJ, passando a integrar na 2ª turma a Corte Especial e a Comissão de Jurisprudência. A Professora e Ministra tem, ainda, uma obra magistral de consulta obrigatória, que é o *Código Tributário Nacional Anotado*, e notabilizou-se em toda a cidade de Salvador por ter superado a Escola de Culinária Sabor e Arte, da Gabriela: já tem três livros publicados com quitutes doces e quitandas. Essa pessoa, amiga, simpática, maravilhosa, é que vai nos falar, agora. Com a palavra, minha cara Ministra!

CONFERÊNCIA

PRINCÍPIOS CONSTITUCIONAIS PARA O DIREITO TRIBUTÁRIO

MINISTRA ELIANA CALMON

Dr. Sacha Calmon, meu Colega; meus Componentes da Mesa; minhas Senhoras e Senhores; meus Colegas que estão no auditório. É com muita satisfação que eu aceitei o convite deste honrado Instituto, sabendo da responsabilidade que é falar para um auditório seleto sobre um tema para especialistas, e isso me dá uma grande responsabilidade. Os Senhores vêem pelo meu currículo que eu não sou efetivamente uma especialista, a vida foi me empurrando para o direito público e eu me tornei uma especialista por forças das circunstâncias. Hoje no STJ eu estou numa Turma de Direito Público julgando os atos de direito tributário e fazendo muita força para julgar o melhor que eu possa. Daí o tema que eu escolhi para os Senhores, "Princípios Constitucionais para o Direito Tributário".

Eu hoje vivo para estudar princípios, porque cheguei à grande conclusão de que o Judiciário padece efetivamente de um estudo mais apurado. É exatamente isto que me fez escolher este tema, entre tantos outros que me foram gentilmente mandados pelo Instituto para eu fazer a minha opção. Em primeiro lugar, é um tema em que não há controvérsia, o tema é praticamente neutro; então, para magistrado falar fica muito bom; confortável, pelo menos. Em segundo lugar porque hoje, efetivamente, eu me preocupo muito com os rumos da Magistratura, e aí por que exatamente a minha fala vai começar a partir daí. Eu vou fazer uma pequena introdução, onde falarei algumas coisas sobre o Judiciário Brasileiro, depois falarei sobre garantias dos princípios, regras constitucionais, para depois fazer uma abordagem de alguns princípios – que eu não posso falar de todos, senão os Senhores ficariam exaustos com esse monólogo. Mas principalmente os princípios da legalidade, da anterioridade e da igualdade tributária. Então, vou me deter praticamente no art. 150 da CF, que para mim abriga os mais importantes princípios.

Mas, na realidade, qual é a importância de se estudar princípios? Bem, a formação jurídica dos magistrados brasileiros, de origem romano-germânica, pautou-se historicamente em relações de direito privado, com o predomínio do direito civil, e, aí, foi toda a nossa formação ligada ao direito civil, e praticamente predominava no centro do sistema a interpretação jurídica, que era um traço de função – dado "A", deve-ser "B", e estamos conversados. Então, esta era a prestação jurisdicional tradicional do Direito Brasileiro.

Dentro desta visão eminentemente positivista onde se derramou o Judiciário Brasileiro – e isso veio até a década de 80 –, nós temos uma visão acanhada, onde o Direito é trabalhado com um caráter científico, com o emprego da Lógica Formal, e todos nós gravitamos dentro da teoria do sistema completo e da plenitude do ordenamento jurídico, porque os magistrados da minha geração são todos kelsenianos, então trabalham dentro dessa plenitude do ordenamento jurídico e dentro de uma racionalidade da lei, intitulando-se de absolutamente neutros e intérpretes da neutralidade jurídica representada pela Corte. Esta posição, que predominou até a década de 80, foi um verdadeiro atraso, porque o mundo começou a mudar, o Poder Judiciário dos países desenvolvidos começou a mudar; já na década de 50 começam os ventos a trazer para o Brasil as idéias que vinham da Alemanha, vinham da França e mesmo dos Estados Unidos, onde se começou a fazer uma teoria crítica a respeito do Direito. Mas os acontecimentos políticos no Brasil atrasaram efetivamente esta idéia de nós fazermos uma releitura do ordenamento jurídico como um todo.

Esta teoria crítica enfatizou o caráter ideológico do Direito, vendo a produção legislativa como produto de interesses dominantes. Então, a partir daí, desta idéia e deste direcionamento, começou-se a achar que este Positivismo era algo impensável para se chegar a uma verdadeira justiça, e apregoava-se que o intérprete deveria buscar a justiça ainda que fosse para encontrála fora do ordenamento jurídico. Desta forma, varreu-se a idéia de plenitude deste ordenamento. Este movimento jurídico-filosófico estabeleceu sedimentos, e a partir da década de 80 começou a haver seguidores na intelectualidade brasileira, e daí emigrou para uma parte considerável da Magistratura, surgindo, assim, a Escola de Direito Alternativo, nascida no Rio Grande do Sul e também em Brasília, na UnB, que foi o berço do Direito achado na rua. Eu chamo a este movimento de *Revolta da Toga*, que foi justamente essa visão crítica da lei, e que transbordou da lei para enxertar-se de razões subjetivas daqueles magistrados que já não suportavam mais a idéia de uma verdadeira ditadura do Poder Legislativo. Este movimento teve conseqüências boas e também ruins.

Ele desperdiçou muito a potencialidade das normas vigentes, radicalizou muito o mundo jurídico oficial e colocou o Poder Judiciário praticamente em pé-de-guerra, ou se fechou para aceitar efetivamente as idéias vindas do direito alternativo. Então, oficialmente, o Poder Judiciário Brasileiro não aceitou aquela idéia de se desprezar a lei e ir buscar a justiça ainda que fora da lei. Mas, de qualquer forma, este movimento fez nascer uma geração de magistrados bem menos dogmáticos, mas mais permeáveis aos conhecimentos teóricos; elevou o nível de conhecimento – e, desta forma, surge uma Magistratura nova no Brasil, que é aquela Magistratura que hoje tenta estudar e que está praticamente na base do Poder Judiciário. Então, esse movimento foi um movimento muito válido, segundo meu entendimento, porque, embora tivesse desprezado postulados e princípios científicos, ele se colocou dentro de uma idéia mais moderna de Poder Judiciário.

E é a partir exatamente da Constituição de 1988 que nós começamos a sentir uma mudança radical do Poder Judiciário na interpretação do Direito. E o ponto culminante destas inovações trazidas com o legislador de 1988 veio em 1990 – para mim, o ano de 1990 é um divisor-de-águas para a sociedade brasileira, especialmente para a comunidade jurídica. Nós tivemos interessantes diplomas legislativos, inclusive o Código de Defesa do Consumidor, que foi uma coisa fantástica em termos de inovação no direito positivo, do direito privado. E, a partir daí, o Judiciário brasileiro se acanhou quanto aos Tribunais, ao tempo em que expandiu suas bases de sustentação; e aquela idéia de que o Poder Judiciário era um Poder fechado, encastelado, pelo valor de absoluta imparcialidade, absoluta neutralidade, dos seus intérpretes começou a ruir, de tal forma que começaram os velhos magistrados a sentir o peso da responsabilidade. Porque aquela idéia de "Eu poder", "Eu soberano", "Posso prestar a jurisdição que Eu quiser", começa a ter uma repercussão na sociedade absolutamente diferente de "Eu, cidadão brasileiro, tenho o direito de exigir do Estado a prestação de contas". E esta permeabilização da Magistratura mais moderna é bafejada com esta Dogmática moderna por um estudo maior, científico, e dentro das idéias obtidas nas Universidades, começa a fazer algo pelos reflexos nas bases dos Tribunais. Mas, de qualquer forma, isto ainda tem algumas dificuldades, em razão de uma posição difícil em termos dos princípios da hierarquia e da disciplina que estão estruturados para seguir-se dentro do Poder Judiciário.

Este ponto culminante no caminhar histórico que vem a partir da década de 90, quando começaram a aparecer institucionalmente as conseqüências da Constituição de 1988, tem como características o seguinte: ele varreu da comunidade jurídica as negações absolutas, os compromissos à margem da lei, que eram características daquela Escola que começou a florescer no direito alternativo, e que eram posições muito radicais, posições que deixavam a lei à margem, e em seu lugar começa a surgir uma interpretação muito principiológica, fundada em valores éticos e sociais. Afinal, compromete-se o intérprete com a lei sem que haja um despertar de consciências, senão aquelas consciências de valores reais encontrados na sociedade.

Então, aí, nos vamos chegando ao ponto de equilíbrio depois desse tormentoso momento. Inaugura-se a queda do Positivismo emblemático, para a partir daí pontificar-se a idéia como direito, como valor em função dos valores da sociedade. Novas definições, novos princípios, novas regras, e tudo isto trabalhado dentro de uma moderna Hermenêutica e uma moderna Dogmática. Estas idéias vêm a propósito de hoje nós começarmos a interpretar as normas jurídicas diferentemente do que fizemos no passado. E por quê isso? Porque, abandonado o Positivismo Jurídico, nós começamos a fazer uma interpretação onde haja o comprometimento com esses valores sociais. E qual é, exatamente, o parâmetro para isso? O parâmetro para isso está exatamente nos princípios e nas regras que estão inseridos na Constituição. E é por isso mesmo que hoje nós dizemos que a aplicação da norma jurídica pela Magistratura Brasileira passa pela filtragem constitucional. Esta é a posição do Pós-Positivismo, onde foi inaugurado o encontro da norma com a Ética, introduzindo-se as idéias de justiça e legitimidade do ordenamento jurídico.

Quando nós falávamos em Ética no Positivismo era quase que um substantivo abstrato, que estava fora do alcance da norma, porque era algo que só era pensado no momento da elaboração da norma. E hoje, quando nós falamos na interpretação do direito positivo, quando falamos na interpretação da lei, nós colocamos a Ética como um ingrediente, não é nada de abstrato, mas como um ingrediente para que a justiça tenha a sua legitimidade, para que o ordenamento jurídico tenha a sua legitimidade.

Os princípios condensados de valores dão, assim, unidade a um sistema jurídico e condicionam o trabalho do intérprete. E, desta forma, eu tenho não aquela desordem apregoada pela *Revolta da Toga*, que não tinha padrões e que não tinha enxertos de natureza objetiva senão os sentimentos subjetivos de cada magistrado, que fazia a justiça que eles entendiam necessária. Observem, Senhores, como é tão importante, às vezes, a biografia de um magistrado.

Quando nós começamos qualquer palestra, qualquer conferência, a primeira coisa que fazemos é ler a biografia do palestrante. E isto é também perquirido pelos advogados no momento que estão a braços com um problema nas mãos de um magistrado. Porque nós carregamos na nossa biografia todas estas razões subjetivas, e que terminam influenciando na aplicação da norma. Ora, se o magistrado não tem padrões de ordem objetiva, naturalmente que haverá um sentimento muito pessoal na aplicação desse Direito – o que não é aconselhável quando nós estamos falando de Direito para ser aplicado em critérios científicos. Os princípios condensados, e que dão valores e unidade ao sistema jurídico, têm como característica uma certa apreensão das proposições normativas que vão sendo sedimentadas dentro de um determinado tempo e lugar. Então, estes princípios surgem na medida em que estes movimentos e valores da sociedade são sedimentados através de observadores. A partir daí, do ponto de vista dogmático, podemos dizer que surgem os princípios, que são valores compartilhados pela sociedade em um determinado momento e um determinado local. E para o intérprete, sob o ponto de vista dogmático, nós temos que os princípios não têm visão puramente axiológica e ética, e sim eficácia jurídica a partir da aplicação direta e imediata da norma na sociedade. Inexistem princípios eminentemente programáticos. Então, dentro desta Dogmática interpretativa, eu não posso mais dizer, como diziam os kelsenianos, que nos teríamos princípios meramente programáticos, e eu ainda judiquei na época em que nós líamos a Constituição e dizíamos assim: "O legislador ordinário ainda não regulamentou; portanto, este princípio é um princípio programático". Também os princípios têm maior teor de abstração, enquanto que as normas fazem o detalhamento do caso concreto, do bem da vida que elas querem disciplinar. E, finalmente, a distinção entre *princípio* e *regra*, que é não uma questão hierárquica, mas uma questão qualitativa. Enquanto os princípios se colocam dentro de um espectro de maior abrangência e de menos detalhamento, a norma, que tem uma natureza jurídica muito próxima ao princípio, se incumbe do detalhamento. O sistema, entretanto, é dinâmico, ele é mutável, porque dinâmicas e mutáveis são as bases sociais para as quais ele está prestando serviço. E este pluralismo leva muitas vezes a uma coalizão de princípios, porque são valores que são aprendidos e preestabelecidos, e muitas vezes um se choca com o outro a partir da mutação desta base, que é uma base eminentemente social e mutável.

Como, então, compatibilizar essa idéia? Esta compatibilidade e este aparente antagonismo vão ser trabalhados a partir das ferramentas jurídicas, onde eu tenho a hierarquia, a ordem cronológica e temporal, a especialização e a ponderação de valores. Então, são as ferramentas com as quais o intérprete trabalha para conciliar princípios que aparentemente podem se apresentar como antagônicos. Assim, temos a Constituição como um conjunto de princípios e regras destinados à realização do Direito que em um sistema aberto apreende um infinito de possibilidades de um mundo real, funcionando esta Constituição e este mundo de apreensões como verdadeiro filtro nas normas da interpretação. Os princípios são espécies de canaletes de comunicação entre o sistema de valor e o sistema jurídico. Então, aí é que está a importância de nós estudarmos os princípios, para desta forma compatibilizarmos aquela idéia de termos uma interpretação que fuja de um Positivismo e seja de real valor para a sociedade a quem está servindo o intérprete. Estes princípios são estabelecidos na Constituição, muitas vezes princípios que são nominados e identificados.

Muitas vezes os princípios são princípios implícitos. E, desta forma, eu tenho dentro da Constituição um conjunto de princípios que não comportam enumeração taxativa, embora realçados alguns, porque identificados. Princípio do Estado de Direito, princípio da legalidade, princípio do Júri natural. Mas naturalmente que no trabalho desses princípios eu às vezes tenho a idéia de um princípio não-escrito, mas ele surge como um valor intrínseco contido na própria Constituição. Quando nós falamos, por exemplo, do foro especial – e hoje estamos falando muito em mudar o foro especial –, vamos para outros princípios constitucionais e nos deparamos com o conceito de foro especial, para dizer o seguinte: o juiz natural é um juiz estabelecido na Constituição, e por isso mesmo pode ser mudado o juiz natural a partir da vontade do constituinte. Só que esta aparente racionalidade foge a um princípio maior, de que o juiz natural é aquele juiz que julga todos os brasileiros, e só em condições muito excepcionais é que eu posso criar foro de eleição.

Isso é um mero exemplo para dizer que estes princípios não-escritos, os chamados "princípios implícitos", desbordam da Constituição como idéias e valores pensados e chamados pelos sociólogos como "Lei Fundamental". Existe uma Norma Fundamental que está acima da Constituição, se considerarmos que a Constituição é só norma escrita. Mas, dentre todos princípios – e é muito interessante observar que o Direito Brasileiro sempre foi muito ligado à criação de princípios descritos na própria Constituição –, dois aparecem, porque são moderníssimos e estão inseridos com todas as letras na Constituição, que são o princípio da razoabilidade e o princípio batizado pelo Direito alemão como princípio da proporcionalidade, muito embora diversos autores já estejam querendo estabelecer a diferença entre o razoável e o proporcional – mas na idéia também de outro princípio: de que devemos fazer com que haja a dignidade da pessoa humana. Então, hoje, são os dois princípios que estamos trabalhando, porque são os mais modernos e os mais recentes.

O princípio da razoabilidade tem por escopo servir ao combate à discricionariedade da Administração e do Legislativo, permitindo ao Judiciário invadir ato legislativo e administrativo quando inadequado ao fim pregado só legitimado para necessidade de legitimidade. Enfim, isto é que permite ao Poder Judiciário interpretar e avançar no exame de todos os quadrantes dos atos chamados "discricionários", o que foi vedado para a primeira geração de magistrados com a qual eu, inclusive, trabalhei e trabalhava como Juíza, onde nós dissemos o seguinte: "O ato discricionário é recheado dos critérios de conveniência e oportunidade da Administração, e eu não posso examiná-lo".

O Judiciário não pode isso, e eu já vi até agora recentemente, no meu próprio Tribunal, sendo recitado esse versinho, quando, na realidade, hoje nós temos uma idéia absolutamente diferente, porque através do princípio da razoabilidade eu vou exatamente mergulhar no ato discricionário para saber se ele efetivamente é compatível com o fato da vida que ele quer regulamentar. A razoabilidade, então, abre para o Judiciário um leque de ações construtivas mesmo quando resulta na aplicação à crítica da lei. Então, pelos princípios eu posso até retirar certos dispositivos da lei para desta forma fazer a filtragem funcional através dos princípios, não nos esquecendo, portanto, de que os princípios são os canaletes de comunicação entre o sistema de valores e o sistema jurídico. Mas, por fim, dentro do sistema de princípios e regras temos também as chamadas "garantias constitucionais". E estas garantias, o que vêm a ser? São os chamados "princípios qualificados" pelo seu conteúdo específico. E por que "conteúdo específico"? Porque são as garantias que limitam a atividade do Estado. São princípios qualificados, porque eles limitam a atividade política do Estado. E, no momento em que vamos estudar princípios do direito tributário, onde está em jogo a vida econômica da Nação, porque se vai justamente fazer a normatização da atividade empresarial, da renda do país, dos contribuintes de um modo geral, pessoas físicas e jurídicas, é importantíssima esta abordagem principiológica, porque somente a partir daí é que eu posso verificar se a norma é ou não legal, se a norma é ou não inconstitucional. Porque a referência que eu tenho para aceitar isto não é mais aquela norma que pode estar com um conteúdo de norma jurídica e ter vindo do aparelho legislativo, aparentemente de absoluta normalidade, mas na sua essência fugindo a estes princípios maiores, que são exatamente os princípios constitucionais explícitos, ou mesmo aqueles implícitos, dos quais eu fiz o destaque para o princípio da razoabilidade e o princípio da dignidade da pessoa humana – porque a partir do final do século passado e neste início de século a grande preocupação do mundo civilizado não é mais com a igualdade formal que nos foi legada pela Revolução Francesa, e sim com a igualdade substancial, e para eu ter exatamente a interpretação desta igualdade substancial tenho que fazer a filtragem pelo princípio da dignidade da pessoa humana. Desta forma, assim eu começo a falar para os Senhores sobre os princípios do direito tributário, quando já fiz a advertência de que é preciso que nós tenhamos cuidado com estes princípios, que são princípios maiores e que estão fora de todo e qualquer direito, por isso mesmo são princípios que estão ligados a todos os ramos da atividade jurídica.

Demarcando-se o objeto de estudo, podemos, a partir daí, traçar pautas de interesse. E dentro dos princípios constitucionais em matéria tributária surge como primeira linha de reflexão a convicção de que podem os princípios estar expressos ou não. Mas o que eu quero dizer para os Senhores é que em matéria do direito tributário, mesmo antes da Constituição de 1988, nós sempre tivemos regramentos absolutos com limites absolutos constantes da Constituição. Hoje nós temos um princípio maior para abrigar todos os outros, que é o princípio da segurança jurídica. Para mim, este é o *princípio dos princípios*, especialmente neste momento histórico, em que se pretende passar a limpo as instituições nacionais, resgatando-se a inação e o imobilismo de muitas décadas.

Seja para o Poder Judiciário, que está tentando, com uma dificuldade enorme, recuperar o tempo perdido em fazer uma leitura compreensiva das suas bases, que estão em pé-de-guerra com uma maturidade que não entende, seja pela própria cidade, seja pela própria formação da burguesia, absolutamente varrida como elite neste país, a dificuldade está sendo muito grande, e eu costumo dizer para os meus próprios Colegas que nós não ensinamos a lição nem demos o exemplo, então está ficando muito difícil essa compreensão. E por isso mesmo que eu sou e me coloco absolutamente contra a Reforma do Judiciário que hoje tramita pelo Congresso Nacional, por entender que ela não está refletindo esta preocupação de uma unidade de Poder Judiciário nas suas bases até o último dos Tribunais, que é o STF.

Cada um fala uma linguagem distinta, como se fossem gerações distintas, como se estivessem lendo por cartilhas diferentes. Mas, depois deste pequeno desabafo, e voltando aos trilhos, eu digo aos Senhores que o princípio da segurança jurídica me parece fundamental, porque é princípio implícito derivado da própria existência do Estado Democrático de Direito.

O valor maior que se busca na vida social é a segurança da vida, das relações jurídicas e das instituições. Isso qualquer pessoa quer, seja o verdureiro, seja o Presidente da República: quer ter segurança, quer ter planejamento na sua vida, quer poder saber como será o amanhã – isso é que é a segurança jurídica. A Constituição de 1988 é pródiga em estabelecer os princípios integradores deste princípio maior, identificado como segurança jurídica, que se constitui num verdadeiro Código de Defesa do Contribuinte, por isso mesmo a idéia que um Código de Defesa do Contribuinte parece pouco atrativa no momento em que temos uma Constituição tão pródiga em estabelecer estes princípios para o contribuinte. E princípios que se estabelecem para quê? Para dar segurança jurídica a esse contribuinte.

Naturalmente que nós sempre tivemos esses princípios na Constituição, não se constituem em novidades esses princípios. Nós tivemos, por exemplo, alguns princípios que tiveram a redação mudada com a Constituição de 1988. Mas, na realidade, qual é a grande novidade? A grande novidade é a releitura que se faz, agora, desses princípios, a partir do entendimento de que estas normas têm que obedecer àqueles princípios maiores, que muitas vezes não estão inseridos de forma explicita na Constituição.

Em relação ao princípio da legalidade, nada demais, porque este é um princípio genérico, que está inclusive no art. 5º da CF, mas tem um significado maior, porque ele, inserido no capítulo do "Sistema Tributário", é uma espécie de reforço daquilo que está estabelecido para todos os cidadãos.

Desta forma, em relação a este princípio, convém realçar que ele se refere sempre e sempre à norma em sentido formal e material – porque inclusive eu, que sou Juíza de 1979, tive grandes dificuldades para saber o seguinte: se é lei, decreto-lei também é lei, e ele vai reger as relações jurídicas tributárias. Hoje nós estamos absolutamente seguros de que quando o constituinte fala em princípio da legalidade ele se refere à lei em sentido formal e material para, especificamente, as duas condições de maior insegurança, que seriam a instituição de impostos e o aumento ou a diminuição destes tributos.

Advirta-se que em relação às obrigações acessórias abre-se um capítulo para dizer que é possível através de lei meramente ordinária ou até normas hierarquicamente inferiores à lei ordinária serem estabelecidas algumas obrigações acessórias. Mas em relação à instituição e ao aumento ou diminuição de tributos, seja de forma direta ou indireta, com a diferença quanto à base de cálculo, alíquota etc., somente a lei – e a lei em sentido formal e material –, para se estabelecer; e não somente em relação aos tributos, mas também àquelas situações de natureza tributária onde estão contempladas as contribuições parafiscais.

Mas, então, aqui se abre um ponto para falar o seguinte: medida provisória é lei? Se eu falo da lei formal e material... Não quero me desmanchar quanto a isto, porque o STF, como guardião maior da Constituição, já disse que é e que pode; então, a partir daí eu não vou tecer outras considerações, muito embora nós possamos especular que, para ter valia a medida provisória, seria necessário perquirir aqueles pressupostos necessários que estão no art. 62, mas deixo isso por conta do STF – seja este ou aquele outro que se possa desenhar no futuro. Mas na realidade ele é que hoje fecha um poder fantástico, porque a Constituição de 1988 apostou todas as fichas no Poder Judiciário, e isso é que me parece um grande equívoco da Constituição de 1988. E por quê? Porque, no momento em que colocou o STF como guardião maior da Carta, guardião maior da Nação, e o Poder Judiciário pode, hoje, fechar o Congresso Nacional, inviabilizar o Presidencialismo ou trazer qualquer outra inviabilidade ao sistema de governo, ele também colocou seus Ministros com estas responsabilidades dentro de um critério de vitaliciedade – e é aí que bate o ponto: me parece um grande equívoco, porque em todas as Nações civilizadas quem detém este poder político imensurável, pela triagem que faz da Constituição, não pode ter uma atuação de longa duração, porque naturalmente tem as suas ideologias, tem as suas preferências, e isso inviabiliza o sistema. Daí por que eu entendo que a Reforma do Poder Judiciário deveria começar a partir daí, e me parece que esta Reforma que hoje está em tramitação abandonou inteiramente a idéia do Tribunal Constitucional com mandato para o STF.

Mas, voltando aos trilhos da nossa conversa, eu passo a falar sobre o princípio da anterioridade, que também quis inserir naquele princípio maior da segurança jurídica. Está pautado um impedimento no sentido de que o contribuinte só poderá ter segurança jurídica se tiver conhecimento antecipado dos tributos que lhe serão exigidos ao longo do exercício financeiro.

Este princípio está ligado a um outro, que é o princípio da surpresa, que se desdobra em duas vertentes. A lei deve anteceder o fato gerador ou um fato imponível; e a lei deve anteceder o início do exercício financeiro. E isso os Senhores sabem, isso aqui eu digo sempre, que é apenas um tédio de conversa, porque, se não fosse um assunto de natureza tributária, eu não poderia estar aqui conversando com os Senhores. Mas sobre este assunto os Senhores são mais versados e são especialistas.

Mas há ainda dentro do princípio da anterioridade, o chamado "princípio especial" ou da "anterioridade nonagesimal", que se aplica às contribuições sociais; e há na atualidade uma corrente liderada pelo Prof. Roque Carrazza que faz o casamento e a conjunção desses dois princípios, dizendo o seguinte: não é possível que um princípio maior muitas vezes seja prejudicial, e é o caso de um tributo que surge, por exemplo, no mês de novembro e que passe a reger as relações jurídicas a partir do mês de janeiro, quando, se se tratasse de uma contribuição social, ele obedeceria ao princípio da anterioridade nonagesimal.

Observem os Senhores que é interessante esta colocação, porque faz uma interpretação sistêmica dentro do aspecto da não-surpresa, realçando o aspecto maior, que é a realidade das coisas, da não-surpresa do contribuinte. Entretanto, esta posição interpretativa é de natureza eminentemente doutrinária, não tendo visto decisão alguma que tivesse a conjugação deste entendimento. Mas fica para especulação – e a insistência dos Senhores nesse trabalho bonito que faz o advogado, que é exatamente o de convencimento e de esclarecimento do Poder Judiciário. Dentro deste aspecto, a Constituição de 1988, ao consagrar o princípio da anterioridade, avançou em termos lingüísticos, e aquele principio, que já existia anteriormente, hoje vem expresso de uma forma bastante clara, porque diz o seguinte: não basta que a lei estivesse em vigor na data da cobrança, é preciso que o expediente estivesse em vigor antes do fato imponível, antes do fato verdadeiro.

Fui de um tribunal, o Regional Federal da 1ª Região, um Tribunal bastante... – vamos dizer assim... não quero dizer fiscalista, porque acho pejorativo –, mas que tinha uma interpretação bastante rígida, talvez até por causa desta nossa formação antecedente. E nós quase fomos surpreendidos com a Constituição de 1988, e não fizemos a releitura dela. E eu tive grandes brigas, porque eu fazia a leitura e dizia o seguinte: se mudaram a redação é porque alguma coisa tem que acontecer diferente, eu não posso admitir que a Constituição tenha mudado a redação do princípio da anterioridade para nada. Então, foi preciso que o STF, com um esforço muito grande que alguns Ministros fizeram, numa corrente liderada pelo Min. Carlos Mário Velloso, fizesse a releitura desse principio, para que, então, o meu Tribunal conseguisse entender o que estava escrito no art. 150, § 3º, "b".

Mas assim eu entro no princípio da igualdade tributária, que eu acho que hoje tem uma importância muito grande. E esta importância surge no momento em que o próprio Estado toma consciência de que ele não pode mais tratar as pessoas igualmente. Então aquelas quadrinhas que nós nos habituamos a recitar, e ainda temos nesses discursos embolados, emproados, "dar a cada um o que é seu", "todos são iguais perante a lei", são coisas que pertencem ao passado, são coisas que já estão varridas e hoje funcionam apenas como história herdada da Revolução Francesa, porque hoje o Estado está preocupado em trabalhar com as diferenças. E aí é que o Estado começa quase que a sair da Modernidade para ingressar na Pós-Modernidade, onde o interesse não é por pessoas iguais, o interesse é por diferenças, porque a sociedade é feita de pessoas eminentemente diferentes.

Para nós termos um exemplo, eu pergunto o seguinte: qual é a semelhança que tem Eliana Calmon-mulher e tantas magistradas, e advogadas e tributaristas que estão nesta sala, e também são mulheres, com as mulheres cortadoras de cana da Zona da Mata, a não ser o sexo feminino? Então, o Direito não pode trabalhar com mulheres dentro desse sistema de igualdade. Eu dizia sempre isso, e muitas vezes fui muito mal-interpretada pelos movimentos de mulheres quando eu dizia que a legislação de proteção à mulher não pode ser única, porque uma mulher que é engenheira-chefe do Pólo Petroquímico de Camaçari não pode ter a proteção da lei trabalhista que tem a burocrata, a operária, porque ela tem a voz de mando, ela tem o comando, e ela não poderá ficar ausente porque não pode trabalhar à noite, porque tem que ter uma licença-maternidade de quatro meses. E dizia eu, a época em que Corazón Aquino estava presidindo as Filipinas, eu dizia o seguinte: imagine se Corazón Aquino ficasse grávida e saísse por quatro meses; quando ela retornasse, o que ela encontraria de Nação?

Então, é exatamente aí que bate o ponto quanto ao princípio da igualdade. Porque nós somos essencialmente diferença, e o Direito tem que trabalhar com estas diferenças. E aí vem toda a teoria construída para a pós-modernidade; e se os ventos benfazejos da doutrina alemã, que nos chega através do Prof. Erick Jens, por exemplo, que é um adepto desta, vamos dizer assim, detonassem o que nós temos em termos de igualdade, para falarmos de desigualdade? Não chegando a esses extremos dos pós-modernistas, mas já com os pés no chão, e examinando o princípio do art. 150, III, da CF, nós temos o quê? Nós temos esta idéia: que o Direito desiguala, sim, para, desta forma, criar as chances, as oportunidades, de todos terem uma idéia de sociedade igual. E ele faz isso através do quê? Do imposto, que é criado pelo sistema da proporcionalidade, as diversas alíquotas diferenciadas, as isenções que ele concede a certas e determinadas empresas, e aí é que nós estamos com dificuldade para entender que isso não pode ser criado ao alvedrio do Estado, mas sim através da compreensão legislativa. Por isso mesmo as isenções só podem ser dadas através de lei.

Especula-se em torno da divisão entre igualdade jurídica e igualdade econômica. A primeira tem um sentido de generalidade para todos, e a segunda um sentido de uniformidade, porque na linguagem do Direito a generalidade é diferente de uniformidade. Por fim, é necessário dizer que a relatividade do princípio permite discriminações que são filtradas pelo princípio da razoabilidade, e só assim nós podemos entender certas diferenças criadas dentro da sociedade. Discriminações pessoais existem, sim – como, por exemplo, discriminações em relação a profissões, atividades específicas, discriminações no interesse do Fisco que podem surgir, como por exemplo o IPI dos cigarros e dos remédios, discriminação de interesse social, as isenções ou reduções de ônus fiscais para entidades beneficentes, altas alíquotas do IPI para bebidas por exemplo, isso tudo são formas de nós trabalharmos com o princípio da igualdade e desigualdade, para criar, desta forma, chances e opções dentro da sociedade e estabelecermos uma sociedade mais equilibrada.

Enfim, deixa-se registrado que o caráter relativo do princípio da igualdade deve-se ao enfoque desta igualdade substancial que hoje é perseguida pela Nação Brasileira.

Senhores, desta forma eu termino a minha fala. Sem nenhum compromisso com um tema eminentemente tributário, eu digo para os Senhores que, hoje, esta é a minha cabeça, é desta forma que eu tento fazer a Justiça que o Estado me deu a chance de dizer que era para fazer no momento em que fui escolhida para o STJ.

Muito mais poderia ser dito sobre esse inesgotável tema, mas o certo é que não teríamos como submeter o tempo ao controle da Magistratura, quando aqui é a Magistratura que se submete ao juízo crítico dos Senhores, e os críticos não têm tempo a perder, e portanto eu encerro *(palmas)*.

Prof. Paulo de Barros Carvalho – Agradeço a brilhante exposição da Min. Eliana Calmon. E quero comunicar que o Prof. Sacha Calmon Navarro Coêlho, que muito honrou este XVI Congresso Brasileiro de Direito Tributário, teve que antecipar sua saída e pediu que eu o justificasse.

Passo a palavra, imediatamente, ao Prof. Eugênio Doin Vieira, mas antes gostaria de dizer que compõem a Mesa a Profa. Sônia Corrêa, representante da OAB/Seção de São Paulo, o Prof. Roque Carrazza, a Dra. Ana Maria Pimentel, Vice-Presidente do TRF, o orador – já pela tradição deste Congresso – Eugênio Doin Vieira, a Ministra que foi Conferencista, o Prof. Estevão, que está na Casa, e a Profa. Maria Leonor Leite Vieira. Com a palavra, então, o Prof. Eugênio Doin Vieira.

Prof. Eugênio Doin Vieira – *Prepare o seu coração para as coisas que eu vou contar..*

Exmo. Sr. Presidente do XVI Congresso Brasileiro de Direito Tributário, Prof. Paulo de Barros Carvalho. Estamos encerrando mais este Congresso do IDEPE, que já foi chamado, inclusive, de Universidade. Fazemo-lo na forma de costume, mas, antes de mais nada, Sr. Presidente, gostaríamos de manifestar nossa estranheza pelo fato da nossa inclusão como palestrante do encerramento, feita sem consulta prévia e à nossa revelia. Essa estranheza só é menor do que a frustração que teríamos se nosso nome não tivesse sido lembrado...

Tudo começou – e é testemunha ocular da história o Prof. Roque Antonio Carrazza – neste mesmo recinto, há uns 20 anos atrás. Na sua genial inquietude dinâmica, o Prof. Geraldo Ataliba dizia: "Vamos encerrar o Congresso. Alguém precisa dizer algumas palavras finais". E o Dr. Roque, gentil, propôs: "Por que não o Prof. Eugênio? Está quase recém-vindo da sua atividade política, ainda curando as feridas da cassação e da perda dos direitos, deverá dizer alguma coisa". E tive eu a infeliz idéia de aceitar o convite. Esse convite, caros Congressistas, se perpetuou, se eternizou, e aqui estamos outra vez. O que nos tranqüiliza é que, enquanto os Conferencistas se requintam, como acabamos de ver, em considerações profundas sobre Direito, Jurisprudência, Hermenêutica, a nós, que viemos da planície e que nela queremos permanecer, nos compete fazer as despedidas. E despedidas não são formais, são emoções, são a fala do coração.

Deveríamos iniciar esta fala manifestando nosso agradecimento àqueles que construíram ainda uma vez este Congresso. A sua Mesa de Trabalhos, dirigida pelo Prof. Marcelo Fortes; a sua Mesa Executiva, aos cuidados de Paulo Ayres Barreto, e às respectivas equipes. Um destaque aos jovens Doutores e Mestres que foram debatedores, que elaboraram trabalhos, que compareceram, discutiram, apresentaram suas idéias. Eles enriquecem esse nosso Congresso.

Ponto alto, sem dúvida, os Conferencistas. Souto Maior Borges, herdeiro de Lourival Villanova, o sábio que o Nordeste nos manda, formulador de pensares que nos têm dado muito que pensar. O bom homem da melhor tradição européia. Paulo de Barros Carvalho, o jovem Mestre de todos nós, portador de todos os lauréis acadêmicos, Titular de Direito Tributário pela PUC/SP e pela USP, figura indispensável em qualquer empreendimento de grande significado no direito tributário brasileiro. Celso Antônio Bandeira de Mello, o nosso condestável. Quando ele soa as suas trombetas, desabam as muralhas de Jericó; ele, o maior Mestre vivo do direito administrativo brasileiro. Professor Honorário de várias Universidades de língua hispânica, na Argentina, na Colômbia, na Venezuela, no Uruguai, na Espanha. O eterno inconformado, que agora parece começa a sonhar de novo. Eliana Calmon Alves, da melhor tradição jurídica baiana. Uma longa carreira no Ministério Público e uma bela carreira no Poder Judiciário Federal. Competente Ministra do STJ há três anos, e hoje, inclusive, presidindo a 2ª Turma. Professora – e esse, na minha opinião, o seu mais belo título – de Direito Civil, de Direito Processual Civil. A esses predicamentos podemos acrescentar hoje, em seu currículo, brilhante Conferencista, que nós aplaudimos de pé, por isso mesmo.

Faço questão de referir-me com especial carinho à planície: juristas de toda a ordem, procuradores, agentes do Fisco, professores, advogados, estudantes, esses que enchem o auditório e dão a força, a vitalidade e o brilho que o Congresso tem – porque de cadeiras vazias ele nenhum significado teria. Ressalto sobretudo os que vêm de longe, de muito longe. Temos aqui cerca de 14 Estados representados, algumas dezenas, quase centenas, de Municípios. Alguns peregrinaram muitas horas para chegar até aqui, e vêm com habitualidade, com dedicação, com carinho.

Hoje, colegas Congressistas, queremos fazer uma referência muito especial ao congressista Régis Pereira Lima, de Uberlândia. Ele é presente a todos os 16 Congressos de Direito Tributário realizados pelo IDEPE, e merece, por isso mesmo, uma homenagem pessoal. A ele, de todos do Plenário, uma salva de palmas *(palmas)*.

O Congresso comporta e comportará sempre um momento de saudade. A rememoração dos que já partiram. Podemos nós, neste instante, com a visão interior, imaginá-los de repente sentados a esta Mesa. Vamos mencionar-lhes os nomes, e, a cada um desses nomes, uma vibração, como se fosse uma prece, envolve as homenagens que lhes prestamos:

Alfredo Augusto Becker,
Aliomar Baleeiro,
Amílcar de Araújo Falcão,
Antônio Sampaio Dória,
Célio de Freitas Batalha,
Cléber Giardino,
Fábio Fanucchi,
Gilberto de Ulhôa Canto,
Pérsio Oliveira Lima,
Rubens Gomes de Sousa.

Cai uma gota de pranto,
faz sete anos, bem me lembro,
pois a 15 de Novembro,
data em que se comemora
a República de agora,
se foi Geraldo Ataliba,
levado em clarões de aurora.

Ficou um vazio profundo
no mundo universitário;
ficou mais pobre este mundo
jurídico tributário;
ficou mais desprotegida
a nossa Carta Maior,
depois que seu paladino
nos deixou e foi embora.

Por minha voz, o Mestre e Pioneiro
recebe aqui a homenagem renovada
do Mundo Tributário Brasileiro!

Vivemos, colegas Congressistas, um momento de alto nível jurídico neste Congresso. Agora, vamos despedir-nos, falando da vida, do espírito, da esperança.

Estamos atravessando horas excepcionalmente extraordinárias, no Brasil e no mundo.

Em todo o Planeta, com o fim da *guerra fria* e a quebra do equilíbrio de forças, com a expansão desenfreada do neoliberalismo, com a globalização que atropela, com a explosão da Informática, com a perversidade das chamadas leis de mercado, com a hegemonia do sistema financeiro, vivemos dias estranhos. Ameaça-nos agora a *Pax Romana* o esvaziamento do conceito de soberania, dos Povos e das Nações, imposto por uma doutrina que diz: "Manda o mais forte e obedece quem tem juízo". Como se Átila, o Flagelo-de-Deus, renascesse entre os homens, com outro nome, em outra Nação, com outro idioma, estabelecendo o maniqueísmo entre o bem e o mal, numa radicalização que não se ajusta aos nosso modo de pensar, de agir, de viver, de meditar.

Este é o novo e grande desafio às médias e pequenas Nações. Nesse contexto, o Brasil vive seu intenso momento político.

Interessante que este Congresso se realiza quase sempre em momentos de alta tensão nacional. Reuníamo-nos aqui e, na rua, os *caras-pintadas* pediam a substituição de um Presidente que não merecera ser eleito. Estávamos aqui, e ainda ouvíamos o clamor público diante do atentado do 11 de Setembro. Hoje, estamos a dois dias de escolher o nosso dirigente maior. Há uma tensão natural e generalizada. Mais dois dias e saberemos: Lula ou Serra – a competência e a experiência, ou a esperança e o desejo de mudar. A Democracia tem as suas características, ela é sobretudo a união das opiniões divergentes, a igualdade dos desiguais, o reencontro das teorias e dos pensamentos, a unidade na diversidade. Quem desejar um regime diferente com 100% de apoio e unanimidade, tem à sua disposição o Iraque de Sadam Husseim, que se elegeu com 100% dos votos. Para quem achar que é pouco, os cientistas políticos registram que há quatro eleições atrás, na Síria, o ditador-de-plantão proclamou pelo seu porta-voz que fora eleito com 104% dos votos (risos na platéia).

Nós escolhemos a Democracia. Esse país jovem, ainda cheio de acne e daqueles problemas da adolescência, quer se afirmar, e o faz através do sistema democrático. Somos um exemplo para o mundo, nós do Brasil. Sabem os colegas Congressistas que os antropologistas e os cientistas pesquisadores acabam de arrolar no Brasil 143 tipos de epidermes diferentes? São 143 raças, sub-raças, mesclagens, miscigenações, que formam esse todo heterogêneo, e tão homogêneo, que tem uma só língua, que tem um só coração, que tem um só pensamento, que tem uma só vibração!

Por isso mesmo, por sermos 143 diferentes tipos, o genial Ziraldo, incumbido de elaborar o cartaz para a *Bienal* de 2004, fê-lo com 143 quadriláteros diferentes, cada um de uma cor, simbolizando a união da nacionalidade.

Vem aí um novo Presidente! Perspectivas, esperanças, preocupações! Quem não quer mudar a perversa distribuição de renda em que vive o nosso país? Quem não quer alterar as atuais condições de vida, estabelecendo o primado da pessoa do ser humano sobre o número, sobre a cifra?

Não haverá, colegas Congressistas, não haverá vencedores e derrotados. A partir de domingo, teremos um Presidente para todos os brasileiros.

Cabe a nós, que somos animais políticos, até lá agirmos politicamente. Depois de então, como animais jurídicos que somos, agirmos com um pensamento maior e mais alto, cooperando inclusive, ou fazendo oposição, se for o caso, mas confiando em que este país é muito grande e saberá seguir avante e superar problemas e dificuldades, como soube fazê-lo até agora.

Lembremos de que precisamos estar unidos, porque o perigo não é interno, o perigo vem lá de fora. O perigo é a conjuntura internacional, ele se chama ALCA submissa, mercado financeiro, Organização Mundial do Comercio, Sistema Financeiro Mundial, discriminação de importações – quase que diria que ele se chama George W. Bush.

Nós somos o sal da Terra, nós todos privilegiados nesta sociedade de desigualdades, privilegiados com uma cultura, um título, com cargo, com posto, com uma posição.

Nós somos os Quinhentos da Galiléia, temos que fermentar essa massa que nos espera. Neste Congresso tivemos lições magníficas nesse sentido. Nossas homenagens àqueles que as deram a nós e que amadureceram o nosso espírito.

Agora, vale uma palavra de esperança. Min. Eliana Calmon Alves, desde pequeninos, com as primeiras noções de espiritualidade, nós aprendemos que Deus é infinitamente bom, infinitamente justo e imparcial. Quanto à sua bondade, tivemos condições de verificá-la nesta nossa existência que já se faz longa. Quanto à sua imparcialidade, nós a pomos em dúvida às vezes, quando contemplamos as mulheres. Pois Deus lhes deu o charme, o encanto, a beleza, a inteligência, a intuição, o dom da maternidade, a competência, a capacidade de previsão, a força moral!

E a nós, homens, nos deu o quê? Apenas a força bruta, com a qual temos dominado o mundo e continuaremos a dominá-lo, com a ajuda do nosso companheiro George W. Bush *(palmas)*.

Ministra, ao homenageá-la, homenageamos todas as mulheres, as juristas que compõem a Mesa, as que estão no Plenário. E pedimos permissão para oferece-lhe uma formosa lenda, relembrando a mais bela lição de anistia tributária que registra a História e que marca a legenda. Ela está consagrada num poema de Thennison, em versão primorosa de Fernando Pessoa:

Na Inglaterra, em Coventry, no século XI, Leofrick, Conde de Chester, comandava seu Condado com mão de ferro. Impunha tributos com uma autoridade, um discricionarismo, uma competência e uma truculência que fariam inveja ao nosso inefável Everardo Maciel. Um dia, novo tributo foi estabelecido. Ele queria repletar as suas arcas, ainda que à custa do sofrimento do povo. Ocorre que a esposa de Leofrick era Lady Godiva. Bela como uma estátua de Phidias, seus cabelos, longos como os de Iracema, a virgem-dos-lábios-de-mel, não eram negros como as asas da graúna, pois eram loiros como os trigais maduros, como as moedas antigas, como o sorriso das crianças. A ela se dirigiram as mulheres do povo, que lhe queriam bem. Expuseram o grave problema e pediram-lhe que interferisse por elas. Ela foi a seu amo e senhor, reivindicou a sustação do tributo cruel. Ele, em sua superioridade, sorriu e disse: – "Pensas que elas te querem bem? Pois bem, eu te lanço um desafio, se desfilares amanhã ao sol a pino na rua principal da cidade inteiramente desnuda, eu suprimirei o tributo". Godiva ruborizou-se, pensou um segundo e respondeu: – "Aceito teu desafio". Recolheu-se aos seus aposentos e mandou avisar ao povo do burgo que, no dia seguinte, assim ela faria, em prol e em defesa deles. O sol estava no zênite. Ela tirou os seus adereços, suas jóias, sua manta, suas roupas íntimas, desatou os cabelos loiros que lhe caíram pelo corpo e, furtiva, esgueirando-se de coluna em coluna, desceu até o pátio do castelo, onde a esperava o corcel branco ajaezado em prata. Montou e tomou o rumo da rua principal do burgo.

Todas as casa tinham fechado suas portas. Mansardas, choupanas, palácios, mansões, todos, discretamente atendendo ao apelo, se retiraram para sua intimidade. O silêncio só era rompido pelo latido distante dos cães, pelo sorriso do vento cantando nos olmeiros, pelo soar compassado do animal com suas patas na lousa sobre a qual caminhava. Ninguém na rua. Houve alguém, entretanto, muito curioso, que não resistiu à tentação e abriu a porta da mansarda para espiar quando ela passava. Registra a legenda que, no mesmo instante, seus olhos saltaram das órbitas e rolaram na poeira do chão. Ficou conhecido como *Peeping Tom*, o tonto dos olhos saltados.

Godiva percorreu o burgo, voltou no mesmo passo ao seu castelo, subiu correndo para os seus aposentos, vestiu-se, nastrou os cabelos, colocou jóias e adereços e foi à presença do Conde. – "Cumpri a minha parte do teu desafio, agora cumpre também a tua". O tirano, sorrindo – os brutos também amam –, disse-lhe: – "Muito bem, o tributo está suprimido".

No mesmo instante, a determinação foi divulgada, o povo sorriu feliz, o imposto foi lançado ao esquecimento e Godiva projetada para a perenidade da História e da legenda.

Esta a primeira grande lição, o primeiro grande evento de anistia tributária, de remissão tributária, feito de forma tão poética, tão romântica. Já dissemos, e lembra bem Roque Carrazza: não recomendamos às jovens e belas Colegas que tentem repetir hoje o feito *(risos na platéia)*. Os condes hoje são diferentes *(risos na platéia)* os olhos dos homens mudaram *(risos na platéia)* a situação não é a mesma.

Colegas Congressistas, vamos lutar nas nossas mesas de trabalho, nos nossos recantos de estudo, nas nossas tendas árabes, nos locais onde exercemos a nossa profissão!

Não faz muito tempo, poucas semanas, tivemos oportunidade de assistir, no TRE, à posse de uma jovem Desembargadora. Ao falar na cerimônia, largando de repente os caminhos da Jurisprudência e da Hermenêutica, endereçou-se ela pelas mensagens de vida e de esperança. Encantou-nos a sua maneira de dizer. Não somos perfeitos, mas temos dentro de nós o dom da perfectibilidade. Nascidos e criados à imagem e semelhança de um Deus, caminhamos para a evolução permanente. Essa perfectibilidade nos obriga a seguir sempre em frente, intelectual e moralmente. Em todas as formas de atividade, ela nos persegue, como objetivo maior a ser alcançado.

Distribuídos por todo este Brasil imenso, vamos realizar juntos o trabalho do aprimoramento da comunidade, através do aperfeiçoamento de nossa vida interior. E é preciso que o façamos nesta vida, sabendo amar a vida!

Por isso, neste instante, quando, autorizado pelo Sr. Presidente da Casa, declaramos encerrado o *XVI Congresso Brasileiro de Direito Tributário*, convidamos a todos para nos reencontrarmos aqui em outubro de 2003.

Nós e o Régis, de Uberlândia; o Régis e nós (*risos na platéia*).

Queremos lembrar aqui a palavra do jovem Poeta morto, e com ela encerrar o nosso dizer:

Viver, e não ter a vergonha de ser feliz

Cantar e cantar e cantar a beleza de ser um eterno aprendiz

Eu sei que a vida devia ser bem melhor, e será

Mas isso não impede que eu repita

É bonita, é bonita, é bonita

Muito obrigado *(palmas)*.

TAXAS E PREÇOS PÚBLICOS

MARIANA OITICICA RAMALHO

1. Serviço público: 1.1 Definição – 1.2 Classificação – 1.3 Prestação do serviço público e a cobrança de taxa ou tarifa. 2. Taxas: 2.1 Definição de tributo – 2.2 Taxas de serviço. 3. Preço público. 4. Distinção entre taxas e preços públicos: 4.1 Normas jurídicas que instituem as taxas e tarifas. 5. Conclusões.

1. Serviço público

1.1 Definição

A definição de *serviço público* e a determinação do que deve ser cobrado em face de sua prestação têm sido alvo de discussões doutrinárias. No entender de Maria Sylvia Zanella Di Pietro[1] a definição de serviço público passou por uma crise. Os três critérios que o caracterizavam – subjetivo (prestação pelo Estado), material (objetivar a satisfação de necessidades coletivas) e formal (exercício sob o regime de direito público derrogatório e exorbitante do direito comum) – deixaram de estar simultaneamente presentes em serviços denominados *públicos*.

Com esta crise, surgiram diversas definições da expressão "serviço público". Atividades de natureza comercial e industrial passaram a ser consideradas serviços públicos por alguns autores. Para a jurista, a lei é a principal responsável na determinação das atividades que devem ser tidas como serviços públicos. Nesse sentido, cita o art. 21, X, XI, XII, XV e XXIII, da CF, que determinam quais serviços são de competência da União – e, portanto, públicos.

Maria Sylvia Di Pietro define o serviço público como sendo "toda atividade material que a lei atribui ao Estado para que exerça diretamente ou por meio de seus delegados, com o objetivo de satisfazer concretamente as necessidades coletivas, sob regime jurídico total e parcialmente público".[2]

Trata-se de definição abrangente e vinculada à letra da lei. Tal conceito poderá ser aplicado em qualquer sistema jurídico, pois dispõe ser público todo serviço assim imposto legalmente. Há casos, entretanto, em que a legislação não dispõe expressamente ser público um serviço, restando dúvidas quanto à sua natureza.

Desta forma, observamos que a Constituição divide os serviços em *públicos* e *governamentais* (os que correspondem à exploração de atividade econômica pelo Estado, em concorrência com os particulares ou sob o regime de monopólio). Os demais serviços podem ou não ser públicos, a depender do legislador ordinário, que poderá assim denominá-los desde que não afronte as determinações constitucionais.

Para Celso Antônio Bandeira de Mello *serviço público* é "toda atividade de oferecimento de utilidade ou comodidade material fruível diretamente pelos administrados, prestado pelo Estado ou por quem lhe faça as vezes, sob um regime de direito público – portanto, consagrador de prerrogativas de supremacia e de restrições espe-

1. *Direito Administrativo*, 11ª ed., p. 96.

2. Idem, p. 98.

ciais –, instituído pelo Estado em favor dos interesses que houver definido como próprios no sistema normativo".[3]

As definições de *serviço público* destes autores em muito se assemelham, por levarem em conta o que dispõe a Constituição. Ambos assumem haver situações em que não se pode determinar se o serviço é público ou não, vinculando-se, neste caso, à letra da lei.

Entendemos que a definição de serviço público de Maria Sylvia Di Pietro, por possibilitar sua prestação em regime jurídico total ou parcialmente público, bem como a de Celso Antônio Bandeira de Mello, por determinar fruição do serviço diretamente pelos administrados, integram-se, demonstrando sob diversos ângulos o que é *serviço público*.

1.2 Classificação

Dentre as diversas classificações de serviço público propostas pela doutrina, selecionaremos as que se encaixam com a definição de serviço público eleita.

A distinção entre serviços públicos próprios e impróprios não se encaixa em nossa definição. Os primeiros seriam aqueles que atendem a necessidades coletivas e os Estados os assumem como seus, executando-os direta ou indiretamente. Os impróprios seriam os serviços que atendem a necessidades coletivas mas não são executados direta nem indiretamente pelo Estado, apenas autorizando, regulamentando ou fiscalizando tais atividades.

Os serviços impróprios não se ajustam à definição da preclara jurista Maria Sylvia Di Pietro, pois os serviços públicos são as atividades materiais que a lei atribui ao Estado para que exerça diretamente ou por meio de seus delegados. Ora, como observamos, os serviços impróprios não são executados sequer indiretamente pelo Estado; portanto, não se encaixam em nossa definição de serviço público.

Os serviços também podem ser classificados como específicos (*uti singuli*) e gerais (*uti universi*), conforme leciona Renato Alessi.[4] Os primeiros referem-se a uma pessoa ou a número determinado ou determinável de pessoas. Há divisibilidade, permitindo a avaliação da utilização efetiva ou potencial, individualmente considerada. Os serviços gerais são, por sua vez, prestados indistintamente a todos os cidadãos, alcançando um número indeterminado de pessoas.

Esta classificação é perfeitamente possível, pois as duas espécies se ajustam às definições de serviço público adotadas. Os serviços públicos gerais, entretanto, não serão objeto de nossos estudos, pois não geram o dever de pagar taxas de serviço ou tarifas, por não haver a clara identificação dos usuários destes serviços. Apenas os serviços específicos geram controvérsias.

Caio Tácito classifica os serviços públicos em originários e derivados. Os serviços originários são aqueles essenciais ao Estado; os derivados são de atividade facultativa: social, comercial e industrial.

Os serviços facultativos não são serviços públicos. Reportamo-nos a Maria Sylvia Di Pietro, para quem o serviço público é a atividade que a lei atribui ao Estado para que exerça diretamente ou por meio de seus delegados, com o objetivo de satisfazer concretamente as necessidades coletivas. Ora, se a lei atribui ao Estado a realização de determinadas atividades, então há dever de fazê-lo. O fato de ser atividade facultativa retira a obrigatoriedade imposta pela lei quando atribui ao Estado sua prestação. Assim, os serviços públicos são sempre originários.

Esta classificação assemelha-se à dos serviços exclusivos e não-exclusivos do Estado. Os serviços exclusivos são aqueles

3. *Curso de Direito Administrativo*, 13ª ed., p. 597.

4. *Instituciones de Derecho Administrativo*, pp. 364-365, *apud* Roque Carrazza, *Curso de Direito Constitucional Tributário*, 16ª ed., p. 448.

relacionados no art. 21 da CF, enquanto os serviços não-exclusivos podem ser executados pelo Estado ou pelo particular mediante autorização. Estes últimos estão previstos nos arts. 196, 199, 201, 204, 208 e 209 da CF. Os serviços não-exclusivos se submetem a regime de direito privado; portanto, não são públicos. No nosso entender apenas os serviços exclusivos são serviços públicos, pois é a exclusividade que os caracteriza. Assim, esta classificação também não nos serve.

Roque Carrazza, em seu *Curso de Direito Constitucional Tributário*, classifica os serviços públicos em de utilização compulsória ou facultativa[5] pelo usuário. Os primeiros ocorrem quando a fruição do serviço é obrigatória, assim determinada em lei com base num valor ou interesse público constitucional. Os serviços facultativos são aqueles que devem ser prestados pelo Estado mas que não realizam valores constitucionalmente consagrados, por isto são de fruição facultativa. O jurista utiliza como exemplo os serviços de telefonia, gás, estradas de rodagem etc.

Concordamos com essa classificação, bem como com a classificação de serviços públicos gerais e específicos. Não adotaremos as demais, por revelarem características que não são inerentes ao serviço público, desvirtuando sua essência.

Os serviços gerais não dão causa ao pagamento de taxas ou tarifas, motivo pelo qual não os analisaremos. Os serviços que não são fruídos, mas apenas postos à disposição, também não serão objeto de nossa análise, pois tais serviços geram o dever de pagar apenas taxas, não havendo controvérsias.

Os serviços objeto de nossa análise serão aqueles considerados públicos pelas definições eleitas, efetivamente prestados, sendo específicos, facultativos ou compulsórios.

5. *Curso de Direito Constitucional Tributário*, 16ª ed., p. 453.

1.3 Prestação do serviço público e a cobrança de taxa ou tarifa

Os serviços públicos, uma vez prestados, só podem dar origem à cobrança de taxas, não importando quais sejam os prestadores do serviço – é o que afirmam tributaristas de peso como Geraldo Ataliba, Roque Carrazza e Paulo de Barros, dentre tantos outros. Os administrativistas – como Lúcia Valle Figueiredo e Diógenes Gasparini – sustentam a possibilidade da cobrança de taxas e tarifas em face da prestação do serviço público.

Esta divergência parece estar longe de ser solucionada, pois o próprio Texto Constitucional gera dúvidas e aparentes contradições. O art. 145, II, da Lei Magna confere competência às pessoas políticas para instituírem taxas pela utilização efetiva ou potencial de serviços públicos específicos e divisíveis, prestados ao contribuinte ou postos à sua disposição.

O art. 175, parágrafo único, III, do Texto Constitucional determina ser obrigação do Poder Público a prestação de serviços públicos diretamente ou indiretamente, cabendo à lei dispor sobre política tarifária. O texto é expresso, não fala em política tributária, mas *tarifária*. Os serviços públicos, quando concedidos ou permitidos, devem ser prestados pelo Estado mediante cobrança de tarifa.

Há aparente contradição entre os arts. 145 e 175 do Texto Constitucional vigente, por permitirem a cobrança de taxas e tarifas sobre a prestação de serviços públicos. Diversos autores tentaram resolver esta situação; uns sustentando que todo serviço público implica a cobrança de taxa, outros indicando que se trata de livre escolha do legislador. A discussão sobre o que é devido na cobrança de taxa e tarifa só pode ser solucionada após um estudo das características que norteiam essas cobranças.

2. *Taxas*

Antes de adentramos propriamente o tema das taxas, delineando sua natureza e perfil, achamos por bem analisar os *tributos*, gênero do qual as taxas são espécies.

2.1 *Definição de tributo*

Paulo de Barros Carvalho[6] observa que o termo "tributo" é ambíguo, com diversas significações. O preclaro Autor relaciona seis acepções da palavra "tributo" na legislação, teoria e julgados brasileiros. São elas: quantia em dinheiro; dever jurídico do sujeito passivo; direito subjetivo do sujeito ativo; relação jurídica tributária; norma jurídica tributária; e, ao mesmo, tempo norma, fato e relação jurídica.

Segundo o renomado Jurista, esta última significação, amplíssima, abrangendo norma, fato e relação jurídica, foi a adotada pelo Código Tributário Nacional. O CTN define, no art. 3º, o que é *tributo*. Este artigo sofreu diversas críticas por parte de autores renomados, mas a maioria dos juristas acaba por adotá-lo, ainda que entendam não ser função da lei traçar definições.

Determina o art. 3º do CTN: "Art. 3º. Tributo é toda prestação pecuniária compulsória, em moeda ou cujo valor nela se possa exprimir, que não constitua sanção de ato ilícito, instituída em lei e cobrada mediante atividade administrativa e plenamente vinculada".

Paulo de Barros Carvalho, com a precisão e clareza típicas de seu raciocínio, disseca este enunciado legal, analisando criticamente cada palavra exposta no texto positivo. Sustenta ser prestação pecuniária compulsória, pois o mandamento contém o modal obrigatório, vinculando o sujeito, ainda que contra seus interesses. A prestação, no entender do respeitável Autor, só pode ser paga em moeda. A expressão "em cujo valor se possa exprimir" denota a possibilidade de haver tributos pagos com trabalhos humanos – e isto, para o jurista, não é permitido no Direito Brasileiro.[7] O tributo tem como hipótese de incidência um fato lícito, do contrário será sanção.

O tributarista critica a expressão "instituída em lei", em vista de toda e qualquer obrigação decorrer de lei, inclusive as obrigações contratuais. O próprio contrato só pode ser estabelecido nos termos legais. Neste ponto temos opinião divergente, porque, a nosso ver, a decorrência de lei indica ser a vontade do contribuinte irrelevante para a concreção da hipótese de incidência. A lei determina todo o fato jurídico e as obrigações que dele decorrem, sem que o contribuinte possa alterá-lo, sendo irrelevante sua anuência. O tributo, quando previsto em lei, resulta num comando de modal obrigatório, uma norma jurídica pronta para incidir, quando o contrato é previsto em lei o comando é de permissão para que as partes criem, nos limites legais, normas que irão valer para as mesmas.

Por fim, a expressão "cobrada mediante atividade administrativa plenamente vinculada" deve ser interpretada de maneira cautelosa, uma vez que há importantes atos administrativos tributários discricionários.

Luciano Amaro define tributo como "toda prestação pecuniária não-sancionatória de ato ilícito, instituída em lei e devida ao Estado ou a entidades não-estatais de fins de interesse público".[8] Estas palavras se aproximam da definição legal, com a mesma ressalva de Paulo de Barros Carvalho, por ser prestação pecuniária e não prestação em cujo valor monetário se possa exprimir. A proposta do autor tem como adicional a possibilidade de o tributo ser devido não apenas ao Estado, como também às entidades não-estatais que tenham finalidade de interesse público. No nosso sentir esta informação adicional é sobremaneira importante, por incluir taxativamente pagamentos devidos a entidades não-estatais na

6. *Curso de Direito Tributário*, 13ª ed., p. 19.

7. Em respeitável posição oposta está Alfredo Augusto Becker, que entende que os tributos podem ser pagos através de trabalhos e não necessariamente em pecúnia, conforme se verifica em sua obra *Teoria Geral do Direito Tributário*, 3ª ed., p. 286.

8. *Direito Tributário Brasileiro*, 3ª ed., p. 25.

definição de tributo, admitindo a parafiscalidade.

Para Alfredo Augusto Becker *tributo* é a prestação que satisfaz o dever na relação jurídica tributária. A relação jurídica tributária, por sua vez, é aquela que surge com a incidência da norma sobre um fato lícito, estando no pólo ativo um órgão estatal de função executiva e personalidade jurídica e no pólo passivo uma pessoa qualquer.[9] O autor adota uma definição restrita de tributo, considerando-o apenas como o objeto da relação jurídica tributária. Além do quê exclui a possibilidade de serem tributos os valores pecuniários cobrados por entidades não-estatais. Não concordamos com esta assertiva, pois os tributos podem ter no pólo ativo entes não-estatais, além do quê a destinação legal do produto da arrecadação é irrelevante para determinar sua natureza jurídica.[10]

Merece ser demonstrada a definição de Geraldo Ataliba, em que o tributo é "obrigação pecuniária, *ex lege*, que se não constitui em sanção de ato ilícito, cujo sujeito ativo é uma pessoa pública (ou delegado por lei desta), e cujo sujeito passivo é alguém nessa situação posto pela vontade da lei, obedecidos os desígnios constitucionais (explícitos ou implícitos)".[11]

Sua definição é completa, conferindo ao tributo natureza de obrigação, ressaltando a necessidade de previsão legal e permitindo haver no pólo ativo ente diverso da pessoa política. Outra ressalva importante é a atenção dispensada à Constituição, fonte de todo o sistema jurídico. Uma observação posta pelo autor que reputamos importante é a diferenciação que faz em relação a figuras jurídicas semelhantes ao tributo. Assim, distingue o tributo da multa, obrigação convencional e indenização por dano.

A multa é sanção por ato ilícito, punição, não se confundindo com o tributo, que decorre de fato lícito. A obrigação convencional decorre da vontade das partes, ao contrário do tributo, que é imposto aos contribuintes independentemente desta vontade, por força da lei. Por fim, a indenização é reparação patrimonial, compondo dano ocorrido, enquanto o tributo nunca se constitui como sanção.

Consideramos as definições de Paulo de Barros e Geraldo Ataliba completas, delineadas a partir da Constituição, conferindo amplitude ao termo "tributo", permanecendo em consonância com o direito positivo nacional. É de se ressaltar que o destino dado ao produto arrecadado é irrelevante na definição do tributo, motivo pelo qual pode figurar no pólo ativo sujeito diverso da pessoa política. Assim, se o produto arrecadado for destinado ao particular, isto, por si só, não muda sua natureza jurídica.

2.2 *Taxas de serviço*

As taxas são espécie tributária que contém na hipótese de incidência e base de cálculo uma atividade estatal direta e especificamente dirigida ao contribuinte. São vinculadas direta e imediatamente a uma atividade estatal, que poderá ser a prestação de serviços públicos ou o poder de polícia.

As taxas de serviço são tributos vinculados, que têm como hipótese de incidência a prestação de serviços públicos dotados de especificidade e divisibilidade. As hipóteses de incidência das taxas de serviço podem ser: (a) prestação de serviço público; (b) disponibilidade de serviço público; e (c) cumulatividade de prestação e disponibilidade. O uso do bem público não pode ser hipótese de taxa, pois não há permissão expressa no Texto Constitucional.

As hipóteses de incidência das taxas de relevância para nossos estudos são a primeira e a terceira, por haver efetiva prestação do serviço público. A mera disponibilidade do serviço público não gera controvérsias, pois esse fato produz a obrigação de pagar taxa, pela compulsoriedade pró-

9. *Teoria ...*, 3ª ed., p. 261.
10. Art. 4º, II, do CTN.
11. *Hipótese de Incidência Tributária*, 5ª ed., 7ª tir., p. 32.

pria dos tributos e ausência da liberdade do usuário, que nos afasta da definição de preço público. As obrigações que dão origem às tarifas também têm como hipótese de incidência a efetiva prestação de serviço: aí está o ponto gerador de discussões na doutrina.

A taxa, como tributo, é *obrigação pecuniária* ***ex lege***, daí seu vínculo jurídico transitório de conteúdo econômico, consistente em dar dinheiro ao sujeito ativo, nascido da vontade da lei, e não da vontade das partes.[12] O vínculo que se estabelece entre os sujeitos da relação tributária é determinado por lei e coativo, seu regime é de direito público.

Héctor Villegas enumera as seguintes características da taxa: (a) seu caráter tributário, por ser prestação exigida coercitivamente pelo Estado; (b) legalidade, pois é essencial que seja criada por lei; (c) atividade estatal vinculante; (d) divisibilidade do serviço prestado; (e) ser a atividade prestada inerente à soberania estatal.[13]

Para o autor não são todos os serviços públicos que servem de hipótese de incidência às taxas, mas apenas aqueles inerentes à soberania estatal. Dessa forma, o jurista adiciona à definição de taxa o conceito de *serviços inerentes à soberania estatal*. Apenas estes são objeto de cobrança de taxas; os demais serviços implicam a cobrança de tarifas.

Seguindo esse raciocínio, não importaria a nomenclatura dada aos valores cobrados a título do serviço; bastaria identificar se os serviços são ou não inerentes à soberania para definirmos a necessidade da cobrança de taxa ou preço. As atividades inerentes à soberania são aquelas necessidades absolutas, em que a satisfação pelo Estado é tão imprescindível que, se não forem prestadas por este, o Estado deixa de existir como tal. Para o doutrinador atividades como poder de polícia e administração da justiça são exemplos de serviços inerentes à soberania.

Esta mesma linha de pensamento é seguida por Gilberto de Ulhôa Canto, para quem o serviço emanado pelo poder soberano do Estado deve ser tributado através de taxas, enquanto os demais serviços devem ser pagos através de preço público. Esse posicionamento é acompanhado parcialmente por Luciano Amaro, que entende serem os serviços provenientes das funções do Estado obrigatoriamente remunerados por taxas, enquanto os serviços necessários caracterizados por uma obrigação de fazer podem ou não ser remunerados por taxas.

No nosso entender esta argumentação, apesar de coerente, não permanece firme após uma análise mais detalhada. Em primeiro lugar, a Constituição não restringiu a cobrança de taxa aos serviços públicos inerentes à soberania. Por outro lado, definir *serviços inerentes à soberania* torna-se o novo problema, pois resta uma zona cinzenta em que não há como determinar com clareza se o serviço é ou não inerente à soberania. Parece-nos restar irresolvido o problema da diferenciação entre estes pagamentos efetuados ao Estado.

A esmagadora doutrina tributária compreende que toda e qualquer prestação de serviço público específico e divisível resulta na cobrança de taxa, por expressa determinação constitucional (art. 145, II, da CF). Estão em consonância com este pensamento Roque Carrazza, Paulo de Barros Carvalho, Geraldo Ataliba e Estevão Horvath, dentre outros. Para esses juristas de renome o art. 145, II, da CF não contém qualquer ressalva, determinando ser devida a cobrança de taxa toda vez que houver prestação de serviço público específico e divisível, prestado efetiva ou potencialmente.

Respeitando as idéias dos juristas, de extremada respeitabilidade, não adotaremos esse posicionamento. Apesar de a Constituição não fazer qualquer ressalva quanto ao serviço público prestado, há um dado

12. Geraldo Ataliba, *Hipótese* ..., 5ª ed., 7ª tir., p. 33.

13. "Verdades e ficções em torno do tributo denominado *taxa*", *RDP* 17/324.

que não pode ser deixado de lado: antes de ser taxa, ela é tributo. Desta forma, não podemos ignorar as características inerentes aos tributos, que os distinguem das outras obrigações.

Não basta haver "prestação de serviço público" para que seja devida a cobrança de taxa. A falta de um dos elementos que compõem a definição de tributo o descaracteriza como tal. Assim, se houver prestação de serviço público, mas se a obrigação de pagar não decorrer de lei ou se o serviço for gratuito, então não estaremos diante de uma taxa, mas de obrigação convencional ou outra figura qualquer.

Partimos do pressuposto de que a definição de tributo não pode ser deixada de lado no estudo das taxas. Para um pagamento ao Estado, ou à pessoa por ele autorizada, caracterizar-se como taxa é mister haver todos os requisitos inerentes ao tributo somados às características da taxa.

Assim, é preciso haver: obrigação pecuniária *ex lege*, que não se constitui em sanção de ato ilícito, cujo sujeito ativo em princípio é uma pessoa pública,[14] somado à característica da taxa, qual seja, prestação de atividade pública, com base no art. 145, II, da CF.[15]

3. *Preço público*

As tarifas e os preços públicos são termos idênticos, conforme defendem Marco Aurélio Greco[16] e Geraldo Ataliba.[17] Por isto, serão utilizados neste trabalho como palavras sinônimas.

Para Oswaldo Aranha Bandeira de Mello[18] *preço público* é "preço de atividade industrial jurídico-privada da Administração Pública autorizada por lei a prestar determinados serviços públicos, mediante tarifas fixadas por decreto executivo, como seu pagamento". O posicionamento do autor é no sentido de excluir a cobrança de preço público sobre serviços públicos. Apenas as atividades industriais privadas é que resultariam na cobrança de preço.

Geraldo Ataliba[19] sustenta ser o preço expressão da atividade que visa à satisfação de interesse subjetivo da pessoa jurídica Estado, como pessoa, e não da coletividade como um todo; é a contraprestação de uma prestação contratual livremente fixada entre partes iguais. Como o serviço público é regulado por lei, sendo indisponível e obrigatório para o administrador, o jurista entende não ser possível a cobrança de preço sobre serviço público prestado. Neste diapasão, são inconciliáveis os conceitos de preço, por se referir a atividade desenvolvida para a satisfação de interesse público secundário, e de serviço público, por sua atuação satisfazer interesse público primário.[20]

Nesta mesma linha de raciocínio está Roque Carrazza, para quem "o preço deriva de um contrato firmado, num clima de liberdade, pelas partes, com o fito de criarem direitos e deveres recíprocos".[21] Conforme leciona o jurista, o serviço público surge por imperativo de lei, não podendo surgir daí uma contraprestação. O serviço público, por ser indisponível, *res extra commercium*, não pode ser negociado. Com ou sem o pagamento da taxa, o Estado não pode deixar de prestar o serviço público.

No sentido de que o serviço público não pode ser remunerado por tarifa, Estevão Horvath afirma que "a prestação de serviço público, no Brasil ao menos, somente pode ensejar a cobrança de taxa".[22] Nesse mesmo raciocínio, Eros Roberto Grau

14. Conforme leciona Geraldo Ataliba, *Hipótese* ..., 5ª ed., 7ª tir., p. 33.
15. Idem, p. 150.
16. "Distinção jurídica entre taxa e preço", *RT* 456/40.
17. *Hipótese* ..., 5ª ed., 7ª tir., p. 148.
18. "Tarifa de água", *RDP* 20/373.
19. *Hipótese* ..., 5ª ed., 7ª tir., p. 147.
20. Idem, pp. 142-147.
21. *Curso* ..., 16ª ed., p. 57.
22. "Tarifa de transporte coletivo urbano. Competência do Município. Natureza jurídica de taxa. Limites ao seu *quantum*. Competência do Estado-membro para a proteção do consumidor. Ação civil pública", *RDTributário* 65/153.

sustenta que a prestação de serviços públicos específicos e divisíveis só pode ser remunerada através das taxas.[23]

Apesar de estarmos de acordo com a assertiva de que o preço decorre de contrato firmado num clima de liberdade, discordamos da impossibilidade sustentada pelos autores de cobrar tarifas sobre serviço público. Compreendemos se tratar de possibilidade autorizada expressamente pela CF no art. 175, parágrafo único, III. Entendemos ser possível a cobrança de tarifa sobre prestação de alguns serviços públicos.

Maria Sylvia Di Pietro afirma que os contratos públicos não deixam de ser contratos pelo simples fato de a Administração estabelecer unilateralmente as condições do ajuste, pois, enquanto não há acordo de vontades, não resulta qualquer efeito do ato unilateral da Administração. Para a administrativista a tarifa tem natureza de preço público e é fixada por contrato. No contrato de concessão, por exemplo, há a prestação de serviço público por parte do concessionário, mediante pagamento de tarifa pelos usuários do serviço.

As tarifas – segundo a autora – podem ser cobradas nas prestações de serviços públicos concedidos. Assim, havendo prestação de *serviço público concedido* há a cobrança de tarifas, e não de taxas, em face da permissão da Lei Magna e Leis 8.987/1995 e 9.074/1995.

Diógenes Gasparini afirma claramente que "os serviços públicos são remunerados por taxas ou tarifas".[24] A cobrança de taxa se dá todas as vezes que a utilização do serviço for obrigatória, não importando haver efetiva utilização. A cobrança de tarifa, por sua vez, ocorre nas remunerações dos serviços facultativos, oferecidos aos utentes para que estes utilizem se e quando desejarem.

Relacionamos as opiniões acima para destacarmos uma tendência: enquanto os tributaristas tendem a centrar seus estudos na taxa, ressaltando uma de suas características – a prestação de serviço público –, impossibilitando a cobrança de preço por esta atividade, os administrativistas focam sua análise na Constituição, que autoriza concessão de serviços públicos mediante a cobrança de tarifas.

Ousamos entender que os preços públicos são cobrados sempre que há negócio jurídico entre as partes, concretizado num clima de liberdade. Como o objeto do contrato é o serviço público, a liberdade de realizar o negócio é restringida pelos princípios do direito administrativo. O interesse público coordena tal relação contratual, criando peculiaridades inerentes ao contrato administrativo.

Não é porque tal contrato é regido pelos princípios administrativos que deve ser desconsiderado um dos elementos contratuais mais importantes: a vontade das partes. Sem que haja este elemento fundamental, o contrato não se realiza. Não importa se o Estado é obrigado a prestar o serviço: se o cidadão tem liberdade para fruí-lo, então há contrato. Caso não haja tal liberdade, sendo o Estado obrigado a efetuá-lo e o usuário obrigado a fruí-lo, então estaremos diante de taxa.

No contrato administrativo, diverso do contrato de direito privado, prevalece o interesse público, e não o privado. Isto não o descaracteriza como contrato, pois a vontade do administrado ainda é fundamental na sua concretização. Neste ponto, discordamos do entendimento de Oswaldo Aranha Bandeira de Mello,[25] para quem não existe "contrato administrativo", por serem as regras em sua totalidade impostas pela Administração Pública. De fato, as regras que prevalecem são as instituídas em proteção ao interesse público, mas isto não implica a não-essencialidade da vontade para concretização desta relação jurídica.

Concluímos, portanto, ser a vontade entre as partes essencial para a realização

23. "Taxa – Serviço público", *RDTributário* 52/95.

24. *Direito Administrativo*, 5ª ed., p. 233.

25. *Princípios Gerais de Direito Administrativo*, vol. II, pp. 56-57.

de todos os tipos de contrato, inclusive o administrativo. Quando não está presente esta vontade, não há contrato; por conseguinte, não há preço.

Neste ponto permitimo-nos aplicar uma classificação utilizada por Roque Carrazza, para quem os serviços públicos podem ser compulsórios ou facultativos. Os primeiros ocorrem quando a fruição é obrigatória pelo usuário; e os segundos, apesar de serem de obrigação do Estado, podem ou não ser fruídos pelos usuários.[26]

A partir daí, permitimo-nos desenvolver o seguinte raciocínio – que, respeitosamente, vai de encontro ao pensamento do ilustre tributarista. Estes serviços públicos de fruição facultativa espelham uma situação de liberdade do usuário, que pode ou não utilizá-los. Sem o elemento *vontade* estes serviços não serão prestados ao usuário, e não se concretizará o contrato administrativo. Os serviços públicos podem ser objeto de contrato administrativo – e, nestes casos, serão cobrados preços públicos.

O art. 175, parágrafo único, III, da CF é claro ao permitir a concessão e permissão da prestação dos serviços públicos, autorizando à lei a disposição sobre a política tarifária. Por sua vez, a Lei 8.987/1995, em consonância com a Constituição, regulamentou as concessões, determinando a possibilidade da exploração do serviço público para que o investimento do concessionário seja remunerado e amortizado.

Caso se admita que diante da prestação de serviço público só pode ser cobrada taxa – como leciona grande parte dos autores –, deve ser desconsiderado o art. 175, parágrafo único, III, da CF e devem ser declaradas inconstitucionais as Leis 8.987/1995 e 9.074/1995, por admitirem a exploração deste serviço mediante a cobrança de tarifas.

Isto, no nosso entender, não se faz possível, pois a exploração de serviço público mediante cobrança de tarifas é permitida pela própria Constituição e devidamente regulamentada por lei. Outrossim, a declaração de inconstitucionalidade destas leis traria imenso prejuízo ao sistema jurídico nacional, pela quantidade de concessões e permissões hoje existentes regulamentadas pela política tarifária.

A necessidade da cobrança de taxa para a prestação de todo e qualquer serviço público específico e divisível exclui a possibilidade de concessão e permissão dos mesmos. Isto se dá porque a remuneração devida nestes casos é a tarifa, que pode ser alterada nos casos estabelecidos em lei, mantendo-se o equilíbrio econômico-financeiro entre os contratantes.

Há juristas que sustentam ser o contrato de concessão firmado apenas entre o poder concedente e o concessionário, ficando os usuários fora desta relação. Por isto, as taxas cobradas aos mesmos não perderiam sua natureza. A tarifa ou remuneração seria o valor acordado entre poder concedente e concessionário.

De fato, o contrato é realizado entre estas partes, mas o usuário é diretamente afetado com este acordo, tendo a Lei das Concessões reservado um capítulo próprio assegurador de direitos e obrigações do usuário. Assim, não há por que afastar o usuário desta relação, pois é ele quem vai arcar com as tarifas cobradas pelo concessionário assim autorizado pelo poder concedente. É parte da relação, não podendo ser excluído da mesma.

Posicionamo-nos no sentido de aceitar a possibilidade de prestação de serviços públicos mediante a cobrança de tarifa, como permite o Texto Constitucional em seu art. 175, parágrafo único, III, e assim regulamentam as Leis 8.987/1995 e 9.074/1995.

A grande questão é eleger critério capaz de distinguir preço público de taxa não pelos seus efeitos, como a aplicação do princípio da anterioridade e respeito ao equilíbrio econômico-financeiro, mas através dos elementos das normas jurídicas.

26. Esta distinção foi demonstrada detalhadamente no item referente aos serviços públicos, n. 1.2, "Classificação".

Verificaremos se há distinção nas estruturas das hipóteses de incidência que dão causa à cobrança de taxa e preço público.

4. Distinção entre taxas e preços públicos

A discussão do que sejam taxas e preços públicos resulta num gasto excessivo de energia na doutrina pátria, sem que muitas vezes se chegue a conclusões claras. Há autores que afirmam que as pessoas políticas são livres para escolher se tributam ou impõem um preço para determinado serviço público, dada a similitude das hipóteses de incidência. *Data maxima venia*, compreendemos haver relevantes e grandes diferenças entre taxas e preços públicos.

Sacha Calmon Coêlho[27] lista nove distinções entre taxa e preço público, sustentando que: a taxa provém da vontade da lei, é compulsória, sendo extinta apenas através da revogação da norma, é *ex lege*, sujeitando-se aos princípios da legalidade, anterioridade e anualidade, é *jus imperii*, comporta extrafiscalidade, serve para remunerar serviços estatais próprios, indelegáveis, e, por fim, está sujeita a um rígido controle do legislativo.

Para o mesmo autor o preço público decorre da vontade das partes, é facultativo, é *ex contractu*, o contrato que lhe serve de base pode ser desfeito, rege-se pelo direito privado, é *jus gestionis*, não comporta a extrafiscalidade, é adequado para remunerar atividades estatais impróprias, delegáveis e, finalmente, está livre do controle do Congresso.

Grande parte das diferenças relatadas diz respeito aos efeitos decorrentes das normas jurídicas, não determinando as situações ensejadoras da cobrança das taxas e tarifas. Ora, uma pessoa política pode denominar uma taxa de "tarifa" e lhe conceder seus efeitos próprios, como se preço público fosse. Compreendemos que a distinção entre taxa e tarifa deve ser realizada a partir da hipótese de incidência de cada uma delas, ressaltando seus critérios diferenciadores.

Diversas outras diferenças são apontadas por renomados juristas, não havendo um consenso entre o que é taxa e tarifa. Verificamos uma contradição do próprio Texto Constitucional, pois o art. 145 da Lei Magna dispõe que pelo exercício de serviço público específico e divisível deve ser cobrada taxa, enquanto o art. 175, regulamentado pela Lei 8.987/1995, possibilita a cobrança de tarifas pelos serviços públicos efetivados através de concessão e permissão.

Esta aparente contradição fez com que se sustentasse a facultatividade de o legislador determinar a existência de um ou de outro, sendo esta decisão meramente política.

Verificamos outra tendência em denominar de tarifa o valor cobrado por empresas concessionárias ou permissionárias, e de taxa o valor cobrado pelo Estado. Mesmo que estas empresas efetuassem serviço público, o valor por elas cobrado seria tarifa, pois a Lei 8.987/1995 assim determina, sem maiores rodeios. Não haveria como a concessionária ou permissionária cobrar taxas em face de serviços públicos prestados.

Diferençar taxa de tarifa pelo sujeito ativo da obrigação não é exato, por ser uma característica não-determinante nos tributos e tarifas. Além do mais, há tributos que têm como sujeitos ativos pessoas jurídicas privadas, e nem por isto perdem sua natureza tributária. Todas estas distinções relatadas não são, no nosso entender, as ideais. Para determinar com clareza a diferença entre taxa e tarifa deve-se analisar profundamente a hipótese de incidência de cada uma delas, destacando suas diferenças.

Flávio Bauer Novelli,[28] adotando esta linha de raciocínio, observa que a distin-

27. "Proposta para uma nova classificação dos tributos a partir de um estudo sobre a instituição de contribuição previdenciária pela União, Estados Distrito Federal e Municípios", *RDTributário* 69/293-294.

28. "Taxa – Apontamentos sobre o seu conceito jurídico", *RDTributário* 59/104.

ção entre taxa e preço público deve ser feita tendo em conta a hipótese de incidência. A hipótese da primeira é sempre uma atividade estatal específica inerente ao Poder Público, que requer o poder do império do Estado. Já a hipótese do preço prevê a realização de qualquer outra atividade. O problema é determinar o que a "atividade estatal específica inerente ao Poder Público" abrange.

Observamos que o autor contribui grandiosamente ao relatar a importância da hipótese de incidência nesta busca da diferenciação entre taxa e tarifa. No nosso ponto de vista, entretanto, a distinção não deve recair sobre o que são "atividades estatais específicas inerentes ao Poder Público". Esta solução não nos parece apropriada, por transferir a problemática à definição de "atividade inerente ao Poder Público", que é nebulosa, suscitadora de dúvidas na doutrina, fazendo com que o tema permaneça controverso.

Para melhor diferençar taxa de preço público faz-se mister identificar as normas jurídicas que dão origem a estas obrigações, distinguindo-as nas suas essências.

4.1 Normas jurídicas que instituem as taxas e tarifas

A norma jurídica – adotando o pensamento de Hans Kelsen – é uma estrutura lógica composta por uma norma primária e uma secundária, ambas formadas por um antecedente e um conseqüente ligados por um modal deôntico. Na norma primária o antecedente prevê a realização de qualquer fato lícito, e o conseqüente estabelece qualidades jurídicas. Na norma secundária, por sua vez, o antecessor prevê o descumprimento do preceituado em outra norma, impondo no conseqüente uma sanção imposta pelo Poder Judiciário, que coagirá ao cumprimento da norma primária.

A norma que impõe o pagamento da taxa é uma norma primária, pois pressupõe a realização de fato lícito. Por ser um tributo, impõe obrigação de pagar uma prestação pecuniária compulsória, instituída por lei e cobrada mediante atividade administrativa vinculada. Outras características inerentes à taxa de serviço são a vinculação a uma atividade estatal presente na sua hipótese normativa, a previsão do destino legal de sua arrecadação, sua não-restituição em data futura, bem como serviços públicos divisíveis e específicos efetivamente prestados ao contribuinte.

A estrutura da norma jurídica que estabelece taxa por serviços públicos efetivamente prestados é a seguinte: dado o fato de haver a obrigatoriedade da fruição de serviço público específico e divisível, o usuário é obrigado pagar ao Estado, ou à pessoa por ele autorizada, prestação pecuniária compulsória vinculada à prestação efetiva de um serviço público, instituída por lei e cobrada mediante atividade administrativa vinculada, denominada de taxa.

Os preços públicos, por não serem tributos, são prestações pecuniárias estabelecidas em contrato com a Administração Pública, que pode ou não ser realizado, conforme liberdade do sujeito beneficiado. Têm na sua hipótese a vinculação a uma atividade realizada pelo Estado, em benefício de um sujeito, gerando a obrigação deste de pagar contraprestação pecuniária.

Apesar das semelhanças em alguns pontos, os preços distinguem-se das taxas porque eles são estabelecidos em contrato, que se realiza ou não, conforme a vontade do usuário; no entanto, as taxas são prestações estabelecidas diretamente por uma lei (e não meramente autorizadas por ela), impondo o pagamento de prestação pecuniária, onde a liberdade do contribuinte não é relevante para o surgimento desta relação.

Esta característica peculiar da irrelevância da vontade e liberdade do contribuinte não é característica da taxa, mas dos tributos de uma maneira geral. Depreendemos isto das lições de Paulo de Barros Carvalho, para quem: "Prestação pecuniária compulsória quer dizer o comportamento obrigatório de uma prestação em dinheiro, afastando-se, de plano, qualquer cogitação inerente às prestações voluntárias (...). Por decorrência, independem da vontade do sujeito passivo, que *deve* efetivá-la, ainda que contra seu interesse".[29]

O contrato – mesmo o público – é uma espécie de negócio jurídico, onde a vontade é elemento-cerne da hipótese de incidência. Se a vontade não estiver presente não há a concretização do negócio jurídico; e, mesmo que se concretize, poderá ser anulado a qualquer momento, dada sua essencialidade. Nas hipóteses de incidências dos tributos, entretanto, a vontade não é tão relevante na constituição dos fatos previstos: pode até existir, mas é indiferente na sua constituição.

Na lição de Pontes de Miranda: "A permissão da escolha entre negócios jurídicos, ou a própria constituição de negócio jurídico, já é deixar algo à vontade".[30] A vontade, entretanto, só constitui fatos jurídicos porque há uma norma que prevê sua existência, incidindo sobre um fato concreto, tornando-o jurídico. Assim, todos os efeitos jurídicos têm base nas leis, mesmo os chamados efeitos *ex voluntate* derivam de lei. A vontade, por si só, sem norma que a ampare, não produz fato jurídico.

Nos negócios jurídicos a manifestação ou declaração consciente da vontade é elemento essencial ou "nuclear", no dizer de Pontes de Miranda, não havendo negócio jurídico sem ela. Assim identificamos a vontade como elemento constituinte da hipótese de incidência da norma jurídica que impõe o pagamento da tarifa: dado o fato de ser necessária a anuência do usuário na prestação do serviço público específico e divisível pelo Estado ou por pessoa por ele autorizada, o sujeito beneficiado pelo serviço fica obrigado ao pagamento de prestação pecuniária configurada como tarifa.

A compulsoriedade, que vincula o sujeito a uma obrigação ainda que contra seus interesses, é característica inerente dos tributos e, por isto, também das taxas. Esse é o ponto diferenciador das taxas e preços públicos, que pressupõe a concordância anterior do sujeito ao se vincular a uma dada obrigação para sua maior comodidade.

Assim, a diferença fundamental entre taxas e tarifas está na necessidade da anuência do sujeito receptor do serviço antes de utilizar o serviço prestado. A vontade do particular é elemento essencial na constituição da figura jurídica do contrato (implícito ou explícito) efetuado entre os administrados e a Administração Pública.

É possível pagamento de serviço público por tarifa, já que a própria Constituição permitiu concessão e permissão de serviços públicos sob a possibilidade da cobrança de tarifas no art. 175, parágrafo único, III. Nem toda concessão implica cobrança de tarifa. Entendemos que apenas os serviços públicos oferecidos ao particular, que tem a liberdade de utilizá-lo ou não para sua maior comodidade, são tarifados. Os demais serviços, impostos pelo Poder Público e cobrados sem ser fundamental a anuência do particular, são onerados através de taxas.

Compreendemos que a distinção de alguns autores em tarifar serviços concedidos e taxar serviços prestados pelo Estado é frágil, pois se fundamenta na mera modificação do pólo ativo da relação jurídica, muitas vezes mantendo a mesma estrutura da norma.

Caso fôssemos distinguir as taxas dos preços públicos através de seus efeitos, estaríamos conferindo liberdade plena às pessoas políticas para tarifar tributos ou tributar tarifas, favorecendo um caos jurídico. Nesse caso as hipóteses da taxa e da tarifa seriam as mesmas (prestação de serviço público), apenas os conseqüentes seriam diversos: um obrigando ao pagamento de taxa, outro ao adimplemento de tarifa. Só se tornaria possível visualizar essas distinções após a verificação dos efeitos concedidos pelo legislador.

Entendemos que a distinção entre essas cobranças deve se basear nas normas

29. *Curso* ..., 13ª ed., p. 25.

30. *Tratado de Direito Privado*, 3ª ed., t. III, p. 45.

jurídicas, elementos do sistema jurídico, que são distintas entre si. Assim, preferimos distinguir essas figuras jurídicas através de suas hipóteses de incidência, pressupostos de seus efeitos.

Dessa forma, se há liberdade do usuário estamos diante de um contrato, ainda que tácito, posto haver acordo mútuo entre os sujeitos. Se não resta qualquer opção ao usuário estamos diante de um tributo. Isso distingue as duas figuras jurídicas, não havendo contradição na Lei Magna entre os arts. 145, II, e 175, parágrafo único, III, pois os serviços efetuados pelo primeiro são obrigatórios, enquanto que os serviços tarifados são oferecidos para pessoas livres para utilizá-los.

Nem todos os serviços prestados por concessionárias são opcionais, e nem todos os serviços prestados pelo Estado são obrigatórios. Necessário se faz analisar detidamente cada hipótese de incidência, aprofundando-se na natureza de cada nova figura jurídica.

Assim, a regra do art. 175, parágrafo único, III, da CF, apesar de taxativa, não impõe a todas as concessões a cobrança de tarifa, apenas admite sua cobrança sobre a prestação de serviços públicos facultativos que forem concedidos. Para verificar se deve ou não ser cobrada a tarifa é mister ver-se a hipótese de incidência da qual resulta a cobrança do preço, elemento essencial na distinção da taxa e tarifa. Em nossa interpretação, o art. 145, II, da Lei Magna também não deve ser analisado isoladamente, levando-se em conta a definição de tributo, razão mesma do direito tributário.

O posicionamento por nós adotado segue a linha traçada pelos Tribunais Superiores, conforme vislumbramos na análise do RE 89.876, em decisão proferida pelo Pleno do STF, publicada no *DJU* em 10.10.1980. Asseverou o Min. Moreira Alves, em seu voto: "O que não é admissível é que o Estado, sabendo que a água é essencial à vida, declare que o seu serviço de fornecimento de água não é obrigatório, mas, ao mesmo tempo, proíba, sob pena de sanções administrativas, a utilização de quaisquer outros meios normais de obtenção de água, e declare que, sendo facultativo o serviço, ele está cobrando preço público, com o qual não se sujeita às limitações constitucionais das taxas (...). Ora, se a produção de lixo é contingência necessária da vida; se o particular que o produz está obrigado a removê-lo; se por meios próprios normais não pode fazê-lo, pois qualquer que seja a forma possível de realizar esta remoção está ela proibida pelo próprio Poder Público; se, portanto, o indivíduo só pode remover o lixo, cuja remoção o Estado lhe impõe obrigatoriamente, pela utilização do serviço que este fornece, é possível dizer que, no caso, o serviço é facultativo?"

No julgado destaca-se que é relevante na distinção entre taxas e preços públicos o fato de o serviço prestado ser ou não obrigatório. Mas não basta que o Estado declare a facultatividade do serviço: é mister que o cidadão efetivamente tenha a possibilidade de não utilizá-lo, sob pena de estarmos diante de uma cobrança camuflada de taxa.

No mesmo sentido de que é essencial o caráter facultativo ou obrigatório do serviço na distinção das taxas e tarifas está o STJ no acórdão do REsp 167.489-SP, relator o Min. José Delgado, publicado no *DJU* em 24.8.1998, p. 24: "Tributário – Serviço de fornecimento de água – Taxa – Natureza tributária. 1. O serviço de fornecimento de água e esgoto é cobrado do usuário pela entidade fornecedora como sendo taxa, quando tem compulsoriedade. 2. Trata-se, no caso em exame, de serviço público concedido, de natureza compulsória, visando a atender necessidades coletivas ou públicas. 3. Não tem amparo jurídico a tese de que a diferença entre taxa e preço público decorre da natureza da relação estabelecida entre o consumidor ou usuário e a entidade prestadora ou fornecedora do bem ou do serviço, pelo quê, se a entidade que presta o serviço é de direito público, o valor cobrado caracterizar-se-ia como taxa, por ser a relação entre ambos de direito público; ao contrário, sendo o prestador do serviço público pessoa jurídica de direito privado, o valor cobrado é preço público/ tarifa. 4. Prevalência no ordenamento jurídico das conclusões do X Simpósio Nacional de Direito Tributário no sentido de que 'a natureza jurídica da remuneração decorre da essência da atividade realizadora, não sendo afetada pela existência da concessão. O concessionário recebe remuneração da mesma natureza daquela que o poder concedente receberia, se prestasse diretamente o serviço' (*RF*, julho-setembro/1987, ano 1897, 299/40). 5. O art. 11 da Lei n. 2.312, de 3.9.1994 (Código Nacional de Saúde), determina: 'É obrigatória a ligação de toda construção considerada habitável à rede de canalização de esgoto, cujo afluente terá destino fixado pela autoridade competente'. 6. 'No Município de Santo André/ SP, as Leis municipais ns. 1.174, de 29.11.1956, e 2742, de 21.3.1966, obrigam que todos os prédios se liguem à rede coletora de esgotos, dispondo, ainda, que os prédios situados em locais servidos de rede de distribuição de água devem a ela ser ligados, obrigatoriamente' (memorial apresentado pela recorrente). 7. Obrigatoriedade do serviço de água e esgoto. Atividade pública (serviço) essencial posta à disposição da coletividade para o seu bem-estar e proteção à saúde, no Município de Santo André/SP. 8. 'A remuneração dos serviços de água e esgoto normalmente é feita por taxa, em face da obrigatoriedade da ligação domiciliar à rede pública' (Hely Lopes Meirelles, in *Direito Municipal Brasileiro*, 3ª ed., Ed. RT, 1977, p.492). 9. 'Se a ordem jurídica obriga a utilização de determinado serviço, não permitindo o atendimento da respectiva necessidade por outro meio, então é justo que a remuneração correspondente, cobrada pelo Poder Público, sofra as limitações próprias de tributo' (Hugo de Brito Machado, in 'Regime tributário da venda de água', *Revista Jurídica da Procuradoria-Geral da Fazenda Estadual/Minas Gerais* 5/11). 10. Adoção da tese, na situação específica examinada, de que a contribuição pelo fornecimento de água é taxa. Aplicação da prescrição tributária, em face da ocorrência de mais de cinco anos do início da data em que o referido tributo podia ser exigido. 11. Recurso especial provido".

Desta forma, concluímos que a norma jurídica que dá origem à obrigação instituída é relevante na distinção entre taxas e preços públicos. Para desenhar norma própria de preço público não basta ao Estado declarar ser facultativa a utilização do serviço; é necessário que haja efetivamente esta opção para o usuário, sob pena de não haver efetiva liberdade, sendo o usuário obrigado a utilizar o serviço.

5. *Conclusões*

Em face do que foi analisado, concluímos que:

5.1 A norma jurídica que dá origem à cobrança da taxa de serviço efetivamente prestado é: ddo o fato de haver a obrigatoriedade da fruição de serviço público específico e divisível, o usuário é obrigado a pagar ao Estado, ou à pessoa por ele autorizada, prestação pecuniária compulsória vinculada à prestação efetiva de um serviço público instituída por lei e cobrada mediante atividade administrativa vinculada, denominada de taxa.

5.2 A norma jurídica que dá origem à cobrança de preços públicos, por sua vez, é: dado o fato de ser necessária a anuência do usuário na prestação do serviço público específico e divisível pelo Estado ou por pessoa por ele autorizada, o sujeito beneficiado pelo serviço fica obrigado ao pagamento de prestação pecuniária configurada como tarifa.

5.3 A norma jurídica deve servir de norte na distinção entre as taxas e tarifas. As tarifas são valores cobrados em relações de direito público, por envolverem a prestação de serviço público. Nem por isto, entretanto, descaracterizam-se o contrato efetuado ou a liberdade das partes. A vontade é elemento-cerne da hipótese de incidência que dá origem aos preços públicos, não podendo ser desconsiderada. Por outro lado, a compulsoriedade é característica mesma dos tributos, e não pode ser deixada de lado na construção da norma jurídica da taxa.

Assim, os serviços públicos podem gerar dever de pagar taxas ou tarifas, a depender da subsunção dos fatos à hipótese de incidência de cada uma delas.

Bibliografia

AMARAL, Antônio Carlos Cintra do. "Concessão de rodovias e cobrança de pedágio". *Estudos em Homenagem a Geraldo Ataliba*. São Paulo, Malheiros Editores, 1997 (pp. 127-141).

AMARO, Luciano. *Direito Tributário Brasileiro*. 3ª ed. São Paulo, Saraiva, 1999.

ATALIBA, Geraldo. "Considerações em torno da teoria jurídica da taxa". *RDP* 9/43-54. São Paulo, Ed. RT, 1969.

___________. "Contrato administrativo – Repactuação – Reajuste de preços". *RDA* 202/349-363. Rio de Janeiro, Renovar, 1995.

___________. *Hipótese de Incidência Tributária*. 5ª ed., 7ª tir. São Paulo, Malheiros Editores, 1998.

___________. "Taxas e preços no novo Texto Constitucional". *RDTributário* 47/142-155. São Paulo, Ed. RT, 1989.

BALEEIRO, Aliomar. *Direito Tributário Brasileiro*. 11ª ed. (atualizada por Misabel de A. M. Derzi). Rio de Janeiro, Forense, 2000.

BANDEIRA DE MELLO, Celso Antônio. *Curso de Direito Administrativo*. 13ª ed. São Paulo, Malheiros Editores, 2001.

___________. *Prestação de Serviços Públicos e Administração Indireta*. São Paulo, Ed. RT, 1973.

___________. "Taxa de polícia". *RDTributário* 55/68-81. São Paulo, Malheiros Editores.

BANDEIRA DE MELLO, Oswaldo Aranha. "Natureza jurídica da concessão de serviço público". *RDP* 19/9-36. São Paulo, Ed. RT, 1972.

___________. *Princípios Gerais de Direito Administrativo*. vol. II – *Das Pessoas*. Rio de Janeiro, Forense, 1969.

___________. "Tarifa de água". *RDP* 20/365-378. São Paulo, Ed. RT, 1972.

BECKER, Alfredo Augusto. *Teoria Geral do Direito Tributário*. 3ª ed. São Paulo, Lejus, 1998.

CARRAZZA, Roque A. *Curso de Direito Constitucional Tributário*. 16ª ed. São Paulo, Malheiros Editores, 2001.

CARVALHO, Paulo de Barros. *Curso de Direito Tributário*. 13ª ed. São Paulo, Saraiva, 1999.

___________. *Direito Tributário: Fundamentos Jurídicos da Incidência*. São Paulo, Saraiva, 1998.

CAVALCANTI, Themístocles Brandão. *Teoria dos Atos Administrativos*. São Paulo, Ed. RT, 1973.

___________. *Tratado de Direito Administrativo*. 5ª ed., vol. II. São Paulo, Freitas Bastos, 1964.

COÊLHO, Sacha Calmon Navarro. "Proposta para uma nova classificação dos tributos a partir de um estudo sobre a instituição de contribuição previdenciária pela União, Estados, Distrito Federal e Municípios". *RDTributário* 69/278-296. São Paulo, Malheiros Editores, 1997.

DALLARI, Adílson Abreu. "Cobrança de taxa remuneratória de serviço de coleta de lixo". *RTDP* 25/20-32. São Paulo, Malheiros Editores, 1999.

DI PIETRO, Maria Sylvia Zanella. *Curso de Direito Administrativo*. 11ª ed. São Paulo, Atlas, 1999.

FONROUGE, C. M. Giuliani. *Conceitos de Direito Tributário*. São Paulo, Edições Lael, 1973.

GASPARINI, Diógenes. *Direito Administrativo*. 5ª ed. São Paulo, Saraiva, 2000.

GRAU, Eros Roberto. "Taxa – Serviço público". *RDTributário* 52/86-96. São Paulo, Malheiros Editores.

GRECO, Marco Aurélio. "Distinção jurídica entre taxa e preço". *RT* 456/39-44. Ano 62. São Paulo, Ed. RT, 1973.

————. *Norma Jurídica Tributária*. São Paulo, EDUC, 1974.

HORVATH, Estevão. "Tarifa de transporte coletivo urbano. Competência do Município. Natureza jurídica de taxa. Limites ao seu *quantum*. Competência do Estado-membro para a proteção do consumidor. Ação civil pública". *RDTributário* 65/150-160. São Paulo, Malheiros Editores, 1995.

JARACH, Dino. *O Fato Imponível. Teoria Geral do Direito Tributário Substantivo*. 1ª ed. São Paulo, Ed. RT, 1989.

JARDIM, Eduardo Marcial Ferreira. *Manual de Direito Financeiro e Tributário*. São Paulo, Saraiva, 1993.

JUSTEN FILHO, Marçal. "Algumas considerações acerca da concessão de serviço público". *Estudos em Homenagem a Geraldo Ataliba: Direito administrativo e Constitucional*. São Paulo, Malheiros Editores, 1997.

LAPATZA, José Juan Ferreiro. "Tasas y precios". *RDTributário* 55/13-25. São Paulo, Malheiros Editores.

MARQUES NETO, Floriano de Azevedo. "Concessão de serviços públicos e prestação de serviços de interesse coletivo: diferenças de regimes jurídicos". *Revista Tributária de Finanças Públicas* 33/207-220. São Paulo, Ed. RT, 2000.

MEDAUAR, Odete. *Direito Administrativo Moderno*. 3ª ed. São Paulo, Ed. RT, 1999.

NOGUEIRA, Ruy Barbosa. *Curso de Direito Tributário*. 15ª ed. São Paulo, Saraiva, 1999.

NOVAIS, Elaine C. de Matos. *Serviço Público: Conceito e Delimitação na Ordem Constitucional*. São Paulo, Max Limonad..

NOVELLI, Flávio Bauer. "Taxa – Apontamentos sobre o seu conceito jurídico". *RDTributário* 59/95-123. São Paulo, Malheiros Editores, 1993.

PONTES DE MIRANDA, F. C. *Comentários à Constituição de 1967*. 2ª ed. São Paulo, Ed. RT.

————. *Tratado de Direito Privado*. 3ª ed., t. III. Rio de Janeiro, Borsói, 1970.

SILVA FILHO, Luiz Alberto Pereira da. *As Taxas no Sistema Tributário Brasileiro*. Mestrado em Direito Tributário. São Paulo, PUC/SP, 2000.

TÁCITO, Caio. "Concessão de energia elétrica – Tarifas – Equilíbrio financeiro". *RDA* 203/406-413. Rio de Janeiro, Renovar, 1996.

VILLANOVA, Lourival. *As Estruturas Lógicas e o Sistema do Direito Positivo*. São Paulo, Max Limonad, 1997.

VILLEGAS, Héctor B. "Verdades e ficções em torno do tributo denominado *taxa*". *RDP* 17/322-339. São Paulo, Ed. RT, 1971.

IMPOSTO SOBRE SERVIÇOS E ALÍQUOTA MÍNIMA (EMENDA CONSTITUCIONAL 37/2002)

ROGÉRIO PIRES DA SILVA

Advogado em São Paulo

1. Introdução. 2. Indelegabilidade da competência tributária. 3. Princípio da estrita legalidade em matéria tributária e exigência de lei municipal específica para alterar a alíquota do ISS. 4. Algumas considerações sobre a Lei Complementar 101/2000 (Lei de Responsabilidade Fiscal). 5. Conseqüências da incompatibilidade de leis municipais com a EC 37/2002. 6. A tributação dos profissionais liberais (art. 9º, §§ 1º e 3º, do Decreto-lei 406/1968). 7. Conclusões.

1. Introdução

A recente EC 37, de 12.6.2002 (publicada no *DOU* 13.6.2002), que alterou diversos dispositivos da Carta em matéria tributária e financeira, também modificou, no que interessa ao presente estudo, o inciso I do § 3º do art. 156, para estabelecer que, em relação ao imposto municipal sobre serviços de qualquer natureza (ISS), cabe à lei complementar "fixar as suas alíquotas máximas *e mínimas*" (grifei a parte acrescida pela EC 37/2002).

A par disso, foi acrescentado um inciso III àquele § 3º do art. 156, de tal forma que agora também cabe à lei complementar, no que tange ao ISS, "regular a forma e as condições como isenções, incentivos e benefícios fiscais serão concedidos e revogados".

Finalmente, foi adicionado um art. 88 ao Ato das Disposições Constitucionais Transitórias (ADCT), com a seguinte dicção: "Art. 88. Enquanto lei complementar não disciplinar o disposto nos incisos I e III do § 3º do art. 156 da Constituição Federal, o imposto a que se refere o inciso III do *caput* do mesmo artigo: I – *terá alíquota mínima de 2% (dois por cento)*, exceto para os serviços a que se referem os itens 32, 33 e 34 da Lista de Serviços anexa ao Decreto-lei n. 406, de 31 de dezembro de 1968; II – não será objeto de concessão de isenções, incentivos e benefícios fiscais, que resulte, direta ou indiretamente, na redução da alíquota mínima estabelecida no inciso I" (grifei).

Ao que parece, a fixação da alíquota mínima do ISS pela EC 37/2002 decorreu da necessidade de se criar limites à assim chamada "guerra fiscal", que vem sendo travada em muitas regiões metropolitanas – onde os Municípios situados à volta das grandes cidades exigem o ISS a uma alíquota bem menor que aquela cobrada no Município central, atraindo, com isso, considerável parcela dos contribuintes que, instalando-se na cidade-satélite, desenvolvem de fato suas atividades na cidade principal.

Na verdade, os contribuintes que assim procedem muitas vezes fazem uso legítimo da regra contida no art. 12, "a", do Decreto-lei 406/1968, que impõe considerar como *local da prestação de serviço*, para fins de definição do Município que arrecadará o imposto, "o do estabelecimento prestador ou, na falta de estabelecimento, o do domicílio do prestador".

Trata-se de norma que dispõe sobre conflitos de competência em matéria tributária, e, como tal, foi recepcionada pela Constituição de 1988 com a eficácia de lei complementar, nos termos do art. 146, I, da Carta, c/c art. 34, § 5º, do ADCT.

Em que pese à recente polêmica sobre a interpretação dada pelo STJ ao art. 12, "a", do Decreto-lei 406/1968 (e que, de resto, não é objeto deste estudo),[1] o certo é que aquele dispositivo continua em vigor. Confirma-o implicitamente a própria EC 37/2002, pois, não fosse o referido comando do Decreto-lei 406/1968, talvez não houvesse contribuintes interessados em se instalar em Municípios onde a alíquota do ISS é menor (o imposto seria pago diretamente ao Município onde prestado o serviço) e, sem a "guerra fiscal", a alíquota mínima do ISS seria uma inutilidade. Tanto é assim que o art. 88, I, do ADCT, acrescentado pela EC 37/2002, exclui da alíquota mínima apenas os serviços discriminados nos itens 32, 33 e 34 da Lista de Serviços anexa ao Decreto-lei 406/1968 – justamente os serviços de construção civil, tributados no próprio local onde se efetuar a prestação, nos termos da alínea "b" do art. 12 do referido diploma.

E se, por um lado, a alínea "a" do art. 12 do Decreto-lei 406/1968 sempre foi imensamente importante na solução de conflitos de competência tributária entre os Municípios, por outro lado, é preciso reconhecer que também contribuiu para o acirramento da referida "guerra fiscal".

Dentre as principais questões surgidas com a EC 37/2002, no que se refere à alíquota mínima de 2% de ISS, parece primordial saber se com a sua publicação já se poderia considerar automaticamente majorado o imposto nos Municípios onde o ISS é hoje cobrado a alíquotas inferiores a 2%, ou se a referida majoração dependeria de lei municipal específica para adaptar o ordenamento local aos novos dispositivos da Constituição Federal; e se em todo caso deveria haver obediência ao princípio da anterioridade (CF, art. 150, III, "b").

Outra questão importante diz respeito à tributação dos profissionais liberais que prestam os serviços a que se referem os §§ 1º e 3º do art. 9º do Decreto-lei 406/1968 (dentre outros, os médicos, enfermeiros, veterinários, contadores, auditores, agentes da propriedade industrial, advogados, engenheiros, arquitetos, dentistas, economistas e psicólogos), e que pagam o imposto calculado em relação a cada profissional habilitado, e não sobre a remuneração do próprio trabalho. É preciso saber se agora passam a pagar o ISS pela alíquota mínima de 2% sobre a remuneração do serviço, ou se é necessário que cada Município legisle antes sobre o assunto, conforme acima mencionado.

De fato – e não obstante muitos Municípios tendam a fazer publicar suas respectivas leis com vistas a adaptar a alíquota do ISS ao mínimo constitucional –, é possível que em algumas cidades o legislador se abstenha de cumprir a Constituição, mantendo a alíquota em patamares inferiores aos fixados pela EC 37/2002 – donde o cabimento das indagações acima declinadas.

Não pretendo, nos estreitos limites deste trabalho, analisar a EC 37/2002 sob o prisma da autonomia municipal e do princípio federativo, que inclusive é cláusula pétrea (CF, art. 1º, *caput*, art. 18, *caput*, e art. 60, § 4º, I);[2] e ainda que seja inerente à

1. O STJ pacificou seu entendimento no sentido de que o ISS é devido ao Município onde o serviço é efetivamente prestado, independentemente de onde seja domiciliado o prestador (cf. acórdão unânime da 1ª Turma nos autos do REsp 41.867-4-RS, rel. Min. Demócrito Reinaldo, *DJU* 25.4.1994, e acórdão unânime da 2ª Turma no AgRg 196.490-DF, *DJU* 29.11.1999 e *Revista Dialética de Direito Tributário* 54/162) – com o quê desprezou o sentido literal do art. 12 do Decreto-lei 406/1968, em que pese àquela Corte não ter declarado explicitamente sua inconstitucionalidade. Sobre o assunto leia-se, por todos, Hugo de Brito Machado, "Local da ocorrência do fato gerador do ISS", *Revista Dialética de Direito Tributário* 58/45 e ss., julho/2000.

2. Aliás, para José Afonso da Silva (*Curso de Direito Constitucional Positivo*, 9ª ed., 3ª tir., São Paulo, Malheiros Editores, 1993, pp. 414-415), a despeito do que ficou consagrado na Constituição, a rigor, os Estados é que são essenciais na Federação Brasileira, pois não se pode falar em uma Federação

idéia de autonomia municipal a atribuição de competência tributária privativa e de competência legislativa plena sobre a matéria (art. 6º do CTN), até mesmo como forma de assegurar independência política.[3]

Basta lembrar, nesse sentido, que os Estados também são autônomos e, não obstante, estão igualmente sujeitos a limitações equivalentes àquelas aqui estudadas,[4] de forma que a EC 37/2002 não me parece ser incompatível, à primeira vista, com o princípio federativo.

Mas é certo que cabe aos Municípios – e somente aos Municípios – legislar sobre a instituição e a arrecadação dos tributos de sua competência (CF, art. 30, III, c/c art. 156) – competência que, na essência de nosso sistema tributário, é indelegável (como preconiza textualmente o art. 7º do CTN – Lei 5.172/1966).

Penso que nem uma emenda constitucional pode fazer as vezes da necessária lei ordinária municipal (como requer o caso em estudo), até mesmo como decorrência do princípio da estrita legalidade em matéria tributária (CF, art. 150, I; e CTN, art. 97, I, II e, especialmente, IV), de maneira que a alíquota mínima estabelecida na EC 37/2002 não implica, a meu ver, majoração automática da alíquota do ISS nos Municípios onde a lei local estabeleça uma exigência em patamar inferior.

de Municípios, que são meras divisões político-administrativas dos Estados.

3. Antônio Roberto Sampaio Dória, *Discriminação de Competência Impositiva*, ed. do próprio autor, São Paulo, 1972, pp. 14-15.

4. No art. 155 da CF, por exemplo, o imposto sobre transmissão *causa mortis* e doação de quaisquer bens e direitos deve ter suas alíquotas máximas fixadas pelo Senado Federal (§ 1º, IV), o imposto sobre operações relativas à circulação de mercadorias e serviços de transporte e comunicação (ICMS) deve ter suas alíquotas fixadas pelo Senado Federal nas operações interestaduais e de exportação (§ 2º, IV), e o Senado Federal ainda pode estabelecer alíquotas mínimas e máximas do ICMS nas circunstâncias previstas na Carta (§ 2º, V). Mesmo no que tange aos Municípios, é também sabido que o art. 34, § 7º, do ADCT fixou em 3% a alíquota máxima do antigo imposto municipal sobre vendas a varejo de combustíveis líquidos e gasosos.

Portanto, e como se procurará demonstrar a seguir, mesmo que certas normas de alguns Municípios possam ser consideradas já formalmente incompatíveis com a EC 37/2002 (pelo fato de estabelecerem alíquotas do ISS inferiores ao mínimo constitucional), ainda assim os contribuintes a elas submetidos devem recolher o tributo às alíquotas previstas na legislação local, que deve prevalecer enquanto não for modificada por lei municipal específica (até mesmo em decorrência da suspensão da eficácia, com efeitos *erga omnes*, da lei eventualmente tida por inconstitucional, pelos meios apropriados).

A par disso, e sobrevindo lei municipal que majore a alíquota do ISS, a mesma estará sujeita, em minha opinião, ao princípio da anterioridade (CF, art. 150, III, "b"), de forma que só poderá alcançar fatos impositivos que vierem a ocorrer a partir do primeiro dia do ano seguinte ao da respectiva publicação.

2. *Indelegabilidade da competência tributária*

Cumpre esclarecer, antes de mais nada – e com arrimo no magistério de Roque Antonio Carrazza –, que "competência tributária é a aptidão para criar tributos, descrevendo legislativamente suas hipóteses de incidência".[5]

A competência tributária, como acima conceituada, é indelegável por força da própria Constituição. De fato, e no que se refere aos Municípios, é certo que o art. 30 da Carta dispõe sobre as matérias que lhes são privativas,[6] dentre as quais "instituir e arrecadar os tributos de sua competência (...)" (inciso III). E, a rigor, a previsão é até

5. *O Sujeito Ativo da Obrigação Tributária*, São Paulo, Resenha Tributária, 1977, p. 28.

6. Hely Lopes Meirelles, *Direito Municipal Brasileiro*, 6ª ed., atualizada por Izabel Camargo Lopes Monteiro e Yara Darcy Police Monteiro, São Paulo, Malheiros Editores, 1993, Capítulo I, n. IX, esp. p. 37.

desnecessária,[7] porque a Carta reafirma, no capítulo do "Sistema Tributário Nacional", que compete privativamente aos Municípios instituir o imposto em tela (CF, art. 156, III).[8]

A competência tributária e sua indelegabilidade são ainda regulamentadas pelos arts. 6º a 8º do CTN, cuja transcrição é feita a seguir:

"Art. 6º. A atribuição constitucional de competência tributária compreende a competência legislativa plena, ressalvadas as limitações contidas na Constituição Federal, nas Constituições dos Estados e nas Leis Orgânicas do Distrito Federal e dos Municípios, e observado o disposto nesta Lei.

"Parágrafo único. Os tributos cuja receita seja distribuída, no todo ou em parte, a outras pessoas jurídicas de direito público pertencem à competência legislativa daquela a que tenham sido atribuídos.

"Art. 7º. A competência tributária é indelegável, salvo atribuição das funções de arrecadar ou fiscalizar tributos, ou de executar leis, serviços, atos ou decisões administrativas em matéria tributária, conferida por uma pessoa jurídica de direito público a outra, nos termos do § 3º do art. 18 da Constituição.

"§ 1º. A atribuição compreende as garantias e os privilégios processuais que competem à pessoa jurídica de direito público que a conferir.

"§ 2º. A atribuição pode ser revogada, a qualquer tempo, por ato unilateral da pessoa jurídica de direito público que a tenha conferido.

"§ 3º. Não constitui delegação de competência o cometimento, a pessoas de direito privado, do encargo ou da função de arrecadar tributos.

"Art. 8º. O não-exercício da competência tributária não a defere a pessoa jurídica de direito público diversa daquela a que a Constituição a tenha atribuído."

Luciano da Silva Amaro salienta a obviedade de alguns dos comandos acima reproduzidos, e nos oferece a seguinte lição esclarecedora sobre o assunto:

"A Constituição não cria tributos; ela outorga *competência tributária*, ou seja, atribui *aptidão para criar tributos*. Obviamente, ainda que referidas na Constituição as notas que permitem identificar o perfil genérico do tributo (por exemplo, 'renda', 'prestação de serviços' etc.), a efetiva *criação de tributo* sobre tais situações depende de a competência atribuída a este ou àquele ente político ser exercitada, fazendo atuar o mecanismo formal (também previsto na Constituição) hábil à instituição do tributo: a lei.

"Como regra, a *lei ordinária* é o veículo idôneo à criação ou instituição do tributo, e, por conseqüência, à sua eventual modificação ou revogação. Por isso, a competência tributária implica a competência para legislar, inovando o ordenamento jurídico, criando o tributo ou modificando sua expressão qualitativa ou quantitativa, respeitados, evidentemente, os balizamentos postos na Constituição ou em outras normas que, nos termos de previsão constitucional, fixem os limites do campo possível de ser submetido à incidência pela lei criadora do tributo"[9] (grifos do autor).

Logo se vê, de tudo o que foi referido acima, que a competência tributária inclui não apenas a faculdade de instituir o tributo, através de lei própria, como também a de extingui-lo (mediante promulgação de diploma legislativo que revogue a lei instituidora) ou, ainda, a de reduzir ou aumentar o seu *quantum* (por força de lei que lhe altere a alíquota, por exemplo),[10] desde que

7. Manoel Gonçalves Ferreira Filho, *Comentários à Constituição Brasileira de 1988*, vol. I (arts. 1º-43), São Paulo, Saraiva, 1990, p. 219.

8. Hely Lopes Meirelles, *Direito Municipal Brasileiro*, 6ª ed., Capítulo V, n. III, esp. pp. 174 e ss.

9. *Direito Tributário Brasileiro*, 1ª ed., São Paulo, Saraiva, 1997, Capítulo III, n. 4, p. 97.

10. Aliomar Baleeiro, *Direito Tributário Brasileiro*, 10ª ed., atualizada por Flávio Bauer Novelli,

obedecidos os demais parâmetros traçados na Constituição Federal[11] e em normas complementares, como o Código Tributário Nacional (em razão do art. 146 da CF) e, mais recentemente, a Lei Complementar 101, de 4.5.2000 (Lei de Responsabilidade Fiscal).

Nesse sentido – e de volta ao tema da competência tributária municipal no que tange ao ISS –, é correto afirmar que são reputadas como tendo sido validamente editadas (se editadas antes da EC 37/2002) as leis municipais que tenham instituído o tributo e fixado suas alíquotas, em alguns Municípios, em patamares inferiores a 2%, por se tratar de legítimo exercício daquela competência.

Tais leis, se em conformidade com as normas constitucionais que vigoravam quando publicadas, quando muito poderão ser, agora, consideradas incompatíveis com a superveniente EC 37/2002, e é certo que, por força, mesmo, da indelegabilidade da competência tributária, nem mesmo a EC 37/2002 poderá substituir a lei municipal, à qual compete, com exclusividade, majorar as alíquotas do ISS em cada caso, com vistas a adaptar a norma local à nova ordem constitucional.

É bastante didática a seguinte observação de Roque Antonio Carrazza a respeito do tema: "Para nós, porém, o tributo só nasce a partir do átimo em que uma pessoa pode ser compelida a pagá-lo, por haver acontecido, no mundo fenomênico, o fato hipotetizado na norma jurídica tributária. Ora, isto só se verifica subsecutivamente à edição, pela pessoa política competente, da lei veiculadora desta mesma norma. Antes, não. Com base apenas na Constituição, ninguém poderá ser compelido a desembolsar, a título de tributo, somas de dinheiro, a favor do Fisco ou de quem o represente. Logo, neste sentido, a Constituição não criou tributos, assim como, mal comparando, não criou penas, só porque autorizou o legislador nacional a cuidar do assunto (art. 22, I)".[12]

3. *Princípio da estrita legalidade em matéria tributária e exigência de lei municipal específica para alterar a alíquota do ISS*

O inciso I do art. 150 da CF veda a exigência ou o aumento de tributo sem lei que o estabeleça, e o art. 97 do CTN esmiúça o princípio da legalidade, dispondo que só a lei pode estabelecer: a instituição de tributos, ou a sua extinção (inciso I), a majoração de tributos, ou sua redução (inciso II), e a fixação da alíquota do tributo e da sua base de cálculo (inciso IV).

Não há dúvida que a lei a que se referem os dispositivos acima é a lei "da entidade pública investida constitucionalmente da competência para decretar o tributo",[13] e é cristalino no caso do ISS que só os Municípios podem editar as leis necessárias à alteração – para mais ou para menos – da alíquota do imposto.

Como é evidente, nem mesmo a emenda constitucional pode suprir a falta da lei ordinária municipal para alterar a alíquota daquele tributo, porque não é o veículo normativo adequado para tanto.[14]

Rio de Janeiro, Forense, 1993, p. 69; Roque Antonio Carrazza, *Curso de Direito Constitucional Tributário*, 2ª ed., São Paulo, Ed. RT, 1991, p. 220.

11. A despeito de o art. 6º do CTN condicionar o exercício da competência tributária aos limites contidos também nas Constituições dos Estados e nas Leis Orgânicas do Distrito Federal e dos Municípios, é correto afirmar – com apoio nas lições de Geraldo Ataliba, Paulo de Barros Carvalho e Rubens Gomes de Sousa (*Comentários ao Código Tributário Nacional – Parte Geral*, São Paulo, EDUC/Ed. RT, 1975, pp. 82 e ss.) – que a competência é outorgada pela Constituição Federal e só nela deve encontrar seus limites. Cf., ainda, o teor do verbete 69 da Súmula do STF: "A Constituição Estadual não pode estabelecer limite para o aumento de tributos municipais".

12. *Curso de Direito Constitucional Tributário*, 2ª ed., p. 225.

13. Aliomar Baleeiro, *Direito Tributário Brasileiro*, 10ª ed., p. 405.

14. Víctor Nunes Leal, na época em que ainda se discutia se a lei municipal possuía *status* de lei, ou se devia obediência às leis dos Estados e da União, escreveu que, "sendo a lei municipal *superior* a qualquer outra, na esfera da competência privativa dos

É de se referir que Paulo de Barros Carvalho, mesmo entendendo ser esdrúxula a hipótese de criação de tributos diretamente pela norma constitucional, pondera sobre a possibilidade lógica de que a Carta, em seu art. 8º, IV, possa ser interpretada quer como tendo instituído o tributo ali previsto (contribuição confederativa), quer como tendo outorgado competência aos sindicatos para instituí-lo.[15]

Mas a 1ª Turma do STF entendeu que não se trata de exação tributária, pelo quê reconheceu a eficácia plena e imediata daquela norma constitucional.[16] Importa considerar, entretanto, que se trata de situação excepcional e, de qualquer forma, no caso em estudo a Constituição outorga expressamente a competência para que os Municípios instituam o ISS, não tendo cabimento falar em suposta majoração de alíquota através de emenda constitucional.[17]

Em caso análogo, o STF já decidiu que a alíquota do imposto sobre transmissão *causa mortis* não pode ser estabelecida de maneira vaga e imprecisa pela lei estadual, através de expressões que, por exemplo, vinculem automaticamente a alíquota do tributo àquela fixada como limite máximo pelo Senado Federal. Trata-se do acórdão proferido pelo Plenário daquela Corte, por unanimidade, nos autos do RE 213.266-7-PE, que teve como relator o Min. Marco Aurélio (j. 20.10.1999, *DJU* 17.12.1999), cuja ementa é a seguinte: "Tributo – Fixação de alíquota *x* teto – Imposto de transmissão *causa mortis* – Lei n. 10.260/1989, do Estado de Pernambuco. Não se coaduna com o sistema constitucional norma reveladora de automaticidade quanto à alíquota do imposto de transmissão *causa mortis*, a evidenciar a correspondência com o limite máximo fixado em resolução do Senado Federal".

Assim, a EC 37/2002, ao fixar a alíquota mínima do ISS em 2%, nem por isso implicou majoração automática da alíquota nos Municípios onde o imposto é cobrado em patamares inferiores – majoração que depende sempre de lei municipal específica, em todo caso, para ser efetivada.

4. Algumas considerações sobre a Lei Complementar 101/2000 (Lei de Responsabilidade Fiscal)

A Lei Complementar 101/2000, na parte que interessa mais de perto ao presente estudo, estabelece certos limites à concessão ou à ampliação, pelos entes tributantes, de incentivos e benefícios fiscais, qualquer que seja a modalidade (o § 1º do seu art. 14 inclui no conceito de renúncia de *receita* o seguinte: "anistia, remissão, subsídio, crédito presumido, concessão de isenção em caráter não-geral, alteração de alíquota ou modificação de base de cálculo que implique redução discriminada de tributos ou contribuições, e outros benefícios que correspondam a tratamento diferenciado").

Já foi ressaltado que as leis municipais, mesmo fixando as alíquotas do ISS em patamares inferiores ao mínimo previs-

Municípios (já que, em tal caso, a lei estadual ou a federal devem ser tidas por inconstitucionais e, portanto, inaplicáveis), não se lhe pode recusar o caráter de autêntica *lei*, segundo o critério *formal* de classificação dos atos do Estado" (*Problemas de Direito Público*, 1ª ed., Rio de Janeiro, Forense, 1960, p. 168).

15. *Curso de Direito Tributário*, 13ª ed., São Paulo, Saraiva, 2000, pp. 57-58. O inciso IV do art. 8º da CF diz, referindo-se à entidade sindical, que "a assembléia-geral fixará a contribuição que, em se tratando de categoria profissional, será descontada em folha, para custeio do sistema confederativo da representação sindical respectiva, independentemente da contribuição prevista em lei".

16. RE 161.547-8-SP, rel. Min. Sepúlveda Pertence, j. 24.3.1998, *DJU* 8.5.1998.

17. É de se mencionar, entretanto, que o TRF da 3ª Região vem decidindo, no que tange à discussão sobre a constitucionalidade da CPMF (art. 75 do ADCT), que: "Emenda constitucional, desde que não pretenda abolir as cláusulas pétreas, pode criar ou majorar tributos" (v., por exemplo, o acórdão proferido pela 4ª Turma daquela Corte nos autos da ApMS 209.804, processo 1999.61.00.029162-3). Custa acreditar, entretanto, que a eventual possibilidade de emenda constitucional criar tributos, aventada naquele caso em que se discutia um tributo da União, possa ser estendida a tributos municipais ou estaduais.

to na EC 37/2002, não podem ser tidas como modificadas por aquela Emenda, pois não se pode falar que ela implica majoração automática das alíquotas. Tais leis, se validamente editadas em face dos requisitos constitucionais e infraconstitucionais aplicáveis, não podem ser simplesmente substituídas pelo comando constitucional.

Incluem-se dentre aqueles requisitos infraconstitucionais os da Lei Complementar 101/2000; e, obviamente, sendo as leis municipais posteriores àquela, sua observância é obrigatória, mas as condições ali previstas para a renúncia fiscal não se aplicam às leis municipais preexistentes à sua publicação. É despiciendo referir que as leis não retroagem e, de qualquer forma, o *caput* do art. 14 da Lei Complementar 101/2000 se refere apenas a "concessão ou ampliação", pelo quê não atinge os benefícios fiscais já existentes.

Nesse sentido, Celso Ribeiro Bastos publicou interessante artigo,[18] onde, também com fundamento no princípio federativo e na autonomia municipal que dele decorre, defende a manutenção da plena vigência de lei municipal que concede isenção do ISS, mesmo em face da edição da Lei Complementar 101/2000.

De resto – e como não poderia deixar de ser –, a Lei Complementar 101/2000 não impõe que os entes tributantes exerçam plenamente suas respectivas competências tributárias (cobrando seus impostos, por exemplo, às alíquotas máximas permitidas), porque se trata de matéria atinente à própria autonomia dos entes federados. Por isso mesmo o art. 11 da Lei Complementar 101/2000 limita-se a anunciar, de maneira quase programática, que "constituem requisitos essenciais da responsabilidade na gestão fiscal a instituição, previsão e efetiva arrecadação de todos os tributos da competência constitucional do ente da Federação" (*caput*), mas não há no ordenamento jurídico brasileiro uma sanção para o ente tributante que deixar de instituir exação de sua competência.

Aliás, como bem lembrado por José Eduardo Soares de Melo, a incaducabilidade e a facultatividade são pressupostos essenciais da competência tributária, razão pela qual a própria União ainda não instituiu o imposto sobre grandes fortunas (CF, art. 153, VII).[19]

De qualquer forma, e como a Lei Complementar 101/2000 somente tangencia o tema deste trabalho, cumpre apenas ressaltar, em resumo, que, uma vez observados seus pressupostos (se aplicáveis, conforme o caso), não se pode negar vigência às leis municipais prevendo alíquotas do ISS inferiores ao mínimo de 2% previsto na EC 37/2002.

5. *Conseqüências da incompatibilidade de leis municipais com a EC 37/2002*

O que parece relevante para os propósitos do presente estudo é que a superveniência da EC 37/2002 implica, a rigor, a inconstitucionalidade das leis municipais que com ela forem incompatíveis, mas não tem o condão de majorar automaticamente a alíquota do ISS para 2% nos Municípios onde ela for inferior àquele patamar. Resta estudar, então, as conseqüências práticas da inconstitucionalidade das leis municipais que, editadas tanto antes quanto depois da EC 37/2002, estabeleçam alíquotas do ISS inferiores ao mínimo constitucional.

Como a competência para majorar a alíquota do ISS é privativa dos Municípios (consoante se estudou no item próprio, acima), e tendo em vista que, de qualquer forma, o veículo legislativo apropriado para tal majoração é a lei ordinária municipal, e não a emenda constitucional (de acordo com o que reportado anteriormente a respeito do princípio da legalidade tributária),

18. "As isenções do ISS em face do art. 14 da Lei de Responsabilidade Fiscal", *Repertório IOB de Jurisprudência* 12/452 e ss., Caderno 1, 2ª quinzena de junho/2002, verbete 1/17.297.

19. *Curso de Direito Tributário*, São Paulo, Dialética, 1997, n. 4.1, pp. 85-86.

tem-se que, na prática, a EC 37/2002 não conduz, por si só, à majoração automática da alíquota do ISS nos Municípios onde a exação é cobrada a alíquotas inferiores a 2%.

Como se antevê, o Poder Executivo Municipal, em casos assim, remanescerá obrigado à cobrança do ISS à alíquota que a lei local estabelece, e por certo os contribuintes ali instalados não terão interesse jurídico em ver declarada a inconstitucionalidade da lei municipal mais benéfica em face da EC 37/2002.

Fica afastada ainda, por óbvio, a possibilidade de os contribuintes assim beneficiados serem fiscalizados diretamente pelas autoridades fazendárias dos Municípios vizinhos, porventura interessados no cumprimento da EC 37/2002 (porque prejudicados com a possível perda de arrecadação).

Nesse cenário, tendo em vista que a alíquota mínima do ISS só vem prevista, por enquanto, na EC 37/2002, e não se tendo notícia de dispositivo equivalente nas Constituições Estaduais, também seria inviável, a meu ver, e por ora, a propositura de ação direta de inconstitucionalidade, pelo prefeito do Município interessado, junto ao Tribunal de Justiça local, pedindo a declaração de inconstitucionalidade da lei do Município descumpridor da EC 37/2002.[20]

Quando muito, caberia a propositura de ação direta de inconstitucionalidade perante o STF (CF, art. 102, I, "a") – o que, no entanto, não pode ser levado a efeito pelas próprias autoridades municipais eventualmente interessadas, conforme se pode ler do art. 103 da Carta.[21]

E, mesmo que viesse a ser declarada inconstitucional alguma lei municipal em face da EC 37/2002, na hipótese de ser movida a competente ação direta de inconstitucionalidade por quem estivesse autorizado a fazê-lo, nos termos do citado art. 103 da Carta, ou no âmbito do controle difuso de constitucionalidade (recurso extraordinário), ainda assim seria necessário que o STF desse ciência de sua decisão ao órgão competente (no caso, a Câmara de Vereadores do Município cuja lei infringe a EC 37/2002), conforme o § 2º do referido comando.

Mesmo assim, e caso nenhuma providência fosse tomada, pelo órgão próprio, para que a lei inconstitucional tivesse sua eficácia suspensa, publicando-se, então, uma nova lei consentânea com a EC 37/2002, não vejo como obrigar os contribuintes ao recolhimento do imposto àquela

20. Isso não só em virtude do que dispõe o art. 125, § 2º, da Carta da República – que permite a representação de inconstitucionalidade de norma local apenas quando em face da Constituição Estadual. De fato, a própria Constituição do Estado de São Paulo prevê a possibilidade de propositura da ação direta de inconstitucionalidade perante o Tribunal de Justiça do Estado, para o quê até mesmo o prefeito e a Mesa da Câmara Municipal são partes legítimas, dentre outros; mas a ação só se aplica a normas contestadas em face da própria Constituição do Estado, e não em face da Constituição Federal (art. 90, c/c art. 74, VI). Nesse sentido, v., por exemplo, o acórdão do TJSP nos autos da Ação de Inconstitucionalidade 18.361-0/3, relatada pelo Des. Viseu Júnior, em cuja ementa ficou consignado, de maneira clara, que "não se afigura possível a ação que tem por escopo a confrontação, pura e simples, de lei municipal em presença de dispositivos da Carta Magna da Nação. A razão principal dessa conclusão foi a de que, permitindo aos Tribunais locais o controle de leis municipais em face da Constituição Federal, compelido estaria o STF a deparar-se com a argüição da coisa julgada, quando a matéria viesse a ser agitada perante ele, em ações originárias ou em recursos extraordinários, retirando-lhe, por conseguinte, a condição de guardião da Constituição" (publicado na obra *Ação Direta de Inconstitucionalidade – Jurisprudência do Órgão Especial do Tribunal de Justiça do Estado de São Paulo – 1986/1995*, de autoria de Lair da Silva Loureiro e Lair da Silva Loureiro Filho, São Paulo, Saraiva, 1996, pp. 93-97).

21. Como se sabe, só podem propor a ação de inconstitucionalidade perante o STF, nos termos daquele dispositivo: (I) o Presidente da República; (II) a Mesa do Senado Federal; (III) a Mesa da Câmara dos Deputados; (IV) a Mesa de Assembléia Legislativa; (V) o Governador de Estado; (VI) o Procurador-Geral da República; (VII) o Conselho Federal da OAB; (VIII) partido político com representação no Congresso Nacional; e (IX) confederação sindical ou entidade de classe de âmbito nacional.

alíquota mínima de 2% apenas com base no novo dispositivo constitucional aqui comentado.

De toda forma, o STF não poderia atuar como verdadeiro legislador e impor a cobrança do imposto à alíquota mínima de 2%. E, ainda que tenha efeitos *ex tunc*, a declaração de inconstitucionalidade pelo STF não poderia retroagir para prejudicar os contribuintes que, obedientes ao diploma municipal na forma como vigorava, recolheram de boa-fé o imposto em percentual inferior ao limite mínimo constitucional.[22]

Finalmente, é importante deixar claro que, sendo publicada lei municipal para aumentar a alíquota do ISS (seja em razão de eventual declaração de inconstitucionalidade, seja em função de adimplemento voluntário da EC 37/2002 por parte do órgão legislativo municipal), a lei – que não pode ser retroativa (CF, art. 150, III, "a") – só se aplica a fatos impositivos ocorridos a partir do primeiro dia do ano seguinte ao da sua publicação, em obediência ao postulado da anterioridade tributária (art. 150, III, "b", da Carta) – não havendo como computar, para esses fins, a vigência da própria EC 37/2002.

6. *A tributação dos profissionais liberais (art. 9º, §§ 1º e 3º, do Decreto-lei 406/1968)*

Como já se afirmou acima, os §§ 1º e 3º do art. 9º do Decreto-lei 406/1968 estabeleceram uma carga tributária menor no que tange aos serviços, ali discriminados, quando prestados por profissionais liberais, impondo que o ISS seja cobrado não sob a forma da aplicação de alíquotas sobre o preço dos serviços, mas sob a modalidade de um valor fixo por profissional.

A matéria gerou certa polêmica, e José Eduardo Soares de Melo sintetizou bem os debates, afirmando ser, inclusive, contrário àquela sistemática, que, no seu modo de ver, ofenderia os postulados da capacidade contributiva e da isonomia, mas que acabou por ser interpretada pelo STF como uma regra consentânea com a Constituição, não configurando propriamente isenção do imposto, mas dispondo na verdade sobre a base de cálculo do ISS, nos termos do art. 146, III, "a", da Carta – pelo quê foi recepcionada nos termos do art. 34, § 5º, do ADCT (RE 236.604-7-PR, rel. Min. Carlos Velloso, *DJU* 6.8.1999).[23]

Entendo que os §§ 1º e 3º do art. 9º do Decreto-lei 406/1968, mesmo tendo sido declarados compatíveis com a Constituição pelo STF, podem agora ser considerados incompatíveis com a EC 37/2002, tendo-se em conta que o art. 88 do ADCT, acrescentado por aquela Emenda, não permite que o ISS seja cobrado em alíquota inferior a 2%.

No entanto – e da mesma forma que ocorre com as leis municipais que fixam as alíquotas do ISS, em outras situações, em patamares inferiores ao mínimo constitucional –, não se pode afirmar que a EC 37/2002 teve o condão de alterar formalmente os dispositivos de leis municipais que, editados com fundamento nos §§ 1º e 3º do art. 9º do Decreto-lei 406/1968, estabeleçam um tratamento tributário mais benéfico aos serviços prestados por profissionais liberais.

Aqui, também sou de opinião que cada Município, no exercício de sua privativa competência tributária, poderá modificar a

22. André Martins de Andrade refere outras situações em que os efeitos *ex tunc* de declarações de inconstitucionalidade foram abrandados pelos Tribunais, e salienta: "Em tema de controle de constitucionalidade das leis ou do controle de legitimidade das decisões proferidas pelo Judiciário, inadmissível a penalização do destinatário do texto posteriormente declarado inconstitucional ou da decisão subseqüentemente rescindida, sempre que este destinatário se houver conduzido estritamente em consonância com o texto legal antes de conhecer sua inconstitucionalidade ou com a decisão antes de sabê-la rescindida" ("A perigosa extensão ao direito tributário da teoria geral das nulidades", *Revista Dialética de Direito Tributário* 5/9 e ss., São Paulo, Dialética, fevereiro/1996, esp. p. 10).

23. *Aspectos Teóricos e Práticos do ISS*, São Paulo, Dialética, 2000, n. 3.5, pp. 96 e ss.

legislação local de forma a adaptá-la à EC 37/2002; mas enquanto isso não ocorre não há como obrigar a que os contribuintes recolham o ISS, desde logo, à alíquota de 2%.

7. *Conclusões*

Do exposto, é possível concluir o seguinte:

7.1 Não são incompatíveis com a Constituição os dispositivos acrescentados ao § 3º do art. 156 da Carta, bem como o novo art. 88 do ADCT, na forma da EC 37/2002.

7.2 A EC 37/2002, todavia, não tem o condão de impor automaticamente uma majoração nas alíquotas do ISS naqueles Municípios onde o imposto é cobrado em patamares inferiores a 2%, em razão da indelegabilidade da competência tributária municipal atinente à fixação da alíquota do ISS (arts. 30, III, e 156, III, da Carta) e em função do princípio da legalidade em matéria tributária (art. 150, I) – que impõem, para aquela majoração, a edição de lei municipal específica.

7.3 Nos Municípios onde o ISS é cobrado em patamares inferiores a 2%, e inclusive no que tange à cobrança daquele tributo no caso dos serviços de profissionais liberais (art. 9º, §§ 1º e 3º, do Decreto-lei 406/1968), enquanto não for publicada lei municipal específica para adaptar as alíquotas ao mínimo constitucional os contribuintes submetidos ao pagamento do imposto podem e devem recolhê-lo segundo a lei local em vigor, ainda que venha a ser declarada inconstitucional.

IMPOSTO SOBRE TRANSMISSÃO *CAUSA MORTIS* E DOAÇÃO: REGRA-MATRIZ E ASPECTOS CONTROVERSOS

José Antonio Farah Lopes de Lima

1. Introdução. 2. Construção das regras-matrizes do ITCMD: 2.1 Da regra-matriz de incidência do imposto de transmissão "causa mortis" – 2.2 Da regra-matriz de incidência do imposto sobre transmissão a título gratuito "inter vivos" (doação). 3. Aspectos controversos relativos ao ITCMD: 3.1 Ausência de lei complementar para transmissão de bens móveis – 3.2 Conflito de competência para instituição do ITCMD – 3.3 Progressividade do ITCMD – 3.4 Lançamento do ITCMD – 3.5 Deveres instrumentais dos Registros Públicos – 3.6 Fiscalização do ITCMD. 4. Conclusões.

1. Introdução

Inicialmente, externamos nossa satisfação em abordar tema tão interessante, amplo e de rara literatura – qual seja, o imposto sobre transmissão *causa mortis* e doação, doravante denominado ITCMD.

Esta monografia tem dois objetivos: (a) construir as regras-matrizes de incidência do imposto a partir de uma perspectiva constitucional, aplicando-se metodologia oriunda da Escola Paulista de Direito Tributário, e (b) analisar de maneira crítica a legislação constitucional e infraconstitucional concernente ao ITCMD, destacando o debate sobre temas controversos, entre os quais a possibilidade da progressividade do imposto, conflito de competência entre os entes tributantes, lançamento, obrigações acessórias relativas aos Registros Públicos e Administração Tributária.

Imposto existente no Brasil desde seu período como Colônia de Portugal, normatizado pela primeira vez em nossas terras pelo Alvará Régio de 17.6.1809,[1] e passando a partir de 1832 a integrar as receitas das Províncias, conforme Lei de 24.10.1832, cristalizado este entendimento em nossa primeira Constituição Republicana de 1891, que atribuiu aos Estados-membros a competência exclusiva para a imposição do imposto sobre transmissão da propriedade, apresenta-se revigorado pela Constituição Federal de 1988, que ampliou sua incidência aos bens e direitos móveis, limitada anteriormente aos bens imóveis. Destarte, passou o ITCMD a ter maior relevo para os Estados-membros e Distrito Federal, já que a riqueza mobiliária da sociedade se mostra cada vez mais significativa em comparação à riqueza imobiliária, fenômeno econômico que não pode ser negligenciado pelos entes tributantes.

Imposto pouco estudado pela doutrina nacional, talvez pelo fato de não possuir o mesmo porte do ICMS,[2] carro-chefe dos

1. Cf. Petronio Baptista de Araújo, *O Impôsto sôbre a Transmissão da Propriedade*, p. 154.

2. O Estado de São Paulo arrecadou com o ITCMD cerca de 115 milhões de Reais no ano de 1999, 126 milhões de Reais no ano 2000, 104 milhões de Reais no ano 2001 e 102 milhões de Reais até junho/2002; e arrecada mais de 2 bilhões de Reais por mês com o ICMS, segundo dados fornecidos pela Secretaria da Fazenda de São Paulo.

tributos de competências estadual e distrital, nossa pretensão com esta monografia é trazer uma pequena contribuição doutrinária à reflexão de todos aqueles que militem no sistema jurídico tributário nacional.

2. *Construção das regras-matrizes do ITCMD*[3]

Construiremos neste item as normas jurídicas – do ponto de vista lógico – que configuram o ITCMD.

As normas jurídicas são construções de significados a partir de textos positivados e estruturadas conforme a lógica dos juízos condicionais, compostas por proposições prescritivas.

Para que uma mensagem deôntica tenha sentido completo, é mister que tenha uma proposição-antecedente, que descreve a possibilidade de um evento do mundo, implicando uma proposição-tese, no conseqüente. Toda norma jurídica assim diz: "Dado o antecedente, então *deve-ser* o conseqüente". Este dever-ser expressa um ato de vontade do legislador, que implica uma conseqüência a um determinado antecedente hipotético que se concretiza no mundo fático.

A proposição-antecedente descreverá um evento de possível concretização, pertencendo, portanto, ao campo do possível, da realidade tangível, pois do contrário a relação jurídica entre dois ou mais sujeitos prescrita no conseqüente da norma nunca acontecerá, sendo esta regra totalmente ineficaz, ou seja, sem produção de efeitos jurídicos.

O operador deôntico *dever-ser*, que liga o antecedente ao conseqüente da norma jurídica, é um operador neutro, nãomodalizado. Porém, dentro do conseqüente da norma encontraremos um outro dever-ser modalizado nas formas *proibido*, *permitido* e *obrigatório*. Este último deverser tem caráter intraproposicional e aproxima dois ou mais sujeitos em torno de uma conduta que deve ser cumprida por um e exigida por outro. O dever-ser simplificadamente pode ser entendido como uma estrutura sintática que articula internamente enunciados deônticos: antecedente e conseqüente. Por outro lado, também atua intraproposicionalmente no conseqüente da norma jurídica.

Detalhando-se o conseqüente, tem-se que a proposição-tese funciona como prescritora de condutas entre sujeitos. Assim, o prescritor da norma é uma proposição relacional, entre dois sujeitos de direito, em torno de uma conduta regrada como proibida, permitida ou obrigatória. Destaca-se que esta conduta deve ser possível, pois não faz sentido prescrever comportamento obrigatório, permitido ou proibido se o destinatário da norma estiver impedido de realizar tais condutas.

Segundo Lourival Villanova,[4] *o Direito-norma, em sua integridade constitutiva, compõe-se de duas partes*. A norma primária é aquela que prescreve um dever, a partir da concretude do fato previsto no antecedente da norma. A norma secundária prescreve uma sanção, aplicada pelo ente estatal, caso ocorra o descumprimento da conduta estatuída na norma primária. Observamos que, dentro desta concepção, não existirão normas jurídicas sem as correspondentes sanções que lhes dêem força, que as reafirmem. Verifica-se que a norma secundária é um conseqüente lógico da norma primária, pois descaberá sanção quando do adimplemento do dever prescrito na norma primária.

A organização lógico-interna das normas primária e secundária será a mesma. Em ambas teremos um antecedente implicando deonticamente um conseqüente. A diferença será semântica, pois o antecedente

3. Este item tem como fundamento conceitual aulas de Lógica Jurídica ministradas pelos Profs. Paulo de Barros Carvalho e Eurico Marcos Diniz de Santi no I Curso de Especialização em Direito Tributário da Escola Fazendária do Estado de São Paulo, de março a junho/2000.

4. *As Estruturas Lógicas e o Sistema do Direito Positivo*, p. 111.

da norma secundária apontará sempre para uma conduta violadora do dever previsto no conseqüente da norma primária. Pode-se também dizer que a norma primária é de índole material, enquanto a norma secundária, sancionatória, seria de caráter formal-processual.

Adota-se como norma jurídica uma mensagem deôntica de sentido completo, a partir de uma estrutura hipotética condicional. Assim, dado um fato *F* qualquer, deve-ser uma conduta comissiva ou omissiva de um sujeito *S* ante outro sujeito *S'*.

Reduzindo o campo de atuação das normas jurídicas gerais ao da incidência tributária, verifica-se que estas normas definem a incidência do tributo, descrevendo fatos e estipulando sujeitos da relação jurídica, bem como bases de determinação do *quantum debeatur*. Nesta norma de incidência, a hipótese trará a previsão de um fato, enquanto a conseqüência prescreverá a relação jurídica fruto da subsunção do acontecimento à hipótese de incidência. Deste modo, a incidência se caracteriza pela ocorrência do fato jurídico tributário, fato de a situação abstratamente descrita na hipótese de incidência se concretizar, dando nascimento à obrigação tributária, que simplesmente é o efeito jurídico prescrito como conseqüência da subsunção do fato jurídico à hipótese descrita na norma jurídica.

Obrigação tributária, portanto, é o vínculo abstrato que surge pela imputação normativa, segundo o qual uma pessoa, credor ou sujeito ativo, tem o direito subjetivo de exigir de outra, denominada sujeito passivo ou devedor, o cumprimento de prestação de índole pecuniária. É a própria relação jurídica tributária de natureza patrimonial inerente à regra-matriz de incidência tributária.

Concretizando-se o fato previsto no descritor da regra-matriz de incidência, instala-se uma relação jurídica de conteúdo patrimonial – a obrigação tributária. Compõe-se esta de três elementos: sujeitos ativo e passivo e objeto.

Graficamente:

Sa ⟶ $$$ ⟵ Sp

Crédito — Débito

Direito Subjetivo — Dever Jurídico

Temos com este gráfico a total caracterização da obrigação tributária. O sujeito ativo tem o direito subjetivo de exigir a prestação pecuniária e, em contrapartida, o sujeito passivo tem o dever jurídico de cumpri-la. Ao direito subjetivo, de que está investido o sujeito ativo, de exigir o objeto denomina-se *crédito*. E ao dever jurídico que a ele se contrapõe, de prestar o objeto, designa-se *débito*. Deste modo, a toda obrigação corresponde um crédito.

A norma primária é aquela que prescreve um dever, a partir da concretude do fato previsto no antecedente na norma. A norma secundária prescreve uma sanção, aplicada pelo ente estatal, caso ocorra o descumprimento da conduta estatuída na norma primária.

- CONSTRUÇÃO DA NORMA PRIMÁRIA

Dado um fato *F* qualquer, deve-ser uma conduta comissiva ou omissiva de um sujeito *S* ante outro sujeito *S'*. Por exemplo, dada a saída de mercadoria de um estabelecimento, deve-ser o pagamento do ICMS.

- CONSTRUÇÃO DA NORMA SECUNDÁRIA SANCIONATÓRIA RELATIVA À SONEGAÇÃO FISCAL[5]

Dada a supressão ou redução fraudulenta do tributo devido, deve-ser o *ius puniendi* do Estado em relação ao sonegador fiscal, pela prática do delito contra a ordem tributária.

A regra-matriz de incidência tributária, ou norma tributária em sentido estrito,

5. Tomando como referência o art. 1º da Lei 8.137/1990.

será aquela que prescreve a incidência do tributo, dotada de uma hipótese (ou antecedente), onde se prevê um fato de conteúdo econômico, e de um conseqüente, onde se estabelece um vínculo obrigacional entre o Estado-credor, na condição de sujeito ativo, e uma pessoa física ou jurídica, como sujeito passivo, de modo que o primeiro tem o direito subjetivo de exigir do segundo o pagamento de determinada quantia em dinheiro. Assim, para se obter a regra-matriz de incidência de um tributo deve-se isolar as proposições descritivas e prescritivas – antecedente e conseqüente – formadoras da norma em sentido lógico-abstrato.

No descritor da norma identificamos eventos de expressão econômica. Haverá um critério material – referenciado ao comportamento de pessoas, físicas ou jurídicas –, condicionado no tempo (critério temporal) e no espaço (critério espacial). Já no prescritor (ou conseqüente) teremos um critério pessoal – estabelecimento dos sujeitos ativo e passivo da relação jurídico-tributária – e um critério quantitativo – com a determinação do *quantum debeatur* da obrigação tributária, mediante a conjugação dos institutos *base de cálculo* e *alíquota*.

Com a junção de todos estes critérios, pela construção de significados a partir de textos positivados e estruturação conforme a lógica dos juízos condicionais, temos o núcleo lógico-estrutural da norma-padrão, dotado dos requisitos necessários e suficientes à incidência do tributo.

- TEXTOS POSITIVADOS A PARTIR DOS QUAIS SE CONSTRÓEM AS REGRAS-MATRIZES DE INCIDÊNCIA DO ITCMD

1) *CF de 1988, art. 155*

"Art. 155. Compete aos Estados e ao Distrito Federal instituir impostos sobre:

"I – transmissão *causa mortis* e doação, de quaisquer bens ou direitos;

" (...).

"§ 1º. O imposto previsto no inciso I:

"I – relativamente a bens imóveis e respectivos direitos, compete ao Estado da situação do bem, ou ao Distrito Federal;

"II – relativamente a bens móveis, títulos e créditos, compete ao Estado onde se processar o inventário ou arrolamento, ou tiver domicílio o doador, ou ao Distrito Federal;

"III – terá a competência para sua instituição regulada por lei complementar:

"a) se o doador tiver domicílio ou residência no Exterior;

"b) se o *de cujus* possuía bens, era residente ou domiciliado ou teve o seu inventário processado no Exterior;

"IV – terá suas alíquotas máximas fixadas pelo Senado Federal."

2) *CTN, art. 35, parágrafo único*

"Art. 35. Nas transmissões *causa mortis*, ocorrem tantos fatos geradores distintos quantos sejam os herdeiros ou legatários."

2.1 Da regra-matriz de incidência do imposto sobre transmissão "causa mortis"

- CRITÉRIO MATERIAL DO IMPOSTO SOBRE TRANSMISSÃO *CAUSA MORTIS*

Ensina Paulo de Barros Carvalho que o comportamento das pessoas, materialmente representado em termos lingüísticos por um verbo e seu complemento, fornece a estrutura do núcleo das hipóteses normativas das regras-matrizes de incidência tributária.[6]

A partir da prescrição contida no inciso I do art. 155 da CF, podemos inferir que o núcleo do tributo ITCMD decorre da junção do verbo *transmitir*, em razão da morte, com seu complemento *quaisquer bens ou direitos*.

6. *Curso de Direito Tributário*, 12ª ed., p. 252.

Não se trata de qualquer tipo de transmissão de bens ou direitos, mas somente aquela cuja causa é a morte de uma pessoa. Para melhor percepção do conteúdo e do alcance do dispositivo constitucional supracitado, devemos nos socorrer do instituto da sucessão do direito civil, previsto no art. 1.572 do CC, [*N. da R.: De 1916 – art. 1.784 do CC de 2002*] que assim preceitua: "Aberta a sucessão, o domínio e a posse da herança transmitem-se, desde logo, aos herdeiros legítimos e testamentários". Deste modo, a partir da morte de um pessoa ocorre, de maneira instantânea, a transmissão do patrimônio deste falecido a seus herdeiros e legatários. Destarte, a sucessão é a transmissão dos bens de uma pessoa falecida a sucessores herdeiros e legatários.

Quanto ao complemento do verbo fundante do núcleo da hipótese normativa do imposto sobre transmissão *causa mortis*, *quaisquer bens ou direitos*, estes institutos podem ser subsumidos ao conceito mais amplo de *patrimônio*, que, segundo Caio Mário da Silva Pereira, "é o conjunto das relações jurídicas de uma pessoa, apreciáveis economicamente".[7] Este patrimônio é constituído por todo ativo e por todo o passivo de uma pessoa; e, no caso de insolvência, o passivo será superior ao ativo patrimonial.

Em relação ao critério material do imposto sobre transmissão *causa mortis*, deve-se destacar que o Texto Constitucional sobre a matéria (a partir de 1988) é mais amplo do que o texto infraconstitucional previsto em lei complementar – qual seja, nosso Código Tributário Nacional, que em seu art. 35 apenas estabeleceu hipóteses de incidência sobre bens imóveis, nada dispondo sobre bens móveis. Deste modo, com a ampliação da competência constitucional tributária para também se alcançar os bens móveis, os Estados-membros e o Distrito Federal legislaram de forma isolada e distinta, estabelecendo o imposto sobre transmissão *causa mortis* de bens móveis, alguns utilizando expressões genéricas para construção do critério material do imposto, como o Estado da Bahia (inciso III do art. 1º da Lei 4.826/1989 – transmissão *causa mortis* de bens móveis, direitos, títulos e créditos), enquanto outros Estados preferiram o detalhamento do critério material, como o Estado de São Paulo, conforme o art. 3º da Lei 10.705/2000, alterada pela Lei 10.992/2001.

Concluindo este item, podemos afirmar ser o critério material do imposto sobre transmissão *causa mortis* a transmissão de quaisquer bens ou direitos por causa da morte de uma pessoa.

• CRITÉRIO TEMPORAL DO IMPOSTO SOBRE TRANSMISSÃO *CAUSA MORTIS*

Pelo instituto da sucessão do direito civil, previsto no art. 1.572 do CC: [*de 1916*] "Aberta a sucessão, o domínio e a posse da herança transmitem-se, desde logo, aos herdeiros legítimos e testamentários". Assim, a partir da morte de uma pessoa ocorre a transmissão do patrimônio deste falecido a seus herdeiros ou legatários. Destarte, a abertura da sucessão caracteriza o início do fenômeno sucessório, que nada mais é do que a transmissão dos bens de uma pessoa falecida a sucessores herdeiros ou legatários. De acordo com o prescrito no art. 1.572 do CC, [*de 1916*] depreende-se que o fato gerador do fenômeno sucessório é o fato jurídico *morte* do autor da herança ou legado. A partir daí ocorre uma substituição da titularidade de um determinado patrimônio, transmitindo-se do *de cujus* aos herdeiros legítimos ou testamentários, bem como aos legatários.

O evento *morte*, marco inicial da sucessão, pode ser real ou presumido. A morte real será provada mediante certidão de registro público de óbito. Já a morte presumida será constituída em juízo prova indireta do óbito mediante os meios probatórios admissíveis pela legislação, enumerados no

7. *Instituições de Direito Civil*, 12ª ed., vol. I, p. 266.

art. 136 do CC. [*N. da R.: De 1916 – art. 212 do CC de 2002*] A abertura da sucessão também pode ser gerada pela morte presumida pela ausência, conforme o art. 481 do CC.[8] [*N. da R.: De 1916 – art. 37 do CC de 2002*] Pela cobrança do imposto sobre transmissão *causa mortis* a partir da sucessão provisória, garantido está o direito à restituição do valor tributado, caso apareça o ausente.

Concluindo-se, o evento *morte* – real ou presumida – do autor de herança ou legado é o critério temporal da hipótese de incidência do imposto sobre transmissão *causa mortis* de quaisquer bens ou direitos.

• CRITÉRIO ESPACIAL DO IMPOSTO SOBRE TRANSMISSÃO *CAUSA MORTIS*

1) Sobre Bens Imóveis e Direitos Correlatos

Determina a CF, em seu art. 155, I, que o ITCMD, "relativamente a bens imóveis e respectivos direitos, compete ao Estado da situação do bem, ou ao Distrito Federal".

Deste modo, conforme vontade do legislador constituinte, a competência para instituição deste tributo será do Estado-membro da situação do bem, sendo irrelevante o local de residência ou domicílio do autor da herança, bem como o local de seu falecimento.

Pertinente, aqui, a analogia deste dispositivo com regra de direito internacional privado prevista para regular conflito de leis no espaço entre diversas jurisdições. Prescreve o art. 8º da LICC que: "Para qualificar os bens e regular as relações a eles concernentes, aplicar-se-á a lei do país em que estiverem situados". E o art. 89 do CPC que: "Compete à autoridade judiciária brasileira, com exclusão de qualquer outra: I – conhecer de ações relativas a imóveis situados no Brasil; II – proceder a inventário e partilha de bens situados no Brasil, ainda que o autor da herança seja estrangeiro e tenha residido fora do território nacional".

Desta forma, assim como é critério internacional de resolução de conflito de competência, quanto a bens imóveis, o local (país) onde estão situados, é critério nacional de resolução de conflito de competência tributária, quanto a bens imóveis, o local (Estado-membro) de sua localização.

O CTN tem previsão correlata àquela do inciso I do art. 155 da CF, em seu art. 41: "O imposto compete ao Estado da situação do imóvel transmitido, ou sobre que versarem os direitos cedidos, mesmo que a mutação patrimonial decorra de sucessão aberta no Estrangeiro".

Concluindo, o critério espacial do imposto sobre transmissão *causa mortis*, quanto aos bens imóveis, é o local (Estado-membro) da situação do bem, independentemente do local de domicílio do autor da herança, ou de seu falecimento.

2) Sobre Bens Móveis, Títulos e Créditos

A Constituição Federal estabelece, de forma cabal (art. 155, II), que o imposto sobre transmissão *causa mortis* de bens móveis compete ao Estado-membro onde se processar o inventário ou arrolamento, ou ao Distrito Federal. E para se saber onde se processa o inventário ou arrolamento, pelo nosso ordenamento jurídico, necessário recorrermos ao Código de Processo Civil, que, em seu art. 96, reza: "O foro do domicílio do autor da herança, no Brasil, é o competente para o inventário, a partilha, a arrecadação, o cumprimento de disposições de última vontade e todas as ações em que o espólio for réu, ainda que o óbito tenha ocorrido no Estrangeiro".

E o lugar da abertura da sucessão, conforme o art. 1.578 do CC, [*N. da R.: De 1916 – art. 1.785 do CC de 2002*] é o do último domicílio do falecido.

Conclui-se que o legislador brasileiro adotou o domicílio civil do *de cujus* como

8. "Art. 481. Vinte anos depois de passada em julgado a sentença que concede a abertura da sucessão provisória, poderão os interessados requerer a definitiva e o levantamento das cauções prestadas."

critério de competência sobre o imposto *causa mortis* incidente sobre bens móveis. Assim, o critério espacial do imposto sobre transmissão *causa mortis* sobre bens móveis é o local do (último) domicílio do autor da herança.

Como exceção, na falta de domicílio certo, competente será o foro da situação dos bens (CPC, art. 96, parágrafo único, I), ou o foro do lugar do óbito, se situados os bens em lugares diferentes (CPC, art. 96, parágrafo único, II).

Seguindo o comando constitucional (como não poderia deixar de ser), as legislações estaduais definiram o domicílio do autor da herança como critério espacial da regra-matriz de incidência tributária *causa mortis*, quanto aos bens móveis.

- CRITÉRIO PESSOAL DO IMPOSTO SOBRE TRANSMISSÃO *CAUSA MORTIS*

Se o antecedente da regra-matriz de incidência tributária, de caráter descritivo, estabelece critérios para reconhecimento de um fato jurídico tributário, o conseqüente da regra-matriz, de caráter prescritivo, traz critérios para se determinar elementos de uma relação jurídica tributária, que é gerada a partir da concretização do evento abstratamente descrito no antecedente da regra-matriz. Estes critérios do conseqüente normativo indicam o sujeito portador de direito subjetivo de exigir determinada prestação (sujeito ativo), o sujeito gravado de um dever jurídico de cumprir certa prestação (sujeito passivo) e o objeto da relação jurídica, consubstanciado na base de cálculo e na alíquota do tributo.

Sujeito ativo é o sujeito credor da obrigação tributária. De acordo com preceito constitucional, que determina aos Estados-membros e Distrito Federal a competência para instituição do ITCMD, podemos afirmar serem estes entes federativos os sujeitos ativos do imposto, conforme os critérios material, espacial e temporal previamente estudados.

Sujeito passivo, nos dizeres de Geraldo Ataliba,[9] é o devedor, convencionalmente chamado *contribuinte*. É a pessoa que fica na contingência legal de ter o comportamento objeto da obrigação, em detrimento do próprio patrimônio e em favor do sujeito ativo. É a pessoa que terá diminuição patrimonial, com a arrecadação do tributo.

O sujeito passivo é, pois, alguém que, de alguma forma, está relacionado com o fato posto como aspecto material da hipótese de incidência, de modo que se infira ser o titular da capacidade contributiva.[10]

Mesmo que o Texto Constitucional não traga de forma explícita a sujeição passiva do ITCMD, podemos inferir que a pessoa conexa diretamente com o fato jurídico tributário descrito no antecedente normativo da regra-matriz é o herdeiro ou legatário do *de cujus* – participante, portanto, do pólo passivo da relação jurídica tributária gerada com a ocorrência do fato gerador *morte* do autor da herança ou legado, demonstrada a capacidade contributiva de cada sujeito passivo, conforme a quotaparte da herança ou legado transmitida a cada herdeiro ou legatário.

Ocorrendo o falecimento do autor de herança ou legado, e iniciando-se o fenômeno sucessório, com a transmissão de bens e direitos a título gratuito aos herdeiros e legatários, são estes últimos que se vinculam ao critério material do antecedente normativo da regra-matriz, sendo diretamente beneficiados, de forma não-onerosa, com o aumento de seus patrimônios, caracterizando-se, assim, a capacidade contributiva necessária à sujeição passiva ao imposto.

Reforça este entendimento o disposto no parágrafo único do art. 35 do CTN, prescrevendo que nas transmissões *causa mortis* ocorrem tantos fatos geradores distintos quantos sejam os *herdeiros* ou *legatários*.

Preceitua o Código Civil que a aquisição de herança ou legado tem como pré-

9. *Hipótese de Incidência Tributária*, 6ª ed., p. 86.

10. Idem, p. 88.

requisito sua aceitação, que vem a ser o ato a partir do qual o herdeiro (ou legatário) exprime sua vontade de receber a herança ou legado transmitido pelo *de cujus*.

O instituto da aceitação teve sua importância quando o herdeiro substituía o falecido na herança, quer quanto aos créditos, quer quanto aos débitos, mesmo que estes fossem superiores àqueles. Nesta última situação não seria conveniente a aceitação da herança por parte do herdeiro. Tendo o Código Civil alterado este regime para determinar a responsabilidade do herdeiro apenas até o limite das forças da herança, o instituto da aceitação teve sua relevância diminuída. Porém, como, ao se aceitar determinada herança, o herdeiro assume diversos ônus, mesmo que inferiores aos créditos, a questão ainda guarda relevo.

Concluindo, podemos afirmar que o sujeito passivo da relação jurídica tributária do imposto sobre transmissão *causa mortis* é o herdeiro ou o legatário que aceitar a herança ou legado.

• CRITÉRIO QUANTITATIVO DO IMPOSTO SOBRE TRANSMISSÃO *CAUSA MORTIS*

No critério quantitativo do conseqüente da regra-matriz encontram-se os componentes essenciais do débito tributário – base de cálculo e alíquota. De acordo com Paulo de Barros Carvalho, é neste critério que se encontram referências às grandezas mediante as quais o legislador pretendeu dimensionar o fato jurídico tributário, para efeito de definir o *quantum* a ser pago pelo sujeito passivo, a título de tributo.[11]

1) Base de Cálculo

Segundo Geraldo Ataliba,[12] base de cálculo, por ele denominada *base imponível*, é uma perspectiva dimensível do aspecto material da hipótese de incidência, com a finalidade de fixar critério para a determinação, em cada obrigação tributária concreta, do *quantum debeatur*.

Para Paulo de Barros Carvalho[13] todo o esforço do legislador há de estar orientado à promoção do perfeito ajuste entre o enunciado que mensura a base de cálculo e a formulação da hipótese de incidência. Deste modo, a perspectiva dimensional deve ser uma medida efetiva do fato jurídico tributário, abstratamente descrito na hipótese da regra-matriz. É fundamental a perfeita conexão entre o fato descrito pela hipótese e o fato construído para ser sua base de cálculo.

O CTN estabelece, em seu art. 38, que a base de cálculo do imposto (sobre bens imóveis) é o valor venal dos bens ou direitos transmitidos.

Na hipótese de promessa de compra e venda segue-se orientação jurisprudencial, de acordo com a Súmula 590 do STF: "Calcula-se o imposto de transmissão *causa mortis* sobre o saldo credor da promessa de compra e venda de imóvel, no momento da abertura da sucessão do promitente vendedor".

Quanto aos bens móveis, na ausência de lei complementar, os Estados-membros e o Distrito Federal legislaram, no âmbito de suas competências, determinando como base de cálculo do imposto sobre transmissão *causa mortis* e doação de bens e direitos móveis o valor venal dos referidos bens ou direitos transmitidos.

A título exemplificativo, preceitua o art. 9º da Lei 10.705/2000, do Estado de São Paulo, que: "A base de cálculo do imposto é o valor venal do bem ou direito transmitido, expresso em moeda nacional ou em UFESPs (Unidades Fiscais do Estado de São Paulo)". Em seu § 1º, prescreve que: "Para os fins de que trata esta Lei, considera-se valor venal o valor de mercado do bem ou direito na data da abertura da sucessão ou da realização do ato ou con-

11. *Curso* ..., 12ª ed., p. 277.
12. *Hipótese* ..., 6ª ed., p. 108.
13. *Direito Tributário: Fundamentos Jurídicos da Incidência*, 2ª ed., p. 178.

trato de doação". Finalmente, pelo seu art. 10: "O valor do bem ou direito na transmissão *causa mortis* é o atribuído na avaliação judicial e homologado pelo juiz".

O art. 38 do CTN deve ser lido de maneira sistemática com o parágrafo único de seu art. 35, pois, ao determinar a existência de diversas relações jurídicas tributárias quantos forem os herdeiros ou legatários, a sujeição passiva do ITCMD resta limitada à quota-parte transmitida a cada herdeiro ou legatário.

Destarte, de forma genérica podemos dizer que a base de cálculo do ITCMD é o valor venal do bem ou direito transmitido, mas de forma específica, após apuração dos quinhões hereditários, ao final do processo judicial de inventário, podemos afirmar que a base de cálculo do ITCMD é o valor do quinhão hereditário.

Abordaremos detalhes deste procedimento ao enfrentarmos a questão do lançamento do ITCMD, no item subseqüente (análise da legislação relativa ao ITCMD).

2) Alíquota

O critério quantitativo da regra-matriz de incidência tributária não se completa se não tivermos a determinação da alíquota do tributo vinculada à sua base de cálculo. Somente a partir da conjugação destes dois institutos teremos a composição numérica da dívida tributária, que poderá ser exigida pelo sujeito ativo ao sujeito passivo. Ou as alíquotas representam um valor monetário (fixo ou variável) em função da progressividade da base de cálculo, ou representam frações da base de cálculo.

Estabeleceu o legislador constituinte que o ITCMD deverá ter suas alíquotas máximas fixadas pelo Senado Federal (art. 155, § 1º, IV). A partir de 1.1.1992 vige a Resolução 9, que prescreve a alíquota máxima de 8% sobre as transmissões *causa mortis*. Corrobora este posicionamento o determinado no art. 39 do CTN, não podendo a alíquota do imposto exceder os limites fixados em resolução do Senado Federal.

Interessante observarmos a regra prescrita pelo Estado da Bahia através do parágrafo único do art. 9º da Lei 4.826, de 27.1.1989 – portanto, anterior à Resolução 9 do Senado Federal, que é de 5.5.1992: "Na hipótese de virem a ser fixadas pelo Senado Federal alíquotas máximas, se inferiores às previstas, essas terão aplicação imediata". Tal preceito não foi endossado pelo STF,[14] sustentando-se que "os Estados, por força do art. 150, I, da CF, só podem aumentar tributo por lei estadual específica e não por meio de lei que se atrele genericamente a essa alíquota máxima fixada pelo Senado e varie posteriormente com ela, até porque o princípio da anterioridade, a que está sujeita essa lei estadual de aumento, diz respeito ao exercício financeiro em que ela haja sido publicada e não, *per relationem*, à resolução do Senado que aumentou o limite máximo da alíquota".

• REGRA-MATRIZ DO IMPOSTO SOBRE TRANSMISSÃO *CAUSA MORTIS*

Dada a transmissão de quaisquer bens ou direitos, na abertura da sucessão (morte do *de cujus*), situados no Estado-membro ou Distrito Federal (bens imóveis) ou onde se processar o inventário ou arrolamento (bens móveis),

Deve-Ser

O pagamento, pelo herdeiro ou legatário, de (no máximo) 8% de seu quinhão, ao Estado-membro ou Distrito Federal relacionado ao fato jurídico tributário.

2.2 Da regra-matriz de incidência do imposto sobre transmissão a título gratuito "inter vivos" (doação)

Apesar de o legislador constituinte ter tratado em conjunto dos institutos da su-

14. STF, 1ª Turma, AgRg em Ag 237.950-9-PE, rel. Min. Moreira Alves, j. 29.6.1999, v.u., *DJU* 3.9.1999 e *Repertório IOB de Jurisprudência* 1/14.009.

cessão e da doação a fim de atribuir competência tributária aos Estados-membros e Distrito Federal sobre um único imposto, deve o cientista do Direito, na busca da construção das regras-matrizes concernentes ao ITCMD, procurar trabalhar separadamente aqueles institutos do direito civil.

A transmissão de bens *causa mortis* está vinculada ao direito das sucessões, enquanto que a transmissão de bens a título gratuito *inter vivos* está vinculada ao direito das obrigações (onde se regula o contrato de doação). Assim, os dois fenômenos relativos à transmissão de bens têm em comum sua gratuidade, mas distinguem-se por um ser *causa mortis* e o outro ser *inter vivos*.

Da mesma maneira que buscamos apoio nos conceitos de direito da sucessão para entendermos o fenômeno da transmissão *causa mortis*, iremos nos socorrer dos conceitos relativos ao instituto da doação, previstos no Livro III da Parte Especial do Código Civil – "Direito das Obrigações", [*N. da R.: de 1916 – Livro I da Parte Especial do CC de 2002*] para apreendermos o conteúdo e alcance da regra constitucional que preceitua a incidência do imposto sobre transmissão a título gratuito *inter vivos* (doação).

• CRITÉRIO MATERIAL DO IMPOSTO SOBRE TRANSMISSÃO POR DOAÇÃO

Pelo art. 155, I, da CF, compete aos Estados-membros e ao Distrito Federal a instituição de imposto sobre a transmissão, a título gratuito, *inter vivos* de quaisquer bens ou direitos.

A partir da prescrição constitucional supracitada, podemos inferir que o núcleo do imposto sobre transmissão por doação decorre da junção do verbo *doar* com seu complemento *quaisquer bens ou direitos*.

O conceito lato e não-jurídico de *doação* corresponde à transmissão gratuita de bens a outrem. Já seu conceito jurídico encontra-se previsto no art. 1.165 do CC: [*N. da R.: De 1916 – art. 538 do CC de 2002*] "Considera-se doação o contrato em que uma pessoa, por liberalidade, transfere do seu patrimônio bens ou vantagens para o de outra, que os aceita".

Deste modo, são características da doação sua natureza contratual, a transmissão gratuita de algum bem ou direito do doador para o donatário e sua essencial aceitação.

O contrato de doação é unilateral, gratuito, consensual e solene. A doação não é o bastante para a realização da transferência do domínio, pois esta transferência somente se concretiza com a tradição, se o bem for móvel, ou pela transcrição em Registro competente, sendo o bem imóvel.

Pela doação é necessária a caracterização do aumento patrimonial de um (donatário) e diminuição patrimonial de outro (doador), a partir de liberalidade deste e aceitação daquele.

A doação gravada com encargo (art. 1.180 do CC) [*N. da R.: de 1916 – art. 553 do CC de 2002*] não perde suas características essenciais, sujeitando-se, deste modo, à tributação sobre a transmissão por doação.[15]

Com relação aos bens imóveis o Código Tributário Nacional explicita as hipóteses de incidência dos impostos sobre transmissão, seja *causa mortis*, seja *inter vivos* (doação).

Em relação aos bens móveis, mesmo com a inexistência de lei complementar específica (a Constituição Federal de 1988 é posterior ao Código Tributário Nacional), os Estados-membros e o Distrito Federal legislaram sobre a matéria, amparados pela Constituição Federal de 1988.[16]

Finalmente, deve-se destacar que a desigualdade nas partilhas realizadas em processos de separação, divórcio, inventá-

15. Por exemplo, art. 2º, § 3º, da Lei do ITCMD de São Paulo: "A legítima dos herdeiros, ainda que gravada, e a doação com encargo sujeitam-se ao imposto como se não o fossem".

16. Por exemplo, art. 2º da Lei do ITCMD de São Paulo: "O imposto incide sobre a transmissão de qualquer bem ou direito havido por doação".

rio ou arrolamento também se subsume ao critério material da regra-matriz do imposto sobre transmissão por doação, conforme entendimento jurisprudencial do STF, de acordo com a Súmula 116: "Em desquite, ou inventário, é legítima a cobrança do chamado imposto de reposição, quando houver desigualdade dos valores partilhados". Este entendimento também faz parte de diversas legislações estaduais, como o disposto no art. 2º, § 5º, da Lei 10.705 do Estado de São Paulo: "Estão compreendidos na incidência do imposto os bens que, na divisão de patrimônio comum, na partilha ou adjudicação, forem atribuídos a um dos cônjuges, a um dos conviventes, ou a qualquer herdeiro, acima da respectiva meação ou quinhão".

Concluindo, podemos afirmar que o critério material da regra-matriz de incidência do imposto é a doação de quaisquer bens ou direitos.

- CRITÉRIO TEMPORAL DO IMPOSTO SOBRE TRANSMISSÃO POR DOAÇÃO

A transmissão por doação ocorre não no momento da feitura do respectivo contrato, mas no momento da transmissão do bem ou direito pelo doador ao donatário.

Quanto aos bens móveis esta transmissão opera-se com a tradição, que nada mais é do que a entrega da coisa ao adquirente. Assim, o imposto sobre transmissão por doação de bem móvel só se tornaria exigível com a efetiva entrega da coisa pelo doador ao donatário.

Quanto aos bens imóveis, pelo prescrito no art. 530 do CC: [*N. da R.: De 1916 – art. 1.245 do CC de 2002*] "Adquire-se a propriedade imóvel pela transcrição do título de transferência no registro do imóvel". Rigorosamente, somente com o registro da escritura pública de doação no Registro de Imóveis competente é que se daria a transmissão por doação do bem imóvel, ou seja, a concretização do fato jurídico previsto na hipótese de incidência de forma abstrata e genérica.

Na realidade, todavia, para efeitos de incidência do imposto, antecipa-se de forma ficta o aspecto temporal da regra-matriz do imposto sobre transmissão por doação (de bens imóveis), exigindo-se seu pagamento já na lavratura da escritura de doação, bem como a responsabilidade solidária dos tabeliães, escrivães e demais serventuários de ofício, conforme prescreve o art. 134, VI, do CTN. A lavratura da escritura de doação pode ser considerada como o momento da transmissão econômica do bem, presumindo-se a ocorrência, *a posteriori*, do fato jurídico tributário, qual seja, a transmissão jurídica do bem, com o registro da escritura de doação.

Deste modo, o critério temporal da regra-matriz de incidência do imposto sobre transmissão por doação é o momento da transmissão econômica do bem ou direito pelo doador ao donatário.

Esta dissonância entre o momento da transmissão econômica do bem – onde se exige o recolhimento do imposto – e o momento da transmissão jurídica do bem se justifica por algumas razões.

O registro da escritura de bem imóvel, ato essencial à transmissão da propriedade de bem imóvel, seja onerosa ou gratuita, tem relevância específica para fins de direito civil, tendo em vista a necessária publicidade e oponibilidade *erga omnes* deste ato jurídico. Porém, não é o ato do registro da escritura o mais interessante à lei tributária para se determinar o momento da ocorrência do fato tributável. De fato, sendo o registro da escritura do bem imóvel um ato voluntário e discricionário por parte do adquirente do bem, e sendo o tributo, de acordo com art. 3º do CTN, prestação pecuniária compulsória, sendo a obrigação tributária uma obrigação *ex lege*, não seria razoável escolher o momento do registro da escritura do negócio jurídico como o momento de nascimento da obrigação tributária.

De qualquer forma, com o advento da EC 3, de 17.3.1993, reduz-se a controvérsia acerca do aspecto temporal do imposto sobre transmissão de bens por doação, a partir do prescrito no art. 150, § 7º: "A lei poderá atribuir a sujeito passivo de obrigação tributária a condição de responsável pelo pagamento de imposto ou contribuição, cujo fato gerador deva ocorrer posteriormente, assegurada a imediata e preferencial restituição da quantia paga, caso não se realize o fato gerador presumido".

Deste modo, mesmo que não se aceite a tese da antecipação – por ficção jurídica – do aspecto temporal do antecedente da regra-matriz do imposto sobre transmissão de bem imóvel por doação, ou seja, entendendo-se que o fato gerador do imposto só se concretiza com a transmissão jurídica do bem com o registro da escritura, a partir da EC 3/1993 existe previsão constitucional para se exigir pagamento de imposto cujo fato gerador, por presunção, ocorrerá *a posteriori*.

Por conclusão, temos que o critério temporal do imposto sobre transmissão por doação é o momento da transmissão econômica do bem, que, em relação a bem imóvel, será o da lavratura da escritura de doação.

• CRITÉRIO ESPACIAL DO IMPOSTO SOBRE TRANSMISSÃO POR DOAÇÃO

De acordo com o art. 155 da CF:

"Art. 155. Compete aos Estados e ao Distrito Federal instituir impostos sobre:

"I – transmissão *causa mortis* e doação, de quaisquer bens ou direitos;

" (...).

"§ 1º. O imposto previsto no inciso I:

"I – relativamente a bens imóveis e respectivos direitos, compete ao Estado da situação do bem, ou ao Distrito Federal;

"II – relativamente a bens móveis, títulos e créditos, compete ao Estado onde se processar o inventário ou arrolamento, ou tiver domicílio o doador, ou ao Distrito Federal;

" (...)."

Assim, quanto aos bens imóveis o critério espacial da regra-matriz do imposto sobre transmissão por doação é o mesmo que o da regra-matriz do imposto sobre transmissão *causa mortis* – ou seja, o local da situação do bem imóvel.

Quanto aos bens móveis, pelo inciso II do § 1º do art. 155 da CF apreende-se que o critério espacial da regra-matriz do imposto sobre transmissão por doação é o local do domicílio do doador.

Neste sentido, o disposto no art. 3º, § 2º, da Lei 10.705 do Estado de São Paulo: "O bem móvel, o título e o direito em geral, inclusive os que se encontrem em outro Estado ou no Distrito Federal, também ficam sujeitos ao imposto de que trata esta Lei, no caso de o inventário ou arrolamento processar-se neste Estado ou nele tiver domicílio o doador".

• CRITÉRIO PESSOAL DO IMPOSTO SOBRE TRANSMISSÃO POR DOAÇÃO

Como dito anteriormente, o conseqüente da regra-matriz traz critérios para se determinar elementos de uma relação jurídica tributária, indicando o sujeito portador de direito subjetivo de exigir determinada prestação (sujeito ativo), o sujeito gravado de um dever jurídico de cumprir certa prestação (sujeito passivo) e o objeto da relação jurídica, consubstanciado na base de cálculo e na alíquota do tributo.

Sujeito ativo é o sujeito credor da obrigação tributária. De acordo com preceito constitucional, que determina aos Estados-membros e ao Distrito Federal a competência para instituição do ITCMD, podemos afirmar serem estes entes federativos os sujeitos ativos do imposto sobre transmissão por doação, conforme os critérios material, espacial e temporal previamente estudados.

Concretizando-se o fato previsto no descritor da regra-matriz de incidência, instala-se uma relação jurídica de conteúdo patrimonial – a obrigação tributária –, composta de três elementos: sujeitos ativo e passivo e objeto.

O sujeito ativo tem o direito subjetivo de exigir a prestação pecuniária; e, em contrapartida, o sujeito passivo tem o dever jurídico de cumpri-la.

De acordo com o preceituado no art. 42 do CTN: "Contribuinte do imposto é qualquer das partes na operação tributada, como dispuser a lei". Desta forma, verifica-se que o legislador complementar não determinou o sujeito passivo da obrigação tributária em estudo, delegando ao legislador ordinário (estaduais e distrital) esta determinação, podendo ser o doador, o donatário, ou ambos. Deve-se destacar que o Código Tributário Nacional só se aplica aos bens imóveis. Na inexistência de regulamentação por lei complementar a respeito de bens móveis, legislaram os Estados-membros e o Distrito Federal, estabelecendo, em sua maioria, como sujeito passivo da obrigação tributária o donátario, respondendo subsidiariamente o doador.[17]

Concluindo, quanto ao critério pessoal do conseqüente da regra-matriz do imposto sobre transmissão por doação, sujeito ativo da obrigação tributária será o Estado-membro ou o Distrito Federal, relacionado ao fato gerador concretizado, e sujeito passivo o donatário (em regra), conforme legislação ordinária específica.

• CRITÉRIO QUANTITATIVO DO IMPOSTO SOBRE TRANSMISSÃO *CAUSA MORTIS*

Conforme dito anteriormente, no critério quantitativo do conseqüente da regra-matriz encontram-se os componentes essenciais do débito tributário – base de cálculo e alíquota. A partir destes elementos, define-se o *quantum* a ser pago pelo sujeito passivo, a título de tributo.

1) Base de Cálculo

O Código Tributário Nacional estabelece, em seu art. 38, que a base de cálculo do imposto (sobre bens imóveis) é o valor venal dos bens ou direitos transmitidos. Esta base de cálculo é aplicável à transmissão *causa mortis* e também à transmissão gratuita *inter vivos* (doação). Estados-membros e Distrito Federal estenderam este entendimento aos bens móveis.

Quanto à data de referência do valor venal, o art. 15 da Lei 10.705 do Estado de São Paulo estabelece que o valor da base de cálculo será considerado na data da realização do contrato de doação, sendo atualizado monetariamente até a data prevista na legislação tributária para o recolhimento do imposto (trecho final introduzido pela Lei 10.992, de 21.12.2001). Já o art. 12 da Lei 1.427 do Estado do Rio de Janeiro prevê que: "O valor do bem ou direito, base para o cálculo do imposto, nos casos em que este é pago antes da transmissão, é o da data em que for efetuado o pagamento".

2) Alíquota

Estabeleceu o legislador constituinte que o ITCMD deverá ter suas alíquotas máximas fixadas pelo Senado Federal (art. 155, § 1º, IV). A partir de 1.1.1992 vige a Resolução 9, que prescreve a alíquota máxima de 8% sobre as transmissões *causa mortis,* válida também para transmissões *inter vivos* a título gratuito (doação).

No caso do Estado de São Paulo temos as seguintes alíquotas, ao longo do tempo:

a) período anterior a 1.1.2001 – 4%, tributáveis somente os bens imóveis, conforme a Lei 9.591/1966;

b) entre 1.1 e 31.12.2001 – 2,5% até 12.000 UFESPs (Unidade Fiscal do Estado de São Paulo), e 4%, acima deste limite (art. 16 da Lei 10.705, de 28.12.2000);

17. Por exemplo, art. 7º da Lei 10.705 do Estado de São Paulo: "São contribuintes do imposto: (...) III – na doação: o donatário"; art. 8º: "Nos casos de impossibilidade de exigência do cumprimento da obrigação principal pelo contribuinte, respondem solidariamente com este nos atos em que intervierem ou pelas omissões de que forem responsáveis: (...) III – o doador".

c) a partir de 1.1.2002 – 4% (art. 16 da Lei 10.992, que alterou a Lei 10.705).

- REGRA-MATRIZ DO IMPOSTO SOBRE TRANSMISSÃO POR DOAÇÃO

Dada a transmissão econômica de quaisquer bens ou direitos, através de doação, situados no Estado-membro ou Distrito Federal (bens imóveis) ou onde tiver domicílio o doador (bens móveis)

Deve-Ser

O pagamento, pelo donatário, de (no máximo) 8% sobre o valor venal do bem ou direito, ao Estado-membro ou Distrito Federal relacionado ao fato jurídico tributário.

3. Aspectos controversos relativos ao ITCMD

Sem qualquer pretensão de esgotar o debate quanto aos temas adiante suscitados, temos como meta trazer à reflexão do leitor aspectos controversos relativos ao ITCMD, dos quais selecionamos alguns.

3.1 Ausência de lei complementar para transmissão de bens móveis

O CTN, em seu art. 35, estabelece comandos aplicáveis à transmissão de bens imóveis. Porém, tal lei complementar, recepcionada pela Constituição Federal de 1988, não regula as transmissões de bens e direitos móveis, pela ausência de previsão constitucional no momento de sua entrada em vigor (1966).

Na ausência, até este momento, de lei complementar nacional estabelecendo normas gerais em matéria de legislação tributária sobre transmissão de bens e direitos móveis, conforme prescreve o art. 146, III, da CF, é possível que os Estados-membros e o Distrito Federal legislem diretamente sobre a matéria?

Sim, existe permissão constitucional para a instituição do imposto sobre transmissão *causa mortis* e doação de bens e direitos móveis, conforme o art. 34 do ADCT e art. 24 da CF, que prescrevem:

"Art. 34. O Sistema Tributário Nacional entrará em vigor a partir do primeiro dia do quinto mês seguinte ao da promulgação da Constituição, mantido, até então, o da Constituição de 1967, com a redação dada pela Emenda n. 1, de 1969, e pelas posteriores.

"(...).

"§ 3º. Promulgada a Constituição, a União, os Estados, o Distrito Federal e os Municípios poderão editar as leis necessárias à aplicação do Sistema Tributário Nacional nela previsto.

"§ 4º. As leis editadas nos termos do parágrafo anterior produzirão efeitos a partir da entrada em vigor do Sistema Tributário Nacional previsto na Constituição.

"§ 5º. Vigente o novo Sistema Tributário Nacional, fica assegurada a aplicação da legislação anterior, no que não seja incompatível com ele e com a legislação referida nos §§ 3º e 4º.

"(...)."

Além desta autorização constitucional de caráter não-permanente, podem os entes federativos editar leis necessárias à aplicação do Sistema Tributário Nacional, quando da ausência de lei nacional elaborada pelo Congresso Nacional, pela competência de instituir impostos atribuída pela própria Constituição Federal.[18] Outrossim, conforme o art. 24 da CF, os Estados-membros e o Distrito Federal têm competência concorrente suplementar, ou seja, de acordo com o § 2º do art. 24: "A competência da União para legislar sobre normas gerais não exclui a competência suplementar dos Estados". Pelo § 3º, "inexistindo lei federal sobre normas gerais, os Estados exer-

18. Art. 155 da CF: "Compete aos Estados e ao Distrito Federal instituir impostos sobre: I – transmissão *causa mortis* e doação, de quaisquer bens e direitos: (...)".

cerão a competência legislativa plena, para atender a suas peculiaridades".

Concluindo, na ausência de lei complementar nacional concernente a normas gerais sobre ITCMD de bens móveis, podem os Estados-membros e o Distrito Federal legislar, seja pela competência de instituir impostos atribuída pela própria Constituição Federal, seja pelos preceitos extraídos dos arts. 34 do ADCT e 24 da Lei Maior.

Podemos admitir que o entendimento acima esboçado não apresenta controvérsias. O mais importante é a verificação da prescindibilidade de edição de lei complementar para determinadas situações – como demonstrado para a regulação da transmissão de bens móveis – e de sua imprescindibilidade em outras hipóteses, como verificaremos no item 3.2.

3.2 Conflito de competência para instituição do ITCMD

A Constituição Federal de 1988 trouxe uma inovação quanto ao ITCMD, no inciso III do § 1º do seu art. 155, que diz:

"Art. 155. Compete aos Estados e ao Distrito Federal instituir impostos sobre:

"I – transmissão *causa mortis* e doação de quaisquer bens ou direitos;

"(...).

"§ 1º. O imposto previsto no inciso I:

"(...);

"III – terá a competência para sua instituição regulada por lei complementar:

"a) se o doador tiver domicílio ou residência no Exterior;

"b) se o *de cujus* possuía bens, era residente ou domiciliado ou teve o seu inventário processado no Exterior;

"(...)."

Assim, a competência para a instituição do ITCMD deve ser regulada por lei complementar se o doador tiver domicílio ou residência no Exterior e se o *de cujus* possuía bens, era residente ou domiciliado ou teve o seu inventário processado no Exterior. Caberia, portanto, a uma lei complementar nacional a solução de possíveis conflitos internos de competência relacionados com fatos jurídicos vinculados a elemento estrangeiro – doador ou *de cujus* com bens ou domicílio no Exterior.

Segundo Roque Carrazza[19] os impostos sobre transmissão *causa mortis* e doação, em princípio, competem, em relação aos bens imóveis e seus respectivos direitos, ao Estado da situação do bem e, relativamente a bens móveis, títulos e créditos, ao Estado onde se processar o inventário ou arrolamento, ou tiver domicílio o doador. Porém, se o doador tiver domicílio ou residência no Exterior ou se o *de cujus* possuía bens, era residente ou domiciliado ou teve seu inventário processado no Exterior, é a lei complementar que, desempenhando a função que lhe foi atribuída pelo art. 146, I, da CF – "dispor sobre conflitos de competência, em matéria tributária", entre os entes políticos –, vai disciplinar o assunto, dando critérios para que se saiba, com exatidão, a qual unidade federativa competem os impostos em tela.

Luciano Amaro[20] afirma que as leis complementares prestam-se a dois tipos de atuação em matéria tributária. Na quase-totalidade das hipóteses a Constituição lhes confere tarefas dentro de sua função precípua de complementar as disposições constitucionais. É o que ocorre quando a lei complementar fixa critérios de competência tributária do imposto estadual de transmissão (CF, art. 155, § 1º, III). Excepcionalmente a Constituição reclama a edição de lei complementar para a criação de certos tributos.

Deste modo, enquanto que nos incisos I e II do § 1º do art. 155 a própria CF estabeleceu critérios de competência para instituição do ITCMD – Estado da situação do bem imóvel ou Estado onde se processar

19. *Curso de Direito Constitucional Tributário*, 14ª ed., p. 604.

20. *Direito Tributário Brasileiro*, 4ª ed., p. 161.

o inventário ou arrolamento, ou tiver domicílio o doador, quanto aos bens móveis –, no inciso III do § 1º do art. 155 a CF prescreve que o estabelecimento do critério de competência sobre as hipóteses ali arroladas deve vir por uma lei complementar.

Pois bem: o Estado de São Paulo – art. 4º da Lei 10.705 – prescreve que, ocorrendo aquela hipótese prevista na Constituição Federal (art. 155, § 1º, III), será devido o tributo a este Estado se o herdeiro, legatário ou donatário tiver domicílio em São Paulo. A mesma prescrição encontra-se no art. 9º da Lei 1.427/1989 do Estado do Rio de Janeiro, ou seja, será devido o tributo a este Estado se o herdeiro, legatário ou donatário tiver domicílio no Rio de Janeiro.

A questão que vem à tona é: possuem Estados-membros e Distrito Federal competência constitucional para legislar sobre as hipóteses previstas no inciso III do § 1º do art. 155 da CF, na ausência de lei complementar prevista pela Constituição? Na hipótese em que o herdeiro, legatário ou donatário possuir dois domicílios, um no Estado do Rio de Janeiro e outro no Estado de São Paulo, deverá o mesmo ser bitributado?

Para procurarmos responder a estas questões nos apoiaremos em conceitos de teoria geral do Direito e de direito internacional privado.

Tércio Sampaio Ferraz[21] afirma que, para a concretização de uma função eficacial primária, a norma pode ou não depender de outras normas, ou, delas prescindindo, pode admitir, no entanto, uma restrição por meio de uma futura norma que lhe reduzirá a eficácia. Quando a concretização da função eficacial é imediata, sem necessidade de outra norma, não podendo ser restringida, diz-se que a eficácia é plena. Quando, para a realização da função eficacial, há necessidade de outras normas, diz-se que a eficácia é limitada. Quando pode ser restringida, sendo plena enquanto não sobrevier a restrição, diz-se que a eficácia é contida.

Deste modo, enquanto a norma de eficácia limitada é inapta, por si só, à irradiação de efeitos, a norma de eficácia contida é aplicável de imediato e de forma plena.

Com base nestes conceitos, não temos dúvida em afirmar que a partir do inciso III do § 1º do art. 155 da CF se constrói uma norma de eficácia limitada, ou seja, esta norma constitucional não deveria produzir efeitos – instituição do ITCMD pelos Estados-membros e Distrito Federal nas hipóteses ali arroladas – enquanto não sobreviesse uma outra norma, complementar à Constituição Federal, justamente para a regulação do conflito de competência acima verificado. Não seria sensato entendermos que a partir do inciso III do § 1º do art. 155 da CF se constrói uma norma de eficácia contida, com aplicação imediata e plena, pois o estabelecimento de critério para dirimir conflito de competência deve vir antes da existência do conflito, ao contrário do que a realidade nos mostra.

Quanto ao argumento contrário da competência concorrente dos Estados-membros para legislar em matéria tributária (art. 24, I, da CF), defendendo-se a prescindibilidade de edição de lei complementar, o § 3º deste art. 24 prescreve que, quando da inexistência de lei federal sobre normas gerais, podem os Estados exercer a competência legislativa plena, para atender a suas peculiaridades. Não é o que ocorre na situação estudada, pois a lei complementar demandada virá para regular conflito de competência em matéria tributária entre Estados-membros e Distrito Federal (CF, art. 146, I), e não para estabelecer normas gerais em matéria tributária (CF, art. 146, III).

Concluindo parcialmente nosso raciocínio, somente com a edição da lei complementar prevista no inciso III do § 1º do art. 155 da CF será possível a efetivação do direito de instituir o ITCMD pelos Estados-membros e Distrito Federal, nas hipóteses ali arroladas, conforme o critério estabelecido por esta lei complementar.

21. *Introdução ao Estudo do Direito – Técnica, Decisão, Dominação*, 2ª ed., p. 200.

Para reforço deste entendimento sobre a matéria, nos socorreremos de conceitos de direito internacional privado, trazidos por Maristela Basso Tamagno,[22] por entendermos pertinentes à questão. Citando Werner Goldschmidt: "El derecho internacional privado es el conjunto de los casos jusprivatistas con elementos extranjeros y de sus soluciones, descritos casos y soluciones por normas inspiradas en los métodos indirecto, analítico y sintético-judicial, y basadas las soluciones y sus descripciones en el respeto al elemento extranjero".[23]

O direito internacional privado nada mais é do que uma especialidade do direito privado, pela peculiaridade de trazer um elemento internacionalizante ao direito essencialmente jusprivatista. Deste modo, o direito internacional privado regula relações ou fatos jurídicos em contato com mais de um ordenamento jurídico, denominados *fatos mistos multinacionais*, que nada mais são do que fatos jurídicos regulados pelo direito privado nacional com a adição de um elemento estrangeiro.

O direito internacional privado resolve o conflito de leis no espaço, por isso as normas de direito internacional privado são iguais a normas de conflito de leis. Este conflito existe pois para um mesmo fato existem dois ou mais ordenamentos jurídicos aptos a solucioná-lo. O direito internacional privado não resolve a relação jurídica em análise, mas resolve o conflito de leis existentes para regrar tal relação, ou seja, estabelece critério para o Estado-juiz decidir qual ordenamento jurídico regrará o conflito humano trazido a juízo. Assim, a norma de direito internacional privado é uma norma de solução de conflito de leis no espaço, e não de solução do caso concreto em análise. Exemplificando, na dissolução de casamento de brasileiros residentes em outro país o direito internacional privado dirá qual ordenamento regulará esta dissolução – o nacional ou o alienígena –, sem prescrever o procedimento de dissolução da sociedade conjugal.

Sabemos que a norma que regula uma determinada relação jurídica possui duas partes: a primeira contendo a hipótese de incidência de um determinado fato; e a segunda, com sua conseqüência jurídica.

A norma de direito internacional privado não tem esta mesma estrutura, pois não prevê fato jurídico algum, nem traz em seu conseqüente a solução concreta de um litígio. Porém, também possui duas partes: (1ª) qualificação da matéria jurídica – por exemplo, direito de família, sucessão, bens, obrigações, ... –; e (2ª) indicação do Direito – nacional ou estrangeiro – a ser aplicado.

Como exemplo temos o art. 7º da LICC: "A lei do país em que for domiciliada a pessoa determina as regras sobre o começo e o fim da personalidade, o nome, a capacidade e os direitos de família". Esta norma de direito internacional privado está assim dividida: (1) matéria jurídica – direito de família, personalidade, nome e capacidade; (2) Direito a ser aplicado – ordenamento do domicílio da pessoa, nacional ou estrangeiro.

Fazendo, agora, as devidas adaptações para o que nos interessa, podemos afirmar que o inciso III do § 1º do art. 155 da CF demanda uma norma de direito internacional tributário para a efetivação do direito de instituir o ITCMD pelos Estados-membros e Distrito Federal, nas hipóteses ali arroladas. Assim como o direito internacional privado regula fatos inerentes ao direito privado nacional, com a adição de elemento estrangeiro, o direito internacional tributário regularia fato jurídico tributário – imposto sobre transmissão de bens – com a adição de elemento estrangeiro – doador com domicílio ou residência no Exterior e o *de cujus* que possuía bens ou era residente ou domiciliado ou teve seu inventário processado no Exterior. Assim como o direito internacional privado regula conflito de leis no espaço, já que um determinado

22. *Da Aplicação do Direito Estrangeiro pelo Juiz Nacional – O Direito Internacional Privado à Luz da Jurisprudência*, 1987.

23. *Derecho Internacional Privado*, 5ª ed., p. 3.

fato jurídico toca a mais de um ordenamento jurídico, o mesmo ocorreria no direito internacional tributário, onde a lei complementar demandada pelo inciso III do § 1º do art. 155 da CF regularia conflito de leis no espaço, neste caso, conflito de leis entre Estados-membros e Distrito Federal, estabelecendo-se critério para resolução de conflito e evitando-se a tributação do sujeito passivo, por um só fato gerador, por dois ou mais entes federativos.

A questão é tortuosa, e o estabelecimento do critério para resolução deste conflito de competência não é tarefa simples, pois até mesmo a sugestão do consagrado Prof. Roque Carrazza[24] não soluciona a matéria: "Estando os bens no Exterior ou tendo o inventário nele sido processado, o melhor critério, salvo engano, é a lei complementar atribuir esta competência à unidade federativa onde tem domicílio ou reside o donatário ou o herdeiro". Esta sugestão não solucionaria o exemplo supracitado, onde ocorre a bitributação pelos Estados de São Paulo e Rio de Janeiro, possuindo o herdeiro, legatário ou donatário domicílios nos dois Estados.

O entendimento sobre a imprescindibilidade da lei complementar demandada pelo inciso III do § 1º do art. 155 da CF vai também ao encontro dos conceitos de Lógica Jurídica apresentados quando da construção da regra-matriz do ITCMD.

Vimos que, se o antecedente da regra-matriz de incidência tributária, de caráter descritivo, estabelece critérios para reconhecimento de um fato jurídico tributário, o conseqüente da regra-matriz, de caráter prescritivo, traz critérios para se determinar elementos de uma relação jurídica tributária, que é gerada a partir da concretização do evento abstratamente descrito no antecedente da regra-matriz. Estes critérios do conseqüente normativo indicam o sujeito portador de direito subjetivo de exigir determinada prestação (sujeito ativo), o sujeito gravado de um dever jurídico de cumprir certa prestação (sujeito passivo) e o objeto da relação jurídica, consubstanciado na base de cálculo e na alíquota do tributo.

Pelo disposto no parágrafo único do art. 35 do CTN, nas transmissões *causa mortis* ocorrem tantos fatos geradores distintos quantos sejam os *herdeiros* ou *legatários*.

Ora, se para cada relação jurídica gerada pela concretização do evento abstratamente descrito na hipótese de incidência da norma só deve existir um sujeito passivo, havendo, portanto, a necessidade de se discriminar o exato quinhão transmitido a cada herdeiro ou legatário – ou seja, só devendo existir um devedor no pólo passivo da relação jurídica tributária –, da mesma maneira só deve existir um único credor no pólo ativo desta relação jurídica. Roque Carrazza[25] afirma que a Constituição delimitou o campo tributável e deu, em caráter privativo, uma parte dele à União, outra a cada um dos Estados, ainda outra a cada um dos Municípios, e a última ao Distrito Federal. Tendo cada um dos entes federativos sua competência tributária própria, inadmissível a existência de um ente político invadindo a esfera de competência tributária do outro. No caso do inciso III do § 1º do art. 155 da CF, na verdade, não estaria ocorrendo esta invasão de competência, mas sim superposição de competências tributárias, devido justamente à falta de lei complementar que defina critério para eliminar esta superposição e a incabível existência de mais de um sujeito ativo no pólo ativo da relação jurídica tributária em questão.

Após todos os argumentos apresentados, concluímos pela prescindibilidade de lei complementar regulamentando o imposto sobre transmissão de bens móveis e pela imprescindibilidade de lei complementar regulamentando conflito de competência tributária entre entes federativos nas hipóteses previstas no inciso III do § 1º do art. 155 da CF.

24. *Curso* ..., 14ª ed., p. 605.

25. *Curso* ..., 14ª ed., p. 336.

3.3 Progressividade do ITCMD

Enfrentaremos outra questão bastante controversa, qual seja, a possibilidade de fixação de alíquotas progressivas conforme o aumento da base de cálculo do ITCMD.

A CF silencia a respeito, não havendo previsão constitucional específica no § 1º do art. 155. A Resolução 9/1992 do Senado Federal, que fixa em 8% o valor máximo das alíquotas do ITCMD, prescreve, em seu art. 2º, que: "As alíquotas dos impostos, fixadas em lei estadual, poderão ser progressivas em função do quinhão que cada herdeiro efetivamente receber, nos termos da Constituição Federal".

Apesar da existência de previsão normativa de progressividade do ITCMD a partir da resolução do Senado Federal, tudo indica que a discussão sobre o tema da progressividade situa-se em esfera superior, devendo encontrar seu fundamento de validade em regras e princípios constitucionais, dos quais o legislador infraconstitucional não pode se afastar.

A doutrina explica o princípio da progressividade como implementador do princípio maior da capacidade contributiva. Geraldo Ataliba, por exemplo, defende a progressividade como "uma excelente maneira de realizar o princípio da capacidade contributiva informador dos impostos", afirmando que, "como todos os impostos, sem nenhuma exceção, necessariamente são baseados no princípio da capacidade contributiva, todos são passíveis de tratamento progressivo".[26]

O princípio da capacidade contributiva está consagrado no art. 145, § 1º, da CF, que diz: "Sempre que possível, os impostos terão caráter pessoal e serão graduados segundo a capacidade econômica do contribuinte, facultado à Administração Tributária, especificamente para conferir efetividade a esses objetivos, identificar, respeitados os direitos individuais e nos termos da lei, o patrimônio, os rendimentos e as atividades do contribuinte".

Interpreta-se este dispositivo constitucional da seguinte maneira: partindo-se da distinção clássica dos impostos em real e pessoal, sempre que possível os impostos terão caráter pessoal. Porém, todos os impostos deverão ser graduados de acordo com a capacidade econômica do contribuinte.

Sendo o princípio da capacidade contributiva corolário do princípio da isonomia, será legítima a fixação de alíquotas progressivas para todos os impostos previstos na Constituição, desde que esta progressividade tenha como base as diferentes capacidades econômicas dos contribuintes. E esta capacidade econômica será aferida através da base de cálculo do imposto, pois é a base de cálculo que reflete com precisão a intensidade econômica do fato jurídico tributário. Deste modo, com a fixação de alíquotas progressivas conforme o aumento da base de cálculo trata-se o igual com igualdade, e o desigual com desigualdade, na medida dessa desigualdade, respeitando-se o princípio da isonomia.

Quanto aos impostos pessoais não existe grande dificuldade em se admitir a legitimidade da progressividade como corolário da capacidade contributiva.

A grande questão a ser enfrentada é a legitimidade da graduação de alíquotas quanto aos impostos reais.

Enquanto os impostos pessoais possuem como núcleo as condições individuais do contribuinte, os impostos reais têm como essência a matéria tributável, abstraindo-se, em um primeiro plano, as condições peculiares ao sujeito passivo do tributo.

O STF entendeu que, "em obediência ao princípio da capacidade contributiva (art. 145, § 1º, da CF/1988), somente os impostos de natureza pessoal ou subjetivos comportam a progressividade de alíquotas, enquanto os tributos de natureza real, que

26. "Progressividade e capacidade contributiva", in *V Congresso Brasileiro de Direito Tributário*, "Separata" da *RDTributário*, 1991.

incidem sobre o objeto – imóveis ou bens transmitidos –, não admitem a progressividade".[27]

Como estamos a discutir a temática da graduação de alíquotas de impostos reais, pertinente será analisarmos a evolução normativa relativa ao imposto incidente sobre a propriedade territorial e urbana – IPTU.

O ponto de inflexão desta temática é a EC 29, de 13.9.2000, que alterou o § 1º do art. 156 da CF.

A CF, em seu art. 156, I, prescreveu que aos Municípios compete a instituição do IPTU, dispondo seu § 1º que: "§ 1º. O imposto previsto no inciso I poderá ser progressivo, nos termos de lei municipal, de forma a assegurar o cumprimento da função social da propriedade".

Com o advento da EC 29 tal dispositivo passou a ter a seguinte redação: "§ 1º. Sem prejuízo da progressividade no tempo a que se refere o art. 182, § 4º, II, o imposto previsto no inciso I poderá: I – ser progressivo em razão do valor do imóvel; e II – ter alíquotas diferentes de acordo com a localização e o uso do imóvel".

Antes da chegada desta Emenda Constitucional muito se discutiu sobre a possibilidade da graduação do IPTU com caráter fiscal, além da já pacífica graduação para fins extrafiscais – cumprimento da função social da propriedade.

Predominou o entendimento jurisprudencial da Corte Suprema no sentido de só se permitir a fixação de alíquotas progressivas para o IPTU com finalidade extrafiscal, conforme a seguinte ementa:

"Município de São Paulo – Tributário – Lei n. 10.921/1990, que deu nova redação ao art. 7º, I e II, da Lei n. 6.989/1966, do Município de São Paulo, imposto sobre a propriedade predial e territorial urbana.

"Inconstitucionalidade dos dispositivos sob enfoque, reconhecida em precedente Plenário desta Corte (RE n. 204.827-5), por instituir alíquotas progressivas alusivas ao IPTU, em razão do valor do imóvel, com ofensa ao art. 182, § 4º, II, da Constituição Federal, que limita a faculdade contida no art. 156, § 1º, à observância do disposto em lei federal e à utilização do fator tempo para a graduação do tributo – Conhecimento e provimento do recurso".[28]

Com o ingresso no ordenamento jurídico da EC 29 cessa a controvérsia sobre a possibilidade da fixação de alíquotas progressivas com fins fiscais para o IPTU, pois, a partir de setembro/2000, determinou expressamente o legislador constituinte derivado que o IPTU poderá ser progressivo não somente para assegurar o cumprimento da função social da propriedade, como também para atender ao princípio da capacidade contributiva, pois o imposto poderá ser progressivo em razão do valor do imóvel, base de cálculo do imposto (CF, art. 156, § 1º, I).

Mesmo que a progressividade só esteja prevista expressamente para o imposto sobre a renda e proventos de qualquer natureza (CF, art. 153, § 2º, I), para o imposto territorial rural – ITR (CF, art. 153, § 4º) e, agora, para o IPTU, pode-se inferir que o legislador constituinte derivado, a partir da previsão expressa de progressividade ao IPTU, que é imposto real, pois fundado na propriedade, domínio útil ou posse de imóvel localizado na zona urbana de Município, permitiu a graduação de alíquotas para todos os demais impostos reais, caindo por terra o entendimento jurisprudencial supracitado.[29] Não haveria necessidade de previsão expressa da progressividade para os demais impostos reais, tais como o ITBI e o ITCMD, pela simples razão de a progressividade ser implementa-

27. STF, Pleno, RE 234.105-3-SP, rel. Min. Carlos Velloso, j. 8.4.1999, *DJU* 31.3.2000.

28. STF, 1ª Turma, RE 230.343-SP, rel. Min. Ilmar Galvão, j. 20.10.1998, v.u.

29. O STF entendeu que, "em obediência ao princípio da capacidade contributiva (art. 145, § 1º, da CF/1988), somente os impostos de natureza pessoal ou subjetivos comportam a progressividade de alíquotas, enquanto os tributos de natureza real, que incidem sobre o objeto – imóveis ou bens transmitidos –, não admitem a progressividade".

dora do princípio da capacidade contributiva, consagrado no art. 145, § 1º, da CF. Este dispositivo constitucional seria o fundamento de validade da progressividade dos impostos reais, em conexão com o teor da EC 29/2000.

Não obstante a progressividade atingir resultados mais precisos quando aplicada aos impostos pessoais – por exemplo, sobre a renda auferida pelo contribuinte –, deve-se aceitar que a progressividade de impostos reais como os impostos de transmissão *inter vivos* e *causa mortis* (ITBI e ITCMD) realiza também o princípio da capacidade contributiva, pois é legítima a presunção de que o adquirente de um imóvel (seja comprador, herdeiro, legatário ou donatário) de maior valor terá maior capacidade de suportar determinado ônus tributário do que aquele que recebeu ou negociou imóvel de valor menos elevado, devendo este sofrer uma tributação menos gravosa.

Não concordamos com a tese de que apenas a proporcionalidade – situação em que o aumento da carga tributária se dá em função do aumento da base de cálculo do imposto, com a manutenção das alíquotas fixas – é suficiente para promover o princípio da capacidade contributiva. Este princípio só prevalecerá na medida em que se assegurar um sacrifício igual para cada contribuinte, a partir da progressividade do imposto.

Admitindo-se que o sacrifício concernente à tributação de 10% sobre um bem de valor 1.000 Reais é superior àquele concernente à tributação de 10% sobre um bem de valor 1 milhão de Reais, pois a utilidade de uma unidade de valor é inversamente proporcional ao crescimento de seu montante – ou seja, 1 Real para quem recebe 1 salário mínimo tem valor maior do que 1 Real para quem recebe 10 mil Reais de salário –, a progressividade do imposto, portanto, procurará reduzir a desigualdade de sacrifício fiscal, pois a taxa do imposto será elevada com o incremento do valor da matéria tributável. Assim, será razoável tributar o recebimento de uma herança de 1.000 Reais com uma alíquota de 1%, e uma herança de 100 mil Reais com uma alíquota de 3%.

Este, aliás, é o entendimento de Roque Carrazza: "Nos impostos sobre a propriedade, a capacidade contributiva revela-se com o próprio bem, sendo que o proprietário de amplo e luxuoso imóvel, situado em bairro residencial, deve proporcionalmente ser mais tributado, por via de IPTU, do que o proprietário de casa modesta em bairro fabril" – enfatizando que "a capacidade contributiva, para fins de tributação por via de IPTU, é aferida em função do próprio imóvel e não da fortuna em dinheiro de seu proprietário".[30]

Com a edição da Súmula 539 do STF enfraquece-se a distinção entre imposto real e pessoal, pois: "É constitucional a lei do Município que reduz o imposto predial urbano sobre imóvel ocupado pela residência do proprietário, que não possua outro". Verifica-se que mesmo em relação aos impostos reais é possível não se limitar à matéria tributável e depreender características peculiares dos contribuintes relacionadas ao fato gerador.

De fato, se os impostos pessoais possuem vínculo direto e imediato com as condições individuais do contribuinte, os impostos reais, focados na matéria tributável, possuem um vínculo indireto e mediato com as condições peculiares ao sujeito passivo do tributo.

Se a tese favorável à fixação de alíquotas progressivas aos impostos reais não for aceita, pensemos, então, na seguinte hipótese: todos os Estados-membros e o Distrito Federal instituindo a alíquota máxima prevista na Resolução 9/1992 do Senado Federal, que fixou em 8% o valor máximo das alíquotas do ITCMD, conforme previsão constitucional (art. 155, § 1º, IV). Nesta situação hipotética, amparada constitucionalmente, estariam sendo respeitados os princípios da isonomia e da capacidade contributiva?

30. *Curso* ..., 14ª ed., p. 78.

De todo o exposto conclui-se que é legítima a fixação de alíquotas progressivas para todos os impostos, pessoais e reais (entre os quais o ITCMD), como instituto implementador dos princípios da isonomia e da capacidade contributiva, interpretando-se sistemicamente os arts. 145, § 1º, e 156, § 1º, I, da CF.

3.4 Lançamento do ITCMD

Ingressaremos, neste momento, no item mais complexo deste estudo – qual seja, a caracterização do lançamento tributário dos impostos sobre transmissão, seja *causa mortis*, seja *inter vivos*, a título gratuito. Tal complexidade deve-se ao fato da necessidade de enfrentar um tema que entrelaça conceitos de direito sucessório, direito processual civil e direito tributário, tornando-se árida a tarefa do cientista do Direito na construção de doutrina que procure respeitar, a todo custo, a harmonia do ordenamento jurídico vigente.

Trabalharemos com os conceitos de lançamento tributário, inventário e partilha, doação e competência para constituição do crédito tributário.

Construída a regra-matriz de incidência tributária (v. item 2), verifica-se a impossibilidade de sua concretização no mundo fático sem a edição de uma norma individual e concreta. Conforme Paulo de Barros Carvalho,[31] a previsão abstrata da norma genérica é insuficiente para disciplinar a conduta intersubjetiva da prestação tributária. Deste modo, sem uma norma individual e concreta, constituindo em linguagem o evento contemplado na regra-matriz, e instituindo também em linguagem o fato relacional, que deixa atrelados os sujeitos da obrigação, não há que se cogitar do tributo. A instituição desta norma individual e concreta no ordenamento jurídico, materializadora da regra-matriz de incidência tributária, é o fenômeno jurídico denominado *lançamento tributário*.

Citando Eurico Marcos Diniz de Santi[32] – que destacou a plurivocidade de sentidos do vocábulo "lançamento" –, Paulo de Barros Carvalho afirma que "o Código Tributário Nacional, em decisiva intervenção prescritiva, concebeu o vocábulo como procedimento administrativo da autoridade competente, acrescentando, em seu parágrafo único, que a atividade administrativa de lançamento é vinculada e obrigatória sob pena de responsabilidade funcional". Afirma, ainda, que, "entre as decisões tomadas pelo legislador brasileiro, releva acentuar o caráter privativo da realização do lançamento para as autoridades administrativas, o que implicaria admitir a impossibilidade do particular desincumbir-se dessa tarefa".

De fato, assim prescreve o art. 142 do CTN: "Compete *privativamente à autoridade administrativa* constituir o crédito tributário pelo lançamento, assim entendido o procedimento administrativo tendente a verificar a ocorrência do fato gerador da obrigação correspondente, determinar a matéria tributável, calcular o montante do tributo devido, identificar o sujeito passivo e, sendo o caso, propor a aplicação da penalidade cabível".

De acordo com Luciano Amaro: "Lançamento de tributos, segundo o Código Tributário Nacional, é sempre um ato *administrativo*, de modo que o sujeito *passivo* não executa lançamento nas numerosas situações em que lhe cabe valorizar os fatos, subsumi-los na norma de incidência, calcular o tributo e recolhê-lo. Com isso, proscreve-se, no direito positivo, a idéia de 'autolançamento' ou de lançamento feito pelo próprio devedor"[33] (grifos do autor).

O instituto – *lançamento tributário* – torna-se mais complexo ao se analisar suas modalidades.

Existem três modalidades de lançamento, calibradas de acordo com a maior

31. *Direito Tributário: ...*, 2ª ed., p. 222.

32. *Lançamento Tributário*, 2ª ed., pp. 144-146.

33. Luciano Amaro, *Direito Tributário Brasileiro*, 4ª ed., pp. 328-329.

ou menor participação do sujeito passivo na elaboração da norma individual e concreta de incidência do imposto: de ofício, por declaração e por homologação.

A primeira modalidade, de acordo com art. 149 do CTN, dificuldade alguma apresenta em subsumi-lo ao conceito prescrito no *caput* do art. 142 – ou seja, em considerar tal lançamento como atividade exercida pela autoridade administrativa. Também a segunda modalidade se subsume de forma pacífica àquele preceito, pois, mesmo que haja uma interação entre o Fisco e o sujeito passivo (art. 147 do CTN), determina-se que o lançamento seja atividade da autoridade, decorrente da colaboração do devedor da obrigação tributária – que tem o dever legal de informá-lo através de declaração.

O problema realmente aparece quando se analisa a terceira modalidade de lançamento, por homologação (art. 150 do CTN), onde "o sujeito passivo antecipa o pagamento do tributo sem prévio exame da autoridade administrativa". E quanto às atividade realizadas pelo sujeito passivo para determinação do valor do tributo a ser recolhido, onde subsume sua situação fática àquela prevista na regra-matriz de incidência? Não estaria o administrado exercendo a atividade do lançamento? Para contornar esta delicada situação, e preservar o instituto do lançamento como atividade privativa da autoridade administrativa, o Código Tributário estabelece o conceito de *lançamento por homologação*, onde a autoridade manifesta de forma expressa sua aquiescência com o pagamento realizado pelo sujeito passivo, ou de forma tácita, no caso de omissão da autoridade administrativa – no tocante à concordância quanto àquele pagamento.

Antes da análise relativa ao lançamento tributário do imposto sobre transmissão *causa mortis*, necessária a absorção de conceitos relativos ao direito das sucessões bem como de direito processual civil aplicáveis à matéria.

Em primeiro lugar, a apuração dos bens deixados pelo *de cujus*, para a partir desta massa de bens se proceder à partilha aos herdeiros e legatários, decorre de processo judicial denominado *inventário* (o arrolamento nada mais é do que uma espécie simplificada deste, com procedimento específico).

Iniciaremos nossa análise quanto ao lançamento do ITCMD pelo arrolamento, por ser mais simples.

Segundo o art. 1.031 e seu § 2º do CPC: "Art. 1.031. A partilha amigável celebrada entre partes capazes, (...), será homologada de plano pelo juiz, mediante a prova de quitação dos tributos relativos aos bens do espólio e às suas rendas, (...)"; e: "§ 2º. Transitada em julgado a sentença de homologação de partilha, o respectivo formal, bem como os alvarás referentes aos bens por ele abrangidos, só serão expedidos e entregues às partes após a comprovação, verificada pela Fazenda Pública, do pagamento de todos os tributos".

Diz, ainda, o art. 1.034 que: "No arrolamento, não serão conhecidas ou apreciadas questões relativas ao lançamento, ao pagamento ou à quitação de taxas judiciárias e de tributos incidentes sobre a transmissão da propriedade dos bens do espólio"; e seu § 2º: "O imposto de transmissão será objeto de lançamento administrativo, conforme dispuser a legislação tributária, não ficando as autoridades fazendárias adstritas aos valores dos bens do espólio atribuídos pelos herdeiros".

Deste modo, não temos dúvida em afirmar que o lançamento do imposto sobre transmissão *causa mortis* no procedimento de arrolamento se dará na modalidade *lançamento por declaração*, pois a partir da declaração dos bens do espólio ao Fisco, bem como seus valores atribuídos pelos herdeiros, a Administração Tributária tem condições de constituir o crédito tributário, conforme prescreve o art. 147 do CTN. Não é lançamento de ofício pela circunstância de o Fisco constituir o crédito tributário a partir de declaração dos herdeiros, e também não é lançamento por homologação, pois aqui não ocorre pagamento antecipado sem prévio exame da autoridade administrativa – pelo contrário, o pagamento ocorrerá a partir do *quantum debeatur* estabelecido pelo sujeito ativo, credor da obrigação tributária.

Ultrapassada a análise do lançamento quanto ao arrolamento, procuraremos descrever resumidamente os atos principais do procedimento do inventário, conforme arts. 982 a 1.021 do CPC, para melhor entendimento do instituto. Aberto o inventário, o juiz nomeia o inventariante, que é o representante e administrador do espólio. Nomeado o inventariante, e prestado seu compromisso, este apresenta as primeiras declarações, onde se fornece a relação dos bens do espólio e seus valores. O juiz, então, ordena a citação dos interessados, e a partir de então podem as partes impugnar as primeiras declarações. Após a impugnação (já decidida), o juiz determina a avaliação dos bens do espólio, com a nomeação de perito de sua confiança. Feita a avaliação (e resolvidas as impugnações suscitadas a seu respeito), abre-se vista ao inventariante para as declarações finais. Ouvidas as partes sobre as últimas declarações, procede-se ao cálculo do imposto (e sua homologação). O juiz só julgará a partilha, com o recebimento pelos herdeiros dos seus respectivos quinhões bem como do formal de partilha, com o pagamento do imposto sobre transmissão *causa mortis* e juntada aos autos de certidão negativa de débitos para com a Fazenda Pública, conforme prescreve o art. 1.026 do CPC.

Devemos analisar com maior profundidade o art. 1.013 do CPC, que trata do cálculo do imposto (e seu julgamento), para daí podermos inferir a modalidade de lançamento tributário do imposto *causa mortis* baseado em inventário.

Feito o cálculo do imposto por um contador judicial, serão ouvidas as partes e, em seguida, a Fazenda Pública (representada por um procurador fiscal). Havendo impugnação do cálculo, o juiz julgará este incidente e, se considerada a impugnação procedente, ordenará a remessa dos autos ao contador judicial, determinando as alterações que devam ser feitas em seu primeiro cálculo. Cumprida a retificação, o juiz julgará o cálculo do imposto.

Pelo art. 17 da Lei 10.705 do Estado de São Paulo: "O imposto será pago até o prazo de 30 (trinta) dias após a decisão homologatória do cálculo ou do despacho que determinar seu pagamento" – ou seja, o imposto só deverá ser pago após homologação judicial do cálculo do imposto.

Em que modalidade se enquadrará o *lançamento* tipificado no art. 1.013 do CPC? Apesar de este se aproximar do lançamento por declaração, já que a constituição do crédito tributário é realizada a partir de declaração prestada por sujeito passivo ou terceiro, acreditamos que o legislador processual tenha criado uma espécie *sui generis* de lançamento tributário, pois o mesmo não se enquadra nem na definição de lançamento estabelecida no art. 142, *caput*, do CTN, nem em suas modalidades (arts. 147, 149 e 150).

De fato, na hipótese trazida pelo art. 1.013 do CPC o juízo, através de seu contador judicial,[34] verifica a ocorrência do fato gerador, determina a matéria tributável, calcula o montante do tributo devido, identifica o sujeito passivo – ou seja, individualiza o evento tributário, estruturando todos os elementos integrantes da relação do tributo. Caso a Fazenda Pública (representada pela Procuradoria Fiscal) impugne o cálculo realizado, ou seja, o próprio crédito tributário constituído pelo juízo, a autoridade judiciária, entendendo pertinente a impugnação, ordenará a retificação do cálculo ao contador judicial. Entendendo impertinente a impugnação levantada, homologará o cálculo realizado pelo contador do juízo.

Pois bem. Dissemos que tal modalidade de lançamento não está prevista no Código Tributário Nacional, sendo modalidade *sui generis* criada pelo legislador

34. Auxiliar do juízo, conforme art. 139 do CPC.

processual. Apresenta-se, a partir desta análise, a seguinte indagação: poderia o legislador processual ter atribuído esta competência – da constituição do crédito tributário – ao juízo onde se processa o inventário?

Entendemos que não. Para justificar nossa opinião, necessário recorrermos ao conceito de *jurisdição voluntária*, do direito processual civil, para depois voltarmos ao direito tributário.

As relações de direito privado estão subordinadas ao poder dispositivo dos interessados. O Estado, no entanto, as regula, ora em caráter supletivo, ora para estruturar seus diversos institutos, ora para restringir esse poder de disposição. Denomina-se *administração pública de interesses privados* a atividade administrativa e judiciária destinada ao controle ou tutela dos direitos subjetivos de caráter privado. Assim, ocorre uma verdadeira limitação aos princípios da autonomia da vontade e da liberdade caracterizadores da vida jurídica privada – limitação fundada na prevenção de eventuais conflitos entre interesses privados e o interesse público.

Destarte, a jurisdição voluntária constitui função estatal de administração de interesses subjetivos que o Estado exerce preventivamente, através dos órgãos judiciários, com o objetivo de constituir negócios e relações jurídicas dos particulares, ou de modificar e extinguir relações e negócios já existentes.

Esta atividade jurisdicional é *conditio sine qua non* para que o negócio jurídico se realize; ou seja, é substancialmente constitutiva, com o fim de se prevenir lides futuras.

Enquanto a jurisdição contenciosa decorre de uma situação litigiosa, a jurisdição voluntária decorre de um ato ou negócio jurídico. Enquanto na jurisdição contenciosa o processo se exterioriza pelo contraditório das partes, a jurisdição voluntária tem como característica um procedimento onde até pode existir controvérsia, mas que não se confunde com a situação contenciosa do outro sistema de jurisdição.

Os atos de jurisdição voluntária, conquanto típica função administrativa estatal, não se confundem com os atos administrativos praticados pela Administração Pública. Aqueles atos, atribuídos a órgãos judiciários, estão sob o manto da independência dos juízes, o mesmo não ocorrendo com os atos tipicamente administrativos, onde o agente da Administração está vinculado à hierarquia funcional. Outrossim, na jurisdição voluntária a atividade do magistrado é normalmente provocada, e não *ex officio*, como ocorre com os atos administrativos em geral.

Feito este breve panorama sobre jurisdição voluntária, voltemos ao instituto do inventário. De fato, podemos afirmar que interessa ao Estado controlar o procedimento de transmissão de bens do *de cujus* aos herdeiros e legatários beneficiários, a fim de prevenir eventuais conflitos entre os interessados, o que não seria de interesse da sociedade. E tal procedimento é atribuído ao órgão jurisdicional, que aplicará as leis civil e processual civil à sucessão demandada.

Verificada a função administrativa atipicamente atribuída ao Estado-juiz na jurisdição voluntária do procedimento de inventário e partilha, entendemos que o legislador processual, ao regulamentar aquele procedimento, extrapolou a competência do juízo, ao atribuir-lhe poder de constituição de crédito tributário – através de seu contador judicial. Segundo o art. 142 do CTN, compete privativamente à autoridade administrativa constituir o crédito tributário pelo lançamento. Rigorosamente, nem mesmo a Fazenda Pública – representada judicialmente por seu procurador fiscal – poderia constituir o crédito tributário, assim como a autoridade administrativa também não poderia estar representando a Fazenda Pública em juízo, por não possuir esta competência. Sendo legítima a atividade jurisdicional quanto à administração pública de interesses privados, tal legitimidade resta prejudicada ao se invadir esfera de competência privativa de autoridade administrativa, o que ocorre no fenômeno do *lançamento judicial* do imposto sobre transmissão *causa mortis* por inventário.

Interessante confrontarmos os arts. 1.034 e 1.013 do CPC, o primeiro relativo ao arrolamento e o segundo relativo ao inventário. Prescreve o art. 1.034: "No arrolamento, não serão conhecidas ou apreciadas questões relativas ao lançamento, ao pagamento ou à quitação de taxas judiciárias e de tributos incidentes sobre a transmissão da propriedade dos bens do espólio". E seu § 2º: "O imposto de transmissão será objeto de lançamento administrativo, conforme dispuser a legislação tributária, não ficando as autoridades fazendárias adstritas aos valores dos bens do espólio atribuídos pelos herdeiros". Já o art. 1.013 estabelece o cálculo do imposto pelo contador judicial e posterior homologação pela autoridade jurisdicional. Será que a diferença de complexidade dos dois procedimentos justificaria a avocação da constituição do crédito tributário pelo juízo responsável pelo inventário? Por que o disposto no § 2º do art. 1.034 – "o imposto de transmissão será objeto de lançamento administrativo, conforme dispuser a legislação tributária" – também não se aplicaria ao procedimento do inventário?

De qualquer modo, problema maior não existiria se conflitos não surgissem nos casos concretos, pois o Direito normalmente é lembrado nas patologias, e não em situações harmônicas. Desta feita, havendo convergência de cálculos – elaborados pelo contador judicial e pelo Fisco –, que se esqueça esta lucubração meramente acadêmica. Entretanto, na hipótese de impugnação do cálculo feito pelo contador judicial, onde a Fazenda Pública tenha se manifestado a partir de cálculo elaborado pelo Fisco, poderia o juiz decidir pela prevalência do cálculo feito por seu contador, com base no art. 1.013 do CPC? Entendemos que não, pois pelo Código Tributário Nacional, lei complementar em matéria de normas gerais de direito tributário, o lançamento tributário é de competência privativa da autoridade administrativa, devendo, portanto, prevalecer o cálculo feito pela Administração Tributária, vinculando o juízo. Foge à razoabilidade do sistema jurídico tributário que lançamento tributário realizado por auxiliar de órgão jurisdicional prepondere sobre lançamento elaborado por autoridade fazendária legalmente competente à instituição deste ato administrativo tributário. E, caso alguma das partes do processo de inventário impugne o cálculo do imposto feito pelo Fisco, que este conflito de matéria tributária seja discutido fora daqueles autos, em processo administrativo ou judicial. O que não deve acontecer é a prevalência do cálculo judicial sobre o cálculo fiscal, pois nesta hipótese o art. 1.013 do CPC fere o art. 142 do CTN, e lei ordinária processual não pode prevalecer perante lei complementar tributária em questão essencialmente de caráter tributário, sob pena de grave ofensa ao sistema jurídico nacional.

Em matéria de Administração Tributária, estabelece o art. 194 do CTN que a legislação tributária regulará a competência e os poderes das autoridades administrativas incumbidas de fiscalizar a aplicação dos preceitos estatuídos no CTN. Tratando-se de lançamento tributário, a legislação tributária prevista no art. 194 tem como ponto de partida o próprio Código Tributário Nacional, que em seu art. 142 determina a competência privativa da autoridade administrativa à constituição do crédito tributário. Destarte, não cabe à legislação processual a atribuição desta competência a outra autoridade, seja administrativa, seja judicial.

Desta feita, o lançamento tributário na hipótese da transmissão *causa mortis* através de inventário é modalidade *sui generis* de lançamento, que vai de encontro ao previsto sobre o instituto do lançamento tributário no Código Tributário Nacional.

Finalmente, e sem maiores dificuldades, na hipótese de transmissão de bens *inter vivos* por doação o lançamento tributário se apresenta na modalidade de lançamento por homologação (art. 150 do CTN), pois o particular calcula o *quantum debeatur* e antecipa o pagamento do imposto sobre transmissão por doação, sob posterior homologação expressa ou tácita da autoridade administrativa, atendendo-se, portanto, ao prescrito no Código Tributário Nacional.

3.5 Deveres instrumentais dos Registros Públicos

As legislações estaduais que instituem o imposto sobre transmissão *causa mortis* e doação impõem aos oficiais de Registros Públicos uma série de obrigações denominadas *acessórias*, prescrevendo, para efetividade das mesmas, sanções administrativas decorrentes de seu descumprimento.[35]

Reza a CF, em seu art. 22, XXV, que "compete privativamente à União legislar sobre: (...) registros públicos".

Haveria afronta das leis estaduais quanto àquele preceito constitucional? Entendemos que não, pois, na verdade, os Estados não estão legislando sobre Registros Públicos – não têm nem competência nem interesse para isso –, mas sobre deveres que são prescritos a terceiros que tangenciam o fato jurídico tributário, a fim de propiciar à Administração Tributária a verificação do adequado cumprimento da obrigação tributária por parte do sujeito passivo.

O ente competente para instituir a obrigação principal – qual seja, o pagamento do imposto (ou de penalidade pecuniária) – tem também poder normativo para estabelecer deveres ao sujeito passivo e a terceiros, no sentido de se viabilizar a fiscalização e arrecadação do tributo.

Estes deveres são denominados pelo Código Tributário Nacional (art. 113, §§ 2º e 3º) *obrigações acessórias* – denominação tida como equivocada por Paulo de Barros Carvalho,[36] que prefere – de forma justificada – a nominação *deveres instrumentais ou formais*.

A normatização oriunda dos Estados-membros quanto aos deveres instrumentais atribuídos aos Registros Públicos vai ao encontro ao previsto no Código Tributário Nacional, art. 134, VI, onde se estabelece a responsabilidade solidária dos tabeliães, escrivães e demais serventuários de ofício pelos tributos devidos sobre os atos por eles praticados em razão de seu ofício.

Desta forma, somente podemos concluir pela legitimidade das imposições normativas instrumentais e sancionatórias aos Registros Públicos, em total consonância ao Sistema Tributário Nacional.

3.6 Fiscalização do ITCMD

Teceremos breve comentário sobre a fiscalização do ITCMD, particularmente quanto ao Estado de São Paulo, mas que pode ser aproveitado para a situação dos demais Estados.

Estabelece a Lei 10.705, em seu art. 28, que: "Compete à Procuradoria-Geral do Estado intervir e ser ouvida nos inventários, arrolamentos e outros feitos processados neste Estado, no interesse da arrecadação do imposto de que trata esta Lei". E em seu art. 29: "Em harmonia com o disposto no artigo anterior, cabe aos agentes fiscais de rendas investigar a existência de heranças e doações sujeitas ao imposto, podendo, para esse fim, solicitar o exame de livros e informações dos cartórios e demais repartições".

Primeiramente, destacamos que em relação à doação de bens será extremamente

35. Lei 10.705 do Estado de São Paulo, art. 27: "O oficial do Registro Civil remeterá, mensalmente, à repartição fiscal da sede da comarca, relação completa, em forma de mapa, de todos os óbitos registrados no cartório, com a declaração da existência ou não de bens a inventariar". E art. 21, II: "Na exigência de imposto mediante lançamento de ofício, em decorrência de omissão do contribuinte, responsável, serventuário de justiça, tabelião ou terceiro, o infrator fica sujeito a multa correspondente a uma vez o valor do imposto não recolhido".

36. *Curso* ..., 12ª ed., p. 286.

difícil a fiscalização da constituição do crédito e do pagamento do imposto em relação aos contratos de doação realizados através de instrumento particular ou, pior ainda, ajustados verbalmente.

Em segundo lugar, tendo em vista a implementação pioneira do Governo Eletrônico no Estado de São Paulo, sendo referência nacional e internacional de gestão governamental, entendemos que a fiscalização deste tributo, tanto em relação às heranças quanto às doações, só poderá ser efetiva através da conexão eletrônica da Fazenda com as diversas instituições cujos bancos de dados contêm as informações necessárias à valoração e verificação dos bens –sejam os declarados no inventário, sejam os doados – cuja transmissão será tributada. Por exemplo, a conexão com o banco de dados da Secretaria da Receita Federal, para verificação dos bens declarados pelo *de cujus* para fins de imposto de renda.

No início deste trabalho foi comentado que o ITCMD possui menor poder arrecadatório em relação ao ICMS. Desta feita, não seria racional a proposição de equivalente disponibilização de recursos humanos e materiais tendo como referência este último imposto. Deste modo, mister se faz a implementação do conceito de força-tarefa entre a Administração Tributária e a Procuradoria Fiscal, através de seus agentes, para se enfrentar a sonegação do ITCMD.[37]

Devemos explicitar nosso entendimento sobre a afirmação supracitada. Cientes da impossibilidade da fiscalização efetiva de todas as hipóteses de incidência do tributo concretizadas no mundo fático, e tendo em vista que compete ao procurador fiscal o acompanhamento dos inventários e arrolamentos processados em juízo, sugere-se a junção coordenada de esforços do Fisco e da Procuradoria Fiscal no sentido de se empreender uma investigação mais profunda em relação às situações tidas como de maior relevância para a arrecadação do tributo. Idealmente, tal atuação conjunta deveria ocorrer de forma permanente e para todos os procedimentos; mas, na impossibilidade estrutural desta configuração idealizada, pelo menos que se opere nos casos considerados prioritários.

4. Conclusões

4.1 A regra-matriz do imposto sobre transmissão *causa mortis* assim se estrutura:

Dada a transmissão de quaisquer bens ou direitos, na abertura da sucessão (morte do *de cujus*), situados no Estado-membro ou Distrito Federal (bens imóveis) ou onde se processar o inventário ou arrolamento (bens móveis), deve ser o pagamento, pelo herdeiro ou legatário, de (no máximo) 8% de seu quinhão, ao Estado-membro ou Distrito Federal relacionado ao fato jurídico tributário.

4.2 A regra-matriz do imposto sobre transmissão por doação assim se estrutura:

Dada a transmissão econômica de quaisquer bens ou direitos, através de doação, situados no Estado-membro ou Distrito Federal (bens imóveis) ou onde tiver domicílio o doador (bens móveis), deve ser o pagamento, pelo donatário, de (no máximo) 8% sobre o valor venal do bem ou direito, ao Estado-membro ou Distrito Federal relacionado ao fato jurídico tributário.

4.3 Na ausência de lei complementar nacional concernente a normas gerais sobre ITCMD de bens móveis, podem Estados-membros e Distrito Federal legislar, seja pela competência de instituir impostos atribuída pela própria Constituição Federal, seja pelos preceitos extraídos dos arts. 34 do ADCT e 24 da Lei Maior.

4.4 A partir do inciso III do § 1º do art. 155 da CF se constrói uma norma de eficácia limitada, ou seja, esta norma constitucional não deve produzir efeitos – instituição do ITCMD pelos Estados-membros e Distrito Federal nas hipóteses ali arrola-

37. Raciocínio válido para a hipótese da transmissão *causa mortis*, não aplicável à transmissão por doação.

das – enquanto não sobrevier uma outra norma, complementar à Constituição Federal, para a regulação de conflito de competência entre os entes federativos tributantes.

4.5 É legítima a fixação de alíquotas progressivas para todos os impostos, pessoais e reais – entre os quais o ITCMD –, como instituto implementador dos princípios da isonomia e da capacidade contributiva, interpretando-se sistemicamente os arts. 145, § 1º, e 156, § 1º, I, da CF, desde que não se fira o princípio da proibição de tributo com efeito de confisco (art. 150, IV, da CF).

4.6 O lançamento do imposto sobre transmissão *causa mortis* no procedimento de arrolamento se dará na modalidade de lançamento por declaração. Quanto à hipótese de transmissão de bens *inter vivos* por doação o lançamento tributário se apresenta na modalidade de lançamento por homologação.

4.7 O lançamento do imposto sobre transmissão *causa mortis* no procedimento de inventário, realizado por contador judicial e homologado por autoridade jurisdicional, é espécie *sui generis* de constituição de crédito tributário, pois o mesmo não se enquadra nem na definição de lançamento estabelecida no art. 142, *caput*, do CTN, nem em suas modalidades (arts. 147, 149 e 150).

4.8 As legislações estaduais sobre ITCMD, ao imporem aos oficiais de Registros Públicos uma série de obrigações acessórias, não ferem preceito constitucional (art. 22, XXV), pois os Estados não estão legislando sobre Registros Públicos – não têm nem competência nem interesse para isso –, mas sobre deveres que são prescritos a terceiros que tangenciam o fato jurídico tributário, a fim de propiciar à Administração Tributária a verificação do adequado cumprimento da obrigação tributária por parte do sujeito passivo.

4.9 Tendo em vista o menor poder arrecadatório do ITCMD em relação ao ICMS e a impossibilidade, para fins de fiscalização, de equivalente disponibilização de recursos humanos já atrelados ao último imposto, necessária a implementação do conceito de força-tarefa entre a Administração Tributária e a Procuradoria Fiscal, através de seus agentes, para se enfrentar, com eficiência, a sonegação do ITCMD.

Referências bibliográficas

AMARO, Luciano. *Direito Tributário Brasileiro*. 4ª ed. São Paulo, Saraiva, 1999.

ARAÚJO, Petronio Baptista de. *O Impôsto sôbre a Transmissão da Propriedade*. Rio de Janeiro, FGV, 1954.

ATALIBA, Geraldo. *Hipótese de Incidência Tributária*. 6ª ed. São Paulo, Malheiros Editores, 2000.

__________. "Progressividade e capacidade contributiva". *V Congresso Brasileiro de Direito Tributário*. "Separata" da *RDTributário*. São Paulo, Ed. RT, 1991.

BANDEIRA DE MELLO, Celso Antônio. *Curso de Direito Administrativo*. São Paulo, Malheiros Editores, 1999.

CARRAZZA, Roque. *Curso de Direito Constitucional Tributário*. 14ª ed. São Paulo, Malheiros Editores, 2000.

CARVALHO, Paulo de Barros. *Curso de Direito Tributário*. 12ª ed. São Paulo, Saraiva, 1999.

__________. *Direito Tributário: Fundamentos Jurídicos da Incidência*. 2ª ed. São Paulo, Saraiva, 1999.

FERNANDES, Regina Celi Pedrotti Vespero. *Imposto sobre Transmissão* Causa Mortis *e Doação – ITCMD*, São Paulo, Ed. RT, 2002.

FERRAZ JÚNIOR, Tércio Sampaio. *Introdução ao Estudo do Direito – Técnica, Decisão, Dominação*. 2ª ed. São Paulo, Atlas, 1994.

GOLDSCHMIDT, Werner. *Derecho Internacional Privado*. 5ª ed. Buenos Aires, Depalma, 1985.

MARCHI, Eduardo Silveira. *Guia de Metodologia Jurídica*. Roma, Del Grifo, 2002.

MORAES, Alexandre de. *Curso de Direito Constitucional*. São Paulo, Atlas, 1998.

PEREIRA, Caio Mário da Silva. *Instituições de Direito Civil*. 12ª ed., vol. I. Rio de Janeiro, Forense, 1991.

RODRIGUES, Sílvio. *Direito Civil – Direito das Coisas*. 19ª ed., vol. V. São Paulo, Saraiva, 1991.

————. *Direito Civil – Direito das Sucessões*. 16ª ed., vol VII. São Paulo, Saraiva, 1989.

SANTI, Eurico Marcos Diniz de. *Lançamento Tributário*. 2ª ed. São Paulo, Max Limonad, 1999.

SILVA, José Afonso da. *Curso de Direito Constitucional Positivo*. São Paulo, Malheiros Editores, 1998.

TAMAGNO, Maristela Basso. *Da Aplicação do Direito Estrangeiro pelo Juiz Nacional – O Direito Internacional Privado à Luz da Jurisprudência*. São Paulo, Saraiva, 1987.

VILLANOVA, Lourival. *As Estruturas Lógicas e o Sistema do Direito Positivo*. São Paulo, Max Limonad, 1997.

ASPECTOS ATUAIS DA LEGISLAÇÃO FEDERAL: A EXCLUSÃO DA MULTA EM DENÚNCIA ESPONTÂNEA, PARCELAMENTO E AS ALTERAÇÕES DA LEI COMPLEMENTAR 104/2001 AO ART. 155 DO CTN

AURORA TOMAZINI DE CARVALHO

1. Introdução. 2. Indicação do sistema de referência e delimitação do objeto. 3. Da denúncia espontânea: 3.1 Análise do enunciado do art. 138 do CTN: 3.1.1 Infração – 3.1.2 Exclusão da responsabilidade – 3.1.3 Denúncia espontânea – 3.1.4 Pagamento – 3.2 Norma jurídica da denúncia espontânea. 4. Do parcelamento: 4.1 Da norma do parcelamento. 5. Denúncia espontânea e parcelamento. 6. Alteração no art. 155 do CTN pela Lei Complementar 104/2001: 6.1 Interpretação do enunciado. 7. Posicionamento do STJ. 8. Conclusão.

1. Introdução

O presente trabalho tem como objeto a denúncia espontânea, o parcelamento e a alteração introduzida pela Lei Complementar 104/2001 ao art. 155 do CTN, sob o questionamento se há, ou não, a incidência da multa de mora ao crédito tributário denunciado espontaneamente quando parcelado.

A não-incidência da multa no parcelamento do crédito tributário espontaneamente denunciado já era matéria pacificada nos Tribunais antes da alteração do art. 155 do CTN. Porém, uma interpretação não cuidadosa dos novos enunciados, introduzidos pela Lei Complementar 104/2001, pode alterar este entendimento, como veremos no decorrer do presente trabalho. Por isso a necessidade de uma análise mais aprofundada sobre o tema.

Iniciaremos o trabalho apresentando o modelo teorético adotado, depois partiremos para a análise da denúncia espontânea, onde, a partir da especificação do sentido dos enunciados, construiremos a norma jurídica da denúncia espontânea e verificaremos como se procede à exclusão da responsabilidade prescrita no art. 138 do CTN. Em seguida analisaremos o parcelamento, com enfoque na norma que o prescreve, para averiguar se sua aplicação ao crédito consolidado pela denúncia espontânea exclui ou não a multa decorrente do não-pagamento do tributo, no tempo devido. Depois enfocaremos o problema da interpretação dos novos enunciados do art. 155 do CTN, introduzidos pela Lei Complementar 104/2001. E, por último, analisaremos a posição do STJ em relação à matéria.

Ressalvamos que não é nossa pretensão o esgotamento do tema. Já ficaremos satisfeitos se o presente trabalho for útil ao estudo do problema, colaborando para o aprofundamento da discussão científica sobre o assunto.

2. Indicação do sistema de referência e delimitação do objeto

Antes de iniciarmos nossas investigações a respeito da incidência ou não da multa no parcelamento do crédito denunciado espontaneamente e das inovações trazidas pela Lei Complementar 104/2001 ao art.155 do CTN, é necessário que indiquemos o modelo teórico adotado, pois – como ensina Paulo de Barros Carvalho –, "quando se afirma algo como verdadeiro, faz-se mister que indiquemos o modelo dentro do qual a proposição se aloja, visto que será diferente a resposta dada, em função das premissas que desencadeiam o raciocínio".[1]

Partimos da premissa de que a Ciência do Direito é o conjunto de enunciados descritivos[2] que têm como objeto o direito positivo, sendo este o conjunto de normas jurídicas válidas num determinado país.[3] O direito positivo é um sistema[4] comunicacional que se apresenta em linguagem prescritiva, é instrumento cultural que tem a função de regular condutas intersubjetivas.

As normas jurídicas são as unidades mínimas e irredutíveis do direito positivo, necessárias para que a mensagem deôntica seja transmitida ao destinatário. Apresentam-se, invariavelmente, estruturadas na fórmula implicacional de hipótese associada à conseqüência (HàC), cujas variáveis (H, C) são preenchidas por significações construídas a partir dos enunciados prescritivos do direito positivo. Inferimos, então, que "norma jurídica é a proposição prescritiva que tem a forma implicacional, associando a um possível dado fático uma relação jurídica"[5] – o que possibilita, afirmarmos, a homogeneidade sintática e heterogeneidade semântica e pragmática do sistema jurídico.

A norma jurídica é construção do intérprete, "é a significação que colhemos da leitura dos textos do direito positivo".[6] Por isso a explicação de que muitas vezes não coincide com os sentidos imediatos do corpo físico da lei. Como explica Eurico Marcos Diniz de Santi: "Primeiro, o intérprete entra em contato com a literalidade textual, ou com o chamado plano da expressão, onde estão as estruturas morfológicas e sintáticas. Depois, constrói os conteúdos significativos dos enunciados prescritivos e, finalmente, ordena esses conteúdos na forma estrutural da norma jurídica, que obedecem, portanto, a determinado esquema formal (implicação)".[7] Lembrando sempre da lição de Lourival Villanova no sentido de que "as normas jurídicas estão no mundo do direito positivo, e as descrições de normas no nível do conhecimento jurídico".[8]

A finalidade do direito positivo, como sistema comunicacional que se apresenta em linguagem prescritiva, é regular condutas intersubjetivas. Mas, conforme ensina Paulo de Barros Carvalho, não se transita do mundo do "ser" para o mundo do "dever-ser". "As normas gerais e abstratas, dada sua generalidade e posta sua abstração, não têm condições efetivas de atuar num caso materialmente definido."[9] Fazemse necessários os enunciados denotativos das normas individuais e concretas para que a conduta humana seja alcançada.[10] É o denominado *processo de positivação do Direito*, "ato mediante o qual alguém interpreta a amplitude do preceito legal, fazendo-o incidir no caso particular e sacando, assim, a norma individual".[11] Assim tere-

1. *Direito Tributário: Fundamentos Jurídicos da Incidência*, 2ª ed., p. 3.
2. Lembrando dos dizeres de Gregorio Robles Morchon em palestra ministrada na PUC em 22.5.2002, ressaltamos que a Ciência do Direito é descritiva, mas com caráter construtivo, pois constrói enunciados científicos.
3. Paulo de Barros Carvalho, *Curso de Direito Tributário*, 9ª ed., p. 2.
4. *Sistema* como conjunto de elementos que entram em relação formando um todo unitário (Marcelo Neves, *Teoria da Inconstitucionalidade das Leis*, p. 2).
5. Eurico Marcos Diniz de Santi, *Lançamento Tributário*, 2ª ed., p. 36.
6. Paulo de Barros Carvalho, *Curso ...*, 9ª ed., p. 7.
7. *Decadência e Prescrição no Direito Tributário* , p. 46.
8. *As Estruturas Lógicas e o Sistema do Direito Positivo*, p. 65.
9. Paulo de Barros Carvalho, *Direito Tributário: ...*, 2ª ed., p. 34.
10. Maria Rita Ferragut, *Presunções no Direito Tributário*, p. 25.
11. Paulo de Barros Carvalho, *Curso ...*, 9ª ed., p. 88.

mos[12] normas gerais e abstratas que se voltam para o futuro e para todos, utilizando-se de enunciados conotativos; e normas individuais e concretas que se dirigem ao passado para construir fatos e prescrever condutas utilizando-se de enunciados denotativos.[13]

As normas caracterizam-se como jurídicas pela coercitividade – "conteúdo de um enunciado jurídico que estabelece que, quando a conduta prescrita pela norma não for cumprida, poderá ser ela exigida mediante o emprego de força institucionalizada, exercida por um juiz".[14] Assim, se houver descompasso entre o prescrito no conseqüente de uma norma concreta e a realidade social, o direito positivo prevê outra norma que prescreve a possibilidade de o Estado-juiz efetivar o cumprimento coativo da conduta não observada. Denominamos de *norma primária* aquela não observada (que prescreve a conduta), e *norma secundária* a que prevê a participação do Estado-juiz. "A primária sem a secundária desjuridiciza-se. A secundária sem a primária reduz-se a instrumento, meio, sem fim material."[15] Por isso, pode-se afirmar que a norma jurídica completa tem estrutura bimembre, composta de uma norma primária e de uma norma secundária.

Enfocando apenas as normas primárias, estas podem ser dispositivas e sancionadoras, tendo em vista a licitude do fato que implica a conseqüência. Esta distinção será importante para definirmos, posteriormente, o conteúdo semântico do termo "infração", presente nos enunciados relativos à denúncia espontânea do Código Tributário Nacional.

Conceituando o Direito como o conjunto de normas jurídicas válidas, e levando em consideração o princípio metodológico fundamental pelo qual se deve excluir do estudo da Ciência do Direito tudo aquilo que não se possa determinar como Direito,[16] delimitamos o objeto de nosso estudo como sendo as normas jurídicas referentes direta ou indiretamente a denúncia espontânea, multa e parcelamento do crédito tributário. Ressalvamos, porém, que o referido corte é apenas metodológico, já que o sistema do Direito é uno, sendo admissível a divisão apenas no âmbito científico, como sustenta Alfredo Augusto Becker: "Não pode existir regra jurídica independente da totalidade do sistema jurídico, a autonomia de qualquer ramo do direito positivo é sempre e unicamente didática". Por isso, adotamos, para a elaboração deste trabalho, a interpretação sistemática, que leva em consideração todo o conjunto das normas jurídicas.

Ao delimitar o objeto de observação como sendo as normas jurídicas, faz-se necessário lembrar, ainda, que o estudo do direito positivo, como sistema de enunciados prescritivos, pressupõe o ingresso na linguagem que o reveste – o que implica o estudo dos planos sintático, semântico e pragmático da sua linguagem. Conforme bem esclareceu Eurico Marcos Diniz de Santi: " (...) fazer Ciência do Direito, descrever seu objeto, requer o ingresso na linguagem dos enunciados que revestem o direito positivo. Implica, portanto, o estudo do plano sintático, semântico ou pragmático da linguagem prescritiva do direito positivo".[17] Desse modo, faremos investigações do objeto delimitado sob estes três planos, tendo como sistema de referência as premissas acima fixadas.

3. *Da denúncia espontânea*

3.1 *Análise do enunciado do art. 138 do CTN*

Prescreve o art. 138 do CTN:

12. Estamos excluindo do campo de observação as normas gerais e concretas e individuais e abstratas, pois não serão relevantes para a investigação proposta.

13. Eurico Marcos Diniz de Santi, *Decadência ...*, p. 52.

14. Maria Rita Ferragut, *Presunções ...*, p. 19.

15. Lourival Villanova, *Causalidade e Relação no Direito*, 4ª ed., p. 124.

16. Hans Kelsen, *Teoria Pura do Direito*, p. 1.

17. *Lançamento Tributário*, 2ª ed., pp. 31-32.

"Art. 138. A responsabilidade é excluída pela denúncia espontânea da infração, acompanhada, se for o caso, do pagamento do tributo devido e dos juros de mora, ou do depósito da importância arbitrada pela autoridade administrativa quando o montante do tributo dependa de apuração.

"Parágrafo único. Não se considera espontânea a denúncia apresentada após o início de qualquer procedimento administrativo ou medida de fiscalização, relacionados com a infração."

Antes de nos empenharmos na construção da norma jurídica da denúncia espontânea, faz-se necessário determinar o conteúdo semântico de alguns termos presentes no artigo citado.

3.1.1 Infração

Para fins deste trabalho,[18] entendemos por *infração* o fato jurídico ilícito decorrente do não-cumprimento do dever jurídico prescrito no conseqüente de uma norma primária dispositiva tributária. A norma que institui o tributo[19] prescreve que, se ocorrer determinado fato, nascerá para o sujeito passivo (contribuinte) o dever de pagar tributo[20] a um determinado sujeito ativo. A verificação (em linguagem competente) do não-cumprimento desse dever jurídico caracteriza-se como *infração*.[21] A linguagem que constitui a infração, para o mundo jurídico, está no enunciado do antecedente da norma primária sancionadora concreta, que descreve a ocorrência do fato ilícito identificado pelos critérios da norma primária sancionadora geral e abstrata. Em representação formal, teremos:[22]

Norma geral e abstrata

D {[h → c] . [h (-c) → s]}[23]

Nj. prim. disp. Nj. prim. sanc.

Norma concreta

D {[fj → R (Sa, Sp)] . [fj' (-R) → R' (Sa, Sp)]}[24]

Infração rel. jur. sancionadora

O art. 138 refere-se às infrações tributárias. Entendemos que estas abrangem tan-

18. Não temos como objetivo verificar todas as acepções do termo "infração", por isso elegeremos uma que se enquadra à finalidade estabelecida para este trabalho.

19. *Tributo* na acepção de relação jurídica tributária – dentre as acepções apresentadas por Paulo de Barros Carvalho em seu *Curso* ..., 9ª ed., p. 22.

20. *Tributo* na acepção de montante pecuniário, objeto da prestação da relação jurídica tributária – dentre as acepções apresentadas por Paulo de Barros Carvalho em seu *Curso* ..., 9ª ed., p. 22.

21. Para fins deste trabalho analisaremos apenas as infrações constantes do não-cumprimento do dever jurídico de pagar tributo, por isso a definição deste conceito. Não negamos, porém, que também se caracteriza como infração tributária o descumprimento de dever instrumental.

22. Excluiremos da representação a norma secundária, pois não é objeto do presente trabalho. Não negamos, porém, a estrutura bimembre da norma jurídica completa.

23. "D" é o functor deôntico neutro que incide sobre as relações de implicação intrerproposicional; "h" é a hipótese da norma primária dispositiva geral e abstrata que contém os critérios de identificação de um fato lícito futuro de possível ocorrência (fato jurídico tributário); "à" é o operador lógico implicacional; "c" é o conseqüente da norma primária dispositiva geral e abstrata que prescreve os critérios de identificação de uma futura relação jurídica (relação jurídica tributária); "." é o operador lógico da conjunção, pois ambas as normas são válidas no sistema; "h (-c)" é a hipótese da norma primária sancionadora geral e abstrata que contém os critérios de identificação de um fato ilícito futuro de possível ocorrência (não-cumprimento do dever jurídico da relação tributária); "s" é o conseqüente da norma primária sancionadora geral e abstrata que prescreve os critérios de identificação de uma futura relação jurídica (sanção).

24. "D" é o functor deôntico neutro que incide sobre as relações de implicação intrerproposicional; "fj" é o fato jurídico lícito enunciado no antecedente da norma primária dispositiva individual e concreta (fato jurídico tributário); "à" é o operador lógico implicacional; "R (Sa, Sp)" é a relação jurídica entre determinados sujeitos ativo e passivo, conseqüente da norma primária dispositiva individual e concreta (relação jurídica tributária); "." é o operador lógico da conjunção, pois ambas as normas são válidas no sistema; "fj' (-R)" é o fato jurídico ilícito antecedente da norma primária sancionadora individual e concreta (não-cumprimento pelo sujeito passivo do dever jurídico de pagar tributo); "R' (Sa, Sp)" é a relação jurídica sancionadora entre determinados sujei-

to o fato jurídico do não-cumprimento da obrigação tributária, de deveres instrumentais[25] (obrigações acessórias), como também as infrações penais tributárias (crimes fiscais). Porém, nosso estudo será voltado apenas para as infrações decorrentes do não-pagamento do tributo na data do seu vencimento. Assim, definimos o conceito de *infração tributária*, para fins deste trabalho, como o fato jurídico ilícito consistente no não-cumprimento do dever de pagar o tributo.

3.1.2 Exclusão da responsabilidade

As normas jurídicas incidem sobre fatos sociais, por meio do processo de positivação do Direito, tornando-os fatos jurídicos. Um fato é jurídico pois dele provêm efeitos jurídicos, característica da causalidade jurídica, como explica Lourival Villanova: "O pressuposto e a conseqüência, ligado um ao outro por nexo lógico de implicação, projetando-se no mundo social dos fatos, estabelecem a relação de causalidade jurídica: o fato torna-se jurídico, e dele provêm os efeitos".[26]

A "eficácia jurídica é a propriedade do fato jurídico de provocar os efeitos que lhe são próprios".[27] Conceituamos *infração* como sendo o fato jurídico do não-cumprimento da prestação tributária. E, nessa linha de raciocínio, entendemos que o termo "responsabilidade", empregado no art. 138 do CTN, tem o significado de efeito da infração (como fato jurídico), qual seja:[28] a relação jurídica sancionadora que prescreve o dever jurídico, ao sujeito passivo, do cumprimento de uma prestação, a qual denominaremos de *multa*, tendo o sujeito ativo o direito subjetivo ao cumprimento desta prestação. Em linguagem formalizada: fj' (-R) → R' (Sa, Sp).[29]

Nestes termos, a expressão "exclusão da responsabilidade", enunciada no art. 138 do CTN, tem o conteúdo semântico de supressão dos efeitos da infração[30] – ou seja, a infração não ensejará efeitos jurídicos, a relação jurídica prescrita na norma primária sancionadora geral e abstrata não se instaurará, não haverá multa.

Segundo esse entendimento, não é relevante analisar se existe diferença entre multa moratória e punitiva (questão polêmica no STJ), uma vez que a denúncia espontânea excluirá a responsabilidade pela infração, impedindo os efeitos desta, sejam eles moratórios ou punitivos.[31]

3.1.3 Denúncia espontânea

O termo "denúncia", de que trata o art. 138 do CTN, tem como significado o ato de denunciar,[32] acusar, delatar, ou revelar o descumprimento da relação jurídica tributária.[33]

tos ativo e passivo, conseqüente da norma primária sancionadora individual e concreta (relação jurídica da multa).

25. Ângela Maria da Motta Pacheco, *Sanções Tributárias e Sanções Penais Tributárias*, p. 245.

26. *Causalidade* ..., 4ª ed., p. 134.

27. Paulo de Barros Carvalho, *Direito Tributário:* ..., 2ª ed., p. 55.

28. Lembramos que, para fins deste trabalho, desconsideramos a responsabilidade por infrações penais tributárias e aquelas decorrentes do descumprimento de deveres instrumentais, levando em consideração apenas aquelas referentes ao descumprimento da relação jurídica tributária – ou seja, o não-pagamento do tributo na data do vencimento.

29. "Fj' (-R)" é a infração, como fato jurídico consistente no não-cumprimento da relação jurídica tributária por parte do sujeito passivo; "R' (Sa, Sp)" é a relação jurídica da multa.

30. Poderíamos dizer que os efeitos da norma da denúncia interferem na norma de competência, impedindo o agente responsável de produzir a norma individual e concreta da multa. No entanto, isto requer uma análise mais aprofundada do tema *denúncia espontânea*, o que não é objeto de nossa investigação.

31. Neste sentido: "Tributário – Denúncia espontânea – Multa moratória. A denúncia espontânea da infração exclui o pagamento de qualquer penalidade, tenha ela a denominação de multa moratória ou multa punitiva – que são a mesma coisa" (TRF-4ª Região, ApMS 96.04.28447-9-RS, *DJU*-II 9.4.1997, p. 21.872; e STJ, REsp 169.877-SP, *DJU*-I 24.8.1998, p. 64).

32. *Dicionário Aurélio Buarque de Holanda Ferreira*, p. 143.

33. Lembramos que neste trabalho estamos apenas analisando os efeitos da denúncia espontâ-

Os enunciados do art. 138 do CTN delimitam a espontaneidade da denúncia pela exclusão "não se considera espontânea a denúncia (...)" – ou seja, determinam os critérios da classe[34] dos fatos que não serão denominados como denúncia espontânea. A partir desta delimitação, construímos outra classe – a dos fatos que não se enquadram àqueles critérios, que serão considerados como denúncia espontânea. Pelo quê, nos termos do art. 138 do CTN, somente será considerada denúncia espontânea a comunicação, antes do início de qualquer procedimento administrativo ou medida de fiscalização, que vise a constituir o fato ilícito da infração tributária.

3.1.4 Pagamento

O pagamento é um modo de extinção da relação jurídica tributária.[35] "É a prestação que o devedor, ou alguém por ele, faz, ao sujeito pretensor, da importância pecuniária correspondente ao débito tributário."[36] Podemos dizer, então, que é o fato jurídico[37] do cumprimento da obrigação tributária, cujo efeito faz nascer uma relação jurídica, que, por meio do cálculo lógico de relações, extinguirá a obrigação tributária.

O enunciado do art. 138 do CTN prescreve que a denúncia deve ser acompanhada do pagamento do tributo e dos juros de mora. Nesse sentido, para a denúncia espontânea propagar os efeitos prescritos no citado artigo, deve ser seguida da extinção da relação jurídica tributária e das relações dos juros de mora por meio do pagamento. O que comporta dizer que este é tido como um dos critérios delimitadores do fato jurídico da denúncia espontânea, e que, sem ele, a mera denúncia não é suficiente para ensejar a exclusão da multa.

A expressão "se for o caso" não exclui o pagamento como requisito da exclusão da multa por denúncia espontânea, pois somente nos reporta ao caso do descumprimento de relações cujo objeto é uma prestação de fazer (deveres instrumentais).[38]

3.2 Norma jurídica da denúncia espontânea

Elaboradas as proposições acima, já podemos construir a norma jurídica[39] geral e abstrata da denúncia espontânea.

Na hipótese[40] teremos os critérios para a identificação de dois fatos que, conjuntos, constituirão o fato jurídico da denúncia. Primeiro fato – critério material: denunciar o fato ilícito tributário; critério temporal: antes de qualquer procedimento ou medida fiscalizadora que vise a constituir o fato jurídico da infração; critério espacial: na esfera de competência do sujeito ativo da relação jurídica não cumprida. Segundo fato – critério material: pagamento do tributo devido e dos juros de mora; critério temporal: acompanhado da denúncia; critério espacial: na esfera de competência do sujeito ativo da relação não cumprida.

No conseqüente teremos os critérios para a identificação da relação jurídica que

nea com relação ao não-pagamento do tributo na data do vencimento.

34. Ricardo A. Guibourg e outros, *Introdución al Conocimiento Científico*, p. 39: "Agrupamos los objetos individuales en conjuntos o clases, y establecemos que un objeto pertenecerá a una clase determinada cuando reúna tales o cuales condiciones".

35. Art. 156, I, do CTN: "Extinguem o crédito tributário: I – o pagamento; (...)".

36. Paulo de Barros Carvalho, *Curso* ..., 9ª ed., p. 446.

37. Não buscamos, com este trabalho, analisar os vários significados do termo "pagamento", nem sua fenomenologia; por isso adotamos este significado (fato jurídico).

38. A exclusão da responsabilidade decorrente do não-cumprimento de deveres instrumentais não é objeto deste trabalho; por isso não analisaremos mais detalhadamente esta questão.

39. Servindo-nos do modelo da regra-matriz proposto por Paulo de Barros em seu *Curso* ..., 9ª ed., p. 237.

40. Usaremos como base para a construção da hipótese da denúncia espontânea a norma construída por Carlos César Souza Cintra em seu *A Denúncia Espontânea no Direito Tributário Brasileiro*, Dissertação de Mestrado em Direito Tributário pela PUC/SP, p. 113.

excluirá a responsabilidade pela infração tributária. Critério pessoal – sujeito ativo: o sujeito passivo da relação jurídica descumprida; sujeito passivo: o sujeito ativo da relação jurídica descumprida; critério do objeto da prestação: não-responsabilização por infração tributária.

O fato jurídico da denúncia espontânea é complexo, pois compõe-se de dois fatos: a comunicação da infração antes de iniciado o procedimento administrativo ou medida de fiscalização relacionados com a infração; e o pagamento do tributo devido mais os juros de mora. Esses dois fatos, isoladamente, são necessários mas não suficientes para a incidência da norma da denúncia espontânea, que pressupõe a verificação da confissão do débito e do pagamento conjuntamente. Nestes termos, a simples denúncia, não acompanhada do pagamento do tributo devido, caracteriza-se como mera informação de débito, não é suficiente para ensejar o efeito da exclusão da multa.[41]

Como efeito da ocorrência conjunta desses dois fatos (e incidência da norma de denúncia espontânea) instaura-se a relação jurídica que prescreve o impedimento ao Fisco de aplicar a multa e o direito subjetivo do "infrator" de não ser multado.

Em linguagem formalizada, teremos respectivamente as normas geral e abstrata e individual e concreta da denúncia espontânea:

Norma geral e abstrata

$D\{[H\,(cm\,.\,ct\,.\,ce)\,.\,(cm'.ct'\,.\,ce')] \rightarrow [C(cp\,.\,co)]\}$[42]

Norma individual e concreta

$D\{[\,fj\,.\,fj'\,] \rightarrow [\,R\,(Sa\ \grave{a}\ (-m\,) \leftarrow Sp)\,]\}$[43]

Diante do exposto, se o sujeito passivo da relação jurídica tributária não adimplida praticar os fatos que se subsumem à hipótese da norma de denúncia espontânea (confissão do débito tributário antes do início de procedimento administrativo ou medida de fiscalização + pagamento do tributo devido e juros de mora), terá direito à exclusão da multa.

4. *Do parcelamento*

O termo "parcelamento" tem o significado de "ato de parcelar", "dividir em

41. Neste sentido transcrevemos do voto do Min. Paulo Gallotti, do STJ, AgRg no AI 226.229-RS (1999/0011565-1), *DJU* 12.8.2002: "Tangente à multa, bem aplicada. A informação constante de GIA não pode ser confundida com a confissão espontânea do art. 138 do CTN (...). O art. 138 do CTN salienta que a confissão espontânea, para ser eficaz, deve vir acompanhada de prova do pagamento. Coisa bem diversa é informar o débito, deixar de honrá-lo e, depois, pretender estar imune à sanção pela inadimplência".

42. "D" é o functor deôntico neutro que incide sobre as relações de implicação intrerproposicional; "H" é a hipótese normativa, que é desmembrada em: "cm" é o critério material de identificação do fato (composto por verbo + complemento) – "denunciar o fato ilícito"; "ct" é o critério temporal de identificação do momento de ocorrência do fato – "antes de procedimetno administrativo ou medida de fiscalização referente à infração"; "ce" é o critério espacial de identificação do local de ocorrência do fato – "na esfera de competência do sujeito ativo da obrigação tributária não cumprida"; "." é o operador lógico conjuntor (com a significação de "e"); "cm'" é o critério material de identificação do fato – "pagamento do tributo + juros de mora; "ct'" é o critério temporal de identificação do momento de ocorrência do fato – "seguido da denúncia da infração"; "ce'" é o critério espacial de identificação do local de ocorrência do fato – "na esfera de competência do sujeito ativo da obrigação tributária não cuprida"; "à" é o operador lógico implicacional; "C" é o conseqüente normativo, desmembrado em: "cp" é o critério pessoal que identifica os termos da relação jurídica – "sujeito passivo é o sujeito ativo da relação jurídica tributária não cumprida; sujeito ativo é o sujeito passivo da relação tributária não cumprida"; "co" é o critério de identificação do objeto da prestação – "não responsabilização pela infração".

43. "D" é o functor deôntico neutro que incide sobre as relações de implicação intrerproposicional; "fj" é o fato jurídico da denúncia da infração antes do início de procedimento administrativo ou medida de fiscalização relacionados com a infração; "fj'" é o fato jurídico do pagamento do débito tributário e dos juros de mora seguidos da denúncia; "R" é a relação jurídica individualizada; "Sa" é o sujeito ativo (o contribuinte em débito); "à" é o direito subjetivo do contribuinte de não ser responsabilizado pela infração; "-m" é o objeto da prestação da relação jurídica que se consubstancia na exclusão da responsa-

parcelas", "pequenas partes ou frações".[44] O parcelamento tributário é uma forma de pagamento do tributo;[45] ou seja, é um procedimento para a realização deste. O pagamento é uma ação; e o parcelamento, um dos possíveis procedimentos para executar essa ação.[46]

4.1 Da norma do parcelamento

Em coerência com as premissas adotadas, devemos também analisar o parcelamento como norma jurídica (não o desconsiderando, porém, como fato e relação jurídica). Para isso, utilizaremos a proposta de Christine Mendonça:[47] a norma do parcelamento "permite ao contribuinte, que atenda às condições impostas, aproveitar-se do parcelamento".

O contribuinte que preencher determinadas condições estabelecidas para o parcelamento nos termos de lei, conforme dispõe o art. 155-A do CTN,[48] subsume-se aos requisitos estabelecidos como critérios na hipótese da norma do parcelamento (havendo linguagem competente – expedição do termo de parcelamento), terá o direito subjetivo de efetuar o pagamento do seu débito em parcelas, tendo, ao mesmo tempo, o dever de efetuar a quitação de todas as parcelas, sob pena de incidência da norma sancionadora do parcelamento.[49] Podemos dizer, então, que com a incidência da norma de parcelamento instaura-se um compromisso (norma individual e concreta) determinando a forma de pagamento.

Consideramos que a positivação dessa permissão se concretiza com a produção de várias outras normas,[50] tanto quanto o número de parcelas, que prevêem, na proposição antecedente, a atendibilidade de certas condições, e prescrevem, na proposição-tese, relações jurídicas cujo objeto da prestação de cada uma delas corresponderá ao valor de uma parcela, e com a extinção de todas elas se dará o pagamento do tributo devido. O crédito tributário[51] será extinto do mesmo modo;[52] só o procedimento para se concretizar o ato do pagamento será diferente.[53]

Essa construção normativa só vem reforçar o nosso posicionamento no sentido de que o parcelamento é um procedimento para se efetuar o pagamento do tributo devido – ou seja, é uma série de atos que culminam com a extinção do débito tributário, por meio da prestação, pelo sujei-

bilidade pela infração; "Sp" é o sujeito passivo (o ente tributante); "ß" é o dever jurídico do ente tributante de não responsabilizar o contribuinte pelo descumprimento da infração.

44. *Grande Dicionário Larousse Cultural da Língua Portuguesa*, p. 690.

45. Utilizado, aqui, na acepção de objeto da relação jurídica tributária (Geraldo Ataliba, *Hipótese de Incidência Tributária*, 6ª ed., p. 32).

46. Reportamo-nos a Gregorio Robles Morchon: "La norma procedimental establece un procedimento para realizar la acción" – *Teoría del Derecho (Fundamentos de Teoría Comunicacional del Derecho)*, vol. I, p. 195.

47. "O regime jurídico do Programa de Recuperação Fiscal – REFIS: parcelamento *stricto sensu*", in *REFIS: Aspectos Jurídicos Relevantes*, p. 98. A autora propõe a construção de três normas de parcelamento: a norma citada, a que "prescreve o direito do Fisco de exigir as parcelas acordadas" (norma jurídica secundária) e a que "impõe sanção em caso de descumprimento pelo contribuinte" (primária sancionadora). Nessa construção observamos as três normas da estrutura que adotamos no início do trabalho. Porém, para a finalidade que nos propomos, só nos interessará a primeira delas.

48. "Art. 155-A.. O parcelamento será concedido na forma e condições estabelecidas em lei específica."

49. Terceira norma na construção de Christine Mendonça ("O regime jurídico ...", in *REFIS: ...*, p. 47).

50. Seguindo o esquema proposto da estrutura normativa (h ® c), e levando em consideração as lições de Lourival Villanova, "no direito positivo (...) nem sempre se distribui uma só hipótese para uma só conseqüência. Várias hipóteses H', H", H''' ... têm uma mesma conseqüência C ou, inversamente, várias conseqüências C', C", C''' ... correspondem a uma só hipótese H" (*Causalidade* ..., 4ª ed., p. 74).

51. Referente ao valor do tributo devido.

52. O fato jurídico do pagamento de todas as parcelas ensejará uma relação jurídica que, por meio do cálculo lógico de relações, extinguirá a relação jurídica tributária.

53. O cálculo lógico não será efetuado pela soma de duas relações, mas sim pela soma das relações equivalentes a cada parcela.

to passivo ao sujeito ativo, da obrigação tributária (pagamento).

É claro que, se não superados todos os atos da série, necessários à produção da ação (por exemplo, a não-quitação de uma das parcelas), esta não será produzida. O que importa dizer que somente ficará configurado o pagamento do tributo devido se cumpridas todas as etapas do parcelamento – ou seja, se todas as parcelas foram quitadas.[54]

5. *Denúncia espontânea e parcelamento*

Os enunciados do art. 138 do CTN não prescrevem a forma como deve ser efetuado o pagamento do tributo devido e dos juros de mora para fins de exclusão da responsabilidade da infração denunciada espontaneamente. Apenas se limitam a preceituar que o pagamento deve ser do tributo devido e dos juros de mora, e deve acompanhar a denúncia. Não há qualquer proibição quanto à forma de efetuá-lo em parcelas, desde que, com a quitação de todas as parcelas, verifique-se o pagamento do tributo devido.

O problema é de ordem semântica do termo "acompanhada", do art. 138 do CTN. "Acompanhar" tem o significado de "ir junto com, seguir"[55] – o que não interfere na maneira como será efetuado o pagamento do tributo devido. O artigo prescreve apenas que este (na forma de uma ou mais parcelas) deve seguir a denúncia.

Como vimos acima, todo sujeito passivo de obrigação tributária não cumprida na data do vencimento que preencher determinadas condições, estabelecidas na hipótese normativa do parcelamento, tem direito de efetuar o pagamento do seu débito em parcelas.

Uma interpretação sistemática dos enunciados do direito positivo nos revela que as duas proposições são harmônicas. A norma jurídica da denúncia espontânea descreve (na hipótese) dois fatos: o da denúncia antes de procedimento fiscalizador da infração denunciada e o do pagamento do tributo devido mais juros de mora. Não importa como estes vão ocorrer. Para que se verifique a incidência da norma é necessário apenas que eles ocorram conforme critérios por ela delimitados (e sejam vertidos em linguagem competente).

A única diferença do pagamento do tributo devido à vista e em parcelas, para efeitos da denúncia espontânea, é que o fato jurídico do pagamento do débito tributário em parcelas demorará mais para ser verificado do que o pagamento em uma só parcela. O que não impede a incidência da norma jurídica da denúncia espontânea, pois, verificado o fato jurídico, a incidência é automática e infalível.[56]

Destas afirmações – e tendo em vista que a norma é edificação do intérprete –, podemos construir uma norma jurídica[57] para o caso de denúncia espontânea seguida do parcelamento do tributo devido:

H – Se for a comunicação à autoridade competente do descumprimento de dever jurídico tributário antes do início de

54. Esta é a prescrição do art. 158, I, do CTN: "Art. 158. O pagamento de um crédito não importa em presunção de pagamento: I – quando parcial, das prestações em que se decomponha; (...)".

55. *Grande Dicionário Larousse Cultural da Língua Portuguesa*, p. 14.

56. Neste sentido também era (antes de analisar os enunciado introduzidos pela Lei Complementar 104/2001) o entendimento do STJ: "Tributário – COFINS – Denúncia espontânea – Multa moratória – Inexigibilidade. Procedendo o contribuinte à denúncia espontânea de débito tributário em atraso, com o devido recolhimento do tributo em atraso, ainda que de forma parcelada, é afastada a imposição da multa moratória" (REsp 117.031-SC, *DJU*-I 18.8.1997, p. 37.788. No mesmo sentido: REsp 138.669-RS, *DJU*-I 6.4.1998, p. 33; REsp 168.868-RJ, *DJU*-I 24.8.1998, p. 26; REsp 111.470-SC, *DJU*-II 18.3.1998, p. 11).

57. Embora a significação seja a mesma da norma de denúncia espontânea construída acima, visto que o efeito – "exclusão da responsabilidade" – só se operará quando verificada a ocorrência do fato jurídico do pagamento (quitação da última parcela), optamos por construir outra norma apenas para elucidação da questão do parcelamento.

qualquer procedimento administrativo ou medida de fiscalização relacionados com a infração e o parcelamento do tributo devido

(deve ser)

C – A exclusão da responsabilidade por infração quando quitada a última parcela.

Aquele que denunciar o débito tributário antes de procedimento administrativo ou medida de fiscalização referente à infração e, em seguida, tiver deferido o pedido de parcelamento, em seguida (por subsumir-se às condições da hipótese normativa do parcelamento) tem o direito subjetivo (prescrito na norma individual e concreta do parcelamento) à não-imputação da multa quando quitar a última parcela, ou seja, quando efetuar o pagamento do tributo devido.

Verifica-se que a quitação de apenas uma parcela não é suficiente para desencadear os efeitos da exclusão da multa.[58] A incidência da norma de denúncia espontânea pressupõe o pagamento de todo o montante devido a título de tributo.[59] Por esse motivo, aquele que não cumpre os deveres prescritos pela norma individual e concreta do parcelamento, deixando de efetuar a quitação das parcelas, não terá praticado fato jurídico necessário para a incidência da norma de denúncia espontânea e, conseqüentemente, não terá a responsabilidade pela infração excluída.[60]

O parcelamento do tributo devido suspende a exigibilidade do crédito tributário, conforme prescreve o art. 151, VI, do CTN. Entendemos que a expressão "crédito tributário" (aqui) é utilizada no seu sentido amplo, significando o direito subjetivo ao cumprimento não apenas da prestação tributária, mas também dos encargos sancionatórios. Realizado o parcelamento do tributo devido, a Administração fica impedida de executar tanto o montante parcelado quanto o devido em decorrência da infração.

Findo parcelamento do débito tributário denunciado, se o sujeito passivo quitou todas as parcelas, tendo, por conseqüência, efetuado o pagamento do tributo, realizou fato jurídico suficiente (denúncia + pagamento do tributo devido e juros de mora) para a incidência da norma de denúncia espontânea. A aplicação dessa norma o impede de ser responsabilizado pela infração, há exclusão da multa. No entanto, se o sujeito passivo deixa de efetuar a quitação de uma das parcelas, deixa de efe-

58. Em sentido contrário, no STF:

"Agravo regimental – Denunciação espontânea prevista no art. 138 do CTN – Efeitos da interrupção no pagamento do parcelamento: mantida a exclusão a que alude o art. 138 do CTN, quanto ao saldo do parcelamento inadimplido, considerando que no ato de parcelar reunia as condições para obtenção do benefício. 1. Os benefícios da denúncia espontânea, reconhecidos por ocasião do parcelamento, na forma do art. 138 do CTN, não se revogam em caso de mora no pagamento das prestações" (AgRg no REsp 359.181-PR (2001/0140153-5), *DJU* 5.8.2002).

"Processual – Embargos de divergência – Denúncia espontânea – Parcelamento – Multa – Art. 138 do CTN – Alcance. A 1ª Seção do STJ considera 'denúncia espontânea', para os efeitos do art. 138 do CTN, a confissão de dívida, efetivada antes de qualquer procedimento administrativo ou medida de fiscalização. Em havendo parcelamento, exclui-se a responsabilidade, se o contribuinte efetuou uma oportuna denúncia espontânea da infração arbitrada. Em tal hipótese não se cogita de pagamento integral do tributo, ou do depósito de seu valor" (EDiv no REsp 190.025-SC (2001/0048756-4), *DJU* 24.6.2002).

59. Neste sentido, no STJ: "Agravo no agravo de instrumento – Tributário – ICMS – Denúncia espontânea – Parcelamento – Exclusão de multa. I – A jurisprudência desta Corte entende que a denúncia espontânea incide também nos casos em que o contribuinte obtém o parcelamento do débito. II – Verificando-se que houve o parcelamento e a parte não o cumpriu, não se pode considerar o parcelamento obtido como denúncia espontânea, incidindo, pois, a multa" (AgRg no AI 226.229-RS (1999/0011565-1), *DJU* 12.8.2002).

60. Em sentido contrário, Sacha Calmon Navarro Coêlho e Misabel de Abreu Machado Derzi (*Direito Tributário Aplicado – Estudos e Pareceres*), Betina Treiger Grupenmacher e Sandra Barbon Lewis ("Exclusão da multa em parcelamento de débito fiscal", *Revista Dialética de Direito Tributário* 56) e Carlos César Souza Cintra (*A Denúncia Espontânea ...*) entendem que o parcelamento é início de pagamento e que a denúncia acompanhada de quitação da primeira parcela seria suficiente para a configuração da denúncia espontânea.

tuar o pagamento do tributo devido, não realiza fato jurídico suficiente (já que a denúncia é somente fato necessário) para a incidência da norma da denúncia espontânea. A Administração, nesse caso, tem o direito subjetivo de exigir o restante do tributo devido, bem como a multa decorrente da infração denunciada.

6. *Alteração no art. 155 do CTN pela Lei Complementar 104/2001*

A Lei Complementar 104/2001 acrescentou ao CTN o art. 155-A. As nossas investigações serão quanto ao § 1º desse novo dispositivo introduzido pela lei complementar, que prescreve: "Salvo disposição de lei em contrário, o parcelamento do crédito tributário não exclui a incidência de juros e multas".

6.1 Interpretação do enunciado

A princípio, haveria uma contrariedade[61] entre a norma da denúncia espontânea e a inserida pela lei complementar, pois a primeira obriga à exclusão da responsabilidade (multa) e a segunda "proibiria" sua exclusão. Porém, da análise sistemática dos enunciados do direito positivo, verificamos que não se trata de contrariedade, que tais proposições são harmônicas no sistema, sendo que a aplicação de uma não exclui a outra.

O enunciado do art. 155-A, § 1º, prescreve que o fato jurídico do parcelamento não é suficiente para ensejar o efeito exclusão da multa e dos juros. Não se trata de proibição (se for o parcelamento à a exclusão da multa é proibida), mas, sim, de não-obrigação (se for o parcelamento à a exclusão da multa não é obrigatória). O simples fato jurídico do parcelamento (como forma de pagamento), por si só, não exclui a multa. E esta conclusão construímos da interpretação do próprio artigo em análise, que prescreve a possibilidade de existência, no sistema jurídico, de outros fatos jurídicos suficientes para a exclusão da multa, ao fazer a ressalva "salvo disposição de lei em contrário". O que nos permite afirmar que, verificado o parcelamento, poderá ser ou não a exclusão da multa, dependendo, para tanto, da incidência ou não de outra norma.

É importante, então, que analisemos esta expressão – "Salvo disposição de lei em contrário". Entendemos que se caracteriza como disposição em contrário a eleição, por outras normas jurídicas (veiculadas por lei), de hipóteses prevendo critérios identificadores de fatos que, se verificados, impliquem a obrigação de excluir a multa. A norma da denúncia espontânea descreve, em sua hipótese, dois fatos: a denúncia da infração antes do início de procedimento fiscalizador e o pagamento do tributo devido, mais juros de mora, e prescreve, em seu conseqüente, a obrigação de excluir a responsabilidade pela infração (multa). Caracteriza-se como disposição em contrário, pois, verificados, estes dois fatos são suficientes para a exclusão da multa.

Ademais, o parcelamento é uma forma de pagamento, é um procedimento para concretização deste. Se há uma norma no sistema prescrevendo que o pagamento (acompanhado da denúncia da infração antes do início de procedimento fiscalizador) obriga a exclusão da multa, para que se configure a "disposição de lei em contrário" não há necessidade de outra norma específica que descreva, em sua hipótese, a ocorrência do parcelamento (uma das formas de se efetuar o pagamento) e implique, à verificação deste, a obrigação de excluir a multa, pois tal disposição já existe no sistema quando construímos a norma da denúncia espontânea.

Nestes termos, a exclusão da multa do débito parcelado se dará em decorrência da incidência da norma de denúncia espontânea, verificados os fatos jurídicos da denúncia da infração antes do início de pro-

61. Segundo o quadro de oposição deôntico (Delia Teresa Enchave, Maria Eugenia Urquijo e Ricardo A. Guibourg, *Lógica, Proposición y Norma*, p. 127).

cedimento administrativo ou medida de fiscalização e do pagamento do tributo devido mais juros de mora – ou seja, quitação de todas as parcelas. Pois, ainda que o fato que se subsume aos critérios da hipótese normativa do parcelamento não tenha o condão de excluir a multa, os fatos que se subsumem aos critérios da hipótese normativa da denúncia espontânea têm esse condão.

Por isso, entendemos que a interpretação que deve ser dada ao novo enunciado do § 1º do art. 155- A do CTN, veiculados pela Lei Complementar 104/2001, é a de que o parcelamento não constitui fato jurídico suficiente para ensejar o efeito da exclusão da multa (não obriga à exclusão da multa). É possível que se verifiquem o parcelamento e a exclusão da multa pela ocorrência de outros fatos jurídicos suficientes para causar este efeito (como é o caso da denúncia da infração antes do início do procedimento de fiscalização + pagamento do tributo devido).[62]

Nestes termos, desconsideramos, portanto, aquela interpretação que elege o parcelamento como fato jurídico suficiente para a não-exclusão da multa (proibida a exclusão da multa).[63] O que impediria a exclusão da multa caso verificado o parcelamento do tributo.

7. *Posicionamento do STJ*

As decisões judiciais, como resultado da atividade jurisdicional, "injetam enunciados prescritivos no sistema, aos quais denominamos enunciados-enunciados, conformadores de normas gerais e concretas ou individuais e concretas".[64] Estas normas fazem parte do direito positivo, objeto de nosso estudo, o que justifica o exame do posicionamento do STJ em relação à matéria delimitada no presente trabalho.

Era questão quase pacificada no STJ[65] que a denúncia do débito tributário antes do início de procedimento administrativo ou medida de fiscalização, acompanhada do parcelamento do tributo devido, excluía a multa de mora. No entanto, em recente julgado (REsp 284.189-SP, 2000/0108663-4, *ainda não publicado e sujeito a revisão*), ao analisar a alteração do CTN (art. 155-A) pela Lei Complementar 104/2001, o STJ mudou de entendimento.

Apresentamos, inicialmente, a ementa do citado acórdão:

"Recurso especial – Alíneas 'a' e 'c' – Tributário – Parcelamento de débito de ICMS declarado e não pago – Exclusão da multa moratória – Impossibilidade – Alínea 'a' – Pretensa violação do art. 138 do CTN – Inocorrência – Súmula n. 208 do TFR - § 1º do art. 155-A do CTN (acrescentado pela Lei Complementar n. 104/2001) – Divergência jurisprudencial conhecida, porém não provido o recurso pela alínea 'c'.

"O instituto da denúncia espontânea da infração constitui-se num favor legal, uma forma de estimulo ao contribuinte, para que regularize sua situação perante o Fisco, procedendo, quando for o caso, ao pagamento do tributo, antes do procedimento administrativo ou medida de fiscalização relacionados com a infração. Nos casos em que há parcelamento do débito tributário, não deve ser aplicado o benefício da denúncia espontânea da infração, visto que o cumprimento da obrigação foi desmembrado, e só será quitada quando satisfeito integralmente o crédito.

"O parcelamento, pois, não é pagamento, e a este não substitui, mesmo porque não há a presunção de que, pagas algu-

62. Em linguagem formalizada, teremos [p → (q ≡ -q)]: "o parcelamento implica ou a exclusão da multa ou a não-exclusão da multa – dependendo, para isso, da existência de outra norma jurídica".

63. Em linguagem formalizada, teremos (p → -q): "o parcelamento implica a não-exclusão da multa".

64. Tárek Moysés Moussallem, *Fontes do Direito Tributário*, p. 159.

65. ARg nos EREsp 202.881-RS, *DJU* 25.6.2001; EDiv 144.718-SC, *DJU* 25.6.2001; EDiv no REsp 190.025-SC (2001/0048756-4/SC), *DJU* 24.6.2002; AgRg no REsp 359.181-PR (2001/0140153-5), *DJU* 5.8.2002.

mas parcelas, as demais igualmente serão adimplidas, nos termos do art. 158, I, do mencionado *Codex*.

"Esse parece ser o entendimento mais consentâneo com a sistemática do Código Tributário, que determina, para afastar a responsabilidade do contribuinte, que haja o pagamento do devido, apto a reparar a delonga do contribuinte.

"Nesse sentido o enunciado da Súmula n. 208 do extinto TFR: 'A simples confissão de dívida, acompanhada do seu pedido de parcelamento, não configura denúncia espontânea'.

"A Lei Complementar n. 104, de 10.1.2001, que acresceu ao CTN, dentre outras disposições, o art. 155-A, veio em reforço ao entendimento ora esposado em lei em seu § 1º, que 'salvo disposição de lei contrário, o parcelamento do crédito tributário não exclui a incidência de juros e multas'.

"Recurso especial não conhecido pela alínea 'a' e conhecido, mas não provido, pela alínea 'c'."

Passaremos a analisar os termos do acórdão, que teve como relator o Exmo. Sr. Min. Franciulli Netto.

No voto, o Exmo Sr. Ministro fundamenta que "a sistemática do Código Tributário Nacional determina, para afastar a responsabilidade do contribuinte, que haja o pagamento do tributo devido"; que "o pagamento é modo primaz de extinção das obrigações e tem como pressuposto a prestação exata do crédito". Cita os pressupostos do pagamento, descritos por Orlando Gomes[66] como sendo: " (a) um vínculo obrigacional, (b) a satisfação exata da prestação", e o ensinamento de que "o devedor só se desobriga se satisfizer rigorosamente a prestação". Discorre sobre a mora, enfatizando que: "A noção de adimplemento redunda na satisfação integral do credor. Não foge a essa compreensão o dispositivo previsto no Código Tributário Nacional, no que tange à denúncia espontânea. A quitação há de ser integral, apta a reparar a delonga do contribuinte. Há mora para quem está pagando em prestações, pois o cumprimento da obrigação foi desmembrado, e só será quitada a obrigação quando satisfeito integralmente o crédito. O parcelamento, pois, não é pagamento, e a este não substitui, mesmo porque não há presunção de que, pagas algumas parcelas, as demais igualmente serão adimplidas".

Segundo as premissas que adotamos, a incidência da norma de denúncia espontânea pressupõe comunicação da infração antes do início de procedimento ou medida de fiscalização e o pagamento do tributo devido mais juros de mora. De modo que, até aqui, toda a fundamentação do voto está de acordo com o raciocínio desenvolvido neste trabalho. A divergência funda-se apenas quanto às conclusões.

O entendimento do STJ afasta a exclusão da multa em decorrência da denúncia espontânea seguida do parcelamento do tributo devido com base na Súmula 208 do antigo TFR: "A simples confissão de dívida, acompanhada do seu pedido de parcelamento, não configura denúncia espontânea". O voto citado faz menção às palavras do Exmo. Sr. Min. Ari Pargendler (REsp 19.350-RS, *DJU* 1.3.1999, p. 298): "A exclusão da responsabilidade por infrações de legislação tributária, diz o texto legal, é efeito da conjunção de dois requisitos: a denúncia espontânea da infração e o pagamento do tributo devido, incluídos os juros de mora. Nesse contexto o parcelamento do débito não se assimila à denúncia espontânea porque nele há confissão da dívida e compromisso de pagamento – e não o pagamento exigido por lei"; e, ainda, cita, como fundamento para a não-exclusão da multa, o art. 155-A do CTN, introduzido pela Lei Complementar 104/2001: "Oportuno destacar, por derradeiro, que a Lei Complementar 104, de janeiro/2001, que acrescentou ao CTN, dentre outras disposições, o art. 155-A, veio em reforço ao entendimento ora esposado, ao estabelecer,

66. *Obrigações*, 4ª ed., p. 116.

em seu § 1º, que, salvo disposição de lei em contrário, o parcelamento do crédito tributário não exclui a incidência de juros e multas".

Humildemente, ousamos discordar do entendimento da Corte, e com o que sustentamos até agora no presente trabalho passaremos a fundamentar nosso entendimento em contrário.

A todo dever corresponde um direito. Ao dever de pagar corresponde o direito de pagar. O contribuinte tem esse direito, e o Código Tributário Nacional prescreve que os que têm o direito de pagar e preenchem certas condições estabelecidas em lei (art. 155-A, *caput*) poderão efetuar o pagamento de seu débito em parcelas.

O sujeito passivo de obrigação tributária vencida que denuncia a infração e apresenta as condições exigidas para o parcelamento do crédito terá direito ao pagamento do seu débito em parcelas, devido à incidência da norma de parcelamento (tendo em vista que a norma da denúncia espontânea não prescreve a obrigação de ser efetuado em uma só parcela, nem proíbe que seja efetuado em mais de uma).

O contribuinte denuncia, requer o parcelamento (subsumindo-se às condições estabelecidas na hipótese normativa), e a Administração, ao deferi-lo, insere no sistema norma individual e concreta prescrevendo a forma como o pagamento do tributo devido será realizado (em parcelas).

A denúncia será acompanhada do pagamento do tributo devido se o contribuinte cumprir o procedimento estabelecido na norma do parcelamento. Aí, então, teremos identificados os dois fatos jurídicos delimitados na hipótese da norma de denúncia espontânea, o que ensejará a exclusão da multa como conseqüência da incidência normativa. No entanto, caso não cumprido o procedimento estabelecido na norma do parcelamento, a denúncia não será acompanhada do pagamento do tributo devido, não haverá incidência da norma de denúncia espontânea e, por conseqüência, a multa não será excluída.

Diante dessas considerações, não podemos afirmar nem que a denúncia espontânea seguida do parcelamento do tributo devido exclui a multa, nem que não exclui. A exclusão da responsabilidade por infração só será verificada caso o procedimento prescrito pela norma do parcelamento seja cumprido, verificando-se o pagamento do tributo devido.

Ainda como fundamentação da não-exclusão da multa no caso de parcelamento do débito denunciado espontaneamente, o voto do Exmo Sr. Ministro aduz: "Mostra-se perfeitamente cabível a aplicação da multa moratória nas situações em que o contribuinte confessa a dívida, mas não procede à sua extinção, senão que pleiteia, junto ao Fisco, o seu parcelamento. Pensar de modo diferente é incentivar o pagamento parcelado, pois nenhum estímulo teria o devedor em solver a obrigação por inteiro de uma só vez".

Não entendemos que a denúncia espontânea prestigie o pagamento à vista do tributo devido. Prestigia, sim, a informação do contribuinte em atraso, evitando o dispêndio da máquina estatal para verificar, por meio de procedimento administrativo ou medida de fiscalização, a ocorrência de infração; e o cumprimento do dever jurídico até então não cumprido pelo contribuinte. Aquele que efetuar o pagamento a prazo, devido à incidência de juros, não terá o mesmo tratamento daquele que o efetuar à vista. A exclusão da multa do crédito denunciado espontaneamente e parcelado (verificada a quitação de todas as parcelas) é direito decorrente da incidência da norma de denúncia espontânea. O fato de a eficácia desta norma incentivar o parcelamento e desestimular o pagamento à vista não é condição para sua incidência.

Nestes termos, mantemos a nossa posição (com todo respeito à Corte) no sentido de que o parcelamento do crédito espontaneamente denunciado exclui a multa de mora se o contribuinte quitar todas as parcelas, efetuando o pagamento do tributo devido mais juros de mora.

8. Conclusão

Diante das reflexões expostas ao longo do texto, entendemos ter atingido os objetivos traçados para o presente trabalho, do qual sugerimos as seguintes conclusões:

8.1 O art. 138 do CTN prescreve a exclusão da responsabilidade da infração pela denúncia espontânea acompanhada do pagamento do tributo. O termo "infração" tem a significação de fato jurídico do não-cumprimento da obrigação tributária na data do seu vencimento. A expressão "exclusão da responsabilidade" tem o conteúdo semântico de supressão dos efeitos da infração. Por isso, é irrelevante analisar a natureza moratória ou punitiva da multa, uma vez que a exclusão da responsabilidade impedirá os efeitos da infração, sejam eles moratórios ou punitivos.

8.2 A norma da denúncia espontânea descreve, em sua hipótese, a ocorrência de dois fatos: a denúncia da infração antes do início de qualquer procedimento administrativo ou medida de fiscalização e o pagamento do tributo devido e juros de mora; e prescreve, como conseqüência, o direito subjetivo do sujeito passivo que não cumpriu a obrigação tributária na data do vencimento de não sofrer os efeitos da infração e o dever do sujeito ativo da relação jurídica tributária não cumprida de não responsabilizá-lo. Podemos afirmar, então, que a comunicação da infração, antes do início de procedimento administrativo ou medida fiscalizadora, e o pagamento do tributo devido mais juros de mora são requisitos da denúncia espontânea.

8.3 O parcelamento não se equipara ao pagamento. Aquele é um procedimento para se efetuar este. É uma série de atos que culminam no pagamento do tributo devido. A norma da denúncia espontânea não regula a forma como o pagamento será realizado. Não há proibição de efetuá-lo em parcelas. O sujeito passivo de obrigação tributária vencida que denuncia a infração e apresenta as condições exigidas na hipótese normativa do parcelamento terá o direito de efetuar o pagamento do seu débito em parcelas.

8.4 A comunicação da infração antes do início de procedimento administrativo ou medida fiscalizadora, seguida do parcelamento do tributo devido, ensejará os efeitos da denúncia espontânea (exclusão da multa) somente se o contribuinte cumprir o procedimento estabelecido na norma do parcelamento, ou seja, quitar todas as parcelas. Caso contrário não será verificado o pagamento do tributo devido, que é requisito para a incidência da norma de denúncia espontânea, e a multa não será excluída.

8.5 A interpretação que deve ser dada ao novo enunciado do § 1º do art. 155-A do CTN, veiculado pela Lei Complemen tar 104/2001, de acordo com a sistemática do direito positivo, é a de que o parcelamento não constitui fato jurídico suficiente para ensejar o efeito de exclusão da multa (não obriga à exclusão da multa); no entanto, o Direito elege outros fatos jurídicos como suficientes para ensejar este efeito. E não a interpretação que elege o parcelamento como fato jurídico suficiente para não-exclusão da multa (proíbe a exclusão da multa).

8.6 No caso da denúncia da infração seguida do pagamento do tributo devido em parcelas, ainda que o parcelamento não tenha o condão de excluir a multa, a quitação de todas as parcelas configurará o pagamento, fato que, juntamente com a denúncia da infração em tempo hábil (antes do início de procedimento ou medida de fiscalização), terá o condão de excluir a multa, pela incidência da norma de denúncia espontânea.

Referências bibliográficas

ATALIBA, Geraldo. *Hipótese de Incidência Tributária*. 6ª ed. São Paulo, Malheiros Editores, 2000.

BECKER, Alfredo Augusto. *Teoria Geral do Direito Tributário*. 3ª ed. São Paulo, Lejus, 1998.

CARRAZZA, Roque Antonio. *Curso de Direito Constitucional Tributário*. 16ª ed. São Paulo, Malheiros Editores, 2000.

CARVALHO, Paulo de Barros. *Curso de Direito Tributário*. 9ª ed. São Paulo, Saraiva, 1997.

——————. *Direito Tributário: Fundamentos Jurídicos da Incidência*. 2ª ed. São Paulo, Saraiva, 1999.

CINTRA, Carlos César Souza. *A Denúncia Espontânea no Direito Tributário Brasileiro*. Dissertação de Mestrado em Direito Tributário. São Paulo, PUC/SP, 2000.

COÊLHO, Sacha Calmon Navarro. "Denúncia espontânea e seus efeitos, interpretação do art. 138 do CTN". *RDTributário* 5. São Paulo, Ed. RT.

——————. e DERZI, Misabel de Abreu Machado. *Direito Tributário Aplicado – Estudos e Pareceres*. Belo Horizonte, Del Rey, 1997.

ENCHAVE, Delia Teresa, URQUIJO, Maria Eugenia, e GUIBOURG, Ricardo. *Lógica, Proposición y Norma*. 5ª ed. Buenos Aires, Astrea, 1999.

FERRAGUT, Maria Rita. *Presunções no Direito Tributário*. São Paulo, Dialética, 2001.

GOMES, Orlando. *Obrigações*. 4ª ed. Rio de Janeiro, Forense, 1976.

GRUPENMACHER, Betina Treiger, e LEWIS, Sandra Barbon. "Exclusão da multa em parcelamento de débito fiscal". *Revista Dialética de Direito Tributário* 56. São Paulo, Dialética, 2000.

GUIBOURG, Ricardo, ENCHAVE, Delia Teresa, e URQUIJO, Maria Eugenia. *Lógica, Proposición y Norma*. 5ª ed. Buenos Aires, Astrea, 1999.

——————. GUARIONI, Ricardo, e GUIGLIANI, Alejandro. *Introducción al Conocimiento Científico*. Buenos Aires, Eudeba, 1985.

KELSEN, Hans. *Teoria Pura do Direito*. Trad. de João Batista Machado. São Paulo, Martins Fontes, 1999.

LEWIS, Sandra Barbon, e GRUPENMACHER, Betina Treiger. "Exclusão da multa em parcelamento de débito fiscal". *Revista Dialética de Direito Tributário* 56. São Paulo, Dialética, 2000.

MACHADO, Hugo de Brito. "Exclusão da responsabilidade tributária pela denúncia espontânea da infração". *Revista Dialética de Direito Tributário* 61. São Paulo, Dialética.

MAIA, Andréa Viana Arrais, e ROCHA NETO, Manuel Luís da. "A Lei Complementar 104 e a exclusão da multa no parcelamento de débito tributário". *Revista Dialética de Direito Tributário* 71. São Paulo, Dialética.

MENDONÇA, Christine. "O regime jurídico do Programa de Recuperação Fiscal – REFIS: parcelamento *stricto sensu*". *REFIS: Aspectos Jurídicos Relevantes*. Rejus, 2000.

MORCHON, Gregorio Robles. *Teoría del Derecho (Fundamentos de Teoría Comunicacional del Derecho)*. vol. I. Madri, Civitas, 1998.

MOUSSALEM, Tárek Moysés. *Fontes do Direito Tributário*. São Paulo, Max Limonad, 2001.

NEVES, Marcelo. *Teoria da Inconstitucionalidade das Leis*. São Paulo, Saraiva, 1988.

PACHECO, Ângela Maria da Motta. *Sanções Tributárias e Sanções Penais Tributárias*. São Paulo, Max Limonad, 1997.

ROCHA NETO, Manuel Luís da, e MAIA, Andréa Viana Arrais. "A Lei Complementar 104 e a exclusão da multa no parcelamento de débito tributário". *Revista Dialética de Direito Tributário* 71. São Paulo, Dialética.

SANTI, Eurico Marcos Diniz de. *Decadência e Prescrição no Direito Tributário*. São Paulo, Max Limonad, 2000.

——————. *Lançamento Tributário*. 2ª ed. São Paulo, Max Limonad, 1999.

TAVARES, Alexandre Macedo. "O parcelamento de débito fiscal espontaneamente confessado à luz do novo art. 155-A, § 1º, do Código Tributário Nacional". *Revista Dialética de Direito Tributário* 71. São Paulo, Dialética.

URQUIJO, Maria Eugenia, ENCHAVE, Delia Teresa, e GUIBOURG, Ricardo. *Lógica, Proposición y Norma*. 5ª ed. Buenos Aires, Astrea, 1999.

VILLANOVA, Lourival. *As Estruturas Lógicas e o Sistema do Direito Positivo*. São Paulo, Max Limonad, 1997.

——————. *Causalidade e Relação no Direito*. 4ª ed. São Paulo, Ed. RT, 2000.

INSTITUTO GERALDO ATALIBA – IDEPE

(Instituto Internacional de Direito Público e Empresarial)

Presidente: Aires Barreto

XVII CONGRESSO BRASILEIRO DE DIREITO TRIBUTÁRIO

8, 9 e 10 de outubro de 2003

Presidente – Prof. Alcides Jorge Costa

COMISSÃO CIENTÍFICA

Presidente: Prof. Paulo de Barros Carvalho

Aires Barreto, Alcides Jorge Costa, Américo Lacombe, Anna Emília Cordelli Alves, Carlos Mário Velloso, Celso Antônio Bandeira de Mello, Diva Malerbi, Eduardo Domingos Bottallo, Elizabeth Nazar Carrazza, Estevão Horvath, Eugênio Doin Vieira, Heron Arzua, José Artur Lima Gonçalves, José Eduardo Soares de Melo, Lúcia Valle Figueiredo, Luciano da Silva Amaro, Marcelo Figueiredo, Maria Leonor Leite Vieira, Misabel de Abreu Machado Derzi, Ormezindo Paiva, Osíris de Azevedo Lopes Filho, Paulo de Barros Carvalho, Pedro Luciano Marrey Júnior, Regina Helena Costa, Roque Antonio Carrazza, Sacha Calmon Navarro Coêlho, Sidney Saraiva Apocalypse, José Souto Maior Borges, Tércio Sampaio Ferraz Júnior, Valdir de Oliveira Rocha,Wagner Balera, Wanderley Federighi, Yoshiaki Ichihara

COMISSÃO EXECUTIVA

Presidente: Paulo Ayres Barreto

Eurico Marcos Diniz de Santi, Maria Rita Ferragut, Paulo Ayres Barreto, Rosoléa Folgosi

COMISSÃO DE TRABALHOS

Presidente: Prof. Marcelo Fortes

Ângela Motta Pacheco, Antonia Aparecida Pereira, Betina T. Grupenmacher, Cristiano Carvalho, Dejalma de Campos, Edgard Neves da Silva, Eliana Barbieri Bertachini, Eurico Marcos Diniz de Santi, Fabiana Del Padre Tomé, Fugimi Yamashita, Helga Klug Doin Vieira, José Antonio Balieiro Lima, José Henrique Longo, José Roberto P. Rodrigues, Malvina Corujo A. Lopes, Marcelo Fortes, Márcio Severo Marques, Maria Rita Ferragut, Natanael Martins, Octávio Bulcão, Paulo Ayres Barreto, Paulo César Conrado, Pedro Lunardelli, Raquel Novaes, Roberto Quiroga Mosquera, Rosoléa Folgosi, Susy Gomes Hoffmann

CONFERENCISTAS

Ministro SEPÚLVEDA PERTENCE

Desembargador Federal ARICÊ AMARAL SANTOS

Professor TÉRCIO SAMPAIO FERRAZ JÚNIOR

Professor ESTEVÃO HORVATH

TEMÁRIO:

- **TRIBUTOS ESTADUAIS**
- **REFORMA TRIBUTÁRIA**
- **TRIBUTOS FEDERAIS**
- **PROCESSO JUDICIAL**
- **PROCESSO ADMINISTRATIVO**
- **CONTRIBUIÇÕES**
- **NOVO CÓDIGO CIVIL NO DIREITO TRIBUTÁRIO**
- **TRIBUTOS MUNICIPAIS**

RESPONSABILIDADE DOS SÓCIOS E ADMINISTRADORES

SACHA CALMON NAVARRO COÊLHO

Professor Titular de Direito Financeiro e Tributário
da Faculdade de Direito da UFMG – Consultor Jurídico

1. A responsabilidade de terceiros. 2. Os casos de transferência de responsabilidade em razão de culpa ou dolo – A responsabilidade dos diretores, gerentes e administradores de pessoas jurídicas de direito privado. 3. A tese da objetividade do ilícito fiscal. 4. O erro de direito extrafiscal e o direito tributário punitivo.

1. A responsabilidade de terceiros

A responsabilidade de terceiros encontra no Código Tributário Nacional tratamento específico. É tipo de responsabilidade indireta por transferência, mas já implica, desde logo, o dever desses terceiros de vigiar os contribuintes e de zelar pelos seus interesses:

"Art. 134. Nos casos de impossibilidade de exigência do cumprimento da obrigação principal pelo contribuinte, respondem solidariamente com este nos atos em que intervierem ou pelas omissões de que forem responsáveis:

"I – os pais, pelos tributos devidos por seus filhos menores;

"II – os tutores e curadores, pelos tributos devidos por seus tutelados ou curatelados;

"III – os administradores de bens de terceiros, pelos tributos devidos por estes;

"IV – o inventariante, pelos tributos devidos pelo espólio;

"V – o síndico e o comissário, pelos tributos devidos pela massa falida ou pelo concordatário;

"VI – os tabeliães, escrivães e demais serventuários de ofício, pelos tributos devidos sobre os atos praticados por eles, ou perante eles, em razão do seu ofício.

'" VII – os sócios, no caso de liquidação de sociedade de pessoas.

"Parágrafo único. O disposto neste artigo só se aplica, em matéria de penalidades, às de caráter moratório."

A regra, aqui, não é a da solidariedade plena *ab initio*. Os pais, os tutores, os curadores, os administradores de bens de terceiros, os inventariantes, os síndicos e comissários, os tabeliães e escrivães e demais serventuários, os sócios nas sociedades de pessoas, quando liquidadas, respondem, em princípio, *subsidiariamente* pelos tributos devidos pelos filhos, tutelados, curatelados, titulares de bens, espólios, massas falidas, concordatárias, pacientes dos cartórios e sociedades de pessoas, mas somente na hipótese de os contribuintes naturais – ou seja, os representados – não serem capazes de responder pelos débitos tributários. O Código Tributário Nacional diz que somente na "impossibilidade de exigência do cumprimento da obrigação principal" é que os "representantes" se tornam "solidariamente" obrigados, conjuntamente com seus "representados", pelos débitos fiscais destes, assim mesmo apenas relativamente aos atos em que intervieram ou às omissões (culposas) por que foram efetivamente responsáveis.

Os terceiros do art. 134 do CTN representam incapazes (filhos, tutelados, curatelados), ou são mandatários (administradores de bens de terceiros, inventariantes, síndicos, comissários), ou são órgãos de representação, ou delegatários de funções públicas (sócios de sociedades de pessoas, tabeliães, escrivães, serventuários). Conseqüentemente, devem estar à frente dos negócios e deveres dos seus – deles – dependentes e representados. Por outro lado, podem ser infiéis, negligentes, imperitos e insinceros, em desproveito dos que deles dependem. Deveriam ser mais responsabilizados. A redação do Código Tributário Nacional é leniente. Deveriam, de verdade, responder pelos seus atos, salvo justificação fundamentada de inadimplemento das pessoas que representam. Estamos a falar *de lege ferenda*, obviamente. Com isto se reforçariam sobremaneira os *munus* desses terceiros, que ficariam mais atentos e temerosos das conseqüências de seus atos de gestão.

Figuremos alguns exemplos.

a) O tabelião passa escritura de compra e venda de imóvel e não exige o imposto de transmissão de bens imóveis (ITBI). Na hipótese de não ser mais possível cobrar das partes, ficará responsável pelo imposto.

b) O escrivão não exige do espólio ou dos sucessores *mortis causa* o imposto sobre heranças e doações. Ingressará na mesma situação do tabelião.

c) O administrador de bens de terceiros, com procuração plena, deixa de pagar, por negligência, o IPTU relativo aos imóveis de seu cliente, no ano de 1995. Dá-se que este último, mediante promessa de compra e venda, se desfaz da propriedade e vai para o Exterior. O adquirente não passa a escritura e desloca-se para local incerto e não sabido. O administrador torna-se responsável pelo imposto.

d) O síndico negligencia o pagamento dos impostos devidos pela massa, logo consumida pelos credores preferenciais. Ficará responsável pelos impostos não-pagos.

e) Uma sociedade de pessoas – onde o que importa é a idoneidade dos sócios, e não o capital social – entra em liquidação, sendo que os ativos não são suficientes para pagar os credores. Os sócios ficam responsáveis pelos débitos, inclusive fiscais, contraídos pela sociedade (são sociedades de capital as sociedades anônimas e as sociedades por cotas de responsabilidade limitada, em que os sócios só respondem com o montante de suas cotas e ações).

O parágrafo único do artigo põe regra expressa prescrevendo que estes terceiros respondem pelos tributos e pelas multas de caráter estritamente moratório – ou seja, pelas multas que apenam o descumprimento da chamada *obrigação principal* (não ter pago o tributo ou tê-lo feito a menor ou a destempo). As multas isoladas, ou seja, as que apenam o descumprimento das obrigações ditas acessórias, são intransmissíveis a esses terceiros que se tornam responsáveis, por transferência, pelos débitos dos contribuintes de que cuidam ou que representam.

O Código Tributário Nacional, em artigo apartado, supondo dolo, amplia o tratamento jurídico dos terceiros-responsáveis e inclui no rol outros mais. No artigo que iremos comentar muitos autores vislumbram vera hipótese de exclusão da responsabilidade tributária do contribuinte, centrando-a exclusiva e pessoalmente no responsável.

2. Os casos de transferência de responsabilidade em razão de culpa ou dolo — A responsabilidade dos diretores, gerentes e administradores de pessoas jurídicas de direito privado

"Art. 135. São pessoalmente responsáveis pelos créditos correspondentes a obrigações tributárias resultantes de atos praticados com excesso de poderes ou infração de lei, contrato social ou estatutos: I – as pessoas referidas no artigo anterior; II – os mandatários, prepostos e empregados; III – os diretores, gerentes ou representantes de pessoas jurídicas de direito privado."

A regra do art. 135 agrava a responsabilidade dos terceiros referidos no artigo anterior e a estende a duas outras categorias de responsáveis não mencionadas naquele, quais sejam: (a) os mandatários, prepostos ou empregados e (b) os diretores, gerentes ou representantes de pessoas jurídicas de direito privado.

Em suma, o art. 135 retira a "solidariedade" e a "subsidiariedade" do art. 134. Aqui a responsabilidade se transfere inteiramente para os terceiros, liberando seus dependentes e representados. A responsabilidade passa a ser pessoal, plena e exclusiva desses terceiros. Isto ocorrerá quando eles procederem com manifesta malícia (*mala fides*) contra aqueles que representam, toda vez que for constatada a prática de ato ou fato eivado de excesso de poderes ou com infração de lei, contrato social ou estatuto. O regime agravado de responsabilidade tributária previsto no artigo estende-se, é óbvio, peremptoriamente, àquelas duas categorias de responsáveis previstas no rol dos incisos II e III (mandatários, prepostos, empregados e diretores, gerentes e representantes de pessoas jurídicas de direito privado). O dispositivo tem razão em ser rigoroso, já que ditos responsáveis terão agido sempre de má-fé, merecendo, por isso mesmo, o peso inteiro da responsabilidade tributária decorrente de seus atos, desde que tirem proveito pessoal da infração, contra as pessoas jurídicas e em detrimento do Fisco.

Nas hipóteses do artigo, tributo e multa são transferidos aos terceiros responsáveis. Os empregados, só por serem tais, jamais poderão ser responsabilizados por tributos devidos pela sociedade, eis que sujeitados ao poder hierárquico e ao *jus variandi* dos patrões. O empregado em condições de ser responsável tributário é aquele possuidor de mandato e de poderes de gestão ou, então, o que entra em conluio para lesar o Fisco e o empregador, tirando vantagem pessoal. Ao tratarmos do *pagamento do crédito tributário* retornaremos ao assunto. A regra, pois, há de ser entendida *cum modus in rebus*. Este artigo, sua aplicação, depende muito do caso concreto. Ele se presta a encobrir intuitos evasivos das próprias empresas, supostamente lesadas e que como vítimas se apresentarão aos tribunais; e, por outro lado, é eficaz instrumento para proteger as pessoas jurídicas de diretores e de empregados espertalhões. Veja-se, *v.g.*, o caso de um contador-empregado que todo mês solicita cheque, com declaração no verso de que é emitido para pagar imposto, mas não efetiva o pagamento. Obtém de assecla seu, gerente do banco recebedor que tem contrato com o Estado para receber em seu nome, documento falso do depósito, e com isso lesam a empresa e o Fisco. Ora, a infração fiscal é objetiva, não porém a responsabilidade tributária. Caso contrário, o art. 135 sob comento não faria sentido. A empresa deve ser excluída. Os empregados, responsabilizados. O banco deverá indenizar o Estado e regressar contra seu funcionário.

Três questões avultam.

Primus: Saber se o simples não-recolhimento de um tributo constitui – para os fins do artigo – "infração de lei" propiciadora da responsabilidade pessoal ao agente (há espaço para a simples culpa, para o dolo específico e também para o *estado de necessidade*, na medida em que os donos da empresa não tenham numerário ou ordenem verbalmente o não-pagamento).

Secundus: Discernir os pressupostos em razão dos quais os diretores, gerentes, administradores e sócios ficam responsáveis, pessoalmente, por meio de seus bens, pelos débitos fiscais das pessoas jurídicas.

Tertius: Definir o que são sociedades de pessoas e sociedades de capital, para os fins dos arts. 134 e 135 do CTN, segundo a prática dos Tribunais.

Pois bem, o simples não-recolhimento do tributo constitui, é claro, uma ilicitude, porquanto o conceito lato de *ilícito* é o de descumprimento de qualquer dever jurídico decorrente de lei ou de contrato. Dá-se que a infração a que se refere o art. 135 evidentemente não é objetiva, e sim subjetiva, ou seja, dolosa. Para os casos de descumprimento de obrigações fiscais por mera culpa, nos atos em que intervierem e pelas omissões de que forem responsáveis, basta o art. 134, anterior, atribuindo aos terceiros dever tributário por fato gerador alheio. No art. 135 o dolo é elementar. Nem se olvide que a responsabilidade aqui é pessoal (não há solidariedade); o dolo, a má-fé, hão de ser cumpridamente provados. No RE 85.241,[1] referendando acórdão do TASP, ficou entendido no STF que:

"A responsabilidade executória por débito fiscal está, hoje, disciplinada pelo Código Tributário Nacional.

"Além do sujeito passivo da obrigação tributária, responsável primário, admite o Código a responsabilidade solidária de terceiros (art. 134) e a responsabilidade por substituição (art. 135).

"Na questão da responsabilidade dos sócios, por dívidas da sociedade, dispôs o Código que a solidariedade advém de sua intervenção nos atos ou pelas omissões de que forem responsáveis (art. 134) e que a substituição ocorre quando a obrigação tributária advém ou é resultante de atos praticados com excesso de poderes ou infração da lei, contrato social ou estatutos (art. 135).[2]

"Pretende a terceira embargada que a responsabilidade dos sócios advém de infração à lei, por não terem solvido a tempo a obrigação tributária; labora em equívoco; a infração à lei diz com a economia societária; a admitir-se o contrário, os sócios seriam sempre responsáveis pelas dívidas da sociedade, quer nas relações de direito público, quer nos negócios jurídicos de direito privado, pois o inadimplemento de qualquer obrigação constitui ofensa à lei; ofensa tão arraigada que o legislador de direito civil teve por dispensável erigir o princípio em preceito legal, como observa Agostinho Alvim, lembrando a lição de Clóvis Beviláqua: 'Ao legislador pareceu dispensável exprimir esta regra, uma vez que, segundo a doutrina, ela é fundamental, em matéria de efeitos das obrigações' (*Da Inexecução das Obrigações e suas Conseqüências*, 4ª ed., p. 6)."

Em sentido contrário a decisão do STJ no REsp 34.429-7-SP.[3] A doutrina do STF nos parece a melhor. Interessante, no particular, por ser caso-limite, a Ap. cível 89.03.06965-0-SP, do TRF da 3ª Região, relator Silveira Bueno:

"*Ementa*: Execução fiscal – Sociedade anônima gerida unipessoalmente pelo diretor-presidente – Responsabilidade tributária por substituição – Validade da penhora efetuada em bens de propriedade da viúva do diretor falecido – Recurso improvido.

"Tendo o diretor-presidente da executada exercido a sua administração, de forma unipessoal, por mais de 25 anos, durante os quais verificou-se o descumprimento da obrigação de recolher as contribuições previdenciárias, tornou-se responsável tributário por substituição e suscetível dos ônus desse *status*, inclusive o de ter penhorados bens de sua propriedade. A ocorrência de sua morte não elidiu a sua sujeição passiva, que se transferiu ao seu espólio."[4]

O que não se pode admitir é que grandes empresas, até mesmo multinacionais, por pura matroca, obriguem seus diretores contratados, com poucos bens ou sem eles, a ficar responsáveis por atos deliberadamente praticados em proveito da empresa, com excesso de poder ou infração de lei ou contrato. A exclusão das empresas daria lugar a enormes injustiças e à indução de "planejamentos tributários" marotos. Além disso, tornaria as funções gerenciais um tipo de atividade de alto risco.

Em razão do que foi exposto retro, verifica-se que os pressupostos para a respon-

1. *RTJ* 85/946.
2. O termo "substituição", utilizado no acórdão, não foi no sentido de "substituto", como o estudaremos, mas no de "personalização" da dívida nos representantes dos contribuintes originários.

3. *RSTJ* 73/341, janeiro/1994.
4. *Lex – JSTJ e TRF* 50/454.

sabilização de sócios-gerentes, diretores e administradores das pessoas jurídicas de direito privado residem no *dolo*. A dissolução ou o desfazimento de fato da sociedade, *v.g.*, é infração dolosa. Apropositam a responsabilidade dos sócios. Fraude, conluio, sonegação, para elidir o cumprimento de obrigação tributária igualmente apropositam a responsabilidade prevista no art. 135, mas somente na hipótese de a pessoa jurídica provar sua inocência. Sintomática, neste sentido, a doutrina no RE 101.338-9-RJ, da 2ª Turma,[5] em que o STF reformou acórdão do então TFR.

A ementa do acórdão recorrido rezava:

"Execução fiscal – Sociedade por quotas – Responsabilidade do sócio-dirigente – Exclusão da meação da sua mulher.

"I – O sócio responsável de sociedade por quotas é responsável solidária e ilimitadamente pelos atos praticados com violação da lei. Dentre estes, compreende-se a falta de recolhimento do IPI na época própria, o que, em tese, constitui crime de apropriação indébita (Decreto-lei n. 326/1967, art. 2º; Decreto n. 3.708/1919, art. 10; CTN, art. 135, III).

"II – A responsabilidade do sócio-dirigente, contudo, não tem o condão de vincular a mulher por falta que não cometeu. Por isso, impõe-se, em tal caso, a exclusão dos bens da sua meação (Súmula n. 112)."

O STF corrigiu-o, pela palavra do Min. Djaci Falcão, *verbis*:

"Inicialmente, esclareço que em nenhum momento ficou alegado e demonstrado que 'A', um dos sócios da empresa executada, houvesse agido com excesso de poderes ou infração à lei ao não recolher o imposto reclamado pela recorrida. O que consta é que a executada, numa demonstração de boa-fé, solicitou o parcelamento do seu débito, inclusive afirmando que tal proceder se constituía numa confissão irretratável da dívida (fls. 27).

"O egrégio TFR é que extraiu a ilação ora impugnada pelos recorrentes, no sentido de que ocorreria, 'em tese', um ilícito penal.

"Colocada a questão nestes termos, afigura-se-me incorreta a conclusão alcançada pelo egrégio Tribunal *a quo*, eis que colide frontalmente com a jurisprudência colacionada, de que é exemplo o RE n. 97.529, relatado pelo eminente Min. Francisco Rezek, in *RTJ* 105/1262, assim ementado:

"'Sociedade por cotas de responsabilidade limitada – Execução fiscal – Bens particulares dos sócios.

"'Nas sociedades por cotas de responsabilidade limitada, os bens particulares do sócio não respondem pela dívida fiscal, salvo quando tenha agido com excesso de poderes ou infração da lei, contrato social ou estatuto.'

"Na verdade, na sociedade por quotas de responsabilidade limitada os bens particulares dos sócios, integralizado o capital, não respondem por dívida fiscal da sociedade, salvo quando praticam ato com excesso de poderes ou infração da lei, contrato social ou estatuto.

"Isto posto, conheço do recurso e lhe dou provimento para julgar procedentes os embargos de terceiro, invertendo-se os ônus da sucumbência."

O TJMG segue a mesma doutrina, a teor da Ap. cível 79.862-5:

"(...).

"E, consoante voto do eminente Des. Régulo Peixoto, confirmado pelo Min. Octávio Gallotti, no RE n. 114.337-1-MG, em 29.9.1987 (por cópia às fls. 95-98):

"'A responsabilidade do sócio, seja ele gerente ou não, é condicionada à prática de atos com violação do contrato ou da lei. A responsabilidade, como é da melhor doutrina e jurisprudência, não é simplesmente objetiva, exigindo ato doloso ou culposo para induzir a responsabilidade pessoal do sócio. O simples débito fiscal da sociedade não está neste caso, pois do contrário qualquer dívida da sociedade 'poderia consti-

5. *DJU* 14.12.1984.

tuir a aludida violação à lei, e, nesse passo, todos os credores estariam autorizados a executar bens particulares dos sócios-gerentes das sociedades limitadas' (*RT* 305/376).

"'Evidentemente, como já se disse na Ap. n. 62.038, da comarca de Governador Valadares, simples falta de pagamento de tributo devido pela sociedade não é infração à lei imputável ao sócio, porque a obrigação tributária é da sociedade e não dele' (idem, RE n. 98.996, in *RTJ* 106/828; idem, RE n. 91.631, in *RT* 538/246).

"Acresça-se, ainda, que o título executado (Certidão da Dívida Ativa, fls. 4) foi extraído contra a firma Mineração e Calcinação ... Ltda. Portanto, só contra esta o título se apresenta líquido, certo e exigível. No magistério de Humberto Theodoro Jr. (in *Processo de Execução*, Ed. Universitária de Direito, 6ª ed., São Paulo, 1981, p. 65): 'Se não houve procedimento administrativo contra o sócio, nem sequer se extraiu certidão de dívida ativa contra ele, não é possível desviar-se o rumo da execução da sociedade para a pessoa física do sócio não-solidário. Não fica, como é evidente, a Fazenda com o alvedrio de executar qualquer co-responsável, porquanto seu título executivo (certidão) terá força contra os devedores perante os quais foi constituído'."

Quanto a saber o que são *sociedades de pessoas* e *sociedades de capital* é paradigmático o RE 91.096-4-MG,[6] sendo relator o ilustre Min. Cunha Peixoto – de resto, comercialista –, *verbis*:

"Trata-se de ação executiva fiscal em que se penhoraram bens de ex-sócio da sociedade por cotas de responsabilidade limitada, executada, tida por já extinta. Os embargos foram rejeitados nos dois graus de jurisdição.

"(...).

"O de que se cuida nos autos é de saber se se pode cobrar de ex-sócio de uma sociedade por cotas de responsabilidade limitada, que tem seu capital integralizado, tributo por ela não pago, quando não se encontram bens da sociedade para serem penhorados.

"(...).

"A razão, *data venia*, encontra-se com as decisões apresentadas como padrões. Não se trata de saber se a sociedade por cotas de responsabilidade limitada é de pessoas ou de capital, matéria controvertida, mas se em uma sociedade desta forma, que tem seu capital integralizado, seus sócios são ou não responsáveis pelas dívidas sociais. E a resposta só pode ser negativa. A sociedade por cotas de responsabilidade limitada caracteriza-se pelo fato da irresponsabilidade dos sócios pelas dívidas da sociedade, quando seu capital está integralizado.

"Por isto é que Aliomar Baleeiro, com sua autoridade de grande especialista em matéria tributária, escreveu: 'Sociedades de pessoas, no art. 134 do CTN, são as em nome coletivo e outras, que não se enquadram nas categorias de sociedade anônima ou de cotas de responsabilidade limitada' (*Direito Tributário*, p. 434).

"É que, como afirmamos, por princípio e por disposição legal, na sociedade por cotas de responsabilidade limitada o sócio só é responsável até o valor do capital, e, assim, uma vez este integralizado, cessa qualquer responsabilidade.

"No caso *sub judice*, embora em recurso extraordinário não se possa examinar a prova, não é despiciendo considerar o fato de que, do total da dívida no valor de Cr$ 38.854,49, apenas Cr$ 1.255,00 pertencem ao período em que o recorrente foi sócio da sociedade, já que, em 1970, ele dela se retirou."

A Súmula 112 do TFR – hoje STJ – livra a mulher casada de execução fiscal aparelhada contra o cônjuge, salvando a meação. A recíproca é verdadeira se o cônjuge varão for inocente em relação ao fato originador da responsabilidade da sócia-gerente. Vivemos a era da isonomia.

6. *RT* 513, São Paulo, Ed. RT, janeiro/1980.

3. *A tese da objetividade do ilícito fiscal*

A questão da objetividade da infração fiscal vem à baila no Código Tributário Nacional de maneira aparentemente singela: "Art. 136. Salvo disposição de lei em contrário, a responsabilidade por infrações da legislação tributária independe da intenção do agente ou do responsável e da efetividade, natureza e extensão dos efeitos do ato".

A infração fiscal é objetiva na enunciação, mas comporta temperamentos. (a) Porque lei federal, estadual e municipal podem incluir no tipo infracional o elemento subjetivo. É o que reza o artigo. (b) Também porque o próprio Código Tributário Nacional, quando do julgamento da infração, manda sejam observados os preceitos dos arts. 108, § 2º (eqüidade), e 112 (*in dubio pro contribuinte*).

Importa, preambularmente, fixar conceitos e pronunciar distinções.

a) A responsabilidade aqui tratada é por infrações. Responsabilizam-se pessoas pelo pagamento de multas (sanções fiscais). A responsabilidade pelo pagamento de tributo já ficou para trás.

b) O art. 136 enuncia, em caráter parcial e precário, a "objetividade" do ilícito estritamente fiscal. O art. 137, à frente, dirá quando a responsabilidade é pessoal ao agente, livrando as pessoas jurídicas. O art. 138, em seguida, trata da elisão da responsabilidade pela prática de ilícitos fiscais substanciais e formais (por descumprimento de obrigação de dar, fazer ou não-fazer).

Isto posto, impõe-se distinguir a infração fiscal (ilícito fiscal) do ilícito penal e teorizar sobre o rico fenômeno da ilicitude.

É preciso deixar claro que o ferimento da lei fiscal pode fazer com que o legislador tipifique a conduta lesiva como um delito. O *tipo* na espécie tanto pode se basear na descrição da conduta de não pagar o tributo, agregando-lhe um *plus* (*v.g.*, dolo específico), como na descrição da conduta descumpridora dos deveres instrumentais (fazer e não-fazer com intenção fraudulenta). Todavia, se a infração é tal que não merece os cuidados do legislador penal, então não adentra o Código Penal, mantendo-se nos lindes do direito administrativo e do direito tributário. Nesta última hipótese, a infração tributária é apurada pelas autoridades administrativas, rege-se pelas disposições legais de direito administrativo e tributário aplicáveis e as sanções são aplicadas, igualmente, pelas autoridades administrativas competentes. Via de regra, as sanções são pecuniárias (multas). São inconversíveis em penas privativas da liberdade e, em alguns casos, passam da pessoa do infrator para os sucessores, *inter vivos* ou *causa mortis*.

Quanto aos elementos estruturais, a infração fiscal apresenta-os diversos dos observáveis na infração penal (delitos e contravenções). Embora o direito penal apresente, excepcionalmente, algumas figuras delituais estritamente objetivas, em que a pesquisa do elemento volitivo é de somenos, a regra aí é a de que o *tipo* contém dois elementos: o objetivo (a descrição da conduta delituosa em si) e o subjetivo (a vontade do agente do delito). Assim, levando-se em conta a vontade do agente, os delitos são *dolosos* ou *culposos*.

Pois bem, o ilícito fiscal não guarda similitude com as instituições e regras fundantes do direito penal (evidentemente, a ressalva não prevalece nos crimes de fundo tributário, que são delitos penais). O ilícito fiscal, sem ser genuinamente objetivo, não se ramifica, contudo, em doloso e culposo. Tampouco se valorizam, *dentro do tipo*, o erro de direito e o erro de fato. No Brasil, conforme explicaremos mais à frente, simplesmente o direito tributário põe algumas regras práticas de interpretação que protegem o contribuinte contra excessos ou injustiças da Administração.

4. *O erro de direito extrafiscal e o direito tributário punitivo*

Em princípio, a intenção do agente (melhor seria dizer *do sujeito passivo*) é irrelevante na tipificação do ilícito fiscal. E deve ser assim. O *error juris* infracional ou extra-infracional não deve ter cabida no direito tributário sancionatório. Se fosse permitido alegar a ignorância da lei fiscal, no caso a *lei extra-infracional*, estaria seriamente embaraçada a ação do Estado contra os sonegadores de tributos, e aberto o *periculum in mora*. Seria um pretexto elástico a favorecer os *experts* antes que um imperativo de justiça em favor de supostos homens de boa-fé. Oportuno relembrar Confúcio, para quem os crimes eram, de regra, praticados mais pelos "expertos" do que pelos "ignorantes". O *nemo consetur ignorare legem* em tema de tributação não traduz necessariamente uma injustiça se se sabe legislar e distinguir, assegurando-se ampla defesa ao sujeito passivo.

Podemos, então, sem medo de errar, afirmar que a infração fiscal configura-se pelo simples descumprimento dos deveres tributários de dar, fazer e não-fazer previstos na legislação. Esta a sua característica básica.

Três objeções são colocadas contra a consideração *tout court* do elemento subjetivo relativamente ao ilícito fiscal (infração administrativa-tributária). Em primeiro lugar, a subjetivação do ilícito fiscal levaria, inexoravelmente, por uma questão de coerência teórica, até a intransmissibilidade das *multas* que o punem. Com efeito, se o ilícito fiscal se baseasse exclusivamente na responsabilidade subjetiva, impossível seria transferir a multa a terceiros (sub-rogação passiva das penalidades). A punição não deveria, neste caso, passar da pessoa do infrator – o que, em muitos casos, seria um verdadeiro absurdo. Em segundo lugar, seria impossível apenar administrativamente as pessoas jurídicas, porquanto estas não possuem vontade, senão que são representadas por seus órgãos. Sabido que *societas distat a singulis*, jamais poderia a Fazenda Pública responsabilizar as pessoas jurídicas imputando-lhes o dever de pagar multas pelo descumprimento da legislação tributária. Teria a Fazenda Pública de investigar as pessoas físicas que vivificam as sociedades para lhes imputar a devida punição. Ora, isto seria irrealístico, complicado e, na maioria dos casos, *impraticável*. O certo é a responsabilização das pessoas jurídicas em razão de sua *culpa in eligendo*, cabendo-lhes, sendo o caso, direito de regresso contra seus diretores, gerentes e administradores. Somente nas hipóteses grosseiras de má-fé, quando os diretores agem com dolo específico na prática de ilícitos fiscais, que configuram também ilícitos penais, a responsabilidade por infrações deve ser pessoal relativamente aos *delitos* (isto é, os crimes fiscais tipificados na legislação penal). Em terceiro lugar – descartado *ex absurdo* o erro de direito –, como excludente de responsabilidade em tema de infração fiscal, a admissão do erro de direito extra-infracional (variante do erro extrapenal na esfera própria do direito tributário) levaria ao paradoxo de se considerar oponível à Administração o desconhecimento da própria legislação tributária pelo contribuinte e pelos órgãos de pessoas jurídicas de direito privado.

É preciso frisar – por isso que supinamente importante – ser o *ilícito fiscal* uma espécie do gênero *ilícito jurídico*. Conseqüentemente, a *punição fiscal* é uma espécie do gênero *sanção*. Nela não se vislumbra nada parecido com o ressarcimento do direito privado. É, em real verdade, castigo, reprimenda, pena. Nada obstante – e não vai nisso heresia alguma –, a apuração da responsabilidade em tema de infração fiscal aproxima-se muito mais da "responsabilidade civil" do que da "responsabilidade penal".

O mundo moderno assiste a dois movimentos aparentemente contraditórios: a responsabilidade civil caminha para a objetividade; e a responsabilidade penal, para a subjetividade. No direito penal cresce a valorização das teorias da "inconsciência da ilicitude". No direito civil avultam as teses da responsabilidade objetiva em relação aos terceiros prejudicados. Ora, o Fisco é um terceiro, e privilegiado, na medida em que o interesse público sobrepõe-se ao individual. Vivemos sob a égide da socialização. No fundo, o interesse fiscal é de *natureza patrimonial* (afetado a um *fim público*).

No direito civil não se perquire mais se a queda do poste da concessionária de serviço público de eletricidade (em razão de um *act of God* ou de má implantação ao solo) sobre casa ou propriedade de particular decorreu de dolo ou culpa (negligência, imperícia ou imprudência). Da mesma forma, nas obrigações civis o descumprimento da prestação acarreta a multa civil, se pactuada, a cargo da parte inadimplente. Assim também ocorre no direito tributário. Se o contador encarregado da escrita do contribuinte recebe deste o numerário para pagamento do tributo e não o faz, descumprindo a obrigação, nem por isso é possível alegar a escusante do "ato de terceiro" ou da *bona fides*. A inadimplência é irrogada ao contribuinte, sem mais, acompanhada dos consectários: multa, juros e correção monetária, quando cabíveis. O contribuinte é responsabilizado por *culpa in eligendo* e *in vigilando*. Sua responsabilidade é plena pela infração. Incluir neste panorama os influxos do direito penal é, *concessa venia*, puro irrealismo ou, quando nada, erro de perspectiva. Agora, se se trata de direito penal (crimes de fundo tributário), seus institutos são plenamente aplicáveis.

A palavra "coerção", como quase todo vocábulo, apresenta o fenômeno da polissemia que assola a linguagem do Direito. Todavia, segundo a maioria dos autores, *coerção* é o poder do Estado de fazer efetiva a ordem jurídica, se preciso com o uso da força. Noutro giro, é a possibilidade da coação como ato, a própria coação *in potentia*; um poder real do Estado capaz de introjetar-se na mente dos súditos e, assim, obrigá-los objetivamente a respeitar a ordem jurídica estabelecida, independentemente de ser justo ou legítimo o poder que a aplica e garante.

A identificação do Estado e do direito positivo feita por Kelsen no plano jurídico, com realismo e simplicidade, é inconfutável. Concordamos que *coerção* é o poder de sancionar; e *coação*, o produto do seu exercício. Estar coacto é o estado de quem sofre os efeitos da coerção, que é potestade. É pela coação que o Direito se faz efetivo. Antes, pela possibilidade de sua aplicação; e depois – trata-se de um teste de realidade –, pela sua real efetivação. No mundo jurídico as obrigações são contraídas ou impostas (deveres autônomos e heterônomos) para serem cumpridas. O descumprimento dos deveres – sua inadimplência – caracteriza, e perfeitamente, o fenômeno jurídico do *ilícito* na sua expressão mais lata (descumprimento de dever legal ou contratual).

Ora, todo e qualquer ilícito deve ser sancionado – vale dizer, punido. A sanção é o instrumento desse desiderato.

a) Sanciona-se porque a ordem jurídica foi rompida em alguma parte. A previsão sancionante está na lei ou no contrato (efeito repressivo).

b) E sanciona-se para que não mais a ordem jurídica seja rompida (efeito intimidativo, preventivo).

Destarte, é através da sanção que a coação se faz ato. A sanção jurídica efetiva a ordem jurídica, quando lesada, e é imposta ou pelo menos garantida pela força do Estado (coerção estatal).

ISS – SERVIÇO NO EXTERIOR – SERVIÇO PÚBLICO – INCENTIVOS FISCAIS

JOSÉ EDUARDO SOARES DE MELO

Doutor e Livre-Docente em Direito – Professor da PUC/SP –
Visiting Scholar da Universidade da Califórnia (Berkeley)
– Consultor Tributário

1. Serviço no Exterior. 2. Serviço público: 2.1 Natureza jurídica e não-incidência do ISS – 2.2 Incidência do ISS. 3. Incentivos fiscais: 3.1 Regime jurídico – 3.2 Características – 3.3 Regramento – 3.4 A renúncia tributária em face da responsabilidade na gestão fiscal.

A EC 37, de 12.6.2002, e a Lei Complementar 116, de 31.7.2003, introduziram modificações no âmbito do ISS (sistemática dos Decretos-leis 406/1968 e 834/1969 e Leis Complementares 56/1987 e 100/1999) que merecem acurada reflexão dos operadores do Direito.

1. Serviço no Exterior

A Lei Complementar 116/2003 (art. 1º, § 1º) inova ao dispor que "o imposto incide também sobre o serviço proveniente do exterior do país ou cuja prestação se tenha iniciado no exterior do país".

Este preceito é questionável, porque não retira efetivo fundamento de validade do ordenamento constitucional, uma vez que objetiva alcançar fatos ocorridos fora do território nacional, além de criar uma esdrúxula obrigação tributária (inexistência de contribuinte-prestador de serviço nos termos da legislação, e apenas a estipulação do responsável pelo imposto, na pessoa do respectivo tomador).

É cediço que as competências estabelecidas na Constituição Federal tomam em conta o local onde se verifica o fato gerador tributário e onde se revela a respectiva riqueza. A extraterritorialidade tem sido considerada em situações peculiares, com expressa determinação constitucional. Diante dessa circunstância excepcional é que a legislação pode incidir tanto sobre fatos ocorridos dentro do país, colhendo as pessoas aqui residentes e domiciliadas; como também relativamente a fatos verificados fora do território nacional.

Os nacionais dos países somente deveriam ser tributados pelo país em que residem, e nunca poderiam ser alcançados quando residentes no Estrangeiro, segundo a concepção clássica do princípio da territorialidade, "independentemente de outras características que eventualmente pudessem concorrer na situação em causa, como a nacionalidade, o domicílio ou a residência do sujeito passivo".[1]

Sob esse prisma, há de ser feita distinção entre os diversos sentidos da territorialidade: o "negativo", significando que as leis estrangeiras não se aplicam no território do país em causa – ou seja, que os órgãos de aplicação do Direito de cada Estado apenas aplicariam suas próprias regras tributárias, jamais podendo desencadear a produção dos efeitos previstos nas leis tributárias estrangeiras; enquanto o "positivo" representa a função de excluir que a nacionalidade constitua, por si só, elemento capaz de fundamentar ou de afastar a tributação sob um mínimo de conexão das situações em causa com o território nacional.[2]

1. Alberto Xavier, *Direito Tributário Internacional*, Coimbra, Almedina, 1993, p. 23.
2. Alberto Xavier, idem, pp. 23-24.

Constituem elementos de conexão, nos impostos sobre o rendimento e o capital, dois superiores princípios: o da "fonte", em que prevalece o país onde se obtém a renda produzida; e o da "residência", onde reside o titular dos fundos fornecidos e que aufere a renda dos capitais investidos no Exterior.

Esta delicada situação, geradora de conflitos tributários nos quadrantes do Direito Interno e Internacional, ocasionou a celebração de tratados entre países com o escopo de evitar dupla tributação, integrados na ordem interna do país, por força de ato exclusivo do Congresso Nacional (art. 49, I, da CF). O critério de reciprocidade visa a impedir que uma única e mesma materialidade (tipo de rendimentos) sofra a incidência do tributo (imposto de renda) mediante a utilização de várias técnicas legislativas, desonerando tributos, diminuindo a carga tributária, mediante a aplicação de alíquotas menores do que as usuais internamente, ou mesmo possibilitando a compensação dos tributos pagos no Exterior, para efeito de apuração do mesmo tributo no país em que o contribuinte é domiciliado.

A legislação contempla a tributação do imposto de renda sobre inúmeras atividades e riquezas auferidas fora do território nacional (filiais, mandatários, comissários e agentes, no Brasil, de empresas do Exterior; repatriamento de bens, resultados em Bolsas de Mercadorias no Exterior, investimentos no Exterior). Merece destaque a incidência do imposto de renda na fonte sobre serviços prestados por pessoas domiciliadas no Exterior, com oscilação jurisprudencial ao longo do tempo, como é verificado em súmulas do STF.

"*585.* Não incide o imposto de renda sobre a remessa de divisas para pagamento de serviços prestados no Exterior; por empresa que não opera no Brasil."

"*587.* Incide o imposto de renda sobre o pagamento de serviços técnicos contratados no Exterior, e prestados no Brasil".

Legislação superveniente (Decreto-lei 1.481/1975) estabeleceu a incidência do imposto de renda sobre serviços técnicos e de assistência técnica, ou semelhantes, prestados a empresas do Brasil por pessoas físicas ou jurídicas domiciliadas no Exterior, sejam os serviços prestados dentro e fora do país, e independentemente do local e data em que a operação tenha sido contratada (RIR, art. 785), com constitucionalidade reconhecida pelo STF.[3] Na mesma trilha os juros de empréstimos e financiamentos obtidos no Exterior, com a determinação da incidência na fonte (art. 11 do Decreto-lei 401/1968 e Súmula 586 do STF).

Em princípio, esta situação constituiria uma verdadeira agressão à ordem jurídica no tocante ao aspecto espacial da regra de incidência do imposto de renda, fixando critérios extraterritoriais de tributação para alcançar operações e rendimentos pertinentes ao Exterior.

Entretanto, a própria Constituição Federal (art. 153, § 2º) estabelece que o imposto de renda será informado pelo critério da universalidade, "significando que as 'rendas' ou 'proventos' (ganhos ou lucros) de todas as espécies e gêneros, independentemente da denominação, localização, condição jurídica, nacionalidade da fonte e da sua origem, salvo os protegidos pelas imunidades e aqueles expressamente excluídos por lei, deverão submeter-se à incidência do imposto".[4]

A Constituição Federal é singular ao preceituar que o ICMS é devido não só nas operações e prestações que se iniciem no Exterior (art. 155, II), como ainda sobre os serviços prestados no Exterior (art. 155, § 2º, IX, "a"), numa demonstração inequívoca do caráter excepcional da extraterritorialidade.

Por decorrência lógica e natural, o imposto de importação sobre produtos estran-

3. 1ª Turma, RE 101.065-5, j. 19.9.1984; 2ª Turma, RE 103.567-6, j. 27.11.1984 – *RTJ* 122/933-935.

4. Mary Elbe Queiroz, *Imposto sobre a Renda e Proventos de Qualquer Natureza*, Editora Manole, 2003, p. 35.

geiros (art. 153, I, da CF) também incide sobre negócios pertinentes a pessoas domiciliadas no Exterior.

Assim, são específicas, excepcionais e limitadas as previsões de incidências tributárias relativamente a fatos, estados, negócios e situações ocorridos no Exterior, ou dele decorrentes, como é o caso do imposto de renda, ICMS e imposto de importação.

Portanto, inexiste amparo constitucional para exigir-se o ISS relativamente a serviço proveniente do Exterior ou cuja situação se tenha iniciado no Exterior. Assim, é objetável o imposto relativamente a bens estrangeiros que ingressam no país a título de locação ou arrendamento mercantil (negócios tipificados como serviços, em lista anexa à Lei Complementar 116/2003); bem como a assistência técnica desenvolvida no Exterior e implementada no país.

2. *Serviço público*

2.1 *Natureza jurídica e não-incidência do ISS*

O ISS somente pode incidir sobre as relações de natureza privada, compreendendo os negócios jurídicos (prestações), vinculando prestador e tomador, mediante uma remuneração (preço), de conformidade com o princípio da autonomia da vontade.

Não pode incidir sobre os serviços públicos, que se conceituam da forma seguinte: "toda atividade de oferecimento de utilidade ou comodidade, fruível diretamente pelos administrados, prestada pelo Estado ou por quem lhe faça as vezes, sob um regime de direito público – portanto consagrador de prerrogativas de supremacia e restrições especiais – instituído pelo Estado, em favor dos interesses que houver definido como próprios do sistema normativo".

O Código Tributário Nacional (art. 79) considera como serviços públicos os: "I – utilizados pelo contribuinte: a) efetivamente, quando por ele usufruídos a qualquer título; b) potencialmente, quando, sendo de utilização compulsória, sejam postos à disposição mediante atividade administrativa em efetivo funcionamento; II – específicos, quando possam ser destacados em unidades autônomas de intervenção, de utilidade ou de necessidades públicas; III – divisíveis, quando suscetíveis de utilização, separadamente, por parte de cada um dos seus usuários".

Na esfera tributária a qualificação do serviço como "público" tem sido examinada para fins de permitir a cobrança de taxa, em oposição ao denominado "preço público", que significa contraprestação de atividade desenvolvida pelo Estado em regime de direito privado (em plena concorrência com os particulares).

Assim, houve preocupação em proceder à distinção dos serviços públicos em gerais e específicos, a saber: "Os serviços públicos gerais, ditos também universais, são os prestados *uti universi*, isto é, indistintamente a todos os cidadãos. Eles alcançam a comunidade, como um todo considerada, beneficiando número indeterminado (ou, pelo menos, indeterminável) de pessoas. É o caso dos serviços de iluminação pública, de segurança pública, de diplomacia, de defesa externa do país etc. Todos eles não podem ser custeados, no Brasil, por meio de taxas, mas, sim, das receitas gerais do Estado, representadas, basicamente, pelos impostos, (...)".[5]

O autor complementa seu raciocínio: "Já, os serviços públicos específicos, também chamados *singulares*, são os prestados *ut singuli*. Referem-se a uma pessoa ou a um número determinado (ou, pelo menos, determinável) de pessoas. São de utilização individual e mensurável. Gozam, portanto, de *divisibilidade*, é dizer, da possibilidade de avaliar-se a utilização efetiva ou potencial, individualmente considerada".[6]

Portanto, deve ser afastada a incidência do ISS nos casos em que o Município

5. Roque Carrazza, *Curso de Direito Constitucional Tributário*, 19ª ed., São Paulo, Malheiros Editores, 2003, pp. 471-472.

6. Idem, p. 472.

(por si ou seus delegados) realiza competências, pautadas por regime de direito público (prerrogativas do poder público), mas que não sejam específicas e divisíveis a determinado contribuinte.

Entretanto, o ISS será exigido nos casos em que as pessoas públicas (União, Estados, Distrito Federal e seus delegados) prestam serviços que não sejam de sua exclusiva competência, sob regime de direito privado (despidas de suas prerrogativas, em igualdade de condições com os particulares).

Interessante o exame compreendido relativamente aos serviços de transportes urbanos:

"(...);

"c) transporte coletivo é nítido serviço público, quer quando executado diretamente pelo Estado, quer quando seu exercício é conferido a outra pessoa, física ou jurídica, pública ou privada;

"(...).

"(...): O Estado não pode transferir a titularidade do serviço público, mas, simplesmente, delegar ou conceder a alguém *a execução dos atos materiais em que eles se podem traduzir*. Como o Estado prossegue sendo – sempre – o titular do serviço público, a despeito de cometer o seu exercício a pessoa privada, o serviço continua sendo público. Logo, é ele insuscetível de tributação por via de imposto (ISS)".[7]

2.2 *Incidência do ISS*

Questionável a constitucionalidade da nova previsão de incidência do ISS sobre os serviços prestados com a utilização de bens e serviços públicos explorados economicamente mediante autorização, permissão ou concessão, com o pagamento de tarifa, preço ou pedágio pelo usuário final do serviço (Lei Complementar 116/2003, art. 1º, § 3º).

Esta imposição legal merece ser estudada com redobrada atenção, tendo em vista a importância de a atividade (*serviço*) ser qualificada como de natureza pública, tornando imprescindível a obediência a um peculiar regime jurídico (haurido na Constituição Federal), determinando o seguinte: "1) dever inescusável do Estado de promover-lhe a prestação; 2) princípio da supremacia do interesse público; 3) princípio da adaptabilidade; 4) princípio da universalidade; 5) princípio da impessoalidade; 6) princípio da continuidade; 7) princípio da transparência; 8) princípio da motivação; 9) princípio da modicidade das tarifas".[8]

Determinados serviços públicos somente podem ser realizados pelo Poder Público (como é o caso da competência outorgada à União para exercer a classificação, para efeito indicativo, de diversões públicas e de programas de rádio e televisão – art. 21, XVI, da CF); enquanto que outros serviços públicos podem ser prestados por pessoas privadas, mediante concessão, permissão etc. (como é o caso do transporte coletivo – art. 30, V, da CF).

A *concessão de serviço público* pode ser conceituada como "contrato administrativo pelo qual a Administração confere ao particular a execução remunerada de serviço público ou de obra pública, ou lhe cede o uso de bem público, para que o explore por sua conta e risco, pelo prazo e nas condições regulamentares e contratuais".[9]

Trata-se de modalidade de transferência da prestação do serviço público, por meio da qual o titular da competência atribui a outrem o seu desempenho, mas que não deve produzir modificação do regime jurídico que preside a prestação do serviço público, não acarretando a transformação do serviço em privado.

7. Cléber Giardino e Aires Barreto, "Serviço público: intributabilidade por meio de imposto – Serviços de transportes urbanos e ISS", *RDTributário* 62/109, São Paulo, Malheiros Editores.

8. Celso Antônio Bandeira de Mello, *Curso de Direito Administrativo*, 14ª ed., São Paulo, Malheiros Editores, 2002, pp. 604-605.

9. Maria Sylvia Zanella Di Pietro, *Direito Administrativo*, 10ª ed., São Paulo, Atlas, 1998, p. 239.

Esta peculiar situação permitira fixar o entendimento seguinte: "(...) na concessão, o Estado continua a ser o titular do poder de prestação do serviço. Atribui-se a um particular uma parcela da competência pública, mas o núcleo dessa competência permanece na titularidade do Estado. Assim, o Estado não está renunciando ao poder de prestar o serviço, nem abre mão do poder de disciplinar as condições da prestação do serviço. Ressalte-se que o concessionário atua perante terceiros como se fosse o próprio Estado. Justifica-se, desse modo, o poder-dever de o Estado retomar os serviços concedidos, a qualquer tempo e independentemente do prazo previsto para a concessão. Pela mesma via se justifica o poder do Estado de intervir nas atividades de prestação de serviço ou de modificar as regras relativas à sua prestação".[10]

Em realidade, positiva-se um regime jurídico complexo, porque, embora atue em nome próprio na sua relação com terceiros (usuários dos serviços), o concessionário presta os serviços no interesse público, não sendo nem mais e nem menos do que seria a Administração Pública.

Precisas as considerações seguintes: "A concessão é instrumento de realização do interesse público, transcendente ao interesse econômico do concessionário. Não significa que o concessionário não busque o lucro, mas quer dizer que sua atividade sujeita-se a limites não-aplicáveis aos empreendimentos exclusivamente privados".[11]

E conclui o renomado jurista: "Pode-se afirmar a plena e total incidência do regime de direito público. Deve existir minuciosa disciplina das condições de prestação do serviço, assim como estrita fiscalização por parte da entidade concedente".[12]

"(...) a delegação para o particular não transforma o serviço em privado. Nem retira da entidade delegante a titularidade do serviço. A delegação pressupõe a possibilidade de o serviço ser desempenhado por particular em condições, no mínimo, de eficiência idênticas ao que se passaria se o serviço fosse prestado diretamente pelo próprio Estado."[13]

A Lei federal 8.987/1995 (art. 2º, II) – que dispõe sobre o regime de concessão e permissão da prestação de serviços públicos previsto no art. 175 da CF – considera *concessão de serviço público* a delegação de sua prestação, feita pelo poder concedente, mediante licitação, na modalidade de concorrência, a pessoa jurídica ou consórcio de empresas que demonstrem capacidade para seu desempenho, por sua conta risco e por prazo determinado.

Para a consecução dos objetivos legais o poder concedente publicará, previamente ao edital de licitação, ato justificando a conveniência da outorga da concessão, caracterizando seu objeto, área e prazo (art. 5º); pressupondo *serviço adequado*, que deve satisfazer as condições de regularidade, continuidade, eficiência, segurança, atualidade, generalidade, cortesia na sua prestação e modicidade das tarifas (art. 6º).

O complexo de princípios e normas previstos na legislação, em consonância com os ditames constitucionais, traduz os critérios norteadores da prestação de serviços públicos, evidenciando que os concessionários atuam como efetivos mandatários dos Poderes Públicos, como autêntica projeção ou prolongamento de sua personalidade.

Ponderável a argumentação de que "o que se concede não é o serviço, mas sim a sua execução. O serviço é sempre público; o titular é sempre a pessoa pública. Se o serviço é prestado pelo próprio Estado, cometido a concessionário seu, ou conferido a particulares, é o que menos importa. O serviço, em qualquer caso, seguirá sendo público".[14]

10. Marçal Justen Filho, *Concessão de Serviços Públicos – Comentários às Leis ns. 8.987 e 9.074, de 1955*, São Paulo, Dialética, 1997, p. 66.

11. Idem, p. 69.

12. Idem, ibidem.

13. Idem, p. 113.

14. Aires F. Barreto, *ISS na Constituição e na Lei*, São Paulo, Dialética, 2003, p. 56.

Assim, o negócio jurídico (*prestação de serviço público*) é contratado entre o Poder Público (concedente) e as pessoas privadas (concessionárias), situação em que os seus usuários (coletividade) são caracterizados como meros destinatários.

Em verdade, as concessionárias não são contratadas pelos usuários dos serviços, sendo certo que a prestação desses somente é promovida em razão da concessão pactuada entre o Poder Público e a concessionária, não tendo os munícipes qualquer participação, ingerência ou intromissão no referido contrato. A desoneração tributária (imunidade a impostos) colima liberar a carga do ISS, para que não sejam onerados os serviços públicos (como é o caso de transporte coletivo), em face da sua natureza e do caráter de sua essencialidade.

Ademais, o *princípio da intangibilidade da equação econômico-financeira* do contrato administrativo implica que a elevação dos encargos atribuídos ao particular (concessionária) deverá tomar como contrapartida a elevação de sua remuneração, sendo pertinentes as considerações seguintes: "Pode-se afirmar, então, que o regime jurídico dos contratos da Administração no Brasil compreende a regra da manutenção da equação econômico-financeira originalmente estabelecida, cabendo ao contratado o direito a uma remuneração sempre compatível com aquela equação, e à Administração o dever de rever o preço quando, em decorrência de ato estatal (produzido ou não à vista da relação contratual), de fatos imprevisíveis ou da oscilação dos preços da economia, ele não mais permita a retribuição da prestação assumida pelo particular, de acordo com a equivalência estipulada pelas partes no contrato".[15]

Não se pode cogitar de variação da carga fiscal (exigibilidade de impostos), porque afeta a equação econômico-financeira relacionada com a execução da prestação contratual. Esta situação é patente no caso de instituição de tributo, situação em que restará comprometida a prestação dos serviços públicos, prejudicando os munícipes na sua utilização.

3. *Incentivos fiscais*

3.1 Regime jurídico

O Poder Público estabelece situações desonerativas de gravames tributários, mediante a outorga de isenção, incentivos e benefícios, com o natural objetivo de estimular o contribuinte à adoção de determinados comportamentos, tendo como subjacente o propósito governamental à realização de diversificados interesses públicos.

Nesse sentido, pondera-se o seguinte: "Os incentivos fiscais manifestam-se, assim, sob várias formas jurídicas, desde a forma imunitória até a de investimentos privilegiados, passando pelas isenções, alíquotas reduzidas, suspensão de impostos, manutenção de créditos, bonificações, créditos especiais – dentre eles os chamados 'créditos-prêmio' – e outros tantos mecanismos, cujo fim último é, sempre, o de impulsionar ou atrair os particulares para a prática das atividades que o Estado elege como prioritárias, tornando, por assim dizer, os particulares em participantes e colaboradores da concretização das metas postas como desejáveis ao desenvolvimento econômico e social por meio da adoção do comportamento ao qual são condicionados".[16]

Cogita-se de determinado tratamento (*regime jurídico especial*) situado no campo da *extrafiscalidade*, com o "emprego dos instrumentos tributários para fins não-fiscais, mas ordinatórios (isto é, para condicionar comportamentos de virtuais contribuintes, e não, propriamente, para abastecer os cofres públicos)".[17]

15. Carlos Ari Sundfeld, *Licitação e Contrato Administrativo*, São Paulo, Malheiros Editores, 1994, p. 239.

16. Geraldo Ataliba e José Artur Lima Gonçalves, "Crédito-prêmio de IPI – Direito adquiridos – Recebimento em dinheiro", *RDTributário* 55/167, São Paulo, Ed. RT.

17. Roque Carrazza, *Curso* ..., 19ª ed., p. 753, nota de rodapé 6.

Nesta seara jurídica observou-se o seguinte: "O combate ao desemprego, à inflação e ao desequilíbrio da balança de pagamentos, com vistas à estabilização da economia por intermédio de instrumentos tributários, significa que a utilização destes deve orientar-se por princípios e obedecer a *técnicas flexíveis*, pois, se é certo que a inflação pode ser combatida mediante a imposição de tributos elevados, estes contribuem para acentuar o desemprego, ao passo que o desequilíbrio da balança de pagamentos se processa pela utilização dos tributos que recaem sobre o comércio exterior, ou vice-versa (...)".[18]

Há mais de três décadas já se traçara distinção entre tributos propriamente "financeiros", que decorrem do poder de tributar; e aqueles denominados tributos "ordinatórios", que defluem do poder de regular, para estabelecer um regime jurídico diferenciado.[19]

O direito à utilização, fruição ou realização dos benefícios fiscais – em termos lógico-jurídicos – não pode ter veiculação ou atinência estrita ao regime jurídico de tributação, uma vez que na referida relação o contribuinte é o credor (sujeito ativo), enquanto que o Poder Público qualifica-se como devedor (sujeito passivo). A relação eminentemente tributária consubstancia situação nitidamente oposta, ou seja, o Poder Público é o sujeito ativo, enquanto que o contribuinte é o sujeito passivo.

Em realidade, os incentivos fiscais representam dispêndio para o Poder Público e benefício para os contribuintes, em razão do quê só podem ser enquadrados em regime jurídico distinto do tributário, que compreende o auferimento de receitas públicas (tributos). O *regime financeiro* não se encontra adstrito à rigidez dos inúmeros princípios de natureza constitucional, havendo significativa discricionariedade na aplicação dos estímulos fiscais, com a manutenção dos direitos dos contribuintes.

Assim, ocorrendo a adesão espontânea do contribuinte ao plexo de incentivos, "será favorecido com vantagens fiscais que funcionam como *sanções premiais* no objetivo de estimulá-lo a, voluntariamente, participar das atividades prestigiadas de acordo com o planejamento estatal".[20] A ordem social pode estatuir uma determinada conduta humana e, simultaneamente, ligar a esta conduta a concessão de uma vantagem de um prêmio,[21] tendo o editor da norma procurado motivar um comportamento qualificado.[22]

O *direito premial* denota peculiar característica jurídica no sentido de que os benefícios e as recompensas são outorgados, regulados e operacionalizados sem a rigidez normativa, com o timbre da discricionariedade, tendo percuciente análise deste instituto evidenciado fundamental questão: "E, se o direito premial não pode ser implantado com respaldo no que está acima referido, seria possível sua constituição com fundamento nas condutas além do exigido, as quais se nos apresentam de difícil regulamentação legal? Tal impasse advém das múltiplas modalidades de prêmios e recompensas existentes, além da grande liberdade de concessão, atribuição e repartição de referidas recompensas, muitas vezes sem interveniência da lei. O direito premial, para caracterizar-se como tal, não necessitaria estar submetido a preceitos legais taxativos, de maneira análoga como se faz com o direito penal, que é a sua expressão simétrica".[23]

18. Gilberto de Ulhôa Canto, *Direito Tributário Aplicado, Pareceres*, Rio de Janeiro, Forense Universitária, 1992, p. 46, notas 85-159.

19. Ruy Barbosa Nogueira, *Da Interpretação e da Aplicação das Leis Tributárias*, 2ª ed., São Paulo, Ed. RT, 1965, pp. 46 e 128.

20. Yonne Dolácio de Oliveira, *A Tipicidade no Direito Tributário Brasileiro*, São Paulo, Saraiva, 1980, p. 153.

21. Kelsen, *Teoria Pura do Direito*, 4ª ed., trad. de João Batista Machado, Coimbra, Arménio Amado Editor, 1976, p. 49.

22. Tércio Sampaio Ferraz, *Teoria da Norma Jurídica*, 2ª ed., Rio de Janeiro, Forense, p. 91.

23. Álvaro Melo Filho, *Teoria e Prática dos Incentivos Fiscais*, Eldorado, 1976, p. 70.

Ressalta Álvaro Melo Filho a flexibilidade necessária na utilização do *Direito Premial* a saber: "O Direito não mais significa um preceito estático de manutenção do *status quo*, mas a mola propulsora do bem-estar social. E através do *incentivo fiscal*, que é o mais poderoso instrumento do direito premial, o Estado contemporâneo abdica de parte de sua renda em benefício do setor privado, objetivando estimular e orientar os investimentos e alocação de recursos necessários ao desenvolvimento. Acentue-se que o incentivo fiscal, teleologicamente, pode ser vislumbrado pelo seu aspecto motivacional positivo, daí por que inteira razão assiste a Parsons quando afirma que, 'no sistema social, a atribuição de recompensa exerce a dupla função de manter ou modificar a motivação, e de afetar a atribuição de bens ou meios'. Ademais, quanto à sua problemática, é importante salientar que deve existir um grau razoável de flexibilidade na concessão dos incentivos fiscais, em virtude de possíveis modificações ou influências da conjuntura, de ineficiência do mercado e do término de condições que originaram sua adoção".[24]

A Procuradoria da Fazenda Nacional sintetizou este tema na forma seguinte: "12.6 Os incentivos e estímulos fiscais se subsumem no modelo de sanção premial, e nem por se encontrar esta ainda pouco desenvolvida na doutrina pátria, e que não haveria a mais perfeita disciplina civilística da promessa de recompensa, há de servir, sem dúvida, como base institucional para disciplinamento jurídico-administrativo dos incentivos e estímulos fiscais".[25]

A elasticidade na concessão de quaisquer incentivos fiscais não implica desrespeito, menoscabo ou desprezo ao consagrado postulado da legalidade, significando peculiarmente que os princípios, critérios e procedimentos norteadores desses benefícios (natureza financeira) não se revestem da mesma inflexibilidade das normas fiscais (natureza tributária).

3.2 Características

A *isenção* tem sido enquadrada na doutrina alienígena como (a) delimitação negativa do suposto das normas tributárias;[26] (b) fato impeditivo do nascimento da obrigação tributária;[27] (c) valor jurídico autônomo, objeto de tutela legal específica, diversamente das exclusões, segundo critério extrajurídico, que configuraria mera expressão de irrelevância jurídica de determinados fatos.[28]

Os juristas nacionais trilharam por vias diversas: (a) exclusão do tributo que poderia ser decretado constitucionalmente;[29] (b) omissão do ente público que tem competência para cobrar determinados tributos do exercício de sua competência;[30] (c) norma jurídica não-juridicizante;[31] (d) hipótese de não-incidência legalmente qualificada;[32] (e) dispensa legal do pagamento do tributo devido (Rubens Gomes de Sousa, Projeto do Código Tributário Nacional); (f) fórmula inibitória da operatividade funcional da regra-matriz, impedindo a irradiação de seus efeitos, porque a relação obrigacional não se instaura.[33]

24. Idem, p. 206 (citando Parsons, *Hacia una Teoría General de la Acción*, Buenos Aires, Kaplusz, 1968, pp. 238-239).

25. *Pareceres*, t. III, Brasília, 1994, p. 1.283.

26. Alberto Xavier, *Conceito e Natureza do Lançamento Tributário*, Juriscredi.

27. Allorio, *Diritto Processuale Tributario*, 5ª Ed., Turim, UTET, 1969, p. 388; Berliri, *Corso Istituzionale di Diritto Tributario*, vol. I, Milão, Giuffrè, 1974, p. 191; Sainz de Bujanda, *Hacienda y Derecho*, vol. III, pp. 430-431; Héctor Villegas, *Curso de Finanzas, Derecho Financiero y Tributario*, 2ª ed., Buenos Aires, Depalma, 1975, p. 252.

28. Salvatore de la Rosa, *Eguaglianza Tributaria – Esenzioni Fiscali*, Milão, 1968.

29. Aliomar Baleeiro, "Isenção de impostos estaduais", *RDA* 61/308.

30. Gilberto de Ulhôa Canto, "Algumas considerações sobre a imunidade tributária dos entes públicos", *RDA* 52/34.

31. Becker, *Teoria Geral do Direito Tributário*, São Paulo, Saraiva, 1963, p. 276.

32. Souto Maior Borges, *Isenções Tributárias*, 1ª ed., São Paulo, Sugestões Literárias, 1969, p. 182.

33. Paulo de Barros Carvalho, *Curso ...*, p. 332.

Destaco obra científica analisando o instituto e as diversas correntes de pensamento, concluindo que "as normas de isenção se caracterizam como normas permissivas que abrem exceção a uma norma de obrigação, traduzindo sempre a configuração jurídica de um interesse público relevante de natureza não-tributária que, sobrepondo-se à obrigação tributária, funciona como fato jurídico impeditivo do nascimento desta".[34]

A isenção, veiculada por legislação ordinária, delimita a regra de incidência tributária, impedindo que ocorra o nascimento do respectivo fato gerador. Exclui da tributação o fato que naturalmente geraria a obrigação tributária. Assim, a prestação de serviços é o fato gerador do ISS, mas o legislador – por exemplo – estabelece que é isento deste imposto o serviço do engraxate.

Em regra, ainda quando prevista em contrato, a isenção é sempre decorrente de lei que especifica as condições e requisitos a serem exigidos para sua concessão, os tributos a que se aplica e, sendo o caso, o prazo de sua duração (art. 176 do CTN).

Os Municípios concedem incentivos de natureza diversificada, especialmente alíquota minorada, redução de base de cálculo, anistia, vantagens financeiras, creditícias e operacionais, que afetam a carga impositiva, a saber:

(a) *Fiscais* – isenção de imposto para novas empresas, válida por determinado período de tempo; isenção ou redução do imposto para as micro e pequenas empresas, redução da alíquota para situações e serviços especiais; postergação dos prazos de pagamento, adiamento do pagamento do imposto por longo prazo;

(b) *Financeiros* – aquisição de ativos fixos; formação ou recomposição de capital de trabalho; financiamento do pagamento do imposto; participação acionária; financiamento para o desenvolvimento operacional; financiamento para empresas de Turismo;

(c) *estímulo para infra-estrutura* – venda de lotes e galpões por preços reduzidos; permuta de terrenos para a localização de empresas; doação de áreas e lotes; implantação de áreas e distritos;

(d) *outros estímulos* – simplificação do processo de registro de empresas; simplificação do processo de licitação para pequenas empresas; assistência na elaboração do projeto; apoio à formação de capacitação de pessoal.

3.3 Regramento

É inquestionável que os Municípios têm competência constitucional para dispor sobre as desonerações tributárias, fundamentada no superior princípio da autonomia municipal, mediante a expedição de lei (Câmara dos Vereadores), e decorrente regulamento (Prefeitura) para conferir a devida operacionalidade.

É evidente que os estímulos fiscais somente podem ser concedidos com relação às pessoas (naturais e jurídicas) que estejam regularmente localizadas no território do Município, mediante o exercício de efetivas atividades prestadoras de serviços.

Para a outorga dos benefícios não havia necessidade de observar qualquer sistemática específica, nem estar adstrita a quaisquer espécies de parâmetros (amplitude dos incentivos, fixação de prazos etc.).

Todavia, a EC 37, de 12.6.2002 (modificando o § 3º do art. 156 da CF), dispôs o seguinte: (a) "cabe à lei complementar regular a forma e as condições como isenções, incentivos e benefícios fiscais serão concedidos e revogados" (inciso III do art. 156); (b) "na ausência de lei complementar, não será objeto de concessão de isenções, incentivos e benefícios fiscais que resulte, direta ou indiretamente, na redução da alíquota mínima" de 2% (art. 88 do ADCT).

Relativamente aos incentivos concedidos há que se ter conta que as partes en-

34. João Augusto Filho, *Isenções e Exclusões Tributárias*, São Paulo, José Bushatsky Editor, 1979, pp. 153-154.

volvidas estabeleceram um verdadeiro contrato de direito público, mediante a fixação de direitos e obrigações recíprocos. De um lado, é natural que o Município tem interesse em que o particular continue exercendo suas atividades naquela região, possibilitando o incremento econômico, geração de emprego etc.; enquanto que, de outro, o prestador de serviço continuará beneficiado com reduções tributárias, fiscais etc.

A manutenção dos incentivos justifica-se em observância ao direito adquirido, especialmente quando fixados por prazo determinado, considerando-se a postura jurisprudencial de que "as isenções tributárias concedidas sob condição onerosa não podem ser livremente suprimidas" (Súmula 544 do STF). Tendo a legislação concedido exonerações e benefícios fiscais por 10 anos, por exemplo, o Município terá que cumprir esta regra no referido prazo, pois se proceder à sua desconsideração antes do curso do lapso de tempo causará prejuízos aos beneficiados.

A edição de preceito revocatório (ato administrativo ou lei) obrigaria a indenizar o particular (prestador de serviço). Entretanto, sua manutenção implica a estabilidade das relações jurídicas (prestigiando o direito pelo lapso de tempo contratual), com o qual há que se harmonizar o novo mandamento constitucional.

No tocante à concessão de novos incentivos, e em face da inexistência de lei complementar (pelo menos até setembro/2003), a redução da carga tributária deverá preservar a alíquota de 2%; o que nem sempre será facilmente factível, uma vez que não há total segurança na mensuração dos benefícios (especialmente nos casos de estímulos para a infra-estrutura, facilidade operacional e burocrática).

À guisa de exemplo, tem-se notícia de que determinado Município implantou o "ISS tecnológico", permitindo que empresas usem parte do imposto devido ao Município para financiar projetos tecnológicos. Assim, os prestadores de serviços pagam menos ISS, mas devem usar o respectivo valor em investimentos, resultando em aumento de produtividade, com reflexos no crescimento dos negócios e empregos.

No âmbito municipal são negociados o *hardware* e os *softwares* adquiridos para a prestação de serviços (balanceamento, geometria e alinhamento de bens), acarretando a criação de um parque dos *softwares*.

Para financiar o projeto tecnológico, a Prefeitura mantém destinação específica para 50% do aumento real da arrecadação do imposto no exercício. O benefício fiscal aplica-se a empresas que tenham recolhido regularmente o imposto nos últimos dois anos; e que também tenham apresentado crescimento real na arrecadação tributária. Os projetos são analisados por comissão especial formada por representantes da Prefeitura e da iniciativa privada, como associações e entidades de classe.[35]

Destarte, para as empresas que tenham se enquadrado na sistemática desses benefícios, a utilização do imposto não poderá implicar diminuição da carga tributária para menos de 2%.

3.4 A renúncia tributária em face da responsabilidade na gestão fiscal

A Lei Complementar 101, de 4.5.2000, dispôs sobre normas de finanças públicas voltadas para a responsabilidade dos administradores fazendários, que contém íntima conotação com a concessão dos incentivos fiscais.

No que se refere à temática em exame, o diploma legal estabeleceu o seguinte:

"Art. 1º. (...).

"§ 1º. A responsabilidade na gestão fiscal pressupõe a ação planejada e transparente, em que se previnem riscos e corrigem desvios capazes de afetar o equilíbrio das contas públicas, mediante o cumprimento de metas de resultado entre receitas e despesas e a obediência a limites e condi-

35. Jornal *Valor Econômico* de 29, 30 e 31.8.2003.

ções no que tange a renúncia da receita, geração de despesas com pessoal, da Seguridade Social e outras, dívidas consolidada e mobiliária, operações de crédito, inclusive por antecipação de receita, concessão de garantia e inscrição em restos a pagar:

"(...).

"Art. 14. A concessão ou ampliação de incentivo ou benefício de natureza tributária da qual decorra renúncia de receita deverá estar acompanhada de estimativa do impacto orçamentário-financeiro no exercício em que deva iniciar sua vigência e nos 2 (dois) seguintes, atender ao disposto na Lei de Diretrizes Orçamentárias e a pelo menos uma das seguintes condições:

"I – demonstração pelo proponente de que a renúncia foi considerada na estimativa de receita da lei orçamentária, na forma do art. 12, e de que não afetará as metas de resultados fiscais previstas no anexo próprio da Lei de Diretrizes Orçamentárias;

"II – estar acompanhada de medidas de compensação, no período mencionado no *caput*, por meio do aumento da receita, proveniente da elevação de alíquotas, ampliação da base de cálculo, majoração ou criação de tributo ou contribuição.

"§ 1º. A renúncia compreende anistia, remissão, subsídio, crédito presumido, concessão de isenção em caráter não-geral, alteração de alíquota ou modificação de base de cálculo que implique redução discriminada de tributos ou contribuições, e outros benefícios que correspondam a tratamento diferenciado.

"§ 2º. Se o ato de concessão ou ampliação do incentivo ou benefício de que trata o *caput* deste artigo decorrer da condição contida no inciso II, o benefício só entrará em vigor quando implementadas as medidas referidas no mencionado inciso."

Como as isenções, benefícios e incentivos fiscais implicam natural e automática renúncia de receita, os agentes públicos ficam sujeitos a determinadas limitações e condições, para que tais desonerações não acarretem a imputação de responsabilidade.

Em razão deste novo estatuto jurídico, os agentes não mais se encontram totalmente tranqüilos para conceder as aludidas desonerações, não só pelo risco de eventual providência por terceiros que se sintam prejudicados, mas também pela circunstância de que o desatendimento às condições da Lei Complementar 101 pode redundar na referida responsabilidade. De nada adiantará conceder benefícios se, por outro lado, ficam compelidos a aumentar a receita com a imposição de novos ônus tributários.

O preceito invocado (art. 14) implicou distintas considerações jurídicas, a saber:

"Sendo certo que a autonomia das pessoas políticas de direito público é decorrência necessária do princípio federativo, a vedação de renúncia de receita e a imposição de medidas de compensação estabelecidas pelo art. 14 da Lei de Responsabilidade Fiscal consubstanciam-se em medidas inconstitucionais, pois que limitam-lhes a prerrogativa de autogovernabilidade.

"Dentre as prerrogativas inerentes à autogovernabilidade das pessoas políticas de direito público está a plena autonomia arrecadatória e de gerência financeira, o que abrange a faculdade de conceder isenções, incentivos e benefícios fiscais.

"O art. 14 da Lei Complementar 101/2000 é inoperante, pois ao invadir as competências legislativas e administrativas dos Estados e Municípios encerra comando inconstitucional."[36]

"A *renúncia*, enfim, compreende não só as *isenções*, mas também a *anistia*, a *remissão*, o *crédito presumido*, a *alteração de alíquota*, a *modificação da base de cálculo* (cf. § 1º do art. 14), tudo isto *condicionado* à compensação supra-referida, sob pena de a vigência do ato de concessão somente ocorrer quando implementadas as *medidas de compensação*.

36. Betina Treiger Grupenmacher, *Aspectos Relevantes da Lei de Responsabilidade Fiscal*, São Paulo, Dialética, 2001, p. 23.

"Essas *condições* alteram o Código Tributário Nacional sem que a Lei Complementar 102/2000 seja específica de matéria tributária, tal como o determina o art. 146 da Constituição. São, assim, *condições* inconstitucionais. Isto porque essa lei não respeita as disposições desse Código, quanto à classificação que ele faz das *isenções* em *objetivas*, *subjetivas* e *onerosas*."[37]

Vislumbrando certa conciliação dos princípios informadores da atividade tributária com os preceitos do novo diploma da responsabilidade fiscal, abalizada doutrina aponta o seguinte:

"À primeira vista, a previsão legal retro-referida colide frontalmente com a autonomia dos entes federativos, de vez que praticamente impede que estes concedam benefícios (*lato sensu*) fiscais de qualquer ordem, salvo se não afetarem as metas fiscais trazidas pela LDO.

"Ora, a concessão de benefícios fiscais, pela própria natureza destes, é feita para buscar minorar desigualdades regionais e sociais. Diríamos, até, que a concessão de uma isenção, por exemplo, é forma legítima de procurar a igualdade. É desigualando-se que, muitas vezes, se iguala. Certos incentivos, outorgados com vistas a estimular determinadas atividades, estão proibidos de ser concedidos por um Município, por exemplo? Queremos crer que não.

"Da mesma forma, afigura-se perfeitamente possível que a LRF diga o que disse com relação à renúncia fiscal porquanto, em rigor, não impede que os benefícios sejam concedidos. Exige, isso sim, que eles não comprometam as metas fiscais estabelecidas para serem alcançadas e que, de todo modo, se preveja alguma forma de compensação para contrabalançar a perda da receita. Estas exigências se quadram perfeitamente, segundo pensamos, na categoria de *normas de gestão patrimonial* que justificam a própria existência da LRF."[38]

37. Edvaldo Britto, *Aspectos Relevantes da Lei de Responsabilidade Fiscal*, São Paulo, Dialética, 2001, p. 121.

38. Estevão Horvath, *Aspectos Relevantes da Lei de Responsabilidade Fiscal*, São Paulo, Dialética, 2001, pp 160-161.

A CONTRIBUIÇÃO PARA CUSTEIO DO SERVIÇO DE ILUMINAÇÃO PÚBLICA

EDUARDO DOMINGOS BOTTALLO

Mestre e Doutor em Direito Tributário – Professor do Departamento de Filosofia e Teoria Geral do Direito da Faculdade de Direito da USP

1. Introdução. 2. As contribuições na Constituição. 3. O art. 149-A da CF e suas injuridicidades. 4. Conclusões.

1. Introdução

A EC 39, de 19.12.2002, acrescentou ao texto da Constituição um art. 149-A, do seguinte teor:

"Art. 149-A. Os Municípios e o Distrito Federal poderão instituir contribuição, na forma das respectivas leis, para custeio de iluminação pública, observado o disposto no art. 150, I e III.

"Parágrafo único. É facultada a cobrança da contribuição a que se refere o *caput*, na fatura de consumo de energia elétrica."

A primeira reação, em face de mais esta novidade, é de verdadeira desolação, na medida em que ela bem retrata o elevado grau de banalização a que o Texto Constitucional vem sendo submetido ao longo de seus 15 anos de existência.

Até o momento em que estas linhas estão sendo escritas (julho/2003) a Constituição já foi alterada 45 vezes, considerando as emendas "convencionais" e as de revisão.

Muitas destas emendas – sobretudo as que tratam de questões fiscais – são de manifesto casuísmo, demolindo as bases sobre as quais foi estruturado o sistema tributário – que, diga-se de passagem, nunca chegou a ser efetivamente testado.

Daí decorre que a Constituição segue carregando o pesado fardo de não ser capaz de impor-se aos fatos, sendo estes, pelo contrário, que determinam as trilhas que ela deve seguir.

De qualquer forma, procuraremos analisar, com a necessária objetividade, algumas das conseqüências decorrentes do novel preceito.

E, já que, nele, é contemplada a figura da "contribuição, (...) para custeio do serviço de iluminação pública", cabe, então, de início, nos debruçarmos, em breves linhas, sobre esta espécie tributária.

2. As contribuições na Constituição

2.1 A Constituição, ao partilhar as competências legislativas tributárias entre as pessoas que integram a Federação, o fez mediante o delineamento da *regra-matriz* dos tributos que elas podem criar.

Entretanto, no art. 149, cuidando especificamente das contribuições a cargo da União, a Lei Maior, a par de submetê-las ao regime tributário, desviou-se do critério acima apontado, para fixar-se na indicação dos *objetivos* a serem atingidos por meio delas: a) intervenção no domínio econômico; b) interesse das categorias profissionais ou econômicas; e c) custeio da Seguridade Social.

Haverá, pois, este tipo de tributo sempre que implementada uma de suas finalidades constitucionais: "Quando a Constituição atribui competência à União para instituir contribuição de intervenção no domínio econômico, contribuições sociais ou no interesse de categorias, não está enumerado fatos geradores (materialidades de hipóteses de incidência), mas qualificando fins a serem buscados com sua instituição. (...) a idéia de causa não é a idéia informadora da contribuição. A idéia informadora é a idéia de fim, de resultado, de objetivo".[1]

Note-se, ainda, que os Estados, o Distrito Federal e os Municípios receberam do constituinte originário competência limitada para a instituição de contribuições: poderão cobrá-las de seus servidores "para custeio, em benefício destes, de sistemas de previdência e assistência social".[2]

2.2 Sob a óptica de suas hipóteses de incidência, as contribuições se identificam com os impostos ou as taxas. Embora não ignoremos a existência de outros critérios classificatórios, não nos parece errado afirmar que contribuições são impostos ou taxas voltados ao atendimento de finalidades preestabelecidas.

E, neste contexto, coloca-se a necessidade de estrita observância do *princípio da reserva das competências tributárias*, elegendo como hipóteses de incidência apenas os fatos, ações ou situações que a Constituição permitiu sejam alvo de tributação por parte do sujeito ativo designado.

Assim, as contribuições, enquanto figuras tributárias, haverão de curvar-se às limitações emergentes deste superior postulado, conforme bem apontou Geraldo Ataliba: "Não cabe dizer, no nosso sistema, que o legislador, ao criar contribuições, goza da mais ampla liberdade e que, em conseqüência, pode adotar toda e qualquer hipótese de incidência, inclusive as reservadas constitucionalmente aos Estados e Municípios. Tal interpretação implicaria afirmar (a) que as competências tributárias não são exclusivas; (b) que a repartição de competências não é rígida; e que (c) contribuição não é tributo".[3]

1. Marco Aurélio Greco, *Contribuições (Uma Figura "Sui Generis")*, São Paulo, Dialética, 2000, p. 38.

2. CF, art. 149, § 1º.

3. *Hipótese de Incidência Tributária*, 5ª ed., 8ª tir., São Paulo, Malheiros Editores, 1999, p. 177.

2.3 Em resumo – e pelo que, até aqui, foi rapidamente sumariado –, temos que as contribuições (a) são tributos; (b) destinam-se a atender a finalidades predeterminadas; (c) sob a perspectiva de suas hipóteses de incidências, correspondem ou a impostos (tributos não vinculados a uma atuação estatal), ou a taxas (tributos vinculados a uma atuação estatal); e (d) devem ser estruturadas de forma a preservar o *princípio da reserva das competências tributárias* – pelo quê lhes cabe respeitar as áreas de atuação constitucionalmente atribuídas às diversas pessoas que integram o pacto federativo.

Com base nos pontos destacados, podemos, agora, nos concentrar, de modo mais minucioso, no exame do art. 149-A, introduzido na Carta pela EC 39/2002.

3. O art. 149-A da CF e suas injuridicidades

3.1 Conforme vimos, o dispositivo em apreciação abre margem a que os Municípios e o Distrito Federal instituam contribuição para custeio do serviço de iluminação pública.

Trata-se, portanto, de exação voltada para a manutenção de serviço que, por todas as razões cogitáveis, deveria incluir-se no feixe de competências reservadas, constitucionalmente, às pessoas de direito público que foram autorizadas a criá-la. Em outras palavras, sendo o custeio do serviço de iluminação pública o objetivo eleito pelo constituinte derivado, seria natural que se reconhecesse nos Municípios e no Distrito Federal aptidão para sua prestação.

Todavia, não é isto que ocorre, pois a competência para explorar os serviços e instalações de energia elétrica não é municipal e nem distrital, mas sim federal, nos precisos termos do art. 21, XII, "b", da CF, *verbis*: "Art. 21. Compete à União: (...) XII – explorar, diretamente ou mediante autorização, concessão ou permissão: (...) b) os serviços e instalações de energia elétrica e o aproveitamento energético dos cursos de água, em articulação com os Estados onde se situam os potenciais hidroenergéticos".

Portanto, a surpreendente constatação que, desde logo, chama a atenção na estranha figura criada pelo art. 149-A é que foi aberta a possibilidade de os Municípios e o Distrito Federal instituírem tributo (contribuição) destinado a custear serviço que, ao menos constitucionalmente, não lhes cabe prestar (iluminação pública)...

A Profa. Ana Emília Cordelli Alves, em percuciente estudo sobre o tema, confirmou este bizarro quadro, assinalando, com inteira correção, que:

"Qualquer contribuição que tenha como materialidade da hipótese de incidência uma prestação de serviço público deve revestir a natureza jurídica de uma taxa, além de atender a uma das finalidades constitucionais acima descritas.

"No caso da EC 39/2002, estamos diante de contribuição destinada ao custeio do serviço de iluminação pública, que, por força do disposto no art. 21, inciso XII, "b", da CF, está atribuído à competência da União."[4]

Aqui se erige obstáculo cujas dimensões põem em xeque a regular instituição desta contribuição.

Com efeito, parece-nos que a Constituição não dá margem a que um serviço público a cargo de determinado ente federativo (no caso, a União) seja custeado por meio de contribuição cuja titularidade para instituição foi outorgada a outros entes federativos (Municípios e Distrito Federal). Há, neste contexto, manifesta agressão ao *princípio da reserva das competências tributárias*, já comentado.

Ao que nos consta, esta esdrúxula configuração não encontra precedente na nem-sempre edificante história do direito tributário brasileiro.

3.2 Todavia – sem prejuízo das considerações até aqui desenvolvidas, e apenas por amor à discussão –, poderíamos admitir que o art. 149-A, ao outorgar competência aos Municípios e ao Distrito Federal para instituir contribuição destinada ao custeio da iluminação pública, teria, implicitamente, transferindo a estas pessoas a responsabilidade de prestar este serviço.

À luz desta premissa, poder-se-ia reconhecer validade à instituição do tributo de que se cogita? A nosso ver, a resposta a tal indagação ainda há de ser negativa.

Deveras, aceitando, como é nossa convicção, que a contribuição a que alude o art. 149-A, porque destinada ao custeio de um serviço público, deve guardar as características de "taxa de serviço", então sua cobrança somente seria possível se o serviço a ser financiado fosse "específico e divisível, prestado ao contribuinte ou posto à sua disposição".[5]

Ora, nenhum esforço maior de argumentação é necessário para demonstrar que o serviço de iluminação pública não exibe, em absoluto, atributos de especificidade e divisibilidade, sendo impossível, por isso, atribuí-lo a determinado contribuinte. Aliás, esta é a firme orientação do STF, que, em contexto análogo, já decidiu: "Taxas que, por qualquer modo, têm por fato gerador prestação de serviço inespecífico, não-mensurável, indivisível e insuscetível de ser referido a determinado contribuinte, não têm de ser custeadas se não por meio do produto da arrecadação dos impostos gerais".[6]

Com inteira razão, pois, a Profa. Ana Emília Cordelli Alves quando aponta: "Enquanto o fornecimento de iluminação domiciliar caracteriza-se como serviço público específico e divisível, sendo possível identificar as unidades domiciliares, comerciais e industriais que o utilizam, o mesmo não se pode afirmar do serviço de iluminação pública. De fato, não é possível individualizar os beneficiados, posto que tal serviço não se referencia apenas aos morado-

4. "Emenda n. 39 fere cláusula pétrea", *Gazeta Mercantil* 16.5.2003, 1ª página do "Caderno de Jurisprudência".

5. CF, art. 145, II, *in fine*.

6. RE 204.827-5-SP, rel. Min. Ilmar Galvão, *DJU* 25.4.1997.

res da via que recebe a iluminação, mas a todos aqueles que transitam pela via, ainda que esporadicamente, e, em última análise, à cidade como um todo (...). Portanto, neste caso, se está diante de um serviço público, sim; porém, a exemplo do serviço de segurança pública, não-específico e não-divisível, assim entendido aquele que atenda especificamente a pessoa ou grupo".[7]

Forçoso, então, concluir que serviços com tais características devem ser financiados por verbas orçamentárias gerais, e não por meio de tributo arrecadado indiscriminadamente dos contribuintes municipais ou distritais, ainda quando esta solução não se mostre atraente ao administrador público.

4. Conclusões

Resumindo as idéias expostas, podemos assentar, em síntese, que:

4.1 O art. 149-A da CF, inserido pela EC 39, de 19.12.2002, atribuiu aos Municípios e ao Distrito Federal competência para custear modalidade de serviço (iluminação pública) cuja prestação cabe à União.

4.2 Em conseqüência, a figura tributária que vier a ser criada com base nesta outorga não pode ser tida como "contribuição", em sua correta e adequada acepção constitucional.

4.3 Admitindo-se, para efeitos de argumentação, que o art. 149-A tenha, implicitamente, transferido aos Municípios e ao Distrito Federal a competência para prestar serviço de iluminação pública, nem assim se estará diante de regular "contribuição que revista a natureza de taxa de serviço", dadas a inespecificidade e indivisibilidade que caracterizam o serviço de iluminação pública.

Em arremate, algumas reflexões ainda nos ocorrem, embora fujam um pouco dos aspectos estritamente jurídicos do tema aqui abordado.

Queremos, desde logo, deixar claro que não nos move, em absoluto, a pretensão de contestar a utilidade e, mesmo, a necessidade do serviço de iluminação pública, como forma de atenuar as duras condições de vida e de segurança dos moradores das cidades.

Todavia, por mais relevantes que sejam, estas razões não são aptas a justificar a imposição de ônus tributário – por todos os modos, atípico – aos contribuintes: este tipo de precedente abre caminho a que novas contribuições possam ser indiscriminadamente instituídas para custear outras utilidades e serviços – não menos essenciais – a cargo do Poder Público (prisões de segurança máxima, escolas de boa qualidade, segurança pública competente e aparelhada etc.).

Luigi Einaudi, reconhecido Professor de Finanças, que foi também Presidente da República Italiana, afirmou, a respeito da tributação desenfreada, que ela acaba por desvirtuar a finalidade de prover recursos ao Erário, para converter-se apenas em fator de repugnância por parte do contribuinte. Estava coberto de razão.

Nem se diga – e este é o caso da contribuição aqui examinada – que o pequeno valor envolvido poderia justificar atitude de maior complacência por parte do mundo jurídico.

Solidariedade social e modicidade foram as bandeiras que o idealismo do Dr. Jatene, então Ministro da Saúde, levou às ruas para defender a instituição da CPMF, tributo que deveria ser "temporário" e *inteiramente carreado* para o custeio da melhoria dos serviços de saúde das camadas mais humildes e carentes da população. Deu no que deu...

Assim, em homenagem à preservação das garantias constitucionais pelas quais a sociedade brasileira tão duramente lutou, há de ser vigorosamente rejeitada a cômoda e crescente tendência de se criar novos tributos a pretexto de atender a antigas necessidades públicas que, lamentavelmente, têm, até aqui, desdenhado das "experiências" engendradas para solucioná-las.

7. Ob. e loc. cits.

IMPOSTO DE RENDA SOBRE O LUCRO DAS COLIGADAS E CONTROLADAS ESTABELECIDAS NO EXTERIOR

José Artur Lima Gonçalves

Doutor em Direito Tributário – Professor dos Cursos de Graduação e Pós-Graduação da PUC/SP

1. Resumo da disciplina legal. 2. A Lei Complementar 104/2001. 3. A questão da equivalência patrimonial. 4. Violação ao princípio da legalidade. 5. Conclusão.

1. Resumo da disciplina legal

Até 1995 o resultado de filiais, sucursais, controladas e coligadas estabelecidas no Exterior, para fins de tributação pelo imposto sobre a renda das pessoas jurídicas domiciliadas no país, não era sujeito a tributação; era irrelevante.

A partir de janeiro/1996 tais resultados começaram a ser relevantes para o cálculo do imposto devido pelas pessoas jurídicas aqui estabelecidas.[1] Em 1997 houve alteração legislativa tendente a regular hipóteses nas quais considerar-se-iam disponibilizados esses resultados externos, sem alteração, contudo, dos conceitos básicos desta nova disciplina tributária.[2]

1. A Lei 9.249, de 26.12.1995, dispôs:

"Art. 25. Os lucros, rendimentos e ganhos de capital auferidos no Exterior serão computados na determinação do lucro real das pessoas jurídicas correspondente ao balanço levantado em 31 de dezembro de cada ano.

"(...).

"§ 2º. Os lucros auferidos por *filiais*, *sucursais* ou *controladas*, no Exterior, de pessoas jurídicas domiciliadas no Brasil serão computados na apuração do lucro real com observância do seguinte:

"I – as filiais, sucursais e controladas deverão demonstrar a apuração dos lucros que auferirem em cada um de seus exercícios fiscais, segundo as normas da legislação brasileira;

"II – os lucros a que se refere o inciso I serão adicionados ao lucro líquido da matriz ou controladora, na proporção de sua participação acionária, para apuração do lucro real;

"(...).

"§ 3º. Os lucros auferidos no Exterior por *coligadas* de pessoas jurídicas domiciliadas no Brasil serão computados na apuração do lucro real com observância do seguinte:

"I – os lucros realizados pela coligada serão adicionados ao lucro líquido, na proporção da participação da pessoa jurídica no capital da coligada;

"II – os lucros a serem computados na apuração do lucro real são os apurados no balanço ou balanços levantados pela coligada no curso do período-base da pessoa jurídica;

"(...).

"§ 5º. Os prejuízos e perdas decorrentes das operações referidas neste artigo não serão compensados com lucros auferidos no Brasil."

2. A Lei 9.532, de 10.12.1997, por sua vez, determinou que:

"Art. 1º. Os lucros auferidos no Exterior, por intermédio de filiais, sucursais, controladas ou coligadas, serão adicionados ao lucro líquido, para determinação do lucro real correspondente ao balanço levantado no dia 31 de dezembro do ano-calendário em que tiverem sido disponibilizados para a pessoa jurídica domiciliada no Brasil.

"§ 1º. Para efeito do disposto neste artigo, os lucros serão considerados disponibilizados para a empresa no Brasil:

"a) no caso de filial ou sucursal, na data do balanço no qual tiverem sido apurados;

"b) no caso de controlada ou coligada, na data do pagamento ou do crédito em conta representativa de obrigação da empresa no exterior."

Em 27.1.2000, a Lei 9.959, conversão da Medida Provisória 2.013-4, de 30.12.1999, adicionou mais duas alíneas ao § 1º do art. 1º da Lei 9.532/1997, ampliando as hipóteses de disponibilização fictícia de lucros, nos seguintes termos: "c) na hipótese de contratação de operações de mútuo, se a mutuante, coligada ou controlada, possuir lucros ou reservas de lucros; d) na hipótese de adiantamento de recursos, efetuado pela coligada ou controlada, por conta de venda futura, cuja liquidação, pela re-

Em 27.7.2001, a 34ª reedição da Medida Provisória 2.158 deu o esperado e ousado passo adiante, determinando que:

"Art. 74. Para fim de determinação da base de cálculo do imposto de renda e da CSLL, nos termos do art. 25 da Lei n. 9.249, de 26 de dezembro de 1995, e do art. 21 desta Medida Provisória, os lucros auferidos por controlada ou coligada no Exterior serão considerados disponibilizados para a controladora ou coligada no Brasil na data do balanço no qual tiveram sido apurados, na forma do Regulamento.

"Parágrafo único. Os lucros apurados por controlada ou coligada no Exterior até 31 de dezembro de 2001 serão considerados disponibilizados em 31 de dezembro de 2002, salvo se ocorrida, antes desta data, qualquer das hipóteses de disponibilização previstas na legislação em vigor."

Perceba-se que a partir desta iniciativa normativa pretendeu-se considerar automaticamente disponibilizados os resultados das controladas e coligadas domiciliadas no Exterior. O resumo do conjunto de normas aplicáveis demonstra que os lucros auferidos indistintamente por filiais, sucursais, controladas ou coligadas no Exterior considerar-se-ão disponibilizados para a sociedade brasileira, matriz, controladora ou coligada, conforme o caso, (a) na data do balanço em que tiverem sido apurados ou (b) nas hipóteses previstas no § 1º do art. 1º da Lei 9.532/1997, como alterado pela Lei 9.959/2000, o que ocorrer primeiro.

Quanto à legitimidade da tributação pelo imposto de renda dos resultados obtidos no Exterior diretamente pela sociedade brasileira, nenhuma dúvida pode pairar.[3] Tal decisão normativa é perfeitamente compatível com nosso ordenamento. O mesmo se dá com relação aos resultados obtidos por intermédio de filiais e sucursais. Todavia, com relação à tributação dos resultados obtidos por sociedades controladas e coligadas[4] a disciplina normativa está a merecer restrições.

Deveras, as normas consideradas pretendem determinar que os lucros auferidos no Exterior por controladas (de acordo com as normas da legislação brasileira) ou coligadas (de acordo com os balanços ou balancetes que levantarem) sejam computados na base de cálculo do imposto sobre a renda da pessoa jurídica domiciliada no Brasil, independentemente da sua efetiva disponibilização.

Os comandos normativos pretendem transformar (i) lucro de sociedade domiciliada no Exterior em (ii) lucro automaticamente disponibilizado em favor de sociedade domiciliada no país. Querem dispensar tratamento jurídico do que é – lucro auferido por pessoa domiciliada no país – àquilo que não é – lucro auferido por pessoa domiciliada no Exterior –, como se fosse o que sabidamente não é.[5]

O lucro auferido no Exterior por pessoa jurídica domiciliada no Exterior não é – e antes de disponibilizado não compõe – renda auferida por pessoa jurídica controladora ou coligada domiciliada no Brasil.

messa do bem ou serviço vendido, ocorra em prazo superior ao ciclo de produção do bem ou serviço".

3. A lei pode servir-se do critério territorial ou do critério político para determinar ou não a consideração de ingressos percebidos no Exterior. Optou, agora, pelo critério político. Diz J. L. Bulhões Pedreira: "Segundo o critério político, o Estado tributa toda a renda das pessoas residentes no seu território, ou de seus cidadãos, independentemente do local da produção" (*Imposto sobre a Renda – Pessoas Jurídicas*, Rio de Janeiro, JUSTEC Editora, 1979, p. 202).

4. São *coligadas* duas sociedades quando uma participa, com 10% ou mais, do capital da outra, sem controlá-la (art. 243, § 1º, da Lei 6.404/1976; art. 384, § 1º, do RIR); e é *controlada* a sociedade na qual a controladora, diretamente ou por meio de outra sociedade, é titular de direitos de sócio que lhe assegurem, de modo permanente, preponderância nas deliberações sociais e o poder de eleger a maioria dos administradores (art. 243, § 2º, da Lei 6.404/1976 e art. 384, § 2º, do RIR).

5. Pontes de Miranda ensinou: "Na ficção, tem-se *A*, que não é, como se fosse. Na presunção legal absoluta, tem-se *A*, que pode não ser, como se fosse, ou *A*, que pode ser, como se não fosse. Na presunção relativa, tem-se *A*, que pode ser, como se não fosse, admitindo-se prova em contrário" (*Tratado de Direito Privado*, t. III, São Paulo, Ed. RT, 1983, p. 446).

A questão, aqui, diz com a titularidade desses lucros ou resultados. Enquanto titulados pela pessoa independente e domiciliada no Exterior, não são alcançados pela lei brasileira, (i) seja na pessoa lá domiciliada, pelo simples fato de que a mesma não está sujeita à lei brasileira, e (ii) seja na pessoa aqui domiciliada, pela singela razão de que tal resultado ou lucro a ela não pertence, não foi por ela produzido nem percebido, e não é por ela titulado; não é, portanto, fato imponível de seu imposto sobre a renda, não é fato relevante para o cômputo da base de cálculo de seu imposto sobre a renda. Mantido na titularidade da pessoa domiciliada no Exterior, até a eventual – não necessária – deliberação societária tendente à sua distribuição aos sócios, o resultado ou lucro de controlada ou coligada não é alcançável pela legislação brasileira.

A consideração deste tipo de resultado de terceiro implica manipulação da base de cálculo do imposto sobre a renda, comprometendo-se o núcleo da respectiva materialidade. Como dizia Geraldo Ataliba,[6] a base de cálculo é a perspectiva dimensível da materialidade da hipótese de incidência da norma tributária. Alterando-se a perspectiva dimensível da materialidade, estaremos, de algum modo, alterando a própria materialidade.[7] Manipular a base de cálculo corresponde a manipular a própria materialidade. E é exatamente isso que as normas analisadas fazem. Ao determinar a inclusão de lucros percebidos por entidades independentes no Exterior, e não disponibilizados, na base de cálculo do imposto sobre a renda, o que se faz é manipular o próprio conceito de *renda*, materialidade pressuposta pela Constituição para repartição e outorga de competência tributária impositiva.

2. *A Lei Complementar 104/2001*

Desde quando foi editada a Lei Complementar 104/2001 advertimos que a União Federal tentaria utilizá-la como fundamento para inventar hipóteses de disponibilização.[8] Como se sabe, esta lei alterou o art. 43 do CTN, introduzindo os seguintes comandos:

"§ 1º. A incidência do imposto independe da denominação da renda ou do rendimento, da localização, condição jurídica e nacionalidade da fonte, da origem e da forma de percepção.

"§ 2º. Na hipótese de receita ou de rendimento oriundo do Exterior, a lei estabelecerá as condições e o momento em que se dará sua disponibilidade, para fins de incidência do imposto referido neste artigo."

No § 1º a tentativa é de comprometer a noção constitucional de *renda*, reduzindo-a a elemento componente de uma verificação dinâmica que visa a identificar sua eventual configuração. Entrada não é ren-

6. *Hipótese de Incidência Tributária*, 6ª ed., 4ª tir., São Paulo, Malheiros Editores, 2003, p. 108.

7. Paulo de Barros Carvalho demonstrou que a manipulação da base de cálculo pode descaracterizar a própria materialidade: "Demasiadas razões existem, portanto, para que o pesquisador, cintado de cautelas diante dos freqüentes defeitos da redação legal, procure comparar a medida estipulada como base de cálculo com a indicação do critério material, explícito na regra de incidência. A grandeza haverá de ser mensuradora adequada da materialidade do evento, constituindo-se, obrigatoriamente, de uma característica peculiar ao fato jurídico tributário. Eis a base de cálculo, na sua função comparativa, confirmando, infirmando ou afirmando o verdadeiro critério material da hipótese tributária. Confirmando, toda vez que houver perfeita sintonia entre o padrão de medida e o núcleo do fato dimensionado. Infirmando, quando for manifesta a incompatibilidade entre a grandeza eleita e o acontecimento que o legislador declara como medula da previsão fática. Por fim, afirmando, na eventualidade de ser obscura a formulação legal, prevalecendo, então, como critério material da hipótese, a ação-tipo que está sendo avaliada. Introduzimos uma noção de induvidosa operatividade, para a qual convocamos todas as atenções: havendo desencontro entre os termos do binômio (hipótese de incidência e base de cálculo), a base é que deve prevalecer. Por isso, tem o condão de infirmar o critério material oferecido no texto, que será substituído por aquele outro que percebemos medindo" (*Curso de Direito Tributário*, São Paulo, Saraiva, 1985, p. 204).

8. Trabalho publicado na *RDDT* 74, São Paulo, Dialética.

da. Entrada pode vir a ser relevante para a eventual configuração da renda, mas com ela não se confunde; e por ela não pode ser tomada. Mas aqui não vamos nos alongar sobre este aspecto.

No transcrito § 2º encontra-se a tentativa de fundamentação para a pretensão de inventar disponibilização dos resultados das controladas e coligadas domiciliadas no Exterior.

Com muito boa vontade, como fizeram alguns juristas ainda crentes na boa-fé estatal, poderíamos vislumbrar nesta norma um esclarecimento de que a lei ordinária deveria fornecer os critérios de identificação de certas hipóteses de disponibilização. Todavia, como esperávamos, a intenção era bem outra. O que a União pretendeu criar foi a legitimação da possibilidade de simplesmente inventar disponibilização, em hipóteses nas quais a mesma não existia.

Qualquer que seja a previsão da lei complementar, como já tivemos a oportunidade de resumir, "na Constituição, *renda* é conceito que manifesta capacidade contributiva, que é identificada pela contabilidade por meio de um confronto feito ao cabo de um período, registrado em escrita contábil, que, por sua vez, é submetida às normas que disciplinam a escrita comercial, que apresenta o resultado da sociedade empresária, e que se submete a ajustes previstos em lei ordinária válida de tributação. Ao final deste procedimento (etapas de observação da realidade econômica, tradução destes eventos em linguagem contábil, aplicação das normas pertinentes à escrita comercial, aplicação das normas tributárias que determinam ajustes, confronto entre as entradas e saídas relevantes e verificação de eventual acréscimo) é que se pode cogitar da incidência da norma de tributação. Antes destas etapas, ou mesmo por meio da consideração de apenas parte dos elementos relevantes para verificação de eventual acréscimo, não se pode cogitar da materialidade do imposto sobre a renda, correspondente capacidade contributiva, e, conseqüentemente, de incidência da norma tributária que percuta patrimônio de quem não titula a necessária capacidade contributiva, pelo simples fato de que ela não existe".[9]

Fornecer elementos e critérios para identificação de disponibilização é diferente de "inventar" disponibilização. A lei não pode "fazer-de-conta" que o resultado positivo de uma pessoa jurídica independente (embora relacionada, como é o caso de coligadas e controladas) seja considerado disponibilizado em favor de uma outra pessoa jurídica.

A norma jurídica não cria capacidade contributiva; apenas fornece os critérios para a identificação de ato, fato ou estado que manifeste capacidade contributiva. Norma jurídica não inventa, não cria, renda; limita-se a fornecer critérios para sua identificação. Aliás, o mérito desta questão já foi analisado pelo Plenário do STF quando julgou a inconstitucional pretensão da norma veiculada pelo art. 35 da Lei 7.713/1988.[10]

9. "O art. 43 do CTN e a Lei Complementar 104/2001", *RDDT* 67/109, São Paulo, Dialética.

10. "Imposto de renda – Retenção na fonte – Acionista. O art. 35 da Lei n. 7.713/1988 é inconstitucional, ao revelar como fato gerador do imposto de renda na modalidade 'desconto na fonte', relativamente aos acionistas, a simples apuração, pela sociedade e na data do encerramento do período-base, do lucro líquido, já que o fenômeno não implica qualquer das espécies de disponibilidade versadas no art. 43 do CTN, isto diante da Lei n. 6.404/1976" (RE 172.058-SC). Destaque-se passagem do voto do eminente Relator, Min. Marco Aurélio: "Ora, a ordem jurídica revela-nos que a aquisição da disponibilidade, quer econômica ou jurídica, dos lucros líquidos das pessoas jurídicas não ocorre, quanto ao sócio-cotista e aos acionistas, na data da apuração, ou seja, do encerramento do período-base. É que a legislação vigente – Lei n. 6.404, de 15.12.1976 – afasta a automaticidade indispensável a que se possa cogitar da aquisição de disponibilidade. À assembléia-geral ordinária das sociedades anônimas compete deliberar sobre a destinação do lucro líquido do exercício e a distribuição de dividendos (inciso II do art. 132), sendo que, justamente com as demonstrações financeiras do exercício, os órgãos da administração da companhia apresentarão à assembléia-geral ordinária proposta sobre a destinação acertada ao lucro líquido do exercício (art. 192). (...). Pois bem,

É sempre útil recorrer à lição de Rubens Gomes de Sousa,[11] invocado no referido acórdão, que ensinou:

"O elemento essencial do fato gerador é a aquisição da disponibilidade de riqueza nova, definida em termos de acréscimo patrimonial. (...).

"(...) a disponibilidade adquirida pode, nos termos da definição, ser 'econômica' ou 'jurídica' (CTN, art. 43, *caput*). A aquisição de 'disponibilidade econômica' corresponde ao que os economistas chamam 'separação' de renda: é a sua efetiva percepção em dinheiro ou outros valores (RIR, art. 498).

"A aquisição de 'disponibilidade jurídica' corresponde ao que os economistas chamam de 'realização' da renda: é o caso em que, embora o rendimento ainda não esteja 'economicamente disponível' (isto é, efetivamente percebida), entretanto o beneficiário já tenha título hábil para percebê-la (RIR, art. 95, § 1º)."[12]

Enfim, não é constitucionalmente legítimo o preceito legal que determina a consideração, no cômputo da base de cálculo do imposto sobre a renda de pessoa jurídica domiciliada no Brasil, dos lucros auferidos no Exterior por suas controladas e coligadas, antes de sua efetiva disponibilização.

Mas, como não poderia deixar de ser, as autoridades federais não se contentaram com a criação deste "faz-de-conta" relativo à disponibilização de resultados das controladas e coligadas domiciliadas no Exterior. Agora excederam qualquer expectativa. Por meio de ato administrativo, determinaram a inclusão da equivalência patrimonial, originada de investimentos no Exterior, na base de cálculo do imposto de renda das pessoas jurídicas domiciliadas no país.

3. A questão da equivalência patrimonial

Em 7.10.2002, a pretexto de regulamentar o art. 74 da Medida Provisória 2.158-35/2001, a Secretaria da Receita Federal editou a Instrução Normativa 213/2002.

Enquanto a referida medida provisória prescreve que os lucros auferidos no Exterior por controlada ou coligada devem ser considerados disponibilizados na data do balanço no qual tiverem sido apurados, o art. 7º da Instrução Normativa 213/2002

diante do contexto legal supra, impossível é dizer da aquisição da disponibilidade jurídica pelos acionistas com a simples apuração, e na data respectiva, do lucro líquido pelas pessoas jurídicas. O encerramento do período-base aponta-o, mas o faz relativamente a situação que não extravasa o campo de interesses da própria sociedade. Ocorre, é certo, uma expectativa, mas, enquanto simples expectativa, longe fica de resultar na aquisição da disponibilidade erigida pelo art. 43 do CTN como fato gerador. Uma coisa é a incidência do imposto de renda sobre o citado lucro e, portanto, a obrigação tributária da própria pessoa jurídica. Algo diverso é a situação dos sócios, no que não passam, com a simples apuração do lucro líquido na data do encerramento do período-base, a ter a disponibilidade reveladora do fato gerador. Imagina-se, apenas para exemplificar, quadro em que a assembléia de acionistas, respeitado o percentual alusivo aos dividendos obrigatórios, resolva promover investimentos. Descabe, na hipótese, partir para o campo da presunção, equiparando a apuração do lucro líquido à distribuição deste, ou mesmo à aquisição da disponibilidade pelos sócios. É que o recurso a tal método normativo – da presunção legal – pressupõe harmonia com os princípios norteadores do Direito, especialmente do direito constitucional, e, mais do que isso, também com os princípios lógicos de identidade, não-contradição e do terceiro excluído. Os lucros apurados em balanço de pessoa jurídica integram o patrimônio desta e não dos sócios, já que estes, considerados isoladamente, deles não dispõem, quer sob o ângulo econômico, quer, até mesmo, sob o jurídico. (...). A conclusão a que se chega é que, na verdade, o art. 35 da Lei n. 7.713/1988, ao desprezar a aquisição da disponibilidade econômica ou jurídica como fato gerador do imposto sobre a renda, acabou por trazer à balha fato gerador diverso, ou seja, o consubstanciado na simples apuração do lucro líquido na data do encerramento do período-base. (...)".

11. In *Pareceres 3 – Imposto de Renda*, p. 277.

12. Nesse sentido a manifestação do Min. Carlos Velloso: "Não obstante isso, não me parece possível a afirmativa no sentido de que possa existir renda ou provento sem que haja acréscimo patrimonial, acréscimo patrimonial que ocorre mediante o ingresso ou o auferimento de algo, a título oneroso" (voto no RE 117.887-SP).

determina a inclusão do resultado positivo de equivalência patrimonial na determinação do lucro real. Vale dizer, a Instrução Normativa 213/2002, em seu art. 7º, inovou a ordem jurídica ao determinar, sem qualquer fundamento legal, a inclusão, na determinação do lucro real, do resultado positivo da equivalência patrimonial, em manifesta afronta aos Decretos-leis 1.598/1977 e 1.648/1978, bem como ao art. 25, § 6º, da Lei 9.249/1995.

O cenário, que já estava ruim, como se demonstrou, com a invenção de disponibilização dos resultados das controladas e coligadas no Exterior, agora ficou ainda pior. Por meio de ato administrativo, e contrariando o que está claramente sistematizado na lei, pretende-se alcançar o resultado da equivalência patrimonial por meio do imposto sobre a renda das sociedades brasileiras.

Ao dispor sobre o balanço patrimonial da pessoa jurídica, a Lei 6.404/1976 determina expressamente que os investimentos relevantes – em sociedades controladas ou coligadas – sejam avaliados pelo valor do patrimônio líquido da investida.[13]

De acordo com a legislação comercial, portanto, os investimentos relevantes em sociedades coligadas ou controladas devem ser avaliados com base no patrimônio líquido da investida, segundo o método que se denomina de "equivalência patrimonial". Em outras palavras, o investimento relevante, por ocasião do balanço patrimonial da pessoa jurídica, deve ter seu valor ajustado à realidade patrimonial da sociedade investida, com base no seu patrimônio líquido, em proporção à participação da investidora no seu capital social.

Essa obrigatoriedade de se avaliar os investimentos relevantes pelo método de equivalência patrimonial, prevista pelo art. 248 da Lei 6.404/1976, foi incorporada pela legislação tributária, e os arts. 21 e 22 do Decreto-lei 1.598/1977 (reproduzidos pelos arts. 387 e 388 do RIR/1999) dispõem sobre a mesma.[14]

Contudo, a legislação tributária em vigor determina que o resultado do ajuste por equivalência patrimonial não deve ser considerado para efeitos de tributação do imposto sobre a renda e da CSLL.

De fato, o art. 23 do Decreto-lei 1.598/1977 (com a alteração do Decreto-lei 1.648/1978) estabelece, expressamente, que a contrapartida do ajuste do investimento pelo método de equivalência patrimonial

13. "Art. 248. No balanço patrimonial da companhia, os investimentos relevantes (art. 247, parágrafo único) em sociedades coligadas sobre cuja administração tenha influência, ou de que participe com 20% (vinte por cento) ou mais do capital social, e em sociedades controladas, serão avaliados pelo valor de patrimônio líquido, de acordo com as seguintes normas: I – o valor do patrimônio líquido da coligada ou da controlada será determinado com base em balanço patrimonial ou balancete de verificação levantado, com observância das normas desta Lei, na mesma data, ou até 60 (sessenta) dias, no máximo, antes da data do balanço da companhia; no valor de patrimônio líquido não serão computados os resultados não realizados decorrentes de negócios com a companhia, ou com outras sociedades coligadas à companhia, ou por ela controladas; II – o valor do investimento será determinado mediante a aplicação, sobre o valor de patrimônio líquido referido no número anterior, da porcentagem de participação no capital da coligada ou controlada; (...)."

14. "Art. 21. Em cada balanço, o contribuinte deverá avaliar o investimento pelo valor de patrimônio líquido da coligada ou controlada, de acordo com o disposto no art. 248 da Lei n. 6.404, de 1976, e as seguintes normas: I – o valor de patrimônio líquido será determinado com base em balanço patrimonial ou balancete de verificação da coligada ou controlada levantado na mesma data do balanço do contribuinte ou até 2 (dois) meses, no máximo, antes dessa data, com observância da lei comercial, inclusive quanto à dedução das participações nos resultados e da provisão para o imposto de renda; (...); V – o valor do investimento do contribuinte será determinado mediante a aplicação, sobre o valor de patrimônio líquido ajustado de acordo com os incisos anteriores, da percentagem da participação do contribuinte no capital da coligada ou controlada.

"Art. 22. O valor do investimento na data do balanço (art. 20, I), depois de registrar a correção monetária do exercício (art. 39), deverá ser ajustado ao valor de patrimônio líquido determinado de acordo com o disposto no art. 21, mediante lançamento da diferença a débito ou a crédito da conta de investimento."

(redução ou aumento de patrimônio líquido do investimento) não será computada na determinação do lucro real: "Art. 23. A contrapartida do ajuste de que trata o art. 22, por aumento ou redução no valor de patrimônio líquido do investimento, não será computada na determinação do lucro real".[15]

O mesmo tratamento é destinado à CSLL pelo art. 2º, § 1º, da Lei 7.689/1988, que determina que o resultado do período será ajustado pela "exclusão do resultado positivo da avaliação de investimentos pelo valor de patrimônio líquido".

Portanto, segundo a lei tributária vigente no país, a contrapartida do ajuste do investimento avaliado com base no método de equivalência patrimonial (valor do patrimônio líquido do investimento) não deve ser considerada na determinação do lucro real, tanto para fins do imposto sobre a renda como para fins da CSLL.

4. Violação ao princípio da legalidade

Não obstante as expressas previsões constantes do Decreto-lei 1.598/1977 e da Lei 7.689/1988 no sentido de determinar a exclusão da contrapartida do ajuste do investimento pelo método de equivalência patrimonial da base de cálculo do imposto sobre a renda (para efeito de determinação do lucro real) e da CSLL, a Instrução Normativa 213/2002 dispôs o seguinte:

"Art. 7º. A contrapartida do ajuste do valor do investimento no Exterior em filial, sucursal, controlada ou coligada, avaliado pelo método da equivalência patrimonial, conforme estabelece a legislação comercial e fiscal brasileira, deverá ser registrada para apuração do lucro contábil da pessoa jurídica no Brasil.

"§ 1º. Os valores relativos ao resultado positivo da equivalência patrimonial, não tributados no transcorrer do ano-calendário, deverão ser considerados no balanço levantado em 31 de dezembro do ano-calendário para fins de determinação do lucro real e da base de cálculo da CSLL."

O transcrito § 1º do art. 7º da Instrução Normativa 213/2002 pretende inovar a ordem jurídica. Em que pese à mesma ter sido editada visando a regulamentar o art. 74 da Medida Provisória 2.158-35/2001,[16] em seu art. 7º versou sobre matéria diversa. Deveras, a aludida medida provisória pretende estabelecer, por ficção, o momento da tributação do lucro auferido no Exterior por controlada ou coligada, ao passo que o art. 7º da Instrução Normativa 213/2002 determina a tributação do resultado positivo proveniente da aplicação do método de equivalência patrimonial.

Observe-se que a medida provisória nada dispôs sobre a tributação do resultado do ajuste por equivalência patrimonial, que deve ser excluído na determinação do lucro real e da base de cálculo da CSLL por expressa determinação legal: o Decreto-lei 1.598/1977, com a redação que lhe foi dada pelo Decreto-lei 1.648/1978, no tocante ao imposto sobre a renda; e a Lei 7.689/1988, no que se refere à CSLL. Vê-se, portanto, que a Instrução Normativa 213/2002 dispôs em sentido manifestamente contrário ao quanto estabelecido pela lei em vigor, em relação ao resultado do ajuste de equivalência patrimonial.

Enquanto (i) o Decreto-lei 1.598/1977 e a Lei 7.689/1988 determinam expressa-

15. Este dispositivo legal é reproduzido pelo art. 389 do RIR, aprovado pelo Decreto 3.000/1999 (RIR/1999).

16. Relembre-se o que estabelece o art. 74 da Medida Provisória 2.158-35/2001:

"Art. 74. Para fim de determinação da base de cálculo do imposto de renda e da CSLL, nos termos do art. 25 da Lei n. 9.249, de 26 de dezembro de 1995, e do art. 21 desta Medida Provisória, os lucros auferidos por controlada ou coligada no Exterior serão considerados disponibilizados para a controladora ou coligada no Brasil na data do balanço no qual tiverem sido apurados, na forma do Regulamento.

"Parágrafo único. Os lucros apurados por controlada ou coligada no Exterior até 31 de dezembro de 2001 serão considerados disponibilizados em 31 de dezembro de 2002, salvo se ocorrida, antes desta data, qualquer das hipóteses de disponibilização previstas na legislação em vigor."

mente que a contrapartida do ajuste do investimento pelo método de equivalência patrimonial não deverá ser computada na determinação do lucro real e da base de cálculo da CSLL, respectivamente, (ii) a Instrução Normativa 213/2002 estabelece justamente o oposto, ou seja, que os valores relativos ao resultado positivo da equivalência patrimonial deverão ser considerados no balanço levantado em 31 de dezembro do ano-calendário, para fins de determinação do lucro real e da base de cálculo da CSLL.

Anteriormente, a própria Secretaria da Receita Federal havia editado a Instrução Normativa 38/1996, reconhecendo a impossibilidade de se tributar o resultado de equivalência patrimonial, à luz da legislação em vigor. Agora, e sem fundamento legal algum, pretendeu passar a tributá-lo, mediante a Instrução Normativa 213/2002.

Mas, como ato normativo infralegal que é, não poderia a referida instrução normativa sobrepor-se ao Decreto-lei 1.598/1977 e à Lei 7.689/1988, sob pena de flagrante violação ao princípio da legalidade, na medida em que a inclusão do resultado de equivalência patrimonial na base de cálculo do imposto sobre a renda e da CSLL implica efetiva majoração desses tributos, sem fundamento em lei.

Em outras hipóteses de tentativa de aumento ou instituição de tributo por instrução normativa os Tribunais Superiores sempre prestigiaram o ordenamento jurídico em vigor, recusando validade à iniciativa.[17]

O Min. José Delgado, no REsp 87.022-SP, no qual foi Relator, afirmou que: "Só a lei, em seu sentido estrito, poderá criar hipóteses de incidência tributária, ou seja, por manifestação do Poder Legislativo Federal, Estadual ou Municipal (...). É incabível que um ato administrativo (instrução normativa) crie uma hipótese de incidência tributária".[18]

Até hoje, portanto, a jurisprudência vem confirmando que a instituição e/ou majoração de tributos dependem de lei, material e formal, sob pena de manifesta violação ao princípio da legalidade. Mesma conclusão deverá ser sacada quanto à manifesta ilegalidade da Instrução Normativa 213/2002 ao pretender estabelecer a tributação do resultado de equivalência patrimonial (por meio do imposto sobre a renda e da CSLL), inovando a ordem jurídica, sem fundamento em lei.

E nem se argumente que a previsão contida no art. 7º da Instrução Normativa 213/2002 pretendeu tributar o lucro que integra o resultado positivo da equivalência patrimonial. Este argumento não procede, por duas razões: em primeiro lugar, porque pode haver resultado positivo de equivalência patrimonial sem que a coligada ou controlada tenha auferido lucro; e, em segundo lugar, porque lucro e resultado de equivalência patrimonial são conceitos distintos e sujeitos a tratamentos jurídicos diferenciados, sobre os quais não há espaço, aqui, para comentar.

17. No mesmo sentido: "Constitucional E Tributário – Imposto sobre operações financeiras – IOF – Lei n. 8.033, de 12 de abril de 1990 – Incidência sobre depósito judicial – Ilegalidade do item 3, alínea 'b', da Instrução Normativa n. 62, de 19 de abril de 1990, do Ministério da Economia, Fazenda e Planejamento – Constituição Federal, art. 150, I, e CTN, art. 97, I. (...). 2. Não cabe à instrução normativa, que não é lei, em sentido formal e material, a descrição de fato gerador não previsto na norma-padrão de incidência do imposto. 3. Hipótese em que se reconhece a ilegalidade do item 3, alínea 'b', da Instrução Normativa n. 62/1990, do Ministério da Economia, Fazenda e Planejamento, por incluir o depósito judicial no raio de incidência. 4. Apelação parcialmente provida para exclusão da CEF. Remessa oficial improvida" (TRF-1ª Região, ApMS 93.01.19520-8, rel. Des. Cândido Ribeiro, *DJU* 22.5.1998).

18. "Tributário – Imposto sobre operações financeiras – Depósitos judiciais – Cabimento ou não – Ilegalidade da Instrução Normativa n. 62/1990 – Recurso improvido.

"1. A Instrução Normativa n. 62/1990 não tem o condão de criar hipótese de incidência tributária. A Lei n. 8.033/1990 é o instrumento normativo que poderia fazê-lo. Se assim não procedeu, inaplicável é, conseqüentemente, o teor da Instrução Normativa n. 62/1990, ao exigir IOF sobre depósitos judiciais.

"2. Recurso improvido" (STJ, 1ª Turma, REsp 87.022-SP, rel. Min. José Delgado, *DJU* 3.6.1996).

Mas, ainda que assim não fosse, perceba-se que este ato administrativo não pretende somente comprometer o princípio da legalidade. Simultaneamente, a tentativa atropela também o princípio da anterioridade. É que as disposições da Instrução Normativa 213/2002, ainda que fossem válidas (o que não ocorre), somente poderiam ser aplicadas sobre fatos imponíveis ocorridos a partir do exercício financeiro seguinte àquele em que foi publicada – ou seja, janeiro/2003. E, dessa forma, o ato administrativo em questão não poderia alcançar o resultado positivo de equivalência patrimonial computado no balanço patrimonial levantado em 31.12.2002, para efeito de tributação por meio do imposto sobre a renda e da CSLL, sob pena de violação ao referido princípio da anterioridade da lei tributária. Essa afirmação parece não exigir maior aprofundamento.

5. *Conclusão*

Na Constituição, *renda* é conceito que manifesta capacidade contributiva, que é identificada pela contabilidade por meio de um confronto feito ao cabo de um período, registrado em escrita contábil, que, por sua vez, é submetida às normas que disciplinam a escrita comercial, que apresenta o resultado da sociedade empresária, e que se submete a ajustes previstos em lei ordinária válida de tributação. Ao cabo deste procedimento (etapas de observação da realidade econômica, tradução destes eventos em linguagem contábil, aplicação das normas pertinentes à escrita comercial, aplicação das normas tributárias que determinam ajustes, confronto entre as entradas e saídas relevantes e verificação de eventual acréscimo) é que se pode cogitar da incidência da norma de tributação. Antes destas etapas, ou mesmo por meio da consideração de apenas parte dos elementos relevantes para verificação de eventual acréscimo, não se pode cogitar da materialidade do imposto sobre a renda, correspondente capacidade contributiva, e, conseqüentemente, de incidência da norma tributária que percuta patrimônio de quem não titula a necessária capacidade contributiva, pelo simples fato de que ela não existe.

Então, não é constitucionalmente legítimo (i) a lei ordinária inventar disponibilidade de resultados se a mesma não existe (como está ocorrendo com os resultados das controladas e coligadas domiciliadas no Exterior) e (ii) ato administrativo inovar para o fim de ampliar a base de cálculo de tributo (como está acontecendo com a inclusão do resultado positivo da equivalência patrimonial). Qualquer iniciativa normativa que extrapole o conceito contido no parágrafo anterior não encontra fundamento de validade no ordenamento vigente.

EXECUÇÃO FISCAL E PROCESSO ADMINISTRATIVO: CONCOMITÂNCIA E SEUS EFEITOS PROCESSUAIS

PAULO CÉSAR CONRADO

Mestre e Doutorando pela PUC/SP – Professor nos
Cursos de Especialização do IBET e da PUC/COGEAE – Juiz Federal

1. Introdução. 2. Processo de positivação do direito tributário. 3. Modalidades de intervenção do contribuinte no processo de positivação do direito tributário nos casos de lançamento: direta (administrativa) ou indireta (jurisdicional). 4. O específico caso do "autolançamento". 5. "Processo administrativo" em "autolançamento". 6. "Processo administrativo" oriundo de "autolançamento" e sua relação com o processo de execução fiscal. 7. Presunção de legitimidade do título executivo e os casos de "pedido de revisão" de "autolançamento".

1. Introdução

Comuníssimas, hoje, as situações em que, ajuizada execução fiscal fundada em título produzido à luz de "autolançamento", vem à tona, no processo, notícia sobre a existência de pendências administrativas das mais variadas ordens. A reiteração de tais casos desponta, para nós, como fonte de inspiração do presente estudo.

2. Processo de positivação do direito tributário

As competências tributárias delineadas na Constituição Federal constituem o ponto de partida do ciclo de positivação do direito tributário, assim entendido o processo tendente à constituição e extinção da obrigação tributária.

Exercitadas tais competências – mediante a produção de norma geral e abstrata denominada *regra-matriz de incidência* –, referido ciclo suporá, caminhando adiante, o avanço sobre o plano individual e concreto, em que se alojará outra peça essencial daquele mesmo processo: a norma (individual e concreta) do *lançamento* ou a do *autolançamento* – ambas ostentando, em seu antecedente, um enunciado protocolar denotativo, obtido pela redução à unidade da classe de notas do antecedente da respectiva norma geral e abstrata (*regra-matriz de incidência*), e, na posição de conseqüente, um outro enunciado, também protocolar e denotativo, construído pela redução à unidade da classe de notas do conseqüente da norma geral e abstrata.

Dando-se mais um passo no decantado ciclo, supor-se-á, nos casos lançamento, a notificação do contribuinte, ato que esgotaria, em si, a noção de contraditório, tudo de molde a garantir a inter-subjetividade da obrigação tributária posta.

Daí por diante, o processo de que falamos (de positivação do direito tributário) desaguará numa das formas do art. 156 do CTN, dispositivo que relaciona os modos de extinção da obrigação tributária.

3. Modalidades de intervenção do contribuinte no processo de positivação do direito tributário nos casos de lançamento: direta (administrativa) ou indireta (jurisdicional)

Falando especificamente do processo de positivação que se desenvolve mediante a produção de ato de lançamento, registramos, pouco antes, que a notificação do contribuinte oportuniza a noção de contraditório, garantindo a correlata idéia de intersubjetividade – idéia, essa, que é ínsita a todas as relações jurídicas, inclusive as tributárias.

Mais do que isso, entrementes, a notificação do lançamento ao contribuinte garante-lhe o exercício do direito à ampla defesa, vale dizer, do direito de interferir no processo de positivação do direito tributário que é marcado pela produção da aludida norma de lançamento.[1]

Desincumbe-se o contribuinte da referida prerrogativa mediante a apresentação de manifestação de oposição à pretensão fiscal revelada naquele ato (de lançamento) – atividade rotineiramente designada de *impugnação*. Nesses casos, o processo de que nos ocupávamos no item anterior ou se fechará, com o acolhimento da manifestação de oposição do contribuinte, ou, se rejeitada, seguirá.

Paralelamente a tal afirmação, todavia, impõe-se reconhecer que a impugnação do lançamento não constitui o único modo de exercício da ampla defesa ou – seguindo a mesma terminologia – de "intervenção do contribuinte no ciclo de positivação do direito tributário". Com efeito, ademais daquele modo (administrativo), o ordenamento constitucional garante ao contribuinte a possibilidade de ingressar no aludido processo mediante posturas *indiretas* (*judiciais*), assim entendidas porque, diversamente da impugnação (que é dirigida à própria Administração), ocorrem por meio de terceiro sujeito, o Estado-juiz, exercente de função tipicamente *jurisdicional*.

Podemos dizer, assim, que a introdução do contribuinte no ciclo de positivação do direito tributário, quando tendente a veicular oposição à pretensão retida no lançamento, ou ocorrerá (i) de forma direta (via impugnação administrativa), situação que supõe prévia notificação (sendo esse, portanto, o termo inicial para sua veiculação), ou ocorrerá (ii) de forma indireta (via judicial) – caso que não supõe a mesma rigidez temporal, podendo ocorrer antes ou depois da notificação do lançamento –, mas sempre preservada a idéia, evidentemente, de que já tenha sido exercitada a competência tributária.

Ao final, o que se percebe é que, quando o tema é lançamento, o sistema dota o contribuinte de legitimidade para produzir linguagem de resistência perante a própria Administração apenas quando já edificada a referida norma individual e concreta (do lançamento), servindo tal linguagem (de resistência), portanto, sempre para reprimir os efeitos advindos daquela norma. Diversamente, porém, quando o contribuinte pretende produzir linguagem de resistência em face de norma individual e concreta (lançamento) ainda não posta (agindo preventivamente, portanto), impõe-se-lhe a adoção da via judicial.[2]

4. *O específico caso do "autolançamento"*

Todas as considerações que tecemos no item anterior partem de uma mesma premissa: de que o processo de positivação do direito tributário estaria a se desenvolver mediante a produção do ato de lançamento.

Já grifamos, no entanto, que essa não é a única possibilidade reservada pelo sis-

1. Note-se que tal ciclo, consoante descrito no item anterior, seria composto, em princípio, de atos exclusivamente estatais (diversamente dos casos de "autolançamento"), donde advém, portentosa, a necessidade de observância dos vetores do contraditório e da ampla defesa.

2. A esse modo de intervenção (judicial), relembre-se, atribuímos o predicado *indireto*, porquanto, nesse campo, não se estabelecerá canal de linguagem linear entre contribuinte e Administração, senão um peculiar modo comunicacional, de composição angular: o contribuinte apresenta sua resistência à pretensão fiscal iminente (assim entendida aquela ainda não corporificada em norma individual e concreta, mas que se apresenta desde sempre possível, dada a existência de norma geral e abstrata – regra-matriz de incidência – no sistema) ao Estado-juiz (e não à própria Administração), que, por sua vez, noticia a existência de tal pretensão à Administração, para ao final decidir qual versão deve ser observada *in concreto*, se a do contribuinte ou a do Fisco.

tema do direito positivo nacional. Com efeito, a norma individual e concreta que sucede, no ciclo de positivação, a regra-matriz de incidência, antes de originar-se da própria Administração, pode ser expedida pelo próprio contribuinte, caracterizando-se a figura do "autolançamento".

Nesses casos (muitíssimo comuns na atual textura do Direito Brasileiro) o processo de evolução do direito tributário sofrerá um notável câmbio, especialmente no que diz respeito à idéia de contraditório: é que, tal como o concebemos, o processo de positivação do direito tributário que envolve a produção de norma individual e concreta estatal (lançamento) impõe, a bem da própria inter-subjetividade do direito, a notificação do contribuinte, técnica que realiza o contraditório e permite o exercício da ampla defesa (administrativa ou judicial); pensando, porém, que o aludido processo de positivação pode se desenvolver mediante a produção de norma individual e concreta do contribuinte ("autolançamento"), é de se entender automaticamente invertida a noção de contraditório (e, conseqüentemente, de ampla defesa), não por outra razão senão porque, sendo produzida pelo contribuinte, a norma não lhe seria levada a conhecimento, mas sim da própria Administração, a favor da qual se canalizaria, então, o conceito de contraditório – diríamos, nesse sentido, que, assim como o lançamento só opera efeitos quando notificado ao contribuinte, também o "autolançamento" apenas quando "depositado" perante a repartição fiscal competente.

Em arremate desse conjunto de particularidades, é de se advertir, entretanto, que, "cientificada" do "autolançamento", à Administração, quando reputa indevida a aludida norma, não cabe manejar prerrogativas inerentes à ampla defesa, impondo-se-lhe, antes disso, o dever de rechaçá-la (a decantada norma produzida pelo contribuinte), substituindo-a por outra, o lançamento (de ofício), especialmente forjado com o intuito de suprir a atividade irregularmente desenvolvida pelo contribuinte – retomar-se-á, nessas situações, o ciclo de atividades antes descrito: o lançamento ("substitutivo") ganhará operatividade desde que regularmente notificado ao contribuinte, que poderá impugná-lo ou insurgir-se judicialmente, etc.

Nessas condições, portanto, quando o tema é tributo sujeito a "autolançamento", antes de falarmos em "intervenção" do contribuinte no processo de positivação, o que se supõe é um ciclo claramente estruturado por atividades (de produção de normas individuais e concretas) do próprio contribuinte, o que quer significar que ele não "interfere" no indigitado ciclo, dele participando – isso, sim – na condição de principal artífice da respectiva norma, outorgando-se à Administração, em raciocínio diametralmente oposto, o ensejo de "substituir" tal norma, se considerá-la indevida.

Sem prejuízo de tal afirmação, cobra salientar, aqui, que a segunda via interventiva de que tratamos no item anterior (a judicial) mantém-se aplicável nos casos de "autolançamento", restringindo-se, porém, às fases que antecedem a produção da respectiva norma individual e concreta – assim, basicamente, é o caso das ações declaratória de inexistência de relação jurídico-tributária e de mandado de segurança preventivo, modalidades das quais se vale o contribuinte com o escopo de afastar o dever de produzir o "autolançamento", bem assim a obrigação que dele decorreria.

5. *"Processo administrativo" em "autolançamento"*

Nos termos fixados no item anterior, afastamos a possibilidade de se falar em "impugnação administrativa" para os casos de "autolançamento". Daí decorreria, em princípio, o afastamento, também, da idéia de processo administrativo nessas específicas situações.

Não obstante válidas, é bom que se diga, porém, que tais afirmações assim se manterão desde que por *processo administrativo* entendamos aquele que deflui de impugnação do contribuinte, o que nem sempre se apresenta.

É que, a par de cometer ao contribuinte o encargo de produzir o "autolançamento" (depositando-o perante a repartição fiscal competente), o sistema do direito positivo confere-lhe, ainda, a prerrogativa de instar a Administração a rever a norma que aquele ato carrega, hipótese em que se reconstituirá, ainda que com outra origem, a mesma noção de processo administrativo – falamos, aqui, em "outra origem", porquanto o processo administrativo, nesses casos, não decorreria de impugnação do contribuinte, mas sim de pedido de revisão do ato ("autolançamento") por ele já implementado.

Se é certo, assim, que o processo de positivação do direito tributário não envolve, nos casos de "autolançamento", a possibilidade de processo administrativo decorrente de impugnação, nele se interpõe, e isso é igualmente correto, a possibilidade de um outro nível de processualidade administrativa, agora decorrente de pedido de revisão do ato pelo contribuinte produzido, tomadas, em tais hipóteses, as mais variadas razões – erro no cálculo do valor do tributo a ser pago; existência de débito do Fisco que possa ser "encontrado" com o crédito tributário "autolançado" etc.

6. *"Processo administrativo" oriundo de "autolançamento" e sua relação com o processo de execução fiscal*

A esse segundo sentido que a expressão "processo administrativo" ostenta não se deve atribuir a eficácia a que alude o art. 151, III, do CTN, uma vez que a noção de "suspensão da exigibilidade do crédito tributário" contida no referido dispositivo conecta-se com a regra supostamente geral do art. 142 do mesmo Código, aplicando-se, assim, aos casos de impugnação do lançamento.

E o mesmo seria de se dizer do art. 156, IX, do CTN: a decisão administrativa ali referida é a sacada em processo administrativo advindo de impugnação do lançamento, uma vez que toda a estrutura evolutiva do direito tributário que se encontra assentada na sobredita lei deflui da idéia (que seria a geral, repita-se) de lançamento (de ofício).

Estaria isso a significar, então, que a apresentação, pelo contribuinte, de pedido administrativo de revisão de "autolançamento", apesar de representar um encargo para a Administração (encargo porque a tal pedido deve conferir a necessária resposta), não afasta, em princípio, a possibilidade de se levar adiante o processo de positivação do direito tributário, avançando a Administração, nos casos de não-pagamento de tributo "autolançado", para a fase de inscrição em Dívida Ativa e ulterior execução.

Precisamente aí, pois, que se colocam as situações que foram sinalizadas no item introdutório do presente estudo, a saber, aquelas, de todo comuns, em que, ajuizada execução fiscal fundada em título produzido à luz de "autolançamento", vem à tona, no processo, notícia sobre a existência de pendências administrativas geradas pelo próprio contribuinte.

Reanote-se, pelo que já dissemos, que os "processos administrativos" que são instaurados a partir de pedidos de revisão de "autolançamento" não se subsumem aos arts. 151, III, e 156, IX, do CTN. Não podemos dizer, destarte, que os "processos administrativos" em apreço tenham o condão, por si, de provocar a suspensão da exigibilidade do crédito tributário, e tampouco sua extinção.

A par disso, porém, é de se entender tais processos como verdadeiras causas prejudiciais da pretensão executiva fiscal, não por outra razão, senão porque interferem na presunção que recobre o título (Certidão de Dívida Ativa), condição de tal pretensão.

7. *Presunção de legitimidade do título executivo e os casos de "pedido de revisão" de "autolançamento"*

Autoridade pública define-se em função dos atributos que o Direito confere aos atos que pratica.

Tal afirmação, por imposição lógica, projeta-se em relação ao título executivo que guarnece as execuções fiscais, a Certidão de Dívida Ativa, resultado (produto) que deflui do procedimento de inscrição em Dívida Ativa do crédito tributário regularmente constituído.

Paralelamente, nos casos dos tributos sujeitos a "autolançamento" é de se apontar a existência de peculiaridade que interfere, obrigatoriamente, em nosso raciocínio: o título (Certidão de Dívida Ativa), nessas hipóteses, deflui de procedimento que encontra em sua origem um ato do contribuinte; "aceitando-o" (vale dizer, deixando de "substituí-lo" por um lançamento de ofício), a Administração como que "encampa" o ato particular, dando-lhe contornos de ato administrativo, especialmente quando o remete para a fase de inscrição, justamente a que prepara a produção do título executivo.

Falamos, assim, de um título que, como os demais, vem investido da precitada presunção de legitimidade mas que, em função do peculiar aspecto adrede referido, deve ser tomado com notável temperamento.

É que, mesmo "encampado" pela Administração, o "autolançamento" desafia, segundo o sistema, pedido de revisão do próprio contribuinte, daí decorrendo, consoante sinalizado, "processo administrativo" que, se não extingue o crédito tributário nem suspende sua exigibilidade, implica a neutralização da presunção do título por ele ("autolançamento") gerado.

Em casos de "pedidos de revisão" ("processo administrativo") anteriores ao ajuizamento da execução fiscal tal relação fica, assim nos parece, sobremodo clara: (i) partindo do valor da boa-fé, a Administração aceita as informações contidas no "autolançamento" do contribuinte, inscreve o crédito ali constituído no respectivo livro da Dívida Ativa e ajuíza a correlata execução; (ii) sem prejuízo disso, o contribuinte ingressa, antes da realização daquele derradeiro ato (ajuizamento), com pedido de revisão do "autolançamento", exercendo prerrogativa que o próprio ordenamento lhe comete; (iii) assim agindo, deixa o contribuinte à mostra que as informações que nortearam o procedimento de inscrição não poderiam ter sido aceitas pela Administração sem maiores cuidados, relativizando-se "em segunda potência" aquilo que, pelo ordenamento, já era relativo, vale dizer, o título produzido para fins de execução fiscal.

Se é certo, portanto, que não suspende nem extingue o crédito tributário "autolançado", é bem de ver que o pedido de revisão pelo contribuinte apresentado e assim também o respectivo "processo administrativo" interferem na presunção que recobre as Certidões de Dívida Ativa, documentos que ficariam com sua exeqüibilidade temporariamente comprometida.

Quer isso significar, em rigor, que o crédito tributário estampado no referido título executivo, a despeito de já constituído, inscrito e ingressado no plano da executabilidade, há de ter, nos casos de que estamos tratando, esse último atributo (executabilidade) neutralizado, impondo-se esse estado de paralisação da eficácia executiva da Certidão de Dívida Ativa até que a Administração esgote sua atribuição de responder ao "pedido de revisão" do contribuinte. Ao final, concluindo a Administração pela necessidade de rever o "autolançamento", caberá avaliar os efeitos que daí defluirão relativamente à execução já ajuizada, nesse rol de possibilidades incluindo-se a noção de extinção em função do cancelamento da inscrição, hipótese em que se haverá de impor a condenação do Estado-Fisco nos encargos da sucumbência – isso, evidentemente, caso seja diagnosticado que a revisão provocada pelo contribuinte poderia (e deveria) ter sido feita *ex officio* pela própria máquina estatal.

E o mesmo é possível dizer, com algumas adaptações, em relação aos "pedidos de revisão" posteriores ao ajuizamento da execução fiscal: para tais hipóteses, de se pensar, apenas, que, sendo posterior ao ajuizamento, o pedido do contribuinte não elide, por si, a legitimidade da atividade processual do Estado-Fisco. Susta-se, assim, o atributo da executabilidade (paralisando-se a execução fiscal), sem que se imponha, entrementes, pena qualquer pela atividade até então desenvolvida pela Administração, orientada que esteve pelo valor da boa-fé.

CONTRIBUIÇÕES DE INTERVENÇÃO NO DOMÍNIO ECONÔMICO – ASPECTOS CONSTITUCIONAIS

BETINA TREIGER GRUPENMACHER

Professora na UFPR

1. Introdução. 2. O Estado Democrático de Direito e a intervenção na ordem econômica: 2.1 Considerações preliminares – 2.2 O perfil do modelo estatal brasileiro – 2.3 A intervenção no domínio econômico. 3. Contribuições de intervenção no domínio econômico: 3.1 Materialidade – 3.2 Pressupostos constitucionais para cobrança do tributo – 3.3 O sujeito passivo das contribuições interventivas. 4. A instituição da contribuição interventiva – O papel da lei complementar e da lei ordinária. 5. A aplicabilidade do princípio da capacidade contributiva às contribuições interventivas.

1. Introdução

O estudo das *contribuições de intervenção no domínio econômico* (CIDEs) é matéria tão atual quanto controvertida.

A controvérsia existente em torno do tema deve-se à amplitude atribuída pela Constituição Federal à competência da União para instituir o versado tributo.

Denominadas de "contribuições especiais", as CIDEs estão previstas no art. 149 da CF, que com exclusividade atribui à União competência para instituí-las. Assim dispõe o art. 149 da CF: "Art. 149. Compete exclusivamente à União instituir contribuições sociais, de intervenção no domínio econômico e de interesse das categorias profissionais ou econômicas, como instrumento de sua atuação nas respectivas áreas, observado o disposto nos arts. 146, III, e 150, I e III, e sem prejuízo do previsto no art. 195, § 6º, relativamente às contribuições a que alude o dispositivo".

Sem estabelecer seu arquétipo constitucional – ou seja, sua hipótese de incidência possível e, bem assim, os aspectos a elas inerentes –, o mencionado dispositivo constitucional deixa "em aberto" aos legisladores infraconstitucionais a possibilidade de estabelecer o aspecto material das CIDEs que vierem a ser criadas, estabelecendo restrições apenas quanto à observância do disposto nos arts. 146, III, e 150, I e III, da Magna Carta.

Por outro turno, o § 2º do mesmo art. 149, introduzido pela EC 33/2001, estabelece, em seu inciso I, hipótese de imunidade sobre receitas decorrentes de exportação, além de autorizar (inciso II) a incidência da CIDE sobre a importação de petróleo e seus derivados, gás natural e seus derivados, como também sobre o álcool combustível. Estabelece, outrossim, critério quanto às alíquotas, que, segundo disciplina, poderão ser *ad valorem* ou específicas.

As alíquotas *ad valorem* terão por base o faturamento, a receita bruta ou o valor da operação, e na hipótese de importação incidirão sobre o valor aduaneiro.

Quanto às específicas, a base de cálculo será a unidade de medida adotada.

É certo que o § 2º, introduzido pela EC 33/2001, restringiu em certa medida a esfera de competência da União para instituir a CIDE, pois antes de seu advento a instituição do mencionado tributo era uma "carta em branco", verdadeiro "salvo-conduto" para a União, já que o "leque" de possibilidades para a criação das CIDEs era quase que ilimitado.

Tal entendimento justifica-se diante da textura aberta dos termos e expressões empregados no art. 149 da CF.

Da intelecção do dispositivo em tela não é possível extrair-se de imediato qual o sentido da expressão "domínio econômico" e em que medida pode o Estado nele intervir através da cobrança de contribuições.

No entanto, uma conclusão é certa: o caráter finalístico das referidas exações – pois de maneira taxativa o constituinte impôs como condição inafastável a de que a cobrança do tributo (CIDE) seja utilizada como instrumento da atuação da União nas áreas eleitas como objeto de sua incidência.

2. *O Estado Democrático de Direito e a intervenção na ordem econômica*

2.1 *Considerações preliminares*

Para tratar do tema "contribuições interventivas" necessária se faz uma incursão preliminar nos dispositivos constitucionais que versam sobre a ordem econômica, e bem assim naqueles que possibilitam à União, quando for preciso, a intervenção na atividade privada.

A interpretação sistemática e o princípio da unidade do Texto Constitucional conduzem à conclusão de que as CIDEs só poderão ser instituídas se e quando forem observados rigorosamente os parâmetros estabelecidos pela Magna Carta para sua criação.

2.2 *O perfil do modelo estatal brasileiro*

No Brasil – como, de resto, ocorreu no mundo inteiro – em um primeiro momento buscou-se a implementação do chamado "Estado Liberal" em contraposição aos regimes absolutistas existentes na Europa, nos quais prevaleciam o arbítrio e o intervencionismo do Estado na atividade privada.

Objetivando limitar a atividade estatal, estabeleceu-se o modelo liberal, no qual buscou-se atribuir ao Estado a função de manter e garantir aos cidadãos a possibilidade de que exercessem de maneira livre suas atividades, em condições de segurança e estabilidade.

No entanto, o modelo liberal, cujos principais fundamentos eram a observância dos direitos fundamentais e a separação de Poderes, não se mostrou eficiente como instrumento para a implantação das instituições democráticas, pois, intensamente limitado, não dispunha de autonomia para regular certas situações criadas no seio da sociedade, que acabavam por atribuir tratamento desigual a indivíduos que se encontravam na mesma situação.

Buscou-se, então, um Estado em que as ações públicas tivessem mais efetividade para se alcançar o bem comum, com o quê se operou a transição do Estado Liberal para o Estado Social, no qual se possibilitou a intervenção estatal efetiva na sociedade, com vistas a reduzir-se as desigualdades dos cidadãos.

São de Clèmerson Merlin Clève as palavras que, com extrema clareza, esclarecem a transição do Estado Liberal para o Estado Social: "A crise recorrente do Capitalismo, o sufrágio universal, as reivindicações da classe operária, as revoluções socialistas, a passagem da empresa individual para a coletiva e da concorrência para o oligopólio, a emergência da sociedade de massas e a conseqüente urbanização pela qual passou o mundo, esses dados todos, somados a outros mais, concluíram por forçar o nascimento de um novo tipo de Estado".[1]

O Estado Social, ou o *Welfare State*, é aquele que intervém na economia para alcançar a justiça social.

O Estado Democrático de Direito é a condensação dos modelos Liberal e Social, aliados à representatividade popular.

1. *Atividade Legislativa do Poder Executivo no Estado Contemporâneo e na Constituição de 1988*, p. 38.

A opção pelo Estado Democrático de Direito está, no Brasil, declarada no art. 1º da CF, que assim preceitua:

"Art. 1º. A República Federativa do Brasil, formada pela união indissolúvel dos Estados e Municípios e do Distrito Federal, constitui-se em Estado Democrático de Direito e tem como fundamentos:

"I – a soberania;

"II – a cidadania;

"III – a dignidade da pessoa humana;

"IV – os valores sociais do trabalho e da livre iniciativa;

"V – o pluralismo político.

"Parágrafo único. Todo o poder emana do povo, que o exerce por meio de representantes eleitos ou diretamente, nos termos desta Constituição."

Com o objetivo de garantir o bem-estar social próprio desse modelo estatal, estabelece a Magna Carta, em seu art. 3º, como metas a serem perseguidas e alcançadas pela República Federativa do Brasil "constituir uma sociedade livre, justa e solidária", "garantir o desenvolvimento nacional", "erradicar a pobreza e a marginalização", "reduzir as desigualdades sociais e regionais" e "promover o bem de todos, sem preconceitos de origem, raça, sexo, cor, idade e quaisquer outras formas de discriminação".

Não apenas nestes dois artigos está evidenciada a busca da justiça social no Estado Brasileiro, mas também na inserção dos arts. 6º e 8º, que asseguram os direitos sociais e a observância de regras para a intervenção na ordem econômica e social (arts. 170 e 193 da CF).

2.3 A intervenção no domínio econômico

Demonstrada a opção jurídico-política que fez a Constituição Federal pelo Estado Democrático de Direito, e a partir da propalada interpretação sistemática do Texto, compreende-se a autorização atribuída ao Estado para intervir na economia com o intuito de regulá-la diante das tensões de interesses próprias das sociedades que adotaram o Capitalismo como sistema de produção.

É certo que o intervencionismo econômico e social no Brasil é decorrência imediata da liberdade econômica garantida pela ordem constitucional.

O art. 170 da CF assim prescreve:

"Art. 170. A ordem econômica, fundada na valorização do trabalho humano e na livre iniciativa, tem por fim assegurar a todos existência digna, conforme os ditames da justiça social, observados os seguintes princípios:

"I – soberania nacional;

"II – propriedade privada;

"III – função social da propriedade;

"IV – livre concorrência;

"V – defesa do consumidor;

"VI – defesa do meio ambiente;

"VII – redução das desigualdades regionais e sociais;

"VIII – busca do pleno emprego;

"IX – tratamento favorecido para as empresas de pequeno porte constituídas sob as leis brasileiras e que tenham sua sede e administração no país.

"Parágrafo único. É assegurado a todos o livre exercício de qualquer atividade econômica, independentemente de autorização de órgãos públicos, salvo nos casos previstos em lei."

Diante de tal preceito, é possível a intervenção estatal na economia. Afirma-se que esta só se justifica diante da meta do Poder Público de realizar tal prerrogativa dos valores consagrados no art. 170.

Por esta razão também se inseriu no Texto Constitucional a regra descrita no art. 173, § 4º, que prevê a repressão ao abuso do poder econômico, a ser regulada por lei.

Fabio Konder Comparato manifesta-se no sentido de que: "(...) as condições legitimadoras de mérito da intervenção estatal são de ordem positiva e negativa. A exceção ao princípio da livre atividade empresarial deve, em primeiro lugar, fundar-se em motivo de segurança nacional ou na necessidade de organização do setor econômico 'que não possa ser desenvolvido com eficácia no regime competitivo e de liberdade de iniciativa'. Em segundo lugar, não pode a intervenção do Estado infringir os direitos e garantias individuais".[2]

Efetivamente, o livre exercício da atividade econômica não pode ficar sem amarras, especialmente quando a atividade privada, pressionada pelas forças de mercado próprias dos regimes capitalistas, visa à eliminação da concorrência e ao aumento arbitrário dos lucros.

Assim, o grande desafio é estabelecer o limite da intervenção num regime de livre mercado.

Deveras, o balizamento das atuações interventivas estatais deverá observar os direitos fundamentais e os fundamentos jurídicos do Estado Democrático de Direito, tais como a cidadania, a dignidade da pessoa humana, os valores sociais do trabalho e da livre iniciativa.

Impende destacar que o Texto Constitucional de 1946 impunha a observância de limites para a atividade intervencionista, ao assim dispor: "A União poderá, mediante lei especial, intervir no domínio econômico e monopolizar determinada indústria ou atividade. A intervenção terá por base o interesse público e por limite os direitos fundamentais assegurados nesta Constituição".

É indiscutível que toda a atuação interventiva na ordem econômica é uma ofensa à livre iniciativa, como pontua Paulo Roberto Lyrio Pimenta: "O núcleo essencial do direito não pode ser eliminado, sob pena de não se falar mais em restrição, e sim em destruição de direito. Essa tensão entre princípios é comum em Constituições que apresentam nítido caráter de compromisso entre interesses de grupos econômicos, políticos e sociais antagônicos, como a nossa de 1988. No plano prático, para conciliar essa colisão entre os princípios, o que se deve buscar é uma concordância prática, que consiste no afastamento de um deles naquela situação concreta. Contudo, esse princípio continuará integrando o sistema jurídico. Essa tarefa (concordância) não pode chegar ao extremo de aniquilar o direito objeto de restrição. Eis o princípio da preservação do *núcleo essencial* do direito, que decorre dos direitos fundamentais consagrados no Texto Constitucional".[3]

Diante de tal quadro, há de se ressalvar que, não obstante a intervenção do Estado na atividade econômica esteja legitimada no Texto Constitucional, tais ações deverão ser norteadas pelos princípios gerais de direito constitucional, e sobretudo sem atropelar os direitos fundamentais do cidadão.

Sendo a CIDE uma das formas de intervenção no domínio econômico, é certo que também sua cobrança deve-se dar com o intuito de realizar as perspectivas de mudança da sociedade, implementando um Estado Democrático de Direito. Todas as formas de intervenção estatal na economia não devem extrapolar os limites impostos pela Constituição para o exercício de tal atividade impositiva.

3. *Contribuições de intervenção no domínio econômico*

3.1 Materialidade

É certo que a atividade do Estado de *intervenção no domínio econômico* pode-se dar de várias formas. Eros Roberto Grau assim as define: "*intervenção por absorção ou participação* (a), *intervenção por direção* (b) e *intervenção por indução* (c)".[4]

2. "Intervenção no domínio econômico – Sociedade de economia mista – Alienação de ações",. *RDA* 142/181.

3. "Perfil constitucional das contribuições de intervenção no domínio econômico", in Marco Aurélio Greco (coord.), *Contribuições de Intervenção no Domínio Econômico e Figuras Afins*, pp. 165-166.

4. *A Ordem Econômica na Constituição de 1988 (Interpretação e Crítica)*, 8ª ed., p. 126.

Dentro dessa classificação, a cobrança da CIDE corresponde à *intervenção por direção*, em que o Estado, exercendo pressão sobre a economia, estabelece as normas de observância compulsória a serem seguidas por aqueles que desempenham atividade econômica.

3.2 Pressupostos constitucionais para cobrança do tributo

Inexiste dúvida de que as contribuições interventivas sejam tributos. E, sendo tributos, submetem-se ao regime jurídico constitucional tributário e aos princípios norteadores da atividade impositiva.

No entanto, é de se ressaltar que, diversamente do que ocorre com os demais tributos – em que o aspecto material é que indica a espécie tributária –, as contribuições interventivas assim são classificadas diante da finalidade da cobrança, qual seja, intervir na atividade econômica privada para regular a economia.

Em que pese a tal distinção, que se aplica como regra geral às contribuições interventivas, há de se ressalvar a hipótese descrita no inciso II do § 2º do art. 149 da CF, que, de plano, atribuiu à União competência para instituir contribuições cuja hipótese de incidência é a importação dos combustíveis nela descrita.

Trata-se, neste caso, de imposto cujo aspecto material é a importação – fato, portanto, alheio a qualquer prestação estatal.

É particularmente importante no caso das contribuições interventivas realizar uma incursão no estudo da classificação constitucional dos tributos.

Segundo lecionou Geraldo Ataliba, os tributos classificam-se em espécies e subespécies. Relativamente às espécies os tributos podem ser vinculados ou não-vinculados.

Vinculados são aqueles cuja materialidade corresponde a uma atividade estatal precedente que desencadeia o pagamento da prestação; portanto, assumem a feição de uma "contraprestação" à atividade estatal que, diretamente ou indiretamente, atingiu o sujeito passivo.

Quanto aos tributos não-vinculados, são aqueles que devem ser pagos independentemente de qualquer atividade ou prestação por parte do Estado.

No escólio de Geraldo Ataliba, são tributos vinculados as taxas e as contribuições; e tributos não-vinculados, os impostos.

Como ensina o festejado autor, as contribuições compreendem duas categorias; "conforme a atuação estatal posta no cerne da h.i. seja provocante ou provocada, teremos uma ou outra variedade de contribuição".[5]

Explicando tal raciocínio, afirma que quando há atuação estatal provocante se opera uma valorização no imóvel do contribuinte, que, por esta razão, deverá pagar o tributo. Trata-se da chamada "contribuição de melhoria". Por outro lado, quando há atuação estatal provocada o obrigado desenvolve atividade que gera uma situação que, por sua vez, provoca a atuação do Poder Público.[6]

É certo que as contribuições interventivas previstas no art. 149 da CF ajustam-se à classificação proposta por Geraldo Ataliba, inserindo-se na categoria das contribuições em que há atuação provocada, já que ao sujeito passivo surgirá o dever jurídico de pagar o tributo quando este praticar o fato imponível previsto na norma – qual seja, o desempenho de alguma espécie de atividade econômica que desencadeie a atividade estatal. Nesta hipótese, o Estado atua criando um fundo ou órgão ao qual destinará o produto da arrecadação para regular setor da economia.

A contribuição interventiva tem natureza tributária, já que se ajsta à perfeição ao disposto no art. 3º do CTN.

5. Geraldo Ataliba, *Hipótese de Incidência Tributária*, 6ª ed., p. 185.

6. Idem, p. 186.

Acerca da natureza tributária das contribuições, afirma Geraldo Ataliba: "A contribuição é um instituto jurídico que se constitui essencialmente pela disciplina da passagem compulsória de dinheiros privados aos cofres públicos, por força de decisão legislativa. Nesse sentido, corresponde ao conceito genérico de tributo – científico ou doutrinário –, seja qual for a corrente que se adote, ou a idéia que de tributo se faz, em termos econômicos ou de Ciência das Finanças".[7]

Quanto ao previsto no *caput* do art. 149 do Texto Supremo, no que diz respeito às contribuições interventivas, não há elemento indicativo de suas materialidades, razão pela qual a União – e apenas ela – poderá criar contribuições interventivas com natureza jurídica de imposto, taxa ou contribuição, desde que tenham como finalidade precípua regular a economia através da respectiva intervenção na atividade privada.

É dedutível, ainda, da interpretação que se faz do art. 149 da CF que é pressuposto fundamental para instituição das contribuições interventivas a indicação, no instrumento legislativo que as cria, da finalidade para a qual estão sendo criadas.

Não se olvide que qualquer fato dimensível economicamente pode desencadear a instituição de contribuição interventiva. No entanto, apenas União é detentora de competência tributária para tanto; Estados e Municípios não podem instituir CIDEs.

À exceção das competências residual e extraordinária da União para instituir impostos (art. 154, I e II, da CF), as competências atribuídas às pessoas políticas de direito público são privativas. Assim, não obstante seja dado à União instituir CIDEs elegendo como hipótese de incidência fatos já alcançados por outra norma impositiva federal, impõe-se a tese de que nesta situação ocorre uma dupla incidência autorizada constitucionalmente. Ainda assim, não é dado à União, diante da proibição estatuída no art. 154, I, da CF, eleger fatos tributáveis inclusos na competência tributária dos Estados e Municípios.

Nesse sentido, vale trazer à colação as palavras de Geraldo Ataliba:

"Ao instituir contribuições com hipótese de incidência de imposto, a União usa o campo material de competência – aliás amplíssimo – que lhe deu a Constituição. A limitação única que a tolhe está na reserva de um campo material a Estados e Municípios (v. art. 154).

"Se, pois, a União, criando contribuições, adota hipótese de incidência que pertence aos Estados ou Municípios, comete seu legislador inconstitucionalidade, por invasão de competência (Amílcar Falcão, Aliomar Baleeiro). Não se pode sustentar que as contribuições fogem a tal regime. Não cabe dizer, no nosso sistema, que o legislador, ao criar contribuições, goza da mais ampla liberdade e que, em conseqüência, pode adotar toda e qualquer hipótese de incidência, inclusive as reservadas constitucionalmente aos Estados e Municípios. Tal interpretação implicaria afirmar (a) que as competências tributárias não são exclusivas; (b) que a repartição de competências não é rígida; e que (c) contribuição não é tributo."[8]

3.3 O sujeito passivo das contribuições interventivas

Quanto aos sujeitos passivos, é certo que só poderão ser eleitos dentro do universo daqueles diretamente relacionados à respectiva intervenção.

Não se admite que estejam sujeitas à tributação por via da contribuição interventiva as pessoas físicas e jurídicas que desempenhem atividade econômica estranha àquela realizada pelo grupo alcançado pela cobrança do mencionado tributo. No dizer de Paulo Roberto Lyrio Pimenta, "alguém

7. Idem, p. 191.

8. Idem, p. 202.

que não integre o grupo ou o setor atingido pela medida interventiva não pode figurar como sujeito passivo da contribuição".[9]

Não são legítimas também a utilização e aplicação do produto arrecadado em benefício de grupo estranho àquele tributado, já que o que se entende em relação às contribuições interventivas é que não pode haver desvio de finalidade na aplicação dos recursos, não sendo possível cobrá-las de um grupo e aplicá-las em benefício de outro.

Noutro giro lingüístico: a finalidade, prevista na lei instituidora da CIDE, deve ser cumprida. No entanto, é necessário que o legislador eleja como beneficiários dos recursos provenientes da arrecadação os mesmos sujeitos que efetuaram a prestação. Deve haver logicidade entre a cobrança do tributo e sua aplicação.

Confira-se, a propósito a posição de Sacha Calmon Navarro Coêlho: "As contribuições interventivas devem guardar, necessariamente, uma correlação lógica entre seus sujeitos passivos e a finalidade que a exação visa a alcançar. Essa correlação é elemento essencial, que deve ser respeitado, sob pena de inconstitucionalidade da contribuição. Assim, não seria lícita a criação de contribuição para fomentar o Turismo, por exemplo, que tivesse como sujeitos passivos os alunos de instituições privadas de ensino. Faltaria, no caso, a correlação lógica – inerente à contribuição de intervenção no domínio econômico – entre a atividade fomentada e o pagante da exação".[10]

Assim, em relação às contribuições interventivas é mister que haja correlação entre a atividade econômica desempenhada pelo sujeito passivo e seu objetivo finalístico.

Por outro lado, os recursos decorrentes da arrecadação não podem ser destinados a finalidade estranha àquela estabelecida na lei instituidora da contribuição interventiva, sob pena de insanável inconstitucionalidade, reparável apenas através da repetição daquilo que foi indevidamente pago.

4. *A instituição da contribuição interventiva – O papel da lei complementar e da lei ordinária*

As CIDEs devem ser instituídas por lei ordinária, como, de resto, ocorre com todos os demais tributos, à exceção dos impostos residuais, nos termos do art. 154, I, da CF e dos empréstimos compulsórios. Em ambos os casos os tributos são instituídos por lei complementar.

Denote-se, no entanto, que o instrumento hábil para instituir tributos é a lei ordinária, cabendo à lei complementar, nos termos do que estatui o art. 146, II, da CF, estabelecer normas gerais em matéria de legislação tributária.

Portanto, no que toca à instituição de tributos, excetuadas as hipóteses ora descritas, esta só pode se dar por lei ordinária, tendo as contribuições interventivas, como demonstrado, natureza jurídica tributária. Também elas devem ser instituídas por lei ordinária, ficando reservado à lei complementar o papel de estabelecer as normas gerais a elas atinentes, já que o Código Tributário Nacional, enquanto lei complementar, não o faz.

A intervenção no domínio econômico igualmente submete-se ao regime da legalidade. Apenas a lei pode autorizar o Estado à intervenção na economia e, conseqüentemente, nas atividades desempenhadas pela iniciativa privada.

A tal conclusão é possível chegar-se a partir da interpretação sistemática dos arts. 173 e 174 da CF.

O primeiro autoriza a intervenção na economia privada "quando necessária aos

9. "Perfil constitucional ...", in Marco Aurélio Greco (coord.), *Contribuições de Intervenção no Domínio Econômico* ..., p. 178.

10. Sacha Calmon Navarro Coêlho e André Mendes Moreira, "Inconstitucionalidades da contribuição de intervenção no domínio econômico incidente sobre remessas ao Exterior – CIDE-*Royalties*", *RDDT* 89/79.

imperativos de segurança nacional ou a relevante interesse coletivo, conforme definido em lei". O segundo autoriza o Estado a desempenhar atividade interventiva "como agente normativo e regulador", desde que o faça "na forma da lei".

Discorda-se do entendimento de que a menção expressa do art. 146, III, no art. 149, ambos da CF, não se constitui em exigência de lei complementar para criação do tributo. A observância do disposto no art. 146, III, demonstra única e exclusivamente a preocupação do legislador constitucional no sentido de que a lei ordinária que institua o tributo o faça com respeito às normas gerais estabelecidas em lei complementar.

Sendo certo que o Código Tributário Nacional não contém disposições sobre instituição de contribuições interventivas em respeito à exigência estabelecida no art. 149, há de sobrevir lei complementar prévia que estabeleça o tracejamento e, com ele, as normas gerais norteadoras da instituição do mencionado tributo.

Não é esse, no entanto, o entendimento do STF acerca da matéria, o qual já se manifestou no sentido da desnecessidade de lei complementar prévia estabelecedora de normas gerais para instituição das CIDEs, por entender que as regras contidas no Código Tributário Nacional são bastantes em si mesmas para esse fim.

Ao julgar o adicional de tarifa portuária no RE 218.061-SP, entendeu o STF pela sua constitucionalidade, não obstante o voto vencido do Min. Marco Aurélio, que entendia necessária a existência de lei complementar prévia estabelecendo as normas gerais sobre as contribuições interventivas.

Assim, segundo entendimento esposado na decisão proferida nos autos do mencionado recurso extraordinário, o disposto no Código Tributário Nacional atende plenamente à exigência contida no *caput* do art. 149, que, por sua vez, faz remissão expressa ao art. 146, III, da CF de 1988.

Também no caso da contribuição social sobre o lucro, ao julgar o RE 138.824-CE, o Min. Carlos Velloso entendeu que: "Todas as contribuições, sem exceção, sujeitam-se à lei complementar de normas gerais, assim ao Código Tributário Nacional (art. 146, III, *ex vi* do disposto no art. 149). Isto não quer dizer que a instituição dessas contribuições exige lei complementar: porque não são impostos. Não há exigência no sentido de que seus fatos geradores, bases de cálculo e contribuintes estejam definidos em lei complementar (art. 146, III, 'a'). A questão da prescrição e decadência, entretanto, parece-me pacificada. É que tais institutos são próprios da lei complementar de normas gerais (art. 146, III, 'b'). Quer dizer, os prazos de decadência e de prescrição inscritos na lei complementar de normas gerais (Código Tributário Nacional) são aplicáveis, agora, por expressa previsão constitucional, às contribuições parafiscais (CF, art. 146, III, 'b'; art. 149)" (STF, Pleno, rel. Min. Carlos Velloso, j. 1.7.1992).[11]

Não obstante esteja claro que o STF entenda pela desnecessidade de lei complementar prévia, distinta do Código Tributário Nacional, para instituição de contribuições interventivas, não é este o nosso entendimento.

Inexistindo no Código Tributário Nacional normas gerais a nortear a instituição de contribuição interventiva, pensa-se que o tributo não possa ser criado sem que sobrevenha a legislação complementar respectiva, pois o sistema assim o exige.

Não se olvide que, segundo a sistemática adotada pela Constituição Federal de 1988, para que um tributo seja instituído há uma seqüência cronológica de circunstâncias que devem obrigatoriamente ser observadas.

Em primeiro lugar, o Texto Constitucional deve atribuir e distribuir competências às pessoas políticas de direito público.

11. Sacha Calmon Navarro Coêlho e André Mendes Moreira, "Inconstitucionalidades da contribuição de intervenção no domínio econômico ...", *RDDT* 89/78-79.

Atribuídas as competências, deve sobrevir lei complementar que estabeleça normas gerais acerca de todos os tributos previstos na Magna Carta, para só então os entes políticos – União, Estados, Municípios e Distrito Federal – instituírem por lei ordinária os respectivos tributos.

Ocorre que no caso das contribuições interventivas "este caminho" não foi integralmente percorrido. Efetivamente, a Constituição Federal atribuiu competência à União para instituí-las; no entanto, ao fazê-lo, impôs concomitantemente a necessidade de lei complementar para estabelecer normas gerais relativas àquele tributo.

Sendo certo que a lei ordinária que cria tributos deve obedecer, inexoravelmente, ao arquétipo constitucional dos tributos e às regras atinentes à sua criação estabelecidas na Magna Carta, e sendo certo também que no caso das contribuições interventivas as normas gerais são inexistentes, não há outra conclusão a se chegar – não obstante não tenha sido esta a conclusão a que chegou o STF – senão a de que as contribuições interventivas não podem ser criadas sem a prévia edição de lei complementar que lhes estabeleça as normas gerais.

Muito se cogitou acerca da inconstitucionalidade da Lei 10.168/2000, que instituiu uma CIDE destinada a arrecadar recursos para o "Programa de Estímulo à Interação Universidade-Empresa" e que tem natureza de lei ordinária, sob o argumento de que, por imposição do disposto no art. 149 da CF, a criação das CIDEs deve-se dar por meio de lei complementar.

Conforme exposto, não se compactua com tal entendimento, razão pela qual se entende ser inexistente tal vício.

5. *A aplicabilidade do princípio da capacidade contributiva às contribuições interventivas*

Não obstante o entendimento doutrinário majoritário seja tendente a inadmitir a aplicação do princípio da capacidade contributiva a todos os tributos, mas tão-somente aos impostos, não é este o nosso entendimento.

Pensa-se que a justiça social não se fará no Brasil enquanto o versado princípio não for obedecido em relação à instituição de todos os tributos, inclusive os vinculados.

Sendo certo que a tributação, genericamente falando, incide em regra sobre manifestações de riqueza, é de rigor a observância do princípio da capacidade contributiva a todos os tributos.

Não é outro o caso das contribuições interventivas, que, apesar de não possuírem discriminadas suas possíveis materialidades no Texto Constitucional, incidirão apenas em hipóteses em que haja desempenho de atividade econômica; e se a atividade objeto de intervenção do Estado através das contribuições tem natureza econômica, revela, necessariamente, manifestações de riqueza, razão pela qual a instituição do mencionado tributo deve observar o princípio da capacidade contributiva e, em conseqüência, o mínimo isento, que, sendo ínsito ao princípio em tela, implica a intributabilidade daquilo que é considerado como mínimo necessário para desempenho da atividade econômica.

Há quem entenda que, diante do caráter extrafiscal das contribuições interventivas, é desnecessária a observância do princípio da capacidade contributiva na sua instituição e cobrança.

Nesse sentido manifesta-se Daniel Vítor Bellan: "O princípio da capacidade contributiva, contudo, quer seja ele implementado por meio da progressividade, quer seja por meio da seletividade, somente poderá ser aplicado, ao que nos parece, a tributos marcados pela *fiscalidade*, ou seja, tributos utilizados com o fim precípuo de arrecadar recursos para o Estado. Tratando-se a CIDE de tributo de utilização exclusivamente extrafiscal, não poderá sua carga tributária ser graduada em função da capacidade econômica do contribuinte".[12]

12. "Contribuições de intervenção no domínio econômico", *RDDT* 78/25.

O fundamento do raciocínio adotado pelo citado autor é o de que as contribuições interventivas são permeadas pela extrafiscalidade. Afirma que "o desenho desta figura dentro do quadro constitucional tributário aponta para uma finalidade *exclusivamente* extrafiscal".[13]

Não se entende que a finalidade da CIDE, conforme afirma citado autor, seja "exclusivamente extrafiscal". Ao contrário, entende-se que predomina em relação às contribuições interventivas a fiscalidade.

Segundo exposto, pensa-se que, sendo um tributo da espécie "contribuição", a exigência da CIDE decorre de uma atuação provocada pelo Estado e que, por sua vez, é resultado de um agir do sujeito passivo. Nessa medida, há certamente uma relação obrigatória entre o montante arrecadado e a atuação interventiva do Poder Público.

É certo também que os recursos arrecadados pela União, ainda que destinados a fundo ou órgão, reverterão em proveito da sociedade. Assim, ainda que haja um certo caráter extrafiscal nas contribuições interventivas, predomina em relação às mesmas a fiscalidade, razão pela qual lhes é perfeitamente aplicável o princípio da capacidade contributiva.

Referências bibliográficas

ATALIBA, Geraldo. *Hipótese de Incidência Tributária*. 6ª ed. São Paulo, Malheiros Editores, 2000.

BELLAN, Daniel Vítor. "Contribuições de intervenção no domínio econômico". *RDDT* (*Revista Dialética de Direito Tributário*) 78. São Paulo, Dialética.

CLÈVE, Clèmerson Merlin. *Atividade Legislativa do Poder Executivo no Estado Contemporâneo e na Constituição de 1988*. São Paulo, Ed. RT, 1993.

COÊLHO, Sacha Calmon Navarro, e MOREIRA, André Mendes. "Inconstitucionalidades da contribuição de intervenção no domínio econômico incidente sobre remessas ao Exterior – CIDE-*Royalties*". *RDDT* 89. São Paulo, Dialética.

COMPARATO, Fábio Konder. "Intervenção no domínio econômico – Sociedade de economia mista – Alienação de ações". *RDA* 142. Rio de Janeiro, FGV/Vozes, outubro-dezembro/1980.

GRAU, Eros Roberto. *A Ordem Econômica na Constituição de 1988 (Interpretação e Crítica)*. 8ª ed. São Paulo, Malheiros Editores, 2003.

GRECO, Marco Aurélio (coord.). *Contribuições de Intervenção no Domínio Econômico e Figuras Afins*. São Paulo, Dialética, 2001.

MELO, José Eduardo Soares de. *Contribuições Sociais no Sistema Tributário*. 4ª ed. São Paulo, Malheiros Editores, 2003.

MOREIRA, André Mendes, e COÊLHO, Sacha Calmon Navarro. "Inconstitucionalidades da contribuição de intervenção no domínio econômico incidente sobre remessas ao Exterior – CIDE-*Royalties*". *RDDT* 89. São Paulo, Dialética.

PIMENTA, Paulo Roberto Lyrio. "Perfil constitucional das contribuições de intervenção no domínio econômico". In: GRECO, Marco Aurélio (coord.). *Contribuições de Intervenção no Domínio Econômico e Figuras Afins*. São Paulo, Dialética, 2001.

13. Idem, *RDDT* 78/20.

ISS – BASE DE CÁLCULO – DADOS CONTÁBEIS – ESTRATÉGIA DE DEFESA

SIDNEY SARAIVA APOCALYPSE

Advogado em São Paulo –
Professor Especializado em Direito Tributário

O questionamento e o direito da Consulente: 1. Atividades da Consulente. 2. Inadequação da base de cálculo. 3. Estabelecimento – Local da prestação do serviço. 4. Serviços prestados – Necessidade de prova.

PARECER

Fui consultado a respeito da procedência, ou não, de autuação fiscal promovida pelo Município de São Paulo contra empresa da chamada "área de Informática" sob alegação de falta de recolhimento do ISS e, em especial, quanto à estratégia que deva ser adotada na defesa que pretende apresentar em fase administrativa.

O QUESTIONAMENTO E O DIREITO DA CONSULENTE

1. Atividades da Consulente

1.1 A Consulente é empresa *cuja atividade, enquanto voltada à prestação de serviços, insere-se na área que genericamente se habituou a rotular de "Informática"*. Conceito, esse, reconhecidamente tão amplo quanto impreciso, quer do ponto de vista jurídico, quer do técnico. Realidade, essa, de que o próprio contrato social da Consulente dá mostra, ao detalhar como objeto social (Cláusula 2) a prestação dos seguintes serviços vinculados à área de Informática: (a) engenharia de sistemas; (b) processamento de dados; (c) planejamento; (d) consultoria; (e) treinamento; (f) impressão a *laser*; (g) processamento de imagens; (h) armazenamento de dados (mediante tecnologia *cold*); (i) mão-de-obra técnica; (j) apoio técnico administrativo.

1.2 Decerto, já neste início haverá de se indagar a razão de tal observação, ainda mais quando a matéria em debate deva se cingir, como noticia o auto de infração, à incidência, ou não, do ISS. Exatamente da mesma perplexidade partilha a Consulente. Isto porque, como se verá, apesar da amplitude e imprecisão terminológica das contemporâneas atividades* ligadas à área de Informática, o Sr. Inspetor Fiscal não titubeou em identificar a matéria tributável, a base imponível, a alíquota, além de todos os demais aspectos que compõem a hipótese tributária que configura a incidência do ISS. Isto tudo num simples relance, num mero passar de olhos em listas de receitas obtidas pela empresa ou mesmo nos dados de suas demonstrações financeiras.

2. Inadequação da base de cálculo

2.1 Não passou desapercebido o fato de o Sr. Inspetor Fiscal ter pautado seu trabalho em razão da circunstância de a Consulente ter filial no Município de Barueri, haja vista a lavratura de 6 dos 14 autos de infração textualmente declarar exigir ISS com respeito a faturamento ocorrido naquele Município.

* Quantas outras atividades, neste exato momento, já não terão sido criadas e até mesmo rotuladas (quiçá em língua inglesa) de modo a permitir que especialistas em "Informática" as identifiquem e as reconheçam nesse que até se chama de "Mundo Virtual"!

2.2 Todavia, *ainda que fosse possível ao digno Inspetor Fiscal supor tratar-se de faturamento sujeito ao ISS, a S. Sa. não é permitido, ainda que diante dessa circunstância, supor que tal faturamento deva se submeter ao ISS do Município de São Paulo. E isto não em razão de retórica, mas em virtude de inafastável imperativo legal.*

2.3 Ninguém desconhece que a atividade administrativa referente ao lançamento de tributos é atividade vinculada, ou seja, atividade, essa, que deve se cingir à identificação, no mundo fenomênico, da hipótese descrita em lei como suficiente para dar surgimento à obrigação tributária. Diferentemente das atividades privadas, que livremente se desenvolvem desde que não proibidas por lei, a atividade do agente público, por mais que outras razões possam influir, necessariamente se pauta (daí chamá-la *dever de ofício*) segundo e de acordo com o que a lei permita fazer. Assim, da mesma maneira com que o agente público não pode deixar de cumprir a lei, cumpri-la significa ater-se ao correspondente permissivo, apartando-se, porque desautorizado, de qualquer outro motivo que não o contemplado na norma legal. Sem tirar nem pôr, é o que estatui o parágrafo do art. 142 do CTN, ao didaticamente declarar que "a atividade administrativa de lançamento é vinculada e obrigatória, sob pena de responsabilidade funcional".

2.4 Desnecessárias maiores delongas ou o recurso à doutrina para demonstrar que o digno Inspetor Fiscal não se ateve a tais pressupostos. Como dão conta os autos de infração, S. Sa. se baseou, para quantificar a pretensa exigência de ISS, ora nos balanços da Consulente, ora nos valores de faturamento consignados em relatórios fornecidos ao digno Inspetor Fiscal. Não ocorreu, como demonstram os mesmos autos de infração, vinculação da matéria tributável (prestação de serviços) com a base de cálculo (remuneração do serviço prestado).

2.5 Descurou-se, assim, a atividade administrativa que produziu os indigitados autos de infração, de requisito essencial à elaboração do lançamento tributário. *Isto porque, tomando por base de cálculo os indicativos de faturamento* – quer consignados no balanço patrimonial da Consulente, quer informados nos relatórios fornecidos –, *deixou S. Sa. de identificar se tal faturamento correspondia a receitas remuneratórias da prestação de serviços.* Como se sabe, valores integrantes de faturamento não correspondem, necessariamente, às receitas remuneratórias da prestação de serviços. Estas, sim, integrantes da base de cálculo do ISS.

2.6 Ainda que fosse possível utilizar o critério de quantificação de ISS inadvertidamente adotado pelo Sr. Inspetor Fiscal, há que se notar que a exigência se encontra multiplicada. Isto porque S. Sa. tomou por base de cálculo do ISS, além dos demonstrativos de faturamento, os valores consignados nas demonstrações financeiras sob a rubrica "receitas de contratos". Por mais incrível que já parecesse o procedimento adotado para constituição do pretenso crédito de ISS, alcança nível de altíssima perplexidade tal constatação. Não mais que um parágrafo se faz necessário para demonstrar o desacerto e conseqüente improcedência da pretendida exigência fiscal. *Receitas do ano, espelhadas, como são, em demonstrações financeiras, contêm, por definição, o faturamento da empresa.* Conseqüentemente, utilizar simultaneamente ambas as realidades para cálculo do ISS significa tributar a mesma realidade em ao menos duas, se não mais, vezes. Também por esta razão hão de ser os indigitados autos de infração julgados insubsistentes, cancelando-se a pretendida exigência fiscal.

3. Estabelecimento – Local da prestação do serviço

3.1 Ademais, é de comum conhecimento que sujeito passivo do ISS, e na qualidade de *contribuinte*, não é, como se supõe, a empresa em si, enquanto uma organização de negócios. Sem divergência, sem discrepância na doutrina, é assente o reconhecimento de que, *nas hipóteses de pres-*

tação de serviços por pessoa jurídica, esta é o contribuinte do ISS, tomando-se necessariamente em conta o local em que se situar o estabelecimento que prestar o serviço, ou ainda o local em que a prestação se dê. Corolário, não há de ser possível por via da mera identificação do faturamento de uma empresa concluir não só pela incidência, ou não, do ISS (já que dentre os valores componentes de faturamento há receitas que não implicam remuneração de serviço prestado), como ainda concluir a qual Município deva corresponder o ISS, assim pretendido. *Há necessidade, sem dúvida, de identificar o local em que a prestação de serviços tenha ocorrido, o que remete o aplicador da lei ao conceito de "estabelecimento prestador do serviço".* Não é o que o Sr. Inspetor Fiscal observou para lavratura dos indigitados autos de infração. Ateve-se, repita-se, S. Sa. exclusivamente a indicadores de faturamento informados pela Consulente, assim como aos valores assim indicados em seus balanços patrimoniais.

3.2 Como já afirmado, não se desconhece o fato de que a Consulente também tenha estabelecimento em Barueri. Tal circunstância, aliás, declarada pelo Sr. Inspetor Fiscal no corpo de alguns dos autos de infração, é indício de que S. Sa. simplesmente decidiu autuar a Consulente no suposto de que todo o faturamento realizado em Barueri devesse pertencer a São Paulo. Trata-se de mera presunção. Presunções não podem motivar lançamento tributário, que, como exposto, decorre de atividade vinculada, que, em síntese, corresponde à identificação de fato a que a lei imponha a conseqüência de pagar tributo. Ou, como há muito se diz: não há tributo sem lei – o que significa que não há tributo que não corresponda a uma hipótese legalmente prevista.

3.3 Nem se alegue, ainda, que, tendo a Consulente recolhido ISS ao Município de Barueri e calculado o imposto com base em alguns dos valores que compuseram os relatórios fornecidos ao Sr. Inspetor Fiscal, haja o reconhecimento de que tais valores, primeiro, devessem se submeter ao ISS ou, em segundo lugar, que, sujeitos a esse imposto, devesse este ser recolhido a São Paulo, ou ainda a Barueri. *Como já se expôs, inafastável, e, no caso, por dever de ofício, verificar em qual local o serviço foi prestado, ou identificar o estabelecimento prestador do serviço.* Novamente atuou o digno Inspetor Fiscal no campo das suposições, das presunções, o que, a teor do CTN, art. 142, é vedado fazer.

3.4 Haverá, certamente, o Julgador de pautar sua decisão com fulcro em uma de duas premissas: ou o ISS é devido ao Município onde o serviço seja efetivamente prestado; ou o ISS é devido ao Município em que se localize o estabelecimento prestador do serviço. Ainda que uma premissa aparentemente seja excludente da outra, em nenhuma hipótese se pode concluir ser devido o ISS a um ou a outro Município, que não com base nos conceitos de estabelecimento ou de local de prestação do serviço. Pois foi exatamente diante desse aparente dilema que a jurisprudência brasileira se formou, neste conceito também incluídas as modelares decisões administrativas que ao longo dos anos o Departamento de Rendas Mobiliárias de São Paulo também proferiu. Para o deslinde do caso vertente sequer haverá que se adotar os caminhos antagônicos da doutrina. Admitido que o ISS seja devido ao Município em que se localizar o estabelecimento prestador do serviço, ou que tal imposto deva ser recolhido ao Município em que o serviço for prestado, a exigência contida nos indigitados autos de infração haverá de ser cancelada. Isto porque, repita-se, nem um nem outro critério foram adotados pelo Sr. Inspetor Fiscal.

3.5 Vale, aqui, porque pertinente, transcrever a contemporânea jurisprudência do STJ, cujo teor adota a premissa de que o ISS é devido ao Município em que o serviço é efetivamente prestado:

"1. *O fato gerador do ISS se concretiza no local onde o serviço é prestado.*

"2. O Município competente para exigir o tributo é o que recebe a prestação do serviço e, conseqüentemente, o que agasalha o fato gerador.

"3. Recurso improvido" (STJ, 1ª Turma, REsp 168.023-CE, rel. Min. José Delgado, *RDDT* 38/175 – grifos nossos).

"Tributário – ISS – Sua exigência pelo Município em cujo território se verificou o fato gerador – Interpretação do art. 12 do Decreto-lei n. 406/1968.

"Embora a lei considere 'local da prestação de serviço' o do estabelecimento prestador (art. 12 do Decreto-lei n. 406/1968), ela pretende que o ISS pertença ao Município em cujo território se realizou o fato gerador.

"*É o local da prestação de serviço que indica o Município competente para imposição do tributo (ISS), para que não se vulnere o princípio constitucional implícito que atribui àquele (Município) o poder de tributar as prestações ocorridas em seu território*.

"*A lei municipal não pode ser dotada de extraterritorialidade, de modo a irradiar efeitos sobre um fato ocorrido no território de Município onde não pode ter voga.*

"Recurso provido, indiscrepante" (STJ, 1ª Turma, REsp 41.867-4-RS, *RSTJ* 62/409 – grifos nossos).

"Embargos de divergência – ISS – Competência – Local da prestação do serviço – Precedentes.

"Para fins de incidência do ISS – imposto sobre serviços –, importa o local onde foi concretizado o fato gerador, como critério de fixação de competência do Município arrecadador e exigibilidade do crédito tributário, ainda que se releve o teor do art. 12, alínea "a", do Decreto-lei n. 406/1968.

"Embargos rejeitados" (EDiv no REsp 130.792).

4. Serviços prestados – Necessidade de prova

4.1 Haverá ainda o agente público ao qual incumbir o julgamento da matéria em exame de concluir que os documentos a mim apresentados constituem exemplo cabal de que não só a prova das alegações da Consulente exige realização de diligência, como, ainda, a indispensável motivação das autuações ora impugnadas, com o fim de, diante da omissão da autuação, demonstrar a imprescindível vinculação da matéria tributável (prestação de serviços) com a respectiva base de cálculo (preço do serviço). Da mesma maneira, diante dos inusitados autos de infração, tais diligências são decisivas para definição seja do estabelecimento prestador do serviço ou do local em que o mesmo foi prestado. Peço licença para ressaltar a importância de tais constatações.

4.2 O primeiro exemplo consta do Documento 1. Trata-se de contrato de prestação de serviços de processamento de dados de produção *on line* de sistemas no ambiente ..., entre ... e a Consulente (no contrato definida como "Contratada"). De forma cristalina indica tal contrato que os serviços devam ser prestados nas instalações da Consulente (Cláusula 2); e, mais, também especifica, na Cláusula 3.3.6, o equipamento que haveria de ser utilizado para a prestação do serviço; equipamento – sublinhe-se – instalado fora do Município de São Paulo e que, em virtude do mesmo contrato, atendia a muitos outros Municípios.

4.3 Outro exemplo pode ser colhido do Documento 2. Documento que instrumentalizou serviços prestados pela Consulente à ..., com sede em Belo Horizonte. O objeto desse contrato (Cláusula 1) abrangeu licenciamento de *software* (já, por si só; negócio fora do campo de incidência do ISS); treinamento de empregados da ..., que sequer se encontram em São Paulo. Tal documento, mais uma vez, demonstra a precariedade dos autos de infração. Isto porque demonstra que, apesar de a receita assim produzida constituir parte do faturamento, a mesma jamais estaria submetida à incidência do ISS no Município de São Paulo! *Neste exemplo, quer considerando o local da prestação do serviço ou ainda do estabelecimento prestador desse serviço, não há a mínima possibilidade de cogitar de uma incidência de ISS paulistano! Tanto o tomador do serviço quanto o prestador localizam-se, em tal situação, em Municípios não só distintos, como diversos do Município de São Paulo!*

4.4 Terceiro exemplo é o Contrato 3, em que a Consulente foi contratada pelo ..., sediado em ..., para prestar serviços de processamento de dados relativos a controle de financiamento imobiliário (Cláusula 1). Tal serviço, de múltiplas facetas, constitui-se basicamente na colocação à disposição do ... de dados e informações relativos aos mutuários do Sistema Financeiro da Habitação. Com esse Sistema (entre as partes conhecido como abc), o ..., por exemplo, pode acessar por meio eletrônico os registros mantidos nas instalações da Consulente (que nesse caso estão localizadas em Belo Horizonte) e obter as mais diversas informações a respeito de mutuários, tais como informes imediatos para saber quando prestações devidas foram pagas, ou, ainda, em qual banco no território nacional e respectiva agência.

4.5 Enfim, o deslinde do caso em debate não pode prescindir quer da identificação do estabelecimento prestador do serviço, quer da aferição do local em que o mesmo tenha sido prestado, ou, como pretendeu o Sr. Inspetor Fiscal, do somatório dos indicadores de faturamento da Consulente. Matéria, sem dúvida, de prova, a ser produzida mediante diligência, porquanto, conforme exposto, é inadmissível a exigência de ISS apenas com base nos indicadores de faturamento.

4.6 À vista do exposto, é nossa opinião que:

4.6.1 A Consulente deverá requerer a produção de prova de suas alegações de fato, segundo os meios permitidos, e em especial a realização de diligência com vistas a verificar a natureza dos valores alegadamente apontados como base de cálculo do ISS, com vistas a provar que dentre os mesmos há valores

4.6.1.1 não sujeitos ao ISS, em virtude de não corresponderem a remuneração por serviços prestados;

4.6.1.2 que, mesmo sujeitos ao ISS, não se referem a serviços prestados pelo estabelecimento situado no Município de São Paulo;

4.6.1.3 que, mesmo sujeitos ao ISS, representam remuneração de serviço prestado por estabelecimento localizado em outro Município e a tomador sequer localizado no Município de São Paulo.

4.6.2 Diante do conjunto probatório – a que tive acesso e que entendo ser indispensável ao deslinde da questão em debate –, é minha opinião, com convicção, que o auto de infração em tela haverá de ser declarado insubsistente, determinando-se o cancelamento da respectiva exigência.

O ICMS NA REFORMA TRIBUTÁRIA

(As Operações Interestaduais)*
(PEC 41/2003, na versão original enviada ao Congresso Nacional pelo Executivo Federal)

HERON ARZUA
Advogado

GEDALVA BARATTO
Economista

1. Introdução. 2. Incidência do ICMS nas operações interestaduais: 2.1 Características fundamentais – 2.2 Considerações – 2.3 Resumo – 2.4 Exemplo matemático do modelo – 2.5 Conclusões que podem ser extraídas do exemplo matemático. 3. Avaliação crítica da sistemática proposta para as operações interestaduais: 3.1 Implicações para a Administração Tributária. 4. Conclusão.

1. Introdução

O Governo Federal apresentou, em abril/2003, proposta de Reforma Tributária, que se formalizou como Proposta de Emenda Constitucional (PEC) 41/2003, cujo enfoque maior se atém a reformulações do ICMS.

Segundo propalado na "Exposição de Motivos" que acompanhou a Mensagem do Executivo, a Reforma visa à simplificação do imposto, valendo-se de uma lei complementar única, que deverá ser ratificada pelos Estados. E o Regulamento do imposto também passa a ser único, a ser editado por órgão colegiado das Federadas (seria nos moldes do atual CONFAZ, que reúne o Ministro da Fazenda e os Secretários de Fazenda ou Finanças dos Estados). É intenção, por igual, que haja somente 4 ou 5 alíquotas do imposto, em substituição à multiplicidade hoje existente, fruto das 27 leis estaduais e distrital. Outro objetivo manifesto da Reforma seria conter a denominada "guerra fiscal" entre as Federadas, que, ao incentivar investimentos produtivos em seus territórios à revelia da Lei Complementar 24/1975, reduz o nível de arrecadação do imposto, com prejuízos generalizados ao Erário. Daí, *v.g.*, a supressão da figura da "isenção" do art. 155, § 2º, II, da CF.

Sem entrar, neste ensaio, no tema da constitucionalidade da aludida Proposta de Emenda Constitucional, já que é evidente o intuito da federalização do ICMS, com perda da capacidade de legislar sobre o mesmo da parte dos entes federados, as premissas da Reforma não apresentam a verdade jurídica por inteiro, à vista de que esse imposto já apresenta minuciosos contornos na Constituição Federal, espraiados na Lei Complementar 87/1996 e nas leis estaduais. Não seria correto, pois, afirmar-se que hoje existe uma legislação para cada Unidade Federativa a propósito do ICMS. Em rigor, tão-só os Regulamentos são diferentes, a revelar que o imposto é da competência impositiva dos Estados, e o Brasil, por definição do Texto Fundamental, é uma Federação.

* Este texto foi escrito em abril/2003.

Quanto à diversidade de alíquotas nas operações internas, parece ser consenso que isso deriva da própria feição federativa da República Brasileira. Contudo, é na matéria das operações interestaduais que este breve e rápido estudo se restringe, porquanto parece que a sistemática engendrada pode levar a inúmeras distorções na sua aplicação prática, com profundas dificuldades operacionais nas relações entre contribuintes e perversas conseqüências na economia do país.

2. *Incidência do ICMS nas operações interestaduais*

Propõe-se, em efeito, avaliar a sistemática de percussão do imposto federado sobre circulação de mercadorias e serviços nominados (ICMS) nas operações interfederadas, como formalizada na aludida Proposta de Emenda Constitucional.

2.1 *Características fundamentais*

Resumem-se aqui os principais conceitos trazidos pela PEC 41/2003 necessários à inteligência deste estudo.

• *Operação interestadual* é a que implica a saída física da mercadoria ou bem; *Estado destinatário* é aquele onde referidos bens e mercadorias serão entregues fisicamente.

• O imposto da operação interestadual será cobrado integralmente na Unidade Federada (UF) de origem da operação.

• O imposto da operação interestadual própria é devido à Federada de origem, de localização do contribuinte remetente.

• O "imposto da diferença" é devido à Federada de destino, de localização do contribuinte destinatário físico.

• O "imposto do Estado do destino" corresponde à diferença entre o imposto que seria devido na operação ou prestação caso fosse interna e o imposto devido pela aplicação da alíquota interestadual.

• Nas operações com petróleo, inclusive lubrificantes, combustíveis líquidos e gasosos dele derivados, e energia elétrica o "imposto da diferença" corresponde à integralidade do imposto como se a operação fosse interna.

• Créditos do imposto relativo às operações anteriores não podem ser compensados nos débitos do "imposto da diferença" (a regulação é remetida à lei complementar).

• O "imposto da diferença" e o IPI não integram a base de cálculo da operação interestadual própria.

2.2 *Considerações*

A Proposta de Emenda Constitucional estabelece que o imposto será "cobrado" no Estado de origem, mas do exame do contexto conclui-se que o imposto "incide" tanto na Unidade Federada de origem quanto na de destino. Como corolário, tem-se, a princípio – e numa afirmação descompromissada juridicamente com a doutrina do direito tributário –, que o imposto será "cobrado" por dois sujeitos ativos: o sujeito ativo da obrigação tributária correspondente à alíquota da operação interestadual é o da Federada de origem; já a Federada do destino é o sujeito ativo da obrigação tributária correspondente à diferença entre o imposto que incidiria caso a operação fosse interna e o imposto resultante da aplicação da alíquota da operação interestadual, e que estamos denominando, para efeitos didáticos, de "imposto da diferença".

A expressão "cobrado" oferece o ensejo de interpretar que a Unidade Federada responsável pela arrecadação do "imposto da diferença" é a da origem; entretanto, aludido imposto não transita pelo Tesouro da Unidade Federada de origem. O imposto é instituído pela Unidade Federada de destino (de localização do contribuinte adquirente), embora seja cobrado na Unidade Federada de origem (de localização do contribuinte remetente). O sujeito passivo, portanto, é o contribuinte remetente, que terá duas obrigações tributárias: uma para com a Unidade Federada de origem e outra para com a Unidade Federada de destino. Há – se assim é correto afirmar – dois momentos de ocorrência da hipótese de incidência: um que se define na saída da mercadoria da Unidade Federada de origem; outro que se perfaz com a entrega física na Unidade Federada de destino.

O imposto da operação interestadual diz respeito apenas ao imposto da operação interestadual própria, daí por que sua base de cálculo não integra o "imposto da diferença" (devido à Unidade Federada de destino). O imposto federal sobre produtos industrializados (IPI) também não integra a base de medida do imposto da operação própria interestadual, incidente na Unidade Federada de origem, pois configura hipótese de incidência dos dois tributos. Tal qual ocorre na normatividade vigente, o IPI estará contido no cálculo como se a operação fora interna e excluído no cálculo da operação interestadual (própria), nas operações para não-contribuintes, hipótese em que o "imposto da diferença", resultante e devido à Unidade Federada de destino, é superior ao que resulta nas operações entre contribuintes. Créditos do imposto relativo às operações anteriores não podem ser compensados nos débitos do "imposto da diferença", ou seja, só podem ser neutralizados (ou compensados) nos débitos da operação própria interestadual (o contribuinte credita-se do previsto em lei e compensa nas operações próprias). Antevêem-se dificuldades, por exemplo, para o "desfazimento" de operação quando ocorrer devolução. Como fazer a devolução do imposto da diferença?

Haverá uma base imponível para a obrigação tributária devida à Unidade Federada de origem, à qual serão aplicadas as alíquotas interestaduais, e uma parte de imposto devida à Unidade Federada de destino, resultante da diferença entre o imposto calculado como se a operação fosse interna (operação presumida) e o imposto da operação interestadual (operação real). Desta ótica, a operação interna presumida e a operação interestadual real dão suporte para o cálculo do "imposto da diferença", o qual não tem base de cálculo e alíquota próprias, configurando uma espécie de imposto adicional ou de imposto específico.

2.3 Resumo

Sujeito passivo = contribuinte localizado na Unidade Federada de origem

Sujeito Ativo A = Unidade Federada de origem em relação à obrigação tributária correspondente à aplicação da alíquota interestadual

Sujeito Ativo B = Unidade Federada de destino em relação à obrigação tributária correspondente à diferença entre o imposto que incidiria caso a operação fosse interna e o imposto resultante da aplicação da alíquota vigente na operação interestadual

Obrigação Tributária (base de cálculo, alíquotas e imposto) = Uma base de cálculo para a obrigação tributária devida à Unidade Federada de origem, à qual serão aplicadas as alíquotas interestaduais; uma diferença de imposto devida à Unidade Federada de destino, resultante da diferença entre o imposto calculado como se a operação fosse interna e o imposto da operação interestadual

2.4 Exemplo matemático do modelo

a) Base de cálculo, alíquotas e imposto da obrigação tributária para com o sujeito ativo A (Unidade Federada de origem):

- Preço final praticado pelo remetente = R$ 100,00 (valor da nota fiscal).

- Preço líquido sem ICMS = R$ 88,00 (*v.g.*, alíquota nominal de 12% e real de 13,64%).

- Imposto da operação interestadual própria, devido à Unidade Federada de origem = *R$ 12,00*.

b) Base de cálculo, alíquotas e imposto como se a operação fosse interna (operação presumida), suporte para calcular o "imposto da diferença":

- Preço final do remetente = R$ 100,00.

- Preço líquido sem ICMS = R$ 82,00 (*v.g.*, alíquota nominal de 18% e real de 21,95%).

- Imposto como se a operação fosse interna = *R$ 18,00.*

c) "Imposto da diferença" (obrigação tributária para com o sujeito ativo B – Unidade Federada de destino), diferença entre o imposto que seria devido caso a operação fosse interna e o imposto resultante da aplicação da alíquota interestadual:

- Imposto como se a operação fosse interna = R$ 18,00.

- Imposto da operação interestadual própria, devido à Unidade Federada de origem = R$ 12,00.

- "Imposto da diferença", devido à Unidade Federada de destino = (R$ 18,00 - R$ 12,00) = *R$ 6,00.*

- "Alíquota implícita" no "imposto da diferença" = *7,31%* (R$ 6,00/R$ 82,00), que pode variar dependendo da hipótese de exclusão ou não do IPI ou da base de cálculo da operação interestadual (própria).

2.5 *Conclusões que podem ser extraídas do exemplo matemático*

De plano, observe-se que o que pareceria, à primeira vista, simples diferença de 6 pontos percentuais (18%/12%) devidos à Unidade Federada de destino, em rigor, sob a ótica matemático-financeira extraída da formação do preço de venda do remetente, dita diferença alcança 7,31 pontos percentuais. Tal se dá porque a "diferença" de que trata a norma específica da Proposta de Emenda Constitucional não é equivalente à diferença de alíquota, mas sim à diferença de imposto. Embora aparente uma contradição, o resultado é correto do ponto de vista do ICMS, pois o valor total da nota fiscal será o mesmo, que é o objetivo desejado, quer a mercadoria seja destinada ao Estado, quer seja destinada a outras Unidades Federativas. (**Nota**: No modelo antes construído ficaram abstraídas eventuais diferenças que podem ocorrer na formação dos preços, decorrentes de outros fatores: incidência das contribuições sociais do PIS e COFINS, encargos financeiros da antecipação no pagamento do ICMS da Unidade Federada de destino etc.)

Nada obstante, a sistemática pode induzir a interpretações equivocadas e provocar elevação de preços e distorções nos preços relativos da economia. Deste modo, além do deslocamento de parcela da carga tributária para a etapa antecedente, com natural e relativo comprometimento do capital de giro do remetente, teme-se que a desinformação afete os preços. Isto pode ocorrer apesar de o adquirente, na Unidade Federada de destino, poder se creditar de todo o imposto incidente na operação anterior, que no caso exemplificado seria de R$ 18,00 (R$ 12,00 + R$ 6,00).

3. *Avaliação crítica da sistemática proposta para as operações interestaduais*

Uma avaliação preliminar indica que o regime posto para as operações interestaduais é muito complexo. Na forma ideada, os Estados perdem autonomia sem que a Reforma alcance o desejável objetivo da simplificação. De modo geral, parece ser um preço muito alto a ser pago pela uniformidade legislativa, que sequer pode ser assegurada pela Proposta de Emenda Constitucional, à medida que apenas o tempo dirá se a uniformidade se efetivará na prática, ou seja, se haverá cumprimento do Regulamento único, uma das novidades do texto da Emenda. Afigura-se que a uniformidade na legislação implicará a adoção de um complexo mecanismo de tributação nas operações interestaduais.

Imagine-se a hipótese de que o Senado venha a estabelecer alíquotas interestaduais iguais às atuais, de sorte que a repartição do produto da arrecadação, pertencente à Unidade Federada de origem e à Unidade Federada de destino, corresponda às proporções atualmente vigentes. Neste caso, continuará havendo estímulo para a atração de empreendimentos, "munição" para a "guerra fiscal", à vista de que parcela significativa do produto da arrecadação pertencerá à Unidade Federada produtora, de origem. É exeqüível pressupor que a Proposta de Emenda Constitucional obterá êxito para restringir a "guerra fiscal"? E se não restringir, hipótese em que haverá descumprimento do Regulamento único, o que sobrará de positivo da Reforma?

A Proposta de Emenda Constitucional remete à resolução do Senado a atribuição de estabelecer as alíquotas, inclusive as aplicáveis às operações interestaduais, de modo que a aceitação da proposta implica um inteiro desconhecimento no que se refere ao impacto financeiro de cada Unidade Federada em particular. Tanto as atuais alíquotas poderão ser diferenciadas, quanto uma proporção maior que a atual à Unidade Federada de origem, quanto o inverso, uma proporção maior para a Unidade Federada de destino, e até mesmo a adoção de alíquota zero na operação interestadual. Enfim, a Proposta de Emenda Constitucional não define a proporção pertencente à Unidade Federada de origem e à de destino. Pode-se antever o embate que acontecerá no Senado com o atual *quorum* para deliberação (maioria absoluta = metade + 1 = 41 senadores), cenário em que as Regiões do Sul, Sudeste e Centro-Oeste, em minoria, serão fragilizadas. Há mesmo o risco de que seja aumentada a diferença entre as atuais alíquotas de 7% e 12%, de modo que a proporção de receita auferida por Unidade Federada do Sul/Sudeste-ES quando praticar operações de saída para Unidade Federada do NO/NE/CO+ES, por exemplo, venha a ser com alíquota de 5%, de modo que remeteria com 5% e suportaria créditos de 12% nas relações de troca com o NO/NE/CO+ES. A alternativa pode residir em estabelecer na Proposta de Emenda Constitucional *quorum* de 4/5 para a aprovação de alíquota interestadual.

Todavia, considera-se mais apropriado que a própria Proposta de Emenda Constitucional preveja a proporção da parcela pertencente à Unidade Federada de origem e à de destino. Exemplo: para uma alíquota interna de 18%, 22,22% poderiam corresponder à proporção de receita pertencente à Unidade Federada de origem, o que resultaria em uma alíquota interestadual de 4% para a operação própria, de modo que a diferença, 77,78%, corresponderia à proporção pertencente à Unidade Federada de destino. Este exemplo não é meramente casual e tem implícitos alguns pressupostos, que, infelizmente, não resistem ao modelo proposto, pois resultaria em aumento significativo das hipóteses de créditos acumulados na Unidade Federada de origem.

Seria desejável que o produto da arrecadação advindo das operações interestaduais pertencesse na quase-integralidade à Unidade Federada de destino (local do consumo), onde o consumidor demanda serviços públicos. Pequena parcela do produto da arrecadação oriundo das operações interestaduais poderia pertencer à Unidade Federada de origem, a título de ressarcimento dos custos da Administração Tributária, aumentados pelos serviços prestados à Unidade Federada de destino, na hipótese de cooperação para as atribuições de fiscalização e arrecadação. A cobrança ocorreria na Unidade Federada de origem, e o sujeito ativo seria apenas a Unidade Federada de origem. As alíquotas seriam uniformes e iguais, tanto nas operações internas quanto nas interestaduais. Com isto o imposto seria simplificado para o contribuinte, retiraria boa parte da atual "munição" para a "guerra fiscal", reduziria as distorções econômicas provocadas pela diferença atual entre as alíquotas internas e interestaduais, daria caráter mais exeqüível à harmonização legislativa. A proporção pertencente à origem seria apenas o suficiente para ressarcir os custos de fiscalização e cobrança, inclusive a judicial, mais um *plus* a título de estímulo para que a Unidade Federada de origem se empenhasse na eficácia da Administração Tributária, tanto das operações internas quanto das operações interestaduais. Lembre-se que, como o sujeito ativo das operações interestaduais seria apenas a Unidade Federada de origem, a cobrança judicial poderia ser executada na Unidade Federada de origem.

Em rigor, a PEC 41/2003, na sua versão originária, induz à adoção de alíquotas interestaduais elevadas, caso contrário haverá aumento nas ocorrências de créditos acumulados na Unidade Federada de origem. Assim, embora a Proposta de Emenda Constitucional aparente ser flexível, conforme exemplos de alíquotas citadas por nós anteriormente e que poderiam vir a ser adotadas, será necessário que grande parcela de receita pertença à Unidade Federada de origem, para que os débitos da operação interestadual própria dêem conta de absorver os créditos relativos às operações anteriores. Caso o contribuinte acumule crédito, será estimulado a simular operações internas, de modo a que o débito do imposto próprio resulte maior e facilite a absorção dos créditos. Portanto, na sistemática atual de tributação das operações interestaduais há estímulo para simular operação interestadual, enquanto que o modelo proposto estimula a simulação de operação interna.

3.1 Implicações para a Administração Tributária

A Proposta, além de implicar inúmeras dificuldades operacionais, também acarreta flagrantes dificuldades para a fiscalização. Conhecedor do caráter competitivo e pouco cooperativo no federalismo fiscal brasileiro, o Governo Federal propõe um modelo que atribui ao contribuinte a repartição de receita entre a origem e o destino.

Paradoxalmente, tal proposição requer enorme cooperação entre os Estados para a missão de controle e fiscalização; ao revés, cada uma das 27 Unidades terá que fiscalizar o país inteiro – tarefa inexeqüível, na medida em que nem mesmo as atuais operações sujeitas ao regime de substituição tributária têm sido adequadamente fiscalizadas, em especial quando o contribuinte está localizado em outra Unidade Federada. Referida dificuldade estender-se-ia para todas as operações interestaduais, porquanto o modelo proposto é uma espécie de substituição tributária para todas as operações interestaduais. Seria razoável pressupor que as Unidades Federadas não conseguem cooperar entre si para operacionalizar um mecanismo de repartição de receita, mas cooperariam para executar as tarefas de fiscalização? Caso a cooperação não ocorra, haverá aumento significativo dos custos da Administração Tributária, hipótese em que, além de a Proposta de Emenda Constitucional não simplificar o imposto para o contribuinte, também não alcançaria este objetivo do ponto de vista da administração do imposto.

Dificuldades também ocorreriam em relação à cobrança judicial. O sujeito ativo, a Unidade Federada de destino, é que teria de promover a execução do imposto que elegeu como local de cobrança a Unidade Federada de origem. O contribuinte localizado na Unidade Federada de origem ficaria sujeito, no limite, a execuções judiciais em todas as 27 Federadas e acabaria sendo estimulado a cometer infração, pois visualizaria a morosidade ou mesmo a impossibilidade de execução adequada por parte da Unidade Federada de destino.

Conforme estruturado, o modelo proposto requer que o Senado estabeleça alíquotas elevadas para as operações interestaduais, caso contrário aumentarão as ocorrências de créditos acumulados. Dissemos que este imperativo restringe as chances da proposta em coibir a "guerra fiscal" e em "emplacar" o Regulamento único. Mas há outras conseqüências: com alíquotas interestaduais elevadas, as Unidades Federadas continuam a suportar créditos advindos de outras Unidades Federadas, decorrentes de aquisições de matérias-primas, insumos, partes, peças, componentes, ativo fixo, uso e consumo (com apropriação de créditos prorrogada), utilizados na fabricação ou comercialização de produtos destinados a exportação, sem incidência do imposto.

Ora, como a proporção de receita pertencente a cada Unidade Federada continua fortemente vinculada à produção, e não ao tamanho de seu mercado interno, é imprescindível a existência de mecanismos adequados de ressarcimento das perdas decorrentes de exportações desoneradas de ICMS. Caso contrário as Unidades Federadas continuarão não sendo aliadas da União na política de comércio exterior, ao necessário esforço exportador; ao contrário, continuarão estimulando as importações (que não implicam suportar crédito de imposto recolhido em outra Unidade Federada) e desestimulando as exportações (que não geram débitos e mantêm a integralidade dos créditos, inclusive os que foram objeto de débito gerado em outra Unidade Federada). Ou se cria instrumento eficaz de ressarcimento das perdas decorrentes das exportações, pelo menos em relação aos créditos advindos de outras Unidades Federadas, ou continuará havendo má vontade das Unidades Federadas exportadoras em instituir mecanismos que facilitem a absorção ou transferência de créditos acumulados em razão de exportação.

4. Conclusão

Por todo o exposto, as operações interestaduais na PEC 41/2003 não têm tratamento jurídico e operacional dos mais simplificados. Ao revés do que se anuncia, engendra enorme complexidade para Estados e contribuintes e pode trazer dificuldades insuperáveis quando do momento de sua regulamentação pela lei complementar e Regulamento único.

Curitiba, abril de 2003

RDT 87

XVI CONGRESSO BRASILEIRO DE DIREITO TRIBUTÁRIO: SESSÃO DE ABERTURA • CONFERÊNCIA – A MOTIVAÇÃO DOS ATOS DA ADMINISTRAÇÃO PÚBLICA COMO PRINCÍPIO FUNDAMENTAL DO ESTADO DE DIREITO – Celso Antônio Bandeira de Mello • ***MESA DE DEBATES "A"*** – PROCESSO ADMINISTRATIVO TRIBUTÁRIO • ***MESA DE DEBATES "B"*** – PROCESSO JUDICIAL TRIBUTÁRIO • ***CONFERÊNCIA*** – NORMAS GERAIS DE DIREITO TRIBUTÁRIO, INOVAÇÕES DO SEU REGIME NA CONSTITUIÇÃO DE 1988 – José Souto Maior Borges • ***MESA DE DEBATES "C"*** – ASPECTOS ATUAIS DA LEGISLAÇÃO FEDERAL • ***MESA DE DEBATES "D"*** – CONTRIBUIÇÕES • ***CONFERÊNCIA*** – REFLEXÕES SOBRE A MEDIDA PROVISÓRIA 66/2002 – Paulo de Barros Carvalho • ***MESA DE DEBATES "E"*** – ICMS E IPI • ***MESA DE DEBATES "F"*** – ISS • ***MESA DE DEBATES "G"*** – IMPOSTOS SOBRE A PROPRIEDADE E A TRANSMISSÃO • ***MESA DE DEBATES "H"*** – TAXAS E PREÇOS PÚBLICOS • ***MESA DE DEBATES "I"*** – TRIBUTAÇÃO DAS SOCIEDADES COOPERATIVAS • ***SESSÃO DE ENCERRAMENTO • CONFERÊNCIA*** – PRINCÍPIOS CONSTITUCIONAIS PARA O DIREITO TRIBUTÁRIO – Ministra Eliana Calmon • ***TESES APROVADAS NO XVI CONGRESSO:*** TAXAS E PREÇOS PÚBLICOS – Mariana Oiticica Ramalho • IMPOSTO SOBRE SERVIÇOS E A ALÍQUOTA MÍNIMA (EMENDA CONSTITUCIONAL 37/2002) – Rogério Pires da Silva • IMPOSTO SOBRE TRANSMISSÃO *CAUSA MORTIS* E DOAÇÃO: REGRA-MATRIZ E ASPECTOS CONTROVERSOS – José Antonio Farah Lopes de Lima • ASPECTOS ATUAIS DA LEGISLAÇÃO FEDERAL: A EXCLUSÃO DA MULTA EM DENÚNCIA ESPONTÂNEA, PARCELAMENTO E AS ALTERAÇÕES DA LEI COMPLEMENTAR 104/2001 AO ART. 155 DO CTN – Aurora Tomazini de Carvalho • ***XVII CONGRESSO BRASILEIRO DE DIREITO TRIBUTÁRIO:*** RESPONSABILIDADE DOS SÓCIOS E ADMINISTRADORES – Sacha Calmon Navarro Coêlho • ISS – SERVIÇO NO EXTERIOR – SERVIÇO PÚBLICO – INCENTIVOS FISCAIS – José Eduardo Soares de Melo • A CONTRIBUIÇÃO PARA CUSTEIO DO SERVIÇO DE ILUMINAÇÃO PÚBLICA – Eduardo Domingos Bottallo • IMPOSTO DE RENDA SOBRE O LUCRO DAS COLIGADAS E CONTROLADAS ESTABELECIDAS NO EXTERIOR – José Artur Lima Gonçalves • EXECUÇÃO FISCAL E PROCESSO ADMINISTRATIVO: CONCOMITÂNCIA E SEUS EFEITOS PROCESSUAIS – Paulo César Conrado • CONTRIBUIÇÕES DE INTERVENÇÃO NO DOMÍNIO ECONÔMICO – ASPECTOS CONSTITUCIONAIS – Betina Treiger Grupenmacher • ISS – BASE DE CÁLCULO – DADOS CONTÁBEIS – ESTRATÉGIA DE DEFESA – Sidney Saraiva Apocalypse • O ICMS NA REFORMA TRIBUTÁRIA (As Operações Interestaduais) (PEC 41/2003, na versão original enviada ao Congresso Nacional pelo Executivo Federal) – Heron Arzua e Gedalva Baratto

MALHEIROS EDITORES

Revista de Direito Tributário

104

M